Ullstein

ÜBER DAS BUCH:

Golo Mann nannte den Ersten Weltkrieg einmal die »Mutterkatastrophe des zwanzigsten Jahrhunderts«. In der Tat nahmen in diesem »großen Krieg«, wie ihn die Zeitgenossen nannten, all jene Entwicklungen ihren Anfang, die Europa und die Welt in unserem Jahrhundert ins Verderben stürzten: die ideologischen und nationalistischen Verblendungen, die in Stalinismus und Nationalsozialismus gipfelten, der Zweite Weltkrieg, die Spaltung Europas und der Welt in zwei feindliche Lager und nicht zuletzt die Entwicklung moderner Massenvernichtungswaffen. Joe Heydecker hat eine sehr anschauliche Geschichte des Ersten Weltkrieges geschrieben, ohne jedes historische Fachgeplänkel, in einem schnörkellosen, packenden Stil erzählt.
»Die Arbeit Heydeckers (...) hebt sich durch ihre Sachlichkeit im übrigen angenehm von solchen ab, die eine eigene oder tendenziöse Sicht der Dinge vermitteln wollen.«

DER AUTOR:

Joe J. Heydecker, 1916 in Nürnberg geboren, lebte 1933 bis 1938 im Ausland und schrieb für Schweizer Zeitungen. Von 1939 bis 1945 nahm er als Soldat am Zweiten Weltkrieg teil, nach dem Krieg war er Berichterstatter beim Nürnberger Hauptkriegsverbrecherprozeß. Es folgten mehrere Jahre journalistischer Tätigkeit. Seit 1960 als Korrespondent mehrerer deutscher Zeitungen, später als Buchhändler und Verleger in Brasilien tätig. Lebt heute als freier Schriftsteller in Österreich.

Für die Unterstützung mit umfangreichem und oft seltenem Quellenmaterial hat der Verfasser der Bibliothek für Zeitgeschichte (vormals Weltkriegsbücherei), Stuttgart, zu danken.

Joe J. Heydecker

Der große Krieg 1914–1918

Von Sarajewo bis Versailles

Ullstein

Ullstein Buchverlage GmbH,
Berlin
Taschenbuchnummer: 33218

Ungekürzte Ausgabe
Mit 46 Abbildungen
Mai 1997

Umschlagentwurf:
Visuelle Kommunikation, Berlin
Unter Verwendung eines Fotos
vom Ullstein Bilderdienst
Alle Rechte vorbehalten
© der Originalausgabe 1988 by
Verlag Ullstein GmbH,
Frankfurt/Main · Berlin
Printed in Germany 1997
Gesamtherstellung:
Ebner Ulm
ISBN 3 548 33218 8

Gedruckt auf alterungs-
beständigem Papier mit
chlorfrei gebleichtem Zellstoff

Die Deutsche Bibliothek –
CIP-Einheitsaufnahme

Heydecker, Joe J.:
Der große Krieg 1914–1918:
von Sarajewo bis Versailles/Joe J.
Heydecker. – Ungekürzte Ausg. –
Berlin: Ullstein, 1997
(Ullstein-Buch; 33218)
ISBN 3-548-33218-8
NE: GT

INHALT

Vorwort	*7*
Die Schüsse von Sarajewo	*10*
Der Weg ins Verhängnis	*40*
Jetzt sprechen die Waffen	*77*
Der Propagandakrieg	*108*
Das Marnewunder	*128*
Der Krieg im Osten	*152*
Der Kolonialkrieg	*186*
Der Gaskrieg	*263*
Die Materialschlachten	*284*
Der Kampf der Spione	*325*
Die Soldaten sind müde	*366*
Eine neue Waffe: Panzer!	*397*
Der Luftkrieg	*416*
Der Seekrieg	*437*
Krieg und Revolution	*478*

Der sogenannte Dolchstoß	*533*
Ludendorff und Wilhelm gehen	*576*
Vom Waffenstillstand zum Friedensvertrag	*604*
Bibliographie	*639*
Personenregister	*643*

Vorwort

1914/18, der Erste Weltkrieg, war die primäre Katastrophe, die unserem Jahrhundert sein schreckliches Gesicht gegeben hat. Damit ist auch schon die Frage beantwortet, was uns dieser vergangene Krieg heute noch angeht. Alle anderen großen Ereignisse, die russische Revolution, Hitler, der Zweite Weltkrieg sowie alle globalen Veränderungen danach, sind nur Folgeerscheinungen und nicht denkbar ohne den zentralen Bruch und Zusammenbruch von 1914/18. Man kann die neue Geschichte befragen wie man will, immer muß am Ende zurückgegriffen werden auf den Schlüssel Erster Weltkrieg. Er öffnet den Zugang zum Verständnis der Zeit, in der wir leben.

In der Tat hat 1914 eine Welt – eine Welt sozusagen anderer Art – endgültig zu bestehen aufgehört, ist 1918 eine Epoche angebrochen, die in der Geschichte kein vergleichbares Vorbild hat. Die politischen Auswirkungen liegen auf der Hand. Zwei Weltmächte, um damit zu beginnen, Deutschland und Österreich-Ungarn, mußten ihre historische Rolle beenden; mit ihnen stürzte ihre monarchische Staatsform, stürzten Königreiche, Fürstentümer und Adel überhaupt. Auch die Kaiserkrone Rußlands fiel. Zugleich bereitete das Erdbeben des Ersten Weltkriegs den baldigen Untergang anderer Weltmächte und der zu ihnen gehörenden Kolonialreiche vor: Frankreich und England. Von Belgien, Holland, Italien oder Spanien gar nicht zu reden. Der Aufstieg der Vereinigten Staaten und der Sowjetunion ist eine unmittelbare Folge des Ersten Weltkriegs.

So begann zugleich die Auflösung jener Ordnung und Stabilität, die das Leben der Vorkriegszeit auszeichneten, ob man sie gutheißen mag oder nicht. An ihre Stelle traten soziale, wirtschaftliche und politische Unrast, Unsicherheit und fortdauernde Kämpfe, die heute noch anhalten, ohne daß sich ein neuer Kristallisationspunkt der Beruhigung erkennen ließe. Die permanente Krise der Welt, überall angstvoll empfunden, ob in Wohlstandsländern oder in den immer schneller anwachsenden Armenvierteln der Erde, ist ohne den Zusammenbruch der sogenannten alten Ordnung nicht denkbar.

Der Erste Weltkrieg bereitete vor allem zwei welthistorische Veränderungen vor. Die erste ist der Sieg des Bolschewismus in Rußland, der ohne die militärische Niederlage und Auflösung des Zarenreiches nicht hätte stattfinden können. Die zweite nahm ihren Ausgang in Versailles mit der wirtschaftlichen Ausblutung Deutschlands, die zum Aufstieg Hitlers führte. Der Zweite Weltkrieg leitet sich aus diesen Ereignissen ab. In seiner Folge stehen die Teilung Deutschlands, das Ende der europäischen Weltgeltung und die Kämpfe im Vorderen Orient, in Asien und in Afrika.

Außer diesen politischen und sozialen Kriegsfolgen müssen noch weitere Umwälzungen ins Gedächtnis gerufen werden, die 1914/18 zum Tragen kamen. An erster Stelle die technologische Revolution. Während der vierjährigen Kriegsdauer wurden auf beiden Seiten der Fronten ungeheure Summen und ungeheure Anstrengungen darauf verwendet, alle technischen Möglichkeiten der Kriegführung zu vervollkommnen und neue Mittel zu entwickeln und in Dienst zu stellen. Das Maschinengewehr, Tanks und andere Panzerfahrzeuge, nicht zuletzt die Luftwaffe, sind Produkte des Ersten Weltkriegs und haben die Kriege bis heute entscheidend verändert. Daneben sind unzählbare kleinere Neuerungen, Materialien und Verfahren erfunden worden, die zwar zunächst dem Krieg zu dienen hatten, dann aber auch im Frieden fortlebten. Mit einem Wort, die Explosion der Technik fand in den Jahren 1914/18 statt und hat die Welt mit einer Geschwindigkeit verändert, die zuvor nicht denkbar gewesen wäre.

Sicher ist es das schwerste Erbe des Ersten Weltkriegs, daß in seinem Wüten auch der Wert des Menschen und des Menschenlebens seinen Tiefstand erreichte. Ludendorffs Wort vom »totalen Krieg« nahm zuerst in den großen Materialschlachten Gestalt an, in denen auch der Begriff »Menschenmaterial« geprägt wurde: der Mensch als Sache zur beliebigen Verwendung, Verschwendung und Vernichtung. Diese Ideologie führt in gerader Linie hin zur Ausrottung von Zivilbevölkerungen, ob durch Bombenteppiche oder durch eine einzige Bombe, ob durch Gas, Bakterien oder Strahlen: der Mensch als Ungeziefer. Immer hat es Greuel in der Geschichte gegeben, aber soweit von der zivilisierten Welt gesprochen werden kann, riefen sie stets Abscheu hervor als ein Abfall von der sittlichen Norm, der Ritterlichkeit. 1914/18 war es damit zu Ende. Seither ist unterschiedslose Massenaustilgung ein selbstverständlicher Bestandteil jeder Generalstabsplanung.

Wie ist es dazu gekommen, wie konnte es dazu kommen? In diesem Buch ist der Versuch gemacht, das Schlüsselereignis unseres Jahrhunderts in seiner Entwicklung und in seinem Ablauf darzustellen. Dabei habe ich mich von drei Grundsätzen leiten lassen. Ich war bemüht, unparteiisch zu sein. Ich hielt mich ausschließlich an Dokumente und an die einschlägige Literatur. Ich machte nicht aus Milch Trockenpulver, schrieb also nicht für Fachgelehrte, sondern für Leser von heute.

Im Februar 1988

Die Schüsse von Sarajewo

Das »Café zum Goldfischlein« in Belgrad ist ein ziemlich düsteres Etablissement. An seinen schäbigen Marmortischen sitzen tagaus, tagein junge Männer mit glänzenden Augen und glänzenden Anzügen, mit wirren Haaren und wirren Ideen. Anarchisten, Panslawisten, Emigranten, Patrioten. Genau die »Balkanmischung«, von der Berliner Militärkreise zu jener Zeit glauben, man müßte sie einmal »mit etwas Insektenpulver zur Ordnung rufen«.

Der Kellner Gjoka hat die offene Postkarte gelesen, die heute morgen für den Stammkunden Nedeljko Čabrinović angekommen ist. Sie stammt aus der bosnischen Hauptstadt Sarajewo, trägt keinen Absender und zeigt handschriftlich nur das eine Wort: Zdravo, was man etwa mit »Grüß Gott« übersetzen könnte. Über diesem kurzen Gruß befindet sich die Hauptsache, ein aufgeklebter Zeitungsausschnitt mit der Meldung, Erzherzog Franz Ferdinand, Generalinspekteur der österreichisch-ungarischen Armee, werde Ende Juni den Manövern in Bosnien beiwohnen und am Sonntag, dem 28. Juni 1914, dem Regierungsgebäude in Sarajewo einen Besuch abstatten.

Gjoka hat alles aufmerksam zur Kenntnis genommen. Als Čabrinović das Kaffeehaus betritt, übergibt er ihm die Karte mit den Worten: »Eine interessante Nachricht für Sie.« Dann fügt er augenzwinkernd hinzu: »Ein süßes Geheimnis von einer bosnischen Schönheit, dachte ich zuerst.«

»Das schreibt man doch nicht auf einer Karte«, entgegnet Čabrinović ärgerlich.

Aber Gjoka ist weiser. »Oh«, meint er, »oft werden noch viel wichtigere Geheimnisse auf einer offenen Karte mitgeteilt.«

Weder der heruntergekommene Gjoka, der es sich aus unerforschlichen Quellen immerhin leisten kann, seinen verwegenen Gästen monatelang die Zeche zu stunden, noch der verkrachte Handelsschüler, Schlosser, Tischlerlehrling und Typograph Čabrinović ahnen bei dem Gespräch, daß sie in diesem Augenblick Handlanger der Weltgeschichte geworden sind. Die Postkarte, von nationalistischen Jugendlichen in Bosnien als »Anregung« an die Gesinnungsfreunde nach Belgrad geschickt, bringt eine Lawine ins Rollen, unter deren Gewalt am Ende ganz Europa verschüttet wird.

Čabrinović, einundzwanzig Jahre alt, untersetzt und breitschultrig, hat sich im »Goldfischlein« mit einem Freund verabredet, einem neunzehnjährigen Gymnasiasten, klein, von schwächlichem Aussehen, dafür aber mit wildbuschigen Brauen und lodernden Augen: Gavrilo Princip.

»Was hältst du davon?« fragt Čabrinović und reicht Princip die Karte. Während der Junge liest, setzt er hinzu: »Der Thronfolger, gar nicht schlecht, wie?«

»Was mich an der Sache besticht«, nickt Princip, »das ist der Tag.«

»Wieso?«

»Am 28. Juni 1389 haben die Türken auf dem Amselfeld die Serben besiegt. Man müßte am 28. Juni 1914 diese alte Rechnung begleichen.«

»Man müßte nicht«, sagt Čabrinović, »wir werden es!«

»Abgemacht«, stimmt Princip bei.

Von nun an kann keiner der beiden mehr zurück, ohne sich vor dem anderen als unwürdiger Schwächling und Verräter zu zeigen. Die Ehrbegriffe, die sie haben, die ihnen eingeimpft worden sind, treiben sie vorwärts. Außerdem sind Čabrinović und Princip Patrioten, denen es darauf ankommt, ihre Heimat vom Joch der Österreicher zu befreien. Beide sind angesteckt von der großserbischen Propaganda.

Die Serben, einst türkische Untertanen, hatten nach ihrer Befreiung in Wien darum nachgesucht, mit ihrem Gebiet in die Monarchie aufgenommen zu werden, aber in den Kanzleien der österreichischen Hauptstadt hatte man »momentan« andere Dinge im Kopf. Als sich die Hofräte wieder an das Gesuch erinnerten, hatten sich die Serben längst selbständig gemacht und ein eigenes Königreich gegründet. Das »Pulverfaß Europas«, der Balkan, ist damit um einen neuen Unruheherd reicher geworden. Zuerst sind die Serben noch damit beschäftigt, ihre eigenen Könige einen nach dem anderen umzubringen, dann stürzen sie sich leidenschaftlich in die verwirrenden Balkankriege, und nun, da sie das alles prächtig überstanden haben, lechzen ihre Militärs nach neuen Ruhmestaten.

Da sind zum Beispiel die Brudervölker der Kroaten und Slowenen. Beide leben unter dem Doppeladler Österreich-Ungarns, und es wäre für Belgrad durchaus verlockend, diese südslawischen Stämme dem Machtbereich der Habsburger zu entreißen. Erstens würde dadurch Österreich geschwächt werden, zweitens würde die eigene Stärke beträchtlich zunehmen. Patriotismus, mit einem Wort.

In Belgrad gibt es eine Vereinigung, die sich »Nationale Verteidigung« – Narodna Odbrana – nennt. Ihr offen zugegebenes Ziel ist es, die Macht Österreich-Ungarns zu bekämpfen. Es gehört zum guten Ton, der »Nationalen Verteidigung« anzugehören. Čabrinović und Princip denken daran, sich an die »Nationale Verteidigung« zu wenden und um Unterstützung für ihr geplantes Attentat zu bitten. Dann überlegen sie es sich anders. Die »Nationale Verteidigung« ist ihnen zu weich. Besser wäre es, sich an die »Schwarze Hand« heranzumachen. Die »Schwarze Hand« ist radikal und wird vor nichts zurückschrecken.

»Könnt ihr überhaupt schießen?«

In den Kaffeehäusern von Belgrad spricht man über die »Schwarze Hand« so offen wie über einen harmlosen Turnverein. Dabei weiß alle Welt, daß dieser Geheimbund Bomben wirft, Brücken sprengt und seine Leute mit Pistolen und Messern ausbildet. Wer die Drahtzieher sind, weiß allerdings niemand. Gründer waren jedenfalls die militärischen Heißsporne und Mörder des Königs Alexander und der Königin Draga gewesen. In den später aufgefundenen Satzungen des Bundes heißt es: »Das Interesse der Vereinigung geht über alles. Jeder

Neueintretende muß sich darüber klar sein, daß er durch seinen Eintritt seine Person verpfändet und weder Ruhm noch persönlichen Vorteil erwarten kann. Sooft das Hauptkomitee eine Todesstrafe verhängt, handelt es sich nur noch darum, daß die Ausführung einwandfrei erfolgt. Die Art der Ausführung ist Nebensache.«

Neulinge werden mit düsterem Mummenschanz aufgenommen: In einem dunklen Raum, der nur von einer Kerze erleuchtet ist, müssen sie vor einem Kruzifix, einem Totenschädel, einem Dolch, einer Giftflasche und einem Revolver den Eid leisten: »Bei der Sonne, die mich wärmt, bei der Erde, die mich nährt, bei Gott, bei dem Blute meiner Vorfahren, bei meiner Ehre und bei meinem Leben schwöre ich, daß ich von diesem Augenblick an bis zu meinem Tode den Gesetzen der Vereinigung treu und stets bereit sein werde, jegliches Opfer für sie zu bringen.«

»Vereinigung oder Tod« nennt sich die »Schwarze Hand« auch. Ihr geheimnisvoller Chef ist Oberst Dragutin Dimitrijević, zugleich Leiter der Spionageabteilung des serbischen Generalstabs und Mitglied der »Nationalen Verteidigung«.

Um in diesen Zirkel vorzustoßen, brauchen sich Čabrinović und Princip nur an einen ihrer Kaffeehausbekannten zu wenden, von dem sie wissen, daß er Mitglied der »Schwarzen Hand« ist: Milan Ciganović, der in den Balkankriegen als Komitadschi, als Partisan, gekämpft hatte.

Inzwischen ist zu Čabrinović und Princip, um die Verwirrung der Namen vollzumachen, ein dritter Verschwörer getreten, der Gymnasiast Trifko Grabež. Die drei tatendurstigen Burschen werden bald von dem Mittelsmann Ciganović in ein unscheinbares Haus in der Belgrader Vorstadt geführt. Dort stellt er sie einem der leitenden Männer der »Schwarzen Hand« vor, dem Major Voja Tankosić, der sich den Plan seiner Besucher anhört und sie dann lachend fragt: »Könnt ihr überhaupt schießen? Mit Pistolen umgehen? Bomben handhaben?«

»Noch nicht perfekt, Herr Major«, will Princip geantwortet haben.

»Gut«, sagt Tankosić, »ihr könnt ab morgen auf dem Militärschießplatz Topčider üben. Habt ihr Geld?«

Der Major wartet eine Antwort nicht ab. Er greift in seine Schreibtischschublade und gibt jedem der drei ein paar Banknoten. Anschließend wird Komitadschi Ciganović, jetzt von Beruf Eisenbahner, damit beauftragt, die drei Verschwörer im Schießen und Bombenwerfen zu unterweisen.

So kommt es, daß von nun an fünf Tage in der Woche, von Sonntag bis Donnerstag, auf dem Belgrader Militärschießplatz drei Zivilisten gedrillt werden. Alle drei bringen es rasch so weit, daß sie bei achtzehn Schüssen durchschnittlich fünfzehn Treffer erzielen. Čabrinović, der sich auf Bomben spezialisiert hat, kann auf eine Entfernung von fünfzehn Metern haargenau eine Konservendose treffen. Ciganović ist zufrieden.

In Europa ahnen zu dieser Zeit nur ganz wenige Menschen, was sich da in Belgrad vorbereitet.

Europäische Sorgen Anno 1914

Europa lebt in einer Epoche unglaublicher Sorglosigkeit. Seit 1870/71 hatte es keinen Krieg mehr gegeben, denn die Verwicklungen auf dem Balkan oder das ferne Schlachtgetümmel zwischen Japan und Rußland von 1905 hatten niemanden berührt.

Berlin, dessen Einwohnerzahl sich gerade der Zweimillionengrenze nähert, genießt den jungen Sommer. Die Kinder spielen Diabolo, in den »Comptoirs« arbeiten vorwiegend männliche Bürokräfte bei Tintenfaß und Kopierpresse, und es ist eine ungeheuerliche Sensation, daß in der »Vossischen Zeitung« zu lesen ist: »Nach einer Feier in der Wohnung des Artilleriehauptmanns Hausmann wurde dieser von dem Oberleutnant Ziegler beleidigt. Er rief darauf seinen Burschen herbei, drückte ihm einen Revolver in die Hand und befahl ihm, auf den Oberleutnant zu schießen. Der Bursche vollzog den Befehl und erschoß den Oberleutnant. Der Hauptmann und der Bursche wurden verhaftet.«

Es gibt noch mehr Sensationen. Der Kinematograph hat sich den Vergnügungsmarkt erobert, und Automobile sind jetzt so häufig in den Straßen zu sehen, daß Witzbolde behaupten, eines Tages werde es überhaupt keine Pferdefuhrwerke mehr geben. Der Edison-Phonograph ist vom Trichter-Grammophon verdrängt worden, aus dessen Schlund allenthalben die heisere Melodie krächzt: »Mein Liebchen, fahr mit mir im Automobil von Hamburg nach Kiel, das kostet nicht viel.« Vorläufig aber beherrschen noch die siebentausend Droschken »erster Klasse« und 1150 »zweiter Güte« das Straßenbild; außerdem gibt es 3400 elektrische Straßenbahnwagen.

Wer wohlhabend ist, zeigt es dadurch, daß er sich ein Telefon einrichten läßt, einen braunen Kurbelkasten mit verstellbarem Trichter und zwei Hörern. Tollkühne Frauen, die nichts von weiblicher Zurückhaltung wissen wollen, werden Telefonistinnen. Das heraufdämmernde technische Zeitalter wird daneben durch den »verrückten Grafen« Ferdinand Zeppelin vertreten, der es sich in den Kopf gesetzt hat, die Luft mit zigarrenförmigen Ballons zu erobern. Dazu kommt die sinnenberaubende Einrichtung der ersten »amerikanischen Rolltreppe« in Berlin, aber bald trällert man überall: »Ob Kinda oder Olle, Mensch, loof nicht, sondern rolle.«

Hätten die Menschen gewußt, was sie nicht ahnen konnten, sie wären noch viel fröhlicher gewesen. Die Wirtschaft blüht, obwohl es kein Wirtschaftsministerium gibt, man kann ohne Schwierigkeiten billige Wohnungen mieten, obwohl Wohnungsämter unbekannt sind, und der Staat nimmt von seinen Steuerzahlern nicht einmal den Zehnten: Die Einkommensteuer liegt bei vier Prozent, und die Umsatzsteuer ist überhaupt noch nicht erfunden.

Man kann auf der ganzen Welt ohne Paß umherreisen, einwandern, auswandern, sich niederlassen, arbeiten. In Deutschland gibt es keine krassen sozialen Unterschiede. Die Mark ist ein blankes Geldstück von unerschütterlicher Härte und stets gleichbleibender Kaufkraft. Alles ist billig, gediegen und in jeder Menge zu haben.

Der Staat arbeitet mit einer Handvoll Beamten, und alles funktioniert trotzdem. Seine Haupteinnahmequelle sind die Überschüsse der Eisenbahn. Zensur ist unbekannt, die Zeitungen schreiben frei und scharf, was sie wirklich meinen, und von den zehn Millionen wehrpflichtigen Deutschen brauchen nur fünf Millionen damit zu rechnen, jemals eingezogen zu werden.

Und über allem glänzt unwirklich und fern Seine Majestät Wilhelm II., Kaiser von Gottes Gnaden.

»Ich führe euch herrlichen Zeiten entgegen«

Wilhelms Bartspitzen, von Hoffriseur Harby bis fast zur Höhe der Augen empordressiert, sind auf der ganzen Welt bekannt. Wilhelm hat seit seiner Geburt einen verkürzten linken Arm und einen gehörigen Komplex. Er ist ständig darauf bedacht, durch lautes und pompöses Auftreten seine Schwächen vergessen zu machen.

Bald wird das Schicksal der Welt von den Entscheidungen dieses Mannes abhängen. Wird Wilhelm der Situation gewachsen sein? Bei seinem Regierungsantritt hat er dem deutschen Volk versichert: »Ich führe euch herrlichen Zeiten entgegen!«

Sicher meint er es ehrlich. Sicher ist er an jedem edlen Ziel interessiert. Aber ebenso sicher ist er zu ungeschickt, zu faul und zu eitel, um auch nur das Bestehende erhalten zu können. Er reist, jagt, speist und amüsiert sich. Seinen Schreibtischstuhl, der die Form eines Sattels hat, benützt er nur selten, die Staatsgeschäfte sind ihm lästig. Nur dort, wo er selbst als starke Figur auftreten kann, widmet er sich den öffentlichen Angelegenheiten. »Am liebsten hätte er alle Tage Geburtstag«, sagte jemand über ihn.

Als Kaiser hätte er gut unter die lauten Genießer des alten Rom gepaßt. Am meisten genießt er Schmeicheleien. Wenn er seinen Humor beweisen will, klopft er alten Würdenträgern auf die Schulter und ruft: »Was, Sie altes Schwein sind auch hier?« Das Wort »Selten so gelacht« kommt auf, und wenn Wilhelm zu einer Aufführung des »Fliegenden Holländer« in Admiralsuniform erscheint, die er unter seinen tausend Uniformen ausgesucht hat, schmunzelt ganz Berlin.

»Meine Zufriedenheit genügt und ist wichtiger als alles andere«, pflegt er zu sagen, und seine politische Philosophie lautet: »Meine Untertanen sollten einfach tun, was ich ihnen sage, aber meine Untertanen wollen immer selber denken, und daraus entstehen dann alle Schwierigkeiten.« Vom Parlament meint er: »Es ist mir vollständig gleichgültig, ob im Reichstagskäfig rote, schwarze oder gelbe Affen herumspringen.«

»Wer sich mir entgegenstellt, den zerschmettere ich«, verkündet er in einer Rede, und bei einem Straßenbahnerstreik fordert er in einem Telegramm an den Militärbefehlshaber: »Ich erwarte, daß beim Einschreiten der Truppen mindestens fünfhundert Leute zur Strecke gebracht werden.«

Zugleich läßt er sich in phantastischer Selbstgefälligkeit als Jäger ein Denkmal setzen und in den Stein die Worte meißeln: »Unser durchlauchtigster Markgraff und Herre Kaiser Wilhelm II. faellete allhier am 19. IX. 1902 Allerhöchst seinen 200. edel Hirschen auf der Grimmitzer Heyde.«

Der amerikanische Diplomat Edward House findet ihn »dicht an der Schwelle der Geisteskrankheit«, Feldmarschall Graf Alfred Waldersee bemerkt, daß Wilhelm »nicht die geringste Lust mehr zur Arbeit hat«, und selbst seine Vertraute, die Fürstin Daisy von Pleß, schreibt:

»Große Gebiete seiner Seele waren, wie sein Arm, nicht erwachsen.«

Und doch, dieser unglückselige Mann in der bald lächerlichen, bald tragischen Cäsarenpose wird in Europas schwerster Krise nicht das Schwert ziehen, sondern bis zuletzt den Weg zum Frieden suchen.

Noch wiegt sich Europa jedoch in Sicherheit. Während auf einem Militärschießplatz von Belgrad drei hitzköpfige Burschen mit Pistolen und blinden Bomben hantieren, stattet König Georg V. von Großbritannien Paris einen Besuch ab, macht der Hapag-Riesendampfer »Vaterland« seine bejubelte Jungfernfahrt nach Amerika, weilt der deutsche Kronprinz in Zoppot, entspannen sich Zar Nikolaus und »Sonnenschein«, seine Gemahlin, im Lustschloß Zarskoje Selo, und nur in Österreich herrscht Trauer, weil ein Doppeldecker das Militärluftschiff

»Körting« gerammt hat, wobei neun tapfere Aviatiker den Tod gefunden.

Aber in der österreichisch-ungarischen Monarchie ist man es gewohnt, mit Tragödien, Dramen und Unbilden aller Art fertig zu werden. Im Nationalitätenstaat an der Donau hat man längst die Erfahrung gemacht, daß es ohne Aufregung auch geht und daß es allen Wahrscheinlichkeiten zum Trotz immer weitergeht. Zehn verschiedene Völker, Polen, Tschechen, Slowaken, Ungarn, Rumänen, Ukrainer, Italiener, Slowenen, Kroaten und Serben, leben mit den Österreichern unterm gleichen Dach, unter der gleichen Krone. Es gärt in diesem Gemisch, aber selbst die radikalsten Nationalisten haben nicht die Absicht, abzufallen und selbständige Staaten zu gründen: Solche Ideen tauchen erst viel, viel später auf. Trotzdem genügen die Reibungen und Spannungen. Sie fordern staatsmännische Entschlüsse, Reformen, wenn nicht eines Tages ein Überdruck entstehen soll, der den Kessel zerreißt.

Kaiser Franz Joseph ist nicht der Mann, solche Änderungen vorzunehmen. Seine Apostolische Majestät, Kaiser von Österreich und König von Ungarn, setzt sich jeden Morgen um halb fünf Uhr an den Schreibtisch, speist dort auch zu Mittag und ist seinem ganzen Wesen nach ein unbeweglicher Bürokrat. Er schläft in einem eisernen Feldbett, ist geizig, lacht niemals und scheint keine Gefühle zu kennen. Das einzige Zeichen der Neuzeit, das Franz Joseph zeit seines Lebens anerkannt hat, ist die Eisenbahn; alle anderen Zerrgebilde, wie etwa Automobile oder Telefone, lehnt er ab. Er trocknet seine Briefe mit Streusand, liest niemals ein Buch und nimmt alle Schreckensnachrichten ungerührt entgegen: den Selbstmord des Kronprinzen Rudolf in Mayerling, die Ermordung seiner Gattin, die Erschießung seines Bruders Maximilian von Mexiko, den Wahnsinn seiner Schwägerin Charlotte, drei unglückliche Todesfälle unter den Erzherzögen. »Mir ist nichts erspart geblieben«, soll er einmal gesagt haben, doch dieser Ausspruch ist unbewiesen.

Franz Joseph wird nichts an den bestehenden Zuständen in seinem Reich ändern. Ein anderer allerdings drängt ungeduldig danach, die notwendigen Reformen in Angriff zu nehmen und dem Zusammenleben der Völker unter dem Doppeladler eine gerechtere Grundlage zu geben: Erzherzog und Thronfolger Franz Ferdinand, ein Mann mit wahrhaft staatsmännischen Gaben. Er gilt als der kommende »starke Mann«. Aber er kommt nicht zum Zug. Sein Oheim, der Monarch, erfreut sich ungebrochener Gesundheit, wenn man von einer leichten Anfälligkeit seiner »Respirationsorgane« absieht, wie die kaiserlichen Atemwege in den offiziellen Bulletins respektvoll genannt werden. Er denkt gar nicht daran, die Augen für immer zu schließen und seinem Neffen den Thron freizumachen.

So verwartet Franz Ferdinand die Jahre auf Schloß Konopischt. Gegen alle Widerstände des Hofes hat er es durchgesetzt, die unebenbürtige Gräfin Sophie Chotek zu heiraten – die später zur Herzogin von Hohenberg erhoben wird und dennoch in Ungnade bleibt. Er entwirft Pläne zur Neuordnung des Reiches, zur Lösung der Nationalitätenprobleme, aber wenn er damit bis zum Kaiser vordringt, bekommt er von Franz Joseph immer nur die kalt ablehnende Antwort: »Solang ich lebe, hat sich niemand in die Regierung zu mischen.«

Der Thronfolger ist verbittert. Er wird zum Menschenfeind und begnügt sich damit, auf seinen Schlössern Rosen zu züchten. Als 1907 bekannt wird, daß er sich darum bemüht, eine schwarze Rose zu ziehen, erscheint in der Londoner »Times« ein seltsamer Leserbrief: »Weiß Franz Ferdinand aus der Geschichte Englands nicht, daß es einen Mord mit nachfolgendem Krieg bedeutet, wenn die schwarze Rose blüht?« Gleich darauf meldet sich ein anderer Leser der »Times« zu Wort, selbst ein Rosenzüchter, der beruhigend erklärt, daß es nach der Mendelschen Vererbungslehre wenigstens sieben Jahre dauere, ehe aus der Kreuzung zwischen Rosa canina und Rosa rugosa einmal eine schwarze Blüte hervorgehe. Hat die schwarze Rose 1914 in Franz Ferdinands Garten geblüht? Niemand weiß es zu sagen.

Mordwerkzeuge im Zuckerkarton

In Belgrad, wo die Verschwörer Čabrinović, Princip und Grabež ihre Mordübungen gerade beendet haben, ist der bedenkenlose Plan der drei inzwischen in die Sphären der höheren Politik aufgestiegen. Dort hat das Unternehmen Anklang gefunden, weil eines vorauszusehen ist: Der Festigkeit und dem politischen Geschick Franz Ferdinands wird es dereinst zweifellos gelingen, alle nationalen Unzufriedenheiten in Österreich-Ungarn zu glätten. Sobald das eingetreten ist, hat die großserbische Propaganda keine Anziehungskraft mehr, und es wird nicht mehr möglich sein, die Donaumonarchie von innen heraus zu sprengen. Deshalb ist es gut, wenn Franz Ferdinand stirbt, noch ehe er den Thron bestiegen hat und sein Reformwerk in die Tat umsetzen kann.

Für den Chef der »Schwarzen Hand« und des serbischen Spionagedienstes, Oberst Dimitrijević, ist das alles klar. Er ist sich aber auch dessen bewußt, daß Serbien klein ist und von der österreichisch-ungarischen Armee zerquetscht werden kann, falls Wien die Ermordung des Thronfolgers nicht hinnehmen sollte. Eine Rückfrage bei der großen slawischen Brudermacht, bei Rußland, konnte daher nicht schaden.

Die Antwort, die der russische Militärattaché gegeben haben soll, muß ermutigend gewesen sein. Noch am Abend erscheint Dimitrijević bei seinen Freunden im eleganten Belgrader Restaurant »Kolarac« und ruft ihnen zu: »Wie wäre es, wenn wir ihm einige Bomben entgegenschleudern würden?«

»Wem, wem?« wird er bestürmt.

»Wem sonst als Ferdinand!« antwortet der Oberst lachend und läßt sein Glas mit Champagner füllen. Von dieser Stunde an sind Čabrinović, Princip und Grabež keine revolutionären Freiheitshelden mehr, sondern nur noch Kreaturen in den Händen ehrgeiziger Drahtzieher.

Die drei Attentäter machen sich auf den Weg von Belgrad über die Grenze nach Sarajewo. Ihr Lehrer im Gebrauch der Waffen, Ciganović, hat ihnen in höherem Auftrag vier Brownings mit Munition ausgehändigt, sechs Bomben aus den staatlichen Fabriken in Kragujevac, je einhundertsechzig Dinar Reisegeld und drei Dosen Zyankali für Selbstmordzwecke. Die Grenze nach Bosnien überschreiten sie getrennt. Čabrinović hat einen falschen Paß, Grabež und Princip benützen einen sicheren Schmugglerpfad, auf dem sie auch die Pistolen und Bomben ungefährdet mit sich führen können. In Tuzla, auf österreichisch-ungarischem Boden, treffen sie wieder zusammen.

Hinter ihrem Rücken, in Belgrad, ist indessen eine unerwartete Komplikation entstanden. Der serbische Ministerpräsident Nikola Pašić hat durch einen Vertrauensmann und Doppelspieler, den Komitadschi Ciganović, Kenntnis von dem geplanten Attentat bekommen. Er ist in einer Zwickmühle. Wenn er es wagt, einzugreifen und die Pläne zu durchkreuzen, liefert er sich selbst unfehlbar der Rache der »Schwarzen Hand« aus. Unternimmt er nichts, so wird man ihm eines Tages die Mitwisserschaft vorwerfen. So flüchtet er in die diskret erteilte Anweisung, »die gewissen jungen Leute, die auf dem Weg nach Sarajewo sind, an der Grenze aufzuhalten«. Die Offiziere, die diesen Befehl weitergeben sollen, sind Mitglieder der »Schwarzen Hand«. Sie lächeln nur und melden Ministerpräsident Pašić nachher, es sei schon zu spät gewesen, die Herren hätten die serbische Grenze schon hinter sich gelassen gehabt.

Pašić scheint zu ahnen, daß diese Sache nicht gutgehen kann. In der zweiten Junihälfte ringt er sich zu einem Telegramm an den serbischen Gesandten in Wien, Jovan Jovanović, durch. Darin gibt er ihm die Anweisung, der österreichischen Regierung einen Fingerzeig zukommen zu lassen: Die serbische Regierung halte sich aufgrund ihr zugegangener Indiskretionen zu dem Argwohn berechtigt, »daß ein Komplott gegen das Leben des Erzherzog-Thronfolgers gelegentlich seiner bosnischen Reise geplant sei«.

Ähnlich gewunden drückt sich Jovanović aus, als er sich des Auftrags entledigt und zu dem österreichischen Minister Leo Ritter von Bilinski sagt: »Unter der serbischen Jugend kann sich jemand finden, der in sein Gewehr oder in seinen Revolver nicht ein blindes, sondern ein wirkliches Geschoß steckt, das er dann abfeuert. Diese Kugel könnte den Herausforderer treffen, und deswegen wäre es gut und vernünftig, daß Erzherzog Franz Ferdinand nicht nach Sarajewo geht.«

Bilinski hebt nur die Schultern. »Hoffen wir, daß nichts passiert.«

Was soll er anderes tun? Es wäre unmöglich für den Thronfolger der österreichisch-ungarischen Weltmacht, wegen einer nebelhaften Anspielung zurückzuschrecken und seinen Manöverbesuch abzusagen. Das schätzt Bilinski richtig ein, und deswegen gibt er die Äußerung nicht weiter.

Alles wirkt nun beunruhigend zusammen: Čabrinović, der allein die Grenze überschreitet, fällt einem österreichischen Zollbeamten auf, weil er sich mit einem Mann unterhält, der den Behörden als Spitzel der serbischen »Nationalen Verteidigung« bekannt ist. Die nächste Gendarmeriestation wird verständigt, aber »die Spur des Avisierten geht der Polizei wieder verloren«.

Derweil melden sich die Attentäter in Tuzla, dem Geburtsort von Grabež, bei dem Kinobesitzer Jovanović. So ist es ihnen in Belgrad befohlen worden. Jovanović versteckt die Pistolen, die Munition und die Bomben in einem alten Koffer auf seinem Dachboden.

Mit leeren Händen reisen die drei Burschen nach Sarajewo weiter. Princip findet dort Unterschlupf bei einem Freund namens Danilo Ilić, und Ilić ist es auch, der es unternimmt, am nächsten Tag nach Tuzla zu fahren und die Mordwerkzeuge zu holen. Aber Jovanović ist nicht zu Hause. Dem Kinobesitzer war es zu gefährlich gewesen, die belastenden Dinge auf seinem Speicher zu haben. Er hatte Bomben, Brownings und Munition in einen leeren Zuckerkarton gepackt und nach Doboj gebracht, wo er sich in den Wartesaal setzt und das Paket mit seinem Regenmantel zudeckt. Zu Hause hat er Nachricht für den erwarteten Boten aus Sarajewo hinterlassen.

Jovanović wartet lange. Dann wird es ihm zu dumm. Er nimmt den Zuckerkarton und sucht den Kaufladen eines Freundes auf. Da der Freund nicht da ist, gibt er das Paket einem kleinen Mädchen zur Aufbewahrung. Vorübergehend liegt das Geschick der Welt in den Händen eines Kindes.

Endlich erscheint Ilić. Er legitimiert sich verabredungsgemäß mit einer angebrochenen Schachtel Stephanie-Zigaretten. Dann nimmt er das verschnürte Paket in Empfang, verbirgt es unter seinem Havelock und reist unangefochten nach Sarajewo zurück. Zu Hause verstecken Princip und Ilić den Zuckerkarton unter dem Sofa.

»Der Kerl ist verrückt!«

Was macht das Opfer zu dieser Zeit, Erzherzog Franz Ferdinand? Man weiß, daß der »Generalinspekteur der gesamten bewaffneten Macht« noch am 4. Juni überlegt hat, ob er überhaupt zu den Manövern nach Bosnien reisen sollte. »Mache es, wie du willst«, hatte Kaiser Franz Joseph zu ihm gesagt, und das konnte nur heißen: Fahre!

Franz Ferdinand scheint voll von bösen Ahnungen zu sein. Am ersten Tag der Reise ins Manövergelände gibt es auf dem Bahnhof Chlumetz in Böhmen einen Zwischenfall. Sein neuer, mit allen Raffinessen ausgestatteter Salonwagen Nr. 22 läuft heiß, fängt beinahe Feuer und muß abgekoppelt werden. »Zuerst heißgelaufene Waggons«, soll der Thronfolger ärgerlich gesagt haben, »dann ein Attentat in Sarajewo, und wenn das alles nichts hilft, eine Explosion auf dem Dampfer ›Viribus‹« (mit dem er nach den Manövern eine Mittelmeerreise machen wollte).

Als der Zug am 23. Juni den Wiener Südbahnhof verläßt, fällt im Salonwagen des Erzherzogs das Licht aus. Eilig werden Kerzen angezündet, und Franz Ferdinand sagt melancholisch zu seinem Privatsekretär Nikitsch: »Was sagen Sie zu dieser Beleuchtung? Wie in einem Grab, nicht?«

Doch alles verläuft glatt. Die Manöver, wie alle Manöver, überzeugen den hohen Generalinspekteur vom ausgezeichneten Stand der Ausbildung. Nachdem das militärische Schauspiel beendet ist, schickt Franz Ferdinand am Abend des 27. Juni ein Telegramm an den Kaiser: »Alles frisch und munter. Morgen besuche ich Sarajewo und reise abends ab.«

Ein zweites Telegramm schickt er an seine Kinder, den zwölfjährigen Prinzen Maximilian, den zehnjährigen Prinzen Ernst und die dreizehnjährige Prinzessin Sophie. Er kündigt ihnen die Rückkehr von »Papi« und »Mami« für den 30. Juni an.

Am Abend sind der Thronfolger und seine Gemahlin bei einem Bankett im festlich geschmückten Hotel »Bosna« in Bad Ilidža. Nach Beendigung der Tafel sagt Franz Ferdinand seufzend: »Gott sei Dank ist diese Bosnienfahrt jetzt auch vorüber!«

Das ist etwa zur gleichen Stunde, als in der Dachkammer von Danilo Ilić der Zuckerkarton unter dem Sofa hervorgeholt wird und Bomben und Pistolen an die Attentäter verteilt werden. Eine Kerze beleuchtet den Stadtplan von Sarajewo, der auf dem Tisch liegt, und die Mörder von morgen studieren den Anfahrtsweg ihres Opfers zum Rathaus. Vor ein paar Stunden noch haben sie in einer Schenke an der Lateinerbrücke bei Rotwein patriotische Lieder gesungen.

Sonntag, der 28. Juni 1914, fällt mit dem Nationalfeiertag aller Serben zusammen, dem Vidovdan. Am Vormittag gegen zehn Uhr trifft das Thronfolgerpaar mit seinem Gefolge aus Bad Ilidža am Stadtrand von Sarajewo ein. Erster Programmpunkt ist hier die Besichtigung der Garnison.

Während sich Franz Ferdinand dieser Pflicht mißmutig, aber mit gut gespielter Leutseligkeit entledigt, begibt sich einer der Attentäter, Čabrinović, noch seelenruhig zu einem Fotografen, »um sich so der Nachwelt zu erhalten«, wie er bei einer späteren Vernehmung aussagt. Dann stellt er sich mit seinen Bomben in der Nähe der Čumurjabrücke auf. Die Straße, die hier an einem halb ausgetrockneten Flüßchen entlangführt, heißt Appellkai. Čabrinović wählt den von der Sonne beschienenen Gehweg, weil auf der Schattenseite zuviel Gedränge herrscht. Dort stehen dicht aneinandergepreßt Menschen, die sich zur Begrüßung des Erzherzog-Thronfolgers eingefunden haben.

Der Einzug Franz Ferdinands vollzieht sich in vier Automobilen. Im ersten Wagen sitzen der Bürgermeister und der Polizeichef von Sarajewo. Im zweiten – einem ganz modernen Graef-Stift-Sechssitzer – hat das Besucherpaar Platz genommen, zusammen mit dem Militärgouverneur Potiorek und Graf Harrach, der die Sehenswürdigkeiten der Stadt erläutert. Das Gefolge verteilt sich auf die nachfolgenden beiden Automobile.

Herrliches Sommerwetter. Die Straßen von Sarajewo sind bunt geschmückt mit Fahnen, Girlanden, Blumenarrangements, Wimpeln. In vielen Schaufenstern steht das bekränzte Bild des Erzherzogs. Die Menschen am Straßenrand winken mit den Händen, schwenken Taschentücher, jubeln. Franz Ferdinand trägt große Uniform und hat sämtliche Orden angelegt, über seinem Haupt weht der Federbusch. Mit der weiß behandschuhten Rechten grüßt er immer wieder nach allen Seiten aus dem offenen Fahrzeug. Die Herzogin an seiner Seite, in weißem Spitzenkleid und breitrandigem Sommerhut, lächelt der Menge huldvoll zu.

Čabrinović sieht die Wagen herankommen. In aller Ruhe holt er aus seinem Rock eine Bombe hervor und streift ihre Kappe an dem Pfosten eines Bretterzauns ab. Obwohl es eine fabrikmäßig hergestellte Bombe ist, besteht sie doch nur aus einer Flasche, die außer dem Zünder und Sprengstoff Nägel und gehacktes Blei enthält. Wie er es in Belgrad gelernt hat, wirft Čabrinović das Teufelsding mit einer sanften, fast langsamen Armbewegung von unten nach oben zum Automobil Franz Ferdinands. Es muß mitten in den Wagen fallen und dort krepieren. Es ist genau 11.02 Uhr.

Franz Ferdinand hat im Bruchteil einer Sekunde bemerkt, wie ein Gegenstand in kurzem Bogen auf ihn zugeflogen kommt. Mit einer geistesgegenwärtigen und doch beherrschten Bewegung, um die Herzogin nicht zu erschrecken, wehrt der Thronfolger die Bombe mit dem Handrücken ab. Der Chauffeur, der ebenfalls einen Schatten durch die Luft fliegen sieht, gibt Gas. Das Automobil schießt nach vorn. So fällt die unheilvolle Flasche auf das rückwärts zusammengefaltete Wagendach, rollt von dort auf die Straße und explodiert dicht neben den Hinterrädern des nachfolgenden Fahrzeugs.

Vieles geschieht sofort nach dem Donnerschlag gleichzeitig. Ein Aufschrei und eine instinktive Fluchtbewegung gehen durch die Menge. Mehrere Leute am Straßenrand sind vom mörderischen Inhalt der Bombe schwer verletzt worden und blutend zusammengebrochen. Oberstleutnant von Merizzi und Graf Boos-Waldeck, neben deren Wagen die Explosion erfolgt, haben gefährlich aussehende Wunden davongetragen. Erzherzog Franz Ferdinand hat einen leichten Kratzer im Gesicht, die Herzogin von Hohenberg ist unverletzt. Er läßt die Wagenkolonne anhalten, steigt aus und überzeugt sich von den Folgen des mißglückten Attentats. Er gibt den Befehl, alle Verletzten so schnell wie möglich ins Hospital zu bringen.

Während sich dies alles abspielt, schiebt sich ein junger Mann durch die Menge und schaut zu. Es ist Gavrilo Princip. Er hat auf seinem Posten an der Lateinerbrücke den Knall der Bombe gehört und ist herbeigeeilt, um den toten Franz Ferdinand zu sehen. Statt dessen sieht er Franz Ferdinand, der sich lediglich die Schramme im Gesicht mit einem Taschentuch betupft. Und er sieht weiter seinen Kameraden Čabrinović auf der Flucht. Der Bombenwerfer ist gleich nach der Detonation in das fast ausgetrocknete Flußbett gesprungen, aber von Gendarmen eingeholt und niedergeschlagen worden. Princip sieht, wie Čabrinović abgeführt wird. Dabei, so sagt er später, kommt ihm der Gedanke, den Freund zu erschießen, »um mit der ganzen Sache Schluß zu machen«. Dann will er sich selbst töten.

»Weiter!« entscheidet in diesem Augenblick Franz Ferdinand. »Der Kerl ist verrückt, meine Herren. Wir wollen unser Programm fortsetzen.«

Princip läßt seinen Plan fallen. Er wirft Čabrinović noch einen Blick nach und trottet dann zur Lateinerbrücke, zu seinem Posten, zurück.

11.37 Uhr: Der Anfang vom Ende der guten alten Zeit

Franz Ferdinand steigt wieder in das Automobil, und gleich darauf setzt die Wagenkolonne ihre Fahrt zum Rathaus von Sarajewo fort. Der Polizeichef hat befohlen, schnell zu fahren, aber der Thronfolger erteilt gleich darauf eine gegenteilige Weisung: »Damit mich die Bevölkerung besser sehen kann.«

Im Rathaus findet die Empfangsfeier statt, als sei nichts geschehen. Der Bürgermeister von Sarajewo, Fehim Effendi Ćurčić, ist so ängstlich, daß er kein Wort seiner längst vorbereiteten Rede mehr zu ändern vermag. Er liest sie von einem Blatt Papier ab, und sie ist einer jener geschwollenen Ergüsse, mit denen zu allen Zeiten hochgestellte Persönlichkeiten gelangweilt werden: »Hochbeglückt sind unsere Herzen über den gnädigsten Besuch, mit welchem Eure Hoheiten unsere Landeshauptstadt Sarajewo auszuzeichnen geruhen, und ich schätze mich besonders glücklich, daß Eure Hoheiten von unseren Antlitzen die Gefühle unserer Liebe und Ergebenheit ...«

Franz Ferdinand ist nicht der Mann, sich diesen Phrasenschwall geduldig anzuhören. Mit lauter Stimme fährt er dem Bürgermeister dazwischen: »Das ist ja recht hübsch! Da kommt man zu Besuch in diese Stadt und wird mit Bomben empfangen!«

In das erschrockene Schweigen aller Anwesenden läßt der Thronfolger noch die Bemerkung fallen, man werde diesen Kerl von Attentäter, anstatt ihn unschädlich zu machen, nach echt österreichischer Art sicher noch mit einem Verdienstkreuz auszeichnen.

»Aber Franzl«, flüstert die Herzogin peinlich beklommen, »die Herren hier können doch nichts dafür!«

Der Erzherzog beruhigt sich und sagt zu dem Bürgermeister, der wie ein begossener Pudel dasteht: »So, jetzt fahren Sie fort!«

».... Liebe und Ergebenheit«, nimmt Ćurčić den Faden seines Manuskripts wieder auf, »der tiefen Anhänglichkeit und unerschütterlichen Untertanentreue sowie unseres Gehorsams zu Seiner Majestät, unserem Kaiser und König und dem Allerhöchsten Kaiserhause Habsburg-Lothringen ablesen können.«

Der Thronfolger, doch etwas wendiger als Bürgermeister Ćurčić, flicht in seine ebenfalls lange vorbereitete Dankadresse wenigstens einen rasch erdachten, aktuellen Satz ein. Er lautet: »Ich danke Ihnen herzlich erfreut über die mir und meiner Gemahlin seitens der Bevölkerung bereiteten jubelnden Ovationen, um so mehr, als ich darin auch den Ausdruck der Freude über das Mißlingen des Attentats erblicke.«

Nach dem Festakt besteht Franz Ferdinand darauf, das Programm nach dem alten Plan fortzusetzen. Lediglich ein Besuch bei den Verletzten im Hospital soll eingefügt werden. Zu seiner Gattin gewendet meint er: »Ich fahre auf alle Fälle allein.«

»Nein, Franzl«, sagt die Herzogin fest, »ich möchte gerade jetzt bei dir bleiben.«

Obwohl General Potiorek und der Polizeichef ein zweites Attentat am gleichen Tag für unwahrscheinlich halten, wird doch beschlossen, bei der Weiterfahrt nicht den Weg durch die enge, von wartenden Menschen verstopfte Innenstadt einzuschlagen. Statt über die Lateinerbrücke in die Franz-Joseph-Straße zu fahren, sollen die Wagen zuvor abbiegen und eine Abkürzung über den Appellkai zum Hospital nehmen.

Eine knisternde Unruhe liegt über der Stadt. Militär ist herangerückt und macht sich überall in den Straßen bemerkbar, nachdem man zuvor davon Abstand genommen hatte, den Weg durch Posten zu sichern. Franz Ferdinand spürt die veränderte Atmosphäre. Während er die Treppen des Rathauses zum Automobil hinabsteigt, sagt er halb scherzend zu seiner Gattin: »Mir scheint, wir werden heute noch einige Kugerln bekommen.«

Der Wagen mit dem Bürgermeister fährt wieder voraus. Aber Ćurčić, wahrscheinlich noch verwirrt vom ungnädigen Gepolter im Rathaus und von der ganzen Schande, die heute über seine Gemeinde gekommen ist, vergißt die getroffenen Abmachungen: statt den Appellkai entlangzufahren, läßt er seinen Wagen doch die Lateinerbrücke in Richtung Innenstadt überqueren. Chauffeur Franz Urban, der das Automobil mit dem Thronfolgerpaar lenkt, fährt hintendrein.

»Halt, was ist denn los«, ruft Potiorek, »wir fahren ja falsch! Fahren Sie den Appellkai hinunter!«

Chauffeur Urban bremst. Er will zurückstoßen und das Fahrzeug wenden. Das schwerfällige Manöver spielt sich genau vor der Nase Princips ab, der hier wartet – und der hier vergebens gewartet hätte, wenn der Wagen von Ćurčić nicht vom neu festgelegten Fahrtweg abgewichen wäre. Langsam zieht Princip den schweren Browning aus der Tasche. Die Waffe ist gespannt und entsichert. Er hebt die Pistole mit gestrecktem Arm in Augenhöhe, wie auf dem Schießstand Topčider in Belgrad. Seine Hand ist ruhig. Er zielt rasch, aber bedächtig. Zweimal krümmt sich Princips rechter Zeigefinger. Zweimal schlägt ein trockener Knall in die flimmernde Mittagshitze dieses schicksalsschweren Tages. Es ist 11.37 Uhr.

In dieser Minute des 28. Juni 1914 hat der minderjährige Wirrkopf Gavrilo Princip einem ganzen Zeitalter den Todesstoß versetzt. Er hat das Erdbeben ausgelöst, das heute noch unter dem dünnen, schwankenden Boden der Welt zittert.

Nur ein paar Sekunden

Obwohl Princip rasch hintereinander gefeuert hat, scheint doch eine Ewigkeit zwischen den beiden Schüssen zu liegen, wenn man Augenzeugenberichte und die späteren Aussagen vor Gericht noch einmal studiert.

Der Militärgouverneur von Bosnien, General Potiorek, der im Wagen des Thronfolgerpaares sitzt, hört den ersten Schuß, und was dann geschieht, kleidet er in die Worte: »Da spritzte ein dünner Blutstrahl aus dem Mund Seiner Kaiserlichen Hoheit auf meine rechte Backe.«

Potiorek zieht sein Taschentuch, und alles, was ihm seine Geistesgegenwart eingibt, ist der Versuch, das Gesicht des verwundeten Erzherzogs damit zu reinigen. Aber in dieser Sekunde muß der zweite Schuß gefallen sein und Franz Ferdinands Gattin getroffen haben. General Potiorek sieht noch, wie sich die Herzogin nach dem ersten Schuß entsetzt ihrem Mann zuwendet, hört noch, wie sie ausruft: »Um Gottes willen! Was ist dir geschehen?«

Doch zur gleichen Zeit sinkt sie selbst von ihrem Sitz und fällt mit dem Gesicht auf Franz Ferdinands Knie. »Ich ahnte gar nicht, daß sie getroffen war«, berichtet Potiorek. »Ich dachte, sie sei aus Schreck ohnmächtig geworden.« In Wirklichkeit hat das zweite Geschoß Princips zuerst die Blechkarosserie des Automobils durchschlagen, die roßhaargefüllte Lederpolsterung, und ist der Herzogin dann in den Unterleib gedrungen.

Franz Ferdinand, obwohl schwer getroffen, erkennt schneller als der Militärgouverneur, daß es sich nicht um eine Ohnmacht handelt. Er beugt sich nach vorn – oder Schwäche läßt ihn vornübersinken –, und während immer noch Blut aus seinem Mund quillt, hört ihn Potiorek sagen: »Sopherl, Sopherl, stirb mir nicht! Bleib für unsere Kinder!« Die Herzogin gibt keine Antwort mehr.

Jetzt packt Potiorek, wie er selbst sagt, »den Erzherzog beim Rockkragen, um das Vornübersinken des Kopfes zu verhindern«. Schrecken und Tod vermögen aber nicht, die Etikette zu erschüttern, und so entringt sich dem General die Frage: »Leiden Eure Kaiserliche Hoheit sehr?«

»Es ist nichts«, sagt Franz Ferdinand deutlich vernehmbar.

Der pulsierende Blutstrom versiegt nicht. General Potiorek und Chauffeur Urban hören noch mehrmals, wie der Erzherzog in Abständen wiederholt: »Es ist nichts ... es ist doch gar nichts ... es ist nichts.«

Respektvoll erzählt der Militärgouverneur weiter: »Jetzt verzog er etwas sein Angesicht, worauf ein heftiges Röcheln infolge des Verblutens hörbar war.«

Der Bürgermeister von Sarajewo, Effendi Ćurčić, hat in seinem vorausfahrenden Wagen ebenfalls die Schüsse gehört. Er läßt anhalten, eilt zurück, sieht, was geschehen ist, und sagt über seine Gefühle später aus: »Mich ergriff ein furchtbares Weh.«

Dies alles geschieht, noch ehe der Pulverdampf von Princips Pistole verflogen ist. Ein paar Umstehende haben sich auf den Attentäter gestürzt, aber der schwächliche Junge entwickelt plötzlich unglaubliche Kräfte. Er stößt um sich, schlägt einem Polizisten den Griff der Pistole auf den Kopf, duckt sich unter einem Hagel von Faustschlägen und Stockhieben. Erst ein ungeschliffener Krummsäbel, den ein Gendarm auf Princips Schädel niedersausen läßt, macht ihn kampfunfähig. Trotzdem ist er noch so weit bei Besinnung, daß er den Polizeibeamten sofort erklären kann: »Mich dürft ihr nicht umbringen, ich bin noch nicht zwanzig!«

Durch eine wütende Menge, die ihn am liebsten lynchen

möchte, wird Princip zur Polizeiwache geschleppt. Dort zieht er ein Papiertütchen aus der Tasche und verschluckt den Inhalt: Es ist das Zyankali der »Schwarzen Hand«. Gleich darauf erbricht er das Gift wieder; der Selbstmord mißlingt.

Inzwischen ist das Automobil mit dem unglücklichen Thronfolgerpaar in wahrhaft rasender Fahrt von der Lateinerbrücke zum Regierungsgebäude von Sarajewo gefahren, zum sogenannten Konak. Chauffeur Franz Urban hat die Strecke in zwei Minuten zurückgelegt. Noch schneller hat sich allerdings die Kunde von dem Unglück verbreitet, denn als der Wagen eintrifft, haben sich auch schon Oberstabsarzt Dr. Wolfgang und Regimentsarzt Dr. Payer eingefunden, um den Verwundeten beizustehen.

Erschießt sich General Potiorek?

Bei der Herzogin Sophie von Hohenberg können die Ärzte nur noch den Tod feststellen. Sie ist an der Verletzung einer Schlagader innerlich verblutet.

Erzherzog Franz Ferdinand zeigt bei der Untersuchung noch schwache Lebenszeichen: einen kaum mehr spürbaren Puls, leichte Atmung, dünnen Herzschlag. Seine Halsschlagader und die Luftröhre sind zerrissen, der Blutstrom kann nicht mehr zum Stillstand gebracht werden. Eine alte türkische Uhr auf einer marmornen Wandverkleidung zeigt zwölf Minuten vor zwölf an, als der Lebensfunke des Thronfolgers verglimmt.

»Wäre die Kugel um Haaresbreite rechts oder links gegangen«, sagt der zur Obduktion zugezogene Arzt Dr. Kaunitz, »so wäre die Verwundung nicht tödlich gewesen. Die tödliche Verletzung ist einem schrecklichen Zufall zuzuschreiben.«

Ein Franziskanerpater spendet dem Toten nachträglich die Letzte Ölung. Erzbischof Stadler verrichtet die Sterbegebete. Der Leibfriseur Franz Ferdinands übernimmt unter Tränen die übliche »Verschönerung« der Leichen und sagt später: »Während dieser furchtbaren Arbeit konnte ich nicht glauben, daß ich es mit einem Toten zu tun hatte. Der Erzherzog trug im Gesicht den Ausdruck finsteren Ernstes, wie ich ihn sooft zu Lebzeiten an ihm gekannt hatte, wenn er einem Zornesausbruch nahe war. Auf seiner Stirn standen tiefe Falten. Das Antlitz machte den Eindruck eines großen Friedens nach vorausgegangener Entrüstung.«

Weil die Kammerzofe der Herzogin am ganzen Leibe zittert, sich in Weinkrämpfen windet und nicht zu bewegen ist, ihrer verblichenen Herrin die Haare zu bürsten, übernimmt der Leibfriseur auch diese Aufgabe. »Das Antlitz der Herzogin von Hohenberg trug ein Lächeln zur Schau«, erinnert er sich. »Der Mut, den die Ermordete in ihren letzten Augenblicken an den Tag legte, ist in ihrem Gesichtsausdruck haftengeblieben.«

General Potiorek gibt die Anweisung, die Toten provisorisch aufzubahren, ihnen Sterbemasken abzunehmen und ihre Körper einzubalsamieren. Dann strebt er mit polternden Schritten, noch immer in blutbespritzter Uniform, seinem Büro im Regierungsgebäude zu und schließt sich ein. Draußen warten seine Untergebenen auf den Schuß, denn es ist inzwischen bekanntgeworden, daß Potiorek ein erheblicher Anteil Schuld an dem Attentat trifft, da Erzherzog Franz Ferdinand noch vor seiner Abreise ins Manöver telegraphisch bei ihm angefragt hatte, ob er für volle Sicherheit garantieren könne. Der Militärgouverneur hatte zustimmend geantwortet, es dann aber an den primitivsten Vorbeugungsmaßnahmen fehlen lassen.

Doch der erwartete Schuß fällt nicht. Potiorek begnügt sich damit, wie die Lauscher und Späher an der Tür wahrnehmen, mit dem Säbel um sich zu schlagen, auf die Möbelstücke einzuhacken und dabei schauerliche Flüche und Racheschwüre gegen die Serben auszustoßen.

Die Zeitungskorrespondenten, die das Thronfolgerpaar begleitet haben, treffen am Telegraphenschalter von Sarajewo auf Nachrichtensperre. Franz Ferdinand hatte sie nach dem ersten Attentat persönlich verhängt, und jetzt verhindert sie, daß sein Tod der Welt bekanntgegeben werden kann. Kurz nach drei Uhr nachmittags gelingt es aber dem deutschen Konsul mit allen möglichen diplomatischen Druckmitteln, ein verschlüsseltes Telegramm an die deutsche Botschaft nach Wien durchzugeben. Von dort geht eine »chiffrierte Depesche« nach Berlin, und kurz darauf meldet das Wolffsche Telegraphen-Bureau: »Erzherzog Franz Ferdinand und seine Gemahlin, die Herzogin von Hohenberg, wurden heute in Sarajewo von einem Serben ermordet.«

Mit so dürren Worten erfährt die Welt den dramatischen Auftakt zur kommenden Katastrophe. Natürlich wird die Meldung nirgends geglaubt. Es kann sich nur um eine wahnwitzige Täuschung handeln, um eine Mystifikation, wie man sich damals ausdrückte. Erst um vier Uhr nachmittags, als in Sarajewo die Nachrichtensperre aufgehoben wird, findet die Schreckensbotschaft ihre Bestätigung.

Viele Telegramme werden an diesem Nachmittag von Sarajewo aus in alle Welt geschickt. Die noch nicht verhafteten Komplizen der Attentäter zum Beispiel schicken folgendes Telegramm an ihre Drahtzieher in Belgrad: »Beide Pferde gut verkauft.«

»Herrgott, Donnerwetter, was haben wir da angestellt!« ruft der Chef der »Schwarzen Hand«, Oberst Dimitrijević, beim Eintreffen dieser Nachricht aus. Obwohl er sich später öffentlich rühmt, die ruchlose Tat organisiert zu haben, muß er in diesem Augenblick die ganze Tragweite geahnt haben. Es konnte jetzt um mehr gehen als nur um Serbien.

Den serbischen Unterrichtsminister Ljuba Jovanović, der von den Attentatsplänen gewußt hat, »ergreifen Schrecken und Sorge«. Im Kreis des Kabinetts sagt er: »Jeder einzelne europäische Hof wird sich von den Kugeln Princips getroffen fühlen.« Selbst der Zar würde es nicht über sich bringen können, Fürstenmörder beizustehen, so daß Serbien im Augenblick der Gefahr allein bliebe – ausgeliefert dem diplomatischen Druck und schließlich der Heeresmacht der tief getroffenen österreichisch-ungarischen Monarchie.

Eine Welle des Mitleids und der Sympathie für Österreich und das Haus Habsburg geht durch die ganze Welt. Die Meinung der Öffentlichkeit in allen fünf Erdteilen ist eindeutig für Wien und mit aller Schärfe gegen Serbien eingestellt. Dennoch erwächst aus diesem Urteil der Vernunft und dieser Entscheidung der Herzen schließlich genau das Gegenteil. Tragische Verkettungen, die Kräfte eines unüberschaubaren Spiels, denen die Monarchen und Minister, Diplomaten und Generale nicht gewachsen sind, bewirken, daß sie in den Weltbrand münden.

Der Kaiser spricht von göttlicher Vorsehung

Kaiser Franz Joseph befindet sich zur Zeit des Attentats auf dem Wege zur Kur nach Bad Ischl. Dort holen ihn die Telegramme ein, und dem ersten Generaladjutanten des Souveräns, dem Grafen Paar, fällt die bittere Aufgabe zu, den Herrscher vom Tode des Thronfolgers und von dessen Gattin zu unterrichten.

Als der Graf das Arbeitszimmer des Kaisers wieder verläßt, wird er vom draußen wartenden General Margutti gefragt: »Wie hat Seine Majestät die furchtbare Nachricht aufgenommen?«

Paar sieht den Freund mit einem vielsagenden Blick an und gibt tonlos zur Antwort: »Du weißt, der Allerhöchste Herr hat so schwere Schicksalsschläge erlitten, daß ihn heute kaum mehr etwas tief erschüttern kann.«

Das heißt: Franz Joseph hat auch in dieser Stunde wieder seine allgemein gefürchtete Gefühlskälte gezeigt. Zu seinem Neffen Franz Ferdinand hatte er ohnehin nie ein herzliches Verhältnis gehabt, die unebenbürtige Chotek haßte er. So ist seine erste Regung Erleichterung, sein erster Gedanke gilt wohl dem Umstand, daß mit dem Tod dieser beiden auch alle befürchteten Erbfolgeschwierigkeiten glücklich aus dem Weg geräumt sind.

In Gegenwart des Grafen Paar läßt der Kaiser das Haupt in die Hände sinken. Nach einer kurzen Zeit nachdenklichen Schweigens richtet er sich auf und meint: »So hat nun die göttliche Vorsehung alles wieder in Ordnung gebracht.« Wie kurzsichtig!

Doch das Zeugnis des Grafen Paar soll kein falsches Bild entstehen lassen. Noch ein anderer hat von der Gemütsverödung des Kaisers berichtet, Franz Ferdinands Flügeladjutant Oberst

Bardolff. Er hat die Särge der Ermordeten von Sarajewo nach Wien geleitet – übrigens einen vergoldeten Sarg für den Erzherzog, einen nur versilberten für die morganatische Gattin. Nach der Ankunft des Zuges auf dem Wiener Südbahnhof kann eine unübersehbare, schluchzende und alle Taschentücher benetzende Menschenmenge beobachten, wie auch über Bardolffs Wangen Tränen rinnen, während er die Bahnhofstreppen herabsteigt.

Bald darauf hält der immer noch erschütterte Oberst dem Kaiser Vortrag. Der Herrscher hört unbewegt zu und fragt nur: »Wie ist der Erzherzog gestorben?«

»Wie ein Soldat, Majestät«, gibt Bardolff zur Antwort.

Franz Joseph geht mit einem Satz darüber hinweg und wendet sich einem anderen Thema zu: »Ich habe von Seiner Kaiserlichen Hoheit auch nichts anderes erwartet. Wie waren die Manöver?«

In den offiziellen Hofnachrichten aber – sie sind fürs Volk bestimmt – heißt es: »Seine Majestät, Allerhöchst welche sich tief erschüttert zeigten, zogen sich sofort in die inneren Gemächer zurück und nahmen Allerhöchst allein das Dejeuner.«

Beerdigung dritter Klasse

Es ist unmöglich, zu übersehen, daß hinter der Fassade bei Hof keine Spur von Trauer herrscht. Endlich scheint man alle Sorgen los zu sein: die gefürchteten Reformen Franz Ferdinands, seine unbequemen Zukunftspläne und die Herzogin mit dem peinlichen Stammbaum. Der Oberhofmeister des Kaisers, Fürst Alfred Montenuovo, hat so viel Rückendeckung bei seinem Herrn, daß er es wagen kann, die Überführung der Toten zum Belvedere zu verbieten. Er ordnet statt dessen an, die Särge im Wartesaal des Wiener Südbahnhofs aufzustellen. Ferner befiehlt er, den Sarg der unebenbürtigen Sophie einige kräftige Zentimeter tiefer aufzubahren als den des Erzherzogs. Ganz Wien spricht schon offen von einer »Beerdigung dritter Klasse Nichtraucher«.

Um die Volksstimmung zu beruhigen, läßt Montenuovo die Ermordeten schließlich doch in die Hofburg bringen, damit die Bevölkerung an den Särgen vorbeiziehen kann. Doch nach drei Stunden werden die Tore wieder geschlossen, und Tausende, die sich schon angestellt hatten, müssen umkehren.

Zur offiziellen Einsegnung, zu der sich Franz Joseph aus Bad Ischl nach Wien bemühen muß, nehmen auf Wunsch des Herrschers keine fremden Fürstlichkeiten oder militärischen Abordnungen teil. Aber Paul Nikitsch, der Privatsekretär des ermordeten Erzherzogs, ist zugegen und berichtet als Augenzeuge: »Unvergessen wird mir der Eindruck bleiben, den der alte Kaiser auf jeden scharfen Beobachter machte. Nicht die geringste Spur von Ergriffenheit oder Trauer war in diesen steinernen Zügen zu lesen. Mit vollkommener Gleichgültigkeit und demselben unbeweglichen Gesichtsausdruck, den er auch bei jedem anderen Anlaß seinen Untertanen zu zeigen pflegte, blickte er in der Trauerversammlung herum. Man hatte unwillkürlich die Empfindung, als atme Franz Joseph wie in einem Gefühl der Befreiung auf, und dieses wurde zweifellos von den meisten seiner alten Hofschranzen geteilt, die sich durch den Tod des einzigen energischen Mitglieds der kaiserlichen Familie wie von einem erdrückenden Alp erlöst vorkamen. Als dem Kaiser dann von dem Zeremonielldirektor das Ende der Einsegungsfeier gemeldet wurde, wandte er sich in seiner typisch raschen Weise um und verließ die Kirche, ohne auch nur mehr einen Blick auf die beiden Särge geworfen zu haben.«

Doch damit nicht genug. Allen Empfindungen wird noch weiter ins Gesicht geschlagen: Montenuovo läßt die Särge wieder zum Bahnhof bringen, und zwar einfach durch die städtische Leichenbestattung. »Ich stell' euch die Leichen auf die Westbahn«, sagt der Oberhofmeister geringschätzig, »lasse sie noch einwaggonieren, und dann könnt ihr damit machen, was ihr wollt.«

Der Zug rollt nach Pöchlarn und soll von dort mit dem Pferdefuhrwerk zum Schloß Artstetten gebracht werden, dem Ort der endgültigen Beisetzung. Ein Unwetter zwingt die Transportbegleiter zu längerem Aufenthalt in Pöchlarn, und bald kursiert das Gerücht von einem lauten Umtrunk, bei dem die Särge als Buffettisch gedient haben sollen.

Noch einen Zwischenfall gibt es, ehe die Ermordeten von Sarajewo endlich zur letzten Ruhe kommen. Während das Fahrzeug mit den Toten auf einer Fähre die Donau überquert, bricht ein neues Gewitter los. Die Pferde scheuen, und nur mit Mühe können die Fuhrleute verhindern, daß der Wagen mit den Särgen in die Fluten stürzt und versinkt.

Überraschend ist auch, daß bei dem späteren Urteil gegen die Attentäter – gefällt am 23. Oktober 1914 – mit keinem einzigen Wort von der Herzogin von Hohenberg die Rede ist. Princip, zu lebenslänglichem Kerker verurteilt, siecht in einer Dunkelzelle der Festung Theresienstadt dahin, von Reue und Zerknirschung gepeinigt, bis Anfang 1918 eine Lungentuberkulose seinem Leben ein Ende bereitet.

Alle Anzeichen sprechen dafür, daß niemand daran dachte, Vergeltung für die Ermordung des Thronfolgerpaares zu üben. Kaiser Franz Joseph mußten bei seiner Einstellung zu Franz Ferdinand alle Rachegedanken fernliegen. Auch der zweitmächtigste Mann der Donaumonarchie, Ungarns Ministerpräsident Istvan Tisza, hatte beim Eintreffen der Todesnachricht ganz offen gesagt: »Was der liebe Herrgott schickt, muß man dankbar hinnehmen.«

Niemand in Europa denkt daran, daß aus dem Doppelmord von Sarajewo eine Weltkatastrophe entstehen könnte. In Europa ist Ferienzeit, und niemand läßt sich gerne im Urlaub stören.

Papst Pius X. eilt nach Empfang der Schreckensbotschaft klagend durch seine Privatgemächer, und die Vertrauten hören ihn immer wieder rufen: »Povero imperatore! Armer Kaiser!« Aber der Kardinalstaatssekretär des Papstes, Raffaele Merry del Val, läßt wenig später beim österreichischen Gesandten durchblicken, Serbien müßte gezüchtigt werden, auch wenn daraus ein europäischer Krieg entstehen würde. Doch so weit ist es noch nicht.

Kaiser Wilhelm II. nimmt am 28. Juni 1914 mit seiner Segeljacht »Meteor« gerade an der Kieler Regatta teil. Er liegt als erster im Rennen und ist sehr verärgert, daß er kurz vor dem Sieg von einem Motorboot der Kriegsmarine eingeholt und angehalten wird. Admiral von Müller kommt an Bord und meldet, was in Sarajewo geschehen ist. Wilhelm bricht die Regatta ab und telegraphiert sein Beileid nach Wien.

Des Kaisers ältester Sohn, Kronprinz Wilhelm, ist mit seiner Familie bei einem Badeaufenthalt in Zoppot. Vor dem Abendessen hat er gerade zur Geige gegriffen und die Träumerei von Schumann angestimmt, als ihn ein dringendes Staatstelegramm unterbricht und vom Geschehen im fernen Bosnien unterrichtet.

Der Präsident der französischen Republik, Raymond Poincaré, empfängt die Meldung in seiner Tribünenloge auf dem Rennplatz Longchamps. Mißmutig setzt er das Fernglas ab – gerade auf einem der Höhepunkte des Grand Prix – und liest die Havas-Depesche, die ihm ein Sekretär überbringt. Er läßt den ebenfalls auf der Tribüne anwesenden österreichischen Botschafter verständigen und wendet sich dann wieder den Pferden zu.

Zar Nikolaus II. von Rußland schlittert mit seinen Töchtern Olga und Tatjana lachend und jubelnd über die parkettierte Rutschbahn des Schlosses Zarskoje Selo, als er von einem Diener ans Telefon in sein Arbeitszimmer gerufen wird. Aus Petersburg wird ihm mitgeteilt, was sich ereignet hat.

Noch ein zweites Mal wird Nikolaus an diesem Abend angerufen: von dem Wundermönch Grigori Jefimowitsch Rasputin, auf den kurz zuvor ein Attentat verübt worden ist und der sich nun mit Messerstichen im Krankenhaus befindet. Hat Rasputin in einer hellseherischen Sekunde die drohende Entwicklung erahnt? Zeugen berichten, daß er vor dem Telefonapparat auf den Knien lag und den Zaren beschwor: »Halte um jeden Preis den Frieden aufrecht!« Nikolaus beruhigt ihn. Noch zur gleichen Stunde schickt er ein herzlich gehaltenes Beileidstelegramm an Kaiser Franz Joseph nach Wien.

In Berlin trifft die Nachricht überall leere Amtszimmer: Reichskanzler Theobald von Bethmann Hollweg sonnt sich auf seinem Gut in Niederfinow in der Mark; Staatssekretär Gottlieb von Jagow, seines Zeichens Außenminister, ist auf Hochzeitsreise; Freiherr von Stumm, Dirigent der politischen Abteilung, ist ebenfalls verreist; Graf Helmut von Moltke, der Chef des Generalstabs, hält sich zur Kur in Karlsbad auf; sein Stellvertreter General Waldersee ist zu einer Beerdigung nach Hannover gefahren; Großadmiral von Tirpitz – Staatssekretär des Reichsmarineamtes – betätigt sich als Sonntagsalpinist im Engadin; Admiral von Pohl ist in Urlaub gegangen, ohne zu hinterlassen, wohin. Unterstaatssekretär Artur Zimmermann vom Auswärtigen Amt ist der höchste Beamte in Berlin, als die Nachricht aus Sarajewo eintrifft.

Trotz allem: knirschend, langsam und zunächst von aller Welt noch unbemerkt setzt sich die vernichtende Maschinerie des kommenden Krieges in Bewegung.

Der Weg ins Verhängnis

Ruhmsüchtige Säbelraßler in Wien

Während die Menschen von Paris bis Petersburg den ungewöhnlich schönen Sommer genießen, wird hinter den Kulissen ein halsbrecherisches Spiel getrieben, das schließlich Hab und Gut und Leben und Gesundheit von Millionen vernichten soll. Eine Handvoll ängstlicher, verblendeter oder übermütiger Leute bringt es fertig, aus dem Funken von Sarajewo den Weltbrand anzublasen.

In Österreich gibt es zwei Männer, deren Gedanken seit Jahren um einen kommenden Krieg kreisen: Außenminister Graf Leopold von Berchtold und Generalstabschef Graf Franz Conrad von Hötzendorf. Berchtold, den selbst in Wien niemand recht ernst nimmt, weil er nur seine Garderobe und seine Amouren im Kopf zu haben scheint, lechzt danach, sich vor aller Welt einmal als Tatmensch zeigen zu können. Conrad ist seit dem Jahre 1912 nie müde geworden, Kaiser Franz Joseph und jedem anderen mit einer einzigen Forderung in den Ohren zu liegen: einen Krieg gegen Serbien zu führen. Er ist ein ruhmsüchtiger Säbelraßler.

Jetzt, nach der Ermordung des Thronfolgerpaares, ist die Stunde für Berchtold und Conrad gekommen. Conrad prescht als erster vor und erklärt, daß nun »ein sofortiger Schritt« gegen Serbien unternommen werden muß. Wenn überhaupt, so mußte seine jahrelange Kriegspredigt jetzt endlich zum Erfolg führen.

Dabei muß man sich daran erinnern, daß die Mitwisserschaft der serbischen Regierung an dem Attentat von Sarajewo erst *nach* dem Krieg bekanntgeworden ist. Die Informationen, die im Juni und Juli 1914 in Wien vorliegen, besagen ausdrücklich, es bestehe offensichtlich zwischen den Attentätern und der Regierung in Belgrad keinerlei Zusammenhang. Aber Außenminister Berchtold sagt feierlich: »Ich gedenke, die Greueltat von Sarajewo zum Anlaß der Abrechnung mit Serbien zu machen.«

In einer Ministerratssitzung gewinnen Berchtold und Conrad rasch kriegerische Anhänger, weil der Doppelmord eine nie wiederkehrende Gelegenheit zu geben scheint, alte Pläne unter dem Mantel gerechter Vergeltung zu verwirklichen. Die Stimmung der Sitzungsteilnehmer ist so hitzig, daß man erwägt, die Truppen sofort und ohne lange Kriegserklärung überraschend in Serbien einmarschieren zu lassen. »Der Krieg ist unvermeidbar«, entscheiden die Herren, »je früher er ausbricht, desto besser!«

Der ungarische Ministerpräsident Graf Tisza, der ebenfalls anwesend ist, scheint der einzig kühle Kopf zu sein. Er fürchtet seit langem, daß Ungarns Stellung in der Donaumonarchie schwächer wird, je mehr Slawen in den Staatsverband aufgenommen werden. So erzwingt er jetzt Mäßigung und erreicht eine Erklärung, daß Österreich nicht die Absicht habe, Serbien oder Teile davon zu annektieren. Ein plötzlicher Einmarsch, gehen die Überlegungen weiter, würde Österreich-Ungarn auch in den Augen der Welt ins Unrecht setzen. Alles kommt auf eine geschickte diplomatische Einleitung des Krieges an. Die Formel, die Außenminister Berchtold dafür findet, lautet: »Wir werden Serbien Forderungen stellen, die es unmöglich erfüllen kann. Nach der Ablehnung marschieren wir ein.«

Generalstabschef Conrad hat in seinen Memoiren offen zugegeben, daß er und die übrigen Herren der »Kriegspartei« über diese Verzögerung »höchlich erbittert« waren. Immerhin hat Europa auf diese Weise noch eine Gnadenfrist bekommen.

Daß es sich nicht nur um eine Auseinandersetzung zwischen Österreich und Serbien handeln würde, sondern um einen europäischen Konflikt, will in Wien niemand wahrhaben. Trotzdem ist jedermann klar, was geschehen könnte: Wenn Rußland Serbien zur Hilfe kommt, wird zweifellos auch Frankreich marschieren; und wenn Frankreich sich mit Deutschland in den Haaren liegt, wird Großbritannien eingreifen.

Der deutsche Botschafter in Wien, Heinrich von Tschirschky,

muß diese Gefahr gesehen haben. Er entfaltet eine Tätigkeit, über die er stolz an das Auswärtige Amt in Berlin telegraphiert: »Ich benütze jeden Anlaß, um ruhig, aber sehr nachdrücklich und ernst vor übereilten Schritten zu warnen.«

Kaiser Wilhelm liest diese Zeilen und schreibt mit wuchtigen Buchstaben darunter: »Wer hat ihn dazu ermächtigt? Tschirschky soll den Unsinn gefälligst lassen. Mit den Serben muß aufgeräumt werden, und zwar bald!«

In Wien weiß man noch nichts von dieser Einstellung des deutschen Bundesgenossen. Kaiser Franz Joseph hat an Wilhelm zwar einen Brief gerichtet, um die Meinung in Berlin zu erforschen, die Antwort steht aber noch aus. Als Generalstabschef Conrad am 5. Juli bei seinem Obersten Kriegsherrn ist und wieder einmal für einen sofortigen Feldzug gegen Serbien eintritt, kann es noch zu einem ungewissen Gespräch kommen.

»Wie wollen Sie Krieg führen, wenn alle über uns herfallen, besonders Rußland?« fragt der Kaiser und schneidet damit eine Möglichkeit an, die von allen absichtlich übersehen wird.

»Wir haben einen großen, starken Bundesgenossen!« pariert Conrad den Einwand mit einem Hinweis auf Berlin.

»Sind Sie Deutschlands sicher?« fragt Franz Joseph.

»Wenn aber Deutschland auf unserer Seite steht, Majestät?«

»Dann ja«, nickt der Kaiser nachdenklich. »Wenn uns jedoch Deutschland diese Antwort nicht gibt, was dann?«

Der Kabinettschef Berchtolds, Graf Alexander Hoyos, ist in Berlin gerade damit beschäftigt, diese Frage zu klären. Er hat den Brief Franz Josephs dem österreichischen Botschafter übergeben, dem schon altersschwachen Grafen Szögyeny.

Berlins verhängnisvoller Blankoscheck

Am 5. Juli, während Conrad in Wien auf Franz Joseph einredet, ist Szögyeny in Potsdam zur kaiserlichen Tafel gebeten. Vor dem Beginn des Essens nimmt Wilhelm den Botschafter in ein Nebenzimmer und liest hier das Handschreiben des Habsburgers. Stirnrunzelnd stößt er darin auf Sätze wie diesen: »Das Bestreben meiner Regierung muß in Hinkunft auf die Isolierung und Verkleinerung Serbiens gerichtet sein.«

»Ich habe zwar mit einer exemplarischen Lektion für Serbien gerechnet«, sagt Wilhelm, nachdem er zu Ende gelesen hat, »aber das, was hier steht, berührt den europäischen Frieden.«

Bei Tisch bringt Szögyeny das Gespräch vorsichtig auf Sarajewo. Nach einigen allgemeinen Bemerkungen flicht er eine Wendung ein, die sicher klug berechnet ist: »Wenn das so weitergeht«, sagt der alte Graf ein bißchen schlampig, »dann droht allen Monarchen der Welt Gefahr.«

Das Argument verfehlt seine Wirkung auf den Kaiser nicht. Er wendet sich an Szögyeny und sagt feierlich: »Herr Botschafter, Sie können nach Wien melden, daß Seine Majestät in jedem denkbaren Falle auf die volle Unterstützung Deutschlands rechnen kann.«

Damit ist ein verhängnisvolles Wort gesprochen. Szögyeny fährt hochbefriedigt von Potsdam nach Berlin zurück, und es wird gleich offenbar werden, daß Wilhelm II. unklug und unglückselig gehandelt hat.

Um fünf Uhr nachmittags empfängt der Kaiser den preußischen Kriegsminister, General Erich von Falkenhayn.

»Ist das Heer für alles bereit?« fragt Wilhelm.

»Jawohl, Majestät«, gibt Falkenhayn überrascht zur Antwort. »Sind irgendwelche Vorbereitungen zu treffen oder Befehle zu erlassen?«

»Nein, noch nicht«, entgegnet der Kaiser.

Um sechs Uhr, also eine Stunde später, erscheint Reichskanzler Bethmann Hollweg. Er trägt einen karierten Reiseanzug und einen hellen Staubmantel, obwohl er von seinem Urlaubssitz Niederfinow bis Potsdam nur fünfzig Kilometer zurückzulegen hatte. Seine Anwesenheit scheint jetzt dringend erforderlich zu sein. Wilhelm unterrichtet seinen Kanzler von dem Gespräch mit Szögyeny, und Bethmann Hollweg stimmt der Ansicht Seiner Majestät bei. Es bleibt ihm außerdem nur noch übrig, die Zusicherung in eine schriftliche Form zu kleiden. Am nächsten Tag kann der österreichische Botschafter lesen: »Österreich muß beurteilen, was zu geschehen hat, um sein

Verhältnis zu Serbien zu klären; es kann dabei, wie immer auch seine Entscheidung ausfallen möge, mit Sicherheit darauf rechnen, daß Deutschland als Bundesgenosse und Freund der Monarchie hinter ihm steht.« Das ist der berühmte »Blankoscheck«. Mit ihm in der Tasche kann Wien jede Torheit begehen. Wilhelm und Bethmann Hollweg haben sich auf Gedeih und Verderb gebunden und das Gesetz des Handelns aus den Händen gegeben.

Der Kaiser hat für den kommenden Tag, den 6. Juli, den Beginn seiner Urlaubsreise angesetzt. Ganz wohl ist ihm nicht bei dem Gedanken, gerade jetzt in die norwegischen Fjorde zu fahren, aber der Reichskanzler redet ihm zu, »weil sonst die Öffentlichkeit beunruhigt würde«.

Am Abend vor seiner Abreise empfängt Wilhelm noch den Kapitän zur See Zenker. Dieser Offizier repräsentiert im Augenblick den deutschen Admiralsstab: Admiralstabschef von Pohl ist noch in Urlaub, und sein Stellvertreter, Vizeadmiral von Behnke, weilt mit seiner Familie unauffindbar bei einem Sonntagsausflug im Grünen. Aus den Äußerungen gegenüber Zenker ist bekannt, mit welchen Gefühlen und Überzeugungen der Kaiser in die Ferien geht: »Ich glaube nicht an ein Eintreten Rußlands für Serbien«, sagt er. »Auch Frankreich läßt es wohl nicht zu einem Krieg kommen, da es ihm an schwerer Artillerie fehlt. Keine besonderen Maßnahmen bei der Marine.«

Um 9.15 Uhr besteigt Wilhelm seinen Hofzug in Richtung Kiel. Doch bevor die kaiserliche Jacht »Hohenzollern« von dort in See sticht, wird noch ein Besucher in weißen Hosen, blauem Jackett und mit sommerlich heiterem Strohhut an Bord in Audienz empfangen: Es ist der Generaldirektor der Krupp-Werke, Herr Gustav Krupp von Bohlen und Halbach.

Was will der Kanonenkönig noch so schnell knapp vor dem Auslaufen des Schiffes vom Kaiser? »Nur ein Kondolenzbesuch«, meint Krupp, ohne über seinen hellen Anzug zu erröten, »um Seiner Majestät mein untertänigstes Mitgefühl zum Tode von seiner Majestät Freund, Erzherzog Franz Ferdinand, auszudrücken.«

Welch verblüffender Zufall, daß sich die Krupp-Werke nun

plötzlich genötigt sehen, achttausend neue Arbeiter einzustellen. Wie verwunderlich, daß ausgerechnet um die gleiche Zeit die französische Waffenschmiede Schneider im betriebsamen Städtchen Creusot ebenfalls ihre Belegschaft beträchtlich erhöht.

Wilhelm ist nun jedenfalls in Urlaub. Er hat später, als Rußland für Serbien marschiert, ausgerufen: »Ich konnte nicht voraussetzen, daß der Zar sich auf seiten von Banditen und Königsmördern stellen würde.«

Doch im Augenblick gebärdet er sich noch forsch und draufgängerisch. »Blödsinn! Blech! Quatsch!« schreibt er als Randbemerkung auf verschiedene Telegramme und Berichte, in denen Vorsicht und behutsames Vorgehen angeraten werden. So sehr hat er sich auf den österreichischen Kurs festgelegt, daß er ganz offen erklärt: »Serbien ist eine Räuberbande, die für Verbrechen gefaßt werden muß!«

In Wien wird zur gleichen Zeit an dem Ultimatum gearbeitet, das man in Belgrad überreichen lassen will. Es soll die unannehmbaren Forderungen enthalten, nach deren Ablehnung dann die Truppen einmarschieren würden. Außenminister Berchtold hat nur noch eine Sorge: Was geschieht, wenn die serbische Regierung die Forderungen wider alles Erwarten doch annehmen sollte? Dann gäbe es keinen Kriegsgrund mehr, und Generalstabschef Conrad würde wieder einmal um seinen Feldzug kommen.

Der deutsche Botschafter Tschirschky meldet die Sorgen Wiens dem Kaiser in die Ferien, und Wilhelm empfiehlt, in diesem Falle einfach die serbische Provinz Sandschak zu besetzen. Seinem Rat fügt er die Worte an: »Dann ist der Krakeel sofort da!«

Auch der ungarische Ministerpräsident Tisza hat sich schon einige Zeit zuvor geäußert: »Bei der jetzigen Balkanlage ist es mein geringster Kummer, jederzeit einen passenden Kriegsgrund zu finden!«

Tschirschky hat ebenfalls ganz auf Krieg umgesteckt. Überall, wo man in Wiener Hof- und Regierungskreisen noch schwankt, erinnert er an Sarajewo und sagt unverblümt: »Wenn ihr euch das gefallen laßt, seid ihr nicht wert, daß man euch anspuckt!«

So wird das österreichisch-ungarische Ultimatum an Serbien fertiggestellt. Mit der Absendung wartet man aber noch, denn gerade jetzt ist der französische Staatspräsident Poincaré zu einem lange geplanten Besuch in Petersburg eingetroffen. In Wien fürchtet man, Frankreich und Rußland könnten von dem Ultimatum erschreckt werden und sogleich gemeinsame Beschlüsse fassen. Die Zurückhaltung des Schriftstücks nützt aber nichts. Auf ungeklärte Weise sickert sein Inhalt durch, und am 16. Juli kann der britische Botschafter in Wien den vollen Text nach London telegraphieren. Am 20. Juli tut sein französischer Kollege das gleiche mit einer langen Schlüsseldepesche nach Paris.

Hätte man überdies in Wien geahnt, was sich während des Besuches von Poincaré in Rußland ereignete, so wäre man am Ende sicher doch noch vorsichtig geworden. Aber der österreichische Botschafter in Petersburg, Szápáry, nimmt nicht ernst, was Poincaré zu ihm sagt: »Mit ein wenig gutem Willen läßt sich diese serbische Angelegenheit leicht regeln. Aber leicht wird sie sich auch gefährlich entwickeln. Serbien hat sehr warme Freunde im russischen Volk. Und Rußland hat einen Alliierten, Frankreich. Welche Verwicklungen sind da zu befürchten!«

Bald wird sich herausstellen, daß Poincaré mit den Worten nur spielt, während der Krieg schon eine beschlossene Sache ist. Das ist die andere Seite der Medaille.

Mit 84 unterschreibt man keine Kriegserklärung mehr

Als Kaiser Franz Joseph das Ultimatum an Serbien zur Unterschrift vorgelegt wird, bemerkt er erschrocken: »Das wird Rußland nicht hinnehmen, es gibt einen großen Krieg!«

Vielleicht denkt er dabei an die Worte seiner vertrauten Seelenfreundin, der Burgschauspielerin Katharina Schratt, die ihm offenherzig gesagt hatte: »Mit vierundachtzig Jahren unterschreibt man keine Kriegserklärung mehr!« Möglicherweise aber waren es gerade diese Worte, die die zögernde Hand des Greises gestrafft haben: Franz Joseph setzt seinen Namenszug unter das schicksalsträchtige Papier. Am 23. Juli 1914 überreicht es der österreichische Gesandte, Baron von Giessl, in Belgrad.

Es ist sechs Uhr nachmittags, und die Frist der Note ist auf achtundvierzig Stunden bemessen. Wie wird Belgrad reagieren? Das ist die Frage, die sich auch der deutsche Außenminister Jagow noch tags zuvor gestellt hatte, als er von Botschafter Szögyeny über den Inhalt des Ultimatums in Kenntnis gesetzt worden war. Jagow hatte den scharfen Ton beanstandet, von dem österreichischen Diplomaten aber die Antwort bekommen: »Da kann man nix mehr machen, morgen wird's übergeben.«

Die Reaktion Serbiens zeigt sich erst nach einer Rückfrage in Rußland. Drei Stunden vor Ablauf der Frist wird in Belgrad die allgemeine Mobilmachung verkündet, und drei Minuten vor dem Ende der gestellten Zeit meldet sich Ministerpräsident Pašić beim österreichischen Gesandten: »Einen Teil der Forderungen haben wir angenommen, für den Rest hoffen wir auf die österreichische Ritterlichkeit.« Mit diesen Worten überreicht er dem Gesandten die serbische Antwortnote und zieht sich sofort zurück. Es ist genau sechs Uhr.

Herr von Giessl hat es jetzt außerordentlich eilig, denn um halb sieben Uhr geht ein Schnellzug nach Wien, und den möchte er noch erreichen. Es ist unmöglich, rechtzeitig zum Bahnhof zu kommen und vorher noch die umfangreiche serbische Note zu lesen und zu beurteilen. Das ist auch nicht nötig, denn die Entscheidung ist schon gefallen. Giessl besitzt ein vorbereitetes Schriftstück, in welchem die Antwort der serbischen Regierung als unbefriedigend bezeichnet wird. Dieses Schriftstück übergibt der Gesandte einem Boten, der hinter Pašić hereilt.

Noch ehe der Ministerpräsident wieder in seinem Amtssitz ist, kann er Giessls Schreiben lesen, das mit dem bemerkenswerten Satz endet: »Der Abbruch der diplomatischen Beziehungen wird von dem Moment ab, wo Eure Exzellenz den Brief erhalten, den Charakter einer vollendeten Tatsache annehmen.«

Dreißig Minuten nach dem Fristablauf des Ultimatums sitzt Giessl im Sonderabteil des Wiener Nachtschnellzugs. Jetzt kann Conrad seinen Serbienfeldzug endlich haben. Erleichtert atmet der Gesandte auf, denn das Leben in Belgrad war ihm ohnehin seit einigen Tagen ungemütlich geworden: Baron Nikolaus von Hartwig, der russische Gesandte mit dem deutschen Namen, war nämlich ausgerechnet bei einem Besuch in der österreichischen Gesandtschaft vom Schlag gerührt worden und verschieden.

»Eine Tasse Mokka, Exzellenz?« hatte Giessl gerade noch gefragt. »Zigaretten?«

»Danke, danke«, war die Antwort gewesen, ehe sich Hartwig zur Seite neigte und verblich.

Seine Tochter, eilig herbeigeholt, überwachte den Abtransport ihres toten Vaters, besichtigte ungeniert die Mokkatassen, klaubte ein paar Zigarettenstummel aus dem Aschenbecher und steckte sie in die Tasche.

Wirklich, Giessl ist froh, die diplomatischen Beziehungen so überaus schnell abgebrochen zu haben, nachdem man ihm auch noch einen Giftmordverdacht ans Bein binden wollte.

Am nächsten Tag, dem 26. Juli, wird in Österreich als Antwort auf Serbiens Mobilmachung die Mobilisierung von zweiundzwanzig Divisionen befohlen – wenig später soll Österreichs Kriegserklärung folgen –, aber wie kann sie in Belgrad überreicht werden, nachdem die Beziehungen abgebrochen sind?

Der »hübsche kleine Krieg«, wie man bald sagen wird, ist unversehens da, aber in seinem Schlepptau kommt das weltweite Erdbeben. Erst viele Jahre danach erfahren die Völker, daß Sarajewo und Serbien nur Geplänkel am Rande waren. Dahinter nimmt das große Spiel zwischen Frankreich und Rußland seinen Gang. Die letzten atemberaubenden Stunden vor dem Ausbruch der offenen Schlacht entscheiden über Europas Schicksal.

Hohe Ideale

»Die Verwirklichung der hohen Ideale«: Mit so erhabenen Worten beginnt ein Schriftstück, das im Dezember des Jahres 1909 verfaßt worden ist. Es handelt sich um ein geheimes Militärabkommen zwischen Rußland und Bulgarien, vorgeschlagen von dem russischen Außenminister Alexander Petrowitsch Iswolski. Die Fortsetzung des so feierlich begonnenen Satzes bringt eine herbe Überraschung. Der ganze Inhalt lautet nämlich: »Die Verwirklichung der hohen Ideale der slawischen Völker auf der Balkanhalbinsel, die Rußlands Herzen so nahestehen, ist nur möglich nach einem günstigen Ausgang des Kampfes Rußlands mit Deutschland und Österreich-Ungarn.«

Außenminister Iswolski hat 1909 nur zum Ausdruck gebracht, was seit jeher zur Tradition seines Amtes gehört, denn »die hohen Ideale auf der Balkanhalbinsel« bestehen darin, der Türkei die Dardanellen wegzunehmen: Rußland will die Meerengen beherrschen und einen eisfreien Zugang zu den westlichen Gewässern haben. Wie alle russischen Politiker weiß auch Iswolski, daß dieses Ziel niemals mit der Zustimmung Deutschlands oder der österreich-ungarischen Monarchie erreicht werden kann. Er geht lediglich einen Schritt weiter und überlegt, was getan werden könnte: Wenn Rußland die Dardanellen erringen will, müssen Deutschland und Österreich-Ungarn ausgeschaltet werden. Das ist nur durch Krieg möglich. Rußland allein ist nicht imstande, Deutschland und Österreich-Ungarn zu besiegen; es braucht Verbündete, die ebenfalls an einem Kampf interessiert sind. Als Bundesgenosse kommt Frankreich in Frage; Frankreich hat im Krieg 1870/71 Elsaß-Lothringen an Deutschland abtreten müssen und trachtet danach, das Gebiet zurückzuerhalten.

Das alles klingt sehr einfach. Tatsächlich wird diese Kombination zum politischen Grundschema Iswolskis, und noch zu Beginn des Jahres 1914, lange vor dem Attentat von Sarajewo, nimmt der russische Ministerrat eine Denkschrift des Außenministeriums an, in der es heißt, daß die Meerengen »nur im Rahmen eines europäischen Krieges« erobert werden könnten. Zu diesem Zeitpunkt allerdings ist Iswolski nicht mehr russischer Außenminister. Er hat erkannt, daß seine Amtsräume zu weit ab von den Nervenzentren der europäischen Politik liegen, und ist deshalb als Botschafter seines Landes nach Paris gegangen.

Ihr Ziel ist der Krieg

In Paris kann Iswolski seine Ziele besser verfolgen, und als in Europa endlich scharf geschossen wird, ruft er triumphierend aus: »Das ist mein Krieg!«

Ist es ihm denn so leicht, in Frankreich Männer für seinen Plan zu gewinnen? Nein, keineswegs. Die politischen Kreise in Paris sind friedliebend und für einen dauerhaften Ausgleich mit den deutschen Nachbarn. Aber es gibt einen Mann, dessen Trachten nur auf »Revanche« gerichtet ist, einen Mann, der in seinen Erinnerungen selbst geschrieben hat: »Ich konnte keinen Grund dafür ausmitteln, weshalb meine Generation weiterleben sollte – es wäre denn: um der Hoffnung willen, unsere verlorenen Provinzen wiederzugewinnen.« Dieser Mann ist Raymond Poincaré. Und es kann nun gar nicht anders sein: Sie müssen zusammenfinden und sich in ihren Plänen ergänzen.

Ein Hindernis gibt es: Poincaré ist ein nicht sehr einflußreicher Politiker. Obwohl er Ministerpräsident geworden ist, sieht er ganz klar voraus, daß ihn das Parlament verjagen würde, falls er offen mit kriegerischen Ideen hervorträte. So entschließt er sich, für die Wahlen zum Staatspräsidenten zu kandidieren und damit ein Amt zu erlangen, in dem er nach der Verfassung sieben Jahre lang unbehelligt bleibt.

Aber auch das ist nicht einfach. Wahlen kosten Geld, und sie kosten um so mehr, je weniger wirkliche Aussichten der Kandidat bei den Wählern hat. Der damals einfachste Weg ist, die gegnerischen Zeitungen zu bestechen. Iswolski schickt alarmierende Telegramme nach Petersburg und bittet um Geld, das für die Redakteure einflußreicher Blätter, für verschiedene Politiker und Parlamentarier bestimmt ist. Am 3. Januar 1913 telegraphiert er: »Ich bin der Ansicht, daß es für uns sehr erwünscht wäre, der Kandidatur Poincarés diese Unterstützung zu gewähren.«

Die Unterstützung wird gewährt, und am 17. Januar 1913 wird Raymond Poincaré wider alle Erwartungen zum Präsidenten der französischen Republik gewählt. Wenige Stunden zuvor war das Wort gefallen: »Wenn es Poincaré wird, gibt es Krieg!« Gesprochen hatte es kein anderer als Georges Clemenceau, der sich später selbst als Politiker den Beinamen »der Tiger« erwerben wird. Um des europäischen Friedens willen hatte Clemenceau Poincaré gebeten, von der Kandidatur Abstand zu nehmen, natürlich vergebens.

Wenn es Poincaré wird, gibt es Krieg – aber Poincaré muß gegenüber Iswolski eingestehen, »daß die Stimmung in Frankreich eine sehr friedliche ist und daß er dies immer im Auge behalten muß«.

In einem Bericht nach Petersburg erläutert Iswolski noch einmal die Voraussetzungen seiner Politik, bittet um einen ständigen Meinungsaustausch und schließt mit den Worten: »Nur unter dieser Bedingung kann die französische Regierung die öffentliche Meinung Frankreichs mit Erfolg auf die Notwendigkeit einer Teilnahme am Krieg vorbereiten.« Geschrieben 1913.

Das Volk, das später mit seinem Blut bezahlen muß, das Volk, dessen »Stimmung eine sehr friedliche ist«, muß also erst einmal »auf die Notwendigkeit einer Teilnahme am Krieg« umgestellt werden. »Um jedoch diese Stimmung zu erzielen«, gesteht Iswolski in einem seiner zahlreichen Berichte, »tue ich gleichzeitig mein möglichstes, die Presse zu beeinflussen. In dieser Beziehung sind zum Teil bedeutende Ergebnisse erzielt worden.«

Durch eine Aufstellung, die der russische Finanzbevollmächtigte in Paris, Alexander Raffalowitsch, Ende 1913 machte, ist bekannt, daß allein im November über 400 000 Goldfranken zu diesem Zweck verteilt wurden. »Diese Verteilung«, schreibt Iswolski selbst, »an der französische Minister sich beteiligen, ist anscheinend durchaus zweckmäßig und hat bereits die nötige Wirkung gehabt. Im allgemeinen ist der Ton der französischen

Presse nicht mehr mit dem von 1908 bis 1909 zu vergleichen. Besonders bemerkenswert ist die Stellungnahme des ›Temps‹, der sich vor vier Jahren durch seine krasse österreichfreundliche Gesinnung hervortat und in dessen Spalten jetzt Herr Tardieu energisch die österreichische Politik bekämpft.«

Die Pläne Iswolskis scheinen zu klappen. Aber Poincaré ist nicht geneigt, sich so ohne weiteres auf einen Krieg mit Deutschland einzulassen. Die Vorstellung, von den Teutonen abermals überrannt zu werden wie 1870/71, ist ihm schrecklich, und so wendet sich sein Blick fragend nach Großbritannien. Wie wird sich London verhalten?

Sir Edward schreibt einen folgenschweren Brief

Die Außenpolitik des britischen Weltreichs liegt zu dieser Zeit in den schmalgliedrigen Künstlerhänden von Sir Edward Grey, einem schwankenden, aber stets freundlichen und nach allen Seiten hin unverbindlichen Ästheten. Als er einmal wirklich verbindlich wird, am 22. November 1912, muß er es lange nachher noch bitter bereuen. An diesem Tage nämlich schreibt Sir Edward einen Brief an den französischen Botschafter in London, Paul Cambon.

Nach der Anrede – »Mein lieber Botschafter!« – folgt sofort der Satz: »Im Lauf der letzten Jahre haben die Heeres- und Flottensachverständigen Frankreichs und Englands von Zeit zu Zeit miteinander Beratungen gepflogen« – selbstverständlich im geheimen. Sie waren für den Fall gedacht, »daß die eine oder andere Regierung ernsten Grund hätte, einen unprovozierten Angriff seitens einer dritten Macht zu erwarten«, und der Absprache »gemeinsamer Maßnahmen« gewidmet. »Würden diese Maßnahmen eine Aktion erforderlich machen, so würden sofort die Pläne der Generalstäbe in Erwägung gezogen werden, und die Regierungen würden dann entscheiden, inwieweit ihnen Folge gegeben werden soll.«

Als Botschafter Cambon dieses Schriftstück liest, zittert seine Hand vor freudiger Erregung. Er erkennt, daß sich das zurückhaltende Großbritannien damit gebunden hat und unschwer in einen Krieg hineingezogen werden kann.

Winston Churchill, damals Erster Lord der Admiralität, gibt in seinen Erinnerungen zu, daß man »von jener Zeit an die Unvermeidlichkeit eines Krieges mit Deutschland annahm und sowohl in materieller wie in psychologischer Beziehung für einen solchen ständige Vorbereitungen traf«. Doch diese Erkenntnis beschränkt sich auf militärische Kreise, die besser informiert sind als die Regierung: Sir Edward ist über die Wirkung seines Briefes so erschrocken, daß er es vorzieht, weder das Kabinett noch das Parlament davon zu verständigen. Im Gegenteil. Immer wenn er gefragt wird, ob es irgendwelche geheimen Abmachungen mit Frankreich gebe, verneint er das mit aller Bestimmtheit.

Später einmal, vom Parlament in die Enge getrieben, verliest er den Brief an Cambon, läßt aber den entscheidenden letzten Satz weg. Vielleicht hat Sir Edward selbst nicht gewußt, daß sein so ängstlich geheimgehaltener Brief nur eine diplomatisch-formelle Bindung war, während die Militärs längst weiter fortgeschritten sind. Richard Burdon Haldane, britischer Kriegsminister und Lordkanzler, hat erklärt, daß schon »um Ende 1910« alle Pläne »zu voller Durcharbeitung« gediehen waren.

Der russische Außenminister Sergej Dimitrijewitsch Sasonow, der im September 1912 London besucht hatte, kann in einem persönlichen Bericht an Zar Nikolaus II. schreiben: »Da sich mir eine günstige Gelegenheit dazu bot, hielt ich es für angebracht, in einer meiner Besprechungen mit Grey mich darüber zu informieren, was wir von England im Falle eines Konflikts mit Deutschland erwarten könnten. Ich halte das, was mir darüber der Leiter der englischen Außenpolitik, ebenso wie später der König Georg selbst, sagte, für sehr bezeichnend.« Sasonow erwähnt einige militärische Gesichtspunkte und fährt in seinem Brief an den Zaren fort: »Aus eigenem Antrieb bestätigte Grey mir dann, was ich bereits durch Poincaré wußte: Es besteht zwischen Frankreich und England eine Vereinbarung, nach der im Falle eines Krieges mit

Deutschland England die Verpflichtung eingegangen ist, Frankreich nicht allein zu Wasser Hilfe zu bringen, sondern auch zu Lande durch eine Truppenlandung auf dem Kontinent.«

Doch das sind nur mündliche Absprachen. Den einzigen greifbaren schriftlichen Beweis trägt Botschafter Cambon in der Tasche: den Brief Sir Edwards. Wenn Großbritannien jemals versuchen sollte, sich aus einem Konflikt herauszuhalten, wird dieser schreckliche Brief hervorgezogen werden und aller Welt dartun, daß Edward Grey zweimal ein Doppelspiel gespielt hat: gegenüber Frankreich und gegenüber seiner eigenen Regierung. Nichts muß Sir Edward mehr fürchten als diesen Augenblick, an dem er gezwungen sein würde, sich um jeden Preis in einen Krieg zu stürzen. Tatsächlich weiß Grey auf dem Höhepunkt der Augustkrise von 1914 nicht, wie er sich verhalten soll. Das britische Kabinett nimmt zunächst eine abwartende Haltung ein, und Frankreich muß sich unbehaglich und allein gelassen fühlen.

Die Erpresser arbeiten mit hochtrabenden Worten

Als Grey die Haltung seiner Regierung mit zitternder Stimme dem französischen Botschafter mitteilt, macht Cambon eine dramatische Szene: Er entgegnet kein Wort, greift sich mit den Händen an die Stirn, starrt Sir Edward mit glasigen Augen an und schwankt dann unsicheren Schrittes zur Tür hinaus. Draußen wird er von Unterstaatssekretär Sir Arthur Nicolson aufgefangen. Cambon sinkt in einen Plüschsessel und stößt heiser hervor: »Sie werden uns im Stich lassen!«

Auf Nicolson scheint die Sache Eindruck zu machen, denn er stürzt zu seinem Chef, dem Außenminister, ins Zimmer und fragt unbeherrscht: »Hat man sich wirklich geweigert, Frankreich im Augenblick der größten Not beizustehen?«

Greys Hals ist wie zugeschnürt. Er kann keinen Ton herausbringen und antwortet nur mit einer hilflosen Handbewegung. Nicolsons Zorn geht in einen Ausbruch über, und Sir Edward muß es sich gefallen lassen, daß er von Sir Arthur zu hören bekommt: »Sie bedecken den Namen Englands vor allen Völkern mit Schmach!«

Dann eilt Nicolson wieder hinaus zu Cambon. Der französische Botschafter scheint sich etwas erholt zu haben. Während er noch schwer atmet und mit seinen Nerven ringt, greift er zum Schein in seine Brusttasche und sagt: »Ich werde jetzt mein kleines Papier hervorziehen.«

Der entsetzliche Brief aus dem Jahre 1912! Nicolson beschwichtigt, Cambon läßt sich vertrösten, aber von nun an weiß Sir Edward Grey, daß er einen Ausweg finden muß, und zwar bald. Er wird ihn finden. Iswolski und Poincaré sind dicht vor ihrem Ziel.

Der amerikanische Diplomat Edward Mandell House, der von Präsident Wilson nach Europa geschickt worden ist, um die Lage zu studieren, erkannte die Dinge schon lange vor diesem Zeitpunkt und bevor sie auf dem Höhepunkt angelangt sind. Nüchtern schreibt er nach Washington: »Sobald England einverstanden ist, werden Frankreich und Rußland über Deutschland und Österreich herfallen.« House schreibt diese Zeilen am 29. Mai 1914 – genau einen Monat vor dem Attentat von Sarajewo.

Das ist die Lage: eine mit allen erdenklichen Sprengstoffen geladene Höllenmaschine. In dieser teuflischen Situation hat der österreichische Generalstabschef Conrad nichts anderes im Sinn als seine Strafexpedition gegen Serbien, ergeht sich der deutsche Kaiser in kriegerischen Ausbrüchen.

Auftakt zum Massensterben

Am 27. Juli kehrt Kaiser Wilhelm vorzeitig von seiner Urlaubsreise zurück. Es riecht jetzt doch zu sehr nach Pulver. Er liest selbst die von den Serben gegebene Antwort, und in diesem Augenblick muß ihm blitzartig klargeworden sein, daß Europa im Begriff ist, wegen Haarspaltereien in den Abgrund zu marschieren. »Damit entfällt jeder Kriegsgrund!« entscheidet Wilhelm, nachdem er zu Ende gelesen hat. »Darauf hätte ich (an Franz Josephs Stelle) niemals Mobilmachung befohlen!«

Tatsächlich geht aus dem Inhalt der serbischen Antwortnote hervor, daß Belgrad so gut wie alle Forderungen des österreichischen Ultimatums angenommen hat. Der entscheidende Punkt, das entscheidende Nein, ist in so viele Ja eingewickelt, daß auch Wilhelm darüber hinwegliest: Nein sagt die serbische Regierung zu der Forderung, österreichische Beamte auf serbischem Boden an der Untersuchung der Hintergründe des Attentats von Sarajewo mitwirken zu lassen. Sie muß diesen Punkt ablehnen, weil die Untersuchung sonst sicher die Beteiligung der serbischen Regierung an der Untat oder wenigstens ihre Mitwisserschaft an den Tag gebracht hätte.

Aus Paris kommt der Vorschlag, über die noch offenen Fragen zu verhandeln, aber Wilhelm schreibt in einem neuen Zwiespalt seiner Gefühle an den Rand der Note: »Ultimata erfüllt man oder nicht, aber man diskutiert nicht darüber. Daher der Name.«

Österreichs kleiner Lokalkrieg gegen Serbien beginnt. Am 28. Juli liegt die Kriegserklärung auf dem Schreibtisch Kaiser Franz Josephs. Außenminister Berchtold weiß, daß der Herrscher gegen den Krieg ist, daß er mit der Unterschrift zögern wird. So ist es gut, gleichzeitig auf einen empörenden Zwischenfall hinweisen zu können und ihn in das Schriftstück einzubauen: Serbische Soldaten haben auf einen österreichischen Donaudampfer geschossen! In der Kriegserklärung, die Franz Joseph nun unterschreibt, stehen damit zwei Gründe: die unbefriedigende Antwort auf das Ultimatum und der Feuerüberfall auf das österreichische Schiff.

»Ich bin mir der Tragweite meiner Entschlüsse bewußt«, sagt der Kaiser, »und habe dieselben im Vertrauen auf Gottes Gerechtigkeit gefaßt.«

Berchtold zieht sich mit der Unterschrift aus der Audienz zurück. In seinen Amtsräumen angekommen, erfährt er, daß die Geschichte mit dem beschossenen Donaudampfer eine Falschmeldung ist. Was tun? Er nimmt die Feder, streicht den betreffenden Satz aus der Kriegserklärung heraus und gibt das Schriftstück in der veränderten Form weiter, ohne noch einmal eine Rücksprache mit dem Kaiser zu halten. Erst später, als alles schon läuft, gesteht er Franz Joseph ganz nebenbei: »Ich habe es in Anhoffung der nachträglichen Genehmigung Eurer Majestät auf mich genommen, diesen Satz zu eliminieren.«

Im Augenblick hat Berchtold eine andere Sorge: Wie soll er – nach dem Abbruch der diplomatischen Beziehungen – die Kriegserklärung nach Belgrad weiterleiten? Er wendet sich an Berlin, aber dort will man einen so heiklen Dienst nicht übernehmen. Berchtolds Ausweg besteht darin, einen Kanzleiboten zum Hauptpostamt zu schicken und zu den normalen Auslandsgebühren nach Belgrad zu telegraphieren: »An das königlich serbische Ministerium des Äußeren. Da die königlich serbische Regierung nicht in befriedigender Weise auf die Note geantwortet hat, die ihr seitens des österreichisch-ungarischen Gesandten in Belgrad am 23. Juli 1914 überreicht worden war, sieht sich die k. und k. Regierung in die Notwendigkeit versetzt, ihre Rechte und Interessen selbst zu wahren und zu diesem Zweck an die Entscheidung der Waffen zu appellieren. Österreich-Ungarn betrachtet sich daher von diesem Augenblick an als im Kriegszustand mit Serbien stehend.«

»In die Notwendigkeit versetzt«, nimmt die Katastrophe ihren Lauf.

Zu spät! Der Frieden kann nicht mehr gerettet werden

London hat inzwischen angeregt, eine Botschafterkonferenz zur Vermeidung des Krieges einzuberufen. Berlin unterstützt den Plan, gibt ihn nach Wien weiter, aber die telegraphische Antwort des deutschen Botschafters an Reichskanzler Bethmann Hollweg lautet: »Graf Berchtold bittet mich, Eurer Exzellenz seinen verbindlichen Dank für Mitteilung des englischen Vermittlungsvorschlages zu sagen. Er bemerkt jedoch dazu, daß nach Eröffnung der Feindseligkeiten seitens Serbiens und nach der inzwischen erfolgten Kriegserklärung er den Schritt Englands als verspätet ansehen müsse.«

Was wird nun geschehen? Über den heiteren Feriensommer Europas legt sich ein Gefühl würgender Angst. Eine Hoffnung gibt es noch: daß die Großmächte Zurückhaltung üben und der Krieg zwischen Österreich und Serbien lokalisiert bleibt. Aber in Petersburg, auf das nun alle Blicke gerichtet sind, ist die Entscheidung schon gefallen. Bereits am 24. Juli hat Außenminister Sasonow zu dem deutschen Botschafter, dem Grafen Friedrich von Pourtalès, gesagt: »Wenn Österreich Serbien verschlingt, werden wir Krieg mit ihm führen.«

Rußland kann sich seiner Sache jetzt, nach dem Staatsbesuch des französischen Präsidenten Poincaré, sicher sein. Die Stimmung, die während Poincarés, Anwesenheit herrschte, geht aus den Erinnerungen des französischen Botschafters in Petersburg, Maurice Paléologue, hervor. Er hat am 22. Juli 1914 bei einem Diner zu Ehren des französischen Staatsoberhauptes von den Großfürstinnen Anastasia und Militza erstaunliche Dinge erfahren.

Die Königstöchter schwätzen, die Politiker tuscheln ...

Anastasia und Militza sind Töchter des Königs Nikola von Montenegro und mit den russischen Großfürsten Nikolaus und Peter verheiratet. Während der Tafel ereifern sich die Damen, und Paléologue muß sich das aufschlußreiche Geplapper anhören: »Wissen Sie auch, daß wir historische Tage erleben, heilige Tage? Ich habe heute von meinem Vater ein Telegramm in vereinbarter Chiffre erhalten. Er kündigt mir an, daß wir vor Ende des Monats Krieg haben werden!«

In hübscher Wechselrede fahren die Großfürstinnen fort: »Welch ein Held, mein Vater! Er ist der Ilias würdig! Der Krieg wird ausbrechen, es wird von Österreich nichts übrigbleiben, unsere Heere werden sich in Berlin vereinigen, Deutschland wird vernichtet sein!«

Nach außen dringt keine Andeutung von den Geschehnissen. Während eines anderen Banketts hebt Poincaré sein Glas auf das Wohl des Zaren und sagt: »Sire! Eure Majestät kann versichert sein, daß Frankreich nach wie vor in innigem und täglichem Zusammenwirken mit seinem Verbündeten das Werk des Friedens und der Zivilisation verfolgen wird, an dem die beiden Regierungen und die beiden Nationen nicht aufgehört haben zu arbeiten.«

Solche Worte sind seit jeher für die Welt bestimmt. »In Wirklichkeit«, gesteht der russische Außenminister Sasonow später in einem öffentlichen Zeitungsartikel und in der veränderten Stimmung des Jahres 1916, »in Wirklichkeit hatten Frankreich und Rußland, unbeachtet ihrer tiefen Friedensliebe und ihrer redlichen Bemühungen, ein Blutvergießen zu vermeiden, beschlossen, Deutschlands Stolz um jeden Preis zu brechen und seiner Gewohnheit, den Nachbarn auf die Füße zu treten, ein für allemal ein Ende zu bereiten.«

Auf ihrer Rückreise nach Paris besuchen Poincaré und sein Außenminister René Viviani Stockholm. Wieder gibt es ein Bankett. Unter den vielen hundert Gästen befindet sich der berühmte Asienforscher Sven Hedin. Was er sieht, kleidet er später in folgende Worte:

> »Die ganze Angelegenheit dauerte nur zwei Stunden, von acht bis zehn Uhr. Es herrschte dabei eine nervöse Stimmung. Ich wechselte einige hastige Worte mit dem deutschen Gesandten von Reichenau. Er sah bleich und sorgenvoll aus, als er sagte: ›Die Lage ist äußerst ernst, es sieht nach drohender Kriegsgefahr aus.‹
>
> Die Unruhe stieg. An einem Kamin stand der französische Außenminister Viviani in höchst lebhaftem Gespräch mit dem russischen Gesandten in Stockholm. Beide führten die hitzige Erörterung mit heftigen Gebärden und vergaßen ganz ihre Umgebung und das Gewimmel der festlich gekleideten Gäste.
>
> Sterne, Medaillen und Diamanten glitzerten.
>
> Ein Ordonnanzoffizier schlängelte sich durch die Menge zu Viviani und reichte ihm einige Telegramme. Dieser riß sie in fieberhafter Eile auf, entzifferte sie stieren

Blickes, nahm andere Depeschen von einem französischen Attaché entgegen, öffnete sie, las sie hastig und ging schnell zum Präsidenten hinüber.

Beide zogen sich in eine stille Ecke zurück, lasen ein paar Telegramme sorgfältig, sprachen so schnell, als ob auch keine Minute zu verlieren sei, und waren offensichtlich höchst aufgeregt.

Gegen zehn Uhr sammelten sich die Franzosen zum Abschied und brachen schleunigst auf. Sie eilten die Treppen hinunter, bestiegen die Wagen und fuhren das kurze Stück zum Logardskai, von wo Schaluppen und Motorboote sie zu ihrem unter Dampf liegenden Panzerschiff ›France‹ brachten.

Keiner der Anwesenden hat je an einem unheimlicheren Fest teilgenommen.«

Ja, unheimlich ist es nun in Europa geworden. Der Zeitzünder tickt, Telegramme jagen sich. Einen Tag vor dem Bankett von Stockholm nämlich, am 24. Juli, beschließt ein Ministerrat in Petersburg, vorsorglich die Teilmobilisierung von über einer Million Mann gegen Österreich ins Auge zu fassen. Am 25. Juli selbst wird in einer neuen Sitzung vereinbart, »im ganzen russischen Reiche die Truppen aus ihren Sommerlagern nach ihren Standquartieren zu beordern, damit sie kriegsmäßig ausgerüstet werden können«. Das ist die offizielle Lesart, weil der Zar vor weitergehenden Maßnahmen noch zurückschreckt. Hinter seinem Rücken gehen die Militärs entschieden weiter: praktisch bis zur allgemeinen Mobilmachung.

Der Zar befiehlt, aber er weiß nicht, was er tut

Der deutsche Militärattaché in Petersburg, Bernhard von Eggeling, nimmt am 25. Juli an einem Festessen teil und bemerkt, daß sich alle hohen Offiziere in größter Erregung und Begeisterung befinden. Er berichtet: »Von Hand zu Hand gingen Tischkarten mit der Notiz: ›25. Juli 1914 erster Mobilmachungstag‹, und Unterschriften zur Erinnerung. Man reichte sie in rührender Harmlosigkeit von beiden Seiten über mich hinweg. Der Oberhofstallmeister, Generaladjutant Baron Grünwald, stieß mit dem deutschen Militärbevollmächtigten mit den Worten an: ›Auf Wiedersehen in besseren Zeiten!‹ – Das waren Persönlichkeiten, die Bescheid wußten und nur Unvorsichtigkeiten begingen.«

Sergej Dobrorolski, der Chef der Mobilisierungsabteilung des russischen Generalstabs, bekennt über den gleichen 25. Juli freimütig: »Der Krieg war bereits beschlossene Sache.«

Die Ereignisse machen es also durchaus verständlich, warum Poincaré und Viviani in Stockholm beim Empfang der Telegramme so aufgeregt waren und schleunigst nach Paris weiterreisten.

Erst drei Tage später, am 28. Juli, erklärt Österreich Serbien den Krieg. Doch dieser Schritt genügt, um die zögernde Haltung des Zaren zu überwinden. Er wird bestürmt, die allgemeine Mobilmachung durch offiziellen Ukas zu verkünden. Januschkewitsch, der russische Generalstabschef, hat später vor Gericht ausgesagt: »Wir wußten genau, daß Deutschland nach dem Krieg gerade jetzt dürstete, zu einer Zeit, da unser großes Rüstungsprogramm noch nicht beendet war; dasselbe sollte erst im Jahre 1917 fertig sein. Deshalb wäre eine Teilmobilisation nur gegenüber Österreich, die unsere Front gegen Deutschland offen gelassen hätte, unzweckmäßig gewesen. Da aber die Stellung Deutschlands keinerlei Zweifel zuließ, so bestand ich dem Zaren gegenüber auf der Anordnung der allgemeinen Mobilmachung.«

Am Morgen des 29. Juli erteilt Nikolaus II. telefonisch die verhängnisvolle Genehmigung. Wie sich bald herausstellen wird, weiß er gar nicht genau, was sie eigentlich bedeutet. Die Militärs jedenfalls sind hochbefriedigt, daß ihre bereits rollenden Maßnahmen nun den allerhöchsten Segen bekommen haben. Der russische Diplomat Schilling, der alles miterlebte, berichtet: »Die Mitteilung hiervon wurde mit großer Begeisterung von dem kleinen Kreise derjenigen begrüßt, die Kenntnis davon hatten, was im Gange war.«

Die Kenntnis dieses kleinen Kreises bezieht sich auf eine einzige Tatsache: Falls Rußland mobilisiert, wird auch Deutschland mobilisieren. Daß es so ist, haben die Geheimdienste längst ermittelt: Sie kennen die deutschen Aufmarschpläne, sie wissen, daß diese Pläne die Mobilmachung vorsehen, sobald Rußland mobil macht, und sie wissen noch mehr. Sie wissen, daß Deutschland dann unverzüglich marschieren wird – und zwar gegen Frankreich, so widersinnig das im ersten Augenblick klingen mag.

Aber es ist so, wie es die Geheimdienste herausgefunden haben. Die deutschen Operationspläne sehen vor, daß Frankreich mit ein paar raschen Schlägen erledigt werden soll, noch ehe Rußlands Mobilmachung beendet ist. Erst dann will sich die deutsche Armee mit freiem Rücken gegen Osten wenden. Mit der Mobilmachung Rußlands wird damit unweigerlich der ganze Apparat in Bewegung gesetzt, ein Mechanismus von Angst und Furcht, in dem jeder Teil ständig zittert, daß er mit seinen Maßnahmen zu spät kommen könnte.

Halt, Herr General – keine Mobilmachung!

Der kleine, begeisterte Kreis in Petersburg weiß das alles. Generalstabschef Januschkewitsch weiß, daß die Mobilmachung einen europäischen Krieg bedeutet. Außenminister Sasonow weiß, daß jetzt das alte Ziel, die Dardanellen, in greifbare Nähe rückt, und jedermann kennt die politische Weisheit Iswolskis: »Der Weg nach Konstantinopel führt über Berlin.«

Nichts wird die verblendeten, übermütigen Generale mehr aufhalten können. Eine Handvoll Menschen verfolgt, was die russische Militärzeitschrift »Raswjedtschik« in ihrer Neujahrsnummer von 1914 ganz offen verkündet hat: »Nicht nur die Truppen, das ganze russische Volk muß an den Gedanken gewöhnt werden, daß wir uns zum Vernichtungskrieg gegen die Deutschen rüsten und die deutschen Reiche (Deutschland und Österreich) vernichtet werden müssen, auch wenn wir dabei Hunderttausende von Leben opfern müssen.«

Gewiß, ein hysterischer Mißton, der nicht die Stimme des russischen Volkes ist. Das wird nicht gefragt. Was zählt, ist, daß die Generale jetzt das entscheidende Papier in Händen haben. Es lautet: »Der Herrscher und Zar hat Allerhöchst zu befehlen geruht, Armee und Flotte in den Kriegszustand zu versetzen.«

General Dobrorolski ist als Chef der Mobilisierungsabteilung dafür verantwortlich, daß der Befehl ordnungsgemäß ausgefertigt und den militärischen Stellen im ganzen russischen Reich bekannt gemacht wird. Doch obwohl er in höchster Eile arbeitet, wird es Abend, ehe er mit allen Vorbereitungen fertig ist. Am zeitraubendsten erweist sich eine Bestimmung der Verfassung, wonach der kaiserliche Ukas noch von einigen Ministern unterschrieben werden muß. Dabei erlebt der General die wunderlichsten Zwischenfälle.

Fürst Nikolai Schtscherbatow, der Innenminister, ist vollständig überwältigt von dem Ansinnen und von der Verantwortung. Er bricht in Wehklagen aus, sagt die Revolution und das Ende des Zarenhauses voraus. Als Dobrorolski drängt, bekreuzigt sich der Fürst dreimal – und unterschreibt.

Iwan Grigorowitsch, der Marineminister, ist noch ängstlicher. Er fürchtet die feindliche Flotte und erklärt, sie würde vor Petersburg erscheinen und die Stadt in Trümmer legen. Konnte der Zar wirklich einen Befehl mit so bedrohlichen Folgen gegeben haben? Sicherheitshalber wendet sich der Marineminister erst an Kriegsminister Wladimir Suchomlinow und fragt nach, ob er denn wirklich unterschreiben soll.

Über solchen Umständen vergeht der ganze Tag. Der verzweifelte Dobrorolski kommt erst nachts um halb elf Uhr auf das Telegraphenamt. In seiner Mappe hat er den Mobilmachungsbefehl in vielfacher Ausfertigung. Seit zwei Stunden ist in ganz Rußland der Telegraphenverkehr eingestellt worden, um die Leitungen freizuhalten. An den Morseapparaten sitzen die Beamten und warten darauf, die wichtigen Telegramme durchzugeben, die vom Generalstab angekündigt worden sind. Nachdem General Dobrorolski endlich erschienen ist, werden die Texte mit dem historischen Befehl an die Telegraphisten verteilt. Gleich müssen die Morsegeräte zu ticken beginnen.

Da wird die Tür des Saales aufgerissen, und ein atemloser Hauptmann stürzt herein. »Halt, Herr General!« ruft er. »Der Befehl ist rückgängig gemacht!«

»Das ist doch unmöglich«, sagt Dobrorolski blaß.

»Ein Befehl des Zaren«, entgegnet der Hauptmann und überreicht seinem Vorgesetzten die schriftlichen Anweisungen.

Was ist geschehen? Wenige Stunden, nachdem Nikolaus telefonisch die Gesamtmobilmachung gebilligt und damit den Kreis seiner Militärs sosehr begeistert hatte, war es Kaiser Wilhelm in Berlin eingefallen, ein Telegramm nach Petersburg zu senden.

Es ist ein sehr langes Telegramm, das Zar Nikolaus abends um 9 Uhr 40 überreicht wird. In seiner Botschaft sagt der deutsche Kaiser unter anderem: »Ich rege an, daß es für Rußland durchaus möglich wäre, bei dem österreichisch-serbischen Konflikt in der Rolle eines Zuschauers zu verharren, ohne Europa in den entsetzlichsten Krieg zu verwickeln, den es je gesehen hat.«

Nach dieser prophetischen Wendung kommt der entscheidende Satz in Wilhelms Telegramm: »Natürlich würden militärische Maßnahmen von seiten Rußlands ein Unheil beschleunigen, das wir beide zu vermeiden wünschen.«

Der Zar stutzt. Hat er nicht heute morgen die allgemeine Mobilmachung angeordnet? Was mochte Wilhelm mit diesem Satz meinen? Konnte die Mobilmachung mehr bedeuten als bloße Bereitschaft? Um sich zu vergewissern, läßt Nikolaus seinen alten Berater kommen, den Generaladjutanten Frederiks. Er legt ihm die Situation dar und ist bestürzt, als er die Antwort hört: »Die Gesamtmobilmachung ist der Krieg.«

Der Zar erhebt sich blaß aus seinem Sessel. Dann sagt er zu Frederiks: »Die Verantwortung für dies schreckliche Gemetzel kann ich nicht auf mich nehmen!« Er geht zu seinem Schreibtisch, nimmt den Telefonhörer ab und läßt sich mit dem Kriegsminister verbinden. Suchomlinow hat geschildert, wie er den Anruf erhielt: »In der Nacht läutete mich der Zar an und befahl mir, die Mobilmachung aufzuheben. Ich war wie vom Donner gerührt. Die Mobilmachung war bereits erklärt, und bei einer Rückgängigmachung drohte eine Katastrophe.

Was sollte ich tun? Ich wußte, daß es unmöglich sei, die Mobilmachung rückgängig zu machen, daß es technisch undurchführbar sei. Was würde da in Rußland vorgehen! Weiß Gott, was da für ein Brei herauskommen würde! Ich fühlte, daß ich zugrunde gehe.

Ich antwortete: ›Das ist unmöglich, das ist technisch unmöglich. Das ist ein Unglück!‹

Ich erhielt einen direkten Befehl, einen bestimmten Befehl, der keinerlei Erwiderungen zuließ.«

Das zweite Telefongespräch des Zaren erreicht Generalstabschef Januschkewitsch, und auch er hat ausgesagt, wie es sich abspielte.

»Wie steht es mit der Mobilmachung?« fragt der Zar.

»Die Sache ist bereits im Gang«, gibt Januschkewitsch zur Antwort.

»Ginge es nicht, die allgemeine Mobilmachung nicht bekanntzugeben, könnte man sie nicht durch eine Teilmobilmachung ausschließlich gegen Österreich-Ungarn ersetzen?«

»Das würde außerordentlich schwierig sein, es droht, eine Katastrophe nach sich zu ziehen. Die Mobilmachung hat bereits begonnen. Es sind schon 400 000 Reservisten zu den Waffen gerufen.«

Januschkewitsch berichtete weiter: »Darauf wurde mir vom Zaren rückhaltlos erklärt, daß er von Wilhelm ein Telegramm erhalten habe, in dem dieser sich mit seinem Ehrenwort verbürge, daß, wenn die allgemeine Mobilmachung nicht erklärt werden wird, die Beziehungen zwischen Rußland und Deutschland wie bisher freundschaftlich bleiben würden.

Ich wagte dem Kaiser vorzustellen, daß ich mir erlaubte, dem Ehrenwort Wilhelms nicht zu glauben, und daß Deutschland, wie mir bestimmt bekannt, schon mobilisierte. Tatsächlich hatte ich in diesem Augenblick genügend zuverlässige Nachrichten, daß Deutschland schon mobilisierte.«

Was geschieht nun?

Rußlands Militaristen flehen um den Krieg

Auf dem Petersburger Telegraphenamt wird General Dobrorolski in letzter Sekunde aufgehalten. Der kaiserliche Mobilmachungsbefehl bleibt liegen, doch diese Maßnahme ist ohne praktische Bedeutung: Die von der Generalität seit dem 25. Juli insgeheim schon eingeleitete Mobilmachung läuft weiter.

Kriegsminister Suchomlinow hat vor einem russischen Gericht offen zugegeben: »Eine halbe Stunde nach dem Gespräch mit dem Zaren läutete mich Januschkewitsch an. Er sagte mir, der Zar habe ihn von der Einstellung der Mobilisation in Kenntnis gesetzt. General Januschkewitsch fragte mich sodann, was nun geschehen solle.

Ich antwortete ihm: ›Tun Sie nichts.‹

Ich fühlte, wie ein Seufzer der Erleichterung von seinen Lippen kam. Am nächsten Morgen log ich dem Zaren vor und erklärte ihm, die Mobilmachung finde nur in den Südwestbezirken statt. An diesem Tage kam ich beinahe um meinen Verstand. Ich wußte, daß die Mobilmachung in vollem Gange sei und daß es unmöglich sei, sie einzustellen.«

An diesem Morgen, dem 30. Juli, treffen Außenminister Sasonow, Kriegsminister Suchomlinow und Stabschef Januschkewitsch schon zeitig zusammen. Die Situation ist jetzt völlig verfahren: Der Mobilmachungsbefehl ist zurückgezogen, aber die Mobilmachung läuft. Mit dem Mut der Verzweiflung wagt es Januschkewitsch, den Zaren anzurufen und abermals um Erteilung des Mobilmachungsbefehls zu bitten.

»Seine Majestät lehnte dieses Ersuchen ganz entschieden ab«, berichtet Baron Schilling, »und erklärte schließlich kurz und bündig, daß er das Gespräch abbreche.«

Januschkewitsch fragt geistesgegenwärtig, ob nicht der Außenminister ein paar Worte in den Apparat sagen dürfe. Einen bangen Augenblick lang herrscht tiefes Schweigen. Dann befiehlt der Zar, das Hörrohr Sasonow zu übergeben. Und dem Außenminister gelingt es tatsächlich, eine Audienz zu erwirken.

Die Generale flehen Sasonow an, beim Zaren alles daranzusetzen, was den endgültigen Mobilmachungsbefehl herbeiführen könnte. Januschkewitsch bittet den Außenminister sogar, ihn noch vom Zaren aus anzurufen, falls es klappen sollte. Wörtlich fügt der Stabschef hinzu: »Hierauf werde ich fortgehen, mein Telefon zerschlagen und überhaupt alle Maßnahmen ergreifen, damit es auf keine Weise möglich wird, mich aufzufinden, um mir entgegengesetzte Befehle im Sinne einer erneuten Aufhebung der allgemeinen Mobilmachung zu übermitteln.«

Um drei Uhr nachmittags ist Sasonow am Ziel seiner Wünsche: Der Zar läßt sich überreden und gibt den Mobilmachungsbefehl wieder frei. Sasonow bittet, sofort telefonisch den Generalstabschef verständigen zu dürfen.

So gelangt die Nachricht in das elegante Restaurant »Donon«, wo die Herren in einem Chambre séparée ungeduldig warten. Sasonow gibt Januschkewitsch die Freudenbotschaft durch und fügt hinzu: »Jetzt können Sie Ihr Telefon zerschlagen!«

Der Zar aber sinkt in seinem Sessel zusammen und murmelt: »Bedenken Sie, daß es sich darum handelt, Tausende und aber Tausende in den Tod zu schicken!«

Wieder ist es General Dobrorolski, der nun in Aktion treten muß. Wieder muß er die Unterschriften der Minister einsammeln, wieder die Telegrammtexte ausarbeiten, wieder zum Telegraphenamt von Petersburg gehen. In dem gespenstischen Bericht, den Dobrorolski selbst gegeben hat, spiegelt sich die Schicksalsstunde der Welt: »Es wiederholte sich dieselbe Prozedur wie am Tage vorher. Unwillkürlich stiegen in mir Zweifel auf, ob es diesmal gelingen werde, das Telegramm abzusenden.

Um sechs Uhr abends waren alle Apparate zur Aufnahme des Mobilmachungstelegramms bereit. Ich trat in den Saal. Über den Telegraphisten und Telegraphistinnen lagerte ein feierliches Schweigen. Jeder saß bei seinem Apparat und wartete auf die Abschrift des Telegramms, um an alle Enden des russischen Landes die bedeutsame Kunde von der Erhebung des russischen Volkes zum großen Kampf zu senden.

Wenige Minuten nach sechs, während absolute Stille im Saale herrschte, fingen auf einmal alle Telegraphenapparate an zu klappern. Das war der Anfangsmoment der großen Epoche.«

Die Entscheidung über Millionen Menschenleben ist gefallen, oder, wie General Dobrorolski nüchtern feststellt: »Die Sache hatte unweigerlich begonnen.«

Rußland macht mobil

Der Zar hat unterschrieben. Von Petersburg bis Wladiwostok werden die roten Plakate mit dem kaiserlichen Befehl an Hauswände und Zäune geschlagen. Im ganzen Riesenreich setzt sich die militärische Maschinerie in Bewegung. Millionen Menschen werden ihren Familien und ihrer Arbeit entrissen, zu den Sammelplätzen und in die Kasernen getrieben, weil es einer Handvoll von Generalen und Politikern so gefällt.

In Berlin schlägt die Nachricht wie eine Bombe in die Amtsräume des Generalstabs, denn nun soll sich ein Plan bewähren, den der 1913 verstorbene Generalstabschef Graf Alfred von Schlieffen seinem Nachfolger hinterlassen hat. Schlieffen hatte lange Zeit den Gedanken verfolgt, aus heiterem Himmel einen Vorbeugungskrieg gegen Frankreich zu führen, war damit aber bei Wilhelm II. auf Ablehnung gestoßen. Der Kaiser entschied ein für allemal: »Niemals werde ich einer solchen Handlung fähig sein.«

Immerhin hatte sich Schlieffen Gedanken darüber gemacht, was alles geschehen könnte, falls seine kriegerischen Ideen doch Anklang finden sollten. Er erkannte, daß Deutschland es dann mit einer Übermacht von Gegnern zu tun bekommen würde, nämlich mit Frankreich, Rußland und Großbritannien, möglicherweise auch noch mit Serbien und Belgien. Als Verbündeter Deutschlands kam nur Österreich-Ungarn in Frage. Konnte Deutschland einen solchen Krieg überhaupt gewinnen? Schlieffen war hartnäckig genug, die Möglichkeit wenigstens theoretisch ins Auge zu fassen. Im Jahre 1898 kommt ihm die grundlegende Idee, und 1905 – neun Jahre vor Beginn des Ersten Weltkriegs – läßt er die ganze Sache vorsorglich einmal auf der Generalstabskarte durchexerzieren. Seinen Offizieren, die ihn insgeheim für verrückt halten, zeigt er dabei in großen Linien, wie er sich den Erfolg denkt.

Geheimwaffe – kein Geheimnis

Genial sieht Schlieffens Plan in der Tat aus, und obwohl er inzwischen in zwei Weltkriegen versagt hat, wird er auch heute noch gelegentlich als einer der großen Einfälle in der Militärgeschichte betrachtet: Deutschland, so sagte sich Schlieffen, kann einen Zweifrontenkrieg nicht führen und schon gar nicht gewinnen. Es muß deshalb die Gegner einen nach dem anderen besiegen, und zwar zuerst den nächstliegenden, nämlich Frankreich. Das muß allerdings rasch geschehen, solange Rußland noch mit der Mobilmachung beschäftigt ist und nicht eingreifen kann. Die russische Mobilmachung dauert nach Schlieffens Meinung sehr lange, vor allem das Heranführen der sibirischen Divisionen, so daß die deutschen Truppen vierzig Tage Zeit haben, um erst einmal im Westen zu siegen. Dann können sie sich nach Osten wenden und die Russen aufs Haupt schlagen.

Das alles klingt so einfach, daß der Schlieffenplan zur Grundlage der deutschen Generalstabsarbeit wird. Er gilt als eine Art Geheimwaffe, die Deutschland unbesiegbar macht. In Wirklichkeit ist er ein Verhängnis, eine Fehlrechnung. Außerdem hat er zwei Schönheitsfehler.

Der erste: Um Frankreich wirklich in der notwendigen kurzen Zeit besiegen zu können, will Schlieffen die französischen Befestigungswerke links liegen lassen und mit der Masse seiner Armeen durch das neutrale Belgien marschieren. Völkerrechtswidrig? Darüber sollen sich die Politiker die Köpfe zerbrechen. Schlieffen kümmert sich nicht darum.

Der zweite Schönheitsfehler ist, daß der Schlieffenplan schon lange kein Geheimnis mehr darstellt. In den Generalstäben Europas gehört es zur Ausbildung der jungen Stabsoffiziere, ihn eingehend zu studieren, und jedermann weiß: Wenn es zu einem Krieg kommt, wird Deutschland durch Belgien nach Frankreich marschieren.

In Berlin dagegen ist man sich bewußt, daß ein Krieg, wenn überhaupt, nur nach dem Schlieffenplan gewonnen werden kann, und deshalb muß Deutschland marschieren, bevor Rußland seine Mobilmachung abgeschlossen hat. So greifen Tatsachen, Überlegungen und Befürchtungen unwiderstehlich ineinander. Mit dem Bekanntwerden der russischen Mobilmachung gibt es für Berlin keine Zeit mehr zu verlieren. Wenn Rußland einen Vorsprung gewinnt, kann es auf dem Schlachtfeld erscheinen, noch ehe Frankreich besiegt ist. Deutschland muß jetzt marschieren, ob es will oder nicht. »Der Krieg ist unvermeidlich geworden«, wie man damals zu sagen pflegt.

Aber die andere Frage bleibt noch: ob es will oder nicht. Will Deutschland marschieren?

Wilhelms forsche Haltung im serbisch-österreichischen Konflikt ist einer mäßigenden Politik gewichen. Er macht in Wien den Vorschlag, mit Serbien zu verhandeln und sich darauf zu beschränken, bis zur Erfüllung aller Forderungen Belgrad als »Faustpfand« zu besetzen, mehr aber nicht. Der gleiche Vorschlag wird unabhängig und gleichzeitig vom britischen Außenminister Grey gemacht. Aber Österreich lehnt ab.

Es läßt sich nicht erkennen, wo jetzt noch eine Hoffnung liegen könnte. Die Völker werden zum großen Morden antreten, weil die führenden Männer das Spiel nicht mehr beherrschen, das sie selbst begonnen haben.

Es ist sinnlos, nach den Schuldigen zu suchen. Gewiß, die Pläne und Intrigen des russischen Botschafters Iswolski, die Revanchepolitik des französischen Staatspräsidenten Poincaré, die geheimen Verstrickungen des britischen Außenministers Grey – sie alle liegen schwer auf der Waage der Geschichte, aber wie waren die Herzen der Menschen im Jahre 1914 gestimmt?

War Deutschland ein schlafendes Lamm, umgeben von blutrünstigen Raubtieren?

Blickt man über mehrere Generationen zurück in jene Zeit,

sieht man Schlieffen beim Kaiser den Überfall auf Frankreich predigen und in allen Schulen Deutschlands Lehrer die Mär vom »Erbfeind« in unkritische Kinderköpfe trichtern. Es ist die Zeit, in der zum Unbehagen der Welt bei jedem Bierabend »Deutschland, Deutschland über alles« gesungen wird und der berühmte deutsche Gelehrte Werner Sombart den tieferen Sinn des Liedes mit den Worten erläutert: »So wie des Deutschen Vogel, der Aar, hoch über allem Getier dieser Erde schwebt, so soll der Deutsche sich erhaben fühlen über alles Gevölk, das ihn umgibt und das er unter sich in grenzenloser Tiefe erblickt.«

Es ist die Zeit, in der noch Bismarcks Wirken nachhallt, und zwar nicht nur seine staatsmännische Tat, sondern auch das, was wenigstens im Ausland sorgfältig notiert wurde, wo man noch die Worte des Eisernen Kanzlers im Ohr hat: »Frankreich ist eine Nation von Nullen, eine Herde, gehorsame Kaffern, jeder einzelne von ihnen ohne Klang und Wert, nicht einmal mit den Russen und Italienern auf einen Fuß zu stellen, geschweige denn mit uns Deutschen.«

Ein anderes Bismarck-Wort, in deutschen Schulen nicht verbreitet, ist im Ausland ebenso unvergessen: »Wenn wir nicht alles mit Garnisonen versehen können, so schicken wir von Zeit zu Zeit fliegende Kolonnen nach solchen Orten, die sich widerspenstig benehmen, erschießen, hängen und sengen.« Bismarck selbst hat dieses Wort näher erklärt: »Für jeden Tag Rückstand sollen den Gemeinden fünf Prozent des Betrages mehr abgefordert werden. Fliegende Kolonnen mit Geschützen sollen vor die sich hartnäckig weigernden Ortschaften rücken, sich die Steuern herausbringen lassen und, falls dies nicht ohne Verzug geschieht, mit Beschießung und Anzünden vorgehen.«

In Frankreich hat man empfindliche Ohren für solche Besatzungsrichtlinien, und die Ereignisse von 1870/71 liegen noch nicht so weit zurück, daß sie vergessen wären. Hat doch der gleiche Bismarck gesagt: »Ich denke, wenn die Franzosen erst Zufuhr an Lebensmitteln gekriegt haben und dann wieder auf halbe Ration gesetzt werden und wieder hungern müssen, das wird wirken. Es ist wie mit der Prügelbank. Wenn da etwas länger gehauen wird – hintereinander –, so macht das nicht viel aus. Aber wenn ausgesetzt wird und nach einer Weile wieder angefangen, das ist unerwünscht.«

Sicher, das ist eine ganze Weile her, Bismarck ist tot, aber im Wilhelminischen Deutschland steht sein Standbild auf jeder Anhöhe, seine Büste auf jedem Sockel – und das gibt den politischen Erinnerungen einen fatalen Anstrich.

Ein Generalstabschef hält sich für ungeeignet

Sind die Deutschen nicht wirklich so, wie man nach den böse ausgewählten Worten ihres Einigers schließen könnte? Nein, nein, aber es gibt ja noch andere Dinge. Da ist Clausewitz mit seinem weltberühmten Buch »Vom Kriege«. Wie peinlich nur, daß ausgerechnet Generalstabschef Schlieffen, der den Vorbeugungskrieg gegen Frankreich predigt, in einer Einleitung zu diesem Buch ganz offen geschrieben hat: »Der dauernde Wert des Werkes liegt neben seinem hohen ethischen und psychologischen Gehalt in der nachdrücklichen Betonung des Vernichtungsgedankens.«

Erschreckend und drohend muß dieses Deutschland der Welt draußen erscheinen, zugleich aber auch überheblich und dünkelhaft. Das deutsche Volk steht »moralisch höher als alle anderen Völker, es ist der einzige Träger wahrer Kultur, von ihm hängt das Schicksal der Menschheit ab«. Solch törichte Phrasen haben mehr Schaden als Nutzen in der Welt gestiftet.

Der Satz stammt übrigens aus einem nach der Jahrhundertwende weitverbreiteten Familienbuch mit dem Titel »Das Deutsche Vaterland im XIX. Jahrhundert« von Generalmajor Dr. Albert Pfister. Auf dem Umschlagbild ist eine Germania mit wallenden Goldlocken und in weißen Gewändern zu sehen, den Reichsadler auf der Brust, in den Händen Krone und Schwert, zu Füßen ragende Gebirge und nachtblaues Meer, dahinter das mystische Geäst der Weltesche Yggdrasill. Das Lesezeichen besteht aus einem schwarzweißroten Seidenband.

In dieser romantischen Verpackung hat Generalmajor Pfister der deutschen Familie im Jahre 1900 verraten, wie sich dermaleinst die Zukunft gestalten solle. In einem »Ausblick« schreibt er am Ende des Buches: »Immer klarer mag bei jedem einzelnen die Überzeugung sich gestalten, daß ein festes Zusammenscharen aller Volksgenossen in steter Eintracht notwendig sei, um . . .« Um was wohl? Des Generalmajors Feder, noch einmal kräftig in die Tinte getaucht, wirft den Rest aufs Papier: ». . . um den Kampf gegen die fremdartigen Massen aufzunehmen, um das Zukunftsreich zu gründen als großdeutschen Weltstaat.«

Pfisters Auslassungen sind in den volkstümlichen Schriften vor Ausbruch des Krieges keine Einzelerscheinung. Im deutschen Volk wird durch ihre falschen Töne ein schwelendes Feuer angefacht, und jederzeit kann es zum Ausbruch kommen. Mäßigung gilt als Schwäche, Kritik grenzt an Landesverrat.

Dies alles mag ein Zerrbild sein, aber man muß auch das Zerrbild gesehen haben, um noch verstehen zu können, welche Ängste, Abneigungen und Ziele die Menschen bewegten, ehe sie darangingen, sich gegenseitig zu zerfleischen. Denn das werden sie nun tun. Seit die russische Mobilmachung rollt, gibt es kein Zurück mehr. Jetzt kommen die Aufmarschpläne zum Zug.

Der deutsche Generalstabschef, der Schlieffens Vermächtnis verwaltet, ist Generaloberst Helmuth von Moltke, ein Neffe des berühmten preußischen Generalfeldmarschalls von 1866 und 1870/71. Neffe Moltke ist krank an Herz und Lunge. Er hat kaum irgendeine militärische Führungsausbildung genossen. Er ist nur deshalb Generalstabschef geworden, weil er dem Kaiser längere Zeit als Flügeladjutant gedient und es dabei verstanden hatte, durch Eifer und unverzagten Gehorsam das Wohlwollen Seiner Majestät zu erregen.

Moltke war erschrocken, als ihn Wilhelm zum Generalstabschef machen wollte. Er hielt sich selbst für ganz und gar ungeeignet, sagte das dem Kaiser auch und verwies überdies auf seine verschiedenen Krankheiten. Doch der Herrscher beruhigte ihn mit den trostvollen Worten: »Für den Frieden wird es schon reichen, und im Kriege werde ich selbst die Führung übernehmen.«

»Gott schütze das Vaterland!« notiert Feldmarschall Waldersee in sein Tagebuch, als er davon erfährt.

Moltke nimmt den Posten an. Was kann schließlich schon schiefgehen: Er hat ja den Schlieffenplan! Und während er wieder einmal zur Brunnenkur in Karlsbad weilt, im Mai 1914, über einen Monat vor dem Attentat von Sarajewo, vergißt er für einen Augenblick seine schmerzende Leber und sagt so kühn, als sei er sein eigener berühmter Onkel: »In sechs Wochen nach Beginn der Mobilmachung hoffen wir mit Frankreich fertig zu sein oder wenigstens so weit, daß wir unsere Hauptkräfte gegen Osten verschieben können.«

Jetzt, da der Krieg vor der Tür steht, rasselt Neffe Moltke noch vernehmlicher mit dem Säbel. Nach Bekanntwerden des britischen Faustpfand-Planes sagt er diktatorisch zu dem österreichischen Militärattaché in Berlin: »Etwaige erneute Schritte Englands zur Erhaltung des Friedens sind abzulehnen.«

In historischer Tolpatschigkeit sagt er es ausgerechnet in dem Augenblick, als Kaiser Wilhelm einen letzten telegraphischen Versuch macht, Wien zur Annahme des britischen Planes zu bewegen. Alles scheint sich verschworen zu haben. Die Bemühungen des deutschen Monarchen scheitern, und Wilhelm erfährt nicht, was der Generalstabschef da hinter seinem Rücken angerichtet hat. Denn Moltke tut noch mehr ohne Wissen seines Herrn: Er rät den Österreichern, endlich Ernst mit Serbien zu machen, zugleich die Mobilmachung auch gegenüber Rußland einzuleiten. Klatschsüchtig teilt er den erfreuten Generalstäblern an der blauen Donau mit, daß Deutschland ebenfalls bald mobilmachen werde.

Eine letzte Frist für den Frieden verstreicht nutzlos

Am 31. Juli 1914 wird in Deutschland der »Zustand drohender Kriegsgefahr« verkündet, eine Vorstufe der allgemeinen Mobilmachung. Bethmann Hollweg aber, der deutsche Reichskanzler, schwimmt gegen den Strom: Er versucht, Rußland zu einer Rücknahme der Mobilmachungsmaßnahmen zu bewegen. Um dieses phantastische Ziel zu erreichen, wird der deutsche Botschafter in Petersburg in Bewegung gesetzt, Friedrich von Pourtalès.

In der Nacht zum 1. August ersucht Pourtalès den russischen Außenminister Sasonow um eine Besprechung. Und kurz bevor die Uhren von Petersburg die zwölfte Stunde schlagen, sitzen sich die beiden übermüdeten Männer gegenüber. Pourtalès liest das Telegramm vor, das er aus Berlin erhalten hat: »Durch die russischen Maßnahmen sind wir gezwungen worden, zur Sicherung des Reiches die drohende Kriegsgefahr auszusprechen, die noch nicht Mobilisierung bedeutet. Die Mobilisierung muß aber folgen, falls nicht Rußland binnen zwölf Stunden jede Kriegsmaßnahme gegen uns und Österreich-Ungarn einstellt und uns hierüber bestimmte Erklärung abgibt.« Das ist ein Ultimatum, die nächsten zwölf Stunden sind die letzte Frist für die Völker.

Sasonow gibt seinem nächtlichen Besucher eine hinhaltende Antwort. Dann verstreichen die zwölf Stunden, ohne daß Pourtalès wieder etwas zu hören bekommt.

In diesen zwölf Stunden geschehen jedoch andere Dinge. Um neun Uhr morgens reitet in Berlin der Kaiser durch den Tiergarten, an seiner Seite Generalstabschef Moltke. Im Trab der Pferde läßt sich Wilhelm über den Bereitschaftsstand der Armee Bericht erstatten, und an diesem jungen glitzernden Morgen muß in seiner Brust die letzte Entscheidung gefallen sein.

Nur wenig später ist Reichskanzler Bethmann Hollweg zum Vortrag beim Kaiser. Beide Männer beschließen, Rußland den Krieg zu erklären. Eigenhändig setzen sie gemeinsam den Text der Kriegserklärung auf, werfen ein paar mißlungene Entwürfe in den Papierkorb, einigen sich auf den endgültigen Wortlaut. Um 12.52 Uhr, eine knappe Stunde nach Ablauf des Ultimatums, wird das entsprechende Telegramm an Botschafter Pourtalès nach Petersburg abgeschickt. Es enthält einen doppelten Text: einen, falls die russische Regierung überhaupt keine Antwort gegeben haben sollte, einen anderen in Klammern, falls die Antwort unbefriedigend ist. Um 17.45 Uhr hält Pourtalès die Depesche in Händen.

Während das Telegramm noch über die Drähte des schwerfälligen Telegraphennetzes von damals läuft, findet in Berlin eine Sitzung in größerem Kreise statt. Bethmann Hollweg erklärt den Anwesenden, daß es notwendig sei, Rußland den Krieg zu erklären, weil man sonst aus juristischen Gründen nicht mit Frankreich Krieg führen und dann natürlich auch nicht durch Belgien marschieren könne, wie es der Schlieffenplan verlangt.

Die Herren, vor allem die Militärs, sind ganz und gar gegen eine Kriegserklärung: Kriegsminister Falkenhayn, Marinechef Tirpitz, sogar Moltke. Warum sollte gerade Deutschland vor aller Welt die Schuld auf sich laden, als erstes Land den Krieg erklärt zu haben? Doch die Bedenken werden zerstreut. Sie müssen zerstreut werden, weil Wilhelm und Bethmann Hollweg die Kriegserklärung bereits abgeschickt haben!

Jetzt sprechen die Waffen

Mit Tränen in den Augen überreicht: die Kriegserklärung

Kurz nach sieben Uhr abends ist Botschafter Pourtalès wieder bei Außenminister Sasonow. Dramatisch wie diese Schicksalsstunde selbst ist auch die Begegnung.

»Kann ich rechnen, Exzellenz«, sagte der Deutsche mit bewegter Stimme, »daß die russische Regierung nunmehr bereit ist, auf meine gestrige Note eine günstige Antwort zu erteilen?«

Sasonow steht unbeweglich hinter seinem Tisch. Tonlos klingt die Antwort, die er gibt: »Meine Regierung hält eine Antwort nicht für notwendig, Herr Botschafter. Die allgemeine Mobilmachung kann nicht rückgängig gemacht, wohl aber können trotzdem die Verhandlungen fortgesetzt werden.«

»Dann sehe ich mich auftragsgemäß gezwungen«, erwidert Pourtalès und schluckt heftig, »Eurer Exzellenz dieses Dokument zu überreichen.«

Während ihm die ersten Tränen über die Wangen rollen, greift er in seine lederne Diplomatenmappe und überreicht Sasonow das Telegramm, so wie er es bekommen hat, mit den beiden wahlweisen Texten und allen sonstigen, nur für den Botschafter bestimmten Anweisungen. Der erstaunte Sasonow kann daher Sätze lesen wie diese: »Da Rußland sich geweigert hat, dieser Forderung zu entsprechen (es nicht für notwendig befunden hat, unsere Forderung zu beantworten), und durch diese Weigerung (diese Haltung) bekundet hat, daß sein Vorgehen gegen Deutschland gerichtet war, habe ich die Ehre, im Auftrag meiner Regierung Eure Exzellenz wissen zu lassen, was folgt: Seine Majestät der Kaiser, mein erhabener Gebieter, nimmt im Namen des Reiches die Herausforderung an und betrachtet sich als im Kriegszustand mit Rußland. Bitte Eingang und Zeitpunkt der Ausführung dieser Instruktion nach russischer Zeit dringend drahten.«

Sasonow bittet den Botschafter, unter dieses Telegramm wenigstens seinen Namen zu setzen, und Pourtalès entspricht diesem Wunsch, während er jetzt von hemmungslosem Schluchzen geschüttelt wird. Er taumelt zum Fenster, öffnet es, verbirgt das Gesicht in den Händen und stößt schließlich hervor: »Ich hätte nie geglaubt, Petersburg unter solchen Umständen verlassen zu müssen.«

Sasonow ist behutsam näher getreten. Jetzt legt er seine Arme um den deutschen Botschafter und küßt ihn nach russischer Sitte auf die Wangen. »Glauben Sie mir«, sagt er leise, »wir werden uns wiedersehen.« Dann geleitet er Pourtalès zur Tür. Sie haben sich nie mehr wiedergesehen.

Kriegszustand! Aber die Telegraphendrähte sind noch nicht abgeschnitten, und fünf Stunden nachdem Pourtalès die deutsche Kriegserklärung überreicht hat, trifft beim Zaren eine neue Depesche Kaiser Wilhelms ein, in der es heißt: »Eine sofortige klare und unmißverständliche Antwort Deiner Regierung ist der einzige Weg, um endloses Elend zu vermeiden. Ich muß auf das Ernsteste von Dir verlangen, daß Du unverzüglich Deinen Truppen den Befehl gibst, unter keinen Umständen auch nur die geringste Verletzung unserer Grenze zu begehen.«

Ist man in Berlin verrückt geworden? Außenminister Sasonow telefoniert die deutsche Botschaft an, wo das Personal mit dem Packen beschäftigt ist. Pourtalès wird an den Apparat gerufen und muß sich die erstaunte Frage anhören, was dieses Telegramm des Kaisers nach der erfolgten Kriegserklärung noch zu bedeuten habe. Der Botschafter weiß es nicht und kann es auch nicht erklären. Die wahren Zusammenhänge liegen aber sehr einfach: Die Ereignisse sind schneller eingetreten, als die Telegraphenapparate zu arbeiten vermochten.

Um fünf Uhr nachmittags des 1. August, noch ehe Pourtalès bei Sasonow gewesen ist, hat der Kaiser in Berlin die allgemeine Mobilmachung befohlen. Das Dokument ist von einem Geheimschreiber in säuberlich geschnörkelter Handschrift verfertigt und lautet: »Ich bestimme hiermit: Das Deutsche Heer und die Kaiserliche Marine sind nach Maßgabe des Mobilmachungsplans für das Deutsche Heer und die Kaiserliche Marine kriegsbereit aufzustellen. Der ... wird als erster Mobilmachungstag festgesetzt.« Dort, wo der Kanzleischreiben die Punkte gesetzt hat, füllt der Kaiser persönlich das Datum aus: »2te August 1914«, schreibt er in das leere Feld. Dann bekräftigt er alles mit seiner Unterschrift: Wilhelm I. R. – Imperator Rex, Kaiser und König.

Doch damit ist es an diesem 1. August noch nicht getan. Die Ereignisse im Osten dürfen den Blick nicht davon ablenken, daß auch im Westen die Lunte brennt. Wie wird sich Frankreich verhalten?

Tod den Friedensfreunden! Die Mörder sind unterwegs

Obwohl es auf diese Frage nur eine einzige Antwort geben kann, hegt man in Berlin noch die wahnwitzige Hoffnung, daß Frankreich neutral bleiben könnte. Freilich ist diese Hoffnung zugleich eine Befürchtung, denn gegen ein neutrales Frankreich konnte man schlecht den Schlieffenplan anwenden. Deshalb ist schon tags zuvor, am 31. Juli, der deutsche Botschafter in Paris, Wilhelm von Schön, mit einem heiklen Auftrag in das Außenministerium am Quai d'Orsay geschickt worden. Ebenso wie Pourtalès in Petersburg, trägt er ein auf zwölf Stunden befristetes Ultimatum in seiner Tasche.

Schöns Aufgabe ist undankbar genug. Falls die französische Regierung erklärt, sie wolle nicht neutral bleiben, bedeutete das sofortigen Kriegszustand. Für den Fall aber, daß Frankreich Neutralität zusichern sollte, hat der deutsche Botschafter den Auftrag, gleich noch einen Schritt weiter zu gehen: Frankreich sollte dann damit einverstanden sein, daß deutsche Truppen die französischen Festungen Toul und Verdun besetzen, als Sicherheit dafür, daß die französische Regierung ihr Neutralitätsversprechen auch wirklich einhalte.

Weltfremd und unzumutbar, haben diese deutschen Vorschläge keine Aussichten. Hinzu kommt freilich auch, daß die Haltung der französischen Regierung, vor allem die von Staatspräsident Poincaré, längst feststeht. Der russische Botschafter in Paris, Iswolski, hat später ganz offen nach Petersburg gemeldet: »Der Hauptzweck Frankreichs ist die Vernichtung des Deutschen Reiches.«

Poincaré und zwei andere Politiker – ein Jahr darauf Außenminister und Kriegsminister – werden überdies in einem wenig schmeichelhaften Brief erwähnt, den der belgische Gesandte in Paris an seine Regierung nach Brüssel schickt: »... daß es nämlich die Herren Poincaré, Delcassé, Millerand und ihre Freunde gewesen sind, die die nationalistische, militaristische und chauvinistische Politik erfunden und befolgt haben, deren Wiederkehr wir feststellen konnten; sie bildet eine Gefahr für Europa.«

Immerhin hat die deutsche Anfrage, ob Frankreich neutral bleiben würde, den russischen Botschafter erschreckt. Er setzt sich mit Kriegsminister Joseph Noulens in Verbindung, erkundigt sich nach Einzelheiten. Dann geht ein erleichtertes Telegramm nach Petersburg ab: »Der französische Kriegsminister eröffnete mir in gehobenem herzlichen Tone, daß die Regierung zum Kriege fest entschlossen sei.«

So reagiert denn auch Frankreich auf das deutsche Ultimatum mit der allgemeinen Mobilmachung. Wörtlich wird dem deutschen Botschafter Schön erklärt, die Regierung werde tun, was ihr die Interessen des Landes geböten. Was aber sind die Interessen des Landes? Werden sie von der erwähnten Nationalistengruppe Poincaré, Delcassé und Millerand vertreten? Breite Volksmassen in Frankreich sind anderer Meinung: Sie wollen keinen Krieg. Die Kriegspartei sieht in diesen Kreisen eine Gefahr, die Gefahr nämlich, daß sie den Krieg verhindern könnten.

Auch Iswolski fürchtet, daß ihm die Friedensfreunde vielleicht noch in letzter Minute einen Strich durch die Rechnung machen würden. Iswolski ist von allen Managern des Krieges der energischste. Seine Sorgen verflüchtigen sich erst, als er am 29. Juli nach Petersburg melden kann, die französische Regierung werde »scharfe und entschlossene Maßnahmen zur Auflösung aller pazifistischen Versammlungen« ergreifen und sie sogar ganz verbieten. Wer den Frieden will, wird von jetzt an unterdrückt.

»Da ist der Kriegsmacher!« hatte jemand erst vor wenigen Tagen dem russischen Botschafter ins Gesicht geschrien. Dem war vor Schreck das Monokel aus dem Auge gefallen. Er hatte den Rufer erkannt: den Sozialistenführer Jean Jaurès, Frankreichs entschiedensten Kriegsgegner.

Jetzt rennt Jaurès gegen die Polizeimaßnahmen an, er hat das kriegslüsterne Spiel durchschaut und predigt überall in Paris: »Wir werden dem Volk die Wahrheit sagen, und wenn man uns an der nächsten Straßenecke niederknallt!« Er kündigt an, er werde Iswolski und Poincarés Bestechungsaffären enthüllen – und nun braucht er tatsächlich nicht mehr lange zu warten, bis er niedergeknallt wird.

Am 31. Juli, abends gegen neun Uhr, verläßt er die Redaktion der von ihm gegründeten Zeitung »Humanité« und geht mit einigen Freunden zum Essen. Das Restaurant »Croissant« ist nur ein paar Schritte weit entfernt. Am Tisch plaudert er mit den Bekannten, betrachtet sich gerade eine Fotografie von den Kindern seines Tischnachbarn, lächelt und öffnet den Mund, um eine freundliche Bemerkung zu machen – da peitschen vom offenen Fenster her zwei Schüsse.

Jaurès sinkt auf die Tischplatte. Auf der Straße schreien und laufen Leute. Jemand ruft nach einem Arzt. Man legt den bewußtlosen Sozialistenführer auf einen der Tische, ein herbeigeeilter Arzt bringt einen Notverband aus Servietten am Hinterkopf von Jaurès an, aber acht Minuten später muß er feststellen: »Meine Herren, Ihr Freund ist tot.«

Das stärkste Hindernis auf Frankreichs Weg zum Krieg ist beiseite geräumt. Der Mörder, Raoul Villiain, wird vier Jahre nach der Tat von einem französischen Gericht freigesprochen. Die Richter haben nicht gewagt, das Urteil abzugeben, das heute selbst in amerikanischen Geschichtsbüchern zu lesen ist: »Jean Jaurès wurde auf Anstiften Iswolskis und der russischen Geheimpolizei durch einen Angehörigen der Militärpartei ermordet, bevor er irgendwelche aktiven Schritte unternehmen konnte, um Poincarés Kriegspolitik Hindernisse in den Weg zu legen.«

Die Hintermänner haben gesiegt, und nun werden bald immer neue Tausende und Zehntausende und Hunderttausende zur Schlachtbank geführt. Es ist so, wie es der französische Historiker Georges Demartial ausdrückt: »Frankreich wurde in den Krieg ebenso hilflos hineingeworfen wie ein gefesseltes Hühnchen, das für den Bratspieß bestimmt ist.«

Iswolski aber kann am Tage der deutschen Kriegserklärung zu einer Bekannten sagen: »Beglückwünschen Sie mich, gnädige Frau, jetzt beginnt mein kleiner Krieg. Vier Jahre auf meinem Posten haben mir genügt, um mein Ziel zu erreichen.«

Noch nie gab's eine solche Kriegserklärung

Die deutsche Kriegserklärung an Frankreich, am 3. August in Paris übergeben, ist eines der kuriosesten Dokumente dieser Zeit. Deutschland erklärt Frankreich den Krieg aus folgenden Gründen:

- Französische Flieger haben deutsches Gebiet angegriffen und sind bei dem Versuch, die Eisenbahnanlagen bei Wesel zu zerstören, abgeschossen worden.
- Andere französische Flugzeuge sind weiter in das Reich vorgestoßen und haben Bomben auf die Bahn bei Karlsruhe und Nürnberg geworfen.
- Achtzig französische Offiziere in preußischen Offiziersuniformen haben versucht, bei Walbeck einen Handstreich zu unternehmen und in deutsches Gebiet einzufallen.
- Ein französischer Arzt hat mit Hilfe von zwei verkleideten Offizieren versucht, die Brunnen in einem Vorort von Metz mit Cholerabazillen zu infizieren. Er wurde standrechtlich erschossen.

»Mitten im Frieden überfällt uns der Feind!« ruft Kaiser Wilhelm aus.

Die Kriegserklärung wird telegraphisch an Botschafter Schön abgeschickt, natürlich verschlüsselt. Als sie in der deutschen Botschaft in Paris entziffert wird, stellt sich heraus, daß das Telegramm verstümmelt worden ist – absichtlich oder unabsichtlich, das ist nie festgestellt worden. Das Dokument hat nun jedenfalls einen Wortlaut, von dem nur einige Stellen wiedergegeben werden sollen: »Deutsche Erwehrungen hatten Brennerei kel italienischer Botschafter. Dagegen haben trotz körperlich 10 Ihnen Zone französisch aneinander schon Elena bei alt mü ansehen erol und Hypothek Gebirge Straße, Übereinkunft iu ge sen ante Howard ultramontan und angesichts noch auf relativ Gebiet.« Dann folgen ein paar klare Sätze, darunter dieser: »Gestern warf französischer Flieger Bombe auf Bahn bei Karlsruhe und Nürnberg.« Schließlich wird Botschafter Schön aufgefordert, die Beziehungen abzubrechen und den Krieg zu erklären. Die folgenschwere Mitteilung lautet: »Frankreich hat Krieg sonach Saragossa Kriegszustand versetzt. Bitte Abbröcklung Acker heute nachmittag 6 Uhr dortiger Regierung mitteilen.«

Mit diesem Gestammel wird der vierjährige Weltkrieg eingeleitet, nachdem Schön aus eigener Phantasie die Bruchstücke des Telegramms zu einer wohlgesetzten Kriegserklärung zusammengekittet hat. An ihrem Ende heißt es: »Ich habe die Ehre, auftragsgemäß Eurer Exzellenz mitzuteilen, daß angesichts der Aggressionen das Deutsche Reich sich als im Kriegszustand mit Frankreich, hervorgerufen durch das Letztere, betrachtet. Empfangen Sie, Herr Präsident, den Ausdruck meiner Hochachtung.«

Höflich und korrekt – nur eines wird schwer in die Waagschale fallen: Deutschland hat den Krieg erklärt, zuerst an Rußland, nun auch an Frankreich, nicht umgekehrt. Und noch etwas, um das Maß aller Verwicklungen vollzumachen: Bald nach der Überreichung der Kriegserklärung stellt sich heraus, daß alle Nachrichten, von den Fliegerbomben bis zu den Cholerabazillen, Falschmeldungen gewesen sind! Zu spät gibt der deutsche Generalstab ein Dementi heraus – zu spät.

Die Welt kann jetzt mit dem Finger auf Deutschland zeigen, denn in der Nacht vom 1. zum 2. August, über einen Tag vor der Kriegserklärung an Frankreich, hat in Wahrheit Deutschland zu marschieren begonnen. Der Schlieffenplan, Einmarsch in Belgien? Nein. In dieser Nacht rücken deutsche Truppen in das neutrale benachbarte Luxemburg ein, »um das Eisenbahnnetz zu sichern«, wie es offiziell heißt. Keine Warnung, keine Kriegserklärung, kein diplomatischer Schritt ist diesem Akt vorausgegangen, und die »Kölnische Zeitung« schreibt ganz naiv: »Als die Bewohner der Stadt Luxemburg am Morgen des 2. August den ersten Blick zum Fenster hinauswarfen, gewahrten sie, wie preußische Soldaten in feldgrauer Uniform mit aufgepflanztem Seitengewehr die Straßen auf und ab schritten. Sie trauten ihren Augen nicht. Doch die Wirklichkeit war zu handgreiflich.«

So operettenhaft beginnen die Kriegshandlungen des großen Weltbrandes: »Schon am 1. August«, schreibt die »Kölnische Zeitung« weiter, »waren in Ulflingen, der Endstation im Norden des Großherzogtums, einige Kraftwagen erschienen. Die Insassen hatten sich an der Eisenbahn und am Telegraphen zu schaffen gemacht, waren dann aber wieder zurückgefahren. In der Nacht erschienen weitere deutsche Kraftwagen mit Offizieren und Mannschaften in Wasserbillig an der Mosel auf luxemburgischem Gebiet.«

Ein wackerer Gendarmeriewachtmeister stellt sich allein den Deutschen entgegen und macht sie auf die Grenzverletzung aufmerksam. Er wird gefangengenommen, später aber wieder freigelassen.

Inzwischen sind die luxemburgischen Behörden alarmiert worden. Sie entsenden eilig, wie es in der Nachricht heißt, »das schwere Automobil der Gendarmerie«, woraus geschlossen werden darf, daß es womöglich das einzige war. Das schwere Automobil, gelenkt von einem Gendarmen, soll die Schloßbrücke sperren und die Deutschen dort aufhalten.

Bald stehen sich die beiden Kraftwagen, der luxemburgische und das Fahrzeug der deutschen Offiziere, feindselig am Engpaß der Brücke gegenüber. Einer der Deutschen springt aus dem Wagen, geht mit gezogener Pistole auf den luxemburgischen Fahrer zu und spricht die klassischen Worte: »Beiseite, oder Sie fallen!« Die Luxemburger weichen der Gewalt, und bis zum nächsten Tag ist die Besetzung des Landes abgeschlossen.

Konnte man dem Ausland bessere Propagandatrümpfe in die Hand geben als zwei Kriegserklärungen und den Einmarsch in Luxemburg, dem nun bald auch der Vorstoß gegen Belgien folgen soll? Vergeblich versucht Reichskanzler Bethmann Hollweg, mit einem Rücktrittsgesuch der historischen Verantwortung zu entschlüpfen. Der Kaiser hält ihn mit den Worten: »Sie haben mir die Suppe eingebrockt, nun müssen Sie sie auch ausfressen!«

Bethmann Hollweg bricht beinahe zusammen. Jetzt, da Europa in Flammen aufgeht, überläuft es ihn kalt, und nur einige Wochen vergehen, bis sich ihm das Geständnis entringt: »Wir haben unseren Teil der Verantwortung für diesen Krieg. Zu sagen, daß dieser Gedanke mich niederdrückt, würde zu wenig gesagt sein. Der Gedanke verläßt mich nicht. Ich lebe mit ihm.«

Berlin und Paris im Rausch der Begeisterung

Von solchen Gewissensnöten wissen die Menschen nichts, die den Beginn des Krieges in einem närrischen Taumel verbringen. Berlin hallt wider von Jubel und überschäumender Begeisterung. Unbekannte umarmen sich auf der Straße, Zeitungsjungen werfen Extrablätter in die Menge, Soldaten marschieren, und mit jedem Trupp gehen Menschenschwärme im Gleichschritt einher, winkende, lachende Frauen, Schulkinder, Männer mit geröteten Gesichtern.

Am Abend des 1. August steht vor dem Königlichen Schloß in Berlin ein schwarzer, unübersehbarer Block von Menschen, Körper an Körper gepreßt, heiser die Kehlen vom Gesang, der immer wieder aufbrandet: »Heil dir im Siegerkranz«, und »Deutschland, Deutschland über alles«. Auf dem Mittelbalkon erscheinen der Kaiser und die Kaiserin. Hochrufe brausen und gellen, bis der Lärm schließlich verebbt und sich das Kommando durchsetzen kann, das von einem Adjutanten ohne

Lautsprecher – denn die gab es damals noch nicht – unaufhörlich gerufen wird: »Ruhe! Ruhe!«

Stille, atemlose Stille, in die jetzt klar und markant über alle Köpfe hinweg die Stimme des Kaisers fällt. Wilhelm ist seit jeher ein temperamentvoller Redner, und er versteht es, mitreißend zu sprechen, wenn er durch keine schriftliche Vorlage gebunden ist. »Ich danke euch«, ruft er über die Menge hin. Nach einer winzigen Spannungspause fährt er fort: »Ich danke euch für die Liebe und Treue, die mir erwiesen werden. Sollte es zum Kampf kommen, dann hören alle Parteien auf. Dann sind wir alle nur noch deutsche Brüder. In Friedenszeiten hat mich ja wohl die eine oder die andere Partei angegriffen, aber das verzeihe ich jetzt von ganzem Herzen. Wenn unsere Nachbarn uns den Frieden nicht gönnen, dann hoffe und wünsche ich, daß unser gutes deutsches Schwert siegreich aus dem Kampf hervorgeht.«

Es ist eine typische Stegreifrede, aber an den rasenden Ovationen, die nun losbrechen und die Fensterscheiben klirren lassen, merkt Wilhelm, daß er den richtigen Ton getroffen hat. Er wird den Grundgedanken seiner Rede noch mehrmals in den nächsten Tagen herausstellen, etwas besser formuliert, und endlich daraus das berühmte Kaiserwort machen: »Ich kenne keine Parteien mehr, ich kenne nur noch Deutsche!«

Vor dem Schloß in Berlin nehmen die Hochrufe kein Ende, bis irgend jemand das Lied anstimmt, bis es um sich greift, alles erfaßt und schließlich aus tausend Kehlen erklingt: »Es braust ein Ruf wie Donnerhall, wie Schwertgeklirr und Wogenprall . . .« Die Wacht am Rhein, der Schwingenschlag des deutschen Aar, das Schwertgeklirr aus den Abgründen der Geschichte, jetzt wird es zur Melodie der Nation. Erst das Trommelfeuer und die Hölle der Materialschlachten wird sie wieder verschlingen. Doch wer denkt an so etwas!

Bis in die Nacht hinein ziehen singende und jubelnde Menschen durch die Straßen und Märkte der Städte in Deutschland. Ganz nebenbei werden dabei die Schaufensterscheiben von ausländischen Geschäften eingeschlagen, ein paar fremdländisch aussehende Leute verprügelt, und die Gaststättenbesitzer beeilen sich, französische Bezeichnungen wie »Menu« oder ›à la carte« von den Speisekarten verschwinden zu lassen.

»Immer feste druff«, lautet die Losung, und obwohl Kronprinz Wilhelm später bestritten hat, diese Parole jemals ausgegeben zu haben, kann er doch nicht verhindern, daß bald seine Bildpostkarte mit diesem Spruch überall feilgeboten wird.

Nun, in Paris sieht es nach der Kriegserklärung nicht viel anders aus. »Wir sind ohne Tadel«, ruft Ministerpräsident Viviani in der Deputiertenkammer, »wir werden auch ohne Furcht sein.« Die Abgeordneten klatschen begeistert, erheben sich immer wieder von ihren Plätzen, singen die Marseillaise, und es dauert Viertelstunden, ehe Viviani wieder ein paar Worte sagen kann: »Hoch die Herzen! Es lebe Frankreich!«

In der Diplomatenloge des Hauses sitzt der russische Botschafter Iswolski und applaudiert gelassen.

Durch die Straßen wälzt sich das Volk; auch hier ist es ein Ruf, der sich fortpflanzt und zur Parole dieser Tage wird: »À Berlin, à Berlin – Nach Berlin!« Der Jubel dauert bis lange nach Mitternacht, er schallt über die Boulevards – und ganz nebenbei werden die Schaufensterscheiben von Geschäften mit deutsch klingenden Namen eingeschlagen, das Mobiliar des Restaurants Pschorrbräu wird demoliert und auf die Straße geworfen, und viele Ladeninhaber beeilen sich, an ihrer Tür ein Schild anzubringen: »Französische Firma«.

Mit Gesang, Jubel und Ausschreitungen hat der Weltkrieg begonnen. Die Transportzüge rollen zur Front, und zutiefst erschrocken spricht der britische Außenminister Grey das prophetische, historisch gewordene Wort: »In diesem Augenblick gehen in ganz Europa die Lichter aus; wir alle werden sie in unserem Leben nie wieder leuchten sehen.«

Umrüstung über Nacht

Im letzten Schnellzug, der vor der Mobilmachungssperre noch von München nach Berlin rollt, sitzt der Reichstagsabgeordnete Conrad Haußmann. Er reist zu der eilig anberaumten Kriegssitzung des Hohen Hauses, und es ist eine gespenstische Fahrt, über die er in seinem Tagebuch schreibt: »Bei Osterburken längerer Halt. Eine Stunde lang fahren Militärfahrzeuge durch, mit bayerischen Truppen, munter und durstig. Geistige Getränke sind untersagt; ich bringe ihnen literweise Sauerwasser. Die ganze Nacht passieren Militärzüge. Die Maschinengewehre auf den offenen Wagen heben sich in der Nacht ab. Pferde, Kanonen, Train. Wir sind in der Mobilmachung und im Krieg.« Am Anhalter Bahnhof in Berlin türmen sich »häuserhohe Mauern von Koffern. Kein Auto, keine Droschke«.

Der württembergische Oberstleutnant Groener, der die Transportpläne für die Mobilmachung ausgearbeitet hatte, hat ganze Arbeit geleistet. In den ersten paar Tagen läßt er rund achtzehntausend Militärzüge über das deutsche Schienennetz rollen. Über drei Millionen Mann, achthundertsechzigtausend Pferde und eine halbe Million Tonnen Kriegsmaterial werden in unendlich vielen Waggons befördert.

Ein anderes Organisationswunder ist die Bekleidung der Truppen. Gestern noch trugen die Soldaten der verschiedenen deutschen Länder und der einzelnen Waffengattungen unterschiedliche Uniformen, in den Farben der alten Tradition, die vom leuchtenden Blau bis zum knalligen Rot reichen. Jetzt ist diese ganze Pracht über Nacht verschwunden und hat einheitlichem Feldgrau Platz gemacht. Die Bevölkerung staunt, und im Ausland hat man wieder einen Grund mehr, auf Deutschland zu deuten und zu sagen: Das kann nur von langer Hand geplant gewesen sein. Die Franzosen nämlich kämpfen noch in ihrer althergebrachten Ausrüstung, und der bayerische Generaloberst Kronprinz Rupprecht vermerkt nach den ersten Gefechten in seinem Kriegstagebuch: »Auf dem Gerichtsberg liegen reihenweise niedergemähte französische Tote, weithin erkennbar an dem Rot ihrer Hosen, einem Mohnfelde vergleichbar.«

Acht deutsche Armeen sind bei Kriegsbeginn kampfbereit. Die kaiserliche Flotte zieht drei Linienschiffgeschwader, ein Aufklärungsgeschwader und sieben Torpedobootflottillen in den Häfen der Deutschen Bucht zusammen. Außerdem gibt es fünfzehn kampfbereite Unterseeboote. In der Luft ist das Deutsche Reich mit sechs Zeppelinen, einem lenkbaren Parseval-ballon und vier Verkehrsluftschiffen namens »Schütte-Lanz«, »Hansa« »Viktoria-Luise« und »Sachsen« vertreten. Die Fliegertruppe, die zum Heer gerechnet wird, verfügt über 226 Flugzeuge und einundzwanzig sogenannte Drachenballone, davon fünfzehn im Westen, sechs im Osten. Das ist die »schimmernde Wehr«, von der Kaiser Wilhelm jetzt immer spricht.

Nicht weniger schimmernd ist der deutsche Kriegsschatz. Er beträgt 120 Millionen Goldmark und besteht ausschließlich aus goldenen Zehn- und Zwanzigmarkstücken. Die Münzen sind in 1200 Stahlkisten verpackt und im Juliusturm der Spandauer Zitadelle aufbewahrt: hinter vier eisernen Türen und zweieinhalb Meter dicken Mauern, Tag und Nacht unter den Augen einer starken militärischen Bewachung. Außer dem Goldschatz besitzt das Deutsche Reich 180 Millionen Mark Bargeld, die Reichsbank hat 1700 Millionen Mark. Aber schon für die ersten Mobilmachungstage müssen 740 Millionen Mark ausgegeben werden. Das finanzielle Ende steht damit vor der Tür, noch ehe der vierjährige Krieg so recht begonnen hat.

Freilich, niemand hat mit dieser langen Dauer gerechnet, und in der ersten Begeisterung hat Wilhelm II. sogar die Worte geprägt: »Noch ehe die Blätter fallen, werden unsere siegreichen Soldaten wieder daheim bei ihren Familien sein!« Erst später, als der Herbstwind die Blätter schon verweht hat, wird daraus das berühmte »Weihnachten seid ihr wieder zu Hause!«. Danach wagte niemand mehr eine Prophezeiung.

Der Kaiser befiehlt – sein Generalstabschef weint

Vorläufig sieht alles noch rosig aus. Der deutsche Generalstabschef Moltke gibt seine erste Aufmarschanweisung heraus. Er hält sich streng an den Schlieffenplan und befiehlt: »Die Hauptkräfte des deutschen Heeres sollen durch Belgien und Luxemburg nach Frankreich vorgehen.«

Luxemburg ist bereits über Nacht und ohne Warnung besetzt worden. Jetzt soll Belgien an die Reihe kommen, und Moltke zittert, daß ihm sein Oberster Kriegsherr einen Strich durch die Rechnung machen könnte. Wilhelm kümmert sich um jede operative Einzelheit. Schon am 1. August mußte Moltke einen kalten Schrecken erleben, als sich der Kaiser zum erstenmal als Feldherr betätigte. An diesem Tage sieht es für wenige Stunden so aus, als würde Frankreich neutral bleiben. Die deutsche Kriegserklärung war noch nicht nach Paris abgegangen, und im Banne dieser trügerischen Nachricht betritt der Kaiser das Kartenzimmer und ruft lachend: »Also wir marschieren einfach mit der ganzen Armee gegen Rußland auf!« Dieser absurde Gedanke Seiner Majestät bringt den Generalstabschef so durcheinander, daß er in seinen Erinnerungen vermerkt: »Es war etwas in mir zerstört, das nicht wiederaufzubauen war. Zuversicht und Vertrauen waren erschüttert.«

Noch am gleichen Tage – noch bevor der Krieg überhaupt begonnen hat – erleidet Moltke einen tränenreichen Nervenzusammenbruch. Doch seine Erschütterung hat weniger strategische Gründe als vielmehr eine verwaltungstechnische Ursache: Seit dem Jahre 1911 nämlich lagen die Pläne für einen Aufmarsch im Osten unberührt in einem Aktenschrank des Generalstabs. Moltke bringt nicht den Mut auf, diese Vernachlässigung einzugestehen. Gegenüber Wilhelm wendet er nur ein: »Wenn wir jetzt den Westaufmarsch in einen Ostaufmarsch verwandeln, werden wir kein schlagfertiges Heer haben, sondern nur einen wüsten Haufen bewaffneter Menschen ohne Verpflegung.«

Der Kaiser wendet sich brüsk ab und entgegnet: »Ihr Onkel hätte mir eine andere Antwort gegeben!«

Betreten steht der Neffe des einstigen Generalfeldmarschalls da, fährt nach Hause und läßt dort seinen Tränen freien Lauf.

Indessen stellen sich die Hoffnungen auf eine Neutralität Frankreichs bald als falsch heraus. Wilhelm befiehlt seinen Generalstabschef nachts noch einmal zu sich und sagt: »Jetzt können Sie Ihren Aufmarsch machen, wie Sie wollen.«

Mit einem gleichgültigen Kriegsherrn und einem Generalstabschef, dessen »Zuversicht und Vertrauen erschüttert« sind, zieht das deutsche Heer am ersten Kriegstag ins Feld.

». . . um einem feindlichen Angriff zuvorzukommen«

Es muß jetzt durch Belgien marschiert werden, und mit diesem Teil des Schlieffenplans tut die deutsche Armee genau das, was ihre Gegner seit langem erwarten. Schon im Jahre 1878 hat der französische Generalstab einen deutschen Vormarsch durch Belgien in seine Pläne aufgenommen, und die britischen Militärs kamen 1905 zu der gleichen Vermutung. Der britische Generalstabschef, Sir Henry Wilson, hatte Belgien mehrmals mit dem Fahrrad durchwandert, hatte das Gelände in Augenschein genommen und wollte jeden Eid leisten, daß die Deutschen hier angreifen würden. Sehr überraschend konnte der deutsche Angriff unter solchen Umständen tatsächlich nicht wirken. Sollte es wirklich ein Angriff werden?

Reichskanzler Bethmann Hollweg bemüht sich verzweifelt, einen diplomatischen Ausweg zu finden. Eine sehr gewagte und leicht durchschaubare Note wird entworfen, und am 2. August, abends um sieben Uhr, hat der deutsche Gesandte in Brüssel, Baron von Below-Saleske, die undankbare Aufgabe, das Papier dem belgischen Außenminister Davignon zu überreichen. »Der kaiserlichen Regierung«, heißt es da, »liegen zuverlässige Nachrichten vor über den beabsichtigten Aufmarsch französischer Streitkräfte an der Maaslinie Givet-Namur. Sie kann sich der Besorgnis nicht erwehren, daß Belgien, trotz besten Willens, nicht imstande sein wird, ohne Hilfe einen französischen Vormarsch mit so großer Aussicht auf Erfolg abzuwehren, daß darin eine ausreichende Sicherheit gegen die Bedrohung Deutschlands gesehen werden kann.«

Nach dieser gewundenen Einleitung liest der belgische Außenminister den entscheidenden Satz: »Es ist ein Gebot der Selbsterhaltung für Deutschland, dem feindlichen Angriff zuvorzukommen.« Deutschland hofft, daß Belgien den Durchmarsch gestattet und neutral bleibt. Aber weil der Schlieffenplan gar keine andere Wahl läßt, schließt die Note mit den Worten: »Sollte Belgien den deutschen Truppen feindlich entgegentreten, so wird Deutschland zu seinem Bedauern gezwungen sein, das Königreich als Feind zu betrachten.«

Entrüstet weist Brüssel die Durchmarschforderung und die Drohung zurück. Belgien will neutral bleiben, und jedermann weiß außerdem, daß Deutschland unter dem Zwang des Schlieffenplans handelt und der französische Aufmarsch nur eine Erfindung ist. So muß der deutsche Gesandte am 4. August ein zweitesmal den belgischen Außenminister aufsuchen. Die Note, die er diesmal überreicht, schafft vollendete Tatsachen: »Ich beehre mich, Eure Exzellenz auftragsgemäß zu benachrichtigen, daß die kaiserliche Regierung infolge der Weigerung, die die Regierung Seiner Majestät des Königs ihren wohlgemeinten Vorschlägen entgegensetzt, zu ihrem lebhaften Bedauern gezwungen sein wird, die gegenüber den französischen Drohungen als notwendig erscheinenden Schutzmaßnahmen, wenn erforderlich mit Waffengewalt, durchzuführen. Genehmigen Sie, Herr Minister, die Versicherung meiner ausgezeichneten Hochachtung. Von Below-Saleske.« Einmarsch!

In Wahrheit hat der Einmarsch schon einen Tag vor der Übergabe des Dokuments begonnen, nämlich am 3. August. Auch das ist eine der verhängnisvollen Erscheinungen des Schlieffenplans, dessen Zeittafel keinen längeren Aufschub duldete, wenn Frankreich besiegt werden sollte, noch ehe die russische Mobilmachung beendet war.

Auf dem Sterbebett packt Sir Edward Grey die Reue

Am 5. August meldet das Wolffsche Telegraphen-Bureau: »Der belgische Gesandte, der im Namen seiner Regierung den Krieg erklärt hat, verließ heute früh Berlin.«

Das ist die fünfte Kriegserklärung. Kurz zuvor war die vierte erfolgt, denn mit dem deutschen Einfall in Belgien konnte Großbritannien den entscheidenden Schritt tun. Längst hat ja der britische Außenminister Sir Edward Grey den Franzosen Hilfe im Falle eines deutschen Angriffs versprochen. Das belgische Abenteuer schafft in der Öffentlichkeit die geeignete Stimmung dafür.

Schon drei Jahre vor Kriegsausbruch, am 23. Januar 1911,

hatte der russische Botschafter in London, Graf Alexander Benckendorff, ein Gespräch mit Sir Edward gehabt und nachher in einem Bericht nach Petersburg geschrieben: Der deutsche Plan eines Durchmarsches durch Belgien »hätte Sir Edward zufolge den alles überwiegenden Vorteil, daß durch die Verletzung der belgischen Neutralität das englische Parlament und die gesamte öffentliche Meinung aufgerüttelt und in den Krieg mitgerissen würden, während es andernfalls sehr schwierig wäre, diese den Kriegsplänen günstig zu stimmen«.

Grey weiß genau, daß dieser »barbarische Überfall auf ein tapferes und unschuldiges Ländchen« den Sturm entfachen würde. Er braucht diesen Sturm, um das geheime Hilfsversprechen einlösen zu können, das er und Kriegsminister Haldane Paris gegeben haben, denn »sie taten es hinter dem Rücken nahezu aller ihrer Kabinettskollegen und ohne das Parlament irgendwie davon in Kenntnis zu setzen«, wie Lord Loreburn bemerkt.

Tatsächlich sind die meisten Mitglieder des Kabinetts durchaus friedlich gesonnen. Noch einen Tag vor Kriegsausbruch treten vier Minister von ihren Posten zurück und erklären in einer Geheimsitzung unter Tränen, sie könnten den kriegerischen Kurs nicht mit ihrem Gewissen vereinbaren.

Auch der deutsche Botschafter in London, Fürst Karl Lichnowsky, hat Tränen in den Augen, als er zu Lord Asquith, dem britischen Premierminister, sagt: »Ein Krieg zwischen unseren Ländern ist ganz undenkbar!«

Aber Greys Kurs liegt fest. Er kann nicht mehr zurück, er glaubt wenigstens, nicht mehr zurück zu können. Großbritannien wird in den Krieg eintreten, und es macht wenig aus, daß der britische Botschafter in Petersburg dem russischen Außenminister Sasonow eines Tages anvertraut: »In Grey ist ein bestimmtes Gefühl dauernd lebendig: das Gefühl nämlich, daß vor allem er es gewesen ist, der England in den Krieg hineingezogen hat, weshalb er denn stets eine überaus tiefgehende persönliche Verantwortlichkeit empfindet.«

Erblindet, alt und vergessen ist Sir Edward 1933 gestorben. Der britische Historiker Ernest Henderson berichtet: »Als er nackt und schlotternd dem Gespenst des Todes gegenüberstand, da bereute er.« Keiner der Millionen Toten ist davon wieder lebendig geworden. Es war zu spät – wieder einmal.

Am 4. August, als deutsche Truppen schon auf belgischem Boden marschieren, schickt Sir Edward Grey ein Ultimatum nach Berlin: Die deutsche Reichsregierung soll erklären, daß sie die belgische Neutralität wahren werde. Reichskanzler Bethmann Hollweg weiß, daß dieses Ultimatum einer Kriegserklärung gleichkommt. Der britische Botschafter, der die Note überreicht, Sir Edward Goschen, berichtet: »Ich traf den Reichskanzler in sehr aufgeregter Stimmung an. Er begann sogleich mit einer Ansprache von ungefähr zwanzig Minuten Dauer. Er führte aus, der von der großbritannischen Regierung unternommene Schritt sei über alle Maßen schrecklich; nur wegen des Wortes ›Neutralität‹, nur wegen eines Fetzens Papier, wolle Großbritannien mit einem stammverwandten Volk Krieg führen.«

Nichts hätte ungeschickter sein können als diese Auslassung Bethmann Hollwegs: Das Wort vom »Fetzen Papier« ist geboren und bleibt im Sprachschatz der Welt für die Mißachtung von Verträgen und Zusicherungen bestehen. Aber ist es wirklich nur dieser Fetzen Papier, um den es geht? Ist es wirklich nur die ungeschickte Politik Greys, die Großbritannien mit in den Krieg gestürzt hat?

Botschafter Goschen gegenüber hat Bethmann Hollweg bekannt, seine politischen Ansichten seien nun »wie ein Kartenhaus zusammengebrochen«. Daß sich der Reichskanzler Illusionen hingegeben hat, ist von Kronprinz Wilhelm deutlich gemacht worden. In seinen Erinnerungen berichtet der Sohn des deutschen Kaisers:

»Am 31. Juli war Abendtafel im Neuen Palais, zu der auch mein Onkel Prinz Heinrich anwesend war. Ich geriet mit ihm aneinander, als ich behauptete, daß England, wenn es zum Kriege käme, todsicher auf der Seite unserer Gegner stehen werde. Prinz Heinrich bestritt dies.

Am 2. August nahm ich von meinem Vater Abschied,

um zur Armee zu reisen. Im Begriffe, den kleinen Garten, der zwischen dem Berliner Schloß und der Spree sich dahinzieht, zu verlassen, traf ich mit dem soeben vom Vortrage bei Seiner Majestät kommenden Kanzler zusammen, und wir verweilten miteinander im Gespräch.

Der Kanzler: ›Kaiserliche Hoheit gehen jetzt zur Front?‹
Ich: ›Jawohl.‹
Der Kanzler: ›Wird die Armee es schaffen?‹
Ich: ›Was eine Armee der Welt schaffen kann, das schaffen wir. Aber England ist auf der Gegenseite!‹
Der Kanzler: ›Das ist ausgeschlossen. England bleibt bestimmt neutral!‹
Ich: ›Eure Exzellenz werden in wenigen Tagen die Kriegserklärung haben.‹
Der Kanzler: ›Ich würde dies für das größte Unglück für Deutschland halten.‹«

Nun ist das Unglück eingetreten. Bethmann Hollweg fällt aus allen Wolken und muß sich erst mit den Tatsachen vertraut machen, die von realistischeren Politikern schon längst ins Auge gefaßt worden sind. Der Reichstagsabgeordnete Haußmann zum Beispiel sagt zu Admiral Tirpitz: »Die Menschen hier hoffen immer noch auf Englands Neutralität; seit ich weiß, daß wir durch Belgien marschieren, halte ich Englands Neutralität für völlig ausgeschlossen.«

»Völlig ausgeschlossen«, nickt Tirpitz.

Etwa zur gleichen Stunde weilt in London die Gattin des Premierministers Asquith zu Besuch beim deutschen Botschafter Lichnowsky. Die ganze Hoffnungslosigkeit der Lage wird dabei deutlich.

»An jenem Sonntagmorgen«, berichtet Lady Asquith, »fand ich die Fürstin Lichnowsky auf einem grünen Sofa liegend mit einem Dachshund neben ihr. Ihre Augen waren vom Weinen erloschen und verschwollen, und ihr Gatte schritt im Zimmer auf und ab und rang die Hände. Als er mich sah, packte er mich am Arm und sagte mit hoher, heiserer Stimme: ›Oh, sagen Sie, daß es gewiß keinen Krieg gibt! Liebe Mrs. Asquith, kann nichts getan werden, ihn zu verhindern?‹

Mechtild Lichnowsky stand auf und sagte impulsiv: ›Zu denken, daß wir solches Leid über unschuldige und glückliche Menschen bringen! Habe ich nicht immer den Kaiser und seine brutalen Freunde verabscheut! Tausendmal habe ich es gesagt, und ich werde nie seine Schwelle wieder überschreiten!‹

Fürst Lichnowsky: ›Aber ich verstehe nicht, was geschehen ist. Um was dreht sich eigentlich alles?‹«

So sieht es im Hause des deutschen Botschafters in London aus. Der britische Botschafter in Berlin, Sir Edward Goschen, ist über die Ereignisse nicht weniger bestürzt. Nachdem er Reichskanzler Bethmann Hollweg das Ultimatum übergeben und sich das Wort vom »Fetzen Papier« angehört hat, ist auch er den Tränen nahe. Nach der Unterhaltung jedenfalls bittet er den Kanzler, noch einige Zeit verweilen zu dürfen, weil er sich unmöglich in seinem aufgelösten Zustand dem Amtspersonal zeigen könne.

Mit der Entscheidung Großbritanniens sind die letzten Dämme gegen die weltweite Katastrophe gebrochen. Schon am 3. August hatte Grey im Unterhaus verkündet: »Heute ist es klar, daß der Friede in Europa nicht erhalten werden kann. Was den Frieden Europas anbetrifft, so ist es damit zu Ende.«

Drei Tage später spricht Premierminister Asquith im Unterhaus von den Gründen, »welche die Regierung Ihrer Majestät gezwungen haben, ›mit äußerstem Widerwillen und unendlichem Bedauern‹ Deutschland den Krieg zu erklären«. »Dieser Krieg wurde uns aufgedrängt«, schließt der Regierungschef und benützt damit die gleichen Worte, die auch in Deutschland gesprochen werden.

Unter ungeheurem Jubel stimmt das Unterhaus diesen Reden zu. Vielleicht aber wäre der Beifall geringer gewesen, hätten die Abgeordneten geahnt, wie unzutreffend die Versicherung sein würde, die Grey als einen seiner besten Trümpfe abgegeben hatte: »Wenn wir am Krieg teilnehmen, werden wir nicht viel mehr leiden, als wenn wir beiseite stehen!«

Sir Edward Grey selbst allerdings scheint zu wissen, was seinem Volk wirklich bevorsteht. In sein Arbeitszimmer im Foreign Office zurückgekehrt, hämmert er mit beiden Fäusten auf seine Schreibtischplatte und schreit immer wieder: »I hate war! I hate war!« – Ich hasse den Krieg!

Im Thronsaal riefen die Abgeordneten hurra!

Es scheint, daß die Menschen überall in Europa zu dieser Zeit in unbegreifliche Widersprüche verstrickt sind: Sie fädeln den Krieg ein und hassen ihn zugleich, sie rufen hurra und haben Angst dabei.

In Großbritannien schließen die Banken vorübergehend ihre Schalter, um einen Zusammenbruch zu verhindern. Die Bevölkerung verhält sich »mustergültig, vornehm und anständig«, wie es in einem deutschen Bericht heißt, »sie steht dem Krieg völlig reserviert gegenüber«.

Auch in Berlin wird nicht nur gejubelt. Eine Zeitung aus jenen Tagen berichtet wörtlich: »Ergriffenheit und tiefste Bewegung senkte sich auf die Seelen aller Menschen. Wer gestern schon die vielen Tränen fließen sah, wer überall das wehe, wunde Gefühl auf sich wirken ließ, mit dem heute Hunderttausende von Frauen und Kindern dem Ernährer nachblickten, der fühlte den Ernst kommender Lage, fühlte die Größe heraufziehenden Leides und den Schmerz, der zuckend durch Millionen Herzen läuft.«

Doch Fahnen, Marschmusik und blinde Siegeszuversicht gewinnen die Oberhand. Der deutsche Reichstag ist zu einer Kriegssitzung einberufen. Am Dienstag, dem 4. August, empfängt Kaiser Wilhelm die Abgeordneten im Weißen Saal des Berliner Schlosses – nur auf die Anwesenheit der Sozialdemokraten muß er verzichten, die nicht so vom Thron herab angeredet sein wollen.

Um ein Uhr mittags sind fast zweihundert Menschen in diesem »schönsten Saal Preußens« versammelt. Einige der anwesenden Offiziere tragen schon das neue Feldgrau, Reichskanzler Bethmann Hollweg hat einen blauen Waffenrock angelegt. Hofbeamte mit goldbetreßten Fräcken huschen umher, auf der Galerie sitzen die Kaiserin und einige Hofdamen. Ein Fanfarenstoß kündigt das Erscheinen Wilhelms an. Er tritt mit forschen Schritten ein, in feldgrauer Uniform und braunen Stulpenstiefeln. Die Abgeordneten rufen hurra.

Vor dem Thron bleibt der Kaiser stehen und nimmt von Unterstaatssekretär Wahnschaffe eine Ledermappe entgegen, in der sich die vorbereitete Rede befindet. »Geehrte Herren!« liest der Herrscher mit leiser Stimme, wird dann aber allmählich immer lauter: »In schicksalsschwerer Stunde habe ich die gewählten Vertreter des deutschen Volkes um mich versammelt. Mit schwerem Herzen habe ich meine Armee gegen einen Nachbarn mobilisieren müssen, mit dem sie auf so vielen Schlachtfeldern gemeinsam gefochten hat. In aufgedrungener Notwehr, mit reinem Gewissen und reiner Hand ergreifen wir das Schwert, fest und treu, ritterlich, demütig vor Gott und kampfesfroh vor den Feinden!«

Zur Überraschung der Versammelten legt Wilhelm die Mappe jetzt hinter sich auf den Thronsessel und fährt ohne Manuskript in freier Rede fort: »Sie haben gelesen, meine Herren, was ich zu meinem Volke vom Balkon des Schlosses aus gesagt habe. Ich wiederhole: Ich kenne keine Parteien mehr, ich kenne nur noch Deutsche!« Brausende Hurrarufe. »Und zum Zeugnis dessen, daß Sie fest entschlossen sind, ohne Parteiunterschiede, ohne Standes- und Konfessionsunterschiede zusammenzuhalten, mit mir durch dick und dünn, durch Not und Tod zu gehen, fordere ich die Vorstände der Parteien auf, vorzutreten und mir dies in die Hand zu geloben!«

Es ist eine tolle Szene, die jetzt abrollt. Während die Anwesenden wie rasend hurra schreien, treten die Fraktionsvorsitzenden auf den Kaiser zu, blicken ihrem Herrscher ohne die vorgeschriebene Verbeugung aufrecht ins Auge und drücken seine Hand.

Noch um drei Uhr nachmittags, als die Abgeordneten im

Reichstagsgebäude erneut zusammentreten, ist die Hochstimmung dieser Augenblicke nicht verflogen. In langen Besprechungen ist vor der Sitzung ausgemacht worden, keine peinlichen Fragen zu stellen. Die bürgerlichen Parteien haben sich verpflichtet, nach der geplanten Rede des sozialdemokratischen Abgeordneten Haase ebenfalls zu applaudieren – allerdings erst, nachdem Haase einige unangenehme Stellen aus seinem Manuskript gestrichen hat. Dafür haben sich die Sozialdemokraten verpflichtet, in das vorgesehene Hoch einzustimmen, falls es »auf Kaiser, Volk und Vaterland« ausgebracht werde. Einziger Punkt der Tagesordnung soll die Bewilligung der Kriegskredite sein.

So ist die Sitzung gut vorbereitet, eigentlich kann nichts schiefgehen, nachdem doch die Augen des ganzen Volkes nun auf den Reichstag gerichtet sind. Reichskanzler Bethmann Hollweg allerdings durchkreuzt die Hoffnungen. Er spricht Sätze von weittragender geschichtlicher Bedeutung.

»Ein gewaltiges Schicksal bricht über Europa herein«, beginnt er harmlos. »Wir wollten in friedlicher Arbeit weiterleben, und wie ein unausgesprochenes Gelübde ging es vom Kaiser bis zum jüngsten Soldaten: Nur zur Verteidigung einer gerechten Sache soll unser Schwert aus der Scheide fliegen.« Dann kommt die entscheidende Stelle: »Wir sind jetzt in der Notwehr, und Not kennt kein Gebot! Unsere Truppen haben Luxemburg besetzt, vielleicht auch belgisches Gebiet betreten müssen. Das widerspricht den Geboten des Völkerrechts. Das Unrecht, das wir damit tun, werden wir wiedergutzumachen suchen, sobald unser militärisches Ziel erreicht ist.«

Damit ist offiziell und eindeutig zu den Kriegserklärungen Deutschlands auch noch ein Schuldbekenntnis gekommen, das vier Jahre später, bei den Friedensverhandlungen in Versailles, eine schwerwiegende Rolle spielen wird. Es macht nichts aus, daß der Reichskanzler mit erhobener Stimme fortfährt: »Wer um das Höchste kämpft, darf nur daran denken, wie er sich durchhaut. Mit reinem Gewissen zieht Deutschland in den Kampf. Unsere Armee steht im Felde, unsere Flotte ist kampfbereit, hinter ihr steht das ganze deutsche Volk!«

Wie anders und doch wie ähnlich klingt dagegen die Rede des Sozialdemokraten Haase. Er sagt unter anderem: »Wir stehen vor einer Schicksalsstunde. Die Folgen der imperialistischen Politik, durch die eine Ära des Wettrüstens herbeigeführt wurde und die Gegensätze zwischen den Völkern sich verschärften, sind wie eine Sturmflut über Europa hereingebrochen. Die Verantwortung hierfür fällt den Trägern dieser Politik zu, wir lehnen sie ab. Wir hoffen, daß die grausame Schule der Kriegsleiden in neuen Millionen den Abscheu vor dem Kriege wecken und sie für das Ideal des Sozialismus gewinnen wird. Von diesen Grundsätzen geleitet, bewilligen wir die geforderten Kredite.«

»Was uns auch beschieden sein mag«, schließt Bethmann Hollweg die Sitzung, »der 4. August 1914 wird bis in alle Ewigkeit hinein einer der größten Tage Deutschlands sein!«

Im Taumel der Begeisterung schweigt die Vernunft

Nationaler Eifer schwemmt alle klaren Gedanken fort. Männer, deren Namen einmal hohen Klang hatten, gebärden sich in diesen Stunden wie Schüler beim Indianerspiel. Der Zentrumsabgeordnete Matthias Erzberger zum Beispiel, der im Jahre 1918 als deutscher Waffenstillstandsbevollmächtigter auftreten wird, erklärt den Reichstagsmitgliedern an einer aufgehängten Landkarte in der Wandelhalle: »Es wird alles sehr gut gehen. Die Serben sind bis zum nächsten Montag aufgewickelt. Unsere Haubitzen sind den französischen weit überlegen, und das Gammageschütz, mit dem wir jetzt herauskommen, sichert uns einen ungeheuren Vorsprung.«

So berichtet es der Abgeordnete Haußmann in seinen Erinnerungen. Als er am Abend mit seiner Frau telefoniert und auf die Ereignisse zu sprechen kommt, schaltet sich die fremde Stimme eines Zensors in die Leitung und sagt: »Sie dürfen nicht über Politik reden!«

Alles hat sich schlagartig geändert. Mit Erzbergers Gammageschütz ist zum erstenmal die Legende von einer Wunderwaffe aufgetaucht, und es ist nicht mehr verwunderlich, wenn Erzberger wenige Tage später in einem Zeitungsartikel schreibt: »Deutschland wird den Krieg zu Ende führen, bis zum vollen Erfolg, und die kriegerische Auseinandersetzung mit England wird sich gründlich und rücksichtslos vollziehen müssen, auch frei von allen Vorschriften des sogenannten Völkerrechts.«

Auch der oppositionelle Sozialdemokrat Philipp Scheidemann, der 1918 den Sturz der Monarchie und die Gründung der Republik ausrufen wird, schreibt jetzt Artikel, die so gut sind, daß sie später als Propagandamaterial von deutschen U-Booten nach Amerika gebracht werden und der Kaiser sich noch einen Monat vor seiner Abdankung veranlaßt sieht, folgende Verfügung zu erlassen: »Wir, Wilhelm, von Gottes Gnaden Deutscher Kaiser, König von Preußen usw., tun kund und fügen hiermit zu wissen, daß Wir im Namen des Reichs allergnädigst geruht haben, den Vizepräsidenten des Reichstags, Philipp Scheidemann, zum Staatssekretär zu ernennen.«

Selbst ein Versöhnungspolitiker wie der spätere Außenminister Gustav Stresemann läßt sich von der Sturmwoge mitreißen und schreibt: »Aber eins soll und darf man dem deutschen Volke nicht zumuten: eine Versöhnung mit England. Hier sitzt der Haß so tief, weil er entstanden ist aus Widerwillen gegen ein Volk, das mit frechem Zynismus auf den Tag hofft, an dem bengalische Lanzenreiter ... in den Parks von Potsdam sich tummeln werden.«

Es gibt noch grellere, gellendere Töne. Die Stimmen überschlagen sich. Demgegenüber klingt durchaus gemäßigt, was der berühmte Theaterkritiker Alfred Kerr in diesen Tagen dichtet: »Heiliges Rußland! Wenn es doch gelänge – Und du kriegtest die verdiente Senge! – Logisches Vernunftgebot – Scharfe Dresche tut dir not!«

Ein bekannter Schriftsteller wie Ernst Lissauer verfaßt einen »Haßgesang gegen England«, in den Geschäften wird nicht mehr »guten Tag« oder »grüß Gott« gesagt, sondern »Gott strafe England!«, und die Soldaten, die überall in Viehwagen zu den Schlachtfeldern gefahren werden, fallen blindlings in den Chor ein und dichten mit Kreideaufschriften: »Jeder Stoß ein Franzos', jeder Schuß ein Ruß, jeder Tritt ein Brit'!«

Tag und Nacht rollen die Transportzüge. Tag und Nacht stehen an den Bahnhöfen dichte Menschenmengen und winken den durchfahrenden Truppen zu. Tag und Nacht hallt der Gesang der Soldaten, bis wieder ein Trupp in der Ferne verschwindet und die Melodie verweht: »In der Heimat, in der Heimat, da gibt's ein Wiedersehn!«

Fast 1,2 Millionen Kriegsfreiwillige haben sich in ganz Deutschland zu den Waffen gemeldet. Der älteste von ihnen, Gustav Kottmann, zählt einundsiebzig Jahre, hat schon 1866 und 1870/71 gekämpft. Jetzt nehmen sie ihn wieder. Er wird Meldegänger, überlebt den Krieg und stirbt erst 1932 friedlich in seinem Bett. Sein jüngster Kamerad ist der vierzehnjährige Klempnersohn Emil Huber aus Offenburg. Er hat sich für siebzehn ausgegeben, muß erst 1915 im Feld konfirmiert werden und übersteht ebenfalls alle Schrecken: 1939 ereilt ihn eine zivile Lungenentzündung.

Heldentod nicht gefragt:
Die Generale werden unruhig

Wie entwickelt sich die Lage an den Fronten? Im Westen stürmt die Masse der deutschen Armee vor, wie es sich Schlieffen einst ausgedacht hat: Ein gewaltiger Keil soll durch Belgien stoßen und dann wie ein Riesenarm hinter Paris nach Süden schwenken, die Hauptstadt Frankreichs umfassen, einen Kessel bilden und die französischen Streitkräfte vernichten.

Obwohl der Schwerpunkt des Krieges im Westen liegt, berichtet der erste deutsche Heeresbericht nur vom Osten: »Heute nacht hat ein Angriff von russischen Patrouillen gegen die Eisenbahnbrücke über die Warthe bei Eichenried an der Strecke Jarotschin – Wreschen stattgefunden. Der Angriff ist abgewiesen. Deutscherseits zwei Leichtverwundete.« Zwei Leichtverwundete sind hier noch vermerkt worden. Bald werden Hunderttausende »in die Pfanne gehackt«, wie die Zeitungen im neutralen Holland schreiben, ohne daß ein Wort über sie verloren wird.

Kleinigkeiten füllen auch den Rest des ersten deutschen Heeresberichtes: »Der Stationsvorstand von Johannisburg und die Forstverwaltung Bialla melden, daß heute nacht stärkere russische Kolonnen mit Geschützen die Grenze bei Schwidden überschritten haben und daß zwei Schwadronen Kosaken Richtung Johannisburg reiten.«

Erst am 7. August gibt es Meldungen von der eigentlichen Front. Was sich dort wirklich ereignet hat, soll sogleich berichtet werden. Zuvor als Kontrast die offizielle, für die breite Öffentlichkeit bestimmte Meldung aus dem Hauptquartier: »Der Handstreich auf die modern ausgebaute Festung Lüttich ist nicht geglückt.« Aber bald darauf in einem zweiten Heeresbericht: »Die Festung Lüttich ist genommen. Heute morgen acht Uhr war die Festung in deutschem Besitz. Seine Majestät der Kaiser hat dem General der Infanterie von Emmich, der persönlich im Sturm auf Lüttich die Truppen vorwärts führte, den Orden Pour le mérite verliehen.«

Lüttich gilt als die stärkste Festung der Welt. Sie bewacht das Maastal, das Einfallstor nach Belgien auf der direkten Linie Berlin – Paris. Zwölf Panzerforts aus meterdicken Betonwällen sind zu beiden Seiten des Flusses der Stadt vorgelagert. In der Stadt selbst erhebt sich die uneinnehmbare Zitadelle.

Am 3. August 1914 treffen im Hotel Union in Aachen zufällig zwei deutsche Generale zusammen: General der Infanterie Otto von Emmich und der damals noch gar nicht bekannte Generalmajor Erich Ludendorff. Emmich hat den Befehl, mit schnell zusammengezogenen gemischten Infanteriebrigaden Lüttich in einem Überraschungsangriff zu nehmen und damit den Weg nach Belgien frei zu machen. Emmich hat mit den Vorbereitungen alle Hände voll zu tun. Generalmajor Ludendorff dagegen langweilt sich schrecklich. In der Tasche trägt er seine Mobilmachungsbestimmung, die ihn zum Quartiermeister bei der 2. Armee ernennt, aber sein späterer Vorgesetzter, General von Bülow, ist noch nicht in Aachen eingetroffen. So sitzt Ludendorff untätig herum, und aus lauter Verzweiflung bittet er endlich General Emmich, sich dem Vorstoß auf Lüttich als Schlachtenbummler anschließen zu dürfen.

Am Morgen des 4. August bricht Emmich mit seinen Truppen auf. Zum erstenmal marschieren die Soldaten nun gegen den Feind. Sie haben noch keine Kugel pfeifen, noch keine Granate krachen hören, noch keinen Kameraden fallen sehen. Die Lieder sind verstummt. Schweigend, schwitzend und ohne jeden Sturmschritt schieben sich die Kolonnen auf belgischem Boden vor. In der Ferne grollt die Artillerie, legt ihr Feuer vierundzwanzig Stunden lang auf die Forts von Lüttich.

Es geht sehr langsam vorwärts, sehr langsam. General Emmich, der am Ende der Truppen reitet, schaut unwillig auf seine Taschenuhr. Was ist denn da vorne los? Jetzt hört die Vorwärtsbewegung ganz auf, die Marschkolonne bleibt stehen. Eine halbe Stunde vergeht. Generalmajor Ludendorff erbietet sich, mal nach vorne zu gehen und nachzusehen. Dort muß er feststellen, daß sich kein Grund für das Anhalten feststellen läßt – mit Ausnahme einer sehr geringen Begeisterung für den nahen Heldentod. Er schleudert ein paar derbe Worte um sich und bringt die Kolonne wieder in Marsch. Er bleibt selbst an der Spitze, und trotzdem geht alles so zäh, daß er später in seinen Erinnerungen schreibt: »Ich mußte oft die Mannschaften, die nur zögernd vorgingen, ermahnen, mich nicht allein gehen zu lassen.«

Am nächsten Tag sehen die Truppen Lüttich zu ihren Füßen im Tal liegen.

Die Zitadelle hißt weiße Flaggen, aber bald darauf meldet ein Parlamentär, das sei gegen den Willen des Festungskommandanten Leman geschehen. Eine Patrouille von zwei Offizieren und acht Mann, die ausgeschickt wird, General Leman gefangenzunehmen, wird im Zentrum der Stadt zusammengeschossen.

Am Morgen des 6. August taucht der Silberleib des Luftschiffes »Z 6« am Himmel auf. Der Zeppelin zieht eine Schleife und wirft auf die Festung sechs Granaten ab, von denen fünf explodieren, während eine ein Blindgänger ist. Es sind 15-Zentimeter-Haubitzengranaten, die von einem Unteroffizier aus der offenen rückwärtigen Gondel des Luftriesen geworfen werden. Die Festung Lüttich wehrt sich gegen das schwebende Ungeheuer mit Gewehrsalven, die zahlreiche Löcher in die Hülle bohren. Das Gas beginnt zu entweichen, und noch ehe »Z 6« seinen Heimathafen wieder erreicht, strandet er bei Bonn und zerschellt.

Ludendorff vollbringt eine Heldentat – aus Versehen

Zur gleichen Stunde rückt General Emmich an der Spitze eines verstärkten Truppenkontingents in die Stadt ein, aber die Forts ergeben sich nicht und feuern weiter. General Leman hat seinen Befehlsstand im Fort Loncin eingerichtet.

Wieder greift ein grotesk anmutender Zufall in die Geschehnisse ein. Während des Angriffs auf die Stadt hat ein Oberst von Oven den Befehl erhalten, mit einer Vorhut die Zitadelle zu erstürmen und zu besetzen. Oven zieht los, verirrt sich aber mit seinem Trupp in Lüttich und kommt nie bei der Festung an.

Inzwischen denkt Schlachtenbummler Ludendorff, es wäre wohl interessant, die durch den wackeren Oven eroberte Zitadelle einmal in Augenschein zu nehmen. Er besteigt einen requirierten belgischen Kraftwagen und läßt sich zusammen mit dem Adjutanten der Brigade Emmich zur Festung fahren.

In der Meinung, daß hinter den Toren und Mauern längst Ovens Männer weilen, steigt Ludendorff aus und geht auf das mittelalterliche Tor der Festung zu. Mit seinem Degenknauf klopft er an das Holz. Höflich wird das Tor geöffnet, aber heraus schauen die Gesichter einiger verdutzter belgischer Soldaten. Ludendorff erschrickt, doch noch ehe er zurückweichen oder vorstürmen kann, heben die Belgier die Hände und ergeben sich dem deutschen General. Dreihundert Soldaten und Offiziere strecken die Waffen vor dem Irrläufer, dem der Kaiser dafür am 19. August den Pour le mérite um den Hals legt.

Deutschland erfährt die Nachricht von der Besetzung Lüttichs durch ein Privattelegramm, das General Emmich an seine Frau schickt: »Hurra, Lüttich genommen!« Es wird vom Wolffschen Telegraphen-Bureau übernommen und verbreitet, schon lange ehe der offizielle Heeresbericht das Ereignis meldet.

Einen Schönheitsfehler hat die Meldung allerdings: Die Forts von Lüttich leisten noch Widerstand. Ihre Betonmauern und drehbaren Panzertürme machen jeden Sturmangriff aussichtslos. Da fällt am 12. August ein neuer, nie zuvor gehörter Ton in das wütende Bellen der Artillerie: Das deutsche Geheimgeschütz, der erste 42-Zentimeter-Mörser, beginnt zu schießen.

Die »Dicke Bertha«, nach Frau Bertha Krupp von Bohlen und Halbach so genannt, ist schon 1909 von Professor Rausenberger konstruiert und mit Hilfe von Maschinen aus dem britischen Sheffield bei Krupp in Essen gebaut worden. Zwei dieser Übergeschütze stehen nun vor Lüttich und schleudern ihre 1160 Kilogramm schweren Brocken auf die Festungswerke.

Wie Sand und Erde zerbröckeln die Betonwälle unter den Hammerschlägen der neuen Waffe, begraben die Mannschaften unter sich, begraben auch General Leman. Halb erstickt wird der 64jährige von deutschen Soldaten unter den Trümmern hervorgeholt, ärztlich versorgt und zu General Emmich gebracht. Bewegt übergibt Leman seinen Degen. Emmich ergreift die Waffe und reicht sie seinem Gegner zurück. Leman hat Tränen in den Augen, als er den Raum wieder verläßt und den Weg in die Gefangenschaft antritt.

Der Kampf um Lüttich ist beendet, der Weg durch Belgien frei. Die deutschen Heere marschieren wieder, und plötzlich gibt es auf der Welt ein tiefes Erschrecken: Was werden die Völker erdulden müssen, wenn die Deutschen weiter siegen? Was geschieht, wenn die Barbaren und Hunnen die Länder Europas überschwemmen? Hacken sie nicht Kindern und Säuglingen die Hände ab? Vergewaltigen sie nicht Frauen und Mädchen? Nageln sie nicht Krankenschwestern an Scheunentore? Ja, doch, man sagt es, es steht sogar in der Zeitung...

Über Nacht ist die Kriegspropaganda geboren. Ihre Quellen bleiben dunkel, doch auf der ganzen Welt wird auf einmal von den deutschen Hunnen, von den abgehackten Kinderhänden und den gekreuzigten Krankenschwestern gesprochen. Was ist wahr?

Der Propagandakrieg

Die Hunnen kommen!

Am Sonntag, dem 23. August 1914, wird in allen Kirchen der belgischen Stadt Löwen eine Bekanntmachung der deutschen Besatzungstruppen verlesen. Durch den Mund der Geistlichen erfährt die Bevölkerung, daß sie Ruhe bewahren soll. Zugleich werden für Überfälle auf Besatzungsangehörige schwere Strafen angedroht.

Heute hat die Welt gelernt, den Partisanenkrieg als gegebene Tatsache hinzunehmen. Im Jahre 1914 war der Volkskrieg, wie man zu sagen pflegte, »ein Gegenstand allgemeinen Entsetzens«. Doch genau der ist die Folge dessen, was Reichskanzler Bethmann Hollweg selbst als völkerrechtliches Unrecht bezeichnet hat: Wo immer die belgische Armee geschlagen wird oder zurückweicht, schieben sich aus Gebüschen und halbgeschlossenen Fensterläden Gewehrläufe. Schüsse krachen, und wieder sinken deutsche Soldaten, zu Tode getroffen, aufs Straßenpflaster. Der Franktireurkrieg ist entbrannt, der Kampf der Heckenschützen. Wer ein Gewehr besitzt, beteiligt sich daran: Bauern, Arbeiter, Geistliche, versprengte Soldaten. Jeder Zentimeter Boden soll gegen die Eindringlinge verteidigt werden.

Die belgische Zeitung »Het Handelsblad«, gedruckt im noch unbesetzten Antwerpen, schreibt am 6. August 1914: »Wie wahnsinnig und ohne Gnade wurde gefochten, und auch eines gewissen Teiles der Bevölkerung des flachen Landes bemächtigte sich eine wahre Raserei, den vaterländischen Boden gegen die verräterischen Preußen zu verteidigen.« Die Zeitung bestätigt, »daß aus Kellerfenstern, aus den durch Entfernung von Dachziegeln entstandenen Luken, aus Privathäusern, Bauernhöfen und Hütten ein wütendes Feuer auf die anstürmenden Ulanen und Schleswiger eröffnet wurde«.

»Die Bürgerschaft schießt mit auf den Eindringling«, ist zwei Tage später in »De Nieuwe Gazet« zu lesen. »In Bernot kamen die Vorposten mit den Bürgern ins Gefecht, die aus den Häusern heraus, von den Dächern herunter und durch die Fenster wie Rasende auf die Eindringlinge schossen. Sogar Frauen schossen mit. Ein achtzehnjähriges Mädchen schoß mit einem Revolver auf einen Offizier. Die Bauern und die Einwohner unterhielten ein geregeltes Feuer auf die anstürmenden Deutschen.«

In einem anderen Blatt, dem »Nouveau Précurseur«, findet sich in einem farbenprächtigen Augenzeugenbericht der Satz: »Der Dorfpfarrer schießt vom Glockenturm seiner Kirche aus mit einem Jagdgewehr. Er wird umzingelt, heruntergeholt und erschossen.«

Umzingelt, heruntergeholt und erschossen. Die deutschen Gegenmaßnahmen lassen nicht auf sich warten. Sie sind hart und ebenso gnadenlos wie der Franktireurkrieg selbst. Menschen aus der Bürgerschaft, hochgestellte Persönlichkeiten werden als Geiseln verhaftet, an die Wand gestellt und reihenweise für die Taten anderer erschossen. In wenigen Wochen nimmt der Krieg unmenschliche Züge an und wird zum fruchtbaren Boden für jede Art von Greueln und Greuelpropaganda.

Die belgische Zeitung »Het Handelsblad«, die zuerst vom rasenden Kampf der Bevölkerung berichtete, will bald der Stimme der Vernunft wieder Geltung verschaffen und erklärt: »Man muß auf dem Lande gelebt haben, um zu wissen, wie die Bauern an ihrem Vieh hängen – und was weiß solch ein Bauer vom Kriegsrecht? In ihrer unsinnigen Wut sahen sie in den Soldaten nur Räuber, die ihnen ihren rechtmäßigen, in harter Arbeit erworbenen Besitz zu entreißen kamen. Sie griffen zu ihren Jagdgewehren und schossen nacheinander den führenden Offizier und verschiedene Mannschaften tot.«

Nach dem Erscheinen dieser Zeilen vergehen wieder nur wenige Tage, um die Situation abermals zu verändern. Der Franktireurkrieg verschwindet aus den Zeitungen des Auslands, und plötzlich heißt es, er sei überhaupt nur eine böswillige Erfindung der Deutschen – ein Vorwand für ihre eigenen Greueltaten. Unversehens sind die Tatsachen von einer hemmungslosen Phantasie überholt worden. Die »psychologische Kriegführung« ist erfunden, die Propaganda als Waffe entdeckt, und von nun an überwuchert ein dichtes Gestrüpp von Lügen die ganze Welt.

Selbst heute noch gehen die Meinungen über Dichtung und Wahrheit auseinander. Internationale Kommissionen haben sich mit den verschiedenen Fragen befaßt, und in den meisten Fällen sind sie zu dem Schluß gekommen, daß vieles übertrieben, manches auch einfach nur erfunden war und daß es am besten wäre, die Dinge einfach auf sich beruhen zu lassen. Trotzdem: Die Geschehnisse des Ersten Weltkriegs sind ohne die ungeheuerliche Propaganda nicht zu begreifen.

Das Blutbad von Löwen – wer war schuld daran?

Fernand Mayence, ein Professor der Universität Löwen, hat noch im Jahre 1927 in einer scharfsinnigen Schrift nachgewiesen, daß es zumindest in Löwen niemals Franktireurs gegeben hat. Ein Gerichtspräsident, der Rektor der Universität und ein königlicher Staatsprokurator haben ihm beigepflichtet, und doch sind gerade die Vorgänge in Löwen zum Fanal der ganzen Propaganda geworden. »Louvain« wird auf der Welt zum Schlagwort.

In Louvain, in Löwen, ist am 23. August nach der Verlesung der deutschen Bekanntmachung alles ruhig. Die als Geiseln festgenommenen Bürger werden von den deutschen Besatzungsbehörden wieder freigelassen. Die Stadt macht einen friedlichen Eindruck.

Am Dienstag, dem 25. August, werden in den Kirchen die Gläubigen noch einmal zu Ruhe und Besonnenheit ermahnt. Mit Erfolg, wie es scheint, denn ein Augenzeuge berichtet: »Die Leute saßen vor den Kaffeehäusern, auf den Straßen war reges Leben, genau wie im Frieden.«

Die Front ist weitergerückt, die Deutschen stehen jetzt vor Antwerpen, und von dort trifft plötzlich eine Alarmnachricht in

Löwen ein: Die belgischen Truppen in Antwerpen haben einen Ausfall gemacht. Zur Verstärkung der deutschen Abwehrkräfte müssen eilig Kräfte aus Löwen herangezogen werden. Die Soldaten sammeln sich, machen sich für den Marsch zum Bahnhof bereit. Unter ihnen befindet sich auch der Schriftsteller und Kriegsberichterstatter Dr. Paul Grabein. Was er als Augenzeuge erlebte, hat er bald darauf im »Berliner Tageblatt« geschildert:

»Unsere Infanterie hatte sich mit der Bagage in Marsch gesetzt, nach dem Bahnhof zu, und passierte so die Hauptstraße. Nichts im Aussehen der Stadt verriet irgend etwas Ungewöhnliches. Im Gegenteil, freundlich nickten die Einwohner den Truppen zu, ja einzelne von ihnen winkten noch Soldaten und Offiziere heran, um ihnen ein Glas Wein anzubieten.

Da aber plötzlich heulten die Glocken los, und im nächsten Augenblick ein Prasseln und Rattern, ein auf das Steinpflaster niederschmetternder Kugelregen, als ob alle Geister der Hölle auf einmal losgelassen seien.

Ein eisiges Erstarren, ein Herzstocken bei unseren Soldaten, dann wirft sich ein jeder instinktiv auf den Boden.

Aber dann reißt der lähmende Bann des Entsetzens. Hoch springt ein Oberleutnant und schreit in heißem Grimm: ›Auf, nun los!‹

Und da springen sie empor vom Pflaster, alles, was noch lebt. In rasendem Zorn werden die Türen zerschmettert, und wehe, wer sich bewaffnet im Hause befindet – er hat nicht mehr Zeit, ein Stoßgebet zum Himmel zu schicken.

Zwei Priester, die nachweisbar Munition verteilt haben, werden sofort an dem Denkmal am Marktplatz erschossen.«

Dem Dr. Grabein mag bei diesem Bericht gewiß die Feder davongaloppiert sein, er mag sich selbst mit dem papierenen »Auf, nun los!« zu heißem Grimm angespornt haben – die wichtigsten Vorgänge hat er sicher einigermaßen genau wiedergegeben.

Oder hat doch der Löwener Universitätsprofessor Mayence recht, der alles auf eine Panik zurückführt? Belgische Truppen sind von Antwerpen kommend bis auf zehn Kilometer an Löwen herangerückt, das Artilleriefeuer ist schon zu hören, die Nacht bricht herein, und in dieser Situation sollen da und dort in der Stadt einige Schüsse gefallen sein.

»Ein oder zwei Schüsse ertönen«, heißt es in dem Untersuchungsbericht des Professors. »Wer hat geschossen? An den Örtlichkeiten, wo die Untersuchung es ermöglicht hat, die Vorkommnisse wiederzugeben, ist der Beweis geliefert worden, daß es deutsche Soldaten waren.

Diese Schüsse erzeugen eine Panik in ihren Reihen. Von Schrecken erfaßt, beginnen sie nach allen Richtungen hin zu schießen. Maschinengewehre treten in Tätigkeit, um auf den Angriff des Feindes zu antworten. Man schießt und schießt unausgesetzt.

Soldaten, Offiziere fallen, wildgewordene Pferde schleppen führerlose Fahrzeuge hinter sich her. Es ist ein tolles Gedränge. Nur mit größter Mühe gelingt es, das Feuer zum Schweigen zu bringen. Aber Tote und Verwundete bedecken den Boden.

Wer hat sie hingeschlachtet? Das Urteil ist rasch gesprochen: Franktireurs sind die Schuldigen.

Darauf dringen in roher Weise Soldaten und Offiziere in die Häuser ein, deren erschrockene Bewohner aus Angst vor der Schießerei in die rückwärts gelegenen Zimmer und in die Keller geflüchtet sind. Einige unglückselige Opfer werden dahingestreckt durch die Kugeln gewisser Soldaten, welche im Innern der Häuser weiterschießen, um sich gegen einen eingebildeten Feind zu verteidigen.«

Für die Annahme, daß es sich um eine Panik, um eine Art »Selbstentzündung«, gehandelt hat, sprechen auch die Vorgänge, die in der amtlichen deutschen Stellungnahme angedeutet sind: »Der Überfall traf zunächst hauptsächlich ein Landsturmbataillon, also ältere, ruhige Leute, selbst Familien-

väter, ferner zurückgebliebene Teile des Stabes eines Generalkommandos sowie Kolonnen. Die Deutschen hatten zahlreiche Verwundete und Tote, gewannen indes die Überhand durch neue, mit der Bahn eintreffende Truppen, die bei der Einfahrt und auf dem Bahnhofsplatz mit Feuer empfangen wurden.«
Das Gefecht auf dem Bahnhofsplatz scheint wirklich ein Kugelwechsel zwischen Deutschen gewesen zu sein.

So hausen die »Vandalen« – die Welt ist entsetzt

Auf der anderen Seite wieder steht ein Bericht des Rittmeisters Karl Friedrich von Esmarch. Er ist ein Neffe der deutschen Kaiserin und Kommandant des in Löwen liegenden Korpshauptquartiers. Er behauptet: »Die Einwohner schossen durch die heruntergelassenen Fensterläden, aus denen man es blitzen sah. Es mußten in die Fensterläden also vorher Löcher gebohrt worden sein, das heißt, der ganze Überfall war wohlvorbereitet.«

Vorbereitet oder aus einer Verkettung von Zufällen entstanden: Die Folgen sind entsetzlich. Rittmeister Esmarch hat überliefert, was nach der Schießerei in Löwen geschehen ist: »Männer und Frauen mit Kindern werden voneinander getrennt. Strenges Strafgericht waltet über den Männern. Wer überführt ist, den trifft die wohlverdiente Kugel, namentlich die Rädelsführer, die Studenten und die Geistlichen, die ihren Frevel auf der Stelle mit dem Tode büßen müssen. Frauen und Kinder dagegen werden abgeführt.«

»Mehr als hundert wurden nach Deutschland in das Konzentrationslager von Münster deportiert«, ergänzt Professor Mayence. »Nicht einmal Kinder hatten Gnade gefunden. Eine junge Mutter, Frau Kleyntjens, führt ihre drei kleinen Kinder im Alter von fünf, drei und einem Jahr mit sich.«

Noch in der gleichen Nacht werden die vordem freigelassenen Geiseln wieder festgenommen und in das Rathaus gebracht. Die ganze Stadt ist vom Schrecken erfüllt. Häuser, aus denen geschossen wurde, Häuser, von denen irgend jemand sagte, es sei aus ihnen geschossen worden, werden in Brand gesteckt. Bald lodern in allen Stadtteilen die Flammen. Ein weithin sichtbarer Feuerschein steigt über Löwen auf.

Und vor dieser gespenstischen Kulisse spielt sich noch in der Nacht eine schaurige, mittelalterliche Szene ab: Die festgenommenen Geiseln werden von einem Trupp deutscher Soldaten durch die Straßen geführt. Langsam bewegt sich die Gruppe vorwärts. Alle hundert Meter wird Halt befohlen, und dann müssen die Geiseln, angesehene Bürger der Stadt, in flämischer und französischer Sprache den Einwohnern zurufen, Ruhe zu halten.

»Das Schauspiel war entsetzlich«, berichtet ein deutscher Zivilist aus Köln. »Die Stadt brannte an allen Ecken. Dann wurden vor unseren Augen fortwährend waffentragende Einwohner standesrechtlich erschossen. Zwischendurch krachten die Gewehrschüsse. Da lagen die standesrechtlich Erschossenen, da wurden neue Sünder herbeigebracht. Da kamen weinende und flehende Frauen und Kinder. Trotz aller Wut über den tückischen Überfall konnte sich kein deutsches Herz dem Mitgefühl entziehen für diese schuldlosen Opfer.«

Am Mittag des 26. August werden die Geiseln erneut durch die Straßen von Löwen geführt. In der Gruppe befinden sich der Vizerektor der Universität, der Subprior der Dominikaner und zwei weitere Geistliche. Wieder müssen die Geiseln alle hundert Meter stehenbleiben. Wieder rufen die Männer in herzbewegenden Worten ihren Mitbürgern zu, Ruhe zu bewahren, erklären, daß sie selbst erschossen würden, falls noch ein deutscher Soldat ums Leben komme.

Doch nicht genug damit. Um neun Uhr früh – es ist der 27. August 1914 – wird von den deutschen Besatzungsbehörden den 45 000 Einwohnern Löwens befohlen, die Stadt innerhalb einer Stunde zu räumen. Nach Ablauf der Frist, so wird verkündet, werde der Ort »zur Vergeltung« bombardiert. »Da geschah nun der tragische Auszug der gesamten, vor Schrecken halb wahnsinnig gewordenen Bevölkerung, welche mit einigen in der Eile zusammengerafften Kleidungsstücken und Lebensmitteln den traurigen Weg des Exils beschritt«, berichtet Professor Mayence, der selbst dabei war.

Kein Stein wird bei der Beschießung auf dem anderen bleiben, haben die deutschen Befehlsstellen angekündigt. Tatsächlich beschränkt sich das Bombardement auf einige Kanonenschüsse, wie Mayence zugibt. Dafür wachsen die in der Nacht gelegten Brände zu einem ausgedehnten Vernichtungswerk zusammen, ein großer Teil der über tausend Jahre alten Stadt sinkt in Schutt und Asche. Das alte gotische Rathaus bleibt verschont, aber unter den vielen unersetzlichen Kunstschätzen, die ein Raub der Flammen werden, ist auch die Universitätsbibliothek mit 250000 kostbaren Drucken und Handschriften.

Louvain! Löwen! Wie ein Aufschrei geht es durch die ganze Welt. Barbarei! Vandalismus! »Die Soldaten drangen unter Führung von Offizieren in die Häuser ein, nahmen alles, was ihnen paßte, heraus und luden ihre Beute auf Lastwagen. Gleichzeitig mit dieser Plünderung erfolgten allerhand Ausschreitungen. Wir selber haben eine Gruppe von Soldaten gesehen, die abscheulich betrunken waren, deren Wangen geschwärzt waren, die an Stelle des Helms einen Zylinder trugen und inmitten der rauchenden Trümmer der Stadt sangen und tanzten.« Mit dieser Schilderung verlieren sich die Tatsachen im Ungewissen. Aber von nun an ist das Schlagwort von den »belgischen Greueln« geboren, und die Deutschen sind zu Barbaren gestempelt.

Die Hunnen kommen . . .! Plötzlich heißt es in der ausländischen Presse nur noch Hunnen, wenn die Deutschen gemeint sind, aber leider ist dieses böse Wort auf einen Ausspruch zurückzuführen, den kein anderer getan hat als Kaiser Wilhelm selbst: Im Juli des Jahres 1900 wurden in Bremerhaven deutsche Truppen nach China eingeschifft. Sie sollten sich an der Niederwerfung des sogenannten Boxeraufstandes beteiligen. Vor ihrer weiten Reise mußten sie sich jedoch noch eine kernige Rede Seiner Majestät anhören.

Instinktlos, wie in so vielen seiner öffentlichen Ansprachen, sagte der Kaiser: »Kommt ihr vor den Feind, so wird derselbe geschlagen. Pardon wird nicht gegeben. Gefangene werden nicht gemacht. Wer euch in die Hände fällt, sei euch verfallen. Wie vor tausend Jahren die Hunnen unter ihrem König Etzel sich einen Namen gemacht, der sie jetzt noch in Überlieferung und Märchen gewaltig erscheinen läßt, so möge der Name Deutscher in China auf tausend Jahre durch euch in einer Weise bestätigt werden, daß es niemals wieder ein Chinese wagt, einen Deutschen auch nur scheel anzusehen!«

Markig war es von Wilhelms Lippen gekommen, das Wort von den Hunnen, doch die Welt hat es sogleich wieder vergessen, weil die deutschen Truppen in diesem Augenblick in China als Verbündete der Briten, Franzosen und anderer europäischer Mächte kämpften.

Jetzt aber, vierzehn Jahre später, wird es hervorgeholt und millionenfach verbreitet. Das Kaiserwort wird zur Propagandawaffe, und was nun folgt, um die Taten und Untaten der Hunnen zu schildern, ist eine einzige Orgie wüster Phantasie.

Katalog deutscher Greuel – bestimmt für Amerika

Ein Mann, dessen Stimme im Zweiten Weltkrieg von Millionen Deutschen gehört wurde, der Chefkommentator von Radio London, Lindley Frazer, hat die Hintergründe der Greuelwelle aus dem Jahre 1914 klar geschildert. Als Spezialist für psychologische Kriegführung bemerkt Frazer: »Das Hauptziel waren die Vereinigten Staaten.«

Zu Beginn des Krieges, meint Frazer, war die Stimmung in Amerika Deutschland günstig gesonnen und zu einem gewissen Grad gegen Großbritannien gerichtet. Falls sich die Vereinigten Staaten entschlossen hätten, bis zum Ende neutral zu bleiben oder gar Deutschland zu unterstützen, würde der Krieg vielleicht einen anderen Verlauf genommen haben. »Deshalb«, schreibt Frazer, »führten die britischen Behörden eine systematische, wissenschaftlich ausgearbeitete Kampagne, um das amerikanische Mißtrauen von Großbritannien abzuwenden und gegen Deutschland zu richten.«

Eine allgemeine, heilige Empörung gegen Deutschland anzufachen ist der Grund der Schreckensmeldungen, mit denen die Welt nun überschwemmt wird: Deutsche Soldaten sengen, morden, rauben und vergewaltigen, wohin sie auch kommen mögen; deutsche Soldaten verstümmeln auf bestialische Weise mit Vorliebe Krankenschwestern und Rotkreuzhelferinnen; deutsche Soldaten töten Gefangene und bringen Verwundete um, die ihnen in die Hände fallen; deutsche Soldaten hacken belgischen und französischen Kindern die Hände ab; deutsche Soldaten nageln Krankenschwestern und gefangene Kanadier an Scheunentore; deutsche Soldaten binden Priester mit dem Kopf nach unten an die Klöppel von Kirchenglocken.

Das sind nur ein paar Punkte aus dem beinahe endlosen Katalog der unglaublichsten Berichte, die aber dennoch, wie Frazer sagt, »weithin in Großbritannien geglaubt wurden und ebenso bei den Alliierten und Neutralen«.

Auch in Frankreich hat die Propaganda systematisch eingesetzt. Fünfundzwanzig Millionen Goldfranken stehen gleich in den ersten Kriegstagen zur Gründung des »Pressehauses« zur Verfügung, und der britische Unterhausabgeordnete Arthur Ponsonby wartet mit einer drastischen Schilderung auf: »Das Pressehaus war der nimmermüde Geiser, der unausgesetzt falsche Kriegsberichte und erfundene Nachrichten von der Front und den Etappen, die niederträchtigsten und gröbsten Verleumdungen der Gegner, die verblüffendsten Erdichtungen ruchloser Handlungen aussprudelte. Das auf diese Weise ausgestreute, heimtückische, aber wirksame Gift hat eine große Menge wohlmeinender Leute irregeführt und infiziert. Während des Krieges wurde die Lüge eine patriotische Tugend. Sie wurde uns von der Regierung und von der Zensur (in Frankreich) aufgezwungen.«

Als die Propagandawelle angespült kommt, verfügt Deutschland nur über die kleine, im Krieg von 1870/71 geschaffene »Abteilung III B« im Generalstab. Es stehen ihr 450 000 Mark zur Verfügung, und aus dieser Summe muß Oberstleutnant W. Nicolai, ihr Leiter, auch Entlohnungen für Spionagedienste bestreiten. »Gegen die feindliche Propaganda«, berichtet Nicolai, »setzte eine planmäßige Erkundung erst im Herbst 1917 ein.«

»Die Untätigkeit Deutschlands auf dem Gebiete der Völkerpropaganda war ein schwerwiegender Irrtum, aus dem wir bei

Ausbruch des Krieges jäh erwachten«, gesteht Julius Stocky, der zweite Vorsitzende des Ende August 1914 gegründeten »Büros zur Verbreitung deutscher Nachrichten im Ausland«. Weltfremd und wie in einer alten Gelehrtenstube werden hier Richtlinien aufgestellt, wie man den idealistischen Leitgedanken »Die Wahrheit ins Ausland!« verwirklichen könnte. Man will die Handelskammern in den neutralen Ländern einspannen, Vorträge von Wissenschaftlern halten lassen, sogar die Künstler in den Dienst der Sache stellen. Das Büro verschickt Drucksachen und Zeitungen in deutscher Sprache an Tausende von Empfängern, die dieser Sprache nicht mächtig sind. Die Vereinigten Staaten, auf die es beim Kampf um die Beeinflussung der Neutralen vor allem ankommt, werden ohnehin kaum noch erreicht, weil britische Taucher bald nach Beginn des Krieges das deutsche Unterseekabel abgeschnitten haben.

Der Präsident der deutschen Untersuchungskommission, die sich mit der Widerlegung der ersten ausländischen Greuelnachrichten befassen soll, ist für diese Aufgabe denkbar ungeeignet: Dr. Ivers ist Trinker und Morphinist, muß 1916 wegen Nötigung und Erpressung zu neun Monaten Gefängnis verurteilt werden, und sein Verteidiger kann vor Gericht nur sagen, Dr. Ivers »hätte kein Gerechtigkeitsgefühl haben können, weil ihm das moralische Gefühl fehle«.

Die Legende von den abgehackten Händen

Wie anders nimmt sich dagegen der Präsident der britischen Untersuchungskommission aus, der Right Honorable Viscount Bryce. Das Gremium, dem er vorsitzt, wird rasch als Bryce-Ausschuß bekannt, und der Bericht des Ausschusses gehört zu den erstaunlichsten Dokumenten des Ersten Weltkriegs.

Der Bryce-Ausschuß hat zahlreiche Zeugen vernommen, aber die Namen nicht bekanntgegeben, »damit ihre Angehörigen vor Gegenmaßnahmen der Deutschen geschützt bleiben«. Es genügt, einen einzigen dieser Zeugenberichte zu lesen. Alle anderen sind Variationen des gleichen Themas. »Über einen besonders empörenden, von einem Soldaten verübten Kindermord«, heißt es da, »liegt die folgende Aussage einer Zeugin vor, die von anderer Seite bestätigt wird.« Mehr wird zur Erhärtung der Wahrheit nicht gesagt. Es folgt sogleich, was die ungenannte Zeugin ausgesagt haben soll:

> »Eines Tages, als die Deutschen die Stadt gerade nicht beschossen, verließ ich meine Wohnung, um mich ins Haus meiner Mutter in die Hauptstraße zu begeben. Mein Mann ging mit mir. Ich sah acht deutsche Soldaten, die betrunken waren. Sie sangen und machten großen Lärm und tanzten hin und her.
> Während die deutschen Soldaten durch die Straßen gingen, sah ich ein kleines Kind im Alter von etwa zwei Jahren aus einem Hause kommen. Ich konnte nicht sehen, ob es ein Knabe oder ein Mädchen war. Das Kind lief bis auf die Mitte der Straße, so daß es den Soldaten im Wege stand.
> Die Soldaten gingen zu zweien. Die beiden ersten gingen an dem Kinde vorbei; aber ein Mann aus der zweiten Reihe – der, welcher links ging – trat zur Seite und stieß dem Kind sein Bajonett mit beiden Händen durch den Leib. Dann hob er es an der Bajonettspitze in die Höhe und trug es so mit sich fort, während er und seine Kameraden weitersangen.«

Diese Geschichte von deutschen Soldaten, die auf ihren Bajonettspitzen aufgespießte Kinder mit sich umhertragen, ist in allen möglichen Berichten jener Jahre immer wieder zu finden – und sie ist immer wieder geglaubt worden.

Hamilton Fyse, ein Kriegskorrespondent des britischen Northcliff-Konzerns, hat sich 1921 in einem Buch gebrüstet, die Legende von den abgehackten Kinderhänden erfunden zu haben. Sie war die wirkungsvollste Greuellüge überhaupt. Der italienische Innenminister während des Krieges, Francesco Nitti, später Ministerpräsident, hat allerdings den traurigen Ruhm Fyses zerstört. In seiner »Tragödie Europas« schreibt er: »Jeder ehrliche Mensch muß heute zugestehen, daß die Geschichte von den abgeschnittenen Händen eine Lüge ist, aber nur wenige kennen den Ursprung der Legende. Im Jahre 1895 wurden die Belgier in englischen Zeitungen größter Grausamkeiten im Kongo angeklagt, darunter auch der raffinierten Scheußlichkeit, Frauen und Kindern der Eingeborenen zum Zwecke der Einschüchterung die Hände abgeschnitten zu haben ...«

So sind die »belgischen Kongo-Greuel«, diese alte Propagandawalze, nur wieder aufgewärmt worden, und sie sind nun so wirkungsvoll, daß Zeichnungen davon noch fünf Jahre nach Kriegsende in französische Kinderbücher aufgenommen werden. Freilich sind es jetzt keine Kongo-Greuel mehr, sondern die Untaten der Hunnen. Sie jagen der zivilisierten Welt eine Gänsehaut nach der anderen über den Rücken.

Prinzessin Marie, die Gemahlin des Prinzen Georg von Griechenland, gründet in Paris sofort ein wohltätiges Institut, in dem die armen Geschöpfe ohne Hände kostenlos erzogen werden sollen. Monatelang erscheinen in den Zeitungen des noch unbesetzten Belgiens und in Frankreich Aufrufe, die Eltern der beklagenswerten Kinder möchten sich bei dem Institut melden. Doch Prinzessin Marie sieht sich in ihrem humanitären Werk enttäuscht – angenehm enttäuscht, wie man sicher annehmen darf, denn nicht ein einziges Kind mit abgehackten Händen kann ausfindig gemacht werden. Das wohltätige Institut hat daher seine Tätigkeit niemals aufgenommen.

Trotzdem meldet der »Sunday Chronicle« noch am 2. Mai 1915 eine ans Herz greifende Geschichte:

> »Vor einigen Tagen besuchte eine vornehme, wohltätige Dame ein Haus in Paris, in dem seit einigen Monaten eine Anzahl belgischer Flüchtlinge untergebracht ist. Bei diesem Besuch fiel ihr ein etwa zehnjähriges Mädchen auf, das trotz der im Zimmer herrschenden Wärme seine Hände in einem winzig kleinen, abgetragenen Muff stecken hatte. Plötzlich sagte das Mädchen zu seiner Mutter:
> ›Bitte, Mutter, putze mir die Nase.‹
> ›Aber‹, bemerkte die wohltätige Dame halb lachend,

halb im Ernst, ›so ein großes Mädchen wie du muß sich doch die Nase selbst putzen können.‹

Das Kind schwieg, und die Mutter sagte in einem dumpfen, nüchternen Tone: ›Madame, sie hat keine Hände mehr.‹

Die vornehme Dame schaute, erbebte, verstand.

›Ist es möglich‹, sagte sie, ›daß die Deutschen . . .?‹

Die Mutter brach in Tränen aus. Das war ihre Antwort.«

Solche Erzählungen geistern bis lange nach Kriegsende in der Welt umher. Der schon erwähnte italienische Ministerpräsident Nitti berichtet: »Nach dem Krieg schickte ein reicher, von der französischen Propaganda tiefgerührter Amerikaner einen Kundschafter nach Belgien, da er für die armen Geschöpfe, denen die Hände abgeschnitten worden waren, sorgen wollte. Er vermochte kein einziges ausfindig zu machen.«

Der Papst, dem die Geschichten ebenfalls zu Ohren kommen, will einen flammenden Protest an die Weltöffentlichkeit richten, ist aber vorsichtig genug, vorher sorgfältige Erkundungen anstellen zu lassen. Kardinal Mercier wird beauftragt, allen erwähnten Fällen nachzugehen, aber nicht ein einziger kann nachgewiesen werden.

Trotzdem läuft diese Walze unentwegt mit Erfolg weiter. Selbst der Pariser Berichterstatter der »Times« meldet seinem Blatt: »Ein Mann, den ich nicht gesehen habe, erzählte einem Offizial der katholischen Gesellschaft, daß er mit eigenen Augen gesehen hat, wie deutsche Soldaten einem Baby, das sich am Rock seiner Mutter festhielt, die Arme abgehackt haben.«

Eine Woche später berichtet der gleiche Korrespondent die Aussage von Flüchtlingen nach London: »Sie schneiden den kleinen Kindern die Hände ab, damit Frankreich keine Soldaten mehr haben soll.«

Noch am 6. Juni 1915 veröffentlicht die in Mailand erscheinende Zeitung »Popolo d'Italia« einen flammenden Bericht, daß der in Mailand wohnende Arzt Dr. Giovanni Aldo Gazzamali einen italienischen Knaben behandelt habe, dem deutsche

Soldaten die rechte Hand abgeschnitten hätten. Sogleich setzt sich Dr. Gazzamali an seinen Schreibtisch und sendet dem Chefredakteur des Blattes ein erregtes Dementi: »Diese Nachricht ist falsch. Ich habe einen Knaben mit einer abgeschnittenen Hand nie gesehen, geschweige denn behandelt.« Die Zeitung hat diesen Brief niemals veröffentlicht. Ihr Chefredakteur – sein Name war Benito Mussolini – warf das Schreiben einfach in den Papierkorb.

Verzweifelt gesucht: mißhandelte Babys

Niemandem ist es aufgefallen, daß niemals Fotografien von verstümmelten Säuglingen gezeigt worden sind. Man hielt sie nicht etwa aus Geschmacksgründen zurück, sondern es gab einfach keine. An ihre Stelle mußte eine Flut von Zeichnungen und Karikaturen treten, und in dieser Form sind die erfundenen Babys um die ganze Welt gewandert. »Lasset die Kindlein zu mir kommen«, steht unter einem dieser Bilder, das den Kaiser mit dem Beil an einem Hackstock zeigt.

Sicher, es erheben sich namhafte Stimmen gegen diese Propaganda, selbst ein Schriftsteller wie Mark Twain und ein Politiker wie Lloyd George treten dagegen auf. In London brandmarkt der Journalist und Schriftsteller Harold Picton die ganze Geschichte als Altweibergeschwätz und Lüge, aber die Stimmen der anderen sind stärker und zahlreicher.

Sir Arthur Conan Doyle, der berühmte Kriminalschriftsteller und Erfinder des legendären Detektivs Sherlock Holmes, läßt seine erfindungsreiche Phantasie ebenfalls im Dienste der Kriegspropaganda sprudeln. Abgehackte Kinderhände und andere deutsche Greuel sind der Grundstoff seiner neuen Zeitungsartikel. Er muß sich allerdings gefallen lassen, daß der Vertreter der amerikanischen Zeitung »Chicago Tribune«, James O'Donnet Bennett, einen offenen Brief schreibt, in dem Conan Doyle grober Fälschungen überführt wird.

Bennett selbst hat in Westeuropa monatelang Krankenhäuser, Lazarette und Waisenhäuser nach Opfern der Hunnen abgesucht, hat mit Bürgermeistern, Lehrern und Geistlichen gesprochen. Am Ende seiner Untersuchungen stand ein Nichts, und als es schließlich am 19. Dezember 1916 im britischen Unterhaus zu einer offiziellen Anfrage kommt, weicht der Regierungssprecher aus: »In Anbetracht des Umstandes, daß diese Kinder in Belgien waren, das noch unter deutscher Besetzung steht, ist es nicht wahrscheinlich, daß sie zur Zeit ermittelt werden können.«

Der Berichterstatter der Londoner »Sunday Times«, F. W. Wilson, hat bald nach Kriegsende drastisch beschrieben, wie er von seiner Redaktion ständig telegraphisch bedrängt worden ist, Berichte über deutsche Greueltaten zu schicken.

»Nun gab es aber zu jener Zeit keine Greueltaten«, gesteht Wilson. »Außerhalb Brüssel war ein kleiner Ort, wo man zum Essen hinzugehen pflegte. Ich nahm an, daß es dort auch ein Baby gegeben haben müsse, und so schrieb ich eine herzzerreißende Geschichte über das Baby von Courbeck Loo, das im Feuerschein der brennenden Heimstätten vor den Hunnen gerettet wurde.

Am nächsten Tag wurde ich telegraphisch aufgefordert, das Baby nach London zu schicken, da sich ungefähr fünftausend Leute brieflich erboten hatten, es an Kindes Statt anzunehmen. Am darauffolgenden Tag kamen Babywäsche und Babykleidchen massenweise in die Redaktion. Sogar die Königin Alexandra drückte in einem Telegramm ihr Mitgefühl aus und schickte einige Kleidungsstücke.

Nun konnte ich aber doch nicht zurücktelegraphieren, daß kein Baby da ist. So verständigte ich mich also mit dem Arzt, der für die Flüchtlinge Sorge trug, dahin, daß das verflixte Baby gestorben sei, und zwar an einer sehr ansteckenden Krankheit, so daß es nicht einmal öffentlich begraben werden konnte.«

Eine andere Geschichte, die ungeheures Aufsehen in der Welt erregt hat, ist das Märchen von der verstümmelten englischen Krankenschwester Grace Hume. Noch kurz vor ihrem Tode kritzelt die von den Deutschen bestialisch zugerichtete Grace einen Brief an ihre Schwester Kate, und am nächsten Tag schon sind die Zeilen im Londoner »Star« zu lesen: »Liebe Kate! Hiermit sage ich Dir Lebewohl. Habe nicht mehr lange zu leben. Lazarett in Brand gesteckt worden. Deutsche grausam. Einem Mann hier wurde der Kopf abgeschnitten. Mir . . .«

Eine andere Schwester namens Mullard bestätigt den grausamen Bericht Graces, und ganz London befindet sich in wütender Raserei gegen diese Freveltat. Nur der Abgeordnete Ponsonby geht der Geschichte auf den Grund und kann später feststellen: »Der Fall kam vor dem obersten Gerichtshof in Dumfries zur Verhandlung, und es wurde der Beweis erbracht, daß Kate Hume die ganze Sache erdichtet und beide Briefe, sowohl den ihrer Schwester wie den der ›Schwester Mullard‹, gefälscht und der Presse zugeschickt hatte.«

Ausgestochene Augen contra abgehackte Kinderhände

Die geschmackloseste Propagandalüge in diesem kalten Krieg der Dichter und Phantasten hat sich auch am hartnäckigsten am Leben gehalten: die Behauptung, die Deutschen hätten geheime Fabriken eingerichtet, in denen Gefallene zu Glyzerin, Schmieröl, Seife und Dünger verarbeitet würden. Die Geschichte ist offenbar aus einem Übersetzungsfehler entstanden, aus einem deutschen Zeitungsartikel, der von Tierkörperverwertung gehandelt hatte. Das damals gebrauchte Wort »Kadaververwertung« ist dann entweder mißverstanden worden oder hat skrupellose Leute auf eine neue Idee gebracht.

Als die Sache verbreitet wird – die Zeitschrift »Punch« veröffentlicht gleich eine Zeichnung von der Leichenfabrik –, haben selbst die Unterhausabgeordneten ein peinliches Gefühl, und der sehr ehrenwerte Mr. Outhwaite wendet sich an Lord Robert Cecil: »Darf ich fragen, ob der edle Lord sich bewußt ist, daß die Verbreitung dieser Gerüchte die britischen Staatsangehörigen, die ihre Söhne auf dem Schlachtfeld verloren haben und die glauben, daß ihre Leichname zu diesem Zweck verwendet werden könnten, mit Furcht und Besorgnis erfüllt hat, und ob dies nicht ein Grund ist, warum versucht werden sollte, über das, was in Deutschland vorgeht, die Wahrheit zu erfahren?«

Der Lord gibt eine ausweichende Antwort. Ihr wesentlicher Inhalt ist, daß »die Regierung zur Zeit keine Mitteilung besitzt außer jener, die in den von der hiesigen Presse veröffentlichten Auszügen aus der deutschen Presse enthalten war« – einschließlich des willkommenen Übersetzungsfehlers.

Die schreckliche Legende, von der deutschen Regierung als »ekelhaft und lächerlich« zurückgewiesen, bleibt bis 1925 in Umlauf. Gegen Ende dieses Jahres geschieht allerdings ein peinlicher Zwischenfall bei einem Festessen im nationalen Kunstclub in New York.

Zu den Gästen zählt auch der britische Brigadegeneral Charteris. In forscher Stimmung schwelgt er in Kriegserinnerungen und gibt schließlich eine Geschichte zum besten, die der ebenfalls anwesende New Yorker Berichterstatter der »Times« sofort nach London kabelt. Am nächsten Tag steht in der Zeitung:

»Eine unglückselige Rede des Brigadegenerals Charteris, bei der er, wie er versicherte, die wahre Geschichte des seinerzeitigen Kriegsgerüchts, wie die Deutschen Fett für Munition und Düngemittel gewinnen, erzählte, hat hier einen peinlichen Eindruck hervorgerufen. General Charteris zufolge wurde die Geschichte für Propagandazwecke in China ins Werk gesetzt.

Später, fuhr General Charteris fort, wurde zur Bekräftigung der Geschichte in seinem Büro ein Tagebuch gefälscht, das als das Tagebuch eines deutschen Soldaten ausgegeben werden sollte. Es war geplant, daß ein Kriegsberichterstatter es bei einem toten Deutschen finden sollte, aber dieser Plan wurde niemals ausgeführt. Das Tagebuch befindet sich jetzt im Londoner Kriegsmuseum.«

Nach seiner Rückkehr aus New York hat General Charteris wegen dieser Rede viel Ärger, und es nützt nicht mehr viel, wenn ein gewisser Joseph Macpherson dazu berichtet: »Ich war zu jener Zeit im Kriegsministerium. Wir hatten keinen Grund, die Echtheit der Geschichte zu bezweifeln, als sie zu uns gelangte. Wir wußten nicht, daß sie von jemandem erfunden worden war, und hätten wir gewußt, daß hinsichtlich der Wahrheit der Geschichte der geringste Zweifel besteht, so hätten wir sie in keiner Weise verwendet.«

Noch einmal jedenfalls kommt jetzt die schauerliche Sache vor das Unterhaus. Sieben Jahre sind seit Kriegsende vergangen, und der Fragesteller bekommt von Kriegsminister Worthington-Evans nur die Antwort: »Ich glaube nicht, daß nach Ablauf so vieler Jahre die Quelle des Gerüchts mit Sicherheit festgestellt werden kann. Ich kann mir nicht denken, daß dem öffentlichen Interesse mit weiteren Fragen über diese Geschichte gedient ist.«

Erst einen Monat später, nachdem die Abgeordneten trotzdem keine Ruhe geben, fällt es Außenminister Sir Austin Chamberlain zu, am 2. Dezember 1925 endgültig einen Schlußstrich unter dieses traurige Kapitel zu ziehen. Auf die erneute Anfrage eines Unterhausmitgliedes gibt er zur Antwort: »Ja, mein Herr, mein sehr ehrenwerter Freund, der deutsche Reichskanzler, hat mich im Auftrage der deutschen Regierung ermächtigt zu sagen, daß die Geschichte jeder Grundlage entbehrt. Ich brauche kaum hinzuzufügen, daß ich im Namen der Regierung Seiner Majestät dieser Versicherung Glauben schenkte, und ich hoffe, daß dieses falsche Gerücht nicht wieder aufgefrischt werden wird.«

Damit hauchte die Propaganda des Ersten Weltkriegs in den Jahren der Völkerverständigung und in der hoffnungsfrohen Stimmung der Locarno-Verträge ihren Ungeist aus. Bitter kommentiert ein amerikanischer Leitartikler: »Vor einigen Jahren hat die Schilderung die Bürger zu wütendem Haß entflammt. Geistig normale Männer ballten die Faust und stürzten zu dem nächsten Werbebüro. Jetzt sagt man ihnen tatsächlich, daß sie betrogen und genarrt wurden, daß ihre eigenen Offiziere sie absichtlich auf den gewünschten Siedepunkt brachten, indem sie sich einer schändlichen Lüge bedienten.«

So ist es: Nichts ist am Ende übriggeblieben als ein Gefühl schaler Ernüchterung. Gewiß, jeder Krieg bringt Schrecken, Grausamkeiten und schändliche Taten mit sich, der »humane Krieg« ist eine Illusion. Es ist auch in späteren Jahren nie daran gedacht worden, erwiesene Tatsachen fortdiskutieren zu wollen. Worum sich verantwortungsbewußte Leute in Deutschland und im Ausland bemühten, war die Scheidung der Wahrheit von der düsteren Zweckpropaganda der Kriegsjahre.

Das gleiche gilt auch für die deutsche Greuelpropaganda. Als sie anlief, war es schon zu spät. Sie war auch nicht neuartig und wiederholte eigentlich nur die tollen Berichte der Gegenseite mit umgekehrtem Vorzeichen. Hatte das Ausland seinen großen Schlager mit der Erfindung der abgehackten Kinderhände gefunden, so dachten sich die deutschen Greueldichter ausgestochene Augen aus. Ihre Geschichten sind genauso widerlegt worden wie die der anderen, und nur eines ist noch erstaunlicher als alle diese Erfindungen: daß sie überall Millionen leichtgläubiger Menschen gefunden haben.

Die betrogenen Völker haben am Ende nur an den endlosen Gräbern ihrer stummen Toten gestanden. Für Volk und Vaterland . . .

Das Marnewunder

Der Schlieffenplan

Wenn der Fortifikationssekretär Friedrich Hentsch seinen Sohn Richard nicht gedrängt hätte, die allein standesgemäße Laufbahn eines Offiziers einzuschlagen, wäre die Weltgeschichte vielleicht anders verlaufen. So meinen wenigstens einige Militärexperten. Der junge Richard Hentsch wäre dann Bankbeamter geblieben, hätte möglicherweise eine bildhübsche Französin geheiratet, mit der er befreundet war, und wäre nie in die Verlegenheit gekommen, den deutschen Armeen im Westen kurz vor dem Sieg den Rückzug zu befehlen.

Fortifikationssekretär Hentsch bearbeitet seinen wehrunlustigen Sohn aber so lange, bis dieser Freundin, Bank und Zivilleben an den Nagel hängt und schließlich im Generalstab zu Berlin landet. Wegen seiner wohlerworbenen französischen Sprachkenntnisse kommt er dort in die Abteilung 3, die sich mit Frankreich beschäftigt. Im Krieg ist er Oberstleutnant und Chef der Nachrichtenabteilung im Großen Hauptquartier bei Moltke.

Hentsch ist durch seine unglückselige Rolle während der Schlacht an der Marne zur legendären Figur geworden. Ohne seinen Rückzugsbefehl, wird sogar behauptet, hätte Deutschland den Ersten Weltkrieg gewonnen. Doch das ist nichts als eine Spekulation, die zudem einer realistischen Nachprüfung nicht standhält. Es ist aber nicht übertrieben, wenn andere Experten sagen, daß ohne Hentsch Frankreich vielleicht zusammengebrochen wäre.

Wie ist es zu dieser unglaublichen Wendung gekommen? Hentsch allein ist durch das sogenannte Marnewunder ins Scheinwerferlicht gerückt. Seine ganze Handlungsweise wäre aber nicht möglich gewesen ohne die anderen Personen der

Szene, alle mehr oder weniger in die Verantwortung verstrickt, allen voran Generalstabschef Helmuth von Moltke.

Moltke, der den entscheidenden Feldzug von 1914 führt, leidet seit dem Jahre 1910 an Arterienverkalkung. Er ist von Natur aus Pessimist, ein Schwarzseher. Nur einmal hat er sich zu überragender Kühnheit aufgeschwungen, nämlich am 5. Januar 1905, als er beim Kaiser zum Abendessen weilt und erfahren muß, daß er Generalstabschef werden soll.

»Und nun lassen Sie einmal hören, was Sie zu dem Vorschlag vorzubringen haben«, sagt Wilhelm leutselig.

»Euer Majestät wollen mir gestatten«, entgegnet Moltke, »meinen tiefempfundenen Dank auszusprechen für den ehrenden Ausdruck des Vertrauens, dessen Euer Majestät mich würdigen.« Nach einer berechneten Pause fährt er fort: »Um so mehr aber fühle ich mich verpflichtet, mich Eurer Majestät gegenüber offen und ehrlich auszusprechen.«

Der Kaiser hebt interessiert die Brauen. »Sagen Sie frei Ihre Meinung, mein lieber Julius!« fordert er ihn auf und nennt ihn bei seinem Kasinonamen.

»Majestät«, sagt Moltke nach einem Anlauf, »wenn ich sehe, wie die strategischen Kriegsspiele, die Eurer Majestät Jahr für Jahr unterbreitet werden, regelmäßig mit der Gefangennahme feindlicher Armeen von 500 000 bis 600 000 Mann enden, und zwar nach Verlauf nur weniger Operationstage, so kann ich mich der Empfindung nicht verschließen, daß dieselben den Verhältnissen des künftigen Krieges in keiner Weise gerecht werden. Solche Kriegsspiele kann ich nicht machen. Eure Majestät wissen selbst, daß die von Ihnen geführten Armeen regelmäßig den Gegner einkesseln und so angeblich den Krieg mit einem Schlage beenden. Diese Resultate sind meiner Meinung nach nur dadurch zu erreichen, daß den Verhältnissen in einer Weise Gewalt angetan wird, die dem Grundsatz, daß das Kriegsspiel eine Studie für den wirklichen Krieg sein soll, in keiner Weise entsprechen.«

Mit diesen Worten hat Moltke vernichtende Kritik am Verlauf der Manöver geübt, zugleich aber auch Zweifel angemeldet, ob sich der Schlieffenplan, die Einkesselung und Vernichtung der französischen Streitmacht, so ohne weiteres in die Praxis umsetzen lassen würde.

Wilhelm hat während des Vortrages aufgehorcht. Sein Gesicht spiegelt Überraschung, als er sagt: »Interessant, Moltke, fahren Sie fort!«

»Diese Art des Kriegsspiels«, erklärt der Generalleutnant weiter, »bei dem der Gegner Eurer Majestät gewissermaßen von vornherein mit gebundenen Händen ausgeliefert wird, muß ganz falsche Vorstellungen erwecken, die verderblich werden müssen, wenn der Krieg wirklich kommt.«

»Ich habe bei den Manövern doch keine Ahnung davon gehabt, daß nicht auf beiden Seiten mit gleichen Waffen gekämpft worden ist!« ruft Wilhelm verblüfft aus.

»Majestät«, fährt Moltke fort, »für noch bedenklicher halte ich es, daß durch die Gewalt, die dem Kriegsspiel angetan wird, dem ganz großen Kreis der daran beteiligten Offiziere das Interesse an der Sache genommen wird. Jeder hat die Empfindung: Es ist ganz gleichgültig, was du machst, ein höheres Geschick dirigiert die Sache und führt so oder so zum gewollten Ende. Euer Majestät werden bemerkt haben, daß es immer schwieriger wird, Offiziere zu finden, die gegen Euer Majestät führen wollen. Das kommt daher, weil jeder sich sagt, ich werde ja doch nur abgeschlachtet.«

»Sie sagen mir völlig Neues!«

»Das, was ich jedoch am allermeisten beklagen muß«, redet Moltke weiter, »das ist, daß das Vertrauen der Offiziere zu ihrem Allerhöchsten Kriegsherrn dadurch aufs tiefste erschüttert wird. Die Offiziere sagen sich, der Kaiser ist viel zu klug, als daß er nicht merken sollte, wie hier alles zurechtgemacht wird, damit er siegen soll. Er muß es also doch so haben wollen.«

»Moltke, sagen Sie Schlieffen, daß er beim nächsten Kriegsspiel mich nicht besser behandelt als meine Gegner!«

»Graf Schlieffen ist der Ansicht«, erklärt Moltke, »daß, wenn der Kaiser spielt, er siegen muß; er kann doch als Kaiser nicht von einem seiner Generale geschlagen werden. Das ist auch ganz richtig. Eure Majestät dürfen daher überhaupt nicht führen. Lassen Eure Majestät sich doch ein Kriegsspiel vorlegen, in dem Eure Majestät die Oberleitung haben und so über den Parteien stehen, statt selbst Partei zu sein.«

»Ich bin ganz Ihrer Meinung, Moltke«, sagt Wilhelm nachdenklich.

Er hat später nie wieder selbst eine Manöverpartei angeführt, und so ist es Moltke doch gelungen, die Kriegsspiele aus der höfischen Unwirklichkeit herauszureißen. Der neue Generalstabschef will Realist sein. In Wirklichkeit aber ist es auch sein angeborener Pessimismus, der seine Entscheidung leitet. Denn nun, nach dem Beginn des Krieges, nach dem Durchbruch der deutschen Truppen durch den belgischen Festungsriegel Lüttich, zeigt es sich, daß Moltke ängstliche Vorsichtsmaßnahmen getroffen hat, die den Sturm hemmen. Der großangelegte Plan seines Vorgängers Schlieffen war Moltke zu kühn gewesen. Er hat ihn daher in mehreren Punkten abgeschwächt:

- Schlieffen sieht für den Angriff fünfunddreißig Korps und acht Kavallerie-Divisionen vor, etwas über eineinhalb Millionen Mann. Nur 200 000 Mann sollen in Elsaß-Lothringen stehen und zur Verteidigung bereit sein, falls die Franzosen hier angreifen sollten.
- Moltke ist das zu gewagt. Er stellt 450 000 Mann in Elsaß-Lothringen auf, dirigiert außerdem zwei Korps an die Ostfront, und am Ende ist das Verhältnis zwischen seinem linken und rechten Flügel nicht mehr 1 : 7, wie es Schlieffen vorgesehen hatte, sondern nur noch 1 : 3.
- »Macht mir den rechten Flügel stark« – gerade dieser Grundgedanke des Schlieffenplans ist von Moltke über den Haufen geworfen worden. Mit dem geschwächten rechten Flügel ist es ihm aber nicht mehr möglich, tief genug nach Frankreich hineinzustoßen und dann Paris von rückwärts zu umfassen.
- Schlieffen hat in seinem Plan nicht nur den Durchmarsch durch Belgien, sondern unbekümmert auch durch die Niederlande gefordert. Moltke sieht davon ab. Schlieffen hat geplant, einen Teil der in Elsaß-Lothringen stehenden Truppen ebenfalls noch an den rechten Flügel zu transportieren. Moltke macht keinen Gebrauch von dieser Möglichkeit.

– Schlieffen wollte die Franzosen, falls sie in Elsaß-Lothringen angreifen würden, unter Umständen nach Süddeutschland und notfalls bis Bayern marschieren lassen, wenn nur die gewaltige Umfassungsschlacht von Paris gelänge! Moltke aber hört auf den bayerischen Armeeführer Kronprinz Rupprecht, der das aus Prestigegründen für ganz unmöglich hält.

Unter solchen Umständen entwickelt sich der deutsche Feldzug im Westen, und selbst der französische Generalstabschef und Oberkommandierende, General Joffre, sagt später über Moltke: »Die Deutschen hatten ihre Schnellzuglokomotive einem Postkutscher anvertraut.«

Tote, wohin man schaut – ein Bericht vom Schlachtfeld

Am äußersten rechten Flügel, im Norden also, geht die erste Armee unter Alexander von Kluck vor. Bei Brüssel schwenkt sie nach Süden, und wenn es nach Schlieffen gegangen wäre, hätte sie im Rücken von Paris vorbeistoßen müssen. Dazu aber ist der ganze Arm nach Moltkes Änderungen zu schwach.

Links neben der Armee Klucks ist die zweite Armee unter Karl von Bülow im Vordringen über Lüttich, Charleroi und dann nach Süden in Richtung Laon. Die dritte Armee unter Max von Hausen, gegen Dinant gewendet, »wurde durch Hilferufe hin und her gezerrt, so daß sie nirgends ausschlaggebend zur Geltung kam«, wie General Hermann von Kuhl bemerkt.

Herzog Albrecht von Württemberg führt die vierte Armee in Richtung Neufchateau, Sedan, während Kronprinz Wilhelm die fünfte Armee zu einer Umfassungsbewegung an der Festung Verdun vorbeistoßen läßt.

So trocken sieht das in den Werken der Generale aus. Sauber gezeichnete Karten mit ein paar Pfeilen und Strichen machen die strategische Idee anschaulich, aber nirgends ist ein Wort verloren über die Menschen, aus denen die Pfeile und Linien in Wirklichkeit bestehen. Im brennendheißen August des Jahres

1914 kämpfen auf verwüsteten Feldern Männer, die gestern noch Angestellte, Kaufleute, Arbeiter, Handwerker, Bauern und Familienväter waren, gegen andere Angestellte, Kaufleute, Arbeiter, Handwerker, Bauern und Familienväter. Die Heeresberichte melden nichts davon, und erst auf dem Höhepunkt der Geschehnisse erfährt die deutsche Öffentlichkeit, daß in Frankreich an der Marne eine Entscheidungsschlacht entbrannt ist.

Die deutschen Armeen haben ihre Schwenkung nach Süden vollendet, vor ihren Spitzen liegt die Marne, und es ist der italienische Kriegsberichterstatter Luigi Barzini, der zum erstenmal der Welt schildert, wie es in diesem modernen Krieg wirklich aussieht:

»Wir verlassen die Marne-Niederung und gelangen an den Rand der Hochebene, die durch die deutschen Schützenstellungen versperrt war«, schreibt Barzini. »Ein furchtbares, grauenerregendes Bild bietet sich uns dar. Die weite Ebene ist mit Leichen übersät. Es sind Franzosen. Hunderte und Aberhunderte, ja, Tausende menschlicher Körper liegen da, so weit der Blick reicht. Weithin, nach rechts und links, in dunstiger Ferne auf den gelben Stoppeln der geschnittenen Felder dehnt sich die niedergemähte menschliche Ernte aus.

Wo die Hochebene beiderseits der Marne endet, erscheinen die Toten nur noch wie kurze, unregelmäßige Striche. Sie bilden eine lange, gewundene Linie, die fern verblaßt, schmaler wird und verschwimmt. Sie liegen alle in einer Richtung gelagert, wie niedergemähtes Gras. Der Tod hat sie im wütenden Sturmlauf überrascht. Sie sind in ausgeschwärmter Linie gefallen, alle das Gesicht nach vorne.

Wie sie daliegen, die Toten, das hat in seiner Einheitlichkeit etwas bis ins Mark Erschütterndes an sich. Das erzählt von dem Anlauf, einem rasenden, mächtigen und hinreißenden Vorwärtsstürmen. Die Körper der Gefallenen sind alle nach dem Feind orientiert, den Kopf nach vorwärts. Ein Gedanke, ein Wille, eine Bewegung einte sie alle und machte sie im letzten Augenblick erstarren. Wenn ein Hagel abgeschnellter Pfeile im Fluge plötzlich innehielte, er müßte so herniederfallen.

Fast alle Toten liegen mit offenem Munde da, das bleifahle Gesicht auf der Erde, in die Stirne oder in die Brust getroffen. Sie sind ausgestreckt in den unnatürlichen, wunderlichen und linkischen Lagen, die der Tod auf dem Schlachtfeld den Gefallenen gibt. Einige, die erst nur verwundet waren, haben noch Zeit gefunden, sich bequemer zu legen, um ihr Ende abzuwarten; es scheint, als ob sie schliefen. Vor jedem Leichnam liegt das Gewehr, das den Händen entglitten ist.

Der französische Sturmlauf hatte siebenhundert bis achthundert Meter vor den ersten deutschen Stellungen begonnen. Man kann ihn genau verfolgen, gewissermaßen wieder miterleben. Ungeachtet der entsetzlichen Verluste sind die französischen Massen mit wildem Geheul unter dem höllischen Feuer vorwärts gestürmt. Die deutschen Schrapnelle hatten hier und dort Strohhaufen in Brand gesetzt, deren Reste noch rauchen, während ich vorbeifahre.

Aber ebenso plötzlich, wie die deutsche Artillerie mit ihrem verheerenden Feuer eingesetzt hatte, muß sie es auch wieder abgebrochen haben. Auf ungefähr hundertfünfzig Metern vor den deutschen Stellungen liegen keine Leichen mehr. Der Feind war geflüchtet.

Wenn man diesen Geländeabschnitt durchschritten hat, stößt man wieder auf Gefallene. Diesmal sind es Deutsche. Am Rande einer Straße erzählen uns die Leichen von einem Handgemenge, Mann gegen Mann. Eine Abteilung deutscher Krieger, die auf verlassenem Posten allein zurückgeblieben war, hatte den Straßendamm als Brustwehr benützt und krallte sich da, andauernd feuernd, zwischen den Straßengräben fest. Sie hatte sich nicht mehr zurückziehen können. Sie hat so lange, wie sie konnte, bis zum letzten Mann und bis zum letzten Blutstropfen Widerstand geleistet: Der letzte französische

Gefallene liegt drei Meter von ihr entfernt. Dann ist der Sturm über sie hinweggebraust und hat sie vernichtet.

Von Bajonetten durchbohrt, ist die ganze Abteilung gefallen. Manch verbogenes Bajonett, das auf dem Platze liegenblieb, manch zersplitterter Gewehrschaft zeugt von dem kurzen, wilden und verzweifelten Ringen. Der erste in der Reihe ist der Unteroffizier, der die Abteilung kommandierte. Es scheint, als kommandiere er sie noch im Tode.

Die Deutschen fielen mehr in zusammengedrängten Haufen, oftmals eine Gruppe von Mannschaften rings um den Leichnam ihres Offiziers.

Wie die toten Helden sich alle gleichen! Nur die Uniform unterscheidet sie. Franzosen und Deutsche sind alle gleich hingestreckt.

Jeder deutsche Gefallene hat noch seinen Tornister umgehängt, untadelig, als hätte er sich für eine Parade gerüstet. Und mit diesem Tornister auf dem Rücken macht jeder einen einheitlichen und unheimlich lebenden Eindruck. Im Fallen hat sich nichts verändert: der Leibriemen, die Patronentaschen, Seitengewehr und Spaten, die Zeltbahn, der gerollte Mantel – alles grau, alles, wo es hingehört, zusammengelegt, festgeschnallt, festgebunden. Nicht einmal der Helm mit seinem feldgrauen Überzug ist weggerollt oder hat sich auf dem Kopf verschoben. Die Gefallenen sind vollkommen vorschriftsmäßig laut Dienstanweisung ins Jenseits marschiert.«

Soweit Barzinis Bericht von der Marne. Freilich sind solche Gegenangriffe der Franzosen selten. Joffre nimmt seine Truppen immer weiter zurück, auch das britische Expeditionskorps weicht, aber zur gleichen Zeit verbrauchen sich die deutschen Armeen, entfernen sich mit jedem Meter gewonnenen Bodens weiter von ihren Versorgungslagern. Auf dem steinhart gebrannten Boden Frankreichs nützen sich die Beschläge der Pferde ab, der Troß wird von Tag zu Tag unbeweglicher, der Nachschub klappt nicht mehr zufriedenstellend, sogar die Artilleriemunition wird knapp.

Trotzdem kann ein Kriegsberichterstatter der »Daily News« noch an seine Zeitung kabeln: »Der Vortrupp des deutschen rechten Flügels drang unaufhaltsam weiter vor und trieb die Verbündeten ohne Rast vor sich her. Die Flucht der Verbündeten aus Chantilly war das Schnellste, was in diesem erstaunlich schnellen Krieg bis heute geleistet worden ist. Die ganze Bevölkerung dieser Rennbahn-Gemeinde, Stalljungen, Trainer, Jokkeys, flüchtete mit verhängten Zügeln auf den wertvollen Vollblütern in den Wald von St.-Germain.«

Jeden Nachmittag um fünf: Bomben auf Paris

Am 4. September kommt eine aus elf Mann bestehende Patrouille des Schweren Reserve-Reiterregiments Nr. 1 bis auf sechs Kilometer an den Festungsgürtel von Paris heran, und ab 9. September können die Soldaten von Klucks erster Armee die Silhouette des Eiffelturms am Horizont erkennen.

Als in diesen Tagen vor einem Bäckerladen in der Rue des Vinaigriers eine Explosion erfolgt, glauben die umherstehenden Menschen an eine undichte Gasleitung und alarmieren die Feuerwehr. In Wirklichkeit ist der deutsche Fliegerleutnant von Hiddessen über Paris erschienen und hat aus zweitausend Meter Höhe ein Artilleriegeschoß abgeworfen. Es ist die erste Visitenkarte, die der Krieg in der französischen Hauptstadt abgibt.

Mit seinem Doppeldecker »Gelber Hund« war Hiddessen 1912 wagemutig von Frankfurt nach Darmstadt geflogen und hatte sich damit einen Namen gemacht. Jetzt ist er mit seiner Militärmaschine täglich über Paris, meist zwei Stunden lang, wirft da und dort eine Granate ab, einmal auch einen Sandsack mit einer zweieinhalb Meter langen deutschen Flagge. Die Pariser nennen das Flugzeug wegen seiner Pünktlichkeit die »Fünfuhrtee-Taube« und pilgern in endlosen Strömen in die Rue des Recollets, wo eines von Hiddessens Geschossen das Dach einer Druckerei beschädigt hat.

Doch das sind Äußerlichkeiten. In Wahrheit ist die Lage der Stadt verzweifelt. Der Militärgouverneur von Paris, General

Galliéni, läßt alle Häuser im Umkreis der Befestigungswerke niederlegen, um Kampfgelände zu gewinnen. In den großen Parks, im Bois de Boulogne und im Park von Longchamps sind Tausende von Rindern versammelt, die der Bevölkerung während der erwarteten Belagerung als Nahrung dienen sollen. Auf den Boulevards und auf den großen Plätzen erheben sich mächtige Heufuder für die Tiere, an den Ufern der Seine sind Viehtränken eingerichtet, kostenlose Sonderzüge befördern »sechshunderttausend nutzlose Esser«, wie eine Zeitung schreibt, aus der Stadt fort nach Süden. Wer in Paris bleibt, arbeitet an der Verteidigung. Frankreichs Idole, der Boxer Georges Carpentier, der nach dem Krieg einen sensationellen Kampf mit Jack Dempsey austragen wird, der Kunstflieger Pégoud und der Ballonheld Boillot erlassen Aufrufe an die Bevölkerung. Galliéni bombardiert die Stadt mit Erlassen.

Dies alles geschieht nicht zuletzt deshalb, um die Einwohner von der Flucht der Regierung abzulenken. In der Nacht vom 2. zum 3. September nämlich hat der Präsident der Republik, Raymond Poincaré, die Hauptstadt heimlich verlassen – in Richtung Bordeaux. Mit ihm sind die Kabinettsmitglieder abgereist, nicht ohne vorausgegangene heftige Auseinandersetzungen. Die sozialistischen Minister waren dafür gewesen, in der Stadt auszuharren, weil es sonst Unruhen geben könnte. Die anderen meinten, Unruhen seien immer noch besser als eine Gefangennahme der ganzen Regierung durch die heranrückenden Deutschen. Das ist auch die Meinung der Militärs, und so ziehen Poincaré und seine Regierung am nächsten Tag unter dumpfem Trommelwirbel in Bordeaux ein.

»Sofort nach der Bekanntgabe der Abreise«, schreibt die Genfer Zeitung »Courier« dazu, »strömten Tausende nach dem Place de la Concorde und nach dem Elysée und eröffneten ein wütendes Steinbombardement gegen die geräumten Regierungsgebäude. Die Aufgebote der Polizei hüteten sich, gegen die erregte Menschenmenge vorzugehen.«

Die Regierung ist nicht allein abgereist. Auch die Bank von Frankreich und eine beträchtliche Reihe anderer Institutionen sind über Nacht nach Süden verschwunden, mit ihnen einige tausend reiche Leute. Sie versammeln sich in Monte Carlo und bewohnen Kutscher- und Zofenkammern, weil die eleganten Hotels des neutralen Fürstentums alle geschlossen haben.

Freilich ist es jetzt auch in Monaco nicht mehr schön. Die französischen Behörden, die im ganzen Lande alle Automobile beschlagnahmen, kümmern sich nicht um die monegassischen Hoheitsrechte und requirieren auch dort alle Fahrzeuge. Empört klettert Fürst Albert von Monaco in das letzte klapprige Privatauto, das ihm verblieben ist, und will zu Präsident Poincaré fahren, um persönlich zu protestieren. Doch gleich jenseits der Grenze seines Fürstentums wird ihm auch dieser Wagen noch von Gendarmen abgenommen, und es bleibt ihm nichts anderes übrig, als zu Fuß, hungrig und staubbedeckt, in sein Schloß zurückzukehren.

600 Taxis sollen Paris retten

Im Raum von Paris scheint sich inzwischen der Zusammenbruch abzuzeichnen. General French, der Befehlshaber des britischen Expeditionskorps, telegraphiert an Lord Kitchener, den Kriegsminister, in London: »Ich habe Joffre klar gesagt, daß ich bei dem augenblicklichen Zustand meiner Truppen keinesfalls imstande bin, in der Frontlinie zu bleiben. Ich habe mich entschlossen, morgen früh den Rückzug hinter die Seine, westlich an Paris vorbei, zu beginnen.« French denkt sogar daran, sich mit seiner ganzen Streitmacht wieder über den Kanal auf die britische Insel zurückzuziehen. Da eilt Kitchener nach Paris und verhindert den Rückzug seines Generals.

Joffre, der im Schatten einer Trauerweide in Chatillon-sur-Seine die Fäden des Geschehens in seinen Händen hält, befiehlt dem General Manoury, nördlich von Paris eine neue Armee aufzubauen. Mit hunderttausend Mann soll Manoury von hier aus die rechte Flanke Klucks berennen. Aber Kluck bemerkt die Absicht rechtzeitig, schlägt mit seiner ganzen Armee einen Bogen nach rechts und ist damit im Begriff, Manoury einzukreisen.

In Paris erkennt Galliéni die brennende Gefahr. Die letzten Reserven, der letzte Mann müssen aus der Hauptstadt herausgepumpt werden und Manoury gegen Kluck zur Hilfe kommen. Aber wie können die Zwölftausend, die Galliéni zusammenscharrt, an die Front gebracht werden? »Natürlich dachte man zunächst an die Eisenbahn«, erinnert sich der Kommandant, »aber es ergab sich, daß man mit dieser nur etwa die Hälfte, etwa sechstausend Mann, befördern konnte. Die anderen sechstausend Mann mußte man auf anderem Wege heranschaffen.«

Eine einzigartige, eine revolutionäre Idee wird in dieser verzweifelten Stunde geboren. Eine Stunde nach Mittag, am 7. September 1914, befiehlt Galliéni, sämtliche Taxis von Paris zu beschlagnahmen. Es sind sechshundert Stück, und jedes dieser Vehikel, die uns heute so vorsintflutlich erscheinen, kann fünf Mann befördern. In zwei Fahrten kann der Transport bewältigt werden.

Jedes Taxi auf den Straßen wird angehalten, jeder Fahrgast an die Luft gesetzt, und um sechs Uhr abends stehen die sechshundert ratternden, schaukelnden und puffenden Wagen in den Straßen des Vorortes Gagny für ihre Aufgabe bereit.

»Na, das ist in der Kriegsgeschichte bestimmt nicht alltäglich!« ruft Galliéni aus, als er im Verladeort eintrifft.

In zwanzig Meter Abstand von Wagen zu Wagen tritt die Kolonne ihre Fahrt an. Der motorisierte Heerwurm ist von Hilfsfahrzeugen mit Benzin, Reservereifen und Ersatzteilen durchsetzt, damit jedes liegengebliebene Taxi sofort wieder flottgemacht werden kann.

Auf den Höhen westlich von Varreddes steht in dieser Nacht eine deutsche Beobachtergruppe. Sie bemerkt eine endlose Reihe von Lichtpunkten, die sich bewegen, aufblitzen, verschwinden, wieder auftauchen. Die Deutschen können sich die Erscheinung nicht erklären, doch am nächsten Morgen ist die Armee Manourys um zwölftausend Mann stärker. Trotzdem kann sich der französische General gegen Klucks Umfassungsmanöver nicht halten. Das Taxi-Experiment war vergebens. Manoury befiehlt den Rückzug.

»Um der drohenden Umfassung zu entgehen«, schreibt der Armeeführer selbst, »war die Armee Tag und Nacht marschiert. Zahlreiche Soldaten verließen die Fahne unter dem Vorwand, von ihrem Truppenteil abgekommen oder krank zu sein. Allmählich gewannen sie einen Vorsprung vor den marschierenden Kolonnen, trieben sich in kleinen Gruppen plündernd umher und setzten die Bevölkerung durch ihre Schilderung von den Ereignissen in Schrecken. Unter den Trains wuchs die Unordnung. Sie versperrten den Truppen den Weg, so daß diese nicht vorwärts kamen und Tag und Nacht auf den Beinen waren. Die Erschöpfung stieg bis zum äußersten Grade.«

Der einzige, der inmitten aller Aufregungen und Zweifel unerschütterliche Ruhe bewahrt, ist Joffre. In seinem Hauptquartier unter der Trauerweide von Chatillon-sur-Seine hat er mit schweren Entschlüssen gerungen. Auf der einen Seite steht der bittere Weg, Paris zur offenen Stadt zu erklären und aufzugeben, die Armeen ins Innere Frankreichs in die Räume von Dijon und Besançon zu retten. Auf der anderen gibt es noch die Möglichkeit, mit einer letzten Kraftanstrengung aus dem Rückzug heraus kehrtzumachen und den Deutschen abermals entgegenzutreten. Eine Zeitlang hört sich Joffre schweigend an, was seine Generale zur Lage zu sagen haben. Dann entscheidet er allein: »Wir werden uns an der Marne schlagen.«

Am Morgen des 10. September aber, einem bangen Morgen für das französische Heer, stellen Kundschafter fest, daß sich etwas Unerhörtes ereignet hat:

Die Deutschen sind verschwunden, sie ziehen sich zurück, sie lösen die Klammer. »Das französische Große Hauptquartier fiel in senkrechtem Sturz aus allen Wolken«, heißt es in einer der zahlreichen Erinnerungen. Niemand kann fassen, was hier geschehen ist, niemand kann verstehen, daß die Deutschen so kurz vor dem greifbar nahen Ziel ihre Pläne aufgeben.

Zunächst glauben die Franzosen an eine deutsche Kriegslist, an eine Falle. Erst allmählich kommt ihnen die Gewißheit, daß es ein echter Rückzug ist. Sie sprechen von einem Wunder, dem Wunder an der Marne. Noch ahnen sie nicht, daß auf der deutschen Seite nur ein Oberstleutnant versagt hat: Blindlings hat Hentsch in die Speichen des Schicksals gegriffen.

»Es ist ja doch vergebens«

Man muß noch einmal zum 6. September zurückkehren, dem Tag von Joffres Angriffsbefehl. An diesem Tag sind die deutschen Truppen müde und ausgepumpt von ihrem großen Marsch durch Frankreich bis vor Paris gelangt. An diesem Tag sitzt Generalstabschef Moltke weitab vom Frontgeschehen in seinem Hauptquartier, einem Schulhaus in Luxemburg.

Moltke hat kein richtiges Bild von der Lage. So unglaublich es klingt, ist doch die Oberste deutsche Heeresleitung damals darauf angewiesen, gelegentlich einen Funkspruch aufzufangen, den die Truppenteile an der Front untereinander austauschen, aber es gibt so gut wie keine Telefonverbindung zwischen Hauptquartier und Armeekommandos.

Verschwommen und lückenhaft stellt sich auf diese Weise die Frontlage für Moltke dar. Seine angeborene Ängstlichkeit wird dadurch stündlich von neuem genährt. Auf die Idee, selbst näher an die Front heranzurücken und persönlich Verbindung mit seinen Armeeführern aufzunehmen, kommt er nicht. Dabei hängt nun alles davon ab, daß die Operationen der Armeen aufeinander abgestimmt werden! Moltke ist nicht der Mann, in dieser entscheidenden Stunde die Zügel fest in der Hand zu halten. An der Spitze der deutschen Streitkräfte steht ein Mann, der an seine Frau schreibt: »Wir alle leben unter einem dumpfen Druck, der die Schaffensfreude ertötet, und kaum jemals kann man etwas beginnen, ohne die innere Stimme zu hören: Wozu? Es ist ja doch vergebens.«

»Weiter watend im Treibsand grübelnder Zweifel«, hat er sich ein anderes Mal selbst geschildert. Schon vor Beginn der Kämpfe hatte er gegenüber General Bronsart die bezeichnende Äußerung getan: »Es nutzt ja alles nichts, wir verlieren den kommenden Krieg ja doch.« Moltkes Frau, eine überzeugte Spiritistin, hatte die prophetische Nachricht direkt aus der Geisterwelt erhalten. Kein Wunder, daß Ludendorff, der einige Tage vor den Entscheidungsstunden an der Marne im deutschen Hauptquartier gewesen war, in sein Tagebuch schreibt: »Mit tiefem Schreck mußte ich feststellen, daß Moltke völlig die Nerven verloren hatte.«

Jetzt, am 7. September, da Joffres Angriffsbefehl schon bekannt ist, zittert Moltkes Stimme, als er dem Kaiser Vortrag hält und dabei zum erstenmal den Gedanken durchblicken läßt, die deutschen Armeen zurückzunehmen. Freilich, der deutsche Generalstabschef weiß, daß die Truppen abgekämpft sind, daß Joffre frische Kräfte zur Verfügung hat, und er ist überdies beunruhigt von der Alarmnachricht, daß die Russen mit ihrer Mobilmachung doch schneller als erwartet fertig geworden sind und nun in Ostpreußen einfallen.

Wilhelm hat bessere Nerven. Er hört Moltkes Rückzugserwägungen an und entgegnet ihm heftig: »Angreifen, solange es geht – unter keinen Umständen einen Schritt zurück! Angreifen! Angreifen! Angreifen!«

Keine Zeit für den Kaiser: Wilhelm wird abgewimmelt

Wilhelm hat auch längst eingesehen, daß das Hauptquartier viel zu weit rückwärts liegt und daß jetzt nichts notwendiger ist als ein möglichst enger Kontakt zwischen den Armeen und der Obersten Heeresleitung. Deshalb hatte der Kaiser schon am 6. September abends befohlen: »Ich fahre morgen früh zu Generaloberst von Hausen (3. Armee) und dann zu Generaloberst von Bülow (2. Armee). Ich will mit den beiden sprechen, ihnen die Hand drücken und der Truppe nahe sein.«

Hausens dritte Armee steht, als die kaiserliche Automobilkolonne heranrückt, bei Châlons im Nahkampf, die französische Artillerie schießt Sperrfeuer, und der Armeeführer bekommt beinahe einen Tobsuchtsanfall, als ihm das Nahen Seiner Majestät gemeldet wird. Der Kaiser ist jetzt unerwünscht. Ein Major aus Hausens Stab wird dem Herrscher entgegengeschickt, und bei Suippes entspinnt sich zwischen ihm und Wilhelm ein trauriges Gespräch.

»Euer Majestät«, sagt der Offizier, »Seine Exzellenz gibt zu bedenken, daß für Erklärungen der Lage keine Zeit bleibt.«

»Fahren Sie uns voraus zu Ihrem Oberkommando!« befiehlt Wilhelm.

»Zu Befehl, Majestät. Seine Exzellenz sieht auch keine Möglichkeit zur Übernachtung für Eure Majestät.«

»Ich habe schon gesagt, ich fahre zu Generaloberst Hausen!«

»Ich habe Befehl, Euer Majestät zu melden, daß von der Bevölkerung Gefahr droht, daß hier in unmittelbarer Nähe Typhus ausgebrochen ist und das Leben Eurer Majestät auf dem Spiel steht.«

Dem Major gelingt es schließlich, den Kaiser abzuwimmeln. Bedrückt fährt Wilhelm nach Luxemburg zurück, und wieder bleiben die Armeen ohne nähere Fühlung mit der obersten Leitung. Dabei hätte gerade bei dem weiteren Reiseziel des Kaisers, bei der zweiten Armee Bülows, die Anwesenheit eines verantwortlichen Repräsentanten des Großen Hauptquartiers von Nutzen sein können. Bülow nämlich befindet sich selbst in pessimistischer Stimmung. Seine Hauptsorge ist, daß sein rechter Nachbar, die erste Armee Klucks, einen Sprung nach Westen gemacht hat, um Manourys Taxi-Armee zu fassen. Dadurch ist zwischen den beiden Armeen eine Lücke entstanden, nur notdürftig von Kavallerie verschleiert, und in diese Lücke können jeden Augenblick Briten und Franzosen eindringen.

In Luxemburg hält Moltke inzwischen Dauerbesprechungen mit seinem Stab ab, vor allem mit dem Chef der Operationsabteilung, Oberst Tappen, der hinter seinem Rücken nur »Oberst Im-Dunkeln-Tappen« genannt wird.

»Ich muß dringend erfahren, wie es auf unserem rechten Flügel tatsächlich aussieht«, sagt Moltke, »denn sonst ist es mir unmöglich, eine Entscheidung zu treffen.«

Oberst von Dommes, der Chef der politischen Abteilung des Generalstabs, bietet sich an, zu den Armeen zu fahren und Erkundigungen einzuziehen. Aber Moltke hält Dommes für einen Optimisten. Er möchte lieber einen Mann seiner eigenen Denkungsart entsenden, und so fällt seine Wahl auf den pessimistischen Oberstleutnant Richard Hentsch.

Die Persönlichkeit Hentschs ist umstritten. Ludendorff sagt – freilich nachträglich – über ihn: »Er gehört zu den Menschen, zu denen ich nie habe persönliches Vertrauen gewinnen können. Er hatte etwas Lauerndes, Forschendes in seinem Blick und erschien mir berechnend kalt, als ein Mann ohne Seele.« Ein ganz anderes Urteil hat das Reichsarchiv über Hentsch abgegeben: »Hochbegabt und liebenswürdig, war Hentsch aufgrund seiner glänzenden Leistungen auf der Kriegsakademie in den Generalstab gekommen. Er besaß das volle Vertrauen des Generalobersten von Moltke und war im Frieden dem Generalobersten von Bülow nähergetreten, was ihm bei der Erledigung seines Auftrages nur förderlich sein konnte.«

»Majestät, wir haben den Krieg verloren!«

Es ist Punkt zehn Uhr vormittags, als Moltke zu Oberstleutnant Hentsch sagt: »Sie nehmen sich den schnellsten Kraftwagen und fahren unverzüglich zur zweiten und ersten Armee. Orientieren Sie sich an Ort und Stelle genau über die Lage. Sollte sich die erste Armee nicht halten können, weisen Sie Generaloberst von Kluck an, in die Linie Soissons-Fismes auszuweichen, damit sie wieder Anschluß an den rechten Flügel der zweiten Armee gewinnt, um die entstandene Lücke zu schließen.«

Jahrelang hat Moltke in Friedenszeiten allen Generalstabsoffizieren eingehämmert, daß jeder Befehl schriftlich gegeben werden muß. Jetzt weicht er selbst von dieser Regel ab und läßt Hentsch ohne schriftlichen Auftrag losfahren, so daß sich später nicht mehr feststellen läßt, was nun eigentlich wirklich befohlen worden war. Schriftlich äußert sich Moltke nur gegenüber seiner Frau, an die er berichtet: »Die Kämpfe im Osten von Paris werden zu unseren Ungunsten ausfallen. Ich muß das, was geschieht, tragen und werde mit meinem Lande stehen oder fallen . . .« Was ihn freilich nicht hindert, 1916 friedlich in seinem Bett zu sterben.

Erst eine Stunde nach erteiltem Befehl, um elf Uhr, läßt Hentsch das Automobil ankurbeln. Mit ihm im Wagen sitzt Hauptmann von König. In einem zweiten Fahrzeug nimmt Hauptmann Köppen Platz. Köppen sieht nicht ein, warum er da einfach hinterherfahren soll, und macht Hentsch den glücklichen Vorschlag, direkt zur ersten Armee zu fahren, die Lage festzustellen und sich bei der zweiten Armee wieder mit Hentsch zu treffen. Doch der Oberstleutnant winkt ab: »Es kann sein, Köppen, daß ich Sie unterwegs brauche.«

So fährt die Gruppe los. Hentsch lehnt sich in die Lederpolster zurück und sagt zu dem neben ihm sitzenden Hauptmann König: »Der Chef hat mir keinen schriftlichen Befehl mitgegeben. Passen Sie auf, wenn ich eine wichtige Entscheidung treffen muß, und es geht schief, dann bin ich später der Sündenbock, der alles verpatzt hat.«

»Es wird schon nicht so schlimm kommen«, beruhigt ihn König.

Hentsch selbst weicht gleich zu Beginn der Fahrt von dem ihm erteilten Auftrag ab. Statt befehlsgemäß zur zweiten und ersten Armee zu fahren, sucht er zunächst einmal die fünfte auf und vertrödelt kostbare Zeit mit dem reizvollen Spiel, sich als Oberstleutnant vom künftigen Kaiser, dem Führer der fünften Armee, Generalleutnant Kronprinz Wilhelm, Bericht erstatten zu lassen.

Kronprinz Wilhelm ist zuversichtlich, Hentsch dankt und setzt seine Fahrt fort – nicht etwa nun endlich zur zweiten Armee, sondern erst zur vierten. Dort wiederholt sich das gleiche Spiel. Hentsch läßt sich vom Armeeführer, Generaloberst Herzog Albrecht von Württemberg, die Lage erklären und meint dann, es wäre wohl am besten, wenn sich die vierte Armee hinter die Marne zurückziehen würde.

Albrecht sieht den Abgesandten des Großen Hauptquartiers an, als habe er einen Wahnsinnigen vor sich. Er lehnt Hentschs Anregung ganz entschieden ab und deutet auf das Feldtelefon, denn die vierte Armee verfügt als einzige über einen Fernsprechanschluß nach Luxemburg.

Hentsch macht von dem Telefon keinen Gebrauch. Er besteht auch nicht auf dem Rückzug, sondern fährt zur dritten Armee nach Châlons weiter. Seine Tätigkeit besteht darin, der üblichen Abendmeldung den Satz hinzuzufügen: »Lage und Auffassung bei der dritten Armee durchaus günstig.«

Um acht Uhr abends endlich trifft er in Montmort bei der zweiten Armee ein. Dort ist der Oberbefehlshaber, Generaloberst von Bülow, gerade von seinem Gefechtsstand an der Front zurückgekehrt und in glänzender Stimmung. »Ich wurde über die Lage orientiert«, erzählt Hentsch selbst in seinen Erinnerungen, »und mir wurde gesagt, daß die Armee auf ihrem linken Flügel Fortschritte gemacht habe, auf ihrem rechten Flügel aber nur mühsam in der Verteidigung den Gegner abgewehrt habe. Die Armee wolle am nächsten Tage ihre Stellungen halten, würde es auch können, wenn sie nicht umfaßt würde.«

Dieser Gedanke allerdings erschreckt Hentsch, und er glaubt auch, daß die erste Armee nun ebenfalls in einer bedrohlichen Lage ist. Er glaubt es, aber der Gedanke, sich erst einmal bei der ersten Armee zu erkundigen – wozu sich Hauptmann Köppen schon bei der Abfahrt erboten hatte –, kommt ihm nicht.

»Ich habe Vollmacht, nötigenfalls den Rückzug zu befehlen«, sagt Hentsch.

»Der Durchbruch ist noch nicht Tatsache«, wehrt Bülow ab, und das ist gewiß eine tapfere Antwort, nachdem er weiß, daß ihm Maschinengewehre fehlen und die schweren Feldhaubitzen wegen Munitionsmangels schweigen müssen.

Während die Besprechungen bei der zweiten Armee noch im Gang sind, berichtet auf der Gegenseite General Castelnau an Oberbefehlshaber Joffre: »Sollte ich sehr stark bedrängt werden, so kann ich mich entweder auf der Stelle totschlagen lassen oder rechtzeitig ausweichen.«

Bald darauf hat Castelnau Telefonverbindung mit Joffre und erklärt: »Meine Verluste sind sehr schwer, die Truppen müde. Wenn ich noch länger bleibe, ist meine Armee verloren. Ich muß zurück!«

»Ich befehle Ihnen, noch vierundzwanzig Stunden zu warten«, entgegnet Joffre. »Wir wissen nicht, wie es beim Feind aussieht. Vielleicht ist seine Lage genauso schlecht wie Ihre.«

Hentsch weiß nichts von diesen vierundzwanzig Stunden Frist. In panikartiger Stimmung gibt er der zweiten Armee den Befehl, zurückzugehen, falls der Gegner über die Marne vorstoßen sollte. Sein Hauptargument ist, daß die erste Armee nicht in der Lage sei, sich zu halten.

Erst am nächsten Morgen fährt Hentsch zur ersten Armee weiter, um sich von den Tatsachen zu überzeugen. Nachdem er gegangen ist, sagt Bülow zu seinen Stabsoffizieren: »Ich soll zurückgehen und will nicht, da ich die Lage nicht für so schlimm ansehe.«

So ist es wirklich. Hentsch hat allerdings eine aufregende Fahrt, die seinen Pessimismus noch steigert. Ohne jede Fronterfahrung, kommt ihm das ganze Leben und Treiben dort so erschreckend vor, daß er später schreibt: »Überall traf ich auf in wilder Hast zurückgehende Trains und Bagagen der Kavalleriedivisionen. Verwundetentrupps strömten in gleicher Richtung ab; sie fürchteten, bereits abgeschnitten zu sein. In einem Ort war alles durch Kolonnen verstopft; ein Fliegerangriff hatte eine völlige Panik hervorgerufen. Wiederholt mußte ich aussteigen, um mir mit Gewalt die Weiterfahrt zu erzwingen. Erst mittags gelang es mir, Mareuil zu erreichen. Unterwegs hörte ich, daß der Gegner unsere Kavallerie von der Marne vertrieben und den Fluß bereits überschritten habe.«

Schwer erschüttert trifft Hentsch beim Hauptquartier der ersten Armee in Mareuil ein und findet dort eine so große Siegeszuversicht vor, daß er nur noch sagen kann: »Ich bin baff.«

Die Lage der ersten Armee ist ausgezeichnet, und Hentsch muß einsehen, daß er bei der zweiten Armee ein ganz falsches Bild gezeichnet hat. Zwar sind britische Einheiten über die Marne vorgedrungen, aber ... Aber Hentsch hat ja bei der zweiten Armee den Befehl hinterlassen, in diesem Fall zurückzugehen! Wahrscheinlich befindet sich die zweite Armee jetzt schon auf dem Rückmarsch, und dann gibt es eine Katastrophe für die erste Armee, wirklich eine Katastrophe, wenn sie stehenbleibt und sich nicht ebenfalls zurückzieht.

»Der Kampf bis zum vollen Sieg ist jetzt leichter als ein schwieriger Rückzug«, erklärt der Stabschef der ersten Armee, General Hermann von Kuhl.

Da spricht Hentsch in seiner Verwirrung ein furchtbares, ein unwahres Wort: »Die zweite Armee ist nur noch Schlacke.«

Unter dem Eindruck dieses Satzes bricht der Widerstand Klucks und Kuhls zusammen. War die zweite Armee wirklich nur noch Schlacke, dann war auch die Lage der ersten Armee verzweifelt. Und so gehen unter Hentschs Befehl zwei siegende Armeen plötzlich zurück, weil die eine von der anderen fälschlich glaubt, sie könne sich nicht mehr halten.

Als Moltke im fernen Luxemburg erkennt, was hier geschehen ist, kann nichts mehr gerettet werden. Im Gegenteil, nun muß auch den anderen Armeen der Rückzug befohlen werden, wenn sie nicht umklammert und vernichtet werden sollen. Das Wunder an der Marne ist geschehen. Moltke aber tritt als gebrochener Mann vor den Kaiser hin und meldet: »Majestät, wir haben den Krieg verloren!«

Falkenhayn, der neue Mann

Das Unheil, das Oberstleutnant Hentsch mit seinen sinnlosen Befehlen angerichtet hat, ist jedenfalls nicht mehr gutzumachen. Sieben deutsche Armeen gehen zurück, müssen zurückgehen, und an der ganzen Westfront wird bald alles Geschehen im ewigen, zähen, hoffnungslosen Stellungskrieg erstarren.

Natürlich ist versucht worden, die ganze deutsche Niederlage im Ersten Weltkrieg auf Hentschs Schultern abzuwälzen. Aber das war doch zu absurd, und ein in der ersten Erregung angestrengtes Kriegsgerichtsverfahren gegen den unglückseligen Oberstleutnant ist rasch wieder eingestellt worden. Als Trostpflaster bekommt Hentsch seine Beförderung zum Oberst, zugleich aber auch seine Versetzung auf einen unbedeutenden Posten an der Ostfront. Im Jahre 1917 macht er einen Rehabilitierungsversuch und erhält von Ludendorff eine Bescheinigung, in der zu lesen steht: »Ein persönlicher Vorwurf über seine Befugnisse hinausgegangen zu sein, trifft Hentsch nicht. Er hat lediglich nach der von dem damaligen Chef des Generalstabs erteilten Weisung gehandelt.«

Siebzehn Jahre später hat Ludendorff den Inhalt dieser Bescheinigung widerrufen und gesagt: »Ich habe die Berichte zum Fall Hentsch nicht persönlich gelesen, meine Zeit war mit Kriegführen überreich in Anspruch genommen. Auch waren mir die Einzelheiten damals noch nicht im vollen Umfang bewußt. Heute erkläre ich, daß ich das, was ich damals auf Vortrag unterschrieben habe, nicht mehr aufrechthalten kann.«

Anders liegen die Dinge bei Generalstabschef Moltke. Die Reaktion des Kaisers gipfelt in Moltkes Absetzung, und der scheidende Heerführer schreibt in sein Tagebuch: »So wurde ich das, was man mir nahegelegt hatte, nämlich krank.«

Es dürfte aber nicht nur eine Scheinkrankheit gewesen sein. Die Erschütterungen, die seinem Versagen folgten, lassen Moltkes altes Leiden wieder aufbrechen, Leber und Galle revoltieren, er muß sich auf ein vom Kaiser zur Verfügung gestelltes Schloß in Homburg zurückziehen, bis er eine Ehrenversorgung als »Chef des stellvertretenden Generalstabs« in Berlin antreten kann. Auf seine erneute Einsetzung in die alte Stellung hat er bis zu seinem Herztod im Juni 1916 vergeblich gehofft, obwohl er in Briefen an den Kaiser nicht müde geworden ist, seinen Nachfolger, Erich von Falkenhayn, als Nichtskönner anzugreifen. »Falkenhayns Führung ist eine Strategie der verpaßten Gelegenheiten«, schreibt Moltke einmal.

Ob gerade Moltke der richtige Mann war, ein solches Urteil abzugeben, sei dahingestellt. Tatsache ist, daß die Wahl Falkenhayns einem neuen Unglück gleichkommt. Als er seine Berufung erhält, prüft er sich selbst keinen Augenblick, sondern bemerkt in schöner Zuversicht: »Ich kann natürlich nur mit ja antworten.«

In einer Biographie, herausgegeben von der »Deutschen Gesellschaft für Wehrpolitik und Wehrwissenschaften‹«, wird gesagt, Falkenhayn machte den »Eindruck, daß er in seinem frühen Lebensalter einen geistigen Schaden erlitten haben muß«. Ein deutscher Heerespsychologe, Dr. Rudert, urteilt über den neuen Mann: »Ihm ist eine Neigung zur Weichheit, zu Depressionszuständen eigen, aber auch zu unkontrollierbaren Ausfällen.« Ein anderer ärztlicher Gutachter, Dr. Simoneit, bescheinigt Falkenhayn »Mangel an Neigung zu geistiger Arbeit«: »Denkarbeit ist für Falkenhayn keine seiner Gesamtpersönlichkeit voll entsprechende Betätigung.«

Spielschulden hatten Falkenhayn einst als Ausbilder zur chinesischen Armee in den Fernen Osten getrieben. Erst als er sieben Jahre später nach Deutschland zurückkehrte, begann seine eigentliche Laufbahn, auf der er sich 1913 als Kriegsminister sieht. In dieser Stellung entwickelt er unerträgliche Arroganz und eine eisige Liebenswürdigkeit, mit denen er besonders die österreichischen Bundesgenossen bedenkt. Als die Österreicher einmal in schwerem Kampf gegen russische Übermacht stehen und endlich deutsche Truppen zu Hilfe kommen, kommentiert Falkenhayn in aller Öffentlichkeit: »Sie haben ausgehalten, bis Militär kam.«

General Max Hoffmann, einer der fähigsten Offiziere im Stabe Hindenburgs und Ludendorffs, nennt Falkenhayn nur den »Verbrecher«, denn es stellt sich rasch heraus, daß Moltkes Nachfolger kalt, unbedacht und geringschätzig mit den Menschen umgeht, die ihm anvertraut sind.

Im Westen findet Falkenhayn die verfahrene Situation vor, die ihm sein Vorgänger hinterlassen hat. Seine Aufgabe ist es, nach dem Zusammenbrechen der Schlieffenschen Idee einen neuen Kriegsplan aufzustellen, eine neue Idee hervorzubringen. Sie besteht darin, daß versucht werden soll, den Schlieffenplan aufzuwärmen und den linken Flügel der Franzosen im Norden zu umfassen. Auf der französischen Seite besteht der gleiche Plan, nämlich den rechten Flügel der Deutschen aufzurollen. So arbeiten sich beide, ohne daß die Umfassung gelingt, immer weiter nach Norden vor bis an die Küste.

Rücksichtslos wirft Falkenhayn neue Massen in dieses aussichtslose Spiel. Er will zu den Kanalhäfen durchstoßen, er will einen glänzenden Sieg haben, denn als Generalstabschef, der jünger ist als alle seine Armeeführer, muß er zeigen, was er kann. So greift er, als das Unternehmen steckenbleibt, als der

Nachschub zusammenzubrechen droht und es bereits an Artillerie und Munition fehlt, auf die Kriegsfreiwilligenbataillone zurück, aus denen einmal der Offiziersnachwuchs hervorgehen soll. Falkenhayn schickt diese jungen Burschen – sie sind nur mit Gewehren und Bajonetten bewaffnet – ohne Artilleriebedeckung, ohne erfahrene Führer dem Feind entgegen.

Es ist eine sinnlose Schlächterei. Der britische Heeresbericht schreibt über den Massenmord, der später in Deutschland als Heldenepos von Langemarck in die Geschichtsbücher eingeht: »Diese Knaben von siebzehn Jahren stellten sich unseren Kanonen entgegen, marschierten unbeirrt gegen die Läufe unserer Gewehre und fanden furchtlos scharenweise den Tod.« Sie singen »Deutschland, Deutschland über alles« dabei.

Ihr Opfer bleibt vergeblich. Die Westfront versinkt im System der Schützengräben. Am Ende des Jahres stehen sich in dem Gewirr von Schlammlöchern, Unterständen, Tunnels und Verbindungsschneisen 1,7 Millionen Deutsche und 2,3 Millionen Franzosen, Briten und Belgier gegenüber. Unvorstellbar und selbst unvergleichlich mit dem Zweiten Weltkrieg wird dieser Stellungskampf werden. Von der Nordsee bis zur Schweizer Grenze dehnt sich die Mondlandschaft aus, die nun jahrelang zur hoffnungslosen, höllischen Welt von Millionen menschlicher Maulwürfe wird.

Falkenhayn freilich beginnt erst im Jahre 1916 an den eigenen Fähigkeiten zu zweifeln und quittiert seine glanzlose Tätigkeit mit den genäselten Worten: »Man möge einen anderen suchen.«

Bis zu solcher Selbsterkenntnis und Selbstüberwindung muß allerdings noch viel Blut auf den Schlachtfeldern vergossen werden. Während die Front im Westen erstarrt, wendet sich Falkenhayn dem Osten zu.

Der Krieg im Osten

50 000 Rubel für den ersten Russen in Berlin

Dort hat noch vor kurzer Zeit eine bedrohliche Situation geherrscht, und zwar als Moltke noch Generalstabschef war und die Kämpfe an der Marne und vor Paris ihrem Höhepunkt zustrebten. Russische Truppen waren in Ostpreußen eingedrungen.

In Paris hatte Generalissimus Joffre dringend auf dieses »Vorrücken der russischen Dampfwalze in das Herz Deutschlands« gewartet. Der französische Botschafter in Petersburg, Maurice Paléologue, war sogar beim Zaren vorstellig geworden und hatte auf den Vormarsch gedrängt, »da die französische Armee sonst Gefahr laufe, vernichtet zu werden«.

Rußland läßt zwei Armeen gegen Deutschland aufmarschieren. Die eine versammelt sich hinter dem Njemen an der Ostgrenze Ostpreußens. Sie steht unter einem Feldherrn deutschen Namens: General Paul von Rennenkampf. Bei der Niederwerfung des Boxeraufstandes haben ihm die Chinesen den Beinamen »Tigergeneral« gegeben, im Russisch-Japanischen Krieg hatte Japan eine Prämie von einer Viertelmillion Rubel auf seinen Kopf ausgesetzt. Rußland schwört auf Rennenkampf. Die zweite Armee steht südlich von Ostpreußen am Narew im damals russischen Polen. Ihr Befehlshaber ist in Rußland noch populärer als Rennenkampf: General Alexander Wassiljewitsch Samsonow. Beide Armeen zusammen bilden die russische Nordwestfront, die dem Kavalleriegeneral Schilinski untersteht.

Wenn Rennenkampf und Samsonow losschlagen, wollen sie zunächst Königsberg erreichen und damit die achte deutsche Armee in einem gewaltigen Kessel zerquetschen. Dann soll es weiter nach Berlin gehen. Schon hat Zar Nikolaus eine öffentliche Sammlung veranstaltet und die eingebrachten fünfzigtausend Rubel dem Soldaten versprochen, der als erster die Grenze Berlins überschreitet, und kaum haben die Kämpfe begonnen, jubelt die »Times« in London: »Wenn die Kosakenlanzen das Brandenburger Tor berühren, nicht eher wird der Friede zu dem vom Getöse der Waffen verwirrten Europa zurückkehren. Das deutsche erste Armeekorps und zwei Reservearmeekorps sind in Ostpreußen schwer geschlagen und nach Königsberg getrieben worden . . .«

Was ist geschehen? Genau nach dem Schlieffenplan hat sich der deutsche Aufmarsch vollzogen. Während sieben Armeen im Westen angetreten sind, hat die achte Armee die Aufgabe, allein den Osten zu sichern. Niemand rechnet damit, daß die Russen marschieren könnten, ehe Frankreich niedergeworfen ist. Der Befehlshaber der achten Armee, Generaloberst Maximilian von Prittwitz und Gaffron, ist deshalb überrascht und nervös, als die ersten Kavallerieschwärme Rennenkampfs über die Ostgrenze hereinbrechen. Bei Stallupönen, Wirrballen und Gumbinnen liefert Prittwitz den Angreifern Rückzugsgefechte, kann aber nicht verhindern, daß die Russen sogar Tilsit erobern.

»Besonders schwer hat Rußlands Garde gelitten«, heißt es im Augenzeugenbericht eines Ostpreußen. »Auch die beiden Leibkosakenregimenter sind bei Kraupischken in einem für uns günstigen Terrain durch Maschinengewehre wie mit der Sense schockweise niedergemäht worden. Beide Regimenter hatten durchweg Schimmel, die nach der Schlacht auf der Wiese dicht wie Schnee ausgesät lagen. Auf der Linie von Kraupischken nach Stallupönen lagen die Toten nicht etwa einzeln herum, sondern in großen Bergen. Chaussee- und Schützengräben waren gehäuft mit Toten, so dicht angefüllt, daß man nicht mehr seinen Fuß dazwischensetzen konnte, ja, an vielen Stellen standen sie sogar in den Gräben eng zusammengepfercht aufrecht, so daß Vorübergehende glaubten, es wären Lebende, die ihr Gewehr nur lässig im Arm hielten.«

Im Hotel »Dessauer Hof« zu Insterburg quartiert sich General Rennenkampf ein, zeitweilig auch der russische Oberkommandierende, Großfürst Nikolai Nikolajewitsch, ein Onkel des Zaren. Als Rennenkampf einmal an die Front geeilt ist, entläßt der

Fürst die Kellner des Hotels und ersetzt sie durch Damenbedienung. »Hinaus mit dem Weiberpack!« schreit der General, als er wieder zurückkommt.

Die deutschen Zeitungen berichten von »Russengreueln«, und auch der russische General Noskoff hat später gesagt: »Wessen eine Soldateska fähig ist, die der Hand des Führers entglitt, und was in einem solchen Falle die schutzlose Bevölkerung zu erwarten hat, das weiß ein jeder.« – »In den Städten hielten die russischen Befehlshaber im allgemeinen auf strenge Disziplin«, heißt es in einer deutschen Kriegschronik. »Natürlich kamen auch in den Städten Ausschreitungen einzelner Soldaten vor, die aber meistens sofort von den Offizieren, je nach dem Grad der Verfehlung, mit Ohrfeigen, Stockprügeln oder Peitschenhieben bestraft wurden.«

Notschrei aus Ostpreußen: »Bitte, einen neuen Oberbefehlshaber!«

Mit etwa 180000 Mann, der ganzen Stärke seiner Armee, versucht Prittwitz, den weiter vordringenden Rennenkampf aufzuhalten. Er ist dabei mit einer nicht sehr glücklichen Anweisung von Generalstabschef Moltke belastet. Danach nämlich soll der Armeeführer den Russen zwar entgegentreten, die eigenen Truppen aber möglichst nicht in Gefahr bringen. Notfalls, so lauten die Befehle der Obersten Heeresleitung, soll sich die achte Armee über die Weichsel zurückziehen und Ostpreußen dem Feind überlassen.

Prittwitz hat diesen Gedanken schon lange erwogen. Noch während der Schlacht von Gumbinnen, die nach Ansicht der Generalstabsoffiziere alle Aussichten auf einen vollen deutschen Sieg in sich trug, wird der Armeeführer schwankend, ob er weiterkämpfen oder sich zurückziehen soll.

Heute ist bekannt, daß die Armee Rennenkampfs bei Gumbinnen tatsächlich knapp vor einem Zusammenbruch gestanden hat. Prittwitz konnte das freilich nicht wissen. Er zaudert, und die Stabsoffiziere seiner Umgebung warten sorgenvoll, welche Entscheidung der Armeeführer treffen wird. Da kommt eine unerwartete Nachricht in dem Dorf Nordenburg an, wo Prittwitz sein Hauptquartier aufgeschlagen hat: Im Süden hat die russische Armee Samsonows ebenfalls zu marschieren begonnen.

»Dieser Nachricht dürften die Nerven des Herrn Oberbefehlshabers nicht gewachsen sein«, bemerkt Stabschef Max Hoffmann zu seinen Herren, nachdem er die Meldung gelesen hat. Er blickt sich im Kreise um und fügt entschlossen hinzu: »Wir sollten sie ihm unterschlagen, bis Rennenkampf geworfen ist.«

Gewiß, das ist ein kühner Vorschlag, ebenso unmilitärisch wie kriegsgerichtsreif, aber Hoffmann verrät damit, daß er seinen Chef genau kennt. Prittwitz, in der Flanke und vielleicht sogar im Rücken bedroht, wird nicht den Mut haben, bei Gumbinnen weiterzukämpfen, Rennenkampf zu schlagen und sich dann mit allen Kräften auf Samsonow zu werfen.

Hoffmanns Plan, die Nachricht vom Chef fernzuhalten, fällt wenige Minuten später ins Wasser. Prittwitz hat unabhängig von seinem Stab die Meldung ebenfalls erhalten. Eilig ruft er seine Herren zur Lagebesprechung zusammen und erklärt: »Sie haben ja wohl die neuen Meldungen von der Südfront gleichfalls bekommen. Die Armee bricht die Schlacht ab und geht hinter die Weichsel zurück.«

»General Grünert und ich erhoben Einwendungen«, berichtet Hoffmann über diese dramatischen Augenblicke. »Wir führten aus, daß die Schlacht bei Gumbinnen günstig stände und daß zu erwarten sei, daß in zwei, spätestens drei Tagen ein voller Erfolg erzielt wäre. Der Oberbefehlshaber wies unsere Einwendungen ziemlich schroff mit den Worten zurück, daß für die Führung der Operationen und die zu ergreifenden taktischen Entschließungen nur er und der Chef des Generalstabs zuständig und verantwortlich seien, nicht aber der Oberquartiermeister und der Erste Generalstabsoffizier. General von Prittwitz beharrte auf seinem Entschluß und verließ die Lagebesprechung.«

Rückzug! Die Entscheidung des Generalobersten Prittwitz

birgt die nahe Katastrophe in sich. Wie an der Marne werden die deutschen Truppen knapp vor dem Sieg vom Feind gelöst und zurückgenommen. Rennenkampf und Samsonow werden ihre Walze über Ostpreußen vorschieben können, und schon erwägt Prittwitz, auch der Weichsel zu mißtrauen und sich noch weiter nach Westen abzusetzen. Bald wird die Armee Hals über Kopf davonlaufen.

Es scheint, daß der Generalstabsoffizier Hoffmann klüger und energischer gewesen ist als sein Vorgesetzter. Er sieht die Gefahr mit Riesenschritten herankommen und tut mitten in der Nacht etwas Ungeheuerliches, Undienstliches, Unpreußisches, Unmilitärisches – und rettet damit die Situation. Er geht zum Feldtelefon und verlangt eine Verbindung ins Große Hauptquartier in Koblenz, zum Generalstabschef Moltke, zum Kaiser, wenn es sein muß.

Das ist schon technisch ein Problem. Heute klingt es unglaublich, aber im Jahre 1914 ist ein Telefongespräch über eine solche Entfernung fast ein Wunder und Zufall, eine echte Sensation, wenn die Verbindung wirklich zustande kommt und man tatsächlich ein paar Worte aus dem Summen, Brummen und Knacken unzähliger Zwischenstationen und Schaltstellen heraushört.

Doch das Wunder geschieht. Nach endlosem Warten und nachdem Dutzende von Postbeamten quer durch ganz Deutschland gekurbelt, gestöpselt, Privatgespräche unterbrochen und sich heiser geschrien haben, klingelt in Nordenburg der Apparat. Koblenz, Großes Hauptquartier.

Der kleine Oberstleutnant Hoffmann da irgendwo im fernen Ostpreußen verlangt den großen Generalstabschef Moltke. Und nun geschieht ein zweites Wunder: Moltke ist wirklich da und kommt persönlich ans Telefon.

Der Inhalt des Telefongesprächs ist bis zum heutigen Tage nicht bekanntgeworden. Hoffmann hat es in seinen Erinnerungen nicht wiedergegeben, aber er hat den Wortlaut später einmal dem Ordonnanzoffizier des Prinzen Leopold von Bayern erzählt, und dieser Ordonnanzoffizier ist kein anderer als der deutsche Kalimagnat Arnold Rechberg. Rechberg hat Hoffmanns Schilderung schriftlich niedergelegt und die Aufzeichnungen im September 1946, nicht lange vor seinem Tode, dem Journalisten Heydecker übergeben.

Hier ist der entscheidende Satz, den Hoffmann übers Telefon nach Koblenz schreit: »Mein Armee-Oberbefehlshaber und sein Generalstabschef haben beide den Kopf verloren. Schicken mir Herr Generaloberst um Gottes willen einen anderen Oberbefehlshaber und einen anderen Generalstabschef!« Mühsam, ständig wiederholend, ständig unterbrochen, gibt Hoffmann dem Großen Hauptquartier ein Bild der Lage und macht zuletzt eigene Vorschläge, wie die Krise überwunden und der Feind geschlagen werden kann. »Der Generaloberst von Moltke hat die Auffassung des Oberstleutnants Hoffmann als richtig anerkannt und gebilligt«, schließt Rechbergs Aufzeichnung.

Das alles ist gewiß ein ziemlich einmaliger Vorgang in der Militärgeschichte. Prittwitz fällt jedenfalls aus allen Wolken, als er am nächsten Tag von Moltke aus Koblenz angerufen und über die Lage befragt wird. Bei diesem Gespräch gewinnt der Generalstabschef den Eindruck, daß Prittwitz wirklich den Kopf verloren hat. Er will über die Weichsel zurückgehen, und als Moltke nach den neuen Stellungen dort fragt, bekommt er die nervöse Antwort: »Wie kann ich mit meinen paar Männern einen Fluß verteidigen, den man durchwaten kann?«

Als die beiden Offiziere am Ende ihre Hörer auf die Gabel knallen, ist die Absetzung des Herrn von Prittwitz bereits beschlossene Sache. Die Ereignisse überstürzen sich. Prittwitz scheint durch den Anruf aus Koblenz mißtrauisch geworden zu sein, zumindest hat ihn das Ferngespräch dazu angeregt, seine eigenen Pläne noch einmal zu überprüfen. Erneut befaßt er sich mit der Lage und kommt tatsächlich zu dem Entschluß, doch nicht über die Weichsel zurückzugehen, sondern dem Angriff Samsonows entgegenzutreten.

Doch in dem Moment, als er die neue Entscheidung verkündet, erreicht ihn die telegraphische Absetzung. Zusammen mit ihm, so hat Wilhelm II. allergnädigst zu verfügen geruht, wird auch der Chef des Stabes, Generalmajor Alfred Waldersee, von seinem Posten abberufen.

Neue Besen für Ostpreußen: Ludendorff und Hindenburg

Die Nachfolger sind in Luxemburg schon ausgewählt worden. Der Kaiser und Moltke dachten beide sofort an den Mann, dessen überquellende Energie sich vor Lüttich erwiesen hatte: Generalmajor Erich Ludendorff. Leider hat er zwei Fehler, nämlich seine Jugend, mit der man ihn schwerlich verdienten Generalen und Korpsführern vorsetzen konnte, und seine sprichwörtliche Unverträglichkeit und Streitsucht. So war Generalmajor Ludendorff nur als Chef des Stabes der achten Armee einzusetzen, während wenigstens zum Schein an die Spitze ein älterer, ruhiger Mann gestellt werden mußte.

In dieser bemerkenswerten Stunde erinnert sich Moltke eines Generals, der im Jahre 1911 im Alter von vierundsechzig Jahren in den Ruhestand getreten ist und seither in Hannover seine Pension verzehrt. Es ist ein gewisser Paul von Beneckendorff und Hindenburg. Obwohl es Hindenburg in seinen Lebenserinnerungen anders darstellt, dürfte der wahre Grund für seine Pensionierung im Jahre 1911 doch gewesen sein, daß er bei einem Manöver den Mut gefunden hatte, die Truppenführung des Kaisers einer Kritik zu unterziehen.

Alles trifft jetzt bei der Wahl zusammen: Hindenburg ist bekannt für sein militärisches Steckenpferd, eine erdachte Schlacht in Masuren, bei der er die Russen in die Seen drücken wollte, ein Hobby, das er bei den Manövern so häufig durchspielte, daß die Gegenpartei schon im voraus jedesmal jammerte: »Diesmal müssen wir wieder baden.« Außerdem ist Hindenburg ein wahrer Koloß an Ruhe und Ausgeglichenheit, genau das also, was man dem Wirbelwind Ludendorff an die Seite stellen mußte. Daß diese Ruhe zu einem großen Teil einfach Müdigkeit ist, geht wohl daraus hervor, daß Hindenburg schon mit elf Jahren ein Testament machte und darin ausdrücklich schrieb: »Frieden und Ruhe bitte ich mir für immer aus!« Später sagt er einmal: »Ich bin todmüde, aber ich werde stehen, bis ich umfalle, solange dieser alte Körper noch zu etwas gut ist: für ein Beispiel.«

Väterlich, fest und unerschütterlich ist Hindenburg doch nur eine monumentale Legende. Seinen Ruhm im Volk holt er sich bei Tannenberg, einer Schlacht, mit der er eigentlich nur dem Namen nach etwas zu tun hat – wovon gleich gesprochen werden soll. Seine eigentliche, in Deutschland kaum gerühmte Tat aber ist ein Mißgriff: Unter dem Namen »Hindenburg-Frieden« werden bald die deutschen Kriegsziele weltbekannt, und mit Getöse bricht die Behauptung zusammen, Deutschland führe nur einen Verteidigungskrieg und wolle keine fremden Gebiete an sich reißen.

Der Sieg-Frieden, den Hindenburg später der Welt abtrotzen will – vielleicht auch nur von Ludendorff vorgeschoben –, sieht ein geteiltes und auf ewig an Deutschland gefesseltes Belgien vor, eine gewaltige Expansion im Osten, die der alldeutsche Federheld Maximilian Harden schon öffentlich besingt: »Was Deutschland will, wird dem Auge offenbar, das ein von deutscher Zucht, deutschem Willensvermögen, deutschem Fleiß, Wissen und Können belebtes Belgien, Frankreich, Italien, Österreich, Rußland, Spanien, Walachei und Südslawenreich sich einzubilden vermag.«

Mit dem Hindenburg-Frieden und Ludendorffs ständigem Nein zu allen vernünftigen und ehrenhaften Friedensvorschlägen ist die Niederlage von 1918, ist Versailles systematisch vorbereitet worden. Das deutsche Volk hat in Revolution und Inflation keine Zeit gehabt, sich über die Zusammenhänge klarzuwerden: Gutgläubig wählte es nach Eberts Tod den alten Haudegen von Tannenberg zum Reichspräsidenten, der das heilige Pfand bald dem Mann übergibt, den er selbst den »österreichischen Gefreiten« nennt.

Pensionist Hindenburg kauft warme Unterhosen und fährt los

Hindenburg ist am 22. August des Jahres 1914 ganz und gar ahnungslos, daß ihm das Schicksal im siebenundsechzigsten Lebensjahr plötzlich eine schwindelerregende Karriere zuwerfen wird. »Da kam mit einem Male die Depesche«, berichtet er in seinen Erinnerungen, »die mir mitteilte, daß mich Seine Majestät mit der Führung des Ostheeres beauftrage.«

Der General von Beneckendorff und Hindenburg, zuletzt Kommandant von Magdeburg, fährt wie elektrisiert aus seiner Ruhe auf, denn in wenigen Stunden schon, so heißt es in dem Telegramm weiter, wird sein neuer Generalstabschef mit einem Sonderzug in Hannover ankommen, ihn aufnehmen und nach Marienburg bringen. Hindenburg eilt zum Kleiderschrank, holt seine alte Uniform hervor, bemerkt, daß sie ihm nicht mehr paßt, steckt sie in einen Koffer, stürmt aus dem Haus, läßt die kriegerischen Kleidungsstücke bei einem Schneider »ein bißchen feldmäßig zurechtmachen«, kauft im nächsten Geschäft ein paar wollene Unterhosen, geht wieder nach Hause, packt, nimmt »Abschied vom heimischen Herd« und begibt sich »in der Eile nur unfertig ausgerüstet« zum Bahnhof.

Um drei Uhr nachts steht Hindenburg auf einem spärlich beleuchteten Bahnsteig. Er muß nicht lange auf den angekündigten Sonderzug warten. Ludendorff springt elastisch aus einem der Wagen, meldet sich bei dem neuen Oberbefehlshaber, und so werden die beiden Männer miteinander bekannt, die nun jahrelang das Geschick Deutschlands gemeinsam beeinflussen sollen.

Hindenburg muß in diesem Augenblick nach seinen langen Pensionsjahren richtig aufgelebt sein, denn stolz schreibt er später: »Schlafwagen, Speisewagen, Lokomotive – so fuhr ich nach Ostpreußen wie 'n Fürst.«

Während der Zug über das Schienengewirr von Hannover ausfährt, beschließen Hindenburg und Ludendorff, sich auf die Armee Samsonows zu werfen. Mehr war im Augenblick nicht zu überlegen, und Hindenburg berichtet: »Weiter mußte und konnte erst bei unserem Eintreffen im Hauptquartier der Armee in Marienburg entschieden werden ... Dann begaben wir uns zur Ruhe. Die dazu verfügbare Zeit nützte ich gründlich aus.«

Während der neue Armeebefehlshaber und sein Stabschef im Schlafwagen dahinrollen, ereignen sich am Zielort groteske Dinge: Die abgesetzten Generale Prittwitz und Waldersee sind schon abgereist, natürlich beleidigt und gar nicht gesonnen, das Eintreffen der neuen Herren abzuwarten. Für den zurückbleibenden Oberstleutnant Hoffmann erhebt sich damit die Frage, wer denn nun in der Zwischenzeit zu befehlen hat. Er wendet sich an den kommandierenden General des XVII. Armeekorps, General von Mackensen, und bittet ihn, in die Bresche zu springen. Mackensen aber antwortet. »In der gegebenen Lage fühle ich mich einer solchen Aufgabe nicht gewachsen.«

Auch General von François und General von Below lehnen es ab, die Armee bis zum Eintreffen Hindenburgs und Ludendorffs zu führen. Die Reihe der verfügbaren Generale ist damit erschöpft. Hoffmann entschließt sich, selber die Geschäfte der achten Armee in die Hand zu nehmen, und von nun an erhalten die Korps- und Truppenführer die »auf Befehl« unterschriebenen Weisungen eines Oberstleutnants.

Hoffmann hat seinen eigenen Schlachtplan, den er auch Moltke am Telefon erklärt hatte. In eigener Machtvollkommenheit dirigiert er jetzt das I. Armeekorps in den Raum südwestlich des XX. Armeekorps, die dritte Reservedivision an den linken Flügel des XX. Armeekorps, das erste Reservekorps und das XVII. Armeekorps gegen die östliche Flanke der immer näher kommenden Armee Samsonows. Die erste Kavalleriedivision bekommt von Hoffmann den Befehl, gegen die Armee Rennenkampf zu verschleiern.

In diesen wenigen Zeilen steckt die Tatsache, daß der Herr Oberstleutnant über 150000 Mann aus ihren Quartieren und Stellungen aufgescheucht und ordentlich in Bewegung gebracht hat. Ferner geht daraus hervor, daß Hoffmann mit diesen Befehlen ein Netz aufbaut, in das Samsonow unweigerlich hineinmarschieren muß.

Nachdem er all dies vollbracht hat, läßt Hoffmann die Generalstabskarten einpacken und fährt nach Marienburg, um dort den neuen Armeebefehlshaber und den neuen Stabschef zu empfangen. Im Wartesaal des Bahnhofs werden die Tische zusammengestellt und die Karten mit dem eingezeichneten Operationsplan darauf ausgebreitet.

Wieder hat Hoffmann in seinen schriftlichen Hinterlassenschaften wohl aus falscher Bescheidenheit oder anderen Rücksichtnahmen über die nun folgenden Ereignisse geschwiegen. Wieder aber hat er alles dem Ordonnanzoffizier Rechberg erzählt, und so kann die wahre Geschichte hier veröffentlicht werden: »Als der General von Hindenburg und der General Ludendorff am 23. August 1914 um zwei Uhr nachmittags in Marienburg eintrafen, erwarteten beide, eine überaus ungünstige, wenn nicht völlig verzweifelte Lage vorzufinden«, gibt Rechberg den Bericht Hoffmanns wieder.

Oberstleutnant Hoffmann hält den beiden Herren im Wartesaal Vortrag. Gespannt folgt Ludendorff den Ausführungen, Hindenburg beugt sich tief über die Karten. Als Hoffmann geendet hat, sieht sich Ludendorff überraschend vor vollendete Tatsachen gestellt und sagt anerkennend: »Dann haben wir eigentlich nur noch ›Ohne Tritt, marsch!‹ zu kommandieren.«

Aller Augen sind nun auf Hindenburg gerichtet. Er ist jetzt Führer der achten Armee, auf ihm ruht die Verantwortung, er allein hat zu entscheiden. Der gerade aus seinen Pensionsträumen aufgeschreckte General runzelt die Brauen, schaut noch einmal auf die Karte und brummt: »Mir fällt auch nichts anderes ein. Wir wollen es also mit Gott so machen, wie es der Oberstleutnant Hoffmann eingeleitet hat.« Der Sieger von Tannenberg hat gesprochen.

Später einmal, als Hindenburg gefragt worden ist, wer denn nun die Schlacht von Tannenberg wirklich gewonnen hätte – nämlich er oder Ludendorff, wie immer wieder gerätselt worden ist –, hat er die orakelhafte Antwort gegeben: »Wenn wir sie verloren hätten, wäre es bestimmt ich gewesen.«

Das ist sicher wahr, aber die Geschichte hat es nicht auf den Beweis ankommen lassen: Samsonow marschiert nach Ostpreußen, nach Neidenburg, und direkt in sein Verderben.

Erst viel später, lange nach Tannenberg, als Ludendorff und Hindenburg einen eigenen Plan entwickeln und eine neue russische Heeresmacht in einem Über-Tannenberg vernichten wollen, wirkt sich auch der Wechsel im Großen Hauptquartier in Luxemburg aus. Moltkes Nachfolger Falkenhayn stellt für die napoleonischen Ideen des populär und damit gefährlich gewordenen Feldherrngespanns keine Truppen zur Verfügung, es bleibt bei Halbheiten.

Doch soweit ist es noch nicht.

»Dem Mutigen hilft Gott«

Samsonow rückt vor. In Eilmärschen stürzt er sich in die Falle, aus dem Hintergrund angetrieben vom »lebenden Leichnam«, wie der blaßhäutige Oberbefehlshaber Schilinski in der Armee genannt wird: »Beschleunigen Sie den Vormarsch!«

Wütend telegraphiert Samsonow zurück: »Die Armee rückt ununterbrochen vor, sie macht Tagesmärsche von zwanzig Werst (rund einundzwanzig Kilometer) über Sand, sie kann nicht schneller marschieren.«

Wie schnell Samsonow vorrückt, erweist sich bei der Eroberung von Neidenburg. Hier wird im Hause des Landrats gerade zum Mittagessen aufgetragen, als die Nachricht vom Heranrükken der Russen eintrifft. Die Familie springt von der Tafel auf und flüchtet überstürzt aus der Stadt. Wenige Minuten später tritt schon der russische General Martos mit seinem Stab in das Zimmer und sieht die unberührte Mahlzeit auf dem Tisch dampfen. Die Männer brauchen nur Platz zu nehmen und zuzugreifen.

Samsonow kann kaum eine Schuld an der herannahenden Katastrophe treffen. Er ist befehlsgebunden, und Schilinski hat ihm ausdrücklich mitgeteilt: »Die deutschen Truppen ziehen sich nach schweren, für General Rennenkampf siegreichen Gefechten eilig zurück. Vor Ihnen hat der Feind nur schwache Truppenkräfte zurückgelassen.«

Kein Wort davon stimmt. Vergeblich telegraphiert Samsonow Einwendungen gegen Schilinskis neue Vormarschbefehle. Stunden vergehen, und als der »lebende Leichnam« endlich sein letztes Wort spricht und auf dem Vormarsch beharrt, ist es so spät geworden, daß Samsonow seine Anweisungen an die Truppe mit den verteufelten neuen Apparaten geben muß, den Funkgeräten. »Geben Sie den Befehl unverschlüsselt weiter«, entscheidet Samsonow in seiner Zeitnot. »Dem Mutigen hilft Gott!«

Natürlich werden die Funksprüche auf der deutschen Seite abgehört. Noch ehe sich die Russen zu ihrem Todesmarsch in Bewegung setzen, wissen Ludendorff und Hindenburg, daß ihre Rechnung aufgehen wird – eine Gewißheit, die nur wenigen Feldherren vor der Schlacht zuteil geworden ist. Der einzige Unsicherheitsfaktor ist Rennenkampf. Wenn Rennenkampf der bedrängten Armee Samsonows zu Hilfe eilt, und dazu braucht er nur einen halben Tag lang zu marschieren und den dünnen Kavallerieschleier der Deutschen zu zerreißen, dann ist alles wieder verloren. »Die Armee Rennenkampf brauchte nur anzutreten, und wir waren geschlagen«, hat Ludendorff später eingestanden.

Oberstleutnant Hoffmann ist zuversichtlich. »Ich stehe mit meinem Kopf dafür ein, daß Rennenkampf nicht kommen wird«, sagt er zu Ludendorff, ohne zu ahnen, daß er seinen Kopf in einem sehr unsicheren Spiel riskiert. Tatsache aber bleibt, daß Rennenkampf wirklich keinen Finger rührt, um Samsonow zu helfen, als die Falle von Tannenberg zuschnappt.

Lange Zeit war man geneigt, dieses Verhalten Rennenkampfs als eines der großen Rätsel des Weltkrieges aufzufassen. Die einzige Erklärung schien die persönliche Feindschaft zwischen Rennenkampf und Samsonow zu sein: Im Russisch-Japanischen Krieg hatten sich die beiden Generale wegen taktischer Meinungsverschiedenheiten auf dem Bahnhof von Mukden geohrfeigt. Hat Rennenkampf deswegen dem Untergang Samsonows ruhig zugesehen?

Die Wahrheit sieht wieder einmal ganz anders aus. Auch Rennenkampf ist befehlsgebunden, und die Befehle, die er von seinem Oberkommandierenden hat, erlauben ihm nicht, Samsonow zu unterstützen. Schilinski hat eine Niederlage Samsonows offenbar für ganz ausgeschlossen gehalten. Als er seinen Fehler später erkannte, fiel er in geistige Umnachtung. Im Sommer 1915 ist der »lebende Leichnam« nur noch ein alter, weißhaariger Schatten, eine stadtbekannte Figur auf dem Newakai in Petersburg, ein Greis, der immerzu vor sich hin jammert: »Er mußte unbedingt mit seiner Kavallerie vorrücken, verstehen Sie, vorrücken mußte er!«

Rennenkampf ist niemals mit seiner Kavallerie vorgerückt, und so trifft der deutsche Schlag Samsonow mit voller Wucht. Vom 26. bis zum 31. August dauert die Vernichtungsschlacht. Als das Unheil hereinbricht, kann Schilinski an seinem rückwärtigen Telefon nur noch sagen: »Das alles kommt völlig unerwartet.«

Die Umklammerung, in die Samsonow befehlsgemäß hineinmarschiert ist, erweist sich als tödlich, sobald die Truppen Ludendorffs und Hindenburgs den Russen den Rückzug abschneiden. Rasch verliert die bedrohte Armee des Zaren den inneren Halt. Der Generalquartiermeister Jurij Danilow berichtet: »Einen überaus starken Eindruck machte auf unsere Truppen die schwere Artillerie des Gegners. Die Geschosse dieser Artillerie wurden bei uns gleich nach den ersten Kämpfen ›Koffer‹ genannt. ›Der Gegner wirft mit Koffern‹ – ein Satz, der allmählich in den von der Front kommenden Truppenmeldungen immer mehr Aufnahme fand.«

»Der Krieg ist aus!«

Kopflos fluten die russischen Korps in der Zange hin und her, zwanzigtausend Gefangene an einem Tag und an einer Stelle sind in den deutschen Berichten keine Seltenheit. »Zu Tausenden«, berichtet ein Kriegsteilnehmer, »trieben wir die noch drinsteckenden Russen und Pferde aus den Wäldern. Tags darauf ritten wir mit der Kompanie in den Wald und schleppten auf russischen Fahrzeugen Waffen, Feldstühle, Tische, Aktentaschen, Karten und Koffer heraus. Wir fuhren viele Feldküchen, Geschütze, Maschinengewehre, Patronenwagen, Scheinwerfer, Telefonwagen, Kutschwagen und vieles andere heraus, trieben noch einige hundert Pferde vor uns her und erschossen die verwundeten und zum Teil bis an den Hals auf den Sumpfwiesen versunkenen Pferde. Umgestürzte Wagen, acht Pferde auf einem Haufen, teils unverletzt unter den Wagen, und Russenleichen, schrecklich anzusehen, deckten das Land, greulicher Gestank erfüllte die Luft.«

Seine Offiziere beschwören Samsonow, sich selbst durch den letzten Flaschenhals aus dem Kessel in Sicherheit zu bringen. Der Weg nach Janow ist noch offen. Im Nordwesten scheint der Horizont zu zittern. Dort steht General Martos im Feuer der deutschen Artillerie.

Schwer atmend hört sich Samsonow die Ratschläge seiner Vertrauten an. Er lauscht ihren Worten, er lauscht dem fernen Kanonendonner, seine Hand streicht unablässig durch den Bart. Als die Herren geendet haben, erhebt sich Samsonow langsam. Als habe er nichts von all den Vorschlägen der Offiziere gehört, sagt er mit gesenktem Kopf: »Wir wollen nach Nadrau zu Martos fahren.«

Samsonow will jetzt bei dem am schwersten bedrängten Korps sein. An Fahren ist freilich nicht mehr zu denken. Kosakenpferde werden bereitgestellt.

»Gestatten, Exzellenz, zu melden, daß es sehr gewagt ist, ohne Eskorte zu General Martos zu reiten! Deutsche Kavallerieabteilungen sind bereits in die hiesige Gegend vorgedrungen!«

Der Befehlshaber hört die Meldung. Er gibt seine Weisungen, und dann stiebt er mit hundertfünfzig Kosaken davon. Eine Stunde später schiebt sich hinter seinem Rücken das erste deutsche Armeekorps nach Neidenburg vor und schließt die Lücke im eisernen Ring um Samsonows Truppen.

Als der Armeeführer bei Martos in Nadrau ankommt, ist die Lage bereits hoffnungslos. Der letzte Strohhalm, Verstärkung zu erhalten, schwimmt für den General davon, als Samsonow mit einer resignierten Handbewegung sagt: »Ich habe nicht einen einzigen Mann in der Reserve.«

»Dann ist sofortiger Rückzug nach Süden notwendig«, erklärt Martos, der noch nichts von der Rückeroberung Neidenburgs durch die Deutschen weiß.

»Wo mag Rennenkampf sein?« fragt Samsonow verzweifelt.

Martos hebt die Schultern, schaut zu den brennenden Dörfern, zu den Qualmwolken am Horizont.

Samsonow schickt seine Offiziere fort. Er will einige Minuten allein sein. Mit schweren Schritten geht er auf einem Feldweg auf und ab, grübelt vor sich hin. Dann ruft er Martos und die Stabsoffiziere wieder zu sich. Auf seinem Gesicht liegt ein Schimmer schwacher Hoffnung. »Klujew!« ruft der Befehlshaber, als habe er die Lösung gefunden. »Das Korps Klujew kann uns helfen. Ist Klujew nicht von Allenstein her zu uns unterwegs?«

Telefon und Telegraph sind außer Betrieb. Die Kosakenfeldpost hat keine Nachrichten über den gegenwärtigen Standort Klujews. Vergeblich werden mit dem Zirkel alle Möglichkeiten auf der Karte abgetastet. Einige Offiziere suchen sogar den Horizont mit dem Feldstecher ab. »Dort kommen sie!«

Kleine Gruppen, wimmelnde Haufen, quer über die Felder fluten sie näher. Aber das ist nicht Klujew. Auf blutendem Pferd keucht ein Offizier heran, wirft sich vor Martos auf die Knie: »Unter den Truppen des linken Flügels ist eine Panik ausgebrochen. Sie haben dem Trommelfeuer der deutschen Artillerie nicht mehr standhalten können. Die Offiziere sind machtlos. Alles strömt zurück...«

In verzweifelter Wut zieht Martos die Pistole, aber Samsonow legt ihm beschwichtigend die Hand auf den Arm. Es hat keinen Zweck. Ein paar Stabsoffiziere, die sich den Fliehenden mit der Waffe entgegenstellen, werden niedergerannt. Die Soldaten werfen ihre Gewehre, ihre Ausrüstungsgegenstände fort.

»Halt, halt! Seid ihr verrückt?« schreit einer der Offiziere.

»Das ist unnützer Dreck, der Krieg ist aus!« bekommt er zur Antwort.

Ein Mann nimmt sein Gewehr und schlägt es an einem Meilenstein in Trümmer. Samsonow hat es schweigend beobachtet.

Gibt es noch einen Ausweg? Die Deutschen haben den Kessel bei Neidenburg geschlossen, das spricht sich jetzt allmählich herum. Vielleicht ist es möglich, nach Willenberg zu kommen, wo noch starke russische Kräfte stehen sollen, und nach Osten einen Ausbruch zu machen. Samsonow winkt müde ab, als ihm dieser Vorschlag gemacht wird. Seine Offiziere überreden ihn. Apathisch sitzt er auf und trabt mit ihnen in Richtung Willenberg.

»Willenberg ist von den Deutschen genommen, Exzellenz«, wird ihm kurz vor dem Ziel gemeldet.

Geschlagen steigt Samsonow ab und läßt sich kraftlos am Straßenrand nieder. »Genug!« sagt er. »Genug!«

Einige Minuten brütet er vor sich hin. Dann kommt der düstere Satz über seine Lippen: »Rette sich, wer kann. Über mein Schicksal werde ich allein entscheiden.«

Das Ende im Kessel

Wie ein Unwetter fällt bei Tannenberg das deutsche Heer über die eingeschlossene Armee Samsonows her. Der russische Feldherr muß der Vernichtung seiner Streitmacht zusehen und ahnt nicht, daß Glück und Unglück in dieser Schlacht oft nur auf Messers Schneide stehen.

Oberstleutnant Max Hoffmann, der die von Hindenburg und Ludendorff gebilligten Operationspläne vorbereitet hatte, ist selbst ganz überrascht von der Tatsache, daß Samsonow keinen Versuch macht, den Kessel zu durchstoßen. Es wäre wahrscheinlich gar nicht so schwer gewesen, und Hoffmann schreibt: »Ich glaube, daß es nicht möglich gewesen wäre, den Durchbruch der eingeschlossenen Truppen zu verhindern – standen doch auf der fünfzig Kilometer langen Strecke Muschaken – Willenberg nur etwa neunundzwanzig Bataillone zur Absperrung zur Verfügung.«

Samsonow weiß nicht, wie schwach die Umklammerung hier ist, er hat den Überblick und den Kopf verloren.

»Die Russen in dem umschlossenen Ring«, sagt Hoffmann, »irrten eigentlich ohne Führung herum, stießen gegen den Abschließungsring vor, wichen aber vor dem Feuer der schwachen Abteilungen stets wieder in das Waldgelände zurück und ergaben sich schließlich zu Tausenden an die erheblich schwächeren deutschen Abteilungen.«

Die deutsche Armeeführung ist sich durchaus bewußt, daß

Samsonow durchbrechen könnte. Die Befürchtung zerrt an den Nerven, und offensichtlich greifen die düsteren Gedanken der Führung bis auf die Truppe über. Die nervöse und empfindliche Stimmung dort kann deshalb von nichtigen Ursachen in Panik verwandelt werden. Ein Beispiel dafür hat Oberstleutnant Hoffmann erlebt und geschildert:

> »Nach Ausgabe des Armeebefehls fuhr das Armeeoberkommando in Richtung Mühlen nach vorn, um die siegreichen Truppen zu sehen.
>
> Halbwegs Tannenberg und Mühlen mußten wir halten, da uns auf der Chaussee in wüster Unordnung Munitionswagen, Verpflegungs- und Sanitätsfahrzeuge entgegenfluteten. Wir gerieten in das Musterbeispiel einer Panik.
>
> Bei Mühlen waren russische Gefangene durch Landwehrleute mit aufgepflanztem Seitengewehr zurückgeführt worden. Irgend jemand hatte gerufen: ›Sie kommen‹, ein anderer gab es weiter: ›Die Russen kommen!‹ Der dritte machte mit seinem Fahrzeug kehrt, riß aus, und alles schloß sich in wilder Fahrt an.
>
> Auf Anordnung des Generals Ludendorff verteilten wir uns in einer langen Kette über und seitlich der Chaussee und brachten mit gezogener Schußwaffe die Sache zum Stillstand. Die ganze Straße war aber durch umgefallene und ineinander verfahrene Wagen so versperrt, daß wir unsere Absicht, vorzufahren, aufgeben mußten.«

Nichts zeigt deutlicher die Unsicherheit, die über dem ganzen Tannenberg-Unternehmen schwebt. Können die einfachen Soldaten durch ein paar gefangene Russen in die Flucht gejagt und nur von den Pistolen ihrer eigenen Offiziere wieder zum Stehen gebracht werden, so ist das Armeeoberkommando in manchen Stunden der Schlacht nicht weniger kopfscheu. Ludendorff blickt immer wieder besorgt nach Nordosten, wo der russische General Rennenkampf mit seiner Armee steht. Ludendorff vermag sich von dem Alpdruck nicht zu befreien, daß Rennenkampf jeden Augenblick herbeieilen kann, um Samsonow zu helfen.

Rennenkampfs Kavallerie fühlt einmal bis auf fünfzehn Kilometer an die deutsche Abschirmung heran, Ludendorffs Nerven geben nach, und er faßt den Plan, die Schlacht abzubrechen. Nur Hindenburgs Entschluß, sich nicht aus der Ruhe bringen zu lassen, verhindert den deutschen Rückzug. Erst nach Hitlers Machtergreifung hat sich im Zeichen der neuen Wehrauffassung das Reichskriegsministerium am 20. Dezember 1934 beeilt, diese Tatsache mit dem Satz aus der Welt zu schaffen, »daß General Ludendorff im Festhalten an dem einmal gefaßten Entschluß zur Durchführung der Schlacht nicht geschwankt hat«.

Obwohl ihm also sein Nichtschwanken zwanzig Jahre nach dem Kampf amtlich bescheinigt worden ist, bleibt zumindest bestehen, was Ludendorff 1921 selbst in seinen »Kriegserinnerungen« bekannte: »Ich konnte mich des gewaltigen Sieges nicht aus vollem Herzen freuen; die Nervenbelastung durch Rennenkampfs Armee war zu schwer gewesen.«

Doch dies alles, die Sorge des Soldaten, die Menschlichkeit des Menschen, die Schwäche Samsonows und das Beharrungsvermögen Hindenburgs, muß zusammentreffen, damit der Sieg von Tannenberg zustande kommt. Es ist der 31. August 1914, als bei der zweiten russischen Armee der Ruf »Rette sich, wer kann!« um sich greift und bei dem Ort Malgaofen der letzte Widerstand zusammenbricht. Da und dort versuchen russische Artilleristen noch, ihre Geschütze vorschriftsmäßig zu sprengen oder in den seichten Gewässern zu versenken. Die Masse tritt mit weißen Tüchern aus den Wäldern hervor. 93 000 Gefangene werden gezählt, 150 000 Tote.

»Machen Sie sich keine Sorgen«, lächelt der russische Kriegsminister in Petersburg bei einem Gespräch, »Menschen sind genau das, was wir im Überfluß haben.«

Vor dem Gebäude der größten russischen Zeitung, der »Nowoje Wremja« auf dem Newskij-Prospekt in Petersburg, drängen sich die Menschen. General Noskoff, der hinzutritt, hört erregte Gespräche: »Das sind ja feine Erfolge!«

»Uns macht man wieder etwas vor!«

»Nach fünftägigem Kampf«, lautet eines der angeschlagenen

Telegramme, »ist der größte Teil der zweiten Armee vernichtet.« – »Der Stab Samsonow ist völlig aufgerieben«, besagt eine weitere Depesche.

Wenige Stunden nach dem Eintreffen dieser niederschmetternden Nachrichten in der russischen Hauptstadt verbietet die Militärzensur alle neuen Meldungen über die Niederlage, und General Noskoff stellt fest: »Polizeiliche Maßnahmen sorgen dafür, daß man auch im Publikum schweigt. Eine äußerliche Ruhe tritt ein.«

Das Volk soll nichts erfahren. Es wird nur noch geflüstert. Man flüstert, daß die große Sonnenfinsternis vom 21. August 1914 die Katastrophe schon angekündigt habe. Man flüstert, daß General Rennenkampf Samsonow nur deshalb nicht zu Hilfe gekommen ist, weil er im Herzen ein Deutscher sei, wie schon sein Name verrate. Man flüstert, daß General Samsonow nicht gefallen ist, wie es amtlich heißt, sondern in Gefangenschaft geraten oder ermordet worden sei. Ein großes Rätselraten um das Schicksal Samsonows hebt an. Was ist aus dem russischen Armeeführer geworden, als sich die Schlacht von Tannenberg am 31. August zu Ende neigt?

»Man hat ihn irgendwo in den Wäldern einfach seinem Schicksal überlassen«, lautet das hartnäckigste Gerücht, von dem General Noskoff zu berichten weiß. Viele Jahre hat Noskoff damit zugebracht, Überlebende von Tannenberg ausfindig zu machen, ihre Aussagen zu vergleichen und schließlich dem Geheimnis auf den Grund zu kommen. Die erschütternden Erlebnisse von Frau Samsonow, die ebenfalls den Spuren ihres verschollenen Gatten nachforscht, haben das Bild ergänzt und weiter aufgeklärt.

Soweit die Tatsachen heute feststehen, hat Samsonow nach der Auflösung seiner Armee versucht, mit nur wenigen Begleitern bei Nacht in den Willenberger Wäldern einen Weg durch die deutschen Linien zu finden. Samsonows Generalstabsoffizier Postowski hat zuvor dafür gesorgt, daß die Mitglieder der kleinen Gruppe alle Rangabzeichen von den Uniformen entfernen, alle Papiere und sonstigen Erkennungszeichen vernichten, falls sie in deutsche Hände geraten sollten.

Noch bei der letzten Rast, ehe sie den Nachtmarsch ins Ungewisse antreten, quält sich Samsonow im Gespräch mit der Niederlage herum, macht sich selbst zahllose Vorwürfe. Die Katastrophe der Armee scheint auch seine eigene Kraft gebrochen zu haben. Als es Zeit zum Aufbruch geworden ist, müssen die Gefährten dem geschlagenen Feldherrn vom Boden aufhelfen.

Zehn Männer zählt die Gruppe, die nun durch den Wald schleicht, der General von seinem Burschen Kuptschik gestützt. Voran geht Stabsoffizier Wjalow mit einem leuchtenden Kompaß. Knackende Zweige. Angstvoll verharrt die Kolonne, lauscht, bis Samsonow mit einem Hustenanfall herausplatzt. Weiter. Dickicht und kleine Sümpfe zwingen zu Umwegen. Gegen Mitternacht kann Samsonow nicht mehr weiter. Sein Asthma würgt ihn, lähmt seinen Willen. Unter einem Mantel, damit kein Lichtschein hinausdringt, wird die Karte studiert.

»Wo sind wir eigentlich?« fragt Samsonow resigniert.

»Wir haben uns verirrt«, gesteht Wjalow.

Weit, weit weg tackt ein Maschinengewehr durch die Nacht. Ein Offizier und der Bursche haben Samsonow in die Mitte genommen. Mühsam schleppt sich die Gruppe weiter, einmal kommt sie in die Nähe einer Landstraße, hört ferne Schritte, ein paar deutsche Worte. Ein Hund bellt . . .

An einem steilen Bahndamm verlassen Samsonow erneut die Kräfte. Die Gruppe macht halt und legt eine Ruhepause ein. Als wieder aufgebrochen wird, macht der General einen erholten Eindruck. »Danke, es geht schon wieder«, lehnt er jede Unterstützung ab. Im Gänsemarsch geht es durch den Wald weiter.

Gegen drei Uhr läßt Postowski anhalten. Flüsternd nennt er die Namen, ob alle noch da sind. »Exzellenz!« Keine Antwort. »Herr General!«

Samsonow ist verschwunden. Die Männer beraten und beschließen dann, den Weg zum letzten Ruhelager zurückzugehen. Wjalow muß mit dem Kompaß die Richtung angeben. Ist Samsonow unterwegs zusammengebrochen und liegengeblieben? Plötzlich sind alle Vorsichtsmaßnahmen vergessen. Als gebe es nirgends Deutsche, rufen die Russen nach allen Richtungen in den Wald: »Exzellenz! Exzellenz!« In nicht allzu weiter Ferne knallen ein paar Schüsse. Deutsche Karabiner.

»Exzellenz!« sagt Kuptschik überrascht und erschrocken, als er hinter einem Gebüsch Samsonow stehen sieht. Der General ist hoch aufgerichtet, hat die Arme vor der Brust verschränkt, und im ersten zarten Morgenlicht sieht der Bursche, wie das Gesicht seines Herrn unwillige Züge annimmt. »Exzellenz, wir haben Sie so gesucht!« spricht Kuptschik den stummen General an.

»Wo sind denn die anderen?« fragt Samsonow.

»Auf dem Weg zurück, wo unsere letzte Rast war. Wir müssen schnell zu ihnen . . .«

Wirklich geht Samsonow mit. Ein paar Schritte freilich nur, dann bleibt er stehen, ein Asthmaanfall hat ihn gepackt. Wieder einige Schritte, wieder das Asthma. »Ich kann nicht mehr«, stöhnt er. »Geh allein! Allein kann man sich leichter retten.«

»Nein, Exzellenz, ich kann Sie nicht allein lassen«, widerspricht Kuptschik.

»Geh! Ich befehle es dir! Sofort!«

Der Bursche gehorcht. Er macht sich durch den Wald davon, schlägt einen Bogen und versucht, seinem Herrn heimlich zu folgen. Aber Samsonow durchschaut das Manöver und ruft noch einmal zu Kuptschiks Versteck hinüber: »Geh! Geh!«

Langsam trottet der Soldat davon, dann werden seine Schritte schneller, er stolpert, läuft zu den anderen, schnell zu den anderen . . . da fallen Schüsse. Ein Schuß, zwei Schüsse, oder war es das Echo oder viele Echos?

»Am Mittag«, berichtet General Noskoff, »kommen einige Menschen aus dem Großpiwnitzer Wald und überqueren die Willenberger Chaussee. Nur schwer vermag man in ihnen Soldaten der früheren russischen Armee zu erkennen. Waffen führen sie keine mehr bei sich. Sie haben sie weggeworfen, um leichter fliehen zu können. Die Schulterklappen sind abgerissen, die Mützen ohne Kokarden, einige gehen barfuß.«

Ein anderes Schicksal hat Oberst Lebedew. Er schlägt sich zur nächsten russischen Befehlsstelle jenseits der deutschen Umklammerung durch: »Ein verstaubter, abgerissener, unrasierter und todmüder Mann trifft beim Stab in Ostrolenka ein. Der Feldgendarm verwehrt ihm den Eintritt in das Stabsgebäude. Erst ein herbeigerufener Offizier erkennt in ihm den Chef des Nachrichtendienstes vom Stabe der Armee Samsonow.«

So kommt die Kunde vom letzten Akt des Dramas nach Rußland. Samsonow gefallen ... Samsonow hat Selbstmord begangen ... im September des Jahres 1914 läßt sich nicht feststellen, welche von beiden Vermutungen richtig ist. Muß überhaupt eine davon richtig sein?

Der Mut einer Frau überwindet alle Grenzen

Im großen russischen Reich gibt es einen Menschen, der an keine der zwei Möglichkeiten glauben will. Es ist Frau Samsonow, die Gattin des verschollenen Generals. Sie klammert sich an den Gedanken, ihr Mann sei in deutsche Kriegsgefangenschaft geraten und habe sich nicht zu erkennen gegeben; aus irgendwelchen Gründen. Auf jeden Fall, davon ist sie überzeugt, lebt er.

Die Samsonowa, flüstert man bald im Bekanntenkreis, hat den Verstand verloren. Sie will nach Deutschland fahren, jetzt, mitten im Krieg, sie will die Gefangenenlager durchsuchen, sie will sogar in die Wälder und auf das Schlachtfeld von Tannenberg gehen, sie will keine Ruhe geben.

»Ob tot oder lebendig, ich werde ihn finden«, erklärt sie immer wieder.

»Aber das ist unmöglich«, wird ihr entgegengehalten. »Sie können jetzt als Russin nicht nach Deutschland fahren. Wir haben Krieg. Und selbst wenn Sie über das neutrale Ausland dorthin gelangen sollten – sobald Sie deutschen Boden betreten, werden Sie als feindliche Ausländerin interniert.«

»Ich werde einen Weg finden«, sagt Frau Samsonow und wischt alle Einwände fort.

Tag und Nacht, wochen- und monatelang studiert Frau Samsonow die Gebietskarten von Willenberg und Umgebung, kennt schließlich jeden Feldweg, jeden Weiler dort. Sie reist in Rußland umher, sucht Überlebende auf, spricht mit entkommenen Schlachtteilnehmern und gewinnt allmählich ein immer genaueres Bild.

Freilich, die russischen Behörden stellen ihr Hindernisse in den Weg. Man möchte, daß Tannenberg und Samsonow möglichst rasch vergessen werden. Die rührige Frau mit ihren lästigen Fragen und Nachforschungen ist den Ämtern unbequem. Aber sie siegt. In der Armee ist ihr Mann unvergessen, und ihre Entschlossenheit erzwingt sich überall Hochachtung. Alte Freunde helfen, der Generalstab läßt sich erweichen, ein Truppenkommandeur bekommt einen höchst seltsamen Befehl, und Ende Dezember 1914 gibt es an der deutschen Ostfront eine Überraschung: Deutsche Posten bemerken, wie auf der russischen Seite eine weiße Parlamentärsfahne geschwenkt wird.

»Feuer einstellen!« Zwei deutsche Offiziere klettern aus dem Graben, gehen zu dem Stacheldrahtverhau. Zwei russische Offiziere nahen von der anderen Seite mit der weißen Fahne. Die Herren salutieren, während hundert Soldatenaugen hüben und drüben neugierig das Schauspiel verfolgen. Was ist da los? Soll es Frieden geben ... Frieden ...?

Die russischen Parlamentäre fragen nur an, ob man deutscherseits bereit sei, einen Brief entgegenzunehmen. Die deutschen Offiziere erklären, erst rückfragen zu müssen. Sie salutieren, machen kehrt, waten durch halb gefrorenen Dreck zu ihren Stellungen zurück. Die Anfrage der Russen wird nach rückwärts weitergeleitet. Nach drei Stunden kommt eine zustimmende Antwort.

Diesmal schwenken die Deutschen die weiße Flagge. Wieder machen sich von beiden Seiten je zwei Offiziere auf den Weg ins Niemandsland, bis zum Stacheldraht, der verfluchten, blutenden Grenze.

»Das deutsche Armeeoberkommando erklärt sich bereit, einen Brief von russischer Seite entgegenzunehmen«, sagt einer der Deutschen.

Der russische Offizier dankt, zieht einen Brief aus seinem Mantel hervor und reicht ihn über das rostige Stacheldrahthindernis. Der deutsche Offizier nimmt den Umschlag, steckt ihn in seinen Ärmelaufschlag. Die Herren salutieren, machen kehrt, stapfen zu ihren Stellungen zurück, und bald darauf knattern wieder die Maschinengewehre.

Es ist der russische Abgeordnete Gutschkow, der sich in diesem Brief mit bewegten Worten an die deutschen Behörden wendet, das Leid von Frau Samsonow schildert und darum bittet, der verzweifelten Frau trotz des Krieges die Einreise nach Deutschland und die Suche nach ihrem Mann zu gestatten.

Endlose Monate vergehen, bis im Sommer 1915 einer Gruppe russischer Rote-Kreuz-Schwestern über Genf die Erlaubnis erteilt wird, russische Kriegsgefangenenlager in Deutschland zu besuchen. Die deutschen Behörden haben die Erlaubnis mit dem ausdrücklichen Hinweis versehen, daß sie nichts einzuwenden haben, falls sich Frau Samsonow dieser Gruppe anschließen sollte. So kommt die mutige Frau unter dem Schutz des Roten Kreuzes ans Ziel.

Die deutschen Behörden geben ihr nach der Ankunft jede Unterstützung. Frau Samsonow reist von Lager zu Lager, jeden Tag steht sie von früh bis spät auf den Beinen. Tausende und aber Tausende von Kriegsgefangenen läßt sie an sich vorüberziehen, stellt immer wieder die gleiche Frage, aber die Männer schütteln den Kopf, manche haben Tränen in den Augen, einige küssen das Gewand der Schwester, nein, nein, seine Exzellenz haben wir nicht gesehen . . .

Die Samsonowa! In allen Gefangenenlagern wird sie zur legendären Gestalt. Doch die Suche bleibt vergeblich.

»Ich möchte auf das Schlachtfeld, in die Wälder von Willenberg«, bittet die Frau des Generals schließlich. Die Deutschen stellen ihr ein Militärauto zur Verfügung, geben ihr einen orts- und sprachkundigen Offizier bei. Gespenstisch ist es, die gebeugte Frau in der schwarzen Schwesterntracht auf den weiten Feldern zu sehen, in den sumpfigen Wiesen, in den schweigenden Wäldern.

»Oh, es gibt so viele Gräber von unbekannten russischen Soldaten in dieser Gegend, so viele Tausende, Madame.« Die Bürgermeister bedauern, die Bauern heben die Schultern. Ja, sie haben so viele begraben, da und dort, einzeln und massenweise, sie haben alle gleich ausgesehen, ein Mann mit einem Bart, ja, viele hatten einen Bart, und mit Generalsabzeichen, doch da hat niemand darauf geachtet, es ist so lange her.

Gab es keine Wertsachen oder andere Erkennungsstücke, die man bei den Toten gefunden hat?

»Alles mußte abgeliefert werden, Madame«, erklärt der deutsche Begleitoffizier.

»Mein Mann hatte ein goldenes Medaillon mit meinem Bild.«

»Wenn es gefunden worden ist, Madame, ist es sicher den ordnungsgemäßen Weg gegangen. Gold ist ablieferungspflichtig, Sie verstehen, wir haben Krieg.«

Frau Samsonow gibt nicht auf. Sie klopft an jedes Bauernhaus, fragt die Bewohner, die damals mitgeholfen haben, die Gefallenen zu beerdigen.

»Vielleicht in Klein-Piwnitz«, wird ihr von einer mitleidigen Bäuerin in Groß-Piwnitz gesagt. »Dort liegen im Wald auch russische Soldatengräber.«

Letzte Gewißheit: Frau Samsonow umklammert das Medaillon

Im Hause des Bauern Michael Jedamski in Klein-Piwnitz erzählt man Frau Samsonow von einem bärtigen Russen, den Jedamski und ein Waldarbeiter damals im Forst begraben haben. Dieser Soldat hatte eine zerschlissene Uniform an, keine Rangabzeichen, nichts, was ihn kenntlich gemacht hätte.

»Nichts, nichts?«

Frau Samsonow bittet ihren Begleiter auf französisch, sie doch einen Augenblick mit Jedamski allein zu lassen. Vielleicht möchte der Bauer in Anwesenheit eines Offiziers nicht alles sagen. Verständnisvoll wird ihr die Bitte gewährt.

»Sie haben nichts gefunden, wirklich nichts?« fleht Frau Samsonow.

Jedamski schaut zur Tür. Dann geht er zu einem Wandschrank und entnimmt ihm einen Briefumschlag. »Hier, das habe ich gefunden«, sagt er leise. Der Inhalt des Kuverts gleitet auf den Tisch.

Mit einem Aufschrei läßt Frau Samsonow ihren Kopf auf die Tischplatte sinken. Ihre Hände umklammern das Medaillon.

Wieder beweisen die deutschen Behörden Takt und Hilfsbereitschaft. Das Medaillon, die darin befindliche Fotografie und die Aussage Jedamskis lassen keinen Zweifel an der Identität des Toten. Im Oktober 1915 wird in Anwesenheit eines Kriegsgräberoffiziers, eines Gendarmen und eines Amtsrichters das Grab geöffnet, das Jedamski bezeichnet hat.

Schweigend schaufeln die Bauern, während Frau Samsonow in der Nähe auf und ab geht, ein Taschentuch vor den Mund gepreßt. Sie wird erst herbeigerufen, nachdem die sterblichen Reste des Generals aus der Erde auf ein Tuch gehoben worden sind. Mit breiten Rücken stellen sich die Männer vor den grausigen Anblick, Frau Samsonow dürfte kaum etwas gesehen haben, aber der amtlich vorgeschriebenen Identifizierung ist Genüge getan. Behutsam wird die weinende Frau fortgeführt.

Noch ein Letztes haben die deutschen Kommandobehörden getan: Ein Sarg ist bereitgestellt, ein Bauernwagen, der ihn zur Bahnstation Groß-Dankheim fährt, wo schon ein Eisenbahnwagen wartet. Wieder muß der Krieg an einem winzigen Frontabschnitt für einen Augenblick stillstehen und den toten Feldherrn passieren lassen. Auf dem Friedhof des Dorfes Akimowka, im russischen Bezirk Cherson, hat Alexander Wassiliewitsch Samsonow seine letzte Ruhe gefunden.

Millionen einfachen Soldaten ist es nicht beschieden gewesen, wenigstens im Tode die Ämter zu bewegen, aber Samsonows Schicksal ist auch nur ein Symbol, eine Episode, die den Krieg zu allen Zeiten verdammt. Oder ist es so, wie Oberstleutnant a. D. Walter von Rohrscheidt 1934 in einer volkstümlichen Tannenbergschrift meint: »Führer und Truppe erlebten das Glück eines Vernichtungssieges, wie es Soldaten in Jahrhunderten nur einmal beschieden ist.«

Tannenberg löst jedenfalls in Deutschland ungeheuren Jubel

aus, alle Aufmerksamkeit ist von der Marne und vom Westen abgelenkt, und als sich die achte deutsche Armee nun dem nächsten Gegner zuwendet, dem noch auf ostpreußischem Boden stehenden Rennenkampf, überschlägt sich die Begeisterung für Hindenburg und Ludendorff schon mit Worten wie diesen. »Der Gneisenau unseres ostpreußischen Blüchers Hindenburg, Generalmajor Ludendorff, hat im Sinne von Clausewitz bei der Verfolgung den letzten Hauch von Mann und Roß darangesetzt.«

Nun, Hindenburg kann jetzt wirklich einmal anwenden, was er in so vielen Manövern durchgespielt hat: die Vernichtung des Feindes im Gewirr der Masurischen Seen. Dem Feldherrngespann schwebt ein zweites Tannenberg vor, die Umfassung und völlige Vernichtung des Gegners. Noch als Pensionsempfänger in Hannover hatte Hindenburg seine Sommerferien dafür benützt, das Gelände in Ostpreußen zu studieren und die Seen immer wieder in Augenschein zu nehmen.

»Hindendorff« oder »Ludenburg«, wie man im Stab gelegentlich witzelt, entwirft einen Schlachtplan gegen Rennenkampf. Er fußt auf den Grundgedanken, die Friedrich der Große einst bei Leuthen entwickelt hatte. Trotzdem wird die Schlacht an den Masurischen Seen »kein Cannae, kein Tannenberg«, wie General Hermann von Kuhl bemerkt: 45 000 Gefangene und 150 Geschütze fallen in deutsche Hand, aber Rennenkampf gelingt es, die Masse seiner Leute rechtzeitig nach Osten zu retten.

Keine Rede kann davon sein, weder bei Tannenberg noch bei der Masuren-Schlacht, daß die russischen Truppen zu Zehntausenden in wilder Panik in Sümpfe und Seen geraten und dort jämmerlich versunken seien. Das ist eine Legende, aber sie geht so weit, daß viele glauben, das ganze Zarenheer habe den Tod gefunden. Der Ursprung der Sage ist bei dem alten Manöverziel Hindenburgs zu suchen, den Feind in die Masurischen Seen zu drängen. Im Krieg ist dieses Ziel nicht erreicht worden. Nur unwesentliche Teile von Rennenkampfs Armee sind in Sümpfe und Seen geraten.

Ein Pfiff und der »Tannenberg-Bazillus« grassiert

Der russische Generalquartiermeister Danilow hat im Stab des Generals Rennenkampf dennoch eine »starke Zerfahrenheit« bemerkt. Sicher hat der Armeeführer bereits zu spüren bekommen, was die Russen bald den »Tannenberg-Bazillus« nennen, eine unbezwingliche Furcht vor den Deutschen und den Aberglauben an ihre Unbesiegbarkeit.

Bei Lyck, wo nachts deutsche Verstärkungen herangebracht werden, genügt schon das Pfeifen der Lokomotive, um den Tannenberg-Bazillus aktiv zu machen und die Russen zum schnellen Rückzug zu veranlassen. Sie wissen nicht, daß ihnen gegenüber nur ein paar Landwehrmänner liegen, die Beine nach den Regengüssen des Tages bis zu den Knien im Wasser ihrer Schützenlöcher.

Der deutsche Kriegsberichterstatter Rolf Brandt hat beobachtet und geschildert, wie sich die Schlacht in Ostpreußen entwickelte:

»Die deutsche Armeeleitung hatte eine Zange gelegt, indem sie starke Truppenmassen über Angerburg hinaus durch die Seenkette seitlich gegen den südlichen russischen Flügel vorgehen ließ. Die deutsche Kavallerie war in den Rücken der Russen angesetzt.

Wir halten an dem neuen Kirchhof von Drengfurt. Ein paar hundert Meter vor uns sehen wir eine schwere deutsche Batterie im Feuer. Ich eile nach vorn und komme noch eben recht, um zu sehen, wie der Feuerstrahl aus dem Eisenrohr zuckt.

Ich gehe die paar Schritte weiter bis zum Hügelrande, rechts an dem dort haltenden Korpsstabe vorbei, und stehe auf der Höhe des alten Friedhofs. Ungeheuer entrollt sich vor meinen Augen das Panorama des Schlachtfeldes. In weitem Halbkreis lodern Dörfer und Gehöfte in hellen Flammen. An allen Punkten des Horizonts ziehen schwarze Schwaden, die der Wind breit zur Seite legt.

Man sieht trotz der Sonne, die durch den Dunst glüht, die roten springenden Feuer. Eben geht Tiergarten in Flammen auf. Es scheint die Folge der Arbeit unserer Haubitzenbatterie zu sein. Rohenstein brennt, Prinowen brennt.

Längs der Ufer des Rehsauer Sees zu unseren Füßen jagt deutsche Artillerie nach vorn. Sie durchquert das breite Tal, und bald sieht man sie nördlich des Fuchsberges in Stellung gehen. Deutlich erkennt man die sechs feuernden Geschütze und sieht, wie die Munitionskolonnen hinter dem Hügel in Deckung gehen.

Jetzt feuern unsere Geschütze stärker. Der Himmel scheint in Brand zu stehen, der Horizont dehnt sich nach hinten, weil immer neue Dörfer aufflammen.

Durch das Fernglas sieht man schwarze Punkte weit voneinander entfernt über die Felder sich vorwärts bewegen. Es ist die weit auseinandergezogene deutsche Infanterie, die anscheinend außerordentlich schnell vorrückt.«

Über Gumbinnen, Eydtkuhnen und Wilkowischki ziehen sich die Russen zurück. General Rennenkampf begibt sich in die sichere Festung Kowno und verliert »jegliche Verbindung mit seinem Korps«, wie Danilow berichtet. Der Generalquartiermeister schreibt weiter: »Die Armeeleitung war in vollkommene Verwirrung geraten, und der Rückzug nahm einen unorganisierten Charakter an.«

Nach dem 15. September 1914 steht kein russischer Soldat mehr auf ostpreußischem Boden. Kaiser Wilhelm kommt von Westen an die Ostfront, besichtigt die von den Kämpfen stark mitgenommenen Orte, nimmt Gefangene und Kriegsbeute in Augenschein und drückt seine Überzeugung aus, daß Rußland jetzt so gut wie geschlagen ist.

»Wir werden ausruhen«, telegraphiert Rennenkampf zur gleichen Stunde an das Hauptquartier des Zaren, »uns befestigen und dann wieder kampfbereit sein.«

Doch das sind nur Worte, die über die neue Niederlage hinweghelfen sollen. »In Wirklichkeit«, stellt Generalquartiermeister Danilow fest, »erwies sich jedoch der Zustand der Armee als wesentlich ungünstiger, und sie verlangte eine grundlegende Erneuerung.«

Rennenkampfs Schicksal ist ebenso tragisch wie das Samsonows. Nach Ausbruch der Revolution im Jahre 1917 muß er sich versteckt halten. Unter falschem Namen lebt er als Fischer in Taganrog am Asowschen Meer, bis er aufgestöbert wird und ihm ein Bolschewist mit dem Gewehrkolben den Schädel zertrümmert.

Der verlustreiche Rückzug Rennenkampfs hinter die Kette der Masurischen Seen hat Hindenburg um den geplanten Vernichtungssieg gebracht. Trotzdem ist es für Deutschland ein großer Sieg, für Rußland eine ernste Niederlage. Auch diesmal haben allerdings Ereignisse mitgespielt, die während der Schlacht nicht auf der Hand gelegen haben. Rennenkampf hatte nämlich gehofft, von der russischen zehnten Armee unterstützt zu werden und Ostpreußen nicht räumen zu müssen. General Schilinski hatte eine feste Zusage gemacht, sie aber im letzten Augenblick wieder zurückgezogen, diesmal jedoch aus triftigen Gründen. Die Niederlage Rennenkampfs geht unter im Jubel der Siegesbegeisterung, denn Ostpreußen ist plötzlich zum Nebenkriegsschauplatz für Rußland geworden: Die Streitkräfte des Zaren haben inzwischen Österreich-Ungarn einen furchtbaren Schlag versetzt.

Keine Hilfe für die Österreicher: »Sie haben ja eine große Armee ...«

Der österreichische Generalstabschef Franz Conrad von Hötzendorf hatte geplant, mit einer Million Mann in Rußland einzudringen und dem Koloß gleich den Todesstoß zu versetzen. Als er zu marschieren begann, befehligte er allerdings statt der einen Million nur 750000 Mann, da der Aufmarsch nicht richtig geklappt hatte. Außerdem kannten die Russen Conrads Plan, weil der österreichische Oberst Redl alles verraten hatte. Obwohl Redl längst verhaftet war, hatte sich doch in Wien niemand die Mühe genommen, die verratenen Pläne zu ändern.

Deutsche Unterstützung, von Moltke einst versprochen und von Conrad jetzt angefordert, wird von Berlin mit den Worten versagt: »Sie haben ja eine große Armee, Sie werden die Russen schon schlagen!«

So rückt Conrad allein und mit nur drei Vierteln der früher vorgesehenen Streitkräfte in russisches Gebiet vor. General Dankl jagt die Russen nach Lublin, General Auffenberg wirft sie auf Cholm zurück. Doch das sind nur Anfangserfolge. Als drei russische Armeen zum Gegenangriff schreiten, müssen die Österreicher kämpfend zurückgehen, Lemberg preisgeben, die Weichsel, den Dukla-Paß in den Karpaten, die Bukowina und fast ganz Galizien. Über ein Drittel von Conrads Streitmacht, 200 000 Gefallene und 100 000 Gefangene, ist verloren. Es ist die Elite des österreichisch-ungarischen Heeres.

Erst jetzt und viel zu spät schickt Falkenhayn dem österreichischen Bundesgenossen deutsche Hilfe. Die Katastrophe ist nicht mehr gutzumachen, die Russen stehen am San, und die eilig herangerückte Armee Hindenburgs kann nur noch verhindern, daß dem Unglück ein allgemeiner Zusammenbruch folgt. In gemeinsamer Anstrengung werfen Deutsche und Österreicher die Russen bis Warschau zurück. Doch nun wälzt sich ihnen das russische Millionenheer entgegen, das Großfürst Nikolai Nikolajewitsch inzwischen versammelt hat. Die russische Dampfwalze rollt wieder, als habe es nie ein Tannenberg gegeben.

Es ist müßig, auf den wechselvollen Verlauf der Kämpfe einzugehen. Wichtig allein ist, daß sich die Russen am Ende in einem riesigen Sack befinden. Deutsche und österreichische Truppen brauchen nur zwischen Ostpreußen und Ostgalizien einen Riegel zu bilden, einen gewaltigen Riegel allerdings, um den Kämpfen für immer ein Ende zu machen. Das ist Ludendorffs und Hindenburgs große Idee.

Zweihunderttausend Mann will Ludendorff dafür von Falkenhayn aus dem Westen bekommen. Der Generalstabschef zaudert. Die vorgeschlagene Superzange ist ihm unheimlich, und außerdem jagt er immer noch dem Wahn nach, im Westen zu den Kanalhäfen vorzustoßen und sich damit einen ruhmreichen Namen schaffen zu können. Falkenhayn will keinen Mann entbehren. Statt die Dampfwalze mit einem Schlag zu vernichten, befiehlt er Hindenburg, sich auf Teilaktionen zu beschränken. »Wenn Falkenhayn bleibt, geht der Krieg verloren«, schreibt Ludendorff empört an Kaiser Wilhelm.

Aber Falkenhayn bleibt, die große Kesselschlacht wird nicht geschlagen. Als der erste Schnee auf Europa niederfällt, bedeckt er im Osten und im Westen festgefahrene Fronten, Schützengräben, Erdwälle und Stacheldraht. Der Bewegungskrieg ist zu Ende. Die Bilanz, die sich niemand vorlegt, lautet:

- Im Westen ist der Schlieffenplan mißlungen. Mit dem deutschen Rückzug an der Marne und dem mißglückten Vorstoß durch Flandern sind alle gesteckten Ziele nicht erreicht worden.
- Im Osten hat trotz Tannenberg den Russen kein empfindlicher Schlag beigebracht werden können. Eine entscheidende Schwächung Rußlands ist durch Falkenhayns Ablehnung des Hindenburg-Ludendorff-Vorschlages verhindert worden.
- Deutschlands einziger Bundesgenosse, Österreich-Ungarn, ist in Galizien schwer zur Ader gelassen worden und kann sich kaum mehr von diesem Verlust seiner Elite erholen.
- Die einzige Erfolgschance der Mittelmächte, die Gegner im Westen und im Osten mit raschen Schlägen nacheinander zu erledigen, ist vorübergegangen. Damit kann sich nun die wachsende Überlegenheit an Menschen und Material auf der Gegenseite immer mehr auswirken.

Der Krieg ist verloren. Als sich das Jahr 1914 zu Ende neigt, könnte es sich jeder an den Fingern abzählen. Moltkes hellsichtiges Wort nach dem Rückzug an der Marne: »Majestät, wir haben den Krieg verloren!«, hat jedenfalls den Nagel auf den Kopf getroffen.

Natürlich ist es nicht ratsam, derartige Gedanken zu äußern. Es würde an Landesverrat grenzen, und außerdem werden der Kaiser und seine Heerführer schon wissen, was sie wollen. Das ist ein Irrtum. Sie wissen nur, daß der Krieg nun eben weitergehen muß, ganz egal wie, und daß er selbstverständlich nur mit einem deutschen Sieg enden kann. Verluste müssen hingenommen, ihre Bedeutung kann bagatellisiert werden.

Der Kolonialkrieg

Kiautschou ist stolz, für Kaiser und Reich fechten zu dürfen

Als im November 1914 Hiobsbotschaften aus den deutschen Überseebesitzungen eintreffen, ist das Volk so sehr von den Ereignissen an den nahen Fronten gefangengenommen, daß diese Meldungen fast untergehen.

»Tsingtau gefallen!« heißt es gegen Mitte November. Das ist zur selben Zeit, als die russische Dampfwalze des Nikolai Nikolajewitsch heranrückt und im Westen die große Schlacht von Ypern tobt. Tsingtau, Kiautschou – das ist irgendwo in Ostasien, eine deutsche Kolonie am Rande Chinas. Tsingtau gefallen – was ist geschehen?

Die Zahl von Deutschlands Gegnern hat sich am 23. August 1914 um einen weiteren vermehrt: Japan. Mit einem Ultimatum hatte es die kampflose Übergabe der deutschen Kolonie Kiautschou gefordert. Als Deutschland ablehnte, wie es Admiral Tirpitz empfohlen hatte, folgte die japanische Kriegserklärung.

In Japan selbst ist dieser Schritt der eigenen Regierung nicht recht verstanden worden. Die deutschfreundliche Stimmung ist so groß, daß zum Beispiel Finanzminister Wakatsuki behutsame Worte wählen muß, um dem Mißmut der Bevölkerung zu begegnen: »Die Regierung bedauert, daß sie unglücklicherweise gezwungen war, mit einer befreundeten Macht Krieg zu beginnen.«

Der Krieg Japans gegen die befreundete Macht Deutschland hat zunächst finanzielle Hintergründe. Trotz oder wegen seines gewonnenen Krieges gegen Rußland ist Japan seit Jahren in Geldnöten. Vergeblich versucht es, im Ausland eine Anleihe von 126 Millionen Yen aufzunehmen. Erst dem Außenminister Baron Kato gelingt es in Geheimverhandlungen, von Großbritannien bedeutende finanzielle Zusagen zu erhalten, die unter der Bezeichnung »Hundertmillionengeschenk« in die politische Geschichte des Krieges eingehen.

Großzügigkeiten dieser Art pflegen nicht ohne Bedingungen gegeben zu werden. Als Kato im Kreis seiner Kollegen von gewissen Bindungen sprach, konnte der Reporter der Tokioter Zeitung »Niroku« ganz offen schreiben: »Der Finanzminister, der im Rat des Kabinetts und der Älteren Staatsmänner bei den Reden der Minister des Äußeren, des Krieges und der Marine ein langes Gesicht gemacht hatte, wurde plötzlich munter, als das zwischen Baron Kato und dem englischen Botschafter Greene vereinbarte Finanzbündnis zum Vorschein kam.«

Am 6. September 1914 findet im japanischen Parlament eine Kriegssitzung statt. Ministerpräsident Okuma sagt, Deutschland habe den Frieden in Ostasien gestört. Am Ende seiner Rede erklärt er: »Ich bedaure aufrichtig, daß Japan unter dem Zwang der ihm aus seinem Bündnis mit England erwachsenden Pflicht, für die Aufrechterhaltung eines dauernden Friedens in Ostasien zu sorgen, Deutschland den Krieg hat erklären müssen.«

Nach Okumas Rede springt der Fraktionsvorsitzende der Seljukei-Partei auf und protestiert gegen die Kriegspolltik der Regierung. Als Sprecher der Opposition fordert der Abgeordnete Matsuda den Ministerpräsidenten auf, eine Erklärung darüber abzugeben, wo denn Deutschland in Ostasien den Frieden bedroht habe.

Okuma weicht der Antwort aus und ermächtigt Außenminister Kato, die gewünschte Auskunft in einer geheimen Sitzung zu erteilen. So sind die Vorwürfe, mit denen die japanische Kriegspartei operierte, niemals an die Öffentlichkeit gekommen. Sie waren, wie man damals ebenso wie heute weiß, aus der Luft gegriffen.

Ein japanisches Linienschiff, zwei Kreuzer und elf Torpedobootzerstörer sind nach Kiautschou unterwegs. Dem Gouverneur von Tsingtau, Meyer-Waldeck, stehen ein Seebataillon, die Besatzungen einiger Kanonenboote und des österreichischen Kreuzers »Kaiserin Elisabeth« zur Verteidigung zur Verfügung. »Zu stolzer Freude gereicht es uns«, jubelt er in einem

Tagesbefehl, »daß nunmehr auch wir für Kaiser und Reich fechten dürfen!«

»Einstehe für Pflichterfüllung bis zum äußersten«, telegraphiert er schneidig an Wilhelm II.

Der Kaiser, klüger und einsichtiger geworden, gibt auf dem Funkweg gedämpft zurück: »Gott mit euch! In dem bevorstehenden schweren Kampf gedenke ich eurer.«

»Einstehe Pflichterfüllung äußersten«

»Zwei deutsche Missionare in Jentschoufu ermordet!« Im Jahre 1897 ist das eine Sensationsnachricht, die alle Gemüter heftig bewegt. Der Tod der Männer, die das friedliche Evangelium der Liebe nach China tragen wollten, wird mit dem Schwert beantwortet. Vizeadmiral von Diederichs, Kommandeur des deutschen Ostasiengeschwaders, erhält aus Berlin den Befehl, sofort die Bucht von Kiautschou anzulaufen und als Faustpfand in Besitz zu nehmen. So soll die chinesische Regierung gezwungen werden, ausreichende Sühneleistungen für die Ermordung der beiden deutschen Missionare zuzubilligen.

Mit dem großen Kreuzer »Kaiser« und den kleinen Kreuzern »Prinz Wilhelm« und »Cormoran« dampft von Diederichs sogleich zu der befohlenen Stelle. Das Landungsunternehmen klappt wie am Schnürchen. Dreißig Offiziere, siebenundsiebzig Unteroffiziere und über sechshundert Mann betreten den Strand. Das chinesische Fischerdorf Tsing Tau – grüne Insel – macht einen gottverlassenen Eindruck. Müde weht über einem geräumten Truppenlager die Fahne mit dem Drachen im gelben Feld. Diederichs läßt sie herunterholen und durch eine Reichskriegsflagge ersetzen.

Den verängstigten und mit offenem Mund herumstehenden Dorfbewohnern wird in deutscher Sprache eine Proklamation verlesen, aus der zu entnehmen ist, daß die Deutschen nicht in kriegerischer Absicht gekommen sind, »sondern um Handel und Geschäft friedfertiger Bürger zu schützen und dauernd für ihre Ruhe und Sicherheit zu bürgen«. Betonung auf »dauernd«.

Am 3. Dezember 1897 besetzen die deutschen Marinesoldaten auch den Ort Kiautschou selbst. Natürlich kann die chinesische Regierung die Sühneforderung für den Tod der zwei Missionare nicht erfüllen. Sie sieht sich daher gezwungen, am 6. März 1898 das Gebiet von Kiautschou für die Zeit von neunundneunzig Jahren mit allen Hoheitsrechten an Deutschland zu verpachten.

Wenn es stimmt, was damals in den Zeitungen steht und später auch in den Lesebüchern für deutsche Knaben zu finden ist, dann hat sich alles tatsächlich so abgespielt. In Wirklichkeit war wieder einmal alles anders. Die armen Missionare haben nach ihrem Tode noch einmal den Kopf hinhalten müssen für einen jener biedermännischen Raubzüge, denen die meisten Kolonialgebiete der Erde ihre Gründung verdanken. In Wirklichkeit war alles von langer Hand vorbereitet gewesen.

Schon achtundzwanzig Jahre vor dem Mord von Jentschoufu hatte der Geologieprofessor Freiherr von Richthofen die Bucht von Kiautschou als ideales Kolonialgebiet gepriesen. Großadmiral Tirpitz, früher einmal Chef der ostasiatischen Kreuzerdivision, war den Spuren Richthofens gefolgt. Er drängte und bohrte so lange, bis schließlich der Marinehafenbaudirektor von Kiel, der Geheime Admiralitätsrat Franzius, in den Fernen Osten geschickt wurde, um die Küste einmal in Augenschein zu nehmen.

Das war 1897, und zwar im Januar. Vier Monate später, im Mai, gibt Franzius einen begeisterten Bericht: »Da auch die militärischen Verhältnisse sehr günstig sind, so kann ich mich rückhaltlos für die Wahl von Kiautschou als deutschen Stützpunkt aussprechen.«

Wieder einen Monat später, im Juni, wird Tirpitz Staatssekretär des Reichsmarineamtes, also Marineminister, wie man heute sagen würde. »Gegen alle Parlamentskünste«, heißt es im »Ehrenbuch der Überseekämpfer«, bringt er die neuen Flottengesetze durch. Die Frage eines Stützpunktes im Fernen Osten wird damit brandaktuell, und so kommt die Mordnachricht aus Jentschoufu wie gerufen.

Das Fischerdorf Tsing Tau wird zum Hauptsitz der deutschen

Verwaltung im ganzen Gebiet von Kiautschou. Die Lage ist überaus günstig. Die Bucht bildet einen natürlichen Hafen am Gelben Meer. An der Landseite ist Kiautschou von mächtigen Bergen geschützt. Wenn die Eisenbahn erst einmal funktioniert – bald wird die deutsche Anschlußstrecke eingeweiht –, ist es nicht mehr weit nach Peking. Nach Norden ist es zu Schiff auch nur ein Katzensprung nach Port Arthur, Dairen und zu der britischen Besitzung Weihaiwei. Nicht viel weiter im Süden liegen Nanking und Schanghai. Schräg gegenüber Tsingtau liegt das koreanische Seoul.

Deutschland macht aus Tsingtau eine Mustersiedlung mit einer breiten Kaiser-Wilhelm-Straße, mit Bank-, Schul- und Krankenhäusern, mit vorzüglichen Hafenanlagen, freundlichen Strandhotels und schmucken Villen. Es gibt einen Bahnhof, eine Universität, Lagerhallen, Forts, ein Chinesenviertel, Munitionsdepots, Bunker, Festungsbauten, riesige Kohlenhalden für die kaiserliche Kriegsmarine, Kasernen, Schießstände und ein Offizierskasino. Es gibt ein Wasser- und ein Elektrizitätswerk, zwei Kegelbahnen und 131 Kanonen von Krupp. »Mit einem Wort«, bemerkte die »Times« in London, »die Deutschen hatten sich auf mehr als neunundneunzig Jahre eingerichet. Sie waren gekommen, um dazubleiben.«

»Großes Unglück bedroht euch Deutsche!« warnt der chinesische Ortsälteste im März 1914. Er ist mit einer Delegation beim deutschen Gouverneur von Kiautschou erschienen, bei Kapitän zur See Meyer-Waldeck, um gegen die Einführung einer Kopfsteuer zu protestieren. »Wir haben gebeten, von einer solchen Ungerechtigkeit Abstand zu nehmen«, sagt der Alte, »wir sind nicht erhört worden. Wir sind in den Tempel gegangen, um uns Rat zu holen. Zu unserem Schrecken haben wir vernommen, daß solche Ungerechtigkeiten keinen Bestand haben werden, denn ihr werdet bald die Herrschaft hier verlieren. Auf eure Schiffe wird Feuer fallen und sie vernichten.« Ist es eine mystische Drohung, ein Fall von Prophetie oder ein Beispiel für das Funktionieren geheimer Nachrichtenquellen im uralten Land der Mitte?

Mit dem Getöse von Gongs, im Geflatter von bunten Bänderfahnen wird in Tokio die kaiserliche Kriegserklärung an Deutschland ausgerufen: »Wir, durch des Himmels Gnade Kaiser von Japan, auf dem Thron durch Unsere Vorfahren seit undenklichen Zeiten, erlassen die folgende Verkündung an alle Unsere treuen und tapferen Untertanen: Wir erklären hiermit den Krieg gegen Deutschland.« Es ist der 23. August 1914.

Vorausgegangen ist am 15. August ein japanisches Ultimatum mit der Forderung, alle deutschen Kriegsschiffe aus Ostasien zurückzuziehen und das Gebiet von Kiautschou kampflos an Japan zu übergeben.

Das alles kommt für Deutschland vollkommen überraschend. In Berlin war man bis zu diesem Zeitpunkt überzeugt gewesen, daß Japan neutral bleiben würde, ja, der »Lokalanzeiger« hatte sich sogar zu der Falschmeldung verstiegen: »Japan erklärt Rußland den Krieg!«

Nun ist alles anders gekommen. Das japanische Ultimatum ist gegen Berlin gerichtet. Die militärische Situation läßt mit mathematischer Sicherheit voraussehen, daß Kiautschou den verbündeten Kräften von Japan und Großbritannien keinen aussichtsreichen Widerstand leisten kann. Trotzdem entschließt sich Meyer-Waldeck zum Kampf. Seine funktelegraphische Losung »Einstehe Pflichterfüllung äußersten« – später durch das Einfügen der Wörtchen »für« und »bis zum« auch für Zivilisten verständlich gemacht – geht in den Äther. Lieber Tote und einen Trümmerhaufen! Daß das wörtlich zu nehmen ist, beweist der Gouverneur durch einen Befehl, mit dem tausend chinesische Kulis zum Ausheben riesiger Massengräber geschickt werden. Meyer-Waldeck rechnet vorsorglich mit einem ruhmreichen Nibelungen-Massaker.

Mit gemischten Gefühlen sehen die vielen Ausländer zu, wie die gähnenden Gruben von den Kulis mit Kalk ausgestreut werden. Die elegante Badesaison in Tsingtau, einem Treffpunkt reicher Chinesen und britischer, niederländischer, portugiesischer und französischer Asiensiedler, ist jäh verdorben. Die Frist des japanischen Ultimatums läuft ab. »Es war wohl selbstverständlich«, schreibt der Kriegsflieger Gunther Plüschow, »daß der gelbe Japs überhaupt keiner Antwort gewürdigt wurde.«

Konteradmiral Waldemar Vollerthun hat »das Leben in Klub, Kasino und bei Dachsel, einer beliebten Bierkneipe Tsingtaus, in diesen aufregenden Tagen bis zum Ablauf des japanischen Ultimatums« beschrieben. Die Meinungen scheinen höchst geteilt gewesen zu sein, aber der Jubel siegt, und Vollerthun bemerkt: »Miesmacher wurden niedergeschrien, sobald sie ihre blutleeren Lippen öffneten.«

»Drauf wie Siebzig!« ruft Gouverneur Meyer-Waldeck in seinem Festungsbefehl Nr. 13 den Bewohnern von Tsingtau zu, als der Krieg endlich begonnen hat.

Schon lange vorher, am 28. Juli 1914, hatte er vorsichtshalber das deutsche Marinedetachement aus Peking und Tientsin zur Verstärkung nach Tsingtau geholt. Die deutschen Soldaten, die seit dem chinesischen Boxeraufstand vom Jahre 1900 zur Internationalen Besatzungstruppe in Peking und Tientsin gehörten, fuhren in kleinen Gruppen unauffällig mit dem Zug nach Kiautschou. Ihre Kanonen, drei 15-Zentimeter-Feldhaubitzen, schickten sie per Frachtgut. Engländer und Franzosen bemerkten zu spät, daß ihre deutschen Alliierten plötzlich weg waren. Die Franzosen versuchten zwar, die Güterwagen mit den Haubitzen abzufangen, aber die chinesischen Bahnbeamten gaben vor, noch rangieren zu müssen, und brausten dann einfach mit der Ladung davon. »Fridericus Rex, unser König und Herr, der rief seine Soldaten allesamt ins Gewehr«, spielt die Kapelle, als die Männer aus Peking in Tsingtau eintreffen.

So ist nun alles bereit: die Festung, ihre Besatzung, die Einwohnerschaft und der Winkel mit den Massengräbern. Im Hafen liegen das Kanonenboot »Tiger«, das Torpedoboot S 90, Peilboot IV und der österreichische Kreuzer »Kaiserin Elisabeth«. In der Werft befinden sich die Kanonenboote »Iltis« und »Cormoran«. Ein deutscher Lloyddampfer, »Prinz Eitel Friedrich«, hat Schanghai verlassen und in Tsingtau Zuflucht gesucht. Die Kanonenboote »Jaguar« und »Luchs« sind nach der Bucht von Kiautschou unterwegs.

Aus ganz Ostasien haben sich Deutsche nach Tsingtau durchgeschlagen: Kaufleute, Missionare, deutsche Fremdenlegionäre aus Tonking, geschlossene Gruppen aus Innerchina,

Einzelgänger sogar von fernen Inseln und aus den Randgebieten Rußlands.

Am 22. August 1914 kracht vor dem Hafen von Tsingtau die erste Kriegsladung. Der deutsche Minenleger »Lauting« ist auf eine Mine gefahren, die der britische Zerstörer »Kennet« gelegt hatte. Erhebliche Beschädigungen am Hinterschiff. Ausfall.

Fünf Tage später erscheint ein japanisches Geschwader vor der Bucht von Kiautschou. Vier Kreuzer und eine Torpedobootflottille unter Vizeadmiral Kato nehmen die Inseln vor der Bucht kampflos in Besitz.

»Bitte einen Parlamentär entsenden zu dürfen«, funkt Kato höflich an Gouverneur Meyer-Waldeck.

Als Antwort nehmen die Krupp-Geschütze von Fort Huitschuen Huk zwei japanische Zerstörer unter Feuer.

»Bitte lassen Sie Frauen und Kinder innerhalb vierundzwanzig Stunden vom Platz bringen«, sendet der Japaner.

»Nur in der Sprache aus Kanonenmund«, will Meyer-Waldeck antworten.

Die Bewohner von Tsingtau wandern auf den Iltisberg und sehen sich mit Feldstechern die Blockade an, die nun begonnen hat. Alles sieht noch nach Sonntagsausflug aus. Bis jetzt liegt im Hilfslazarett des Hotels »Prinz Heinrich« noch kein Verwundeter.

Zum Frühstück: »Javakaffee« mit Hufnägeln und Schrott

Am 2. September erscheinen zwei japanische Seeflugzeuge über Tsingtau und werfen ein paar Handbomben auf den Bahnhof. Zur gleichen Stunde landen japanische Truppen bei Lung-Kow auf chinesischem Gebiet. Sie haben die Aufgabe, an der Landfront einen Riegel zu bilden und Kiautschou von seinen rückwärtigen Verbindungen abzuschneiden. Den Protest der chinesischen Regierung wegen der Neutralitätsverletzung läßt Japan unbeachtet.

Generalleutnant Mitsuomi Kamio und sein Stabschef Generalmajor Hanzo Yamanashi haben sich allerdings für die Landung einen unvorteilhaften Zeitpunkt ausgesucht. Ungewöhnliche Regenfälle haben Bäche und Flüsse in uferlose Seen verwandelt, Wege und Felder in grundlosen Morast. Zehn Tage lang arbeiten sich japanische Pioniere und Infanteristen in der Schlammwüste vorwärts. Dann, am 13. September, tauchen sie ganz unerwartet in der deutschen Besitzung auf und besetzen die Bahnstation des Ortes Kiautschou.

Aus Nordchina, besonders von ihrem Stützpunkt Weihaiwei, bringen nun auch die Briten Truppen heran. Es sind zwei Bataillone mit rund 1400 Mann, angeführt von Brigadegeneral Bernardiston. Zur Verstärkung wird auch noch die 29. japanische Brigade gelandet. Von Australien kommt ein Bataillon South Wales Borderers, aus Indien ein halbes Bataillon Sikhs. Zusammen mit den mehr als 25 000 Japanern stehen nun rund 50 000 bis 60 000 Gegner den knapp 3900 deutschen Verteidigern gegenüber. Ein Angebot des selbstherrlichen chinesischen Generals Tschang-Hsün, den Deutschen mit seiner Privatarmee von zehntausend Mann zur Hilfe zu kommen, hat Meyer-Waldeck abgelehnt.

Warum greift die erdrückende Übermacht nicht an? In Tsingtau sind wilde Gerüchte im Umlauf: »Die Japaner wagen nicht, uns anzugreifen – die Sache steht in Europa zu gut für uns!« – »Die Amerikaner schicken uns ihre Flotte zur Hilfe; die Japaner werden abziehen müssen.« »Die Japaner wollen uns nur aushungern, damit ihnen die Stadt so heil wie möglich in die Hände fällt.«

Es ist der »Flieger von Tsingtau«, Gunther Plüschow, der diese Illusionen zerstört. Mit dem einzigen Flugzeug des Gebietes, einer gebrechlichen Rumpler-Taube, unternimmt er fast täglich Erkundungsflüge entlang der Küste und über dem Hinterland. Die Japaner versuchen angestrengt, diesen surrenden Drachen aus Segeltuch, Draht und Holzgestänge zu vernichten. Sie schießen mit Gewehren und Kanonen danach. Sie senden ihre eigenen Flieger, um Plüschows Flugzeug am Boden zu vernichten, treffen mit ihren Bomben aber nur eine Attrappe aus Kistenbrettern.

Was Plüschow an Beobachtungen von seinen Flügen mitbringt, faßt er selbst in den Worten zusammen: »Ruhig und systematisch und ohne daß wir sie daran hindern konnten, landeten die Japaner ihre Truppen, bauten Wege und Eisenbahnen, schafften die schwersten Belagerungsgeschütze und Munition heran, gruben sich unseren Hindernissen gegenüber ein und arbeiteten sich vorwärts gegen unsere Verteidigungslinie.«

Plüschows Maschine ist zu schwach, um einen Piloten und einen Beobachter zu tragen. So hat er es sich angewöhnt, bei seinen Alleinflügen mit den Füßen zu steuern, damit er die Hände für die Einzeichnungen auf der Karte frei hat.

Manchmal wirft Plüschow auch Bomben, allerdings Hausmarke. Sie bestehen aus Zwei-Kilogramm-Blechbüchsen mit der Aufschrift »Sietas, Plambeck & Co., bester Javakaffee« und sind mit Dynamit, Hufnägeln und Eisenschrott gefüllt; die Zündung besorgt eine eingebaute Gewehrpatrone. Plüschow berichtet selbst von der Durchschlagskraft dieser Bomben. Als er einmal seinen »Javakaffee« zum Frühstückstee der Engländer beisteuern will, fällt sein Geschoß auf das britische Küchenzelt, das federnd nachgibt und die Bombe ins Gelände zurückschleudert.

Auch Luftkämpfe hat Plüschow zu bestehen. Als Waffe steht ihm dabei nur seine Parabellumpistole zur Verfügung, und mit ihr schießt er auch wirklich einmal ein feindliches Flugzeug ab. Dreißig Schuß sind dazu nötig.

Fazit des Bombardements:
Hemd zerfetzt, Keksschachtel kaputt

Am 26. September geht die Überschwemmung rings um Tsingtau zurück. Fast zur gleichen Stunde beginnt der erste japanische Ansturm gegen die vorgeschobenen deutschen Posten auf der Tsangkou-Höhe, in Litsun und bei Taschan. Nach drei Tagen haben sich die Deutschen aus diesen Stellungen zurückgezogen.

Schwere japanische Belagerungsgeschütze senden jetzt ihre

mörderischen Geschosse auf die Stadt nieder. Am 1. Oktober ist Tsingtau völlig eingeschlossen, das restliche Gebiet von Kiautschou in japanischer Hand. Die letzte Phase des ungleichen und ganz sinnlosen Kampfes beginnt.

Noch einmal haben die Japaner den Deutschen angeboten, Frauen und Kinder aus der Stadt zu lassen. Und diesmal wird von Meyer-Waldeck nicht mehr »mit Kanonenmund« geantwortet: Am 15. Oktober 1914 öffnet sich der japanische Belagerungsring zum freien Geleit für ein paar Dutzend Frauen, Kinder, Säuglinge und den amerikanischen Konsul.

Die Munitionsvorräte für die schwere deutsche Festungsartillerie sind knapp. Für die mittleren und leichten Geschütze aber ist so viel vorhanden, daß britische Beobachter in ihren Berichten immer wieder von »Verschwendung« sprechen: »Es ist erstaunlich, wie die Batterien der Forts manchmal pro Tag tausend oder fünfzehnhundert Granaten einfach in leeres Gelände verpulvern, ohne Ziel und Nutzen.«

Dafür fechten einige Festungswerke zähe Duelle mit der Blockadeflotte aus. Der japanische 3000-Tonnen-Kreuzer »Takachiho« läuft auf eine deutsche Mine und sinkt mit 243 Mann. Das britische Kriegsschiff »Triumph« bringt mit sieben Schuß die Batterien von Fort Bismarck zum Schweigen. Dafür wird die »Triumph« erfolgreich von Fort Hui-tschuen Huk beschossen. »Außer in den bombensicheren Räumen und Kasematten gab es keinen sicheren Platz mehr in Tsingtau«, schreibt Gunther Plüschow über das Artilleriefeuer.

Hui-tschuen Huk gilt Briten und Japanern als Hauptziel. Plüschow, der aus einem Kilometer Entfernung die Ereignisse beobachtete, gibt eine lebhafte Schilderung:

> »Das ganze Werk war in Wassersäulen, Flammen und Rauch eingehüllt, und das Krachen und Dröhnen der krepierenden Granaten ließ die Erde erbeben. Das Gesehene war so gewaltig, daß es sich nicht beschreiben läßt.
>
> Mittags um zwölf Uhr hört die Beschießung endlich auf. Sofort eilte der Stab des Küstenkommandos zum Fort, und auch ich folgte mit meinem Auto.

Gewärtig eines furchtbaren Anblicks – nachdem wir mit Recht der Überzeugung sein konnten, daß das Fort zerstört und die Insassen getötet seien –, waren wir bei unserer Ankunft höchst erstaunt, die gesamte Besatzung froh und vergnügt umherspringen zu sehen. Kein einziger der Leute verletzt, kein Geschütz beschädigt. Der Erfolg der schweren Beschießung war: eine Keksschachtel zerschlagen und ein Mannschaftshemd, welches zum Trocknen gehangen hatte, zerrissen.«

Die britisch-japanischen Alliierten begnügten sich freilich nicht mit dem Durchlöchern von Keksschachteln und Mannschaftshemden. Am 31. Oktober, dem Wiegenfest ihres Kaisers Yoshihito, schießen die Japaner den Geburtstagssalut mit scharfer Munition aus allen Rohren.

»Den Tag zu beschreiben ist unmöglich«, gesteht Plüschow. »Um sechs Uhr früh donnerten auf einmal von Land und See sämtliche feindlichen Geschütze und warfen ihren furchtbaren Eisenhagel auf uns herab.
Als erstes schossen sie die Petroleumtanks in Brand, und bei dem herrlichen blauen Himmel mit vollkommener Windstille stand die riesige, dicke Qualmsäule wie ein drohendes Rachezeichen aufrecht da. Von See krachten die schwersten Schiffsgeschütze...
Wie wurden die Werke und all das in der Nähe liegende Gelände mitgenommen! Ganze Bergkuppen wurden abgetragen, tiefe Krater ausgestampft.«

Der japanische Versuch, Tsingtau an diesem Tage im Sturm zu nehmen, wird abgeschlagen. Aber von nun an läßt das Artilleriefeuer nicht mehr nach. Der Hafen von Tsingtau, die Krananlagen, die Werft, das alles ist nur noch ein Trümmerhaufen. Der österreichische Kreuzer »Kaiserin Elisabeth« versenkt sich selbst, ebenso das letzte Schiff der deutschen Flotte, das die Beschießung bisher überstanden hat, das Kanonenboot »Jaguar«. Das riesige Schwimmdock, eines der beliebtesten Ziele der japanischen Artillerie, ist als unkenntliches Wrack untergegangen.

Plüschow bekommt den Befehl, mit seiner Rumpler-Taube die letzte Post aus dem belagerten Tsingtau hinauszufliegen. Ein Bündel Briefe für die Heimat ist alles, was der Flieger mit sich führt, als seine Maschine am Morgen des 6. November über das kleine, zerschossene Flugfeld rattert. Er steigt auf und entrinnt glücklich dem wütenden Feuer. Seinen letzten Blick zurück beschreibt er in seinen Erinnerungen: »Bis in meine einsame Höhe drang das Dröhnen der Geschütze, das Krachen der Granaten und das Knattern der Gewehre und Maschinengewehre. Ein unendliches Meer von aufzuckenden Blitzen ließ deutlich die beiden Kampflinien erkennen. Das alles waren die Anzeichen des begonnenen Sturmangriffes.«

Stunden später landet Plüschow auf einem chinesischen Reisfeld und gelangt tatsächlich nach unzähligen Abenteuern wieder nach Deutschland. In Tsingtau aber geht der Kampf weiter.

Nach den Forts hat sich die japanische Artillerie jetzt die Infanteriewerke vorgenommen: Ein offener Graben, eine Brustwehr und ein Stacheldrahthindernis sind alles, was den Deutschen zur Verfügung steht, wenn der Sturmangriff kommt. Knapp sechstausend Meter lang ist diese Landfront, nur alle zwei bis drei Meter von einem Soldaten besetzt. Die dazwischenliegenden Infanteriewerke sind dem Steilfeuer der Gegner nicht gewachsen. In den Decken klaffen bedenkliche Risse. »Wie lange wird's dauern, bis unter furchtbarem Krachen die Decken einstürzen und uns unter ihren Trümmern begraben?« fragt sich Hauptmann Sodan von Infanteriewerk V.

»Wie geht's?« fragt Nachrichtenoffizier Vollerthun manchmal über das Telefon, das erstaunlicherweise noch funktioniert.

»Danke, wir leben noch«, bekommt er dann zur Antwort, »aber fragen Sie nicht, wie!« In der Hörmuschel vernimmt Vollerthun »das unaufhörliche Hämmern, Bersten und Krachen«.

Verzweifelt bitten die Infanteriewerke um Artillerieunterstützung, die aber schon »in den letzten Zügen liegt«, wie Vollerthun bemerkt. Die Munition kann jetzt »nur noch löffelweise verausgabt« werden.

Korvettenkapitän Sachße, der einen kleinen Trupp Marinereserve in die Stellungen zwischen Infanteriewerk IV und V bringt, in die zermahlenen, flach gewordenen Schützengräben, wird dort von Oberleutnant Tschentscher mit den Worten empfangen: »Um Gottes willen, gehen Sie bloß fort! Hier sind Sie das reine Kanonenfutter. Wie die Fliegen fallen die Leute!«

Die Funkmaste und das Elektrizitätswerk Tsingtaus liegen in Trümmern, und damit ist die letzte Verbindung mit der Welt, mit der neutralen Funkstation Sikiang in Schanghai, zerrissen. Die japanischen Linienschiffe »Tango«, »Okinoshima« und »Minoshima« haben sich hinter Kap Jaeschke postiert und schlagen die Reste der offen daliegenden Stadt zu Klumpen. Ein Stoßtrupp hat das Wasserwerk im Handstreich genommen, so daß den Belagerten nur noch ein paar Brunnen verbleiben.

»Die allgemeine Lage der Festung ähnelt jetzt der eines Sterbenden«, berichtet Vollerthun. »Der Sturm steht vor der Tür. Mit Augen und Ohren können die Infanteriewerke und höher gelegenen Batterien verfolgen, wie der Feind Sturmgerät in die vordersten Gräben schleppt, lange, leichte Bambusbrücken zum Übersteigen des Hindernisses.«

Japanische Pioniere arbeiten im eigenen Artilleriefeuer an der Vorbereitung des Sturms. Am Abend des 6. November 1914 branden die Wellen der Japaner endlich heran. Um ein Uhr nachts meldet das Infanteriewerk III: »Die Japaner sind in den Kasernenhof gedrungen. Besatzung ist in der Kaserne eingeschlossen. Der Feind versucht, mit großem Geschrei die Tür einzurennen. Besatzung kann nicht heraus.«

Eine Stunde später verstummt das Feldtelefon. Infanteriewerk III ist in japanischen Händen, die Verteidiger marschieren in die Gefangenschaft.

Gegen halb fünf Uhr morgens bekommt der Kommandeur der unteren Iltisberg-Batterie, Kapitänleutnant Wittmann, Feuer im Rücken. Er sucht nach der Herkunft und erstarrt: »Dort unten am Abhang und auf dem Weg zur Batterie wimmelt es von kleinen, sandfarbenen Gestalten, die mit lautlosen

Schritten den Abhang heraufstürmen. Feindliche Infanterie in schier unübersehbarer Menge, und sie führt Gebirgsartillerie und Maschinengewehre mit sich.«

»Wir sind verloren, abgeschnitten!« ruft der Kapitänleutnant und befiehlt seinen Männern, den letzten Bunker aufzusuchen. Fünfundvierzig Mann verteidigen sich hier mit dreißig Karabinern. An die Eisentüren des Raumes donnern die Gewehrkolben der Japaner. Aus Luftlöchern und Fensterritzen schießen die Deutschen hinaus, aber zu den gleichen Öffnungen bohren sich auch immer wieder japanische Gewehrläufe herein und feuern.

Die Japaner machen einen letzten Versuch, Menschlichkeit und Vernunft zu retten. An die Spitze eines Bajonetts heften sie einen Zettel und reichen ihn durch eine Schießscharte zu den Verteidigern in den Bunker. In sauberer deutscher Schrift kann Kapitänleutnant Wittmann lesen: »Bitte ergeben Sie sich!«

»Als Antwort eine kräftige Gewehrsalve«, notiert Vollerthun.

Die Japaner bringen eine Bohrmaschine heran und machen den Bunker zum Sprengen bereit. »Nun ist weiterer Widerstand nutzlos«, entscheidet Wittmann und läßt die weiße Fahne zeigen.

Mit mehr als 1500 Mann nehmen die Japaner von dem Werk Besitz. Die gefangenen Deutschen müssen antreten. Inzwischen werden noch einmal alle Winkel des Bunkers durchsucht. Endlich sagt der japanische Hauptmann erstaunt zu Wittmann: »Nicht mehr als 45 Leute in dieser großen Batterie? Das ist unmöglich!«

Japan begrüßt den geschlagenen Feind – mit Blumen und Jubel

Doch der Nibelungenkampf ist vorüber. Jetzt, da es von Tsingtau nur noch schwarzen Staub und rauchende Trümmer gibt, nachdem 189 Gefallene und mehr als siebenhundert Verwundete mit Leben und Gesundheit für ein wahnwitziges Prestige gezahlt haben, läßt Meyer-Waldeck die Reichskriegsflagge einziehen und eine weiße Fahne über Tsingtau aufsteigen.

Ein Adjutant des Gouverneurs, Major von Kayser, wird mit einem Schreiben zu den Japanern geschickt. Die Kavalkade sieht immer noch eindrucksvoll aus, wie Vollerthun berichtet: Der Unterhändler »galoppiert, begleitet von einem Fahnenträger mit Parlamentärsflagge, einem Trompeter und einem Pferdehalter« dem feindlichen Lager entgegen.

Bei Taitungtschen bekommt Kayser von beiden Seiten Feuer – von den Japanern und von den Deutschen. Am Westrand des Dorfes wütet ein Nahkampf, ein Handgemenge mit dem Bajonett. Kaysers Pferdehalter wird von einer Kugel tödlich getroffen, gleich darauf sinkt auch sein Pferd unter ihm weg. Der Trompeter läßt verzweifelt sein Instrument erschallen, der Fahnenträger schwenkt das weiße Tuch, und der Major selbst schreit mit rotem Kopf immerzu: »Ruhe! Feuer einstellen!«

Japanische Soldaten umringen die Gruppe. Es ist 7 Uhr 30 am Morgen des 7. November 1914, als in Tsingtau der letzte Schuß verhallt.

»Euer Exzellenz!« liest Generalleutnant Kamio das Schreiben Meyer-Waldecks. »Da meine Verteidigungsmittel erschöpft sind, bin ich bereit, in Übergabeverhandlungen der nunmehr offenen Stadt einzutreten.«

»Deutschland, Deutschland über alles«, singen die Trümmer-Deutschen, als das erste japanische Detachement in Tsingtau einzieht. Chinesen und zweihundert Deutsche werden zu Hilfspolizisten gemacht und sind für Ruhe und Ordnung verantwortlich.

Nachdem der Beauftragte des deutschen Gouverneurs, Kapitän Saxer, das Übergabeprotokoll unterschrieben hat – Meyer-Waldeck selbst wollte sich nicht mit dieser Unterschrift belasten –, erklärt Generalmajor Yamanashi: »Ihr habt tapfer gekämpft. Wir bewundern und verehren in euch die Vertreter der ruhmreichen Armee, die unsere Lehrmeisterin war. Das werden wir nie vergessen. Ganz Japan wird sich darum bemühen, euch eure Gefangenschaft so angenehm wie möglich zu machen.«

Tatsächlich werden die deutschen Kriegsgefangenen bei ihrem Eintreffen in Japan mit Jubel empfangen. Die Bevölkerung drängt sich zu Zehntausenden an den Straßenrändern, und zierliche Japanerinnen sorgen dafür, daß jeder Deutsche noch im Hafen eine Chrysantheme überreicht bekommt.

Es sind nicht nur die Deutschen aus Tsingtau, die nun in Japan ankommen. Der Krieg ist auch über die anderen deutschen Besitzungen dahingegangen, über die kleineren Gebiete der Südsee und über Neuguinea, über Samoa und über Neupommern, über Salomonen, Karolinen und Marianen, über Palau und die Marschallinseln.

Schneller als die Japaner haben die Briten zugegriffen. Schon am 12. August erscheinen die Kreuzer »Minotaur« und »Hampshire« vor der deutschen Karolineninsel Jap und geben bekannt, daß sie die Funkstation unter Feuer nehmen würden. Alle Europäer sollten sich aus dem Bereich des Turmes zurückziehen. Jap ist das wichtigste Bindeglied des damals noch ganz neuen funktelegraphischen Nachrichtenweges Schanghai – Celebes – Guam – San Franzisko. Welcher Art dieser Funkturm ist, geht daraus hervor, daß der Beamte Köhler den Auftrag bekommt, ihn umzuwerfen, sobald die Beschießung beginnt. So soll der Mast vor völliger Zerstörung bewahrt werden.

Inzwischen gibt Telegraphist Hermann die Nachricht von der Ankunft der Kriegsschiffe schnell noch an das deutsche Generalkonsulat in San Franzisko weiter. Gleich darauf zischen in rascher Folge zehn Geschosse von den Kreuzern auf die Insel herüber. Mit dem letzten wird der Funkturm zerstört, noch ehe ihn Köhler umwerfen konnte.

Rasch verschwinden die Briten nach der Kanonade wieder am Horizont, und erst zwei Monate später kommt der Krieg nach Jap zurück: in Gestalt des japanischen Schlachtschiffes »Satsuma«, das die Insel kampflos in Besitz nimmt.

Mit einem unverhältnismäßig großen Aufgebot dampft nun auch Vizeadmiral Sir George Patey durch die Südsee. Unter seinem Befehl stehen die britischen Kreuzer »Psyche«, »Pyramus« und »Philomel«, der französische Kreuzer »Montcalm«, die australischen Kreuzer »Australia« und »Melbourne« sowie zwei Transportschiffe mit einem starken neuseeländischen Expeditionskorps. Ihr Ziel ist die deutsche Insel Samoa, wo vierhundert Siedler, davon zweihundert Männer, mit fünfzig alten, zum großen Teil schadhaften Gewehren den kommenden Ereignissen entgegensehen.

Die neue drahtlose Station von Tafaigata hat die Nachricht vom Ausbruch des Krieges aufgefangen, lange bevor Pateys Geschwader am 28. August vor Upolu erscheint und die Hafeneinfahrt von Apia nach Minen absucht. Der deutsche Gouverneur von Samoa, Dr. Schultz, hat erst vor einigen Tagen Kriegsrat mit seinen Landsleuten und den Häuptlingen der samoanischen Stämme abgehalten.

»Drei gegen einen«, sagen die Häuptlinge, nachdem man ihnen die Kriegslage in Europa erklärt hat, »das ist nicht fair.«

Die Häuptlinge Tanus und Malietoas wollen eine Sammlung als »Wehrbeitrag« veranstalten, aber die Einsicht, daß jede Wehr zwecklos ist, gewinnt rasch die Oberhand. Als die »Psyche« als erstes Kriegsschiff in den Hafen einfährt und die Übergabe verlangt, fällt Samoa kampflos.

Träume von der Südsee – für immer vorbei

In Rabaul auf Neupommern muß beim Eintreffen der Kriegsnachricht ein einsamer Referent dafür sorgen, daß der Regierungssitz aus dem Bereich der Schiffsgeschütze ins Innere des Landes nach Toma verlegt wird. Der deutsche Regierungsbevollmächtigte selbst, Vizegouverneur Haber, ist nämlich gerade auf einer Inspektionsreise und nicht so schnell erreichbar.

Rabaul ist nicht nur die Hauptstadt Neupommerns. Von hier aus werden alle deutschen Besitzungen auf dem Bismarckarchipel verwaltet: Neuhannover, Neumecklenburg, Neulauenburg, die Admiralitätsinseln, die Salomoninseln Bougainville und Buka sowie noch etwa zweihundert kleinere Inseln. Eine militärähnliche Polizeimacht von dreihundert Mann und fünfzig deutschen Reservisten ist alles, was Neupommern in den Weltkrieg zu schicken hat. Die Bewaffnung der Truppe besteht aus 280 »verlängerten Karabinern« 98.

Als Briten und Australier am 11. September gegen sieben Uhr morgens in Rabaul und Herbertshöhe landen, können sie den

Union Jack hissen, ohne Widerstand zu finden. Erst auf dem Weg nach Toma und zur Funkstation von Bitapaka liefern ihnen deutsche und farbige Polizeisoldaten ein zähes Gefecht im Busch. Trotzdem geht die Besetzung so schnell, daß schon um ein Uhr die Angestellten der »Gesellschaft für drahtlose Telegraphie« in Bitapaka beim Mittagessen überrascht werden. Die Kämpfe sind zu Ende, noch ehe sie eigentlich begonnen haben.

Vier Tage nach ihrem Besuch in Neupommern besetzen die Australier kampflos die deutschen Salomoninseln, zwei Tage später Kaiser-Wilhelms-Land auf Neuguinea. Von dort sind inzwischen elf deutsche Soldaten unter Leutnant Lauer auf dem Dampfer »Kolonialgesellschaft« nach Neupommern geeilt, um bei der Verteidigung zu helfen. Sie marschieren quer durch das Land nach Taulil und erfahren erst unterwegs, daß der Krieg hier schon vorbei ist. Sie werden aufgefordert, sich bei den Briten zu melden, und bekommen schriftlich folgendes Übergabezeremoniell zugesichert:

1. Die deutsche Truppe kommt in Parade und wird von hundert präsentierenden Australiern empfangen.
2. Die deutsche Truppe erwidert den Gruß und präsentiert ihrerseits.
3. Beide Truppen rühren.
4. Der deutsche Befehlshaber besucht den britischen in seinem Dienstzimmer und verhandelt über den Ort der Waffenübergabe.
5. Alle Waffen und Munition werden abgeliefert, ausgenommen Offiziere.

Nur selten sind zwölf Soldaten mit mehr militärischem Pomp in Kriegsgefangenschaft gegangen.

Hauptmann Detzner von der deutschen Schutztruppe in Kaiser-Wilhelms-Land hat keine Ahnung von den Vorgängen. Er ist mit einer friedlichen Expedition tief im Inneren des Landes, das er zum erstenmal der Länge nach durchqueren will. Detzner erfährt die weltpolitischen Veränderungen durch einen Zettel, der ihm vom britischen Kommandanten Chisholm in den Dschungel nachgeschickt wird. »An den Befehlshaber der deutschen Streitkräfte«, liest Hauptmann Detzner. »Ich habe Ihnen mitzuteilen, daß zwischen Großbritannien und Deutschland seit dem 4. August 1914 Krieg besteht. Um unnötige Verluste an Menschenleben zu vermeiden, empfehle ich Ihnen, zum Nepal Camp zu kommen und sich mit Ihren Leuten zu ergeben. Sie werden als Offizier und Gentleman behandelt werden.«

»Master me dy long kalkal – ich sterbe vor Hunger!« Von diesen Worten des Boten wird Detzner aus seiner Erstarrung aufgerüttelt.

Statt der Aufforderung Chisholms zu folgen, beschließt Detzner, sich zu den Missionsstationen Morobe oder Malolo durchzuschlagen, wohin die Australier bisher noch nicht gekommen sein sollen. In endlosen Märschen über zweitausend Meter hohe Gebirgspässe, auf einundzwanzig Flößen durch die reißenden Strudel des Watut und des Markham, treffen sie in einem Buschversteck auf den Stationsleiter von Morobe. Der starrt die Ankömmlinge wie Geister an, denn nach den letzten Nachrichten sollte die ganze Expedition längst in den Kochtöpfen der Papuas verschwunden sein. Zum Beweis dieser grausamen Mär hatte man den Missionaren sogar einen Oberschenkelknochen überbracht.

Die Wiederauferstandenen marschieren nach Morobe und können gerade noch beobachten, wie der Heilgehilfe des Ortes den Platz an die soeben eintreffenden Australier übergibt. Detzner, Konradt und Klink, die drei Deutschen der Gruppe, ziehen sich darauf wieder ins Landesinnere zurück. Sie lassen die fünfzehn Meter hohe Brücke über den Mo hinter sich abbrechen und glauben sich sicher. Aber die mörderische Natur des Landes ist stärker: Konradt wird von der Malaria niedergeworfen und muß schwerkrank nach Malolo; Klink ist dem Dschungelleben nicht gewachsen und stellt sich im März 1915 freiwillig den Briten. Nur Detzner hält durch. Allein zieht er in das weglose Sattelberg-Hinterland weiter und kann dort wirklich noch drei Jahre lang als freier Mann leben und seinen Studien nachgehen. Erst bei Kriegsende, im November 1918, kehrt er in die Zivilisation zurück, die ihm sofort das Leben eines Kriegsgefangenen beschert.

Die restlichen deutschen Besitzungen gehen ebenfalls rasch verloren. Am 21. September sind die Australier in Nauru, lassen die Insel aber unbesetzt, nachdem ihnen ein einsamer Telegraphist ehrenwörtlich versprochen hat, die Funkstation während der Dauer des Krieges nicht zu benützen. Acht Tage später landen die Japaner in Jaluit, dem Verwaltungszentrum der deutschen Marschallinseln. Es gibt keinen Widerstand mehr. Nur auf Ponape, einer Insel der Ostkarolinen, müssen die Japaner wenigstens einen höflichen Brief schreiben, um den Bezirksamtmann Köhler aus dem Busch zu locken, wohin er sich mit zwei Polizeimeistern und der Verwaltungskasse zurückgezogen hatte.

Die Besetzung von Truk und Palau durch die Japaner besiegelt das Ende des deutschen Kolonialreiches im Pazifischen Ozean. Am 16. November 1914 wird in Angaur auf den Palau-Inseln die deutsche Flagge niedergeholt, die Angestellten der »Deutschen Südsee Phosphat A.G.« werden samt ihren Geschäftsbüchern und 2646 Mark Kassenbestand nach Japan abtransportiert. Der Traum vom Deutschen Reich in der Südsee ist vorbei.

Mit zehn Polizisten gegen England

»Kolonie außer Gefahr, beruhigt Ansiedler!« Dieses Telegramm schickt der deutsche Kolonialstaatssekretär Dr. Wilhelm Solf einen Tag nach Kriegsausbruch, am 2. August 1914, von Berlin nach Daressalam in Deutsch-Ostafrika. Er ist guten Glaubens, denn die Mächte haben in der sogenannten Kongoakte vereinbart, im Falle eines europäischen Krieges in den Kolonialgebieten stillzuhalten. Erst mit der Kriegserklärung Großbritanniens ändert sich die Situation auch juristisch. In den deutschen Kolonien werden in aller Eile Kriegsvorbereitungen getroffen.

In Kamerun beginnen die Verteidigungsarbeiten am 6. August, einen Tag später macht Deutsch-Südwestafrika mobil, aber schon am 8. August besetzen die Franzosen den Hafen

Anecho im deutschen Schutzgebiet Togo, und britische Kreuzer erscheinen drohend vor Daressalam.

Togo, die kleinste der afrikanischen Besitzungen Deutschlands, ist für seine Gegner nur ein Happen. An seiner langen Westgrenze liegt das britische Goldküstengebiet, seine ebenso lange Ostseite stößt an das französische Dahomey. Mit seiner reichen Produktion an Ölfrüchten, Kautschuk, Kakao, Baumwolle und wertvollen Hölzern ist Togo von Reichszuschüssen unabhängig.

Stellvertretender Gouverneur von Doering, Geheimer Regierungsrat und Major a.D., hat kaum das »Funktelegramm« vom Kriegsausbruch erhalten, als er auch schon mit dem britischen Gouverneur der Goldküste Verbindung aufnimmt und ihm die ständige Neutralität Togos anbietet. Alles, was Doering in den Krieg werfen könnte, sind nämlich zehn weiße Polizisten und 550 barfüßige Neger. Militär gibt es in Togo nicht. Wie sollte das neunzigtausend Quadratkilometer große Gebiet verteidigt werden?

Die Briten lehnen das Neutralitätsangebot ab. Sie besetzen die Hafen- und Hauptstadt Lomé, verhängen das Kriegsrecht und erklären alles Land 120 Kilometer im Umkreis der Küste – als Besitz der Krone. Die Franzosen, die sich schon in Anecho festgesetzt haben, dringen über den Grenzfluß Monu vor und besetzen die Landschaft Sagada.

Resigniert hat sich der friedensfreundliche Doering mit seinen Polizisten ins Landesinnere zurückgezogen. Er will jetzt Widerstand leisten und ruft alle deutschen Siedler Togos zu den Fahnen. Zu den Waffen kann er sie nicht rufen, denn er hat keine. Ziel der Verteidigungsoperationen ist es, die Gegner möglichst lange von dem Ort Kamina fernzuhalten, wo sich die Großfunkanlage der Kolonie befindet, die einzige Verbindung mit Deutschland.

Kamina ist etwa hundertfünfzig Kilometer von der Küste entfernt. Es ist zugleich Endpunkt der einzigen Eisenbahnlinie Togos nach Norden. Mit allen Lokomotiven und Wagen rollt Doering über die Strecke, mit vierhundert Kriegern, Proviant und einem bescheidenen Vorrat an Munition. Unterwegs läßt er den kleinen Funkturm von Togblekofe und die Eisenbahnbrücke über den Sio zerstören. Dann richtet er sich zur Verteidigung ein.

Briten und Franzosen sind der Truppe rasch nachgerückt. Immer wieder stoßen sie dabei auf kleine deutsche Gefechtsgruppen, die ihnen schwer zu schaffen machen. Noch am 24. August werfen sich Doerings Soldaten am Chra zum letztenmal den nachdrängenden Feinden entgegen. Der französische General Pineau hat darüber berichtet: »Seit Beginn des Gefechts, etwa um elf Uhr vormittags, befand sich die gemischte Abteilung unter außerordentlich heftigem Gewehrfeuer aus den deutschen Schützengräben. Gegen halb vier Uhr nachmittags, nachdem die Artillerie der Verbündeten in Aktion getreten war, gab Leutnant Thomson das Zeichen zum Sturmangriff. Trotz intensivster Unterstützung der ganzen Kompanie Castainings mußte dieses mutige Unternehmen unter dem Kugelhagel fünfzig Meter vor den deutschen Schützengräben scheitern. Leutnant Thomson fiel. Im englischen Eingeborenenkontingent machte sich Rückzugsbewegung geltend, jedoch weigerten sich die Senegalschützen, die Leiche des Führers zu verlassen, und es gelang ihnen, das Terrain zu nehmen.«

Damit ist der Krieg in Togo beendet. Nordtogo wird kampflos von französischen Hilfstruppen eingenommen. Im Süden wird die deutsche Übergabe am 27. August unterzeichnet. Die meisten Deutschen werden interniert. Das Schutzgebiet Togo selbst teilen sich Briten und Franzosen.

Das Massaker von Bonga – ein dunkles Kapitel des Kolonialkriegs

In Deutsch-Kamerun, wo immerhin zweihundert weiße und fast dreitausend farbige Soldaten zur Schutz- und Polizeitruppe gehören, zeigt der Krieg von Anbeginn ein anderes Gesicht.

»Am 6. August 1914 weckte mich mein Boy um fünf Uhr morgens und sagte mir, es käme ein Schiff auf dem Sangafluß vom Kongo auf Bonga zu«, berichtet ein deutscher Siedler. »Ich zog mich an und ging zum Zollposten, um eventuell mitgekommene Briefe und Waren in Empfang zu nehmen.

Das Schiff kam wegen der vielen Sandbänke im Fluß nur langsam näher. Als es noch etwa einen Kilometer entfernt war, hörten der Zollassistent und Postenführer, Herr Mellenthin, und ich in rascher Folge Kanonenschüsse.

Zuerst hielten wir diese Schüsse für Salut. Als aber ein Geschoß durchs Dach ging und andere dicht bei uns einschlugen sahen wir, daß es ernst war. Die Sirene des Postens gellte Alarm.

Wir waren drei Weiße: Mellenthin, Sanitätsbeamter Deuschel, der mit schwerer Malaria im Bett lag, und ich, sowie zwölf schwarze Soldaten. Wir dachten, es handle sich um einen Aufstand von schwarzen Soldaten oder Eingeborenen.

Da der Zollposten in einem verheerenden Geschütz- und Gewehrfeuer lag, zogen wir uns bis ins Negerdorf Bonga zu meiner Faktorei zurück. Als eine Rotte Senegalschützen um die Ecke der Dorfstraße bog, eröffneten wir das Feuer, und sie zogen sich zurück.

Nach kurzer Frist kamen sie in einer Truppe von über hundert Mann an, mit Kanonen, und wir mußten uns in den Urwald zurückziehen. Hier verlor ich Mellenthin mit seinen zwölf Soldaten. Mit meinem Koch und Boy versuchte ich, auf einem Boot zu entkommen. Als ich aber von geflüchteten Negern erfuhr, daß weiße Offiziere bei den Soldaten seien, ging ich zu meiner Faktorei zurück.

Diese war erbrochen und vollständig ausgeraubt worden, das Dorf war leer. Ich wurde zum Kriegsgefangenen erklärt und Tag und Nacht bewacht.

Am anderen Tag kam ein Dampfer mit einem deutschen Kapitän und sechzig schwarzen Arbeitern den Fluß herauf. Der Dampfer wurde von den französischen Truppen geentert, der Kapitän verletzt und die sechzig Neger alle abgeschlachtet.«

»Wer für uns kämpft, wird nicht mehr geprügelt«

Das Massaker von Bonga ist aber nur ein Ereignis am Rande des Kolonialkrieges in Kamerun. Im Seehafen Duala an der Mündung des Kamerunflusses sind auf Befehl von Oberst Zimmermann, dem Kommandeur der Schutztruppe, neun Dampfer versenkt worden, um die Hafeneinfahrt zu sperren. Auf einer Anhöhe, der Jossplatte, sind Schützengräben ausgehoben und vier Kanonen aufgestellt worden. Aber von den dreihundert deutschen Männern in Duala sind nur achtzig zum Dienst eingezogen, weil nicht mehr Bestände an Gewehren und Munition vorhanden sind.

Als das britische Kanonenboot »Dwarf« vor Duala erscheint, fährt es spielend über die Stelle hinweg, an der die Neun-Dampfer-Sperre liegt. Fünfzehn Minuten lang beschießt das Schiff die Stadt. In den nächsten Tagen setzt der britische Kreuzer »Cumberland« das Feuer fort, nachdem ein Parlamentär vergeblich die bedingungslose Übergabe gefordert hat. Erst als zahlreiche Häuser in Flammen stehen und die Forts zusammengeschossen sind, wird auf der deutschen Seite die weiße Fahne gehißt.

Als Duala besetzt wird, hat sich die deutsche Schutztruppe ins Landesinnere abgesetzt. Dr. Vöhringer, einer der Deutschen, die in der Stadt zurückgeblieben sind, hat später die Ereignisse in Duala geschildert:

»Mit der Übergabe Dualas begann für die weiße Bevölkerung des Küstengebiets von Kamerun eine Zeit körperlicher und seelischer Leiden. Den verräterischen Dualas wurde zur Verhöhnung der Deutschen, zu Mißhandlung und Mord, zu Diebstahl und Plünderung freie Hand gelassen.

Die Hauptmasse der Europäer wurde dadurch gefangengenommen, daß man sie aufforderte, zur Eintragung auf das Bezirksamt zu kommen, man brauche gar nichts mitzunehmen, man werde sofort wieder entlassen. Zwei Stunden nachher waren die auf diese Weise Gefangenen auf dem Weg nach Dahomey, wo sie den Lokalämtern zur Arbeit zugewiesen wurden.

Nachdem die Hauptmasse der Deutschen entfernt war, wurde der Rest, etwa hundertfünfzig Männer und Frauen, durch schwarze Soldaten unter dem Hohngeschrei der Duala in das Regierungshospital getrieben und dort auf engem Raum zusammengepfercht. Von hier wurden die Gefangenen auf den Dampfer ›Bathurst‹ gebracht und dann in langsamer Fahrt nach Lagos.«

Das Hohngeschrei der Dualaneger wirft ein grelles Seitenlicht auf die Zustände in der Kolonie Kamerun. Die Deutschen waren den Eingeborenen verhaßt, und es scheint heute festzustehen, daß die deutsche Verwaltung hier eine denkbar unglückliche Hand gehabt hat. Erst bei Kriegsausbruch hat sich Gouverneur Carl Ebermeier bemüht, die Gunst der Eingeborenen zu erwerben. Zu spät.

Seine Aufrufe und Erlasse sind bombastische Gebilde. Sie zeigen zwischen den Zeilen aber ein beredtes Stück deutscher Kolonialgeschichte. Einige wenige Sätze sollen genügen:

»Der Deutsche Kaiser hat genug Soldaten und Schiffe, um auch gegen England siegreich zu kämpfen. In Deutschland ist kein Mann, der ein Gewehr tragen kann, in seiner Stadt geblieben. Alle sind dem Feinde entgegengeeilt, um zu kämpfen. Die Frauen helfen die Verwundeten zu pflegen. Die Kinder verrichten die Erntearbeiten auf den Feldern.

Ihr Eingeborenen, die ihr mit den Deutschen seit einem Menschenalter zusammenlebt, wißt, daß die Deutschen zwar streng, aber auch gerecht sind: streng gegen die Bösen, gerecht gegen die Guten. Wer von euch unseren Feinden hilft oder zu helfen versucht, wird unsere Strenge fühlen. Wer aber treu zu uns hält, der wird belohnt.«

Sodann erweist Ebermeier den Dualas eine besondere Huld und fährt fort: »Deshalb bestimme ich: Für die Soldaten der Polizeitruppe und für die farbigen Angestellten des Gouvernements kommt die Prügelstrafe in Fortfall, ebenso für alle die, die ehrenvoll aus unserem Dienste ausgeschieden sind.

Dies sollt ihr so verstehen, daß, wer dem Deutschen treu dient, auch mehr und mehr wie ein Deutscher behandelt werden und an der Vorzugsstellung der Deutschen teilnehmen soll. Steht alle in der Gefahr treu zu den Deutschen! Ihr werdet erkennen, daß ihr klug gehandelt habt.«

Die Aufhebung der Prügelstrafe für Soldaten und Regierungsangestellte kann das Blatt jedoch nicht mehr wenden. Die eingeborene Bevölkerung begrüßt die fremden Truppen als Befreier von einem herzlosen Joch, und das um so leidenschaftlicher, je mehr ihrer Leute von Ebermeier aufgeknüpft werden. Es ändert nichts, daß der Gouverneur jede Hinrichtung mit einer Botschaft begleitet, die sein phantasieloses Denken enthüllt, wie etwa zum letzten Gang des schwarzen Rebellen Manga Bell:

»Manga Bell ist heute durch den Strang hingerichtet worden, weil er sich als Verräter erwies an Kaiser und Reich«, redet Ebermeier die Dualaneger an, als habe er preußische Kadetten vor sich. Dann geht es aufschlußreich weiter: »Er hat im letzten Augenblick bekannt, daß er getrieben worden sei durch die Furcht vor der Rache seiner Volksgenossen, derjenigen, die ihr alle kennt, die aus Furcht heimlich im Hintergrund sitzen, über Gift brüten und das Volk verführen. Mangas Blut komme über sie!

Manga selbst hat in seiner letzten Stunde sein Volk gebeten, daß mit seinem Tode die Treue zum Kaiser und Gehorsam gegen die Regierung zurückkehren möchten in die Herzen der Duala.«

Sie kehren nicht in die Herzen des geprügelten Volkes zurück. Es schüttelt eine Kolonialherrschaft ab, um eine andere dafür auf sich zu nehmen.

Wohin sind die deutschen Streitkräfte inzwischen verschwunden? Am 14. Oktober meldet das Reichskolonialamt in Berlin: »Am 8. Oktober wurde von Duala aus Jabassi angegriffen. Die unter dem Obersten Georges stehenden Kräfte des britischen Westafrika-Regiments wurden von den Deutschen zurückgeschlagen. Ein zweiter Angriff der Engländer am 14. Oktober führte zur Besetzung von Jabassi. Da hierbei nach den englischen Berichten nur ein englischer Beamter an Hitzschlag starb und sonst keine weiteren Verluste angegeben sind, ist der Schluß erlaubt, daß die Deutschen inzwischen abgezogen waren und die Besetzung ohne Widerstand erfolgte.«

Erst im Februar 1916 werden die Reste der deutschen Schutztruppe von Kamerun in eine ausweglose Lage manövriert. In einem Felsennest nahe der Grenze des spanischen Munigebietes machen sich die letzten deutschen Soldaten »zum blutigen Endkampf bereit«, wie es in einem Bericht heißt. General Cunliffe, der die britischen Kräfte kommandiert, hat dieses Gemetzel verhindert. Er bietet den Deutschen ehrenvollen Abzug auf das spanische Gebiet an. Als die fünf deutschen Offiziere und sechs Unteroffiziere das Angebot annehmen, präsentiert eine britische Kompanie das Gewehr, und der französische General Aymérich schreibt in sein Tagebuch: »Diese Handvoll unerschrockener Menschen hatte achtzehn Monate lang ihren Felsen gegen Kräfte gehalten, die manchmal sieben, niemals unter drei Kompanien betragen hatten, sie hatte siegreich mehrere Stürme abgewehrt und lange Beschießungen mit Artillerie ausgehalten. Sie hatten die ihnen bezeugten Ehren wohl verdient.«

So sah der »frisch-fröhliche« Kolonialkrieg wirklich aus

Lange vor diesem letzten Akt in Kamerun, im Juli 1915, hat die Kolonie Deutsch-Südwestafrika kapituliert. Reich an Diamanten, Kupfer, Häuten, Fellen und Pflanzungen, ist dieses Gebiet eineinhalbmal so groß wie das deutsche Kaiserreich. Militärisch gilt es mit seinen zweitausend weißen Soldaten und viertausend Reservisten als stärkstes Übersee-Besitztum.

Im Süden und Osten ist Deutsch-Südwest von der Südafrikanischen Union umgrenzt. Von hier aus will der Burenführer

Louis Botha, zugleich Präsident der Union, mit sechzigtausend Mann gegen das deutsche Windhuk marschieren. Sandstürme, dann wieder wegeloses Dickicht, Milliarden Fliegen und wasserloses Gelände lassen Botha nur langsam vorankommen. Außerdem hat er Sorgen, weil im Südwesten der Union geheimnisvolle Aufstände ausgebrochen sind.

Die Burenführer Maritz und Kemp denken noch an die längst vergangene Zeit Ohm Krügers, denken noch an den Burenkrieg von 1899 bis 1902. Jetzt halten sie die Gelegenheit für gekommen, den alten Kampf wieder auferstehen zu lassen. Mit achthundert Mann, vier Geschützen und vier Maschinengewehren fallen sie ihrem eigenen Landsmann Botha und den Briten in den Rücken. Südlich von Schuitdrift wird eine südafrikanische Einheit wirklich von den Aufständischen geschlagen, aber als Maritz und Kemp versuchen, die Stadt Upington anzugreifen, wird ihr Häuflein vernichtet.

Inzwischen haben die Briten Truppen in der Lüderitzbucht gelandet: zweitausend schottische Highlander und südafrikanische Soldaten, achthundert Pferde, 1400 Maulesel, Waffen, Munition, Verpflegung und Eisenbahnmaterial. Jeden Tag werden fünfhundert Meter der Bahnlinie instand gesetzt, die von den deutschen Truppen beim Rückzug ins Innere des Landes zerstört worden ist.

Fünftausend Mann werden von Botha Ende September bei Swakopmund an Land gesetzt, zu Weihnachten fällt die Walfischbucht in britische Hand, und die Truppen, die vierzig Meilen landeinwärts stationiert werden, müssen monatelang in einem der ödesten Landstriche der Erde ausharren: Hier gibt es keine Quellen, keine Flüsse, keine Vegetation, kein Leben. Nur brütende Hitze und alles vernichtende Sandstürme. Man scheint diesen verlassenen Trupp vergessen zu haben. Eines der ersten Schiffe brachte noch Wasser. Dann fällt der Durst über die Soldaten her, und nur das nahe Meer rettet sie vor einem schrecklichen Ende. Den ganzen Tag sind die Männer damit beschäftigt, aus verdunstendem Salzwasser Trinkwasser zu gewinnen. Endlich, im Frühjahr 1915, kommt Ablösung.

Am 20. März 1915 reiben zwölftausend Mann Bothas den

Widerstand von achthundert Deutschen bei Pforteberg auf. Während Botha selbst auf der Wittportshöhe steht und seine Frau und seine Tochter durchs Scherenfernrohr auf das Kampfgetümmel blicken läßt, zerschlagen die letzten deutschen Verteidiger ihre Gewehre und ergeben sich.

Der Regierungsarzt Dr. Walther Suchier hat Gelegenheit, unter dem Zeichen des Roten Kreuzes später die Walstatt zu betreten. Schon über seinen Weg dorthin schreibt er: »Ich sah einen schwarzen Klumpen, in dem etwas Bewegung zu sein schien. Beim Näherkommen krampfte sich einem das Herz zusammen: ein angeschossenes Maultier, halb verblutet und verschmachtet, umgeben von sechs mächtigen Aasgeiern, die auf das noch lebende Tier einhackten. Die widerlichen nackthalsigen Bestien ließen uns bis auf drei Schritte herankommen, ehe sie sich bequemten, mit zwei kleinen Sprüngen beiseite zu hüpfen; dann standen sie schon wieder und blickten gierig nach ihrem Opfer.«

Wenn wir nur nicht Menschen in dieser Lage finden! denkt Suchier und hastet mit den Engländern weiter, die ihn führen. »Wir fanden die deutschen Stellungen und konnten aus den in den Sand eingewühlten Spuren fast jede Phase des verzweifelten Kampfes erkennen. Zerschossene Munitionswagen, zerschlagene Gewehre, aufgeblähte Pferdekadaver, menschliche Leichen, die bei der herrschenden Hitze schnell in Verwesung übergegangen und bis zur völligen Unkenntlichkeit entstellt waren, umherliegende Kleider- und Verbandfetzen, Gräber von Freund und Feind bedeckten den zerstampften Boden und die steilen Abhänge der Berge.«

So sieht der Krieg wirklich aus. Er ist nicht das frisch-fröhliche Indianerspiel bunt illustrierter Kolonialbücher. Dr. Suchier, der zu seiner deutschen Einheit zurückgekehrt ist und bei der letzten Gruppe ausharrt, die Botha den Weg nach Karibib versperren soll, berichtet von den Leiden der Soldaten. Tagsüber herrschen dreißig Grad Hitze, die Nächte sind bitter kalt. Fauliges Wasser, mit etwas Rum desinfiziert, ist das einzige Getränk – »Niggertod« oder »Stacheldraht« wird es von den Männern genannt. Maisbrot, Reis und rohes, durchgedrehtes Fleisch »à la tatar« bilden die tägliche Nahrung. »D. L. H.« nennt sich der Haufen, der da in Südwestafrika umherirrt: Deutschlands Letzte Hoffnung; bis ein Witzbold »D. A. L. H.« daraus macht – Deutschlands Allerletzte Hoffnung.

Am »Sargberg«, einem ominösen Hügel an der Bahnstrecke Otavi–Tsumeb, macht Botha am 2. Juli 1915 der deutschen Schutztruppe in Südwestafrika ein Ende. Er schneidet ihr den letzten Weg zur Feste Namutoni ab, die einzige Wasserstelle der Deutschen liegt im Bereich der britischen Geschütze. Am 9. Juli 1915 kapituliert die Kolonie. Gouverneur Dr. Theodor Seitz unterschreibt die Urkunde und bekommt die Erlaubnis, an den Kaiser zu telegraphieren:

> »Jede Aussicht auf erfolgreichen Widerstand war ausgeschlossen, da wir von unserer Verpflegungsbasis abgeschnitten waren und jeder Versuch eines Durchbruchs bei dem heruntergekommenen Zustand der Pferde, für die seit Monaten kein Hafer mehr vorhanden, unmöglich war.
>
> Alle Personen des Beurlaubtenstandes und des Landsturms, auch die in Südafrika kriegsgefangenen, werden auf ihre Farmen und zu ihren Berufstätigkeiten entlassen. Offiziere behalten Waffen und Pferde und können auf ihr Wort frei im Schutzgebiet bleiben.
>
> Die aktive Schutztruppe, noch rund dreizehnhundert Mann stark, behält die Gewehre und wird an einem noch zu bestimmenden Platz im Schutzgebiet konzentriert.«

Damit ist der Krieg auch in Deutsch-Südwestafrika beendet.

Mit Sodaflaschen gegen zurückweichende Askari

Am längsten und noch über das Ende des Weltkrieges hinaus dauern die Kämpfe in Deutsch-Ostafrika. Mit einer Million Quadratkilometern ist es die größte deutsche Kolonie, und aus diesem Riesenbecken schöpft der Oberstleutnant Paul von Lettow-Vorbeck im Laufe des Krieges dreitausend weiße Soldaten und zwölftausend Askarineger. Die Mehrzahl der Askarl ist freilich nur mit Speeren bewaffnet, einige wenige tragen stolz ein Gewehr aus dem Krieg von 1870/71. Jede Kompanie hat zwei Maschinengewehre. Außerdem verfügt die ganze Streitmacht über zwei Probegeschütze, sechs alte Feldgeschütze und ein paar sogenannte Revolverkanonen.

In den weiten Räumen des Landes verbreitet sich die Nachricht vom fernen Krieg in Europa nur langsam. Als der britische Regierungsdampfer »Gwendolin« Mitte August 1914 auf dem Njassasee den deutschen Dampfer »Hermann von Wissmann« rammt, machen Kapitän und Maschinist erstaunte Augen und müssen erst aufgeklärt werden, daß es jetzt mit der friedlichen Binnenschiffahrt vorbei ist.

Gouverneur Dr. Heinrich Schnee hat indessen einen Kriegsplan entwickelt. Da vom Reichskolonialamt keine Weisungen vorliegen und es auch nirgends Befestigungen oder Verteidigungsstellungen gibt, sollen sich die deutschen Streitkräfte ins wertvollste Gebiet der Kolonie zurückziehen, an den Fuß des Kilimandscharo, und dort die weitere Entwicklung abwarten. Sie geht zunächst einmal sehr rasch vor sich: Die britischen Kreuzer »Astraea« und »Pegasus« nehmen die Funkstation der Hauptstadt Daressalam unter Feuer, bald darauf bombardiert »Pegasus« auch den Küstenort Bogamojo. Dann verschwindet das Schiff von der Oberfläche: Der deutsche leichte Kreuzer »Königsberg« versenkt es am 20. September 1914.

»Versenkt oder zerstört die ›Königsberg‹ um jeden Preis!« funkt die britische Admiralität wütend. Aber es dauert noch über ein Jahr, ehe dieser Befehl in die Tat umgesetzt werden kann. Mitte Juli 1915 wird die »Königsberg« von einundzwanzig britischen Schiffen im Rufiji-Delta aufgestöbert. Sie hat sich dorthin zurückgezogen, um auf Kohlen, Ersatzteile und verschiedene Ergänzungen der Ausrüstung zu warten. Fregattenkapitän Looff, nach dem Angriff selbst schwer verwundet, befiehlt die Sprengung des Schiffes. Die Besatzung schließt sich als »Abteilung Königsberg« und »Artillerieabteilung Daressalam« der Schutztruppe an.

Lettow-Vorbeck, der Kommandeur der Schutztruppe, hat

seine Hauptmacht am Kilimandscharo versammelt. Als er vom Erscheinen einer britischen Flotte vor Tanga erfährt, schickt er zwei Kompanien mit den Worten los: »Vor Tanga liegen vierzehn Transporter und zwei Kriegsschiffe. Wenn der Feind zu landen versucht, verhindert die Landung. Wenn er gelandet ist, werft ihn hinaus. Auf Wiedersehen!«

Gültig wird die Fassung »werft ihn hinaus«, denn tatsächlich ist schon ein britisches Expeditionskorps in Stärke von zweitausend Mann gelandet. »Das Gelände bei Tanga«, berichtet Lettow-Vorbeck selbst, »sind dichte Mohogofelder in hohem Palmenwald, so unübersichtlich, daß man keine fünfzig Meter sehen kann. Das war gut für beide Teile: Der Feind sah nicht, wie schwach wir waren, die unseren sahen nicht, wie stark der Feind war.«

Als die Deutschen aus dem Wald heraus ins mannshohe Gras kommen, dröhnen die britischen Schiffsgeschütze über die Bucht hin. Indische Truppen mit weithin leuchtenden Turbanen fluten heran. Kompanieführer Hauptmann von Ruckteschell gibt seinem schwarzen Unteroffizier den später viel zitierten Befehl: »Blas, Jokindu, blas: Seitengewehr pflanzt auf!«

Jokindus Trompete schmettert das Signal. Gleich darauf springen die Askari heulend und johlend vorwärts, daß die Inder erschrocken zurückweichen. Doch schon am nächsten Tag sind sie wieder da, und diesmal sind es die Askari, die zurückgehen.

»Hammerstein, nehmen Sie sämtliche Europäer des Kommandos, und bringen Sie die Rückwärtsbewegung dort zum Stehen!« befiehlt Lettow-Vorbeck.

Hauptmann Hammerstein eilt ohne Zögern zum Schauplatz der kritischen Ereignisse. »Wollt ihr wohl Front machen, ihr Himmelhunde!« brüllt er die Neger an; seine Worte sind genau überliefert. Doch das Geschrei berührt die Askari wenig. Sie rennen davon, und da kommen Herrn Hammerstein eine Idee und ein Zufall zu Hilfe.

Wie aus den Aufzeichnungen hervorgeht, »liest er einige umherliegende Sodaflaschen auf und wirft sie den Askari an den Kopf«. »Ihr Jammerkerle!« schreit er und zielt. »Da hast du eins!

Und du! Und der da! Zurück, ihr Läusewänste!« Die Flaschen knallen, es gibt Beulen und Blutergüsse, die Askari fletschen die Zähne, doch der forsche Hauptmann bringt mit diesem Glanzstück kolonialistischer Begabung den Rückzug wirklich zum Stehen.

»Mit Ihnen ist scheinbar nicht gut Kirschen essen, hahaha!« soll Lettow-Vorbeck gesagt haben, wenn man einem kitschigen Kolonialbuch aus dem Jahre 1934 glauben will.

Es ist übrigens viel getan worden, um die Behandlung der farbigen Landesbewohner durch die weißen Kolonialherren vergessen zu machen und über die wahren Verhältnisse hinwegzutäuschen. Noch 1937, als in Deutschland schon Hitlers Rassengesetze Geltung hatten und Neger als Untermenschen abgestempelt waren, ist in einem offiziösen Kolonialbuch die wirre Erklärung gedruckt worden: »Die Askaris haben sich mit nicht geringerer Tapferkeit und vor allem mit nicht geringerer Liebe zu Deutschland geschlagen. Man kann es nicht oft, nicht laut genug in alle Welt schreien, daß die ostafrikanischen Neger deutsch sein wollen, daß sie Leben und Eigentum genauso für Deutschland gegeben haben wie die Deutschen selbst.«

Ob die Askari wirklich »für Deutschland« ins Feld gezogen sind, sei dahingestellt. Auf dem Schlachtfeld von Tanga jedenfalls ist es nur ihre Scheu vor Hammersteins Sodaflaschen.

»Wana kimbia! Wana kimbia! Sie laufen davon!« Mit diesem Ruf der Neger neigt sich das Gefecht seinem Ende zu. Das britisch-indische Expeditionskorps mit seinen achttausend Mann geht zur Küste zurück. Dort legen die Soldaten ihre Kleidung ab und nehmen nach des Kampfes Müh erst einmal ein erfrischendes Bad.

Als Lettow-Vorbecks Leute an das Gestade kommen, haben sie es nur noch mit einem Gewimmel junger Männer zu tun, die sich vergnügt in der Brandung tummeln, als herrsche tiefster Friede. »Die Deutschen teilten den Badenden mit, daß sie geschlagen seien und sich besser zurückzögen«, heißt es in einem Augenzeugenbericht trocken. »Nach einigem Hin und Her stimmten die Engländer zu und fuhren in ihren Booten weg.«

Später sind auf britischer Seite vielerlei Ursachen für die Niederlage von Tanga genannt worden. Eine davon hat als wahre Sensation die Runde um die Welt gemacht: Die Deutschen hatten dressierte Bienenschwärme gegen den Feind geschickt! Lettow-Vorbeck hat diese Meldung dementiert und gesagt, es habe sich um wilde Bienen gehandelt, die auch den deutschen Truppen heftig zugesetzt hätten. Wie dem auch sei: Das Landungskorps ist verschwunden und hat so viel Ausrüstung zurückgelassen, daß drei deutsche Kompanien modern bekleidet und bewaffnet werden können.

Lettow-Vorbeck zähmt die Askari mit dem Knüppel

Doch gewonnene Schlachten sind noch keine gewonnenen Kriege. Die deutsche Schutztruppe in Ostafrika steht auf verlorenem Posten. Lettow-Vorbeck kann sich am Kilimandscharo nicht halten und muß sich dazu entschließen, nach Süden zu marschieren und sich möglichst unsichtbar zu machen.

Sein Gegner ist Jan Christiaan Smuts, der Oberbefehlshaber der südafrikanischen Armee. Als der Kaiser Lettow-Vorbeck den Pour le mérite verleiht, aber keine Nachrichtenverbindungen mehr bestehen, läßt Smuts die Botschaft mit einem Handschreiben und persönlichen Glückwünschen durch einen Parlamentär ins deutsche Lager bringen. Lettow-Vorbeck dankt mit einem ebenso höflichen Brief.

Dann sprechen wieder die Maschinengewehre. Die deutsche Schutztruppe, von allen Seiten bedrängt, stürzt sich in ihrer Not auf einen neuen Gegner: Portugal hat Deutschland den Krieg erklärt, und so ergreift Lettow-Vorbeck die Gelegenheit und weicht in das Gebiet von Portugiesisch-Mozambique aus. Er läßt die Festung Ngimano stürmen.

»Von dem etwa tausend Mann starken Gegner«, berichtet Lettow-Vorbeck selbst, »dürften kaum mehr als dreihundert entkommen sein. Unsere Askari stürzten sich vielfach ohne Rücksicht auf die noch feuernden Feinde auf die Beute. Zusammen mit vielen Trägern und Boys wühlten sie in den Schmalztöpfen und sonstigen Verpflegungsbeständen herum, öffneten

Konservendosen und warfen sie wieder fort, wenn sie glaubten, in einer anderen Büchse noch etwas Schöneres zu finden.«

Lettow-Vorbeck haut persönlich mit einem langen Knüppel dazwischen, und wieder ist ein Kapitel des Negerkampfes »für Kaiser und Reich« abgeschlossen. Für die verblüfften Südafrikaner ist Lettow-Vorbeck jedenfalls verschwunden, untergetaucht, unauffindbar.

Es ist zur gleichen Zeit, als in der bulgarischen Stadt Jamboli das deutsche Zeppelin-Luftschiff L 59 aufsteigt, um den fernen Kämpfern in Ostafrika aus der Luft Hilfe zu bringen. In wochenlanger Arbeit ist der Luftriese so umgebaut worden, daß fast jedes seiner Bestandteile nach der Landung irgendwie von der Truppe nützlich verwendet werden kann.

Am 21. November 1917 startet L 59 in Jamboli. Am nächsten Tag ist es über der afrikanischen Küste, wieder einen Tag später auf der Höhe von Khartum. Dort erreicht den Kapitän des Luftschiffs ein Funkspruch des Admiralstabs: »Sofort umkehren.«

In Berlin ist nämlich inzwischen ein Bericht der britischen Nachrichtenagentur Reuter eingetroffen, wonach die deutsche Truppe im portugiesischen Urwaldgebiet untergetaucht und nicht mehr zu finden ist. So kehrt der Zeppelin nach Bulgarien zurück, und Lettow-Vorbeck bleibt ohne die dringend benötigten Hilfsmittel.

»Scher dich weg!«

Kreuz und quer durch Portugiesisch-Ostafrika zieht die heimatlos gewordene deutsche Truppe. So heruntergekommen sind die Männer, daß Lettow-Vorbeck seine eigene Erscheinung mit den Worten beschreibt: barfuß, alte Wickelgamaschen, freie Knie, eine selbst geschneiderte kurze Hose und ein ebensolches Hemd. »Mit einem Lederriemen wurde die ganze Herrlichkeit zusammengehalten, Hals und Brust blieben frei. Als ich eines Tages einem Askari, der mich nicht durchlassen wollte, sagte, ich wäre der Kommandeur, antwortete der Tapfere: ›Das kann jeder sagen. Scher dich weg, sonst schieße ich gleich. Geh nach Hause und leg deine Achselstücke an!‹«

Der britische Leutnant Wilson erinnert sich: »Ich erstand für meine Kriegsbeutesammlung von einem Portugiesen eine deutsche Ausrüstung. Sie besteht aus hunderttausend Flicken. Es ist fabelhaft.«

Natürlich bleibt alles, was Lettow-Vorbeck jetzt noch treibt, ohne Einfluß auf den Kriegsverlauf. Es ist ein Katz-und-Maus-Spiel, ein tolles Husarenstück, aber kein Kampf mehr. Ein Radfahrer, Hauptmann Müller, bringt am 13. November 1918 endlich die Nachricht vom Waffenstillstand in Lettow-Vorbecks letztes Lager. »Via amekhwisa! Der Krieg ist aus!« jubeln die Askari.

Den Deutschen werden von den Siegern des Weltkrieges alle Ehren erwiesen. Sie dürfen als freie Männer über Holland nach Deutschland zurückkehren. General Smuts aber zieht folgende Bilanz: »Im afrikanischen Busch mit seiner beschränkten Übersichtlichkeit ist es praktisch unmöglich, einen Feind einzuschließen, der entschlossen ist, zu entkommen. So dicht ist der Busch auf viele Tausende von Quadratmeilen, daß beträchtliche Streitkräfte aneinander vorbeimarschieren können, ohne einander gewahr zu werden. Diese Faktoren erklären es, warum Lettow-Vorbeck noch im Felde stand, als der Waffenstillstand in Europa unterzeichnet wurde, trotz der weit überlegenen Kräfte, die seit dem Jahre 1916 gegen ihn ins Feld geschickt wurden.«

Churchills große Schlappe

Geheim! Marineminister Winston Churchill an General Sir Charles Douglas, Chef des Generalstabs, 1. September 1914: »Ich habe mit Lord Kitchener gestern vereinbart, daß zwei Offiziere des Admiralstabes und zwei Offiziere der Operationsabteilung des Kriegsamtes heute zusammentreten. Sie sollen in

Besprechungen darüber eintreten, wie die Halbinsel Gallipoli von einer entsprechend starken griechischen Armee genommen werden kann, um dadurch für die britische Flotte den Eingang in das Marmarameer zu öffnen.«

Mit diesem Schreiben beginnt eines der größten Abenteuer des Ersten Weltkrieges. Die britische Landung auf der Halbinsel Gallipoli wird zur blutigen Niederlage, zu einem der verlustreichsten Unternehmen von Flotte und Armee. Churchill muß zurücktreten und gilt von nun an als unverbesserlicher Phantast. Was ist wirklich geschehen?

Die Geschichte hat Churchill recht gegeben. Er war kein Phantast, sondern der einzige nüchterne Stratege, dessen kühne Gallipoli-Idee von starrköpfigen Militärs und Bürokraten zum Scheitern gebracht worden ist. Blinde Zufälle haben mitgeholfen, den Plan noch vor seiner vollen Ausführung zunichte zu machen.

Als Churchill nach seiner ersten Anregung die Sache weiter vorantreibt, leiten ihn zwei Grundtatsachen:

- Auf den Schlachtfeldern des Westens haben sich die Kriegführenden festgefahren. Obwohl von beiden Seiten Tausende und Zehntausende von Soldaten im Trommelfeuer, in den Stacheldrahtwildnissen und undurchdringlichen Maschinengewehrgarben geopfert werden, zeigt sich nirgends ein Fortschritt. In seinen Erinnerungen findet es Churchill »plump und sinnlos«, einen Krieg zu führen, bei dem alles offensichtlich nur darauf ankam, möglichst viele Gegner totzuschlagen. Er trachtet nach einer Möglichkeit, aus der stumpfsinnigen Abnützungs- und Vernichtungspolitik der Generale herauszufinden.
- Auf dem östlichen Kriegsschauplatz zeigen sich ernste Krisenerscheinungen, über die Churchill selbst sagt: »Während der ersten drei Kriegsmonate verfeuerten die Russen im Durchschnitt 45 000 Granaten am Tage. Die russische Industrie produziert nicht mehr als 35 000 Granaten im Monat. Gegen Anfang Dezember 1914 waren kaum noch 300 000 Granaten, das heißt, der Bedarf für eine Woche, von den an-

fänglich vorhandenen Reservebeständen vorhanden. Nicht weniger verderblich war der Mangel an Gewehren. Die Kasernen des Kaiserreiches waren voll von Truppen, man konnte sie jedoch nicht bewaffnen.«

Beide Probleme will Churchill mit einem Schlag lösen. Das Unternehmen, das ihm vorschwebt, soll dem Massenmord an der Westfront ein Ende bereiten, zugleich eine massive Bedrohung Deutschlands darstellen und einen Weg für alliierte Materiallieferungen nach Rußland öffnen.

»Je bedeutender der Feldherr, um so mehr siegt er durch überlegene Taktik, um so weniger durch Blutvergießen.« Nach diesen seinen eigenen Worten entwickelt der sechsunddreißigjährige Churchill Pläne, die den ergrauten Generalen und Admiralen höchst ärgerlich vorkommen. Doch der temperamentvolle Marineminister läßt nicht locker und schreibt an den Regierungschef: »Bleibt nichts anderes übrig, als unsere Heere nach Flandern zu senden und sie gegen Stacheldraht anrennen zu lassen? Ein Einfall in Schleswig-Holstein von See her würde für Kiel eine unmittelbare Bedrohung sein und es Dänemark ermöglichen, sich uns anzuschließen. Der Hinzutritt Dänemarks zu den Verbündeten würde uns die Ostsee erschließen. Die britische Seeherrschaft über die Ostsee würde die russischen Heere in den Stand setzen, in einer Entfernung von neunzig Meilen von Berlin zu landen, und der Feind, der ohnehin an allen bestehenden Fronten hart bedrängt ist, sähe sich neuen Angriffen auf lebenswichtige Punkte gegenüber.«

»Viel zu riskant«, urteilen die Berufsstrategen, nachdem sie alles hinzögernd geprüft und beraten haben. Churchills Ostseeplan mit Blickrichtung auf Berlin wird zu den Akten gelegt.

Dafür rückt die Dardanellenidee weiter in den Vordergrund, denn inzwischen haben sich die deutschen Bemühungen verstärkt, die Türkei als Waffengefährten zu gewinnen. Wenn die Werbung Berlins Erfolg haben sollte, wird es für Großbritannien wichtig, einen Schlag gegen Konstantinopel zu führen. Wenn aber britische Kriegsschiffe vom Mittelmeer her bis zur türkischen Hauptstadt vordringen wollen, müssen sie zuerst durch die enge Dardanellenstraße ins Marmarameer gelangen. Die vorgelagerte Halbinsel Gallipoli mit ihren altertümlichen Befestigungsanlagen ist der Schlüssel dazu. Wer Gallipoli besitzt, beherrscht den Seeweg zum Bosporus und hat zu Lande eine günstige Ausgangsbasis nach Konstantinopel, nach Rußland und in den »weichen Unterleib Europas«, wie es Churchill ausdrückt.

Die einzige Frage ist, ob die Türkei wirklich an der Seite Deutschlands in den Krieg eintreten wird. Die türkische Regierung zeigt sich dazu viel weniger geneigt, als Berlin gehofft hatte. Die türkische Armee und die türkische Flotte sind in so schlechtem Zustand, daß sie einen Krieg kaum wagen können.

Da tritt ein Ereignis ein, das der jungtürkischen Kriegspartei erheblich den Rücken stärkt. Es ist von Deutschland eigens zu diesem Zweck in Szene gesetzt worden: Am 11. August 1914, gerade zehn Tage nach Kriegsausbruch, dampfen der deutsche Panzerkreuzer »Goeben« und der kleine Kreuzer »Breslau« im Bosporus ein. Es ist ihnen gelungen, sich dem Zugriff starker britischer und französischer Flotteneinheiten kämpfend zu entziehen.

In Konstantinopel wechseln die beiden Schiffe formell den Besitzer. Statt »Goeben« und »Breslau« heißen sie nun »Sultan Jawuz« und »Midilli«, statt der deutschen Farben zeigen sie die türkische Flagge. Auch mit der deutschen Besatzung geht eine Veränderung vor sich: Die Offiziere haben ihre Marinemützen abgelegt und tragen den roten türkischen Fez. Der Form nach sind es jetzt türkische Schiffe mit deutscher Besatzung in türkischen Diensten. Ihre Bedeutung ist zwiespältig genug. Sie üben einen versteckten Druck auf die türkische Regierung aus und sollen ihr zugleich das Gefühl geben, nun doch kriegsbereit zu sein.

Trotzdem will man in Konstantinopel noch immer nicht in den sauren Apfel beißen. Statt in den Krieg einzutreten, erklärt die Türkei nur den Zustand der »bewaffneten Neutralität«.

Berlin verliert die Geduld, und schließlich ist es ein Fußtritt, der die zögernde Türkei zu einem Verbündeten Deutschlands macht. Admiral Souchon, Befehlshaber der zwei türkisch-deutschen Kriegsschiffe, hilft der Weltgeschichte ein bißchen nach. Er ist »zu der Überzeugung gekommen, daß in absehbarer Zeit die türkischen Patrioten sich gegen die Verzögerungstaktik der Regierung nicht durchsetzen würden, wenn man sie nicht tatkräftig unterstützte«, bemerkt Walter von Schoen in einer Untersuchung über Gallipoli. Mit »Patrioten« meint Souchon die Kriegspartei, und so geht es weiter: »Da beschloß der Admiral, die volle Verantwortung auf sich zu nehmen und eine Lage herbeizuführen, aus der es kein Zurück mehr geben konnte. Am 27. Oktober 1914 lichteten die Kreuzer und Torpedoboote der osmanischen Flotte unter deutscher Führung die Anker und liefen in das Schwarze Meer aus.«

Die mehr zum Frieden und zur Neutralität neigenden Mitglieder der türkischen Regierung fallen aus allen Wolken, als sie von dem Coup erfahren. In Konstantinopel treffen alarmierende Nachrichten ein: Panzerkreuzer »Goeben« hat Odessa beschossen, Kreuzer »Breslau« die Petroleumlager von Noworossijsk.

Zwei Tage später hat Sultan Mehmet V. die Kriegserklärung Rußlands in Händen, gefolgt von gleichartigen Noten Frankreichs und Großbritanniens. Jetzt muß die Türkei zusammen mit Deutschland kämpfen, ob sie will oder nicht, und es ist Admiral Souchon wirklich gelungen, »eine Lage herbeizuführen, aus der es kein Zurück mehr geben konnte«. Das türkische Volk, seit jeher gewohnt, nicht gefragt zu werden, besiegelt die wunderliche Waffenbrüderschaft mit seinem Blut.

Deutsches Bier in die Türkei – und was steckt dahinter?

In London finden drei Männer in den Ereignissen eine Bestätigung ihrer Politik: Marineminister Churchill, Feldmarschall Herbert Kitchener und Admiral Sir John Fisher. Ihre Stimmen dringen immer mehr durch, und so nimmt Churchills Gallipoliplan gegen den Widerstand der festgefahrenen Westfrontgenerale handgreifliche Gestalt an.

Die Insel Zypern, bis dahin türkischer Besitz, ist gleich am Tage der Kriegserklärung von britischen Einheiten besetzt worden. Die Inseln Imbros und Lemnos, die zum Hoheitsgebiet des neutralen Griechenlands gehören, werden ebenfalls von Briten und Franzosen in Besitz genommen. Langsam sammelt sich auf diesen Stützpunkten eine Streitmacht von über achtzigtausend Mann.

Auch die Deutschen sind nicht untätig geblieben. Schon in den ersten Augusttagen hatte man in Berlin erwogen, Soldaten nach Konstantinopel zu senden, aber ein empfindliches Hindernis stand im Weg: Als Reiseweg gab es nur die Eisenbahn, und die führte durch das neutrale Rumänien. Rumänien liebte weder das mächtige Deutschland noch das so bedrohlich an seiner Grenze liegende Österreich-Ungarn. Die rumänischen Behörden dachten nicht daran, deutsche Militärtransporte durch ihr Gebiet rollen zu lassen.

In Berlin findet man einen Ausweg. Sechsundzwanzig Offiziere und 432 Mann werden in Zivilkleider gesteckt, bekommen falsche Pässe ausgestellt und fahren mit treuherzigem Augenaufschlag als harmlose Reisende durch Rumänien. Deutsches Bier, von alters her ein beliebter Exportartikel, folgt in großen Fässern, und die Rumänen sind so sehr neutral, daß sie den Inhalt nicht kontrollieren. So kommen auch Waffen, Munition und eine Anzahl Granaten glücklich in der Türkei an.

Marschall Otto Liman von Sanders, seit dem Jahre 1913 Chef der deutschen Militärmission in der Türkei, übernimmt den Oberbefehl über die deutsche Streitmacht. Den ganzen Winter hindurch bleibt für Deutsche und Türken die Frage offen, was Großbritannien nun tun wird. Die Antwort erfolgt am 19. Februar 1915 mit einem Angriff von zwölf britischen und französischen Kriegsschiffen auf die äußeren Forts der Halbinsel Gallipoli.

Es sind nur vier kleine Festungswerke mit zusammen neunzehn Geschützen. Vier ihrer Kanonen können sechs- bis achttausend Meter weit schießen, zwei über zehntausend Meter. Die angreifende britische Flotte hat eine Feuerkraft von 178 Geschützen mit viel größerer Reichweite. Sie kann ihren Eisenhagel auf die türkischen Forts schleudern, ohne selbst vom Gegner erreicht zu werden.

»Die Wirkung der Beschießung war beträchtlich«, berichtet Churchill. »Mit einem Munitionsaufwand von fünfunddreißig Schuß zerstörte ›Irresistible‹ die beiden modernen Geschütze in Fort Orkanie. Am Nachmittag gingen die Schiffe auf nahe Gefechtsentfernung heran, nahmen die Forts unter schweres Feuer und brachten alle zum Schweigen. Die Forts wurden geräumt, weil sie völlig zusammengeschossen waren.«

Einige Sprengabteilungen – nicht mehr als etwa hundert Mann – landen, jagen die verlassenen Geschütze in Sedd-el-Bahr und Kum-Kale mit Schießbaumwolle in die Luft und kehren auf ihre Schiffe zurück. »Die Türken leisteten keinen ernsthaften Widerstand«, bemerkt der Erste Lord der Admiralität. »Dabei erlitten wir nur einen Verlust von neun Mann an Toten und Verwundeten.«

Doch nun geschieht etwas Unbegreifliches. Die alliierte Armada gibt sich mit diesem Erfolg zufrieden. Statt ihn auszunützen, statt die schwachen türkischen Kräfte weiter zu zerreiben, statt sich auf der kaum verteidigten Halbinsel endgültig festzusetzen, ziehen sich die Kriegsschiffe wieder zurück. »Ich sah in diesen Tagen um mich herum nur schmunzelnde Gesichter«, erinnert sich Churchill. Von allen Seiten wird er zu dem gelungenen ersten Angriff auf die Dardanellen beglückwünscht. Er ahnt nicht, daß das Unternehmen trotzdem ein Fehler war.

In Konstantinopel hat die Nachricht von der Zerstörung der Befestigungen eine Krise ausgelöst. Der Sultan will in die asiatische Türkei fliehen und läßt schon alle Maßnahmen zum Abtransport des Hofstaates, des Serails und des Staatsschatzes treffen. Kriegsminister Enver Pascha gibt einen kopflosen Rückzugsbefehl und will überhaupt auf eine Verteidigung von Gallipoli und der Dardanellenmündung verzichten.

Liman von Sanders ist entsetzt. In seinen Memoiren bemerkt er trocken: »Diese Befehle hätten, wenn sie zur Ausführung gekommen wären, den Verlauf des Weltkrieges bereits im Frühjahr 1915 dahin beeinflußt, daß Deutschland und Österreich ohne die Türkei hätten weiterkämpfen müssen, denn sie gaben die Dardanellen einer feindlichen Landung preis.« So stellt sich der deutsche General den Befehlen des türkischen Kriegsministers entgegen. Statt die Dardanellen zu räumen, finden sich die Türken damit ab, jetzt wesentliche Teile ihrer Armee gerade an diesem Punkt konzentrieren zu müssen.

Churchills erster Angriff auf die Meerenge hat sich damit als Warnung erwiesen. Die schwach gerüstete Halbinsel, die noch im Februar mit einem Handstreich zu nehmen gewesen wäre, verwandelt sich jetzt in ein waffenstarrendes Heerlager von rund sechzigtausend Mann. In diese Masse sind etwa fünfhundert Deutsche als »Korsettstangen« eingebaut.

Als die britisch-französische Flotte am 18. März 1915 mit achtzehn Kampfschiffen wieder auf der Bildfläche erscheint, hat sich die Situation gewandelt. Trotzdem wäre es ihr auch diesmal möglich gewesen, die Durchfahrt durch die Dardanellen ins Marmarameer zu erzwingen. Daß dieses Ziel nicht erreicht worden ist, kann auf eine Kette von Zufällen zurückgeführt werden.

Einer dieser Zufälle besteht darin, daß von den Briten und Franzosen eine Reihe von Minen nicht entdeckt worden ist, obwohl die Minenräumarbeiten sehr gründlich in der ganzen Vorbereitungszeit ausgeführt waren. »So blieben die Minen unentdeckt und unbeargwöhnt liegen«, berichtet Churchill, »und da lagen sie noch, als sich die gewaltige Armada unter Admiral de Robecks Führung im hellen Sonnenschein des 18. März sammelte und majestätisch zur Durchführung der folgenschweren Unternehmung anrückte.«

Aus mehr als dreizehn Kilometer Entfernung eröffnen gegen halb zwölf Uhr mittags »Queen Elizabeth«, »Agamemnon«, »Lord Nelson« und »Inflexible« den Kampf. Bald greifen auch die anderen Schiffe ein, die Flotte rückt näher an die Küste heran, und die Geschütze der Forts beginnen zu antworten.

»Das Feuer nahm auf beiden Seiten ungeheuren Umfang an«, schreibt Churchill und fügt in seiner plastischen Ausdrucksweise hinzu: »Die mächtigen Schiffe manövrierten unausgesetzt und feuerten inmitten von Wassersäulen aus allen ihren Geschützen. Die Forts, von hell aufleuchtenden Blitzen umzuckt, waren in Wolken von Staub und Rauch gehüllt. Der Donner der Geschütze hallte von den Bergen auf beiden Seiten der Straße wider. An beiden Ufern krachten die Schüsse der Feldgeschütze. All das vereinigte sich unter dem klaren Himmel des Südens, auf dem tiefblauen ruhigen Wasser, für den Beschauer zu einem Bild von unfaßbarer Größe.« Churchill selbst gehört allerdings nicht zu den Beschauern und berichtet nur, was ihm Augenzeugen erzählt haben.

Kurz vor zwei Uhr mittags hören die türkischen Forts zu feuern auf, von vereinzelten Schüssen abgesehen. Eine alliierte Minensuchflottille tastet sich in die Meerenge vor. Es ist vier Uhr elf Minuten, als der Schlachtkreuzer »Inflexible« einen Minentreffer meldet, drei Minuten später kommt die gleiche Nachricht von dem Linienschiff »Irresistible«. Der französische Kreuzer »Bouvet« sinkt aus unbekannten Ursachen, vielleicht durch einen Treffer in die Munitionskammer, wahrscheinlich aber auch durch eine Mine. Das Linienschiff »Ocean«, das der schwerverwundeten »Irresistible« zur Hilfe kommen will, läuft in dasselbe Minenfeld und sinkt.

Sir Ian Hamilton, der Oberbefehlshaber des Gallipoli-Unternehmens, muß aus der Ferne von der Brücke der »Phaeton« zusehen, wie die stolzen Schiffe unter Qualm, Dampf und Feuerschein in den Fluten versinken. »Das Vorhandensein von Minen in diesem Seegebiet, das man als zuverlässig minenfrei annahm und das die Flotte den ganzen Tag über befahren hatte, war erschütternd«, sagt Churchill.

Auch Admiral de Robeck ist erschüttert. Der gewaltige, schaurige Anblick der sinkenden Schiffe, das Gewimmel und die Schreie der Schiffbrüchigen, die Anspannungen des ganzen Kampftages sind zuviel für seine Nerven. Entsetzt von den Ereignissen gibt er den Befehl, die Schlacht abzubrechen. Er ahnt nicht, daß er verfrüht gehandelt hat.

Zur gleichen Zeit nämlich, als sich die stählernen Kolosse aus der Einfahrt der Meerenge zurückziehen, haben die türkischen Verteidiger nur noch acht Schuß Munition zur Verfügung und keinerlei Aussicht auf Nachschub. Doch das ist erst nach dem Krieg bekanntgeworden. Admiral de Robeck weiß nichts davon, und so dampft die vereinigte Flottenmacht Großbritanniens und Frankreichs zurück, ohne den nahen Sieg errungen zu haben. Wieder ist es so, daß ein blinder Zufall den Gang des Krieges beeinflußt.

So verpaßten die Engländer ihre Chance

Türken und Deutsche auf Gallipoli und auf dem asiatischen Festland sind zunächst der Meinung, der Gegner wolle sich nur neu formieren. Der Erste Offizier des türkischen Schiffes »Hamidieh« hat darüber ausgesagt: »Als der Angriff aufgegeben wurde, sagten wir, die Engländer wären nur nach Hause gegangen, um Tee zu trinken, sie würden am nächsten Morgen, gleich nach dem Frühstück, wieder anfangen.«

Am nächsten Morgen aber bleibt alles ruhig. Der Angriff wird nicht wiederholt. Winston Churchill ahnt in den entscheidenden Stunden nicht, wie unerwartet sich sein Plan im östlichen Mittelmeer entwickelt hat. Er hat keine Möglichkeit, sofort einzugreifen.

»Ich verbrachte den 18. März in den französischen Schützengräben zwischen den Sanddünen der belgischen Küste«, schreibt er in seinen Erinnerungen. »Hier stießen die vielfach gewundenen Schützengräben, die sich von der Schweiz aus erstreckten, an die See, und der Stacheldraht lief am Ufer entlang in das salzige Wasser des Meeres hinein.

In dem Stacheldraht hingen Tote mit Seetang bedeckt, die täglich von der aufsteigenden Flut benetzt wurden, bis sie schließlich vermoderten. Andere wieder lagen in Gruppen zu zehn oder zwölf zusammen am Fuße der Sandhügel, beim Angriff hingemäht. Diese Toten lagen dort schon Monate, allmählich bedeckte sie der Sand und verwischte ihre Konturen.

Es war schönes Wetter, und ich empfand dankbar, daß meine Gedanken von den Ereignissen abgezogen wurden, die sich, wie ich wußte, an dem anderen Seeflügel der feindlichen Front abspielten. In der Nacht kehrte ich nach England zurück, um den Bericht über das Unternehmen zu hören. Ich bekam ihn frühmorgens, und auf den ersten Blick konnte man wahrnehmen, daß kein gutes Ergebnis erzielt war.«

Churchill ist freilich nicht der Mann, sich so rasch entmutigen zu lassen wie Admiral de Robeck. Für ihn ist es klar, daß der Angriff möglichst sofort wiederholt werden muß, und zwar noch ehe die Verteidiger in der Lage sind, ihre zerstörten Befestigungswerke wieder gefechtsklar zu machen, Nachschub und Verstärkungen heranzuziehen. Die Linienschiffe »London« und »Prince of Wales« bekommen den Befehl, als Ersatz für die Ausfälle zu Robecks Flotte zu stoßen. Die Franzosen senden »Henri IV« anstelle des gesunkenen »Bouvet«.

Trotzdem wird der Angriff nicht wiederaufgenommen. Offenbar hat de Robeck die Verantwortung nicht auf sich nehmen wollen. Er greift deshalb zu einem bewährten Mittel und beruft eine Konferenz ein, an der General Hamilton und General Birdwood von den Landungstruppen teilnehmen.

In Unkenntnis der wahren Lage kommen die Herren zu der Überzeugung, daß die Flotte den Angriff nicht wiederholen sollte. Unter den vielerlei Befürchtungen, mit denen sie ihren Beschluß untermauern, sind diese:

– Die Verluste an Schiffen und Minen oder Unterseebooten – man war sich über die Ursache noch nicht klar – könnten sich empfindlich erhöhen.
– Selbst wenn es der Flotte glücken würde, den Durchbruch zu erzwingen, könnte es dem Gegner gelingen, ihr den Rückweg und den Nachschub abzuschneiden.
– Der Durchbruch kann nur gewagt werden, wenn zur gleichen Zeit die Landungsarmee antritt und das beherrschende Gelände auf Gallipoli und dem asiatischen Festland besetzt.

So wird beschlossen, und so wird es in einer langen verschlüsselten Depesche nach London weitergegeben.

»Ich las dieses Telegramm mit Bestürzung«, gesteht Churchill. Er sieht die Lage ganz anders, und er sieht sie richtig, wie die Geschichte später bestätigt hat: Der Verlust der Schiffe ist von de Robeck überbewertet worden. In Wirklichkeit war nur »Inflexible« genötigt, zur Reparatur nach Malta zu gehen, während die gesunkenen Linienschiffe bald »ohnehin verschrottet« worden wären, wie Churchill weiß.

»Jedes verlorengegangene Schiff konnte ersetzt werden«, fährt der Erste Lord der Admiralität fort und gibt eine beißende Charakteristik des alten de Robeck: »Einem zünftigen Admiral galten diese alten Schiffe aber als geheiligt; sie waren, als er seinerzeit als junger Offizier zum erstenmal den Fuß auf ihr Oberdeck setzte, die besten Schiffe, die es überhaupt gab. Er war in jahrelanger Dienstzeit dahin erzogen worden, die Aufopferung eines Schiffes als unzulässig, ja als eine verwerfliche Tat anzusehen. Der Anblick eines solchen braven Schiffes, das so viele treugesinnte Männer barg und das ihnen Leben und Unterkunft bot, elendiglich untergehen zu lassen, erschien ihm als ein fürchterliches, unnatürliches Ereignis.«

Genau wie Admiral de Robeck denken aber auch die konservativen Militärs zu Wasser und zu Lande, die Churchill in London zu einer Art Gegenkonferenz einberuft. Er beschwört diesen Kreis, den Angriff sogleich wiederholen zu lassen, keinen Tag zu verlieren, dem Gegner keine Zeit zu geben. Doch die Männer am Beratungstisch von Whitehall sind der Meinung, man sollte in London nicht anders entscheiden als die unmittelbaren Befehlshaber Hamilton und de Robeck.

»Ich aber«, resigniert Churchill, »der ich mir klar darüber war, wie fürchterlich und traurig sich die Lage durch die Hinauszögerung des Angriffs zu unserem Nachteil verschieben mußte, konnte damit nicht übereinstimmen. Zum erstenmal seit Kriegsbeginn fielen scharfe Worte an dem achteckigen Tisch.«

Enver Pascha, der türkische Kriegsminister, hat später Churchills Ansicht bestätigt und erklärt: »Wenn die Engländer den Mut gehabt hätten, mit mehr Schiffen die Dardanellen zu forcieren, so hätten sie bis nach Konstantinopel kommen können. Ihr Zögern ermöglichte es uns jedoch, die Halbinsel gründlich zu befestigen, und nach sechs Wochen hatten wir über zweihundert österreichische Skodageschütze dorthin geschafft.«

Auch der deutsche Admiral Souchon, der den türkischen Kriegseintritt so eigenmächtig angezettelt hatte, bestätigt: »Wäre es der britischen Flotte gelungen, die Dardanellen zu forcieren und plötzlich vor Konstantinopel zu erscheinen, so wären die Türken gezwungen gewesen, Frieden zu schließen. Schon vor dem Kriege drohte eine Revolution gegen Enver Pascha; durch den Durchbruch der verbündeten Flotte wäre sie entflammt worden.«

Der persönliche Adjutant des deutschen Marine-Staatssekretärs Tirpitz, Kapitänleutnant Baltzer, hat die Stimmung wiedergegeben, die angesichts der Ereignisse in seiner Dienststelle herrschte: »In Berlin war man dessen gewiß, daß die britische Flotte nach dem 18. März durch die Dardanellen durchbrechen würde, denn die Türken hatten tatsächlich ihre Munitionsvorräte erschöpft. Einige Geschütze hatten überhaupt keine Munition mehr. Waren die Befestigungswerke niedergekämpft, so verloren die Minensperren ihre Bedeutung und konnten geräumt werden. Ich zweifle keinen Augenblick daran, daß die Türkei Frieden geschlossen hätte. Es wäre eine Revolution ausgebrochen. Das Erscheinen von Schiffen vor Konstantinopel hätte genügt. Nennenswerte Truppenmengen befanden sich in Konstantinopel nicht.«

Aber nicht das nachträgliche Wenn ist entscheidend. Der jugendliche Churchill wird von den ergrauten Admiralen und Generalen überstimmt: »Man sagte grundsätzlich zu allem nein, und nichts vermochte daran etwas zu ändern. Es gelang mir nicht, die Kriegsabteilung der Admiralität und den Kriegsrat zugunsten eines entschlossenen Vorgehens umzustimmen.«

In der langen Wartezeit, die nun folgt, finden die Dardanellen »hinter einem unsichtbaren, aber unüberwindlichen Wall Schutz«: hinter den Mauern der langsam mahlenden britischen Militärbürokratie, wie Churchill meint. Tatsächlich können sich Türken und Deutsche jetzt in aller Ruhe auf die erwarteten Landungsoperationen vorbereiten. Eine neue Armee, die fünfte, wird aufgestellt und dem Oberbefehl des Marschalls Liman von

Sanders übergeben. Die Halbinsel Gallipoli verwandelt sich in ein System von Schützengräben, Wällen, Verteidigungslinien, Unterständen, Sandsackbunkern und Stacheldrahtverhauen.

Als die britisch-französische Landungsoperation beginnt, ist sie zum Scheitern verurteilt. Das Unternehmen von Gallipoli wird zur katastrophalen Niederlage, zu einem sinnlosen Massengrab der Soldaten. Aber nicht Churchill hat diese Schlacht verloren, sondern der Kriegsrat. Daß der Rat später einen Sündenbock brauchte und alles auf den »Abenteurer«, auf den »Phantasten« Churchill abwälzte, ist nur allzu menschlich.

Die verspätete Schlacht, die nun anheben soll, endet nicht nur selbst in einer Katastrophe. Sie hat letzten Endes eine noch viel größere Umwälzung zur Folge gehabt und das Gesicht der Welt bis auf den heutigen Tag verändert. Churchill und mit ihm viele andere weitsichtige Männer haben die Auswirkungen analysiert: Mit dem Scheitern des britisch-französischen Angriffs ist das Hauptziel dieses Feldzuges nicht erreicht worden, nämlich der Durchbruch nach Konstantinopel und die Herstellung einer direkten Verbindung nach Rußland. Rußland mit einem Strom von Waffen und Munition, mit Kriegsmaterial aller Art zu versorgen, war ja der Grundgedanke Churchills gewesen, als er den Angriff auf die Dardanellen vorgeschlagen hatte. Rußland bleibt nun ohne diesen Nachschub, die Versorgung seiner Armeen mit Waffen, Munition und Ausrüstung bricht zusammen, es muß Sonderfrieden schließen und wird eine Beute der bolschewistischen Revolution.

Es hätte keine Revolution gegeben und es würde heute kein kommunistisches Rußland, keine Sowjetunion geben, wenn Churchills Dardanellenplan entschlossen und ohne Zögern zur Ausführung gebracht worden wäre. So sagen manche Experten. Haben sie wirklich recht? Ihrer Meinung nach hat sich 1915 das Schicksal der Welt entschieden, weil die Nerven des wackeren Admirals de Robeck den Anblick der untergehenden britischen Schiffe nicht ertragen konnten und Churchill feststellen mußte: »Gleiche Gefühle beseelten die Männer, die um den Beratungstisch der Admiralität in Whitehall herumsaßen.«

»Die Engländer ließen mir bis zu ihrer großen Landung volle vier Wochen Zeit«, berichtet Verteidiger Liman von Sanders. Er bereitet alles für den Empfang vor. Und als der Angriff schließlich beginnt, leiden die Briten unter Munitionsmangel. Der unersättliche Moloch Westfront hat mehr gefressen, als produziert werden konnte: »Die britische Armee in Frankreich«, gesteht Churchill, »kratzte alles zusammen und sammelte alle verfügbare Munition für die große Offensive, die Anfang Mai gegen die Deutschen geplant war.« Am Dardanellen-Unternehmen wird gespart.

Augenzeugenberichte aus der Hölle von Gallipoli

Offiziere mit bleichen Gesichtern, so berichtet Liman von Sanders, melden dem deutschen Befehlshaber im Morgengrauen des 25. April 1915, daß die Landung gewaltiger Truppenmassen begonnen hat. Briten, Australier, Neuseeländer, Inder, Franzosen, Senegalneger werden ausgeschifft, und schon jetzt beginnt das Grauen, das nun monatelang anhalten soll und immer neue Zehntausende ins Grab wirft.

In der sogenannten V-Bucht, wo der Transporter »River Clyde« auf den Strand setzt, um zweitausend Mann über die Unterwasser-Stacheldraht-Hindernisse hinwegzubringen, ereignen sich grauenhafte Szenen. Hier ist die flache Sandküste von ringsum aufsteigenden Höhen umgeben, einer idealen Verteidigungsstellung. »In wenigen Minuten«, berichtet Churchill, »war mehr als die Hälfte von allen, die vorgegangen waren, gefallen. Alles rundum war mit Toten oder Sterbenden übersät und verstopft.«

Ashmead Bartlett, der als Kriegsberichterstatter an Bord des Panzerkreuzers »London« ist, schreibt:

»Von den ersten Verwundeten, die später in einer Dampfpinasse zurückkamen, erfuhren wir, was sich in jenen ersten wilden Augenblicken ereignet hatte. Das Ufer war von den Booten nahezu erreicht, als eine Abteilung Türken, die dicht am Uferrand verschanzt waren, ein furchtbares Feuer eröffnete. Viele von den Leuten, die zu vierzig und fünfzig in den Booten zusammengedrängt standen, wurden getroffen.

Auch die Ausschiffung ging unter einem furchtbaren Feuer, oft aus nächster Nähe, vor sich. Man konnte sehen, wie die dichtgefüllten Boote von den Pinassen, Leichtern und Zerstörern abgeseilt und dann von sechs bis acht Seeleuten an Land gerudert wurden. Sobald der Strand erreicht war, sprangen die Soldaten heraus und eilten über vierzig Meter offenes Gelände, bis sie in den Dünen Deckung fanden. Die tapfere Bemannung aber mußte erst unter einem höllischen Feuer, das aus hundert verborgenen Stellen kam, zurückrudern.«

Ein neuseeländischer Kampfteilnehmer hat seine Erlebnisse in der »Times« geschildert:

»Wir zogen an Verbandsstationen vorbei, die bereits mit Tragbahren und Verwundeten überfüllt waren. Unsere Verwundeten kamen in schier endlosen Zügen herein. Sie gebrauchten Ausdrücke, die nicht aus der Sonntagsschule stammten.

Dann kam ein mühseliges, ermattendes Klettern über die hohen Dünen. Verborgene Scharfschützen lagen überall im Hinterhalt. Hunderte von Kugeln schlugen um uns herum in die Steine und Büsche ein. So gelangten wir bis zur Feuerlinie, wo ich einem australischen Regiment als Entfernungsschätzer zugeteilt wurde, was meine Spezialität ist.

Ich sah durch das Fernrohr genau alle Bewegungen der Türken und vermochte ihren Bajonettangriff in seiner ganzen Entwicklung zu verfolgen. Bald aber kam auch unser eigener Schützengraben an die Reihe. Ein paar türkische Scharfschützen mußten irgendwie herausgefunden haben, wo der Entfernungsschätzer stand, denn kurz nacheinander schlugen mehrere Kugeln haarscharf neben mir ein, und ein Mann, der vor mir gestanden hatte, sank plötzlich um und wälzte sich auf mich.

›Fertig‹, sagte er schwach. Dann fügte er noch hinzu: ›Das Geld im Beutel meiner Frau und den Kindern – ach, verfluchte Schweine!‹

Und plötzlich geschah etwas ganz Merkwürdiges: Der Sterbende, der schon fast bewußtlos war, richtete sich mit aller Kraft ein letztes Mal auf, kniete nieder, schob sein Gewehr über den Grabenrand hinaus, zielte mit zitternden Händen irgendwohin ins Blaue hinein, drückte ab und brach im nämlichen Augenblick tot zusammen.

Von der Bucht her kam ein ununterbrochenes Donnern, das pfeifende Zischen der schweren Geschosse wurde immer heftiger. Als die 15-Zoll-Geschütze sich schließlich noch einmischten, blieb uns nichts anderes übrig, als Gras in die Ohren zu stopfen. Es war durchaus unmöglich, irgendein Kommando zu verstehen ... Drei Stunden lang dauerte diese heftige Kanonade, während der wir, allerdings mit sehr schweren Opfern, festen Fuß faßten.«

Ein Sonderberichterstatter des Pariser »Journal«, André Tudesq, geht mit der zweiten Welle an Land, kommt lebend wieder zurück und kabelt seinem Blatt:

»Zur Rechten erhob sich ein gewaltiger Schiffsrumpf ..., mit dem Kiel in den Sand gebohrt, verlassen und unbeweglich. Das war ›River Clyde‹, der erste englische Landungsdampfer, ein mit Granaten gespicktes Wrack, in dessen Schatten die Truppen das Land betraten. Ein Gespensterschiff, das langsam von den Wellen zerfressen wurde.

Die Granaten fahren zischend neben uns in die Wellen, während wir vor der Holzbrücke beilegen. Kaum hat der erste von uns den Fuß an Land gesetzt, als ein sausendes Pfeifen über unsere Köpfe jagt. Einen Augenblick lang wird eine Erscheinung sichtbar, die einem fliegenden Feuerwerk gleicht. Schwarzer Rauch steigt auf, die Erde erzittert, die Landungsbrücke ist mit Sand bedeckt. Schrapnells! Wer sie einmal gehört hat, wird sie nie mehr vergessen. Von den 522 Mann, die diesmal ausgeschifft wurden, ist eine Anzahl . . . wie Staub verweht!«

Achtzigtausend Soldaten unter dem Oberbefehl General Hamiltons fallen bei Gallipoli, fast siebzigtausend Türken kommen auf der anderen Seite ums Leben. Das Landungskorps der Alliierten kann zwar festen Fuß fassen, aber es gelingt ihm nicht, weiter vorzudringen. Jeder Tag bringt neue schwere Verluste, und als Hamilton am 6. Mai 1915 beginnt, drei Tage lang mit fünfzigtausend Briten und Franzosen zu stürmen, kommt er nur wenige hundert Meter vorwärts und verliert fast zwanzigtausend Mann.

»Die Lage nach dieser Schlacht war furchtbar«, erinnert sich Churchill. »Von den Stellungen, die die Halbinsel beherrschten, befand sich keine in unserer Hand. Die gesamten verfügbaren britischen Reserven waren eingesetzt und hatten starke Einbußen erlitten. Jedes Bataillon hatte ernste Verluste gehabt, und es war keine Möglichkeit gegeben, die Lücken wieder auszufüllen. Am 9. berichtete Sir Ian Hamilton, daß es unmöglich sei, mit den ihm zur Verfügung stehenden Streitkräften die türkischen Linien zu durchbrechen.«

Churchill ist überzeugt, daß nur ein neuer Vorstoß der Flotte die Lage ändern kann, und sogar Admiral de Robeck ist von seinen Offizieren überredet worden, in London einen neuen Angriff zur See vorzuschlagen. Wieder wird in Whitehall nein gesagt. Lord Fisher, Oberbefehlshaber der Kriegsmarine, »hat an der Bürde seines Amtes schwer zu tragen, seine 74 Jahre lasten auf ihm«, knirscht Churchill. »Er litt stark unter nervöser Anspannung.«

Als Fisher im Mai 1915 nach einer Auseinandersetzung mit Churchill eigensinnig zurücktritt und auch dem Befehl, »im Namen des Königs auf seine Stelle zurückzukehren«, nicht Folge leistet, ist die Situation gänzlich verfahren. Denn nun wankt auch Churchills Ministersessel. Premierminister Asquith, der sich schon zur Entfernung Churchills entschlossen hat, kleidet es in einem persönlichen Gespräch in die Worte: »Was können wir für Sie tun?«

»Ich ersah daraus sofort«, schreibt Churchill in seinen Erinnerungen, »daß mein Rücktritt von der Admiralität beschlossen war und erwiderte, daß Mister Balfour mein Nachfolger werden könne.«

»Möchten Sie ein neues Amt in der Regierung übernehmen oder ein Kommando in Frankreich?« fragt Asquith jetzt direkt.

In diesem Augenblick tritt Schatzkanzler Lloyd George ins Zimmer, erfaßt die Situation mit einem Blick und platzt heraus: »Warum geben Sie ihm nicht das Kolonialamt? Dort ist eine große Arbeit zu leisten.«

»Ich konnte dieser Anregung nicht folgen«, schließt Churchill trocken.

Die große Umgruppierung hat begonnen. Churchill wird Kanzler des Herzogtums Lancaster, einer jener vielen Posten in Großbritannien, auf die man vergreiste Leute ehrenhalber abzuschieben pflegt.

General Monro – »Er kam, sah und fiel um«

Aber mit Veränderungen im Kabinett ist die Kriegslage auf der Halbinsel Gallipoli nicht gewendet. Verzweifelt fragt sich der Kriegsrat, »ob wir das Dardanellenunternehmen fortsetzen oder mit unseren Verlusten Schluß machen und abrücken sollten«. Es kommt zu keiner Einigung. Eine kostbare Woche nach der anderen verstreicht, während das Landungskorps in seinen Stellungen liegt, weiter dezimiert wird und untätig zusehen muß, wie sich auf der Gegenseite zehn neue türkische Divisionen aufstellen und kampfbereit machen.

Manchmal brechen die Alliierten aus ihren Stellungen hervor, ebensooft kommt es zu türkischen Angriffen, doch für keine Partei ergibt sich ein entscheidender Vorteil. Der deutsche Admiral Souchon von Usedom berichtet am 20. Juli an Kaiser Wilhelm: »Der Kampf gegen die gelandeten feindlichen

Truppen fordert fortgesetzt große Opfer und hat dem Verteidiger bisher keine Vorteile gebracht. Aussichten, den Feind ins Wasser zu werfen, sind meines Erachtens zur Zeit nicht vorhanden. Wie lange die fünfte Armee dem Gegner noch standzuhalten vermag, entzieht sich meinem Urteil. Wenn keine Munition aus Deutschland durchkommt, wird dies nur eine Frage verhältnismäßig kurzer Zeit sein.«

Am 6. August 1915 unternehmen Briten und Franzosen einen letzten Ansturm. Rund 120000 Mann erheben sich aus ihren Stellungen und gehen gegen die hunderttausend Türken des Generals Liman von Sanders vor. »Die Annalen des britischen Heeres enthalten kein herzzerbrechenderes Blatt als das über die Schlacht in der Sulvabucht«, schreibt Churchill über diesen Tag.

Oberst Cecil Allanson, der den Sturmangriff mitmachte, hat achtundvierzig Stunden später in sein Tagebuch geschrieben:

»Dann stürmten wir vorwärts, alle Hand in Hand. Oben stießen wir auf die Türken. Le Marchand war hin, Bajonettstich ins Herz. Ich bekam einen Stich ins Bein, dann, ich glaube zehn Minuten lang, kämpften wir Mann gegen Mann. Wir bissen um uns, hieben mit der Faust drein und benutzten Gewehre und Pistolen zum Schlagen.

Dann wandten sich die Türken zur Flucht. Wie ich so um mich blickte, bemerkte ich, daß man uns nicht unterstützte. Ich ging in die Schützengräben zurück, machte dem General Meldung und betonte, daß wir uns zurückziehen müßten, wenn wir nicht erhebliche Verstärkung erhielten.

Der General sagte mir darauf, daß die Angriffe fast an allen anderen Stellen fehlgeschlagen seien.«

»Wie hoch«, fragt Kriegsminister Lord Kitchener bei General Hamilton an, »wie hoch würden Sie die voraussichtlichen Verluste unserer Streitkräfte einschätzen, wenn wir uns dazu entschlössen, die Halbinsel Gallipoli zu räumen?«

»Man täte gut«, telegraphiert Hamilton zurück, »sich beim Rückzug von Gallipoli auf den Verlust der Hälfte der gesamten Streitmacht gefaßt zu machen.«

In London ist man so entsetzt, daß man zunächst einmal Hamilton seines Postens enthebt. An seine Stelle befiehlt man General Monro, der bisher in Frankreich eine Armee geführt hat, einen Mann, dessen Devise lautet: »Möglichst viele Deutsche totschlagen!«

Monro eilt ins Mittelmeer. »Er war ein Offizier von schnellen Entschlüssen«, bemerkt Churchill. »Er kam, sah und fiel um«, das heißt: trat für den Rückzug ein. Lord Kitchener selbst kommt nach Gallipoli, hört Monros Bericht und spricht ebenfalls von Räumung. So gelangt auch die britische Regierung zu dem Entschluß, »das Unternehmen abzubauen, koste es, was es wolle«.

Am 19. Dezember 1915 tritt die britische Flotte wieder in Tätigkeit: Im Schutz dichten Nebels vollbringt sie ein Meisterwerk der Organisation und nimmt das ganze Expeditionskorps fast ohne Verluste auf. Unübersehbare Mengen an Waffen, Verpflegung und Ausrüstung müssen allerdings zurückgelassen werden.

Als sich der Dunst verzieht und die Sonne durchbricht, können die Türken überrascht feststellen, daß der Feind verschwunden ist. Nach acht Monaten ist das kühne Unternehmen erfolglos abgebrochen worden. Churchills große Idee ist an Zufällen, Unzulänglichkeiten und der Kurzsicht der Militärs gescheitert.

Zuletzt allerdings, als alles vertan und vergeudet war, Zeit, günstige Gelegenheit, Material und unsagbarer Opfermut, war der Rückzug wirklich unvermeidlich, denn inzwischen ist ein neues Ereignis eingetreten: Die deutschen Armeen sind auf dem Balkan durchgebrochen und haben eine direkte Landverbindung in die Türkei hergestellt.

Der Krieg im Heiligen Land

Das Abenteuer von Gallipoli wurde für die Engländer und Franzosen ein Fiasko. Nicht besser sollte es den Mittelmächten im Vorderen Orient ergehen – aber erst einige Zeit später. Vorerst ergreifen Deutschland und Österreich die Initiative.

Noch Ende 1914 hat Serbien den Ansturm der Habsburger Streitmacht abgewehrt, doch nun, im Oktober 1915, führt Generalfeldmarschall von Mackensen einen entscheidenden Schlag. Deutsche, österreichische und ungarische Truppen treten zum Kampf an. Dazu kommt auch noch die bulgarische Armee, nachdem sich König Ferdinand von Bulgarien bereit gefunden hat, an der Seite Deutschlands in den Krieg einzutreten.

Freilich, Ferdinand hat nicht aus übermächtiger Liebe zu Deutschland gehandelt, sondern weil ihm Berlin ein persönliches Bestechungsgeld von mehreren Millionen garantierte – dessen Raten im übrigen noch im Jahre 1930 von der Reichsregierung abgestottert wurden. Hinzu kam die maßlose Eitelkeit Zar Ferdinands. Er glaubte allen Ernstes, an der Spitze seines Heeres in Konstantinopel einziehen und sich zum Kaiser von Byzanz ausrufen lassen zu können. Zu diesem Zweck führte er in seinem Gepäck einen phantastischen Krönungsornat mit sich, den er dem Fundus eines Wandertheaters entliehen hatte.

Immerhin, die Mittelmächte sind um einen Verbündeten stärker geworden. Mackensen kann somit auch über die Truppen des Generals Bojadjew verfügen. Auf ihnen liegt sogar die Hauptlast bei der Niederwerfung Serbiens und dessen Verbündeten, des Königreichs Montenegro. Serbien ist allerdings kein ernsthafter Gegner mehr. Verzweifelt hat Ministerpräsident Pašić seit Monaten in französischen und englischen Zeitungen Hilferufe nach westlicher Unterstützung erscheinen lassen. Vergeblich hat er versucht, trotz des Kriegszustandes Österreichs Wohlwollen zu erwerben und als Opfergabe Oberst Dimitrijević unter einer falschen Anklage erschießen lassen – denselben Dimitrijević, der das Attentat von Sarajewo organisierte.

Ganz Serbien glich einem riesigen Totenacker

Eine entsetzliche Folge von Seuchen hat den ganzen Sommer über in Serbien gewütet. Zuerst flackert die Cholera auf, dann kommt das Fleckfieber. Der Chefarzt einer niederländischen Sanitätsmission, Dr. van Tienhoven, hat an Ort und Stelle miterlebt, was diese Geißeln im Gefolge des Krieges bedeuten:

»Der Flecktyphus verbreitete sich mit Blitzesschnelle durchs ganze Land. Eine dumpfe Niedergeschlagenheit bemächtigte sich des Volkes, das Land glich einem riesigen Totenacker. Die Verhältnisse in Valjevo spotteten jeder Beschreibung. Tausende von Menschenleichen und Pferdekadavern neben Tausenden Verwundeter bedeckten die blutüberströmten Straßen.

Als wir ankamen, wußten wir nicht, womit anfangen: den Verwundeten Hilfe bringen, die Toten begraben oder den unglaublichen Schmutz fortschaffen. Die Leichen lagen ja seit drei Wochen unbeerdigt, die Verwundeten über vierzehn Tage ungewaschen, ohne jedweden Verband, auf hartem Fußboden, in Korridoren, sogar in den Kellern. Dazu fehlte es an allem, an Decken und Matratzen, selbst an den primitivsten Desinfektionsmitteln.

Die Epidemie raffte täglich 1300 Personen hinweg, und die entkräfteten, mangelhaft ernährten, mit Ungeziefer bedeckten Soldaten führten ihr immer neue Opfer zu. Tote wurden öfters mit Pferdekadavern zusammen in Massengräber hineingeworfen. Binnen ganz kurzer Zeit starben 63 Ärzte.«

Sir Thomas Lipton, der ebenfalls eine Sanitätsmission in Serbien geführt hat, findet ähnliche Worte in seinen Erinnerungen: »In Niš starben an einem Tag durchschnittlich dreihundert Personen. Ich wage nicht daran zu denken, was mit den Frauen geschah. In allen Hospitälern Serbiens sah ich nirgends weibliche Patienten, die, wie ich fürchte, in ihren eigenen Häusern sterben mußten, ohne Arzt oder Arzneimittel.

Ebenso schrecklich war das Los der ungefähr sechzigtausend Kriegsgefangenen.«

So sehen die Folgen des Spiels einiger übermütiger Militärs aus. Das serbische Volk und Zehntausende willenloser Soldaten müssen ertragen, was ihnen eine Handvoll Männer aufgebürdet hat. Aber es soll noch schlimmer kommen.

Kaum ist die Epidemie erloschen, stoßen die Armeen der Mittelmächte in das geschwächte Land vor. Ihr Übergang über die Donau, über Drina und Save, die Besetzung Belgrads und die Schlacht auf dem historischen Amselfeld gehen in die Kriegsbücher ein, doch wie immer schweigen die meisten Blätter vom Leid und Elend der Bevölkerung, von den unglaublichen Schrecknissen, denen die geschlagene serbische Armee ausgesetzt ist.

In einer großen Umklammerung werden die Reste der Serben gegen die schroffen Gebirge an der albanischen Grenze getrieben. Fünfunddreißigtausend retten sich erschöpft, waffenlos und aufgelöst in der Enge des Lums-Küküs-Passes. Die nachrückenden Bulgaren machen sich ein Vergnügen daraus, fünf Stunden lang mit ihrer Artillerie in die Panik hineinzuschießen und eines der widerlichsten Blutbäder des Krieges anzurichten.

Albanien ist das letzte rettende Ziel für alle, aber der Weg dorthin ist die Hölle. Der amerikanische Kriegskorrespondent Louis Edgar Brown hat den Elendszug mitgemacht. Sein Bericht ist ein erschütterndes Dokument:

> »Halbtot vor Erschöpfung, mit infizierten Wunden und blasenbedeckten Füßen kamen die serbischen Truppen an. Sie lebten von dem, was sie am Wege fanden. Jedes Pferd, das fiel, wurde mit dem Bajonett getötet und zerlegt und das Fleisch oft genug roh gegessen. Nur in den allerersten Tagen gelangten noch erschöpfte Pferde nach Skutari in Albanien, dann nicht eines mehr; alle wurden unterwegs geschlachtet und verzehrt.
>
> Auf der ganzen Strecke gab es fast nirgends eine Möglichkeit, Feuer zu machen. Die Soldaten mußten durch reißende Ströme waten, die so tief waren, daß ihnen das Was-

ser bis an die Achselhöhlen ging. Die scharfen Steine der Straße zerschnitten Schuhe und Füße. Der Weg war eine lange Blutspur geworden. Viele starben unterwegs vor Hunger und Kälte. Die meisten hatten nur noch zwei Gedanken: Brot und Rettung vor den Bulgaren.«

»Ich danke euch, meine Freunde«

Der Winter hat auf den Höhen schon begonnen. Henri Barby, ein französischer Kriegsberichterstatter, macht den Marsch in der Umgebung des serbischen Kronprinzen Alexander mit und schreibt:

»Gleich bei unserem Aufbruch, der zur gewohnten Stunde um vier Uhr morgens stattfindet, stellen wir fest, daß etwa dreißig Mann erfrorene Füße haben. Viele haben auch schlimme Frostbeulen an den Händen. Dem Kronprinzen Alexander folgt eine jämmerliche Eskorte. Zwei von seinen Soldaten können nicht mehr weiter. Sie liegen kaum zwanzig Meter von unserem Biwak entfernt, ausgestreckt vor dem Aschenrest ihres erloschenen Feuers, so daß man glauben könnte, sie schliefen noch. In Wirklichkeit waren sie in ihrer eisharten Uniform für immer erstarrt . . .

Nachdem wir am Morgen des 30. November einen Gießbach glücklich hinter uns gebracht haben, müssen wir an den schwierigen Aufstieg des 889 Meter hohen Ani-Rape heran.

Der Saumpfad hat an manchen Steilhängen eine Neigung von dreißig Prozent. Ein paar Pferde sinken hinab in die Schluchten. Kaum sind wir auf der anderen Seite vom Berg wieder herunter, da haben wir einen neuen, noch höheren zu ersteigen. Es ist der 964 Meter hohe Karberg.

Offiziere und Soldaten können nicht mehr weiter. Ihre Füße befinden sich in einem furchtbaren Zustand. Der Abstieg hatte sich auf engen und eisglatten Wegen und Stegen vollzogen. Keiner konnte sich mehr aufrecht halten, jeden

Augenblick stürzte einer hin und rollte in das höllische Schluchtenlabyrinth hinab.

Die Schatten der Nacht senken sich auf uns hernieder und hüllen uns ein. In dichter Finsternis tasten wir uns im Schnee weiter. Wir suchen nach Leichen. Sie allein können für uns jetzt noch eine schauerliche Wegmarkierung bilden. Durch und durch naß, mit einem Eispanzer vom Scheitel bis zur Sohle überzogen, schleppen wir uns weiter.«

König Peter von Serbien und sein Oberbefehlshaber, General Putnik, fliehen durch das Mati-Gebirge nach Albanien. Kränklich, an Entbehrungen und Anstrengungen nicht gewöhnt, werden die beiden Männer von ein paar Soldaten getragen. Aus leeren Kisten und zwei Stangen haben die letzten Untertanen ihrem Herrscher eine Art Sänfte gebaut, mit Nägeln, Schnüren und Draht notdürftig zusammengehalten, von Decken und Kartoffelsäcken halbwegs gegen die eisigen Sturmwinde geschützt.

In diesem sargähnlichen Gebilde, schwankend im holprigen Schritt der Träger, verläßt der König sein Land. Ein albanischer Arzt, der dem gespenstischen Zug in den Bergen begegnete, hat dieses Erlebnis geschildert. Er selbst übernachtet in einem halbzerfallenen Haus, durch dessen Ritzen der Sturm hereinheult. Dorfbewohner und Flüchtlinge haben sich hier zusammengedrängt. Plötzlich, so erinnert sich der Albaner, klopft es mit starken Schlägen an die Tür. Alles fährt erschrocken hoch. Draußen befiehlt eine heisere Stimme: »Aufmachen!«

Jemand kommt dem Befehl nach. Durch die geöffnete Tür sind gegen den Nachthimmel die Umrisse von Soldaten zu erkennen. Zwei von ihnen tragen einen dritten, der in einen großen Mantel eingehüllt ist. Sie tragen ihn vorsichtig in den Raum, wahrscheinlich handelt es sich um einen Verwundeten. »Macht Feuer!« befehlen die Soldaten.

»Die brennenden Scheite flammen auf«, berichtet der Arzt, »und bei dem Lichtschein erkenne ich jetzt in dem Dritten mit dem vertrockneten Zigeunergesicht, den wirren, weißen Haarsträhnen und dem herabhängenden weißen Schnurrbart den König Peter von Serbien.«

Noch zwei Soldaten, gefolgt von zwei Offizieren, kommen in das Haus. Sie tragen Kisten, entnehmen ihnen ein paar zerschlissene Decken und bereiten dem König ein elendes Lager. Peter seufzt und sagt leise: »Ich danke euch, meine Brüder, ich danke euch.« Er lehnt es ab, etwas zu essen, nimmt nur einen Schluck aus einem angebotenen Becher.

»Stumpf und stumm, ohne ein Wort zu reden, sitzen die Offiziere um ihren König herum«, fährt der Arzt in seinem Bericht fort. »Dann strecken sie sich auf dem Boden aus, so gut es geht, aber ich glaube, von ihnen hat keiner geschlafen, und noch ehe das Dunkel sich lichtet, erheben sich der König und seine Begleiter, um über die finsteren, ungastlichen Berge Albaniens weiter zu fliehen.«

Königin Milena von Montenegro, die mit ihren Töchtern Xenia und Wera ebenfalls auf abenteuerlichen Wegen geflohen ist, gelangt über Italien nach Frankreich. Als sie in Lyon ankommt, schreibt eine Pariser Zeitung: »Sie gleicht einer armen Frau vom Lande, die mit ihren Töchtern in die Stadt reist.«

Zerstoben ist die Herrlichkeit der Fürstenhäuser des Balkans. Vernichtet und zerrissen sind Lebenskreis und Familienbande der Völker, Blut und Gräber füllen den zerwühlten Boden. Die Drachensaat von Sarajewo ist aufgegangen.

Gewaltmarsch durch die Wüste – ein Erfolg ohne Lorbeeren

Mackensens Offensive hat – mit anderen Worten und von der deutschen Seite aus gesehen – Erfolg gehabt. Der Weg nach Konstantinopel ist frei. Was bisher mit allerlei Listen durch das neutrale Rumänien geschmuggelt werden mußte, rollt jetzt frei und ungehindert in die verbündete Türkei: Truppen und Kriegsmaterial.

Mit dem freien Verbindungsweg der Mittelmächte in den Vorderen Orient hat sich natürlich für Großbritannien eine neue Frage erhoben. Werden die Türken mit deutscher Hilfe imstande sein, einen Vorstoß gegen den Suezkanal zu machen und die Lebensader zum fernöstlichen Kolonialreich abzuschneiden? Schon einmal nämlich, im November 1914, ist es zu einem deutsch-türkischen Unternehmen gegen den Suezkanal gekommen, das allerdings keinen ernsthaften Schaden anrichten konnte.

Der General der Artillerie Friedrich Freiherr Kress von Kressenstein, von den Türken der Einfachheit halber nur »Kress Bey« genannt, wagt mit sechzehntausend Türken und viertausend Syrern den Marsch durch die Wüste. Dazu hat er sieben deutsche Offiziere und annähernd neuntausend Kamele in seiner Karawane. Man muß sich daran erinnern, daß die Länder des Nahen Ostens zur damaligen Zeit nichts anderes waren als türkische Provinzen, Teile des riesigen Osmanischen Reiches.

Es gibt auf dem Weg ein großes Hindernis: die Wüste Sinai. Hier gibt es keine Bahn, keine Straße, keinen Grashalm. Jeder Tropfen Wasser, jeder Krümel Verpflegung muß auf Kamelrücken herangeschafft werden. Aber Kress will in wenigen Tagen schaffen, wozu die Stämme Israels nach den Worten der Bibel vierzig Jahre brauchten. Der Krieg zieht ins Heilige Land!

Reiter mit Krummsäbeln und roten Fahnen, auf denen der weiße Halbmond leuchtet, galoppieren von Jerusalem in die entlegensten arabischen Dörfer, zu Beduinenstämmen und fernen Scheiks, um alle Männer zu den Waffen zu rufen.

»Unmöglich«, sagt der britische Kriegsminister Lord Kitchener, als er von der geplanten Durchquerung der Wüste hört. Nicht einmal militärische Karten gibt es von diesem Gebiet, und das türkische Heer muß auf die Touristenkarten der deutschen Palästinagesellschaft zurückgreifen, sich im übrigen auf die Sterne und das Glück verlassen.

Die britischen Kanalwachen fühlen sich so sicher, daß sie gerade Fußball spielen, als am 2. Februar 1915 anschwellender Gefechtslärm die Ankunft der Expedition ankündigt. Einige Pontons unter der Führung von Hauptmann Gerlach haben sogar schon den Kanal überquert.

Ein britisches Torpedoboot ist als erstes zur Gegenwehr auf der Bildfläche. Es belegt die Übergangsstelle mit vernichtendem Feuer. Wenige Minuten später heulen die schweren Granaten von Schiffsgeschützen heran. Marschall Liman von Sanders berichtet, wie sich »der arabischen Soldaten sofort eine Panik bemächtigt. Ein Teil dieser Mannschaften, die schon in den Booten waren, sprang wieder heraus. Andere warfen die Pontons und Flöße, die sie zum Ufer trugen, zu Boden.«

Brüllend stiebt das arabische Angriffsheer auseinander, und als an den Ufern des Kanals noch zwei britische Panzerzüge angedampft kommen, ist der Feldzug gegen die Schlagader des Weltreichs gescheitert. Am 3. Februar muß Kress den Rückzug befehlen.

Das türkische Heer kann den Arabern keinen Rückhalt geben. Es ist selbst zur damaligen Zeit in einem Zustand, den der deutsche Generalmajor Hans Guhr mit den Worten beschreibt: »Die Bekleidung und Ausrüstung war jammervoll. Stiefel und Leibwäsche besaßen die Offiziere nur vereinzelt. Die Mannschaft trug nur selbstgefertigte Fellsandalen, die an Riemen, Stricken oder Bindfaden an den Unterschenkeln festgebunden wurden. Durch den Mangel an Flickstoffen waren die Anzüge völlig zerrissen. Die Bezeichnung Uniform war nicht am Platze.«

Im türkischen Feudalstaat nimmt niemand daran Anstoß. Gewöhnung an das Elend anderer und vollkommene Menschenverachtung zeichnen alle Höhergestellten aus. Kriegsminister Enver Pascha selbst hat davon ein grausiges Zeugnis abgelegt. Obwohl ihn alle deutschen Militärberater davor warnen, verfolgt er plötzlich die »ganz phantastische Idee«, wie Liman von Sanders bemerkt, in den winterlich unzugänglichen Kaukasus vorzudringen, »um die Russen anzugreifen und später über Afghanistan nach Indien zu marschieren«.

»Der ehrgeizige Enver Pascha strebte mit aller Macht nach dem ihm noch fehlenden Kriegsruhm«, stellt Generalmajor Guhr trocken fest. Aber dem Wahn eines einzelnen müssen Tausende geopfert werden. Guhr fährt fort: »Die Truppen, denen Mäntel, Zeltbahnen, Pelze und Stiefel fast gänzlich fehlten, waren gar nicht in der Lage, einen Winterfeldzug durchzuhalten. Neunzigtausend Mann mit den zugehörigen Tieren wurden eingesetzt. Schon nach vierzehn Tagen blieb die Gesamtbewegung in Schnee und Eis stecken. Zwanzigtausend Mann kann man wohl als blutige Verluste bei belanglosen Vorhutgefechten rechnen, alles übrige aber wurde nutzlos geopfert. Die Blüte der Osmanen war hier entweder mangels warmer Bekleidung erfroren oder durch das Ausbleiben der Verpflegung verhungert.«

»Von der gesamten Armee«, ergänzt Marschall Liman von Sanders, »sind nur etwa zwölftausend Mann zurückgekommen. Alles andere war gefallen, gefangen, verhungert oder in den Schneebiwaks ohne Zelt erfroren.«

Enver Pascha eilt bestürzt nach Konstantinopel zurück und tut, was ein rechter Machthaber in solchen Fällen zu tun pflegt: Er verbietet jede Nachricht über die Katastrophe. »Es war verboten, darüber zu sprechen«, schließt Liman seinen Bericht. »Die gegen den Befehl Handelnden wurden festgenommen und bestraft.«

Das Heilige Land zeigt sein schrecklichstes Gesicht

Es scheint, als würden alle Gewalten über die Truppen im Heiligen Land herfallen. Malaria, Fleckfieber und Cholera treten auf, in drei Wochen wird die 59. Division der Türken vollständig von der Seuche vernichtet. Der deutsche Arzt Dr. Steuber hat die unübersehbaren Krankenplätze besucht: »Die Schwerkranken liegen etwas seitab, sie winden sich in schmerzhaften Krämpfen, beschmutzt, auf steinigem Fußboden. Die 59. Division erschien mir als ein Depot halb- oder ganz unentwickelter junger Menschen und von Krieg und Alter zermürbter Krüppel, alle zerlumpt und halb verhungert.«

Während die Seuche wütet, fallen fünf Heuschreckenzüge über die bebauten Felder her: »Stundenlang folgten einander die Schwärme in so dichten Scharen, daß die Luft schwefelgelb aussah und der Himmel von Norden her verdüstert wurde.« Obwohl die Regierung Belohnung aussetzt und 149 472 Kilogramm Heuschrecken und 566 406 Kilogramm Heuschreckeneier von der Bevölkerung abgeliefert werden, folgt der Plage bald eine Hungersnot.

»Als ich die Ruinen des Baaltempels in Baalbek verlassen hatte«, berichtet Dr. Steuber, »sah ich zwei kleine Menschenkinder von drei bis vier Jahren, wie sie, abgemagert buchstäblich zum Skelett, die dunklen schwarzen Augen im totenschädelartigen Gesicht halb erloschen, mit dürren Knochenfingerchen den Kehricht der Straße und den Dünger des Zugviehs nach Krumen und Körnern durchsuchten und das Gefundene gierig dem faltigen Mund zuführten. Das sind die unschuldigen Opfer des Krieges und des Hungers. Der Anblick wirkt um so furchtbarer, als diese verlorenen und elternlosen Geschöpfe, herrenlosen Hunden gleich, stumm und ohne Klage durch den Staub der Straße dahinkriechen, um nachts sich in irgendeinem Winkel der Gasse zum erlösenden ewigen Schlaf zu betten.«

In der evangelischen Schule von Muristan fragt ein kleiner Junge seinen christlichen Lehrer Jussif: »Womit will Gott uns noch quälen? Wir haben alle ägyptischen Plagen zusammen: Krieg, Hitze, Heuschrecken, Ungeziefer, Krankheiten, Armut, Verfolgung, und demnächst werden wir niedergemetzelt. Gott soll von uns haben Gesichter so hart wie Eisenplatten.« Worte aus dem Land, wo einst das Evangelium der Liebe und des Friedens verkündet wurde.

Feldgraues Weihnachten im Heiligen Land

»Siehst du, Emil, hier ging nun der Stern von Nazareth auf«, will Dr. Steuber das Gespräch von zwei deutschen Soldaten belauscht haben. Und die Antwort: »Quatsch nicht, Kamerad, hier werden wir entlaust.«

Doch Steuber ist durch alles, was er durch seinen Dienst im Heiligen Land erleben mußte, nicht zum Zyniker geworden. So viele Deutsche haben in jenem mörderischen Feldzug die erhabenen Stätten der Christenheit kennengelernt und in ihrem Schatten auch das Weihnachtsfest fern der Heimat zugebracht. Der Arzt hat darüber ebenfalls berichtet:

»Die dienstliche Arbeitsstätte unseres Stabes befand sich in der Casa Nuova, dem früheren türkischen Stabsquartier, gegenüber dem Franziskanerkloster und der Kirche der Verkündung in Jerusalem, errichtet über der Stätte, an der der Engel Gabriel Maria die Botschaft der Empfängnis überbrachte.

Gegen sechs Uhr abends rufen die Glocken, ich durchschreite den uralten Klosterhof mit seinem segnenden Marienbild auf altägyptischer Porphyrsäule, der ragenden, einen alten Ziehbrunnen überschattenden Palme und den umherliegenden antiken Säulenresten. Dann betrete ich den halbdunklen Raum der Kirche, von zahlreichen kleinen Öllampen schwach beleuchtet. Von der Empore klingen die leisen Akkorde der alten Weihnachtsweisen.

Vor mir, erhöht, der dem heiligen Gabriel geweihte Altar, zu dem rechts und links Marmorstufen emporführen. Darunter die dunkle Öffnung der Krypta, die Grotte der Verkündigung mit ihrem magischen Licht, und daneben die heiligen Säulenstümpfe, der Standort Gabriels und Marias.

Zuerst singt die feldgraue deutsche Gemeinde die alten Lieder, dann naht ein feierlicher Zug: an der Spitze ein türkischer Kawaß – ein mohammedanischer Ehrenwächter –, strotzend von Gold, das Krummschwert gezogen, dann der lateinische Patriarch von Jerusalem, Monsignore Philippo Camassei, im Ornat, ein siebzigjähriger Greis und eine Gestalt wie die eines Großinquisitors des 16. Jahrhunderts, hoch, hager, kaum gebückt, mit römischem Rassekopf und scharfgeschnittenem Profil.

Nach tiefer Reverenz vor dem Oberbefehlshaber, die dieser mit einer Verbeugung erwidert, geht der Zug mit der Schar der Chorknaben, Priester und Ministranten die Treppe hinauf.

Die Musikmesse dauert fast eine Stunde. Dicke Weihrauchwolken durchziehen den Raum und legen sich wie ein dichter Nebel über die ganze Szene. Verschwommen sieht man die thronende Gestalt des Patriarchen, die in weißer Kutte arbeitenden Priester und Mönche, und ver-

nimmt den eintönigen Gesang der Priester, nur unterbrochen von den gellenden Stimmen des Knabenchors ...
Weihnachten stellt in Palästina den Höhepunkt der Regenzeit dar. Gewitter, Donner, Ströme von Regen, welche die Gassen Nazareths in Sturzbäche verwandeln, die hinüberfluten zur Ebene Jesreel.«

Kress Bey ist zufrieden mit der Bescherung

General Kress von Kressenstein hat zu Weihnachten des nächsten Jahres mit dem Wetter mehr Glück und kann berichten: »Um 22 Uhr fuhren wir im offenen Wagen unter einem Sternenhimmel, von dessen Pracht und Schönheit man sich in unseren Breiten keine Vorstellung macht, durch die milde Nacht nach Bethlehem, um der Christmette in der Geburtskirche beizuwohnen.«

Aber nicht der heilige Ort oder die feierliche Handlung entlocken Kress Bey weitere Worte, sondern: »Es entbehrte nicht eines pikanten Reizes, daß wir deutsche Offiziere die Plätze einnahmen, auf denen sonst bei dieser Gelegenheit der französische Generalkonsul mit seinen sämtlichen Kollegen aus Palästina in großer Uniform die französische Republik zu repräsentieren pflegte. Nach Beendigung des Gottesdienstes luden uns die liebenswürdigen Patres, welche die Geburtskirche betreuen, noch zu einem Imbiß in ihr Refektorium ein, und um drei Uhr morgens fuhren wir durch die stille Weihnachtsnacht wieder nach Hause. Mir brachte das Christkind die Beförderung zum deutschen Oberstleutnant und türkischen Oberst.«

So wie das Christuskind nach Kressens Meinung militärische Dienstgrade austeilt, so hat der Krieg den ganzen Charakter des Heiligen Landes auf den Kopf gestellt. Jerusalem ist ein Heerlager, und wer in seinen ehrwürdigen Gassen spazierengeht, sieht wieder den Hunger des Volkes, fühlt die Schwermut dieser Zeit. Kopfschüttelnd sagt Dr. Steuber: »Was da um Orangen und Brennholz handelt und feilscht, sind nicht russische Pilger und Gläubige aus allen christlichen Ländern der Welt, sondern feldgraue deutsche Kraftfahrer und türkische Askari in khakifarbener Schirmmütze. Es ist unheimlich still geworden in der Fremdenstadt Jerusalem.«

Neue Ereignisse bereiten sich vor. Türken und Deutsche rüsten zu einem neuen Vorstoß gegen den Suezkanal. Im März 1916 sammelt sich die vereinte Heeresmacht in Südpalästina. Der Deckname des Unternehmens lautet »Pascha«, aber erst fünf Monate später gelangen Spitzen der Armee in die Nähe des Suezkanals. Vierzig Kilometer östlich davon findet ein Gefecht zwischen britischen und türkischen Truppen statt. Die Folge davon ist, daß Großbritannien seine Verteidigung verstärkt.

Während Türken und Deutsche jeden Schluck Wasser durch die Gluthölle der sommerlichen Wüste in tage- und wochenlangen Märschen heranführen müssen, haben die Briten längst die Erfindung der »Pipeline« gemacht und versorgen ihre Wüstenstellungen durch direkte Wasserleitungen. »Pascha« erreicht den Suezkanal nicht. Vor den Toren Ägyptens graben sich die Gegner in den Sand ein und warten.

Erst im April 1917 soll von deutscher Seite wieder etwas geschehen: Auf einem Truppenübungsplatz in Schlesien beginnen die Vorbereitungen zum Unternehmen »Pascha II«.

Eine unsinnige Expedition durchs wilde Kurdistan

Kriegsminister Enver Pascha scheint zu dieser Zeit seine Hunger- und Kältekatastrophe vergessen zu haben. Er führt einen neuen Zug gegen Rußland durch, an dem diesmal auch Deutsche teilnehmen, und wieder kommt es zu einem beispiellosen Fiasko.

Generalmajor Guhr, der sich hier für Kaiser, Reich und den Ruhm des Propheten Mohammed in Kurdistan und Armenien herumschlägt, hat die neue Katastrophe geschildert: »Die Drahtverbindung versagte, die Wege waren nicht mehr sichtbar. Dieses Schneetreiben mit böigen, schweren Wirbelwinden dauerte ohne Unterbrechung an. Starke Kommandos wurden nach rückwärts abgeschickt, um etwaige unterwegs befindliche Verpflegungskolonnen aus dem Schnee herauszuschaufeln. Sie kehrten am Abend mit der betrüblichen Meldung heim, daß sie unterwegs nur den Rest einer einzigen angetroffen hätten, deren Tiere mit kleinen eisernen Öfen beladen waren. Der größte Teil war abgestürzt, und aus den tiefen Schluchten war die Bergung der Tiere unmöglich. Wir schnallten den Leibriemen enger und hungerten mit den Truppen um die Wette.«

In Guhrs Division gibt es dreizehn Leute, die im Schlaf erfrieren, 174 Vermißte, »wohl sämtlich unterwegs in Schnee und Eis umgekommen«, sowie 313 Mann, die »an Erschöpfung in den Stellungen verstorben sind«. »Da bei den übrigen Armeekorps die Verhältnisse nicht anders als bei uns lagen, mußte man zu der Erkenntnis kommen, daß die zweite Armee allmählich dahinsiechte.«

Auf dem Rückmarsch, der endlich kampflos angetreten werden muß, sieht Guhr grauenvolle Bilder: »Unterwegs überholten wir mehrere Marschkolonnen, die einen ergreifenden Anblick boten. Mit erfrorenen Füßen, Ohren und Händen schleppten sich die zum Skelett abgemagerten Leute mit äußerster Kraft weiter, viele sanken um, um nie wieder aufzustehen. Mit mitleidigem Schaudern berichtete Hauptmann Rauch, er hätte Posten angetroffen, die bei dem Ausbleiben jeglicher Verpflegung die Haut eines gestürzten Pferdes abnagten.«

In den Dörfern der Kurden muß der frierende und erschöpfte Guhr überrascht feststellen: »Die Kinder schienen abgehärtet zu sein, denn sie spielten im Schnee barfuß, nur mit einem Hemd bekleidet.«

Wie in den Kriegen des Mittelalters folgen den Heeren überall die Furien von Krankheit und Hunger.

»Als wir uns Diarbüh näherten«, erzählt der Generalmajor in seinen schauerlichen Erinnerungen, »hörten wir bereits von weitem einen unbeschreiblichen Lärm. Er stammte aus einem Lazarett in diesem Ort, das im Begriff stand, nach Charput aufzubrechen.

Als wir die Innenräume desselben betraten, bot sich uns

ein mehr als widerlicher Anblick. Die gänzlich verwahrlosten Kranken griffen sich, wahnsinnig vor Hunger, gegenseitig an. Die einen bissen den anderen Fleischstücke aus Armen und Rücken heraus, andere schrien nach Brot, tobten und zertrümmerten den Hausrat.

Zwei Sanitätsoffiziere bemühten sich vergeblich, Ordnung zu schaffen. Am nächsten Tag marschierte das Lazarett nach rückwärts ab. Wieviel Kranke mögen unterwegs verstorben sein? Vielleicht waren sie die Glücklichsten, denn sie wurden von ihren Qualen erlöst.«

Dicht neben solchen Alpträumen des Schreckens findet Guhr die Annehmlichkeiten des Lebens im Hause eines Senators wieder, vor dessen Landsitz der Krieg haltgemacht zu haben scheint:

»Die Aufnahme daselbst war überaus üppig. Der Sekt floß in Strömen und mundete dem Pascha ausgezeichnet. Die schmackhafte türkische Küche führte durchweg eine leichte Kost.

Das Mahl bestand aus acht Gängen. Nach einigen Löffeln Suppe wurde das Hauptgericht gereicht, Kalbsnierenbraten, dazu Toast und Joghurt. Dann folgte eine Reihe Leckerbissen, wie Pasteten mit Kalbsmilch gefüllt, Forellen oder andere Fische am Spieß gebraten, Tomaten mit Pilzarten, Auberginen mit einer Farce aus gewiegter Schneehuhnbrust, dazwischen mehrfach Süßigkeiten, für die der Osmane große Vorliebe besitzt.

Den Schluß bildete Pilaw, gedünsteter Reis mit geriebener, scharf geräucherter Geflügelleber. Zu all diesen Speisen wurde Limonade oder Sekt getrunken.«

Schreiend treten so die Mißverhältnisse im untergehenden Reich des Sultans vor aller Augen. Kann in letzter Minute noch eine Änderung eintreten?

Unternehmen »Blitz« endet blitzartig

Ein Mann scheint das geglaubt zu haben, der im Juni 1917 im Salonwagen auf türkischem Boden ankommt, um den Oberbefehl über alle deutschen und türkischen Truppen zu übernehmen: General von Falkenhayn. Auf dem europäischen Kriegsschauplatz ist er als Generalstabschef entlassen worden, und nun trifft er in Konstantinopel ein, um das Unternehmen »Pascha II« in die Hand zu nehmen.

»Die Tatsache, daß Falkenhayn eine Zeitlang Kriegsminister war«, berichtet Gewährsmann Guhr, »erweckte in den Türken die Ansicht, Deutschland hätte seinen tüchtigsten General zu ihnen entsandt. Sie empfingen ihn daher mit freudiger Genugtuung und vollem Vertrauen. Die günstige Stimmung schlug aber nach und nach ins Gegenteil um.«

Das hat vielerlei Gründe. An erster Stelle die militärische Erfolglosigkeit. »Pascha II« ist nämlich inzwischen in »Jildirim« umbenannt worden, und die deutschen Soldaten, die erstaunt in ihrem Wörterbuch nachschlagen, erfahren, daß das »Blitz« heißt und große Dinge erwarten läßt. »Soll vielleicht der Namengeber damals schon den späteren blitzartigen Zusammenbruch der Jildirim-Armee vorausgesehen haben?« fragt Feldzugsteilnehmer Josef Drexler in seinen Kriegserinnerungen. Falkenhayns Aufgabe, Mesopotamien »wie ein Blitz« vom Gegner zu reinigen, bezeichnet jedenfalls den Anfang vom Ende.

Gleich nach seiner Abreise an die Front fliegt hinter seinem Zug der Bahnhof Haidar Pascha in die Luft: »Zwölf riesige Munitionsschuppen und etwa dreihundert Güterwagen brannten lichterloh. Einem Trommelfeuer gleich explodierten Tausende von Granaten und unzählige, mit Infanteriemunition angefüllte Kisten. Die strategische Bedeutung dieses Brandes ließ sich gar nicht übersehen. Die Munitionsversorgung der in Kleinasien stehenden Streitkräfte wurde in Frage gestellt und die weiteren Angriffsbewegungen lahmgelegt.«

Das ist Generalmajor Guhrs Ansicht, und noch ehe Falkenhayns Blitz zum erstenmal zucken kann, beginnen die Briten von sich aus mit dem Angriff bei Gaza. Am 31. Oktober fällt

Birseba in ihre Hände, gegen das heilige Hebron dringen sehr rasch Kamelreiter vor, die ganze Provinz Judäa ist im Aufruhr.

Auf dem Ölberg, wo Falkenhayn sein Hauptquartier im Augusta-Viktoria-Stift aufgeschlagen hat, laufen noch in der gleichen Nacht alarmierende Meldungen ein. Britische Artillerie zerschmettert die türkischen Stellungen bei Gaza, in den Morgenstunden dringen Tommys mit dem Bajonett in Sahit-Tepe ein und besetzen die deutschen Hauptstellungen an der Küste. Falkenhayn muß Kress die Erlaubnis geben, Gaza zu räumen, und das genügt, um die Masse der Türken und Araber in wilde Panik zu stürzen. Der Rückmarsch wird zur Flucht.

»Was soll werden«, fragt Falkenhayn auf dem Ölberg seine Stabsoffiziere, »was soll werden, wenn die Engländer in unserem Rücken landen und die Bahn durchschneiden? Dann bleibt uns nichts weiter übrig, als den Karabiner zu nehmen . . .« Gespannt blicken die Männer auf. Aber Falkenhayn fährt fort: ». . . als den Karabiner zu nehmen und im Kraftwagen auszureißen. Hinüber nach Jericho und weiter nach Norden!« Dann setzt er sorgenvoll hinzu: »Was soll werden, wenn der türkische Zusammenbruch weitergreift? Ich hoffe, daß eine Katastrophe vermieden wird, aber . . .«

Zusammenbruch, Katastrophe – nun ist es ausgesprochen, und nun wird es auch bald Wirklichkeit. Am 9. November 1917 stürmen die Briten gegen Jerusalem vor. Was ihnen aus privater Initiative entgegengeworfen wird, sind die Damen Suleime, Afris, Mawia und Tarfa aus dem stadtbekannten Maison Mirjah der Via dolorosa, durch die Christus einst das Kreuz trug. Sie sollen die Inglese vor dem erwarteten Einzug wenigstens besänftigen. Auf dem Ölberg, wo die Jünger schlummerten, während der Herr betete, wachen derweil deutsche MG-Schützen über fünf vollgepackte Lastkraftwagen, mit denen das Hauptquartier jederzeit in Sicherheit gebracht werden kann.

Am 11. November strömen die flüchtenden Türken nach Jerusalem herein, und Generalmajor Guhr notiert: »Die engen Straßen sind vollgestopft mit fliehenden Soldaten, Pferden, Maultieren, Geschützen und aller Art Kriegsgerät, das Geschrei von Menschen und Tieren vermischt sich mit dem Stöhnen und

Grunzen der überlasteten Kamele, dazwischen Frauen und Kinder, beladen mit Hausgerät.«

Als Falkenhayn das Chaos sieht, ruft er aus: »Wir führen hier keinen modernen Krieg, sondern einen wie zur Zeit des Zusammenbruchs der Kreuzzüge!«

Die Türken räumen Jaffa. Das deutsche Oberkommando setzt sich nach Damaskus ab. Blitzartig, wie Drexler meinte, bricht nun das ganze Kartenhaus des Vorderen Orient zusammen. Für die Türken ist plötzlich klar, daß die Deutschen an allem Unglück schuld sind, und für jeden rechtgläubigen Mohammedaner sind es eben die deutschen Christenhunde.

In Damaskus werden die deutschen Jildirim-Soldaten mit Maueranschlägen empfangen, in denen die Bevölkerung aufgefordert wird, alle Deutschen totzuschlagen. Auf den Straßen liegen verhungernde Menschen, feindselige Blicke blitzen aus dem Halbdunkel der tausend Gassen.

»Um die Moral zu heben«, fällt dem Kommandeur einer österreichisch-ungarischen Einheit nichts Besseres ein, als seine Truppen ordengeschmückt mit Trompetenschall und Hörnerklang durch den Basar marschieren zu lassen. Der Umschwung der Gefühle ist vollkommen.

Schon damals Partisanen: heißes Fett auf fliehende Soldaten

Ende Februar 1918 glaubt man in Berlin, vielleicht mit einem Kommandowechsel noch etwas retten zu können. An die Stelle Falkenhayns setzt man den alten Gallipoli-Haudegen Liman von Sanders. Der größte Teil des Offizierskorps wird abgelöst und tritt die Heimreise nach Deutschland in Güterwagen an, »nicht im Paschazug, wie sie gekommen waren«, bemerken die Türken schadenfroh.

Nicht zuletzt war es Falkenhayn, der die Stimmung sosehr beeinflußt hat. Noch einmal soll Generalmajor Guhr zu Wort kommen, der den Befehlshaber aus nächster Nähe erlebte. Er sagt: »Einmal lag es an der schroffen Art von Falkenhayn den

Türken gegenüber, dann auch an der Zusammensetzung seines Stabes, ferner zeigte sich der Oberbefehlshaber zuwenig bei den Truppen. Weiter berücksichtigte Falkenhayn zuwenig, nicht Deutsche, sondern Türken vor sich zu haben, die sich nun einmal an scharf gegebene Befehle nicht gewöhnen wollten. Mit abfälliger Kritik an den Türken hielt Falkenhayn leider auch nicht zurück, ohne zu bedenken, daß alle seine Äußerungen sofort den Türken hinterbracht wurden. Durch derartige Vorkommnisse litt das gegenseitige Bundesverhältnis erheblich.«

Liman von Sanders, der neue Oberbefehlshaber, kann in der gegebenen Situation eigentlich nur noch versuchen, den ganzen Krieg im Nahen Osten möglichst glimpflich zu liquidieren. In zwei Schlachten um den Jordan kann der Vormarsch der Briten noch einmal für kurze Zeit aufgehalten werden, aber im September fällt der ganze türkische Küstenabschnitt mit einem Schlag in die Hände des Gegners.

Das deutsche Hauptquartier wird nach Adana verlegt, auf den »Friedhof der Kreuzfahrer«. Unter einem Hagel britischer Granaten geht das Asienkorps über den Jordan zurück, sein Weg führt jetzt durch arabisches Aufstandsgebiet, aus einzelnen Dörfern fallen Schüsse, und Generalmajor Guhr greift zu einem Mittel, über das er schreibt: »Nun befahl ich einem Offizier mit vierzig Reitern, kehrtzumachen und die Einwohner zur Rechenschaft zu ziehen. Bald hörte man vom Dorf her Schüsse fallen, mächtige Feuersäulen loderten aus den elenden Lehmhütten und beleuchteten den dunklen Tropenhimmel.«

Was die Reste des Korps nach solchem Rückmarsch in Damaskus erwartet, ist nur noch Haß. Schaurig malt Augenzeuge Guhr das Bild des Zusammenbruchs:

»Sämtliche Straßen waren durch endlose Kolonnen verstopft, auch hier sahen wir nur stumpfe, abgehärmte Mannschaften, halb verhungerte Pferde, Kamele und Esel und dazwischen zusammengebrochene Fahrzeuge aller Art.

Mächtige Feuersäulen lohten gegen den wolkenlosen, blauen Himmel. Magazine und Depots waren in Brand gesteckt, damit sie der Feind nicht nutzen konnte. Unaufhörlich krachten die Explosionen der Granaten aus den Munitionslagern, und die Erde bebte von der starken Erschütterung der Sprengungen der Brücken und Bahnanlagen.

Mit drei Mann Bedeckung erreichten wir bald den freien Platz vor dem Bahnhof Baremke. Hier tobte ein wilder Straßenkampf, aus zahlreichen Fenstern wurde geschossen, Steine und Balken auf die Straßen geworfen, kreischende Weiber standen auf flachen Dächern und gossen heiße, fettige Flüssigkeit auf die durcheilenden Soldaten.«

In Brand, Haß und Elend endet der deutsche Feldzug. Am 1. Oktober 1918 besetzen die Briten Damaskus, eine Woche später ziehen die Franzosen in Beirut ein, am 26. Oktober fällt auch der letzte deutsche Stützpunkt: Aleppo. Vier Tage danach unterzeichnen die Deutschen auf der Insel Lemnos die Waffenstillstandsbedingungen. Deutschland hat den Kampf, die Türkei den größten Teil ihres Landbesitzes verloren.

Der Gaskrieg

Gas!

Im rückwärtigen Befehlsstand des Generals Mordacq klingelt das Feldtelefon. Es ist 5 Uhr 20 nachmittags, am Donnerstag, dem 22. April 1915. Ein herrlicher, milder Frühlingstag geht über Flandern zu Ende. Die Gefechtstätigkeit im großen Ypernbogen war nicht sehr rege gewesen. Die Soldaten in ihren feuchten Gräben genießen die letzten Sonnenstrahlen.

Zerwühlt, aufgerissen und wieder zugeschüttet von Millionen Granaten, getränkt vom Blut Zehntausender, gehört der Boden vor Ypern zu den furchtbarsten Stätten des Krieges.

Seltsam erschlaffend ist die Ruhe der letzten Tage. General Mordacq, Kommandeur der 90. Brigade, weiß längst, daß seine Männer bei Steenstraate Beziehungen zu den deutschen Stellungen angeknüpft haben, Tabak, Wein, Zigaretten und Brot von Graben zu Graben austauschen. Man wird das wohl nicht ganz unterbinden können; diese einfachen Leute vertragen sich viel zu gut.

Leichte goldene Wölkchen ziehen über den graublauen Abendhimmel nach Westen. – Ach ja, das Telefon hat geklingelt.

General Mordacq wird an den Apparat gerufen. Im Gesicht des Ordonnanzoffiziers zeigt ein verwirrter Ausdruck, daß etwas Besonderes vorgefallen sein muß. Mordacq nimmt den Hörer, nennt seinen Namen. Am anderen Ende der Leitung ist ein seltsames Geräusch zu hören, das sich rasch als Stöhnen und würgendes Husten herausstellt.

»Major Villevaleix«, krächzt der Anrufer endlich.

»Was ist los?« Der General wird ungeduldig.

»Ich werde heftig angegriffen«, keucht Villevaleix. »Jetzt breiten sich ungeheure gelbliche Rauchwolken, die von den

deutschen Gräben herkommen, über meine ganze Front aus.«
Zwischen jedem Wort hat der Major gehustet, Atem geschöpft, gekeucht. Seine Stimme versagt. General Mordacq kann ihn kaum verstehen. Mühsam setzt Villevaleix seinen Bericht fort: »Die Schützen fangen an, die Gräben zu verlassen und zurückzugehen, viele fallen erstickt nieder.«

Mordacq behält seine Ruhe. Er ist ein alter, erfahrener Soldat und hat in den mörderischen Schlachten der letzten Monate oft genug erlebt, daß Offiziere einfach den Verstand verloren haben. In seinen Erinnerungen schreibt er selbst: »Ich gestehe, daß ich beim Hören dieser Worte und einer solchen Stimme mich einen Augenblick fragte, ob der Major nicht etwa den Kopf verloren oder eine Geistesstörung erlitten habe, wie ich es sooft im Krieg erlebt hatte, besonders bei den Kämpfen um La Chipotte.«

Während dem General diese Gedanken durch den Kopf jagen, hört er, wie in der Ferne lebhaftes Gewehrfeuer aufflackert. Gleich darauf beginnt auch die Artillerie zu bellen. Na also, das sind die Deutschen. Einer von den tausend Angriffen hier. Villevaleix ist verrückt.

Wieder klingelt das Feldtelefon. »Major de Fabry, erstes Schützenregiment . . .« Husten. Das verzweifelte Würgen eines Erstickenden. ». . . ich muß meine Befehlsstelle verlassen . . . kann nicht mehr atmen . . . ganze Gruppen von Schützen erstickt . . .«

»Hallo! Hallo!« brüllt General Mordacq in den Apparat.

Ein klägliches Röcheln antwortet ihm. Dann rafft sich die Stimme am anderen Ende noch einmal auf: »Die Lage . . . nicht mehr haltbar . . . wir sind von den Gasen umgeben . . .«

Das Gespräch ist zu Ende. Kaum hat Mordacq den Hörer aufgelegt, als der Apparat schon wieder schrillt. Der angeblich geistesgestörte Villevaleix ist wieder in der Leitung. »Alles um mich herum ist gefallen«, meldet er unter quälenden Hustenstößen. »Ich verlasse meine Befehlsstelle . . .«

»Das Ende des Satzes habe ich nicht mehr verstanden«, erinnert sich General Mordacq. Er eilt hinaus, gibt ein paar Befehle und schwingt sich aufs Pferd. Gefolgt von einigen Spahis galoppiert er zur Front.

Was ist geschehen? An diesem Tag, an diesem milden Frühlingsabend, hat der Krieg eine neue, heimtückische, furchtbare Gestalt angenommen. Zum erstenmal wird die Front von einem Gasangriff erschüttert, in sechs Kilometer Breite aufgerissen. Zum erstenmal werden Menschen in eine erstickende Wolke getaucht. Zum erstenmal?

Eine Wunderwaffe – und die Hintergründe ihrer Anwendung

Der deutsche Giftgasangriff von Ypern, dessen teuflische Wirkung gleich noch geschildert werden soll, löst in der Welt eine Woge des Entsetzens und der Empörung aus. Ausdrücklich verbietet die Haager Landkriegsordnung:

- Die Anwendung von Giften und vergifteten Waffen,
- die Anwendung von Geschossen, deren einziger Zweck es ist, giftige, erstickende oder todbringende Gase zu verbreiten,
- die Anwendung von Waffen, Geschossen oder Stoffen, die geeignet sind, unnötige Leiden zu schaffen.

Die Vertreter Deutschlands haben diese Artikel in den Jahren 1899 und 1907 zusammen mit den Konferenzteilnehmern der anderen Mächte feierlich unterschrieben. Ypern ist ein neuer Beweis für die deutsche Barbarei – so heißt es in der Welt: ein neuer Beweis, daß Menschlichkeit und vertragliche Abmachungen in Berlin nicht gelten.

In der Tat hat der deutsche Gasangriff von Ypern nicht nur die Front verwirrt, sondern auch eine Generation von Militärhistorikern. Als sich die arbeitslos gewordenen Generale nach 1918 hinsetzten und begannen, Kriegserinnerungen und Kriegsgeschichten zu schreiben, machte ihnen nichts soviel ärgerliche Mühe wie der erste Gasangriff vom 22. April 1915.

General Hermann Geyer zum Beispiel hat es unternommen, die drei Verbote der Haager Landkriegsordnung zu zerpflükken. Dabei brachte er Ideen zu Papier, die ihm offenbar sehr glücklich erschienen, nämlich:

- Mit dem Verbot von Giften und vergifteten Waffen waren nur Brunnenvergiftung, vergiftete Geschosse, Säbel oder Lanzen gemeint, weil die Konferenzteilnehmer noch gar nichts von Gasen oder Giftkampfstoffen wußten.
- Das zweite Verbot betrifft ausdrücklich nur solche Geschosse, deren *einziger* Zweck die Verbreitung giftiger, erstickender oder todbringender Gase ist. Geschosse, die gleichzeitig Sprengwirkung haben, sind demnach erlaubt, meint Geyer und übersieht ganz, daß die Konferenzteilnehmer also doch etwas von »giftigen, erstickenden oder todbringenden Gasen« gewußt haben müssen.
- Das dritte, rein humanitäre Verbot bekämpft der General mit den Worten: »Gewiß sind die Leiden der Gaskranken schauerlich anzusehen. Sie sind aber weder schwerer noch gefährlicher, noch schmerzhafter als bei anderen Kriegsverletzungen. Im Gegenteil!«

Im übrigen, so meinen die meisten deutschen Militärschriftsteller übereinstimmend, seien die Leiden keineswegs »unnötig« gewesen, so daß also auch in diesem Punkt die Haager Konvention dem Buchstaben nach nicht verletzt worden ist. Sie folgen damit den Gedankengängen des deutschen Generalstabschefs Falkenhayn, der den Gaskrieg befohlen und alle völkerrechtlichen Bedenken, die ihm entgegengehalten wurden, beiseite geschoben hat.

Der deutsche Generalstab ist 1915 fraglos in einer schwierigen Situation: Der Feldzug im Westen ist mit dem Rückzug an der Marne gescheitert, die Front der Schützengräben ist so starr geworden, daß es unmöglich ist, sie an irgendeiner Stelle zu durchbrechen. Vergeblich haben Briten und Franzosen versucht, die deutschen Linien aufzureißen, vergeblich haben die Deutschen in immer neuem Ansturm ihre Armeen in den glühenden Moloch geworfen, ohne den Bewegungskrieg wieder erzwingen zu können. Falkenhayns Ziel: der Durchbruch in

Flandern, der Vorstoß zu den Kanalhäfen, bleibt unerreichbar. Nur einer Wunderwaffe wäre es vielleicht möglich, die britischen, französischen und belgischen Stellungen zu knacken, den Weg für die deutschen Angriffskeile zu öffnen.

Oberst Bauer vom Großen Hauptquartier streckt einen ersten Fühler aus und spricht mit dem späteren Nobelpreisträger für Chemie, dem Physiker Walther Nernst. Der wendet sich an seinen Kollegen Fritz Haber, den Leiter des Kaiser-Wilhelm-Instituts für Physikalische Chemie in Berlin, der später ebenfalls mit dem Nobelpreis ausgezeichnet wird.

Professor Haber geht sogleich ans Werk, es ist aber bis heute nicht enthüllt worden, was er eigentlich tat. Selbst ein Mann wie Dr. Rudolf Hanslian, der so viele und so unglaublich gründliche Bücher über den Gaskrieg geschrieben hat, läßt sich nur einen verschämten Satz entschlüpfen: »Einige wenig wirkungsvolle Gasbeschießungen mit Reizstoffen wurden getätigt.«

Diese Zurückhaltung ist verständlich. Die ersten Gasversuche zerstören nämlich die offizielle Behauptung, daß nicht Deutschland, sondern Frankreich mit dem Gaskrieg begonnen habe. An diesem Punkt beginnt der unentschiedene Kampf der Historiker, der bis zum heutigen Tag anhält.

»Feinde sind keine Ratten«

Die Überlegungen Professor Habers sind besser überliefert. Die Lage an den Fronten hat damals deutlich gemacht, daß mit dem hauptsächlichen Kriegsmittel, der Brisanzgranate, nicht mehr viel auszurichten ist. Im Bewegungskrieg, der im offenen Feld stattfindet, können ihre Splitter nach allen Seiten wirksam werden. Im Stellungskrieg dagegen bieten selbst einfache Erdwälle Schutz.

»Wir brauchen ein Kampfmittel, das unschwer zu den feindlichen Linien vordringen kann und dem Wälle und Sandsackbauten kein Hindernis bieten.« Das ist die militärische Forderung. Haber schlägt vor, eine Gaswolke zu entwickeln und als Antriebsmittel den Wind zu benützen.

Natürlich ist es damit noch nicht getan. Es muß ein Gas gefunden werden, das nicht aufsteigt und sich nicht verflüchtigt. Es darf auch nicht zu flach am Boden dahinkriechen. Seine Schwaden müssen eine gewisse Höhe erreichen, möglichst lange zusammenhalten und außerdem schwer genug sein, um sich in Gräben, Mulden, Trichter und Unterstände zu senken. Professor Haber wählt für diesen Zweck das Chlor. Es hat überdies den Vorteil, im kriegsknappen Deutschland in großen Mengen zur Verfügung zu stehen.

Theoretisch sieht Habers Gaskrieg so aus, daß bei günstigem Wind große Mengen eines Chlorgasgemisches abgeblasen werden. An der deutschen Westfront muß zu diesem Zweck Ostwind herrschen, und diese Luftbewegung darf nicht schneller und nicht langsamer als drei bis fünf Meter in der Sekunde sein, denn dicht hinter der giftigen Wolke soll die deutsche Infanterie nachrücken. Bewegen sich die Schwaden zu langsam, werden die eigenen Leute gefährdet; ist der Wind zu rasch, würde er das Gas verwehen.

Was nun geschieht, hat Hanslian in die knappen Worte gekleidet: »Haber trug seine Gedankengänge und seinen Plan Falkenhayn vor, und dieser stimmte zu. Grundsätzliche völkerrechtliche Bedenken bestanden nach Ansicht Falkenhayns nicht.« Falkenhayn drängt deshalb auch, das neue Kampfmittel möglichst rasch in einem großen Einsatz anzuwenden.

Den Truppenführern ist bei diesem Gedanken allerdings nicht recht wohl. General von Deimling, dem das XV. Armeekorps untersteht, berichtet darüber: »Am 25. Januar 1915 wurde ich mit meinem Generalstabschef nach Mézières ins Große Hauptquartier zu einer Besprechung mit Falkenhayn gerufen. Er teilte uns mit, daß eine neue Kriegswaffe, giftige Gase, verwendet werden sollte und daß man beabsichtige, in meinem Abschnitt die ersten Versuche damit zu machen. Man würde dieses giftige Gas in Stahlflaschen liefern, die in den Gräben aufgestellt werden sollten und aus denen das Gas ausgeblasen werden sollte, sobald der Wind günstig sei. Ich muß gestehen, daß der Auftrag zum Vergiften des Feindes, so wie man Ratten vergiftet, auf mich den Eindruck machte, den er auf jeden anständigen Soldaten machen muß: Er war mir zuwider.«

»Wer hat begonnen?«

Tatsächlich stößt der Gasplan bei der Fronttruppe überall auf Abneigung, nicht zuletzt auch deshalb, weil sicher erwartet werden kann, daß bald mit gleicher Münze heimgezahlt wird. Doch daran glaubt die Oberste Heeresleitung nicht. Sechs Monate, so rechnet man dort, würden die ausländischen Chemiker sicher brauchen, ehe sie in der Lage wären, ein wirksames Gas zu entwickeln und an die Front zu bringen – und bis dahin wäre der Krieg zweifellos, dank des deutschen Gases, schon zu Ende.

General Max Hoffmann sieht sehr schnell eine andere Torheit des ganzen Unternehmens: »An unserer Westfront brauchten wir Ostwind. Nach den meteorologischen Feststellungen herrschen aber hier gerade entgegengesetzte Winde vor.« Und da sich die Hoffnung der deutschen Chemiker, daß es dem Feinde nicht gelingen würde, dieses Verfahren nachzuahmen, nicht erfüllt, werden die vorherrschenden Westwinde fünf Monate nach dem ersten deutschen Gasangriff den Erstickungstod in die Stellungen der Mittelmächte zurückwälzen.

Völkerrechtliche, psychologische, taktische und menschliche Einwendungen zerstreut Falkenhayn. Schon hat er bei der Industrie sechstausend Stahlflaschen beschlagnahmen lassen. Die Vorbereitungen zu dem grausigen Unternehmen von Ypern haben begonnen. An diesem Punkt werden die Militärhistoriker noch einmal in unbequeme Verlegenheit gestürzt: Hat wirklich bei Ypern der erste Gasangriff des Krieges stattgefunden oder handelte es sich nur um eine deutsche Vergeltung für die Verwendung von Gas durch die Gegner?

Auf zwei Dinge wird in diesem Zusammenhang hingewiesen: auf gashaltige Gewehrmunition der Franzosen und auf den angeblichen Kampfstoff Turpinit. Manchmal wird auch behauptet, die Briten hätten schon um die Jahrhundertwende im Burenkrieg Gas verwendet, doch hier liegt nur eine Verwechslung mit dem unangenehmen und beißend riechenden Rauch der damals neuen Lydditgranaten vor.

Die französische Gasmunition ist ein gewichtigerer Fall. Im Jahre 1912 war der Leiter des Laboratoriums im Pariser Polizeipräsidium, der Chemiker Kling, auf die Idee gekommen, Gewehrpatronen mit Bromessigester zu füllen. Es handelt sich um einen Reizstoff, den man heute als harmloses Tränengas bezeichnen würde. Zweck dieses Geschosses war es, die Pariser Unterwelt schärfer anpacken zu können. Tatsächlich ist Klings Tränengas zum erstenmal 1912 gegen die Bonnotsche Apachenbande bei Choisy-le-Roy angewendet worden, einige gefährliche, motorisierte Banditen.

Etwa dreißigtausend Tränengaspatronen hatten die französischen Pioniertruppen dabei, als sie 1914 ins Feld zogen. In jeder Patrone waren neunzehn Kubikzentimeter Bromessigester, die sich beim Platzen im freien Feld überhaupt nicht auswirkten. Klings Idee, auf den Polizeikampf in engen Straßen und geschlossenen Räumen zugeschnitten, erwies sich im Krieg als unbrauchbar. Noch 1915 erwähnt ein Merkblatt der französischen Armee über »Geschosse mit betäubenden Gasen«: »Sie enthalten eine Flüssigkeit, die nach der Explosion Dämpfe ausströmt, die Augen, Nase und Kehle reizen. Die Dämpfe sind nicht tödlich, wenigstens nicht bei geringen Mengen.«

Anders zu beurteilen ist das Turpinit des französischen Chemikers Turpin, und hier haken die meisten deutschen Kriegshistoriker ein, wenn sie beweisen wollen, daß Gas zuerst von der Gegenseite benützt worden ist. In Wahrheit handelt es sich um ein ungeheuerliches Gerücht, das der französische Redakteur Gustave Hervé nach dem Krieg bloßgelegt hat: »Als im August 1914 die Deutschen auf Paris marschierten und die tollsten Nachrichten durcheinanderwirbelten, erinnert man sich nicht, welch unglaubliche Geschichten da über Turpinpulver umliefen? Man erzählte sich mit Entzücken die mörderischen Wirkungen, welche die Erstickungsgeschosse des berühmten Erfinders erzielt hätten: ›Ja, mein Verehrter, siebzigtausend Deutsche sind einfach erstickt worden; ganze Regimenter blieben infolge Erstickung auf der Strecke!‹ Welche Strafe wäre auch zu schrecklich gegen Leute, die Frankreich plötzlich überfallen! Ich erinnere mich dessen sehr wohl. Es war jedoch nur eine unheilvolle Riesenente.«

Die Riesenente watschelt jedoch munter durch die Weltpresse. Ihr wahrer Kern ist erst in den zwanziger Jahren aufgedeckt worden, denn es gab sogar Fotografien von deutschen Schützengräben mit Soldaten, »die ohne Verwundung durch Turpinit getötet wurden«. Es handelte sich aber nur um die Wirkung eines neuen Sprengstoffes von Turpin, eines Explosivpulvers, das nach britischen Angaben ausreicht, »um allen Lebewesen im Umkreis von dreihundertsechzig Metern einen schmerzlosen Tod zu bereiten« – vor allem durch den Luftdruck.

»Gasregiment Peterson« erlebt große Pannen

Nun, es ist heute müßig, das Hin und Her der Beschuldigungen weiter zu verfolgen. Eine Tatsache jedenfalls wird auch von den deutschen Historikern nicht bestritten: Am 27. Oktober des Jahres 1914 feuern die deutschen Truppen dreitausend Dianisidinsalz-Geschosse gegen die französischen Stellungen bei Neuve-Chapelle. Zwar behauptet General Geyer forsch, es habe sich nur um »eine Art Niespulver« gehandelt, aber der wissenschaftlichere Dr. Hanslian sagt ausdrücklich: »Obgleich die Reizwirkung nur von geringer Stärke und kurzer Dauer war, ermöglichte sie doch durch Niederhalten des Gegners die Einnahme von Neuve-Chapelle.«

Im Januar 1915 wird im Raum von Lodz sogenanntes Xylylbromid gegen die Russen abgefeuert, der gleiche deutsche Stoff taucht auch vorübergehend im Westen im Raum von Nieuport auf. Das ist für den französischen Oberbefehlshaber Joffre Anlaß, bei seiner Regierung ebenfalls Gasmunition anzufordern – die es aber nicht gibt und die deshalb nicht geliefert werden kann.

Ludendorff selbst hat in seinen Kriegserinnerungen Zeugnis dafür abgelegt, daß von deutscher Seite lange vor Ypern Gas in großen Mengen an die Front kam, wenn auch im Osten. Hier scheinen auch die nur geheimnisvoll angedeuteten Versuche Professor Habers stattgefunden zu haben. Ludendorff sagt: »Um die Russen an die Fortsetzung des Angriffs glauben zu machen, sollte Ende Januar die neunte Armee in der Gegend von Bolimow mit Kraft angreifen. Die Oberste Heeresleitung stellte uns hierfür 18 000 Schuß, und zwar Gasmunition, zur Verfügung. Der Angriff fand am 31. Januar (1915) statt. Für eine Gaswirkung«, fügt Ludendorff allerdings hinzu, »war es zu kalt; das wußte man damals noch nicht.«

Knapp zwei Monate später, am 10. März 1915, sind bei Ypern die Vorbereitungen für den großen Überraschungsangriff beendet. Das Pionierregiment 35 des Obersten Peterson – später einfach »Gasregiment Peterson« genannt – hat 1600 große und 4130 kleinere Stahlflaschen in Stellung gebracht.

»Der Einbau der Flaschen an Ort und Stelle war nicht einfach«, heißt es in einem Bericht nach den Aufzeichnungen Petersons. »Ausreichende Deckung gegen Artilleriefeuer war nirgends vorhanden. Die Gasflaschen mußten daher, um einigermaßen gegen Artilleriefeuer geschützt zu sein, tief eingelassen werden, was besonders bei den großen Flaschen schwierig war. Transport und Einbau konnten nur nachts bewerkstelligt werden. Letzterer wurde von zwei Gaspionierkompanien in sieben Nächten ausgeführt.«

Die Männer tragen Masken, wie sie bei Bergleuten in Gebrauch sind, nämlich die Marke »Selbstretter Dräger-Tüben«. Außer den Soldaten von Petersons Spezialeinheit hat niemand irgendeinen Gasschutz. So muß General von Deimling berichten: »Kurze Zeit nach dem Einbau platzten zwei von feindlichen Volltreffern getroffene Flaschen. Die in der Nähe befindlichen Leute erkrankten schwer. Ein Mann starb, nachdem er viel Blut gespuckt hatte. Kurze Zeit darauf wiederholte sich der Zwischenfall, diesmal infolge von Gewehrgeschossen. Drei Mann starben an Gasvergiftung, fünfzig erkrankten. Diese Zwischenfälle erschütterten das Vertrauen der Truppe zu dieser neuen Waffe schwer.«

In aller Eile werden Gazetampons ausgeteilt, die bei Gefahr

angefeuchtet und vor Nase und Mund gehalten werden sollen. Das ist der erste Gasschutz, nachdem die teuflische Waffe ihre ersten Opfer in den eigenen Reihen gesucht hat.

Die Chance von Ypern wird leichtfertig verschenkt

Seit dem 10. März 1915 hocken die Männer Petersons in ihren Stellungen und warten auf den Befehl, die Flaschen zu öffnen und das tödliche Gas loszulassen. Zum erstenmal wird das entscheidende Wort jetzt nicht von einem militärischen Führer gesprochen werden, sondern von einem Wissenschaftler, einem Meteorologen. Mehrmals in den folgenden Tagen wird die Front alarmiert, und jedesmal dreht sich der Wind, so daß der Angriff wieder abgeblasen werden muß.

Am 17. April 1915 läßt das Wolffsche Telegraphen-Bureau eine sorgfältig vorbereitete Meldung in die Welt gehen, in der es heißt, daß »die Engländer gestern östlich von Ypern Granaten und Bomben mit erstickendem Gas verwendet« hätten. Kein Wort davon ist wahr. In Wirklichkeit soll mit dieser Meldung nur der deutsche Gasangriff als »sofortiger Vergeltungsschlag« hingestellt werden. Eine Winddrehung bald nach Veröffentlichung der Wolffschen Depesche macht den psychologischen Schachzug zu einem Schlag ins Wasser.

Ärgerlich hält Oberbefehlshaber Falkenhayn am 21. April in Thielt eine Besprechung mit dem Oberbefehlshaber der vierten Armee, Generaloberst Herzog Albrecht von Württemberg, ab. In dieser Besprechung drängt Falkenhayn nach den Angaben des deutschen Reichsarchivs darauf, »den Gasangriff baldigst durchzuführen«. In seiner kurz angebundenen Art sagt er: »Die vierte Armee sollte sich kein zweites Ziel stecken, sondern bei der ersten einigermaßen günstigen Gelegenheit den Angriff machen.«

In diesen Worten steckt der Keim zum Verhängnis, denn tatsächlich wird der Angriff nun bald und ohne genügende militärische Vorbereitung stattfinden, so daß der Erfolg nicht ausgenutzt werden kann und alle Leiden vergeblich sind: Als die

5730 Gasflaschen am 22. April 1915 zischend über hunderttausend Kilogramm Giftgas auf einer Frontbreite von sechs Kilometern ausspeien, stehen nur geringe deutsche Kräfte bereit, um nachzustoßen und die aufgerissenen Linien zum entscheidenden Schlag des Krieges zu nutzen.

»Der Weg nach Ypern stand doch auf mehr als sechs Kilometer vollständig offen!« wundert sich General Mordacq, und der britische Gasspezialist Lefebure fügt hinzu: »Der Feind hätte nur den Angriff militärisch auszunutzen brauchen, um bis zum Kanal vorzustoßen, aber er unterließ es.«

Statt Giftgas: eiserne Öfen mit Rauchentwicklung

So bleibt alles umsonst, Falkenhayns Traum von den Kanalhäfen zerstiebt durch seine eigene Ungeduld. Der Überraschungseffekt von Ypern verpufft in diesem »Krieg der verpaßten Gelegenheiten«, wie es General Hoffmann genannt hat. Die Überraschung allerdings gelingt vollkommen, obwohl Franzosen, Belgier und Briten gewarnt sind, obwohl alle Anzeichen und sogar Gefangenenaussagen auf das bevorstehende Unternehmen der Deutschen hinweisen. Die Alliierten schenken dem einfach keinen Glauben.

Schon im Januar 1915 hatte Churchill in London aus den Meldungen über große deutsche Schwefelaufkäufe geschlossen, daß sich da irgend etwas auf dem Gebiet der chemischen Kriegführung vorbereite. Zu jener Zeit liegt in Churchills Schublade die gestochen sauber geschriebene Denkschrift des Admirals Cochrane, ein Dokument, das nun schon über hundert Jahre alt ist und das Datum 12. April 1812 trägt. Lord Dundonald, ein Enkel des alten Seehelden, hat die Denkschrift Churchill zugestellt. In ihr ist zu lesen, was dem Admiral so durch den Kopf gegangen war, als er Anno 1811 die Schwefelfelder Siziliens besucht hatte. Zu der gleichen Zeit, als ein deutscher Apotheker vorgeschlagen hatte, die Heere Napoleons zu vertreiben, indem jeder preußische Grenadier statt eines Bajonetts einen in Blausäure getauchten Pinsel an sein Gewehr steckte, zu der gleichen Zeit hatte es sich Admiral Cochrane einfallen lassen, auf etwaige Feinde mit Schwefeldämpfen loszugehen. »Seine Ausführungen griff ich sofort mit Interesse auf«, berichtet Churchill, aber Kriegsminister Kitchener meint geringschätzig: »Ich glaube nicht, daß der Plan für den Landkrieg von Nutzen sein könnte, da der Erfinder ein Admiral ist.« Auch der britische Generalstabschef, Sir Henry Wilson, bei dem Datum 1812 stutzig geworden, hält den Plan »für veraltet und unanwendbar«. Schließlich schreibt Churchill selbst: »Das Völkerrecht verbot ausdrücklich die Verwendung von schädlichen oder sogar giftigen Gasen. Wir konnten sie daher nicht verwenden, bevor der Feind selbst damit den Anfang gemacht hatte.«

Am Tag von Ypern gibt es daher in Großbritannien nur ein paar Fuhrwerke mit aufmontierten eisernen Öfen, mit denen versuchsweise Rauch zu Tarnzwecken erzeugt werden sollte.

An der Front ereignen sich nicht weniger merkwürdige Dinge. Schon am 30. März hatten deutsche Gefangene im Verhör angegeben, daß bei Zillebeke große Mengen von Gasflaschen versteckt worden waren. Ebenso hatten sie ihre Mund- und Nasenschützer aus Gaze vorgezeigt und deren Verwendungszweck beschrieben. »Auf diesen Bericht wurde allerdings nichts gegeben«, schreibt der britische Generalmajor Sir Henry F. Thuillier.

Am 18. April 1915 stellen britische Soldaten auf der Höhe 60 einen scheußlichen Gasgeruch fest, »der von den Gasflaschen herrührte, die die deutschen Gefangenen gemeldet hatten«, wie Thuillier vermutet. Resigniert fügt er hinzu: »Auf diese neue Meldung über Gas erfolgte jedoch wieder nichts.«

1933, fünfzehn Jahre nach dem Ende des Weltkriegs, kann Thuillier seinen Bericht noch einmal ergänzen und schreiben: »Ein Sergeant, der bei der Einnahme der Höhe 60 dabei war, erhielt von einem deutschen Offizier die Mitteilung, daß Gasflaschen, die gegen uns bei erster Gelegenheit verwendet werden sollten, sich im Niemandsland befänden. Der Sergeant wurde mit einer Gruppe abgeschickt, um die Wahrheit dieser Aussage zu prüfen. Er fand dabei Dutzende von Gasflaschen und machte eine schriftliche Meldung darüber, wahrscheinlich an seinen Bataillonsstab, doch erreichte diese offenbar keinen, der etwas davon verstand.«

Dreiundzwanzig Tage vor dem deutschen Gegenangriff schreibt die Frontzeitung der zehnten französischen Armee: »Nach Angaben deutscher Gefangener befindet sich an der ganzen Front ein großer Vorrat ein bis vier Meter langer eiserner Rohre. Sie enthalten ein Gas, das den Feind bewußtlos machen oder ihn auch ersticken soll.«

Im Juli 1930 schließlich hat der französische General Ferry in der Zeitschrift »Revue des Vivants« zugegeben, daß die französische Heeresleitung durch einen Überläufer sehr genau über die deutschen Gasvorbereitungen unterrichtet war. Ferry hat dabei in seinem Artikel die Unbedachtheit begangen, den Namen des Überläufers zu nennen: August Jäger. Er wurde von der deutschen Polizei tatsächlich ausfindig gemacht, vor das Leipziger Reichsgericht gestellt und am 17. Dezember 1932 wegen Landesverrat zu zehn Jahren Zuchthaus verurteilt.

Jägers Aussagen bei den Franzosen waren so genau und so voller Einzelheiten, daß ihnen die Generalität keinen Glauben schenkte. Man glaubte, Jäger sei von den Deutschen geschickt worden, um Unsicherheit und Verwirrung zu stiften. Ferry, der beschreibt, wie Jägers Aussagen an die höheren Stellen weitergeleitet worden sind, schließt mit den Worten: »Aber niemand rührte sich, weder beim XX. Korps noch bei der Armee, noch im Großen Hauptquartier. Von letzterem erhielten wir nur nach einigen Tagen als Antwort nachstehende charakteristische Bemerkung: ›Diese ganze Gasgeschichte kann nicht ernst genommen werden.‹«

So trifft der deutsche Gasüberfall einen wissenden und doch gänzlich unvorbereiteten und schutzlosen Gegner.

»Wir sind vergiftet!«

»Die Wirkung war geradezu verheerend«, berichtet Sir Henry Thuillier, »denn da vorher kein Schutzmittel gegen Gas vorgesehen worden war, litten die Truppen einfach entsetzlich. Die

Gesamtverluste beliefen sich auf etwa zwanzigtausend Mann, darunter etwa fünftausend Tote.«

»Ich war im Schützengraben«, berichtet ein belgischer Soldat. »Alles war ruhig, als wir plötzlich einen dichten Rauch sahen, der aus den deutschen Gräben gegenüber von uns aufstieg. Wir waren starr vor Überraschung und Neugier.

Keiner von uns hatte in diesem Augenblick eine Ahnung davon, was eigentlich vorging. Als die Rauchwolke sich verdichtete, glaubten wir, daß die Unterstände der deutschen Gräben brannten.

Die Wolke wälzte sich langsam auf uns zu, aber unter der Einwirkung des Windes sahen wir sie nach rechts über die französischen Linien abtreiben. Nur der letzte Rand der Wolkenschicht erreichte uns; er war weniger dicht, verbreitete aber einen so eigenartigen Geruch und griff mich derart in der Kehle an, daß ich einen Augenblick glaubte, ersticken zu müssen.

Plötzlich hörte ich um mich herum Geschrei. Es waren französische Soldaten, die auf unsere Gräben zuliefen. Mehrere fielen unterwegs zu Boden. Ich hörte, wie sie riefen: ›Wir sind vergiftet!‹«

Conan Doyle, der britische Kriminalschriftsteller und Erfinder des Detektivs Sherlock Holmes, hat noch während des Krieges Dutzende von Augenzeugenberichten über den Angriff von Ypern gesammelt und zusammenfassend berichtet: »Aus den deutschen Gräben entstanden in großer Breite weißliche Dampfwolken, die zuerst zusammenhielten und sich schließlich in eine dichte und tiefhängende braungrüne Wolke dicht über dem Boden verwandelten, während der obere Rand, der die Strahlen der untergehenden Sonne widerspiegelte, gelblich aussah. Die dichte Dampfschicht ging rasch über das Feld hinweg, das die beiden feindlichen Linien trennte. Die französischen Truppen beobachteten über die Brustwehr ihrer Gräben hinweg diese merkwürdige Wolke. Da sah man plötzlich, wie sie die Arme in die Luft warfen, die Hände an den Hals legten und sich dann am Boden wälzten. Viele erhoben sich nicht wieder, während ihre Kameraden kopflos nach rückwärts flohen, als ob sie wahnsinnig geworden wären.«

General Mordacq, der nach den verzweifelten Anrufen seiner Offiziere zur Front galoppiert ist, beobachtet das Chaos der zusammenbrechenden Front:

»Unsere Truppen fluteten überall zurück. In der Nähe des Dorfes Boesinghe war das Bild, das sich uns bot, mehr als bedauernswert, es war tragisch. Überall Flüchtende, Landwehrleute, Afrikaner, Schützen, Zuaven, Artilleristen ohne Waffe, verstört, mit ausgezogenen oder weit geöffneten Röcken, abgenommener Halsbinde, liefen wie Wahnsinnige ins Ungewisse, verlangten laut schreiend nach Wasser, spuckten Blut, einige wälzten sich sogar am Boden und versuchten vergeblich, Luft zu schöpfen.

Seit Kriegsbeginn war ich leider Zeuge vieler Paniken, aber nie mußte ich ein ähnliches Schauspiel einer so vollkommenen Auflösung mit ansehen. Es waren keine Soldaten mehr, die da flohen, sondern arme Wesen, die plötzlich verrückt geworden waren.

Den ganzen Kanal entlang das gleiche Bild: Auf beiden Seiten hatte sich ein Haufen unglücklicher Wahnsinniger zusammengefunden, die nach Wasser schrien zur Erleichterung ihrer Qualen. Dieses ganze Drama hatte sich etwa im Verlauf von nur einer halben Stunde abgespielt. Die Überraschung war vollkommen gelungen.«

Der Befehlshaber des britischen Expeditionskorps, General French, meldet nach London: »Die Luftaufklärung berichtete, daß sie dicke, gelbe Rauchwolken aus den deutschen Gräben zwischen Langemarck und Bixschoote aufsteigen gesehen hätte. Was folgte, spottet nahezu jeder Beschreibung. Die Wirkung dieser giftigen Gase war so vernichtend, daß die ganze Linie praktisch völlig unfähig war, irgendeine Tätigkeit zu entfalten. Es war zunächst für jedermann unmöglich, sich vorzustellen, was tatsächlich geschehen war. Rauch und Nebel verbargen jede Sicht, und Tausende von Männern fielen in einen schlafähnlichen oder sterbenden Zustand.«

Hätte Falkenhayn nun auch die nötigen Truppen bereitgestellt, so hätte der Krieg noch einmal eine neue Wendung nehmen können. So aber kann General Mordacq nur berichten: »Zum Glück für die Verbündeten blieben die Deutschen stehen.«

Der deutsche Heeresbericht spiegelt das Entsetzen, das sich nach den Geschehnissen auch im Großen Hauptquartier und in der Umgebung des Kaisers breitmacht. Er erwähnt den Gasangriff mit keinem Wort und sagt nur: »Gestern haben wir nördlich und nordöstlich von Ypern die feindliche Front Langemarck–Steenstraate durchbrochen, wo unsere Truppen auf einer Front von neun Kilometern südlich und östlich von Pilkem vorgekommen sind. Nach erbittertem Kampf haben sie den Übergang über den Kanal bei Steenstraate und Het-Sas erzwungen und haben sich auf dem westlichen Ufer eingerichtet.«

»Am 22. April«, schreibt Churchill, »machten die Deutschen unter Verletzung des Kriegsrechts den ersten Angriff mit giftigen Gasen. Diese verbrecherische Torheit setzte sie schweren Vergeltungsmaßregeln derjenigen aus, die den Vorteil der vorherrschenden günstigen Windrichtung und letzten Endes der überlegenen Wissenschaft hatten.« Die Reaktion bleibt nicht aus.

Wettstreit des Grauens – die Alliierten holen auf

French, der die überfüllten Lazarette und die erblindeten Opfer des deutschen Gasangriffs gesehen hat, fordert bei Kriegsminister Kitchener sofortige Gegenmaßnahmen, bekommt aber die Antwort: »Die Verwendung von erstickenden Gasen steht, wie Sie wissen, zu den Gesetzen und Gebräuchen des Krieges in Widerspruch. Bevor wir auf das Niveau der entarteten Deutschen herabsteigen, muß die Sache der Regierung zur Entscheidung unterbreitet werden.«

Ein zweiter deutscher Gasangriff auf die Stellungen der ersten kanadischen Division am 24. April 1915, wobei sich die Männer nur mit tee- und harngetränkten Taschentüchern und Sokken schützen können, erleichtert die Entscheidung der Regierung. Am 18. Mai 1915 wird in London beschlossen, das deutsche Vorgehen mit Gas zu beantworten. Generalmajor C. H. Foulkes wird mit der Bildung einer Sonderbrigade beauftragt, aber es vergehen noch vier Monate, ehe die britische Industrie ein Gas für Kriegszwecke liefern kann.

Auch bei den Franzosen dauert es lange, bevor an eine Vergeltung gedacht werden kann. Die französische Gaskommission wird überhaupt erst am 1. Juli gegründet, und es dauert bis zum 19. September, ehe in Paris eine einheitliche Planung unter General Ozil zustande kommt.

Währenddessen, und zwar schon im Juni, erscheinen die Deutschen an der Front mit neuen Erstickungswaffen, vor allem mit dem Gas-Minenwerfer, einem Geisteskind von Professor Nernst.

Wissenschaftler und Militärs des Auslandes sind jetzt fieberhaft tätig. Sogar Churchill findet Zeit, sich mit Gasexperimenten zu befassen. Er läßt eine geleeartige Masse herstellen, die aus Blausäure und Chloroform besteht. Auf dem Luftschiffhafen von Kingsnorth werden die betäubenden Granaten ausprobiert, »jedoch lehnten schließlich die Flieger von sich aus einen derartigen Einsatz ab«, stellt Hanslian fest.

Wo immer Versuche stattfinden, sammeln sich prominente Zuschauer, Generale, wie sie nur selten in solchen Mengen auf einem Platz gesehen werden können, und der britische Gasfachmann Foulkes erinnert sich, auf einem Versuchsgelände neben Churchill und dem Herzog von Westminster auch den Dichter Bernard Shaw bemerkt zu haben.

Die Saat von Ypern geht tausendfach auf

Am 25. September 1915 schlagen die Briten bei dem Ort Loos zurück. Foulkes hat hier 5500 Gasflaschen mit rund einhundertfünfzig Tonnen Chlorgas zusammengezogen, dazu über tausend Rauchkerzen, 25 000 Phosphorhandgranaten und zehntausend Minen, die von dreißig Stokeswerfern auf die deutschen Linien geschleudert werden sollen. »Die Gesamtzahl der deutschen Gasverluste ist nicht bekannt«, heißt es in einer Gaskriegsgeschichte lakonisch.

Ein schauerlicher Totentanz hat begonnen. Kurz vor Weihnachten, am 19. Dezember 1915, kommen die Deutschen mit dem neuen Gas Phosgen heraus, zwei Monate später antworten die Franzosen bei Verdun mit einer weitaus wirksameren Phosgenmischung, die den deutschen General von Deimling zu dem verzweifelten Ausruf veranlaßt: »Zur Beantwortung der gefährlichen Geschosse der Franzosen habe ich lediglich Granaten, die mit Eau de Cologne gefüllt sind!«

Jetzt erweist sich, daß Falkenhayns Gasidee ein Bumerang gewesen ist, der qualvoll und verheerend in die Reihen der deutschen Front zurückfällt. Noch im April 1915 hatte das deutsche Hauptquartier in einer Verlautbarung zynisch bemerkt: »Die von uns entwickelten Rauchentwickler« – gemeint ist das tödliche Gas von Ypern – »stehen in keiner Weise mit den Gesetzen der Kriegführung im Widerspruch. Sie bringen nichts weiter als die Steigerung der Wirkung, die man durch ein angezündetes Stroh- oder Holzbündel erzielen kann. Da der erzeugte Rauch auch in dunkler Nacht deutlich wahrnehmbar ist, bleibt es jedem überlassen, sich seiner Einwirkung rechtzeitig zu entziehen.« Wie bitterer Hohn müssen diese Worte den deutschen Soldaten in den Ohren klingen, denen es keineswegs überlassen bleibt, sich der Einwirkung rechtzeitig zu entziehen.

Der Gaskampf ist zum festen Bestandteil des Krieges geworden. Sogar die Russen blasen einige Male Gas gegen die deutschen Linien ab, nachdem sie selbst zuvor schutzlos die schwersten Opfer hatten bringen müssen. 38 599 Gastote hat das russische Heer zu beklagen. Die Briten geben 181 000 Gasverletzte und über sechstausend Gastote an, Frankreich meldet 190 000 Gasverletzte und achttausend Gastote. Ein Drittel aller amerikanischen Verluste sind dem Gas zuzuschreiben. Die deutschen Gasverluste sind niemals bekanntgegeben worden. Noch 1935 war man auf Schätzungen angewiesen, die sich auf deutscher Seite um 2300 Gastote bewegten, während der britische Gasspezialist Foulkes meint, es habe wenigstens 200 000 deutsche Gasverletzte und 40 000 deutsche Gastote gegeben. General Geyer hat ausgerechnet, daß an der ganzen Westfront während des Krieges täglich dreitausend Mann durch Gas ausgefallen sind.

Welches Elend sich hinter diesen Zahlen verbirgt, haben die Statistiker in ihren Tabellen nicht einfangen können. Zwar gibt es längst Gasmasken, aber am 10. Juli 1917 verschießen die Deutschen bei Nieuport in Flandern zum erstenmal einen sogenannten Maskenbrecher, das Blaukreuz, einen Stoff, der die Gasmaskenfilter durchdringt und die Soldaten zu unerträglichem Husten reizt. Unwiderstehlich werden sie dadurch gezwungen, sich die Maske vom Gesicht zu reißen – und sich damit dem gleichzeitig verbreiteten tödlichen Grünkreuz auszusetzen. »Buntkreuz« nennt man diese Mischung.

Zwei Tage nach dem ersten Auftauchen von Blaukreuz, am 12. Juli 1917, überraschen die Deutschen die Welt mit dem teuflischen Gelbkreuz, von dem sie allein in Flandern rund eine Million Granaten verschießen. Gelbkreuz, eine ölige Flüssigkeit auf der Basis des Dichlordiäthylsulfids, wird versprüht, bleibt im Gelände haften, durchdringt Lederstiefel und Uniformen und bildet überall am Körper schmerzhafte Blasen und schlecht heilende Wunden. Als sich an den Augen und in den Atmungsorganen der Soldaten plötzlich und unerwartet entsetzlich schwärende Entzündungen zeigen, sind die britischen Ärzte zunächst ratlos. Es dauert lange, bis es gelingt, die Natur dieses neuen deutschen Mittels zu enträtseln und Gegenmaßnahmen zu treffen.

Wenn der Krieg noch länger gedauert hätte

Noch einmal, wie damals bei Ypern, ist die furchtbare Überraschung vollkommen. General Amos A. Fries, der Chef des amerikanischen Amtes für chemische Kriegführung, hat die Ansicht vertreten, daß die Deutschen mit diesem Gift 1917 den Krieg gewonnen haben würden, wenn sie genügend davon gehabt hätten. Aber ein Jahr später, als die deutsche Produktion schon am Ende ihrer Kräfte ist, kommen die Franzosen mit ihrem Gelbkreuz heraus, das sie nach dem Ort des ersten Einsatzes Yperite nennen. Die ersten britischen Gelbkreuzgeschosse, nach dem kaum merklichen Geruch des Giftes Senfgasgranaten genannt, platzen am 27. September 1918 auf den Schlachtfeldern.

Das ist kurz vor dem deutschen Zusammenbruch, kurz vor dem Ende des Krieges, das auf deutscher Seite bekanntlich in bewußter Fälschung einem Dolchstoß zugeschrieben wurde, den die Heimat in den Rücken der unbesiegten Front geführt habe. Nun, am Tage des Waffenstillstands hatte die amerikanische Senfgasherstellung gerade eine Tagesproduktion von dreißig Tonnen erreicht und sollte in kurzer Zeit das Zwanzigfache der deutschen Fabrikation ausmachen.

Ein gnädiges Geschick hat verhindert, daß diese Flut noch auf die sechzehnjährigen Knaben niederging, die damals als letztes Aufgebot für das deutsche Kaiserreich im Felde standen.

Die Materialschlachten

»Chi 45«

Kein Ereignis in der erschütternden Geschichte der Kriege ist so grauenvoll wie der Kampf um Verdun. Fast siebenhunderttausend Deutsche werden dort in einen Blutsumpf von unvorstellbarem Grauen gestampft. Zwei Millionen sind es insgesamt, die in die flammende, berstende, entmenschte Hölle geschickt werden. Zeugen aus einer anderen, von allen Schrecken durchtobten Welt sind die Jungen, die da als Greise zurückkehren mit trockenen, roten Augen und schmal zusammengepreßten Lippen. Legionen, die anklagen und den heiligen Schwur tun: Nie wieder, nie wieder! Sie werden um ihr Opfer betrogen.

Verdun, der weißglühende, menschenfressende Moloch, wird zur Wende des Krieges. Ganz anders freilich, als es sich der Erfinder der Todesmaschine gedacht hat. An eine Todesmaschine im wahrsten Sinn des Wortes nämlich denkt Erich von Falkenhayn, der Chef des deutschen Generalstabs, als er das furchtbare Wort von der »Blutpumpe« prägt, die er an den Körper Frankreichs anlegen will. Chi 45, das ist nach dem geltenden deutschen Geheimschlüssel die Bezeichnung für diese Idee. Sie bedeutet: Gericht. Es soll gehalten werden über Frankreich, und die Blutpumpe soll das Vollzugsorgan sein.

Wie kommt es zu diesem größten Wahnsinn der Militärgeschichte? Das Jahr 1915 hat gezeigt, daß es keine Lösung aus den erstarrten Fronten des Westens zu geben scheint. Millionen Menschen liegen sich dort im endlosen Labyrinth der Schützengräben gegenüber. Alle Versuche, aus diesen Stellungen zum Angriff überzugehen und einen kriegsentscheidenden Durchbruch zu erzwingen, sind zusammengebrochen. Das einzige Mal, als es den Deutschen gelungen war, die alliierte Front mit der Gaswolke von Ypern aufzureißen, hatte Falkenhayn keine

Truppen bereitgestellt, die in die Lücke hätten eindringen können. Wieder liegen sich die Armeen in unentschiedener Lage gegenüber.

Das Jahr 1916 rückt näher, und es ist in den Stäben üblich, fürs kommende Jahr einen Kriegsplan auszuarbeiten. Es ist an der Zeit, eine erlösende Formel zu finden. Eines steht für Falkenhayn und das Große Hauptquartier fest: Die deutschen Kräfte reichen nicht aus, um die Westfront zu durchbrechen und aufzurollen. Das haben die blutig zusammengebrochenen Versuche des letzten Jahres deutlich gemacht, das sagt auch jede rechnerische Gegenüberstellung der Kräfteverhältnisse. Auf der anderen Seite ist klar, daß eine Entscheidung des Krieges nur im Westen gefunden werden kann. Deshalb wird jeder Vorschlag abgelehnt, der darauf abzielt, das Jahr 1916 zu einem großen Schlag auf anderen Kriegsschauplätzen auszunutzen.

An Vorschlägen dieser Art mangelt es nicht. Den Plan einer großen Offensive im Osten zerpflückt Falkenhayn mit den Worten: »Als Richtung kämen nur die reichen Gebiete der Ukraine in Betracht. Die Verbindungen dorthin sind in keiner Weise ausreichend. Ein Stoß auf die Millionenstadt Petersburg, die wir bei glücklichem Verlauf der Operationen aus anderen knappen Beständen versorgen müßten, verspricht keine Entscheidung. Ein Vorgehen auf Moskau führt ins Uferlose. Für keine dieser Unternehmungen verfügen wir über ausreichende Kräfte.«

Ein weiterer Vorschlag, das Jahr 1916 zu einem Vorstoß auf einem anderen Kriegsschauplatz auszunutzen, kommt von dem österreichischen Generalstabschef Conrad von Hötzendorf. Im österreichischen Hauptquartier in Teschen ist man auf den Gedanken gekommen, eine große Offensive gegen Italien zu beginnen und die in Oberitalien versammelten Hauptkräfte des italienischen Heeres zu vernichten. Conrad schlägt vor, daß deutsche Truppen bei dieser Offensive mitwirken sollen, aber Falkenhayn lehnt schroff ab. Er hat seine eigene Idee.

Allerdings gibt er sie seinem Bundesgenossen Conrad nicht bekannt. Seit langem besteht zwischen den beiden Generalstabschefs ein kaum noch vertuschtes Zerwürfnis. Conrads überlegen verbindliche Geschmeidigkeit und Falkenhayns knappe militärische Sprache sind bei persönlichen Zusammenkünften zu einer unüberwindlichen Kluft geworden. Jetzt müssen Millionen Menschen an den Fronten darunter leiden, denn die Abneigung der beiden Herren führt dazu, daß sie sich gegenseitig nicht mehr über ihre Vorhaben unterrichten, daß sie getrennte Wege gehen und schließlich von einer gemeinsamen Strategie der verbündeten Mittelmächte nicht mehr die Rede sein kann.

Conrad hält jedenfalls an seinem Plan gegen Italien fest und bereitet die Offensive vor, ohne das deutsche Hauptquartier in Kenntnis zu setzen. Im Gegenteil: Strengste Geheimhaltung gegenüber den Deutschen wird ausdrücklich befohlen. Der österreichische General Krauss, Generalstabschef des Erzherzogs Eugen in Tirol, wird sogar zur Rechenschaft gezogen, »weil er den Befehl, die Absicht der Offensive vor dem deutschen Verbindungsoffizier geheimzuhalten, nicht befolgt habe«.

Ströme von Blut wegen einer »Verlegenheitslösung«

Umgekehrt werden auch die Österreicher von Falkenhayn über die Pläne für 1916 im dunkeln gehalten, wenigstens bis zum letzten Augenblick. Conrad fällt aus allen Wolken, als er eine Minute vor dem Beginn des Gewitters aus Falkenhayns Mund vernimmt, was nun kommen soll. »Ich wünsche Ihnen zu Ihrem Vorhaben alles Gute«, sagte Conrad blaß. Falkenhayn dankt und fährt ins Große Hauptquartier nach Mézières.

Der Plan, den er sich ausgedacht, den er in einer Denkschrift niedergelegt und den er vom Kaiser gebilligt bekommen hat, ist wahrhaft ungeheuerlich:

»Es wurde bereits betont, daß Frankreich in seinen Leistungen bis nahe an die Grenze des noch Erträglichen gelangt ist. Gelingt es, seinem Volk klar vor Augen zu führen, daß es militärisch nichts mehr zu hoffen hat, dann wird die Grenze überschritten.

Das zweifelhaft und über unsere Kraft gehende Mittel des Massendurchbruchs ist dazu nicht nötig. Auch mit beschränkten Kräften kann dem Zweck voraussichtlich Genüge getan werden.

Hinter dem französischen Abschnitt der Westfront gibt es in Reichweite Ziele, für deren Behauptung die französische Führung gezwungen ist, den letzten Mann einzusetzen. Tut sie es, so werden sich Frankreichs Kräfte verbluten, da es ein Ausweichen nicht gibt, gleichgültig, ob wir das Ziel selbst erreichen oder nicht. Tut sie es nicht und fällt das Ziel in unsere Hände, dann wird die moralische Wirkung in Frankreich ungeheuer sein.«

Das Ziel, von dem Falkenhayn spricht, ist Verdun, der stärkste Punkt Frankreichs. Hartnäckig besteht Falkenhayn darauf, gerade am stärksten Punkt anzugreifen. Dieses Vorhaben ist nicht erst später heftig kritisiert worden: Schon vor und während seiner Ausführung haben sich warnende Stimmen erhoben. Kronprinz Rupprecht von Bayern, selbst Armeeführer im Westen, erklärte ganz offen: »Unser Angriff auf Verdun dürfte im Falle des Gelingens kaum mehr als einen moralischen Erfolg erzielen. Er ist meines Erachtens eine Kraftvergeudung.« Kronprinz Wilhelm, dem es zufällt, das Verdun-Unternehmen zu führen, hält es für töricht, »auf den zweifelhaften Erfolg zu rechnen, weniger zu leiden als der Feind«. Und General Hermann von Kuhl meint in einer Analyse von Falkenhayns Plan: »Nun war aber die militärische Kraft der Franzosen doch nicht so erschöpft, wie Falkenhayn angenommen hatte. Daß sie Verdun nicht preisgeben würden, war zu erwarten. Warum sie aber bei dem bevorstehenden Kampfe stärkere Verluste haben sollten als der Angreifer, war nicht recht einzusehen. Die Zermürbung der Franzosen mußte auch für die Deutschen recht verlustreich und zeitraubend werden.«

Generalleutnant Ernst Kabisch hat zugegeben, daß Falkenhayns phantastische Idee in Wahrheit »zu einer Blutpumpe am deutschen Heer« geworden ist. Die »Maasmühle«, die nach Falkenhayns Wünschen »das französische Heer zermalmen«

soll, wird zur Katastrophe für Deutschland. »Das Mehr, das die Franzosen verloren haben«, meint Kabisch, »gleicht bei weitem nicht den verhältnismäßigen Kraftverlust aus, den die zahlenmäßig den Ententeheeren immer unterlegene deutsche Streitmacht erlitten hat.«

Kabisch erinnert sich auch an ein prophetisches Wort des Hauptmanns Geyer von der Obersten Heeresleitung.

»In welcher Zeit glaubt man, in Verdun zu sein?« fragt Geyer einen Generalstabsoffizier des VII. Reserve-Korps.

»In etwa zwei bis drei Wochen«, wird ihm geantwortet.

Geyer zieht die Brauen hoch und meint: »Dann werden Sie wohl nie hinkommen.«

Einem anderen Hauptmann bleibt es vorbehalten, einen operativen Fehler Falkenhayns zu kritisieren, und zwar schon im Jahre 1912. Der damalige Generalstabschef Moltke hatte seinen Stabsoffizieren die Aufgabe gestellt, einen Angriffsplan gegen Verdun zu entwerfen. Nachdem die Offiziere ihre Arbeiten eingereicht hatten, rückte Moltke mit seiner eigenen »Patentlösung« heraus, die einen Angriff von Nordosten auf dem rechten Maasufer vorsah. Daraufhin erhob sich ein Hauptmann und erklärte, daß ein solcher Angriff vom Westufer der Maas her artilleristisch gefährlich bedroht werden könnte. Es sei deshalb besser, den Angriff auf beiden Maasufern vorzutragen. Der spätere Generalleutnant Kabisch, der dabei war, sprach sich ebenfalls für die Ansicht des Hauptmanns aus.

Moltke selbst hat keine Stellung dazu genommen, aber es ist erschütternd, zu sehen, wie drei Jahre später Falkenhayn die sogenannte Patentlösung wieder aufgreift und nur auf dem rechten Maasufer angreifen läßt, obwohl Kronprinz Wilhelm selbst warnt: »Der Angriff muß unbedingt auf beiden Ufern der Maas gleichzeitig geführt werden!« Aber Falkenhayns Auffassung entscheidet. Die Hölle von Verdun öffnet ihre Pforten, weil der Obersten Heeresleitung für 1916 nichts Besseres eingefallen ist. Das Unternehmen wurde, wie General Kuhl überliefert, als »Verlegenheitslösung« bezeichnet.

Generalleutnant Wilhelm, Kronprinz des Deutschen Reiches und von Preußen, erhält kurz vor Weihnachten 1915 von Falkenhayn den mündlichen Befehl, »die feindlichen Stellungen nördlich Verdun rechts der Maas anzugreifen«. Wilhelm, der die Idee der »Blutpumpe« und die operativen Anweisungen Falkenhayns kritisiert, bricht dabei dennoch in die Worte aus: »Die so lange gehegte Sehnsucht, mit meinen prachtvollen Truppen endlich wieder in Bewegung zu kommen, sollte sich nun erfüllen. Das machte mich innerlich froh.«

Der Nervenkitzel des Feldherrn, seine »prachtvollen Truppen« endlich auf der Landkarte kämpfen zu sehen – wieviel menschliches Unglück hat er schon ausgelöst, welch sinnlose Qualen soll er auch jetzt wieder hervorbringen!

»Kinder, wir müssen Verdun nehmen«

Über eintausendvierhundert Geschütze werden vor Verdun zusammengezogen, eintausenddreihundert Munitionszüge schleppen zweieinhalb Millionen Artilleriegeschosse heran. Ohne Unterkünfte und nur bei Nacht arbeiten Zehntausende im Schlamm und Matsch des regnerischen Januars am Ausbau von Sturm- und Artilleriestellungen. Die »heute ausgehobenen Gruben standen morgen voll Wasser«. Viele der Bauten sinken im grundlosen Boden in sich zusammen.

Obwohl bewußt darauf verzichtet wird, vorgetriebene Ausgangsstellungen für den Angriff zu bauen, obwohl alle Vorbereitungen nur nachts getroffen werden, obwohl sorgfältige Tarnungen alle Straßen und Stellungen gegen Einsicht schützen, erfahren die Franzosen doch, daß hier etwas im Gange ist. Agentenmeldungen aus Berlin sprechen von gewaltigen Truppenverschiebungen an die Westfront, etwa vierhunderttausend Mann sollen bei Verdun versammelt werden. »Unglaubwürdig«, lautet das Urteil des französischen Generalstabs.

In der Gegend von Conflans und Briey werden ausgedehnte Lazarettsiedlungen angelegt. »Das ist für Truppen, die sich ausruhen sollen«, winkt Generalissimus Joffre ab.

Die Deutschen zerstören Kirchtürme und sonstige Objekte, die als Richtpunkte dienen könnten, meldet der Militärgouverneur von Verdun, General Herr. »Es widerspricht jeder Wahrscheinlichkeit, daß die Deutschen ausgerechnet an dem Punkt angreifen sollten, an dem wir am stärksten sind. Es handelt sich um Ablenkungsmanöver, die einen Angriffsplan an einer anderen Stelle verschleiern sollen – aber wo?«

»Ein Angriff im Artois oder in der Champagne ist viel wirksamer und daher wahrscheinlicher«, meint Joffre.

Ein deutscher Überläufer berichtet, was Kronprinz Wilhelm zu seiner Umgebung gesagt hat: »Kinder, wir müssen Verdun nehmen, Ende Februar muß die Sache zu Ende sein. Dann wird der Kaiser eine Festparade auf dem Paradeplatz von Verdun abhalten und der Friede unterzeichnet werden. Die Artillerievorbereitung soll hundert Stunden dauern.« – »Bestellte Arbeit«, entscheiden die Franzosen.

Erst am 10. Februar 1916 bekommt Joffre aus einer Quelle, »die sehr ernst zu nehmen ist«, Nachrichten über die deutschen Vorbereitungen. Diese letzte Agentenmeldung veranlaßt ihn endlich, der Festung Verdun einige Aufmerksamkeit zu schenken. Man hatte sie bisher für ganz ungefährdet gehalten und deshalb vernachlässigt. Trotz zahlreicher Mahnungen General Herrs waren nicht einmal dringend notwendige Ausbesserungsarbeiten an den Festungswerken vorgenommen worden. Jetzt, als Joffre zu einer Besichtigung in Verdun erscheint, als Generalstabschef de Castelnau die Forts inspiziert, als sogar der Präsident der Republik, Raymond Poincaré, die Betonwälle und unterirdischen Kasematten besichtigt, ist es zu spät, die Versäumnisse nachzuholen.

Einen Tag nach der »sehr ernst zu nehmenden« Agentenmeldung, am 11. Februar 1916, gibt Kronprinz Wilhelm den entscheidenden Befehl an die Truppen, die in ihren Schlammgräben liegen:

»Nach langer Zeit zäher Abwehr ruft uns der Befehl Seiner
Majestät des Kaisers und Königs zum Angriff! Seien wir
von dem Bewußtsein durchdrungen, daß das Vaterland
Großes von uns erwartet.
Es gilt, unseren Feinden zu zeigen, daß der eiserne Wille

zum Sieg in Deutschlands Söhnen lebendig geblieben ist und daß das deutsche Heer, wo es zum Angriff schreitet, jeden Widerstand überwindet.

In fester Zuversicht, daß jeder an seiner Stelle sein Höchstes daransetzen wird, gebe ich den Befehl zum Angriff. Gott mit uns!«

Am Morgen des 12. Februar, als sich das deutsche Heer zum Sturm erheben soll, scheint die Natur selbst Erbarmen zu haben und erzwingt einen Aufschub: Hagelschauer und dichtes Schneetreiben, die jede Artilleriebeobachtung ausschließen, machen den Angriff unmöglich. »Innerer Dienst«, lautet statt des Stichworts der Befehl. Und immer wieder in den nächsten Tagen wiederholt sich diese Durchsage: Innerer Dienst. Jede Nacht und jeder Morgen zehrt von neuem an den Nerven.

Orkanartige Stürme und endlose Regenfälle verwandeln das Gelände in undurchdringlichen Morast. Nirgends haben die Soldaten Unterstände oder Schutz. Sie liegen auf der nassen Erde, im knöcheltiefen Schlammwasser ihrer Gräben, mit durchweichten Uniformen, im ständigen Kampf gegen die Feuchtigkeit, die Waffen und Munition unbrauchbar zu machen droht.

»So warteten wir denn vom 12. bis zum 20. Februar von Tag zu Tag vergeblich auf den Wetterumschlag«, berichtet Kronprinz Wilhelm. Am 19. Februar zeigen sich die ersten Anzeichen einer Änderung. Die Männer in ihren Sumpflöchern schauen schweigend zum Himmel, wo aufgerissene Wolkenfetzen dahingleiten.

Am 19. Februar ist es auch, daß Generalstabschef de Castelnau dem Befehlshaber der britischen Expeditionsstreitkräfte, Feldmarschall Sir Douglas Haig, von dem bevorstehenden deutschen Angriff auf Verdun Kenntnis gibt. Haig versichert sofort, daß die Briten einen neuen Frontabschnitt übernehmen würden, um französische Kräfte für den Abwehrkampf freizumachen.

Am 20. Februar setzt Nordostwind ein. Klares Wetter bei rasch anziehendem Frost bringt der Artillerie die gewünschte

Sicht. Bei klarem Vollmond wird der Beginn des Angriffs auf den nächsten Morgen, acht Uhr, festgesetzt. Auf die Sekunde genau brüllen zu diesem Zeitpunkt die deutschen Batterien los. Sie schießen eine neue Epoche der Weltgeschichte ein.

Es beginnt in Verdun:
Man verheizt Menschen »material«

An diesem 21. Februar 1916, acht Uhr morgens, ist alles, was bisher Krieg bedeutete, für immer in die Vergangenheit gesunken. Das Schwertgeklirr der alten Helden, der Mannesmut der Scharen Friedrichs oder Napoleons, der Geist von Austerlitz und das Draufgängertum Blüchers sind von nun an nur noch Legende. An diesem frostklaren Tag vor Verdun beginnt eine Maschine zu stampfen und zu zittern, die alle in ihren Kessel zieht und mit blinder Präzision zermalmt, Helden und Feiglinge, Draufgänger und Drückeberger. An diesem Tag ist der Mensch untergegangen und durch das »Menschenmaterial« ersetzt worden. Seit diesem Tag ist der Krieg nicht mehr Kampf, sondern systematische Massenvernichtung.

Noch ahnen die Männer in den Gräben nicht, was nun kommen wird. Generalleutnant Kabisch schreibt über den Auftakt des Dramas:

»Die ganze deutsche Front erbebte in einem Orkan, wie er bisher im Weltkrieg noch nicht in Erscheinung getreten ist. Wie Eisenbahnzüge, die über weitgespannte Brücken hinwegdonnern, rollen die Geschosse der schwersten Kanonen über die Linien, schlagen in Verdun ein, wo stürzende Häuser, aufflammende Feuerbrände ihre furchtbare Wirkung bezeugen.

Dazwischen bellen und kläffen die leichten Geschütze. Das Ganze vereinigt sich zu dem Toben eines höllischen Orchesters.

Eine Steigerung scheint nicht mehr möglich – und doch bringen sie gegen 13.30 Uhr die Minenwerfer. Wie schwere Gewitterschläge brüllend, verrichten die detonierenden Minen in der feindlichen Stellung ihr Zerstörungswerk. In die aufquellenden Rauchmassen mischen sich Wolken der aufgerissenen Erde, Baumstämme, Balken, Drahtfetzen, Menschenleiber – ein Anblick, der die Phantasie eines Dante in seiner furchtbaren Größe und Schrecklichkeit überbietet.«

Während das Inferno über ihre Köpfe hinwegbraust, Stunde um Stunde, immer noch einmal gesteigert, hockt die deutsche Infanterie in ihren Stellungen und wartet auf das Zeichen zum Vorstürmen.

Die Männer haben noch den alten deutschen Lederhelm auf, nur die »Christbaumspitze« haben sie abgeschraubt, weil sie zu früh verrät, wenn ein Kopf über die Grabenbrüstung kommt. Jeder Soldat hat drei bis vier eiserne Rationen im Brotbeutel, jede Feldflasche ist gefüllt, denn es ist ungewiß, wann der erste Nachschub organisiert werden kann. Auf den Rücken geschnallt tragen die Männer ihr Kochgeschirr. Sauber darum herumgelegt ist der Mantel. In Gurten um den Hals führt jeder Schütze rund zweihundert Patronen mit sich, außerdem sind die Rocktaschen damit vollgestopft. Im Koppel stecken Handgranaten. Jeder Mann hat ein paar leere Sandsäcke zum Stellungsbau dabei. Das Seitengewehr ist aufgepflanzt, die Gasmaske griffbereit, das Schanzzeug hängt am Leibriemen. Manche Männer tragen stählerne Schutzschilde, einige sind mit Drahtscheren, Leuchtpistolen, großem Schanzzeug, taktischen Flaggen und Feldfernsprechern ausgerüstet. Die Maschinengewehrtrupps sind zum Sprung bereit, Sanitäter warten mit Tragbahren.

Verfrühter Optimismus – das Ringen beginnt erst

Vor den Männern liegt ein flaches, offenes Gelände von eintausendzweihundert Metern Ausdehnung, von einem Kilometer und noch zweihundert Metern ohne Schutz und Deckung, und über dieses mörderische Tablett werden die Wellen vorstürmen, ehe sie auf die ersten französischen Stellungen treffen. Dicht hinter dem eigenen Artilleriefeuer soll die erste deutsche Linie vorgehen. Voran Pioniere und Handgranatentrupps, dahinter die Infanterie, von Handgranaten- und Flammenwerfertrupps verstärkt.

Ziel des Angriffs ist es, den ersten französischen Graben zu nehmen, ihn sofort auszubauen und den Angriff auf den zweiten Graben für den nächsten Tag vorzubereiten. Die Sturmtruppen sollen möglichst bald durch frische Kräfte abgelöst werden. Doch als Punkt 17 Uhr der Sturm losbricht, über die Ebene dahinfegt und die französischen Gräben überrennt, ist es den Offizieren klar, daß es sträflich wäre, jetzt anzuhalten und dem Gegner Gelegenheit zu geben, sich zu fassen. Meldung nach rückwärts. General Schmidt von Knobelsdorf, Kronprinz Wilhelms Stabschef, hört den überraschenden Erfolg und brüllt in den Feldfernsprecher: »Gut, denn man alles heute nehmen!«

Ein Wort, das genau die augenblickliche Stimmung der Truppenführer trifft, das aber eine ebenso große Gefahr in sich birgt. Falkenhayn war nämlich vorsichtig genug gewesen, niemals die Eroberung von Verdun zu fordern, sondern immer nur eine Bedrohung der Feste. Dadurch sollte ja gerade die fortwährende Wirkung der Blutpumpe zustande kommen. Nun aber, im ersten Schwung des gelungenen Angriffs, will die Truppe ein greifbares Ziel. Keiner der Soldaten, keiner der Offiziere, keiner der höheren Führer folgt in diesem Augenblick den hintergründigen Gedankengängen des Generalstabschefs, niemand denkt an die weithergeholte Ausblutungstheorie, sondern alle peitscht nur noch ein Gedanke vorwärts: Verdun muß genommen werden!

Es ist tragisch, wie Falkenhayns Plan in den Wind geschlagen wird und trotzdem zu entsetzlicher Auswirkung kommen soll. Ganz unversehens ist der deutsche Ansturm nicht mehr »ein Angriff im Maasgebiet«, wie ihn Falkenhayn in seiner Denkschrift vorgeschlagen hat, sondern ein Griff nach Verdun selbst, und damit plötzlich eine zum Himmel schreiende Prestigefrage für beide Seiten. Auf einmal geht es nicht mehr um Geländegewinn, um Blut, Festung, Durchbruch, Kriegswende, sondern um eine viel delikatere, tausendmal gefährlichere, weil tausendmal vernunftwidrigere Sache: um die nationale Ehre. Ehrensache, Verdun zu nehmen! Ehrensache, Verdun zu halten!

»Mit äußerster Spannung sah die ganze Welt dem ergreifenden Schauspiel zu«, meint General von Kuhl zu Recht. »Gelang es den Deutschen nicht, die Festung in ihren Besitz zu bringen, so kam dies einer Niederlage gleich. Frankreich setzte seine ganze Kraft an die Behauptung der Festung, die zu einem Ehrenpunkte wurde.«

Der gelegentlich vorgebrachte Einwand, der Angriff auf Verdun habe eine von den Franzosen geplante Offensive vereitelt, ist von den Ereignissen selbst widerlegt: Die französischen Pläne wurden nur für kurze Zeit verschoben, und das Ringen um Verdun konnte nicht verhindern, daß Frankreich noch zur gleichen Zeit an der Somme zum Angriff antrat.

Wie ist es in den ersten Tagen um den Angriff auf Verdun bestellt? Alles verläuft so ausgezeichnet, daß Falkenhayn am 24. Februar zu einigen skeptischen Offizieren triumphierend sagt: »Sehen Sie, meine Herren, mit dem Angriff habe ich mal wieder das Richtige getroffen!«

Auch Kronprinz Wilhelm ist vom überraschenden Erfolg so hingerissen, daß er noch in seinen Erinnerungen schreibt: »Wir hatten nicht nur das Verteidigungssystem des Feindes durchbrochen, auch die Moral seiner Truppe schwer erschüttert. Nirgends war sein Widerstand von Erfolg gewesen, und hinter seiner Front bis nach Verdun hinein lag unser Vernichtungsfeuer. Jetzt galt es, das wankende Gebäude vollständig zum Einsturz zu bringen.« Doch bald gefriert dieser Überschwang, die leuchtenden Blicke, die schon auf die Zinnen Verduns gerichtet sind, werden starr und eisgrau. Das Gebäude stürzt nicht.

Ja, es wankte; darin hat Kronprinz Wilhelm recht. General Herr, der Gouverneur von Verdun, hält die Festung für verloren. Zusammen mit General de Langle, dem Führer der Heeresgruppe, hat er schon den Rückzug beschlossen. »Es unterliegt keinem Zweifel«, erklärt der angesehene französische Militärschriftsteller Palat, »daß zu diesem Zeitpunkt General Herr die

Räumung des rechten Ufers beabsichtigte. Der 24. war ein Unglückstag für uns. Die Verluste an Menschen und Kriegsgerät waren außerordentlich groß.«

Warum stürzt das Gebäude nicht? Abermals, wie sooft in diesem Krieg auf deutscher Seite, hat die oberste Führung insgeheim nicht an ein rasches Gelingen geglaubt und deshalb keine Kräfte bereitgestellt, um nachzustoßen und den Sieg auszunutzen. Gewiß, Falkenhayn hatte ja einen Durchbruch, einen Griff nach Verdun gar nicht geplant, es ist einleuchtend, daß er daher auch keine Kräfte dafür hatte. So muß Kronprinz Wilhelm resigniert bemerken: »Am Abend des 24. Februar war der Widerstand des Feindes tatsächlich gebrochen, der Weg auf Verdun war frei! So nahe waren wir dem vollen Sieg! Mir aber fehlten die Reserven zur sofortigen rücksichtslosen Ausbeutung der errungenen Erfolge.«

Zur selben Stunde hat Generalissimus Joffre ein entscheidendes Telegramm nach Verdun gejagt: »Ich habe befohlen, auf dem rechten Maasufer nördlich von Verdun standzuhalten. Jeder Führer, der unter den augenblicklichen Umständen einen Befehl zum Rückzug erteilt, wird vor ein Kriegsgericht gestellt werden.«

Zugleich sendet Joffre einen neuen General an die Front, dem die Regierung später den Ehrentitel eines »Marschalls von Frankreich« verleihen wird: Philippe Pétain. Er »stellt die Lage wieder her« und schafft klare Befehlsverhältnisse. Die Schlacht von Verdun tritt in eine neue Phase ein, der deutsche Ansturm ist festgefahren, die französische Rückwärtsbewegung aufgehalten.

»Kinder, ihr werdet mich doch nicht im Stich lassen!«

Jetzt beginnt die Ausblutung. In ganz Deutschland aber läuten die Glocken, weil am 25. Februar eine neue wunderbar klingende Nachricht von der Westfront eingetroffen ist. Plakatanschläge und Extrablätter verkünden: Douaumont gefallen!

Die Panzerfeste Douaumont ist das stärkste Fort im weiträumigen Verteidigungssystem von Verdun. »Der Douaumont« nennen die Soldaten die zerklüftete Anhöhe, auf der das Werk liegt, kahl, grau, unnahbar und so flach wie ein Sargdeckel. »Der Sargdeckel« heißt das Fort denn auch bald in der Soldatensprache. Douaumont wird zum Symbol des Grauens.

An jenem 25. Februar 1916 sind es Hauptmann Haupt und Oberleutnant von Brandis, die einen gegebenen Befehl mißachten: Sie sollen sich mit ihren Männern etwa einen Kilometer von Douaumont entfernt eingraben. Unter schweren Opfern kämpfen sich die Kompanien vorwärts, kommen bis in Griffweite der Panzerfeste, und hier werden Haupt und Brandis »von der Gewalt des Augenblicks fortgerissen«: Sie graben sich nicht ein, sondern stürmen die kahle, drohende Anhöhe hinauf. Zur gleichen Zeit arbeitet sich Leutnant Radtke mit seiner Gruppe an das Fort heran.

Doch das ist keine Anhöhe, das ist eine tobende Geröllhalde im pausenlosen Feuer der deutschen Artillerie! Der Douaumont liegt unter schwerem Beschuß. Vergeblich lassen Haupt und Brandis grüne Leuchtkugeln abschießen, um die eigene Artillerie zur Verlegung des Feuers zu veranlassen. Im Schneetreiben werden die Zeichen nicht bemerkt. Da entschließt sich Haupt, den Sturm auf die Festung durch das eigene Artilleriefeuer hindurch zu unternehmen.

»Herr Hauptmann, wir werden alle durch unsere eigene Artillerie fallen!« Ein Unterführer hat es gerufen, und dank einer gründlichen Untersuchung durch das Reichsarchiv sind seine Worte ebenso erhalten wie die Antwort des Offiziers: »Was fällt, das fällt. Kinder, ihr werdet mich doch nicht im Stich lassen!«

Damit klettern sie durch das Bersten und Heulen der Geschosse empor, zerschneiden mit ihren Drahtscheren ein Gewirr von Hochspannungshindernissen, die allerdings im Augenblick nicht unter Strom stehen, arbeiten sich zu einem Eisengitter vor, das den weiteren Weg versperrt. Ein Unteroffizier entdeckt noch eine Lücke. Eine deutsche Granate hat hier das Gitter zerfetzt, den Boden aufgewühlt und eine schräge Halde in den fünf Meter tiefen, steilwandigen Graben geworfen, der hinter dem Gitter klafft. Die Männer springen, rollen, rutschen hinunter. Später haben die Überlebenden gestritten, wer als erster gesprungen sei. Gleichgültig: Sie finden einen Eingang in die Panzerfeste, und wenige Minuten später klettert der Musketier Kühn auf den Sargdeckel, auf den pausenlos die deutsche Artillerie einhämmert, steht dort im dröhnenden Eisenhagel und schwenkt eine gelb-rote Flagge. Feuer einstellen! Wieder verhindert das Wetter, daß dieses Zeichen gesehen wird. Die deutschen Geschütze trommeln weiter.

Vorsichtig dringen die Deutschen in das Fort ein. Warum eigentlich wird es nicht verteidigt? Warum schlägt den Feldgrauen keine französische Maschinengewehrgarbe entgegen? Wo sind die Franzosen? Sie sitzen sorglos tief unten in den Gewölben der bombensicheren Festung, spielen Karten, lachen, schreiben Briefe, schlafen. Sie wissen eines ganz sicher: Solange die deutsche Artillerie den Berg und das Fort unter Feuer hält, kommt kein deutscher Soldat heran. Sollen die Deutschen nur noch weiter auf den Betondeckel klopfen, das ist auszuhalten. In den unterirdischen Kasematten hört man das Gepolter kaum noch.

Pfeifend, mit einer Taschenlampe in den Händen, kommt ein Franzose um die Ecke eines Gangs. Dort starrt ihm plötzlich eine deutsche Pistolenmündung entgegen. Siebenundsechzig Mann, die ganze Besatzung des Forts, strecken wenige Minuten später die Waffen. Einer der Deutschen, im Zivilleben Ober, hat in bestem Kellner-Französisch gerufen, daß man Handgranaten durch die Schächte in die Mannschaftsräume hinabwerfen würde, falls sie sich nicht ergeben. Siebenundsechzig Mann strecken die Waffen vor neunzehn Deutschen. Douaumont ist gefallen, und die Extrablätter verkünden: »Die Panzerfeste Douaumont, der nordöstliche Eckpfeiler der permanenten Hauptbefestigungslinie der Festung Verdun, wurde durch das Brandenburgische Infanterieregiment 24 erstürmt und ist fest in deutscher Hand.«

Augenzeugen berichten aus der Hölle von Verdun

Das ist die letzte Erfolgsmeldung, die letzte Siegesnachricht aus dem Kampfabschnitt Verdun. Von nun an gibt es kein Vor und kein Zurück mehr. Franzosen und Deutsche versinken in einem Stellungskampf, der jede Vorstellungskraft übersteigt. Auf die weite Landschaft vor Verdun fällt ein ewiger Regen nieder. Er rauscht Tag und Nacht ohne Unterlaß, ein alles vernichtender Regen aus Eisen und Stahl.

Da, wo gestern noch Wälder standen, ist jetzt nur noch ein verkohltes, ragendes Gestrüpp von Stümpfen. Aber dort, wo gestern noch die Stümpfe ragten, ist heute bloß mehr zerborstene Erde, ein unübersehbares Feld von Einschlaglöchern und Trichtern, eine Kraterhalde, auf die weiter der eiserne Regen niederfällt, die Steine hebt und umwälzt, die Erde aufwirft und schüttelt. Dort, wo gestern noch Häuser waren, kleine Siedlungen, Bauerndörfer, stehen jetzt nur noch schwarze, einsame Mauerreste. Aber dort, wo gestern noch die Mauern klagten, ist heute bloß mehr Mörtelstaub, Geröll, Sand, Schutt, eine Kraterhalde, auf die der eiserne Regen niederfällt, den Staub hebt und zerbläst, jede menschliche Spur auslöscht. Dort, wo es gestern noch eine Landschaft gab, wo noch Vögel gesungen haben, ist jetzt eine einzige große Vernichtungsmaschine, eine aus Trichtern und Löchern bestehende nackte Erdfläche, deren einzige Bestimmung es ist, den eisernen Regen aufzufangen, Blut zu trinken und die Verwesung zu begraben, wieder auszuwerfen, erneut zu bedecken, wieder herzugeben, bis alles zermahlen und unkenntlich ist.

»Der Truppe graute vor dem Trichtergelände«, bekennt selbst ein so eisenharter Mann wie Ludendorff. »Lebende lagen und kämpften hinter verwesenden Leichen«, sagt der Schweizer Historiker Hermann Stegemann, »Sperrfeuer schuf hinter den Fronten Todeszonen, die täglich neue Opfer forderten, auf grundlosen Wegen versanken Geschirr und Gespann, aus wassergefüllten Trichtern stank Typhus und Dysenterie, giftige Dämpfe zerstörten Augen und Lungen, von Tag zu Tag wuchsen die Greuel der vom Fluch getroffenen Belagerungsschlacht.«

Die Regimenter werden in den Kampf geworfen und verglühen. Sehenden Auges, mit hellwachen Sinnen marschieren sie in den blutigen Sumpf. Rekruten, frisch von den Kasernenhöfen, wirft der Befehl in die Maschine. Sie zucken nicht einmal mehr, wenn sie zu Schlacke zerfallen. »Calvarienwege werden die Wege der Essenholer, der Munitionsträger«, berichtet Kabisch. »Es gibt unterwegs Stellen, die man nur mit äußerster Anspannung rennend überschreiten kann, ohne unterwegs zerrissen zu werden. So kommen jene schrecklichen Tage, an denen die Truppe verzweifelt aus der schlammigen Erde Wasser zu saugen sucht, weil die Wasserträger nicht mehr durchkommen können. So entstehen die Pfade, deren Richtung die Führer sich merken an den Leichen, die dort langsam verwesen. Es entstehen die Schädelstätten, wo es unmöglich ist, die Toten zu beerdigen. Glücklich, wenn man sie in einen nicht mehr benutzten Graben werfen und diesen zuschütten kann.«

Ein Gefreiter vom Infanterieregiment 24, Gregor Höfle, hat mit ein paar Worten seine Eindrücke geschildert: »Ich höre den ununterbrochenen Granateneinschlag, das Surren und Pfeifen der Splitter, ich sehe die im ewigen Feuer, Rauch und Qualm liegende Chaufour- und Albain-Schlucht, sehe anrückende Kompanien durch die Schluchten des Todes um ihr Leben laufen, atme den Leichengeruch, den Gestank giftiger Explosivstoffe und Gase, merke das Würgen in der Kehle, wenn einschlagende Granaten uns mit Erde und Fetzen von Gefallenen überschütten, schaue in die abgemagerten, harten, schmutzbedeckten Gesichter der Lebenden und in die aschfahlen, stillgewordenen der schier unzählbaren Toten. Schimpfen und Fluchen höre ich, Gebete höre ich stammeln, einen Priester sehe ich weit, weit vorn bei der Chambrette-Ferme den todgeweihten Truppen den Segen und die Generalabsolution erteilen.« Den Männern, die da im schaurigen, stinkenden Niemandsland liegen, scheint es, »als stünden sie allein auf der weiten, untergehenden Erde«.

Leutnant May vom Infanterieregiment 20 hat den Weg nach vorn beschrieben:

»Albain-Schlucht. Hier hat seit Wochen kein Mensch Zeit und Lust gehabt, Tote zu begraben; es hätte ja auch keinen Zweck gehabt. Wer bis dahin im Kriege des Grauens nicht gelernt hatte, hier packte es ihn.

Weiter! Von Trichter zu Trichter kriechend arbeitet man sich vorwärts. Plötzlich hebt sich die Erde, Donnerkrachen, Rauch. Wo sich ein Kopf hebt, zeigt das Hacken der französischen Maschinengewehre an, daß man drüben das Ziel erkannt hat.

Da, ein Grabenstück! Einzeln vor! Im Graben die spärlichen Reste der 3. Kompanie. Blaß fragen die Kameraden: ›Ihr seid durch das Feuer vorgekommen?‹

Man zählt langsam ab. Fünf Mann vom zweiten, drei Mann vom dritten Zug. Die übrigen? Französische Granaten haben sie begraben, wieder ausgegraben, noch mal begraben.

Nun beginnt die eigentliche Leidensstrecke: Bei Regen und schlüpfrigem Boden geht es in stockdunkler Nacht über und um Granatenlöcher, die mit Wasser, hilferufenden Verwundeten und mit Leichen gefüllt sind.

Taschenlampen dürfen nicht benutzt werden, da das Gelände vom Feind einzusehen ist. Daher kann man in dieser Finsternis seine Kameraden nur fühlen, hört das Klatschen im Wasser und die unterdrückten Flüche der Vorwärtsstolpernden. Man stürzt selbst, fällt auf einen menschlichen Körper, arbeitet sich mühsam wieder empor, eilt vollkommen durchnäßt der entschwundenen Truppe nach, stürzt wieder – alles unter dem Sperrfeuer des Franzosen, dessen Schrapnells über unseren Köpfen bersten und dessen Granaten vor, hinter, neben uns und leider auch in die Kolonnen einschlagen, Tote und Verwundete zurücklassend.

Das ganze Grauen dieser Strecke ist aber erst bei Tage voll zu erfassen: Leichen, vom Skelett, das schon seit Monaten dort liegt, bis zum eben zerfetzten blutigen Körper, Material, Waffen und Munition aller Art bedecken das Gelände. Von einem Begraben der Toten kann hier keine Rede sein.

Weiter geht's den Berg hinan, in völliger Erschöpfung, durchnäßt, verschlammt und in Schweiß gebadet. Von einem Weg keine Rede. Zwischen den Löchern, manchmal auch durch die Trichter, ist ein Pfad getreten, oft genug völlig ausgelöscht durch Neueinschläge der feindlichen Artillerie. Da steht der Führer, sucht nach Richtungspunkten, die er sich gemerkt hat, einen besonders großen Trichter, einen Leichnam ohne Beine, der gestern noch dagelegen hat, arbeitet sich weiter und findet nach einiger Zeit wieder den Trampelpfad. Daß unter diesen Verhältnissen Verwundete und Gefallene verschwinden konnten, ohne daß je wieder eine Spur von ihnen gefunden wurde, ist kein Wunder.«

»Ich muß gehorchen«

Zehntausend Granaten und Minen bersten pro Stunde auf dem Todesfeld von Verdun, jede Stunde zehntausend todbringende Einschläge, zehntausendmal Tod in jeder Stunde, den ganzen Tag, die ganze Nacht, zwanzig Millionen Schuß während der monatelangen Dauer der Schlacht. Der eiserne Regen fällt nieder und begräbt die Toten. Die Kameraden werfen die leblosen, zerfetzten Körper einfach über den Trichterrand. Ein paarmal noch werden sie dort hin und her geschleudert vom einschlagenden Stahl, die Mühle zermahlt sie, unaufhörlich, bis Lehm zu Lehm und Staub zu Staub geworden ist. Macht Schluß, macht Schluß damit!

Es ist Mai geworden, als Kronprinz Wilhelm und sein Stab zu der Einsicht kommen, daß das Unternehmen nicht geglückt ist, daß der sinnlose Menschenverbrauch ins Uferlose führt. Sie schlagen dem Großen Hauptquartier vor, die Schlacht abzubrechen, dem Wahnsinn ein Ende zu machen.

»Der Angriff auf Verdun ist fortzusetzen«, entscheidet Falkenhayn, und Wilhelm schreibt niedergeschlagen: »Wenn die Oberste Heeresleitung befiehlt, muß ich gehorchen.«

Falkenhayns phantastische Ausgeburt, die Blutpumpe von

Verdun, arbeitet weiter. Sie wird noch Monate arbeiten, mit unverminderter Gewalt Deutschlands und Frankreichs Jugend in ihren Sog reißen, angetrieben von der Gewalt eines Befehls, hinter dem gezückte Pistolen und Kriegsgerichte stehen, nicht aufzuhalten von den stumpfen, ergebenen Opfern, geleitet vom blindwütigen Wahn einer Handvoll Todesfachleute. Über der Menschenmühle von Verdun schwelt und flimmert ein übler Brodem. »Der Angriff ist fortzusetzen ...«

Alles war nur ein Vorspiel, jetzt beginnt die Hölle.

Falkenhayns Blutpumpe

Die stählerne Faust des Befehls wirft auf beiden Seiten der Front Kompanien und Regimenter, Bataillone und Divisionen ohne Ende in Falkenhayns Blutpumpe vor Verdun. Der deutsche Generalstabschef hält zäh an seiner Idee fest: den Franzosen einen so hohen Blutverlust beizubringen, daß sie aufgeben müssen. Daß der eigene Blutverlust ebenso hoch ist, scheint ihn wenig zu beeindrucken, und General Hermann von Kuhl muß sagen: »Falkenhayn glaubte gar keine Veranlassung zu haben, die Operation aufzugeben, da der angestrebte Zweck bisher erreicht worden sei und daher auch fernerhin erreicht werden würde.«

So wird das grauenvollste Blutbad der Kriegsgeschichte erbarmungslos fortgesetzt. Der verhältnismäßig kleine Frontabschnitt vor Verdun wird zum gefürchteten Schreckgespenst im deutschen und französischen Heer, die Soldaten sprechen einfach von der »Hackmaschine«, in deren Trichter eines Tages auch noch die letzten Reserven verschwinden werden. Die hohen Befehlsstellen auf beiden Seiten wissen, daß jeder von Grauen und Angst geschüttelt wird, der Verdun kennt und noch einmal den Weg in das Trümmerfeld des Todes antreten soll.

Deutsche und Franzosen müssen diesem Umstand Rechnung tragen. Falkenhayn verfolgt die Politik, Truppen überhaupt nicht mehr von Verdun zurückzuziehen, sondern sie dort einfach verglühen zu lassen, sie ununterbrochen mit frisch herangerollten Menschen von den Kasernenhöfen aufzufüllen. Pétain dagegen ist für ständige Ablösung, will aber weder Verdunkämpfer noch Rekruten nachgeschoben bekommen: »Truppen, die schon einmal bei Verdun waren, haben keinen großen Wert. Die Rekruten sind nicht imstande, die Eindrücke dieses Feuers zu ertragen.«

»Selbst die tapferste Truppe«, meint Kronprinz Wilhelm, »war einfach nicht imstande, ihre moralische Kraft für längere Zeit auf der unerläßlichen Höhe zu halten. Die Maasmühle zerrieb nicht nur die Knochen, sondern auch den Geist der Truppe.«

Die zu Staub und feinem Geröll zermahlene Trichterlandschaft vor Verdun liegt Tag und Nacht unter dem Hagel von zehntausend Geschossen in jeder Minute. Bei Regen verwandelt sich das Gelände in stinkenden Morast. Trotzdem müssen jeden Tag Ersatzmannschaften, Munitionskolonnen, Essenträger und Sanitätstrupps mit Verwundeten ihren Weg durch diese Hölle suchen. Oft kommen von ganzen Kompanien nur sechs bis zehn Männer am Ziel an. Wer ankommt, sieht nach General Kuhls Mitteilung »furchtbar aus; nichts von Menschen mehr, zäher Schlamm überall, nur die Augen noch frei«.

Die meisten, die das Inferno von Verdun lebend überstanden haben, haben geschwiegen; vielleicht, weil sie erkennen mußten, daß menschliche Worte nicht ausreichen, einen Begriff von dem brodelnden Abgrund des Entsetzens zu geben. Einige andere haben sich darangewagt, und ihre Stimmen klingen noch heute erschütternd aus dem verschollenen Trichterfeld in unsere Gegenwart:

»Wer soll diesen Todesweg beschreiben?« berichtet der bayerische Soldat Ludwig Maier. »Höhen und Schluchten liegen unter stärkstem Feuer. In rasendem Lauf gewinnt der Zug die verqualmte Schlucht. Verwundete schleifen sich zurück zum Verbandsplatz im Fosseswald, der eine trägt den Arm in der Schlinge, hinter ihm schleppen sie mehrere Stöhnende in der Zeltbahn daher.

Die nächtliche Wanderung von Trichter zu Trichter, durch Krater und Leichenfelder geht weiter. Es ist ein Wettrennen mit dem Tod. Wenn nur die Leuchtraketen uns die schrecklichen Bilder des Schlachtfeldes nicht wie bei Tag schauen ließen! Wenn doch die Nacht dieses Grauenvolle verhüllen dürfte!

Hier herrscht wirklich der Tod, der völlige Tod. Eine Granate an der anderen saust in die Erde hinein. Vor uns steigt dunkel und drohend ein Hang empor. Da stockt der Fuß vor einer Gruppe Gefallener. Kreuz und quer liegen sie beieinander. Vor dem Verbandsplatz am Hang liegt einer, dem sie die zwei Beine weggeschossen haben. Die zwei Stümpfe sind fest zusammengebunden, allein das Blut rieselt durch. Keine Rettung mehr, er muß verbluten.

Langsam vorarbeiten! Am Höhenkamm bezeichnet ein Berg von Leichen unseren Weg.

Mit einem Schlag ist die Gegend wieder taghell erleuchtet. Im Nu liegt der Zug an die Erde geschmiegt. Nichts rühren, alles erstarren, denn wir kommen dem Feinde immer näher, und er darf uns nicht bemerken.

Auf was liege ich denn? Eine weiße, klebrige Masse ist es, deren Geruch mich im Halse würgt. Ja, es ist so, eine Soldatenleiche, die schon tagelang von der Sonne ausgebrütet ist. Aber trotzdem nicht rühren! Drüben sieht man die kleinste Bewegung . . .

Schweißgebadet erreichen wir endlich die Granatlöcher auf der kalten Erde. Schnell falle ich in eins hinein. Drei Mann sitzen drinnen. Der eine hält das Stückchen Kommißbrot, der andere die Konservenbüchse, der dritte die Feldflasche. Der Luftdruck einer schweren Granate hat ihnen das Herz abgedrückt, ohne sie irgendwie zu verwunden.

Schmutzige, zerrissene Brotbeutel, zerbeulte Helme, eingedrückte Feldflaschen, zerrissenes Koppelzeug, durchlöcherte Kochgeschirre, verrostete Seitengewehre, alles wirr durcheinander, dazu Blindgänger, blutig zerfetzte Leichen mit zerschmetterten Köpfen, abgerissene Gliedmaßen: Das ist das Bild, das sich uns hier (in der neuen Stellung) in grauenerregender Weise bietet.«

In der Hölle von Verdun werden die Toten nicht begraben. Grausig, wie alles in dieser entmenschten Welt, ist das nächtliche Vernichtungswerk einer anderen Armee, einer Armee von katzengroßen, feisten Ratten. In seltener, meist nur sekundenlanger Feuerstille ist ihr heiseres Geschrei weit über das Trichterfeld vernehmbar. Sie kämpfen um die Beute, die doch überall so reichlich liegt, sie werden nicht von den Geschossen ausgerottet und nicht von den Handgranaten, die ihnen die Soldaten manchmal in Zorn und Ekel nachwerfen. »Das Trommelfeuer läßt sie unberührt«, meint Verdunkämpfer Ettighofer. »Und wenn im Wirbel von Stahl und Eisen ganze Dörfer, ganze Landschaften in Rauch und Flammen untergehen, wenn alles in Trümmer sinkt und jedes Leben erstirbt und erstarrt, dann bleiben immer noch die Ratten übrig, die furchtbaren Verdunratten. Heute benagen sie den armseligen Körper unseres toten Kameraden, morgen vielleicht dich oder mich.«

»Nicht ein Hauch von Leben ist übriggeblieben«

Einen Steinwurf weit, nein, einen Handgranatenwurf weit liegen die Trichter oft nur auseinander, in denen sich Franzosen und Deutsche gegenüberhocken, zwischen Unrat und Verwesung, schlaflos, vom Durst gepeinigt, vom Grauen geschüttelt, von der bebenden Angst der hilflosen Kreatur ausgebrannt und gleichzeitig entschlossen zu töten, sobald sich da drüben etwas regen sollte.

»Diese Nächte in dem öden Trichterfeld!« erinnert sich Ludwig Maier. »Keiner wird sie vergessen, der sie überlebt hat. Leuchtkugel an Leuchtkugel steigt empor und überflutet die kahlen Hügel mit tageshellem Silberlicht und leuchtet über zerfetzte Drähte, zerfetzte Menschen, leuchtet hinein in die Hölle von Feuer und Rauch und Qualm. Nicht ein Hauch von Leben ist hier übriggeblieben. Hier ragt eine Knochenhand empor, da ein halbverwester Schädel unter deutschem Stahlhelm, dort mehrere Franzosen in blauem Feldgrau. Granaten wühlen den zitternden Boden auf und streuen die Splitter und Schollen hoch in die Luft, bis sie wieder pfeifend und polternd niederfallen. Im nassen Lehm liegen die Infanteristen, von blutigen Leibern umgeben, mit Zeltbahnen und triefenden Mänteln mühsam zugedeckt.«

Inmitten dieser Hölle liegt der Vizefeldwebel Streil schwer verwundet, Tag und Nacht, während Sterne und Leuchtkugeln oder glühende Sonne auf ihn herabscheinen. Ein Wunder läßt ihn dieses unsagbare Schicksal überleben, und so kann er später berichten: »Mein Kompanieführer machte mich aufmerksam, daß mir das Blut aus dem Rücken rinnt, und bestimmte einen Mann, der mich verbinden sollte. Plötzlich wurde es mir vor den Augen schwindelig, ich fühlte meine linke Seite erlahmen, dann sank ich zu Boden.«

Streils Kameraden fallen, er bleibt allein liegen. In halber Ohnmacht registriert er:

»Viele Leichtverwundete laufen an mir vorbei, viele werden beim Zurückgehen noch von den Granaten getötet. Ich will aufstehen, will fort, doch die linke Seite ist lahm. Ich fühle keine Schmerzen, aber in der Brust das Rinnen des Blutes. Mir wird der Atem knapp. Ich fühle eine tiefe Mattigkeit über mich hereinbrechen, der Schweiß steht mir auf der Stirn.

Glühend heiß scheint mir die Sonne ins Gesicht, als ich wieder erwache. Durst, Durst . . .

Jetzt kommen die Schmerzen. Meine drei Feldflaschen, von denen zwei noch gefüllt sind, liegen mir zu Füßen. Das einzig Bewegungsfähige ist mein rechter Arm. Nach langem Mühen arbeite ich mit ihm das neben mir liegende Gewehr aus der Erde heraus, schiebe es an meiner rechten Seite hinunter und erreiche so mein Lederzeug mit den Feldflaschen. Gierig mache ich mich über eine her, die andere ist durch einen Granatsplitter durchlöchert und ausgelaufen. Es ist, als ob ein glühendes Feuer in meiner Brust gelöscht würde.

Ein Leichtverwundeter läuft an mir vorüber. Ich sage zu ihm, er soll Sanitäter zu mir schicken. Das feindliche Feuer wird immer heftiger. Unheimlich zischend fliegen die Granaten über mich hinweg. Der Blindgänger eines Schiffsgeschützes saust einige Meter neben mir in die Erde, der Luftdruck schnürt mir die Brust zusammen. Der Atem versagt mir, um mich wird es Nacht.

Als ich wieder erwache, blicke ich in die guten, treuen Augen meiner Gefechtsordonnanz: Er hat seinen Zugführer gesucht! Der Mann geht nun zurück, um Sanitäter mit einer Tragbahre heranzuschaffen...

Die Schmerzen werden immer größer. Eine tiefe Mattigkeit kommt über mich, ich schlafe ein.

Als ich erwache, regnet es. Die Morgenhelle kommt herauf. Das Geschützfeuer und das Schreien der Verwundeten dringt an mein Ohr. Die Raben, die wilden, schaurigen Raben von Verdun feiern jetzt ihr Gelage. Wild krächzend flattern sie umher und freuen sich ihrer Beute...«

Stundenlange Ewigkeiten muß Streil noch im Totenfeld liegen. Er hofft, endlich sterben zu dürfen... da kommen die Kameraden und tragen ihn weg.

»Was dieses stundenlange Zurücktragen im Trommelfeuer von Verdun auf diesem aufgewühlten Gebiet Opfer kostete, läßt sich nicht in Worte kleiden«, berichtet Soldat Ludwig Maier, der ebenfalls als Schwerverwundeter zurücktransportiert worden ist. »Hinein in die stockfinstere Nacht, von einem Granatloch zum anderen, schnell, schnell, um diesem Höllenfeuer zu entrinnen!

Ein gefangener Franzose hilft wacker mit. Beim Aufleuchten einer Leuchtrakete sehe ich bei ihm eine Feldflasche. Ich bitte ihn darum. Der Franzose, der vielleicht noch vor einigen Tagen die Handgranate gegen mich geschleudert, das Gewehr gegen mich gerichtet, hält seine Feldflasche an meinen Mund, und in vollen Zügen schlürfe ich den köstlichen Inhalt, den wohlgesüßten Kakao – kein Vergleich mit unserer Brühe, die man uns so sparsam beim Gang in die Stellung für fünf bis sechs Tage in den Feldflaschen mitgegeben hat!

Hundert Meter vor uns tragen sie auch einen Schwerverwundeten. Plötzlich ein Volltreffer, mitten unter die drei, alle in Stücke zerrissen. Wir haben den gleichen Weg. Im Laufschritt geht's durch diesen neugeschaffenen Granattrichter, hin über die Gebeine der Soldatenleichen.

Schon wieder steigt so eine verflixte Leuchtrakete am Himmel auf! Die Kameraden werfen mich hin und gehen im nächsten Granattrichter in Deckung.

Wieder nehmen sie mich auf den Rücken und laufen und laufen. Ein Volltreffer schlägt in der Nähe ein. Schnell lassen sie mich zur Erde nieder, die Gewehre fallen auf meinen so schmerzenden Fuß. Pfundschwere Splitter sausen zur Erde nieder. Ein Trommelfeuer liegt gerade über diesem Weg, den wir nehmen müssen.

Ungeschützt liege ich da auf freiem Schlachtfeld, mitten im Hagel der Granaten. Zehn Minuten vergehen, eine Viertelstunde, eine halbe Stunde, immer liege ich noch allein da. Es ist auch unmöglich, in diesem Feuer vorwärts zu kommen. Ich verdenke es den Kameraden nicht, wenn sie ohne mich zurück sind.

Schritte! Wirklich, die Kameraden sind es! Sie haben mich nicht im Stich gelassen. Nach Stunden langen wir im Sanitätsunterstand an. Von hier transportieren mich die Krankenträger mit ihren Tragbahren weiter.«

Wie weit ist es vom Sanitätsunterstand noch bis an den Rand der Hölle, bis ins Hinterland, bis in die Heimat! Maier muß noch einen Gasangriff miterleben, der viele Verwundete das Leben kostet, da sie keine Gasmaske mehr haben oder nur noch eine von Granatsplittern durchlöcherte. Schwäche oder eine Spur von Gas lassen ihn in Bewußtlosigkeit sinken.

Als er wieder zu sich kommt, ist er in einem Verbandszelt außerhalb der Feuerzone: »Dieser Jammer und dieses Elend hier!« – Sammelbecken für alles, was Falkenhayns Blutpumpe noch einmal lebend von sich gibt, ein gewaltiger Abfallplatz für Menschen. Auch das ist der Krieg, und ein letztes Mal soll Augenzeuge Maier zu Wort kommen, um das Tal der Schmerzen zu schildern:

»Nach sechs bis sieben Tagen wieder etwas Warmes zu essen! Als Tischtuch dient mir die von vorne mitgebrachte, voll Blut bespritzte Zeltbahn. Eine schwarze, dicke Masse von Fliegen summt darauf und berauscht sich mit Menschenblut.

Am Abend bringt uns der Lazarettzug nach Deutscheck ins erste Feldlazarett. Im Operationszimmer muß ich als erster auf die Schlachtbank. Schreien und Stöhnen wecken mich am Morgen. Das Feldlazarett Deutscheck ist nur Übergangsstation. Es gibt die Verwundeten nach einigen Tagen wieder ab, entweder hinaus auf den Friedhof oder ins nächste Etappenlazarett.

Ein Zettel, mit Bindfaden ans Hemd gebunden, bestimmt mich für das Etappenlazarett Pierrepont.

Im Morphiumdusel erwache ich in einem großen Saal. Klagen, Jammern, Stöhnen, Seufzen bringen mir zum Bewußtsein, daß ich in der Schwerverwundetenabteilung liege. Entsetzlich stickige Luft erfüllt den Raum. Die Feder sträubt sich, dieses Elend zu schildern. Von einem Bett zum anderen geht der Tod. Erst heute nacht, so sagt mir der Wärter, hat aus meinem Bett der Tod einen Hauptmann von seinen entsetzlichen Leiden erlöst.

Hier herrscht Großbetrieb! Die Ärzte und Schwestern haben alle Hände voll zu tun. Verdun sendet unentwegt seine Opfer. Mein Nachbar, den sie heute nacht gebracht, ist schrecklich zugerichtet. Der ganze Rücken ist bloßgelegt, zerfleischt, eine Brandgranate hat ihre verheerende Wirkung getan. Der Kopf voll Blut und dickem Watteverband. Der Kamerad im anderen Bett sieht so bleich, so gelb aus, aber so ruhig, so geduldig liegt er da ... und eines Morgens liegt ein anderer Schwerverwundeter dort. Die Morphiumspritze läßt mich wieder einschlummern.«

Was sind alle diese menschlichen Opfer! Hoch über den Schluchten und Abgründen des tausendfachen Todes, erhaben über Morast, Blutgesudel, Gestank und Schaudern, waltet die strategische Idee. Die Ausblutungsidee Falkenhayns!

Abgeschnellt von der Schleuder planender Generale, rennen deutsche Sturmtruppen am 9. März 1916 gegen das Panzerfort Vaux an, neben Douaumont das stärkste Bollwerk im Verteidigungssystem von Verdun. Bald darauf melden Extrablätter in ganz Deutschland: »Panzerfeste Vaux im glänzenden Angriff genommen!«

Die Kirchenglocken dröhnen, an allen Gebäuden steigen die schwarzweißroten Fahnen auf, die Schulkinder bekommen frei, Siegesfeiern werden abgehalten, und an der Front begibt sich Kronprinz Wilhelm freudig in den Gefechtsstand der 9. Reservedivision und überreicht General von Guretzky-Cornitz für diese Tat seiner Männer den Pour le mérite. Doch kaum hat der erlauchte Gast die Stätte wieder verlassen, meldet der Feldfernsprecher, daß da offenbar ein Irrtum unterlaufen sei: »Erkundende Offiziere und zu den Regimentern entsandte Meldegänger haben festgestellt, daß die Nachricht von der Einnahme des Forts falsch ist.«

Jetzt eilt Guretzky persönlich nach vorn. Zu sehr hatte er sich vordem nur auf die eingelaufenen Meldungen verlassen, bei ihrer Auswertung war »der Wunschgedanke des Erfolges mit im Spiel«, wie Generalleutnant Kabisch später festgestellt hat.

Wahnsinn in Potenz: ein Prestigeerfolg um jeden Preis

Eine optische Täuschung im Fernglas der Artilleriebeobachter hatte deutsche Truppen auf den Wall des Forts gezaubert, außerdem hatten die Offiziere eine rotgelbe Artillerieflagge für eine schwarzweißrote Fahne gehalten, ohne zu bedenken, daß die Soldaten in diesem mörderischen Krieg keine Fahnen mehr mit sich führten. Gegen Abend ist allen klar, daß da eine schreckliche Sache passiert ist: In der Heimat brausen die Feiern für einen Sieg, der gar nicht errungen wurde!

Die Falschmeldung eingestehen? Unmöglich! Den Köpfen der Heeresleitung entspringt daher der erstaunliche Gedanke, die Meldung nachträglich wahr zu machen: Fort Vaux muß jetzt um jeden Preis gestürmt werden. So geschieht es, und so geschieht es wohl zum erstenmal in der Weltgeschichte, daß Tausende von Menschen in den Tod gejagt werden, damit eine Falschmeldung nachträglich wahr werde und der Generalität die Peinlichkeit erspart bleibe, eine leichtfertig gegebene Siegesnachricht zurückziehen zu müssen.

Am 10. März schweigt sich der Heeresbericht aus, während alle verfügbaren Kräfte gegen den blutgetränkten Berg von Vaux geworfen werden. Doch die Geschichte läßt sich die Schnitzer ihrer Akteure auch in diesem Fall nicht mit Blut abkaufen: Vaux hält dem deutschen Ansturm stand, und es werden noch weitere drei Monate vergehen, ehe das Werk kapituliert.

Vergeblich auch bleibt der wenige Tage später unternommene Ansturm bayerischer Truppen gegen die berüchtigte Linie Avocourt – Höhe 304 – Toter Mann. Sogar das Reichsarchiv muß später feststellen: »Bis Mitternacht bleibt die Führung ohne jede Nachricht über die Lage vorn; das Sperrfeuer hindert jede Verbindung. Die Brigade erfährt erst morgens durch zwei zurückkehrende Offiziere, daß der Angriff völlig zusammengebrochen ist. In Schlamm gebadet, teils ohne Stiefel, ohne Waffen, da die verschmutzten Gewehre unbrauchbar sind, kehren die schwachen Grüppchen nach und nach zurück, das Auge mit jenem starren Ausdruck, den das Bewußtsein gibt, Schlimmeres nicht mehr erleben zu können. Dieser 22. März ist eines der blutigsten Blätter in dem Buche der Tragödie von Verdun.«

»Ich hatte das Glück«, schreibt Kronprinz Wilhelm in seinen Erinnerungen, »diesen Angriff aus nächster Nähe vom Gefechtsstand des Generalkommandos aus zu beobachten. Der Tote Mann sah wie ein großer Vulkan aus, Luft und Erde erzitterten unter Tausenden von Geschoßeinschlägen.«

Etwa zur gleichen Zeit beschwert sich das Bayerische Kriegsarchiv über die unerträglichen Verhältnisse: »Der andauernde Regen verwandelte binnen kurzem den Boden in tiefen Morast.

Die Laufgräben, die infolge Versäumnis früherer Zeiten ohne Wandbekleidung und Berostung waren, stürzten ein und füllten sich meterhoch mit zähem Lehmschlamm, der den Leuten, die sich bei dem unaufhörlichen Feuer bei der Ablösung hindurchquälen mußten, die Stiefel und Kleider vom Leibe zog. Die Ablösung eines einzigen Bataillons erforderte zwei bis drei Nächte. Dutzende von Leuten sanken in dunkler Nacht in dem tiefen Morast der Laufgräben vollständig um und erstickten.«

Wird diese Hölle im Maasbogen jemals ein Ende nehmen, wird die Menschenmühle, die Blutpumpe jemals zum Stillstand kommen? Immer wieder konzentrieren sich französische Angriffe auf Fort Douaumont, den »Schlüssel von Verdun«, den die Deutschen noch halten. Wo immer sich in diesem Frontabschnitt Soldaten aus ihren Löchern und Trichtern erheben, zieht der Berg mit dem schweren Betondach des Forts, dem Sargdeckel, ihre Blicke auf sich. Längst ist Douaumont zum schaurigen Symbol geworden.

Monatelang wird der Berg, wird das Fort mit Eisen und Stahl und Feuer überschüttet. Die Franzosen wollen den Koloß mürbe schießen, die Deutschen legen Sperrfeuer gegen Angriffe. Erschütternd, was General von Kuhl zu sagen hat:

»Seit Mai versank der Douaumont hinter einem Berg von Qualm und Feuer und begann unter den unaufhörlich niedersausenden Granaten langsam abzubröckeln. Das ganze Fort zitterte unaufhörlich bis in seine tiefsten Räume hinab.

Eine ungeheure Leidenszeit begann für die Männer, die in ihm zusammengedrängt lagen. Unermüdlich waren die Pioniere tätig mit Räumungsarbeiten. Ohne Aufhören arbeiteten ihre Trupps, eingeschlossene Gänge freizulegen und Beobachtungsstellen wieder auszugraben. Aber Douaumont bröckelte weiter. Die letzten Beobachtungspunkte wurden unbrauchbar, das elektrische Licht erlosch.

Das ganze Fort ist durchrüttelt von rollenden Einschlagsalven, die auf dem Dach toben und brüllen. Gang auf Gang zerbricht und stürzt ein und begräbt stumme Menschen. Das beiderseitige Artilleriefeuer hatte das Äußere des Berges gänzlich umgestaltet. Die Eingänge waren, soweit überhaupt noch benutzbar, kümmerliche Löcher, die Kasematten waren zum Teil zerstört, die Entlüftungsanlagen versagten. Eine scheußlich dicke Luft von Pulver, Karbol, Gas und verbranntem Verbandszeug kroch durch alle feuchten Gänge und verbreitete Pestgestank in jedem Winkel.«

In diesem Labyrinth des Grauens leben Menschen. Neben der Besatzung sind es Soldaten, die hier auf dem Weg irgendwo nach vorne, irgendwo nach rückwärts kurzen Unterschlupf gefunden haben, und außerdem sind die tiefen Gewölbe und Gänge vollgestopft mit Verwundeten, Kranken, Sterbenden. Mitten in diese fieberode Enge dröhnt am 8. Mal 1916 eine Katastrophe. Beobachter auf deutscher und auf französischer Seite sehen in ihren Scherenfernrohren eine schwarze, zähe Rauchwolke über dem Douaumont aufsteigen. Wie ein Erdbeben hat das Geschehnis den Berg und die Festung bis in ihre Tiefen emporgehoben und wieder zurückgeschleudert. Major Lichnock, der die Pioniere in Fort Douaumont befehligt, hat als Überlebender eine Schilderung der Katastrophe gegeben:

»Zur Verteidigung des Südausgangs standen dort zwei große Flammenwerfer und ein Korb mit fünfundzwanzig scharfgemachten Handgranaten. In dem Hohlweg dahinter lag Infanterie, die abgelöst werden sollte.

Vielleicht hat in der Nähe der Flammenwerfer eine scharfgemachte Handgranate gelegen, deren Abzugschnur auf dem Boden lag, auf diese hat wahrscheinlich ein Mann versehentlich getreten und mit dem anderen Fuß die Handgranate fortgestoßen; dadurch explodierte diese und brachte die Flammenwerfer oder den Korb mit Handgranaten zur Entzündung. Dies war nach Besichtigung des Ortes die allgemeine Vermutung.

Die Folgen waren furchtbar: Die in der Nähe der Flammenwerfer lagernden Leute wurden durch den Masutrauch im Gesicht schwarz, stürzten in ihrer Angst ins Fort und wurden für schwarze Franzosen gehalten.

Es entstand eine Panik, da man an einen französischen Gasangriff glaubte. Kämpfe entwickelten sich, man bewarf die schwarzen Kameraden mit Handgranaten, es war entsetzlich.

Inzwischen erreichte das brennende Masutöl einen Stapel französischer 21-Zentimeter-Granaten, die in einer Nische des Hohlganges lagerten, und brachte ihn zur Detonation. Durch den ungeheuren Luftdruck ging sofort das Licht im ganzen Fort aus, und Hunderte wurden durch Lungenzerreißung getötet. Die Decke wurde aufgerissen, und, was das schlimmste war, die großen Wasserbehälter erhielten Risse und flossen aus.

Was die Pioniere in diesen Tagen des Aufräumens im Fort durchgemacht haben, spottet jeder Beschreibung. Zerrissene Menschenleiber hingen an der Decke. An einer Holztreppe, die zu einem Ausgang führte, lagen die Toten übereinander, ineinander verkrampft im Kampf um den Ausgang.

Als die Erkennungsmarken abgenommen waren, zählte man sechshundertfünfzig Tote. Wohin mit diesem Massenopfer? Sie wurden in zwei Räume des Forts eingemauert.«

Die Nachricht von dem Unglück scheint zu bewirken, daß sich bei der deutschen Armeeführung die allgemeine Hoffnungslosigkeit der Lage vor Verdun verdichtet. Kronprinz Wilhelm hat seit langem eingesehen, daß die erzielten Geländegewinne in gar keinem Verhältnis zu den unsagbaren Opfern stehen. In dem Bewußtsein, »daß der Verbrauch an Menschen, Munition und Material nicht mehr zu verantworten sei«, wird Wilhelms Generalstabschef, General Schmidt von Knobelsdorf, zu Falkenhayn ins Große Hauptquartier nach Mézières geschickt. Er soll bewirken, daß der sinnlose Kampf abgebrochen wird.

Knobelsdorf freilich ist in seinem Innersten ein Anhänger der unbedingten Fortsetzung des Kampfes. Welchen Einfluß er bei der Besprechung in Mézières geübt hat, kann nur vermutet werden. Die Enttäuschung des Kronprinzen jedenfalls ist grenzenlos, als der General mit dem ausdrücklichen Befehl zurückkehrt, Verdun weiter anzugreifen.

Am 16. Mai 1916 kommt Falkenhayn persönlich an die Front, um bei der Vorbereitung eines neuen Angriffs dabeizusein, eines Angriffs, der sich gegen das Zwischenwerk Thiaumont richten soll. Ein Gegenangriff der Franzosen macht diese Absicht zunichte, und als der Generalstabschef nach Mézières zurückkehrt, weiß er nur, daß die deutschen Verluste wieder einmal in die Höhe geschnellt sind.

Ein Augenzeuge berichtet aus dem Massengrab Thiaumont

Thiaumont wird erst später von den Deutschen erobert, bald von den Franzosen zurückgenommen, und jedes Hin und Her, das in den Heeresberichten nur ein paar Zeilen einnimmt, ist eine mit Menschenblut geschriebene Geschichte.

»In dieses Zwischenwerk, das so heiß umstritten ist«, berichtet ein Schwerverwundeter später, »bringt mich mein Freund hinein. Auf hartem Stein liege ich, umgeben von einer großen Zahl Schwerverwundeter aller Art, nur mit einem Notverband versehen, aus dem Granatloch hierher unter Dach geschafft.

Ein Stöhnen und Wimmern, so trostlos, so hilflos, daß es einem durch Mark und Bein geht. Gleich neben mir ist einer; aus einem Loch in der Stirn tröpfelt das Blut. Daneben einer mit Bauchschuß. Wie er um Wasser ruft und bettelt! Und die Kameraden holen mit dem Feldkessel das Wasser aus der Zisterne im Kellergeschoß des Werkes. Mit vollen Zügen schlürfe auch ich. Aber was für ein widerlicher Geschmack, wie nach Leichen riechend! Vielleicht liegen Tote drunten im Wasserloch? Ich weiß es nicht, was liegt daran!

Ein Treffer aufs Werk! Die Wände wackeln, Helme und Staub fliegen umher. Schwefeliger Qualm beißt in die Augen. Ein Aufschrei der Verwundeten. Im Dampf und Qualm und Dunst ersticken viele. Ein Steinregen rieselt von der Decke. Ich schleife mich über Tote und Verwundete auf den Unmassen von Steinen dem Ausgang zu, um nicht zu ersticken in diesem Meer von Qualm und Rauch.

Die Steine von oben prasseln weiter. Rechts von mir hör' ich Stöhnen und Seufzen. Ein Kamerad – seit zehn Tagen liegt er schon hier. ›Eine Frau mit sieben Kindern hab' ich daheim‹, stöhnt er leise.

Wenn ich dir helfen könnte! Es war nicht mehr zu helfen. Daheim, da bangt und zittert und wartet eine Mutter mit ihren sieben Kindern auf Nachricht vom Vater im Felde. Nach einigen Tagen mag sie gekommen sein, die Trauerbotschaft: Gefallen bei Thiaumont.«

Auf der französischen Seite der Hölle von Verdun sieht es nicht anders aus. Auch dort liegen Männer in einem Sumpf von Verwesung und Blut. Auch dort hocken Soldaten in unterirdischen Gewölben, die unter pausenlosen Einschlägen erzittern und langsam abbröckeln.

Noch immer hält die Panzerfeste Vaux den Deutschen stand. Sechshundert Mann unter dem Befehl von Major Raynal sind in den Kasematten der Festung verschanzt. Verwundete aller Grade bilden die Überzahl, und wenn Raynal durch die grünfeuchten, bebenden Keller geht, zählt er höchstens hundertfünfzig kampffähige Leute.

»Mein Kommandant, Wasser, Wasser!«

Seit dem 1. Juni 1916 wirft die deutsche Heeresleitung wieder Welle um Welle gegen den Berg. Was im März zuvor nur als Falschmeldung verkündet werden konnte, soll diesmal Wirklichkeit werden: Vaux wird in deutsche Hand fallen. In einem Überraschungsangriff, mit Handgranaten und Flammenwerfern, erzwingen die Deutschen einen Zugang, aber nun, in dem Gewirr der verbarrikadierten Gänge, ist kein Weiterkommen mehr.

Major Raynal schickt Brieftauben aus, die der Armeeleitung die Gefahr melden sollen. Im ewigen Eisenregen gehen die Tiere zugrunde bis auf eines, das verwundet sein Ziel erreicht – und später ausgestopft und mit dem Band der Ehrenlegion ausgezeichnet wird. Bald darauf kann man im Fort Vaux ferne Blinkzeichen beobachten: »Mut, wir werden angreifen!«

Währenddessen sitzen die Deutschen noch in den oberen Vorräumen des Festungswerks: »In den Gängen und auf den Treppen von 1,20 Meter Breite und 1,85 Meter Höhe hockt Mann an Mann, die Beine angezogen, die Waffen in der Hand«, vermeldet das Reichsarchiv. »Wenige Kerzen spenden spärliches Licht, sie erlöschen durch die Erschütterung der Luft fast bei jedem Einschlag. Im Laufe des Nachmittags zerschmetterte eine schwere Granate die schon stark beschädigte Grabenwand der Nordseite, viele Verwundete unter den Trümmern begrabend. Pulverqualm und Staubwolken durchdrangen die Hohlräume. Die Verschütteten schrien jämmerlich. Unruhe und Verwirrung entstanden unter den eingepferchten Menschen. Staub, Rauch und Durst, der Durst!«

»Für alle diese Menschen«, berichtet Kampfteilnehmer Ettighofer, »ist nur eine einzige Quelle vorhanden, eine versumpfte und verseuchte Wasserstelle in der Nähe des Vaux-Teiches. Viele kehren von diesem Gang zur Wasserstelle nicht mehr zurück, denn das wohlgezielte Feuer der Scharfschützen wirft sie hierhin und dorthin blutig in die Trichter. – In den Stunden der Dämmerung schleppen sich Verwundete und vor Durst halb irrsinnig gewordene Menschen zum Vaux-Teich hinab und trinken das faulige, verseuchte Wasser. Andere löschen ihren brennenden Durst mit dem Grundwasser der Granattrichter. Und in fast allen diesen Trichtern liegen Tote. Einerlei, die Nachbarschaft des Todes ist zur Alltäglichkeit geworden, und der Durst ist stärker als das Grauen und die Angst.«

Der Durst ist es auch, der Major Raynal und seinen Leuten mehr zu schaffen macht als die Deutschen. In den endlosen, finsteren Gängen und Treppen und Höhlen und Verliesen können sich die Franzosen noch lange gegen die Übermacht halten, so lange wenigstens, bis ein Gegenangriff von außen Entsatz bringt. Entscheidend allein ist die Frage: Wie lange werden die Wasservorräte im Fort reichen? Welches Entsetzen, daß die Zisterne im tiefsten Gewölbe von Fort Vaux offenbar Risse bekommen hat, daß sich ihr Wasserspiegel senkt und senkt. Raynal läßt die tägliche Wasserration auf zwei Becher herabsetzen. Nur Verwundete erhalten drei Becher täglich, Schwerverwundete vier.

Von nun an beginnt der Durst seine quälende Zermürbung. In rascher Folge muß Raynal die Wasserzuteilung weiter kürzen. Wahnsinn bricht unter der Mannschaft aus, einige wollen sich selbst und das ganze Fort in die Luft sprengen, die Verwundeten winseln um einen Gnadenschuß, überall wälzen sich Männer, die ihren eigenen Harn zu trinken versuchten, mit Magenkrämpfen auf dem Steinboden. Andere brechen brüllend aus dem Fort aus, hinaus ins Artilleriefeuer, dem Wahngebilde einer fernen Wasserstelle entgegen.

»Mein Kommandant, Wasser, Wasser!« Auf den Knien liegen die Poilus vor Raynal, heben die matten Hände flehend, starren mit trockenen Augen in sein unbewegtes Gesicht.

»Ich habe kein Wasser«, keucht Raynal mit trockener, verquollener Zunge. »Alle meine Offiziere haben kein Wasser. Wir haben alle seit fast drei Tagen nicht mehr getrunken ... harrt noch einige Stunden aus ...«

Doch der erwartete Entsatz kommt nicht. Am 7. Juni muß Raynal Fort Vaux den Deutschen übergeben.

Fort Vaux: vom Durst, nicht vom Feind besiegt

»Vor der Barrikade im westlichen Hohlgang taucht eine weiße Flagge auf«, berichtet Leutnant Werner Müller. »Mit ihr drei Gestalten: ›Nicht schießen!‹« Einer der drei Franzosen, ein Hornist, stößt zugleich in sein Clairon, und tausendfach gespenstisch bricht sich der Schall in den dunklen Gängen: Das Ganze halt – das Ganze halt ...!

Leutnant Müller bringt die Parlamentäre zu Hauptmann Gillhausen, der Raynals Kapitulationsangebot durchliest. Dann muß Müller mit den Franzosen in die Kasematten hinabsteigen, um die Übernahme zu vollziehen.

Dort drunten liegen die Verwundeten, starr und schweigsam und gerade ausgerichtet. Die Mannschaften und Offiziere sind in Reih und Glied angetreten, und als Müller das stinkende Kellerloch betritt, legt Raynal die Hand an den Helm. Zusammen mit seinem Adjutanten führt er die Deutschen in ein Nebengelaß und sagt: »Ich übergebe Ihnen hiermit die Panzerfeste Vaux mit elf Offizieren, 47 Unteroffizieren und vierhundert unverwundeten Soldaten. In der Lazarettkasematte liegen 87 Verwundete. Die Toten haben wir inzwischen in einem Seitengang begraben. Es befinden sich im Fort zwei feuerbereite Geschütze, 12 Maschinengewehre, 18 Minenwerfer, etwas über 1000 Handgranaten, viel Artilleriemunition, einige Kisten mit Verbandzeug und Medikamenten. In der Kantinen-Kasematte werden Sie viele Büchsen Fleisch und einige Büchsen Dauerbrot finden. Aber Wasser, mein Herr, Wasser werden Sie im Fort nicht mehr finden.«

Mit verzerrtem Gesicht will sich Raynal abwenden. Da greift Leutnant Müller zur Feldflasche: »Einen Augenblick, meine Herren...« In trockene Becher gluckert schaler deutscher Eichelkaffee, ein göttliches Labsal in dieser Sekunde.

Fort Vaux in deutscher Hand! »Es ist keine Schande, nach so langer Gegenwehr in Feindeshand zu fallen«, sagt General von Engelbrechten, der deutsche Divisionskommandeur, als Major Raynal später vor ihn geführt wird. »Wir achten in Ihnen einen tapferen Gegner.«

»Herr General!« antwortet Raynal und richtet sich ein wenig mehr auf. »Nicht Ihre Soldaten haben mich besiegt, sondern der Durst.«

Eine Episode am Rand der Hölle. Aber haben die Leiden, mit denen Vaux erkauft wurde, an der Kriegslage etwas geändert? Haben sie auch nur die Lage der Menschen verbessert? Nein! Nichts hat sich geändert an der Kriegslage, nichts am Schicksal der Menschen. Geändert hat sich nur, daß jetzt statt Franzosen

Deutsche in den Gedärmen von Vaux hocken, und der deutsche Assistenzarzt Dr. Schröder setzt lediglich die anklagende Litanei des Leidens fort, wenn er berichtet:

»Unsagbare Mühe macht die Versorgung der Truppe im Fort mit Munition und Verpflegung; besonders der Mangel an Trinkwasser macht sich quälend geltend. Dazu ist die Luft durch das ununterbrochen auf dem Fort liegende Artilleriefeuer mit Rauch und Staub geschwängert. Die Ventilatoren sind längst zerstört, die Schleimhäute trocknen völlig aus.

Am meisten leiden die vielen Verwundeten. Auch üble Düfte aller Art, Latrinendunst, Blut- und Verwesungsgerüche verpesten die Luft. Der Ablauf der Latrinen ist gestört, so daß allmählich eine Überschwemmung droht. Durch verschwenderische Gaben von Chlorkalk sucht man dem Übel zu steuern. Die Luft ist hier wirklich atemberaubend.

Am 12. Juli wurden die Zustände unhaltbar. Die Kasematte bot ein fürchterliches Bild. Als einziges Getränk waren in der Nacht fünf Flaschen Mineralwasser geschickt, die Granattrichter in der Nähe unter Lebensgefahr ausgeschöpft worden. Der Durst wütete furchtbar unter den Verwundeten, dabei wurde die Luft in der Kasematte immer schlechter, die Lichter begannen zu erlöschen, Schwerverletzte erhoben sich und tasteten an den feuchten Wänden entlang, um die Tropfen abzulecken.«

Abermals ist es Kronprinz Wilhelm, der dringend empfiehlt, die sinnlose Schlächterei aufzugeben, und wiederum wird er durch einen Befehl zur Fortsetzung des Kampfes gezwungen. Sogar Winston Churchill ist dieser Tatsache später gerecht geworden und hat in seinen Kriegserinnerungen geschrieben: »Während die Zeitungen jener Zeit und heute noch viele Geschichtsdarstellungen die Eitelkeit und den mitleidlosen Stolz beklagen, die den Erben des kaiserlichen Thrones dazu bewogen haben, die Jugend unbarmherzig in die Hölle von Verdun zu treiben, ist die Wahrheit ganz anders beschaffen. Der Kronprinz, bestürzt und entsetzt über das Blutbad, versuchte fortgesetzt seinen ganzen Einfluß aufzubieten, um es zu beenden.«

»Die Lage ist ernst«

Es dauert bis zum 15. August 1916, ehe auch Falkenhayn zum erstenmal den Gedanken erwägt, die Blutpumpe zu stoppen. In einem Schreiben an Kronprinz Wilhelm meint er zu diesem Zeitpunkt: »... bedingt die Spannung, unter der wir gegenwärtig den Krieg führen müssen, die möglichste Sparsamkeit in der Ausgabe von Menschen und Munition. Unter diesem Gesichtspunkt muß der tatsächliche Abbruch der Offensive in ernste Erwägung gezogen werden.«

General von François, der die deutschen Truppen auf dem westlichen Maasufer befehligt, äußert dagegen seine Meinung, »die dahin geht, daß ich eine Fortsetzung der Offensive unbedingt für nötig halte«. Ebenso ist Kronprinz Wilhelms Generalstabschef Schmidt von Knobelsdorf für Fortsetzung des Abnützungskampfes und meint in einem Gutachten sogar: »In dieser Lage kann man beliebig bleiben.« Unheilvoll ist Knobelsdorfs Einfluß während des ganzen Kampfes um Verdun gewesen, immer wieder ist er es, der Falkenhayn dazu bestimmen konnte, neue Massen in den glühenden Moloch zu werfen. Immer wieder hat Knobelsdorf über den Widerspruch des Kronprinzen gesiegt.

Der Grund für dieses Mißverhältnis zwischen Armeeführer und Stabschef – ein Mißverhältnis, das so vielen tausend Soldaten das Leben kostete – hat einen nahezu grotesken Hintergrund. Als nämlich am ersten Tag des Krieges Kronprinz Wilhelm an die Front geht, ist die Familie zum Abschied versammelt, und der Kaiser sagt zu seinem Sohn: »Du bekommst Generalleutnant Schmidt von Knobelsdorf als Chef des Generalstabes. Was er dir rät, mußt du tun!«

An dieses Wort hat sich der Kronprinz offenbar gebunden gefühlt. Überdies aber stand Knobelsdorf bei Falkenhayn in besonders hohem Ansehen, so daß er ein Gewicht besaß, das seinen wirklichen Fähigkeiten in keiner Weise entsprochen hat. Jetzt, da Falkenhayn geneigt ist, seinen blutigen Irrtum zu korrigieren und schon von einer »bedingten Fortsetzung« des Kampfes spricht, verdoppelt Knobelsdorf seine Bemühungen, die Theorie der »Blutpumpe« am Leben zu erhalten. »Er machte sich damit jene ursprüngliche Idee Falkenhayns in einem Augenblick zu eigen«, klagt Kronprinz Wilhelm, »als dieser an ihr irre geworden zu sein schien.«

Verzweifelt wendet sich der Kronprinz jetzt endlich an seinen Vater mit der Bitte, Knobelsdorf abzuberufen. Der Kaiser entspricht diesem Ersuchen blitzartig, denn er ist gerade im besten Zuge, ohnehin alles zu ändern. Wilhelm II. hat den Entschluß gefaßt, dem Unbehagen ein Ende zu machen. »Die Lage ist ernst«, sagt er und befiehlt, in Brest-Litowsk anzurufen, wo Hindenburg und Ludendorff die Ostfront befehligen. Beide werden gebeten, unverzüglich ins kaiserliche Hauptquartier nach Pleß zu kommen.

Zur gleichen Zeit, am 28. August 1916, erscheint der Chef des Militärkabinetts, General Freiherr von Lyncker, im Auftrag des Kaisers in Falkenhayns Hauptquartier. Lyncker teilt dem überraschten Generalstabschef mit, »daß Seine Majestät sich veranlaßt gesehen hat, den Generalfeldmarschall von Hindenburg zur Raterteilung über die Kriegslage zu sich zu rufen«.

Falkenhayn weiß, was das bedeutet, und gibt sogleich die Antwort, die von ihm erwartet wird: »Das ist eine unannehmbare Teilung der Verantwortlichkeit und ein Zeichen, daß ich nicht mehr das für meine Aufgabe erforderliche uneingeschränkte Vertrauen des Obersten Kriegsherrn besitze.« Er bittet um sofortige Enthebung von seiner Stellung, und schon am 29. August, am frühen Morgen, wird ihm bestätigt, daß der Kaiser das Rücktrittsgesuch angenommen hat. Die Ära Falkenhayn ist vorüber, die Epoche der »starken Männer« Hindenburg und Ludendorff beginnt.

Viel Kritik ist von den Militärhistorikern an Falkenhayn geübt worden, manche haben in ihm auch nur den »einsamen Feldherrn« gesehen, dessen Wollen nicht recht verstanden wurde. Mag dem sein wie immer: Falkenhayn wird zwar von Männern abgelöst, deren Glanz seinen Nachruhm überstrahlt, unter deren militärischer Führung aber nichtsdestoweniger das deutsche Volk bis zum letzten ausgeblutet werden soll.

Am 2. September schon, noch ehe er in sein neues Hauptquartier im Westen reist, befiehlt Hindenburg, den Kampf vor Verdun einzustellen. Bis zum Jahresende erobern die Franzosen alles zurück, was seit Januar von den Deutschen gewonnen worden war. Alles, alles ist umsonst gewesen, zerrieben sind die Divisionen für ein Nichts, ausgelöscht die Tausende für eine Illusion, verschwendet die Leiden in einem bodenlosen Abgrund, verhallt sind die Namen Douaumont, Thiaumont, Vaux...

Die Hölle von Verdun hat den deutschen Soldaten gewandelt. Die Generationen, die noch 1914 und 1915 singend zum Sturm antraten, liegen unter der Erde. Militärschriftsteller mögen es nicht gerne wahrhaben, und doch ist es eine Tatsache: Wenn sich das deutsche Heer 1918 rasch der Revolution angeschlossen hat, Soldatenräte bildete, Offiziere entwaffnete und sinnlosen Befehlen nicht mehr gehorchte, dann liegen die Wurzeln für dieses endlich doch hervorbrechende Aufbäumen auch in Verdun.

Der Kampf der Spione

Frauen im Untergrund

»Ich bin gut angekommen. Dank und herzliche Grüße . . .« Solche und ähnliche Worte stehen manchmal auf offenen Postkarten, die aus dem neutralen Holland in das von den Deutschen besetzte Belgien geschickt werden. Trotz des Krieges funktioniert die Post, trotz des Krieges gibt es einen beschränkten Grenzverkehr, und nichts ist ungewöhnlich daran, daß Reisende in Kriegszeiten ihre Angehörigen daheim rasch verständigen, wenn sie ihr Ziel glücklich erreicht haben.

Die deutschen Zensurbeamten denken sich also zunächst nichts bei den offenen Postkarten. Außerdem treten diese Grüße nicht in solchen Mengen auf, daß sie Verdacht erregen könnten. Die deutschen Dienststellen in Brüssel sind reichlich mit anderen Dingen beschäftigt: Sie arbeiten in einem widerrechtlich besetzten Land und haben es deshalb mit einer gereizten und besonders feindseligen Bevölkerung zu tun. Die Untergrundbewegung, wie man heute sagen würde, ist organisiert. Die deutschen Dienststellen wissen und beobachten es, sie packen hart zu, und doch gelingt es ihnen nicht, die vielfältigen Kanäle aufzudecken. Eine Besonderheit der belgischen Widerstandsgruppen hat ein Oberarzt des deutschen Gouvernements in Brüssel mit den Worten bezeichnet: »Die Männer waren immer harmlos und hatten die Küche besorgt. In den Frauen glühte das Feuer, sie waren die Häupter der Organisation.«

Frauen spielen eine wichtige Rolle in diesem Kapitel. Die belgische Armee war nicht kriegsstark gewesen, als die deutschen Truppen einmarschierten, und so sind die meisten Männer noch als Zivilisten im Lande. Ein Teil der belgischen Untergrundbewegung befaßt sich damit, junge Männer auf Schleichwegen über die Grenze zu bringen, damit sie sich der Armee anschließen können, die sich jetzt mit dem französischen Heer vereinigt hat. Kohlenarbeiter aus der Borinage, Berufsschmuggler, verkappte Offiziere, die ganze Einwohnerschaft mancher Grenzdörfer, sie alle kennen nächtliche Pfade, wegelose Waldgelände, sichere Schlupflöcher durch den sogenannten Todesdraht, der die Grenze versperren soll.

Es sind Hunderte und Tausende, die im Laufe der Zeit in größeren und kleineren Gruppen in die Niederlande geschleust werden und von dort den Weg zur Armee finden. Sie alle sind mit gefälschten, aber sehr echt wirkenden Ausweispapieren versehen. Oft stammen die Dienststempel von einer Gemeinde, die es gar nicht gibt – aber wer will die Namen aller belgischen Ortschaften im Kopf haben?

Es sind nicht nur Belgier, die so aus dem deutschbesetzten Land entkommen und morgen irgendwo an der Westfront das Gewehr gegen die Deutschen richten werden. In vielen Fällen handelt es sich auch um Franzosen und Engländer, die in den Herbstkämpfen des Jahres 1914 verwundet worden oder von ihrer Truppe abgekommen waren, die keine Zeit mehr gefunden hatten, sich vor den schnell nachrückenden Deutschen zurückzuziehen. Sie haben Unterschlupf gefunden, sind gesundgepflegt worden, und jetzt gehen auch sie auf den geheimen Wegen über die Grenze, damit ihnen die deutsche Kriegsgefangenschaft erspart bleibt. Sie haben ebenfalls Ausweispapiere, mit denen sie auf dem Weg zur Grenze alle Kontrollen bestehen, und sie sind mit Bargeld ausgestattet, mit dem sie im Ausland weiterkommen können.

Frauen haben diese Verwundeten und Versprengten verborgen gehalten, Frauen haben sie gepflegt, haben das Geld beschafft und den Grenzschmuggel organisiert. »Ich bin gut angekommen. Dank und herzliche Grüße . . .«

Die Wahrheit über den ominösen »Spionagefall« Cavell

Am 5. August 1915 sehen Passanten in der Rue de la Culture in Brüssel, wie deutsche Soldaten mit aufgepflanztem Seitengewehr eines der alten Häuser betreten. Die Tür poltert, Nagelstiefel knarren, rauhe Stimmen bellen. Es ist ein Bild, wie es jeder Krieg in jedem Land immer wieder hervorbringt. Ein Schicksal entscheidet sich, und die Vorübergehenden eilen schnell weiter.

Heute, an diesem bewölkten Augusttag, ist es das Schicksal der Engländerin Edith Cavell. Die Soldaten mit ihren feldgrau bezogenen Pickelhelmen nehmen sich wie Riesen neben der schlanken, kerzengerade aufgerichteten Miss Cavell aus. Als sie nach ihrer Verhaftung das Haus verläßt, ist ihr Gesicht fast weiß. Gefaßt tritt sie den Weg in das Militärgefängnis an.

In diesem Augenblick ahnt noch niemand, daß Edith Cavell bald auf der ganzen Welt bekannt sein wird: als Märtyrerin, der man Denkmäler setzen und nach der man Gebirge benennen wird, aber auch als Mittelpunkt eines jahrzehntelangen Meinungsstreits.

Miss Cavell lebt seit zehn Jahren in Belgien. Sie leitet ein Institut, in dem Krankenschwestern ausgebildet werden. Frauen und Mädchen aus allen Ländern Europas haben hier den Dienst an ihren kranken Mitmenschen gelernt und dann in ihrer Heimat ausgeübt, in Frankreich, Belgien, Deutschland . . . Als die Deutschen in Brüssel einmarschieren, bleibt die Engländerin Edith Cavell auf ihrem Posten. Ihre Landsleute werden interniert oder müssen über die niederländische Grenze das Land verlassen, sie selbst genießt mit der ganzen Lehranstalt den Schutz des Roten Kreuzes und bleibt unbehelligt. Die deutschen Besatzungsbehörden können sich auch davon überzeugen, daß es Miss Cavell mit ihrer Neutralität ernst meint: Sie verwandelt die Schule in ein Hospital, in dem belgische und deutsche Verwundete ohne Unterschied gepflegt werden.

Die schmale, schlanke Schwester mit den grauen Augen und der nie erlahmenden Energie gehört zu den bekannten Erscheinungen in der Etappe Brüssel. Die Bevölkerung bewundert, wie sie mit milder und doch sicherer Hand das Heim leitet, wie sie trotz Kriegsknappheit alles Notwendige für die Verwundeten zu beschaffen versteht. Deutsche, die sie gesundgepflegt hat, schreiben ihr später rührende Briefe, und es scheint, daß hier mitten im Völkermorden ein winziges Beispiel besteht für Liebe und Menschlichkeit, die keine Grenzen und Fronten kennen.

Es ist unfaßbar, daß Miss Cavell jetzt von den Deutschen verhaftet und ins Gefängnis geworfen wird. Es wirkt sensationell, daß man sie anklagt, daß man ihr einen Kriegsgerichtsprozeß macht und sie zum Tode verurteilt, und es löst einen Sturm aus, daß man diese Frau nicht begnadigt, sondern wirklich an den Pfahl bindet und niederknallt, in größter Eile noch dazu und ohne die Fürbitte des amerikanischen Gesandten zu beachten.

Was hat sich hinter den unscheinbaren Mauern des Hospitals in der Rue de la Culture abgespielt? Haben die Deutschen, wie geschrieben worden ist, einfach »grausam ihr Mütchen an einer Frau, noch dazu an einer Engländerin, gekühlt«? Liegt ein Justizmord, ein Frevel gegen eine Krankenschwester oder gegen das Zeichen des Roten Kreuzes vor?

Es ist in der britischen und in der amerikanischen Presse behauptet worden, die deutschen Behörden hätten ein schlechtes Gewissen gehabt, weil sie die Verhaftung von Edith Cavell geheimgehalten haben. Erst drei Wochen später nämlich haben Flüchtlinge aus Brüssel, die über die Niederlande nach Großbritannien gelangt waren, die Nachricht zu Verwandten gebracht. Die Verhaftung mußte geheimgehalten werden, lautet die Erwiderung deutscher Stellen, weil die Mittäter noch nicht alle ausfindig gemacht waren.

Immerhin ist die Nachricht in London so wichtig genommen worden, daß der britische Außenminister Sir Edward Grey den amerikanischen Botschafter bittet, das Gerücht nachprüfen zu lassen. So wird der amerikanische Gesandte in Brüssel, Brand Whitlock, beauftragt, der Sache Aufmerksamkeit zu schenken. Als Schutzmacht für die britischen Interessen können die Vereinigten Staaten nach dem Völkerrecht entsprechende Auskünfte von den deutschen Behörden verlangen.

Der amerikanische Gesandte wendet sich in einem höflichen diplomatischen Schreiben an den Chef der Politischen Abteilung bei der deutschen Militärregierung in Brüssel, Baron von der Lancken: »Ich würde Eurer Exzellenz sehr verbunden sein, wenn Sie die Güte haben wollten, mich wissen zu lassen, ob diese Nachricht auf Wahrheit beruht und, falls dies der Fall sein sollte, mir die Gründe für ihre Verhaftung angeben wollten.« Er bittet weiter, eine Verbindung zu der Verhafteten herstellen zu dürfen, damit jemand mit ihrer Verteidigung betraut werden könnte.

Baron von der Lancken verhält sich ungeschickt genug: Er gibt auf das Schreiben überhaupt keine Antwort. Zehn Tage verstreichen, und am 10. September 1915 hat der amerikanische Gesandte endlich die Geduld, aber noch lange nicht seine Höflichkeit verloren: »Der Gesandte der Vereinigten Staaten«, schreibt er, »sendet Herrn Baron von der Lancken seine besten Empfehlungen und beehrt sich, die Aufmerksamkeit Seiner Exzellenz auf seinen Brief vom 31. August zu richten, welcher sich auf die Gefangensetzung von Miss Cavell bezog.«

Ein zweites Mal kann die Politische Abteilung das Schreiben eines Gesandten nicht einfach übergehen. Baron von der Lanckken muß antworten und erklärt, »daß sich Miss Edith Cavell augenblicklich in dem Militärgefängnis von St. Gilles befindet. Sie hat selbst zugegeben, daß sie in ihrem Hause englische und französische Soldaten sowie auch Belgier in militärpflichtigem Alter verborgen gehalten hat, die alle den Wunsch hatten, sich am Kriege zu beteiligen. Sie hat auch eingestanden, daß sie diese Soldaten mit den für ihre Reise nach Frankreich erforderlichen Geldmitteln versehen und ihre Abreise aus Belgien dadurch erleichtert hat, daß sie ihnen Führer verschaffte, die es ihnen ermöglichten, die holländische Grenze heimlich zu überschreiten.« Ein belgischer Rechtsanwalt namens Braun, so fügt der Baron seinem Schreiben an, sei mit der Verteidigung von Miss Cavell betraut worden.

»Kein Verstoß gegen die Gerechtigkeit«, sagt der Anwalt

Wer ist Monsieur Braun? Der belgische Rechtsbeistand der amerikanischen Gesandtschaft in Brüssel, Henri de Leval, bittet den Anwalt zu sich, um Einzelheiten über die Anklagepunkte und den bevorstehenden Prozeß zu erfahren. Dabei nimmt die Angelegenheit eine merkwürdige und bemerkenswerte Wendung. Rechtsanwalt Braun war von Freunden Edith Cavells gebeten worden, sich der Sache der Verhafteten anzunehmen. Jetzt, auf dem neutralen Boden der amerikanischen Gesandtschaft, unter vier Augen mit seinem Kollegen de Leval, gebraucht er Ausflüchte und will nicht recht mit der Sprache heraus. Erst als Leval drängt, eröffnet Braun, »daß er infolge von einigen unvorhergesehenen Umständen verhindert ist, vor diesem Gerichtshof als Verteidiger anzutreten«. Um welch seltsame, »unvorhergesehene Umstände« es sich gehandelt hat, ist nie ans Licht gekommen. Sie haben jedenfalls genügt, einen Rechtsanwalt an der Ausübung seiner Pflichten zu hindern. Immerhin hat Braun noch persönlich einen anderen Anwalt gebeten, den Fall zu übernehmen, bevor er sich selbst von der Bildfläche zurückzog.

Dieser andere Anwalt heißt Kirschen, und es ist später die Vermutung ausgesprochen worden, Braun habe unter deutschem Druck ausgerechnet ihn benannt. Dieser Rechtsanwalt Kirschen nämlich wird sich in den entscheidenden Stunden, da es um Miss Cavells Leben geht, unsichtbar machen und alles unterlassen, was ihr helfen könnte. »Zweifellos«, sagt ein in der Schweiz erschienener Bericht, »hat er seine Belohnung empfangen, denn seine Nützlichkeit für die zuständigen deutschen Behörden war unschätzbar gewesen.«

Bei der amerikanischen Schutzmacht löst es schon Befremden aus, als Kirschen Henri de Leval mitteilt, nach der deutschen Gerichtsordnung sei es auch dem Verteidiger verboten, vor dem Prozeß mit dem Angeklagten zu sprechen. So bleibt Edith Cavell neun Wochen lang, bis zum 7. Oktober 1915, in strenger Einzelhaft. Sie darf mit niemandem sprechen, keinen

Besuch empfangen und sich mit keinem Rechtsbeistand beraten. »Es besteht nicht die geringste Gefahr eines Verstoßes gegen die Gerechtigkeit«, beschwichtigt Rechtsanwalt Kirschen, sooft sich die amerikanische Gesandtschaft besorgt erkundigt.

Oberkriegsgerichtsrat Dr. Eduard Stoeber vertritt die Anklage in dem nichtöffentlichen Prozeß. Das deutsche Feldgericht tagt im wappen- und fahnengeschmückten Senatssaal von Brüssel, und zusammen mit Edith Cavell stehen an jenem 7. Oktober 1915 fünfunddreißig Angeklagte vor den Richtern. »Architekt Baucq und Genossen« lautet die offizielle Bezeichnung des Verfahrens.

Arbeiter sitzen da auf der Anklagebank, die als Führer auf den Grenzwegen gedient haben, Verbindungsleute zu den geheimen Schlupfwinkeln, die Hersteller von falschen Ausweispapieren, aber auch die Träger bekannter Namen: Apotheker, Rechtsanwälte, Prinzessin Maria Elisabeth Croy, Gräfin Jeanne de Belleville, eine Professorin Luise Thuliez mit dem Decknamen »Madame Martin«.

Im Stammschloß der Croys in Belligny hatte Prinzessin Maria Elisabeth Franzosen, Belgier und Briten versteckt gehalten. Hier waren die Leute auf den Weg ins Ausland vorbereitet und mit Papieren und Geld ausgestattet worden. Die Prinzessin selbst hatte die Männer mit einer Plattenkamera fotografiert und in einer verborgenen Dunkelkammer des Schlosses die Bilder für die falschen Pässe entwickelt.

Ein Apotheker Derveau und ein Ingenieur Capiau, beide angeklagt, stellten die Ausweispapiere her. Ein anderer Angeklagter, der Rechtsanwalt Libiez in Mons, versah die Pässe mit vorzüglich nachgemachten Stempeln. Ein Mann mit dem Decknamen »Fromage« (Käse), der Architekt Philippe Baucq, organisierte die Grenzführer. In der Schwesternschule von Miss Cavell in Brüssel pflegten sich die Leute zu sammeln, ehe sie ins Grenzgebiet fuhren.

So stellt es Ankläger Stoeber dar, und die Richter, fünf Offiziere, werden ihm darin folgen. Das Feldgericht hat es freilich nicht allzu schwer. Die Angeklagten, die ihre Gruppen selbst »Komitee zur Fortschaffung Wehrfähiger« nennen, beschuldigen sich zum Teil gegenseitig, die anderen geben ihre Tätigkeit stolz zu: Gräfin Belleville schleudert den Richtern die Anklage des Überfalls auf Belgien ins Gesicht, Baucq rechtfertigt sein Tun als Patriot. Miss Cavell ist leise und zurückhaltend, gibt aber alle Anschuldigungen zu.

»Langsamen Schrittes, bleich, jedoch mit entschlossener Miene tritt sie vor ihren Richter«, hat Ankläger Stoeber selbst die Szene geschildert. »In französischer Sprache macht sie ihre Angaben und räumt unumwunden ein, von November 1914 bis Juli 1915 versprengte englische und französische Soldaten, ferner belgische Wehrfähige, die zur Front wollten, in ihrem Hospital aufgenommen, verpflegt, mit Geldmitteln versehen und sodann mit Führern über die holländische Grenze geschafft zu haben. Auf Vorzeigen einer an sie adressierten Karte gibt sie auch zu, von solchen Leuten Nachrichten über ihre glückliche Ankunft erhalten zu haben.«

»Wieviel Leute haben Sie auf diese Weise über die Grenze bringen lassen?« lautet eine Frage.

»Ungefähr zweihundert«, antwortet Edith Cavell.

Heimlich, still und leise wird das Urteil gefällt

Ein Vertrauensmann der amerikanischen Gesandtschaft, dessen Name nie enthüllt wurde, ist im Gerichtssaal anwesend. Nach seinen Angaben ist später ein genauer Bericht angefertigt und dem britischen Außenministerium zugeleitet worden. Die Regierung hat diesen Bericht noch im Oktober 1915 in London veröffentlicht. Sein Inhalt hat nicht verhindern können, daß nachträglich behauptet wurde, Miss Cavell sei nur aufgrund von Indizien verurteilt worden. Der Bericht sagt jedoch ausdrücklich: »In ihrer mündlichen Aussage vor dem Gerichtshof gab Miss Cavell fast alle Tatsachen der ganzen Anklage zu. Sie sprach ohne Zittern und zeigte einen klaren Sinn.«

Rechtsanwalt Kirschen hatte der amerikanischen Gesandtschaft versichert, daß der Prozeß mehrere Tage dauern würde, schon wegen der großen Zahl von Angeklagten. Er hatte außerdem versprochen, sofort Nachricht zu geben, sobald die Beweisaufnahme zu Ende und das Urteil zu erwarten sei. Nun läßt Kirschen jedoch nichts mehr von sich hören. Statt seiner meldet sich der schon erwähnte Vertrauensmann und teilt der Gesandtschaft mit, daß das Verfahren zu Ende ist. Das Urteil wird noch erwartet.

Henri de Leval, der Rechtsanwalt der amerikanischen Gesandtschaft, versucht einen ganzen Tag lang, Kirschen zu erreichen. Er geht auch in dessen Privatwohnung, bekommt aber eine ausweichende Auskunft: Rechtsanwalt Kirschen sei nicht zu Hause. Allmählich wird klar, daß es sich um bestellte Arbeit handelt. Im entscheidenden Augenblick soll die Schutzmacht im ungewissen gelassen werden. Als sich de Leval direkt mit den deutschen Besatzungsbehörden in Verbindung setzt, wird ihm von einem Beamten namens Conrad versichert: »Die Gesandtschaft der Vereinigten Staaten wird zuverlässig über die fernere Entwicklung in diesem Prozeß auf dem laufenden gehalten.«

Während Kirschen unauffindbar und unerreichbar bleibt, halten sich die Vertreter der Schutzmacht nun mit ständigen Telefonanrufen an Conrad. Am Montag, dem 11. Oktober, abends 6.20 Uhr, findet das letzte dieser Telefongespräche statt. Conrad sagt: »Es hat sich noch nichts Neues ereignet, aber ich werde Sie bestimmt sofort benachrichtigen, sobald es etwas Neues gibt.«

Kaum hat de Leval den Hörer aufgelegt, erscheint ein Bekannter in der amerikanischen Gesandtschaft und teilt den Beamten privat mit: »Das Urteil ist heute nachmittag um fünf Uhr verkündet worden, Miss Cavell wird morgen früh um zwei Uhr erschossen.«

Gegen sieben Angeklagte sind Todesurteile, gegen die anderen schwere Zuchthausstrafen verhängt worden. Aber nur an Miss Cavell und dem Architekten Baucq soll die Todesstrafe wirklich vollzogen werden; fünf Delinquenten werden begnadigt.

Verzweifelte Versuche, Miss Cavell vor dem Tod zu retten

Es ist sieben Uhr abends und noch sieben Stunden bis zu dem angegebenen Zeitpunkt der Hinrichtung. Alles ist so arrangiert, daß die Schutzmacht offiziell im unklaren gehalten bleibt und keine Gelegenheit mehr finden soll, Schritte zu unternehmen.

Brand Whitlock liegt krank zu Bett. Er schreibt ein Gnadengesuch und schickt Legationssekretär Gibson, begleitet von Rechtsanwalt de Leval, zu Baron von der Lancken. Um dem Besuch mehr Gewicht zu verleihen, wird der spanische Gesandte gebeten, sich der Delegation anzuschließen.

»Baron von der Lancken und alle Mitglieder seines Stabes waren an diesem Abend abwesend«, berichtet Gibson. »Wir schickten einen Boten mit der Bitte, er möge gleich zurückkehren, um uns in einer Angelegenheit von der äußersten Dringlichkeit zu sprechen.

Kurz nach zehn Uhr kam er. Die Umstände des Falls wurden ihm erklärt und die Note überreicht. Er äußerte Zweifel, daß das Urteil wirklich gefällt sei und bezeugte einige Überraschung, daß wir einem inoffiziellen Bericht irgendwelchen Glauben schenkten.

Baron von der Lancken sagte, es sei durchaus unwahrscheinlich, daß das Urteil verkündet sei, und selbst wenn dies der Fall sein sollte, es nicht in so kurzer Zeit vollstreckt werden würde, und daß es auf jeden Fall unmöglich sei, vor dem nächsten Morgen irgendwelche Maßnahmen zu ergreifen.

Natürlich wurde er darauf aufmerksam gemacht, daß jeder Schritt nutzlos wäre, der nicht sofort getan würde. Wir drangen in ihn, den Sachverhalt unverzüglich festzustellen, und nach einigem Zögern erklärte er sich dazu bereit.

Er telefonierte mit dem Vorsitzenden Richter des Kriegsgerichts, kam bald darauf zurück und sagte, daß die

Sache sich so verhalte, wie wir sie dargestellt hätten, und daß die Absicht bestehe, den Spruch vor dem nächsten Morgen zu vollstrecken.

Darauf trugen wir ihm mit allem nur möglichen Ernst die dringende Bitte um Aufschub vor. Wir versäumten nicht, ihm jede Seite der Sache vorzustellen, welche irgendeinen Eindruck hätte machen können. Wir hoben hervor, wie entsetzlich es sei, eine Frau hinzurichten, welches Vergehens sie sich auch schuldig gemacht habe. Wir wiesen darauf hin, daß bisher die Todesstrafe nur für wirkliche Fälle von Spionage verhängt worden sei und daß Miss Cavell nicht einmal von den deutschen Behörden irgendeines gleich schweren Vergehens bezichtigt sei.

Der spanische Gesandte – Don Alfonso Merry del Val – unterstützte alle unsere Vorstellungen auf das nachdrücklichste und sprach die ernste und dringende Bitte um Gnade aus. Er nahm sogar den Baron von der Lancken etwas beiseite, um ihm sehr eindringlich eine Reihe von Dingen zu sagen. Seine Exzellenz redete etwa eine Viertelstunde lang sehr ernsthaft mit Baron von der Lancken.

Baron von der Lancken sagte schließlich, daß in Fällen dieser Art der Militärgouverneur (Moritz von Bissing) der oberste Gerichtsherr sei. Nach einigem Hin und Her erklärte er sich dazu bereit, den Militärgouverneur ans Telefon zu rufen, um zu erfahren, ob dieser das Urteil bereits bestätigt habe und ob irgendwelche Aussicht auf Gnade vorhanden sei.

Nach etwa einer halben Stunde kam er zurück und teilte uns mit, er habe sich persönlich mit dem Militärgouverneur besprochen, welcher sagte, daß er im Fall von Miss Cavell nur nach reiflicher Überlegung gehandelt habe und daß die Umstände in diesem Falle derart seien, daß er die Vollziehung der Todesstrafe für unumgänglich erforderlich halte.

Sogar nach Baron von der Lanckens sehr bestimmter und ausdrücklicher Versicherung, daß keine Hoffnung vorhanden sei und daß den Umständen nach ›selbst der

Kaiser nicht eingreifen könne‹, fuhren wir fort, uns an jedes Gefühl zu wenden, um Aufschub zu erlangen. Leider waren unsere Bemühungen erfolglos.«

»Ich habe keine Furcht«

So wird im Morgengrauen des nächsten Tages das Todesurteil vollstreckt werden. Die Hauptargumente, die dagegen vorgebracht worden sind, lassen sich kurz zusammenfassen:

- Edith Cavell hatte weder Verrat geübt noch Spionage betrieben – die einzigen Tatbestände, derentwegen bisher auch Frauen hingerichtet worden waren.
- In der Militärgerichtspraxis der zivilisierten Welt galt bis dahin die Regel, zum Tode verurteilte Frauen zu begnadigen, wenn es sich nicht um Spioninnen handelte.
- Die Behauptung, »selbst der Kaiser hätte nicht eingreifen können«, besagt wenig. Fünf andere zum Tode verurteilte Angeklagte aus demselben Prozeß sind begnadigt worden; niemand dachte bei ihnen daran, die Urteilsvollstreckung so kurzfristig anzusetzen wie bei Miss Cavell.
- Zuletzt ist auch vorgebracht worden, Edith Cavell hätte schon deshalb von einem deutschen Kriegsgericht Gnade verdient, weil sie in ihrem Hospital zahlreiche deutsche Verwundete gepflegt hat.

In Wahrheit ist die Hinrichtung von Miss Cavell eine absichtliche Demonstration der Militärjustiz gewesen. Frauen, so hatte man festgestellt, waren die wichtigsten Träger der belgischen Widerstandsbewegung. Eine Frau mußte deshalb in einem weithin sichtbaren Prozeß verurteilt und hingerichtet werden. Nicht Gerechtigkeit, nicht Schuld und angemessene Sühne waren maßgebend, sondern politisch-propagandistische Ziele. Kein Geringerer als der kaiserliche Unterstaatssekretär im Auswärtigen Amt in Berlin, Dr. Artur Zimmermann, hat das in amtlicher Eigenschaft verkündet: »Die Strafe ist vollzogen worden,

Der österreichische Thronfolger und seine Gattin ermordet.

1 Sarajewo, 28. Juni 1914. Franz Ferdinand und seine Gattin Sophie verlassen das Rathaus.
2 Das Attentat (zeitgenössische Zeichnung).
3 Extrablatt der »Vossischen Zeitung«.
4 Der Attentäter Gavrilo Princip nach seiner Festnahme.

5 Der französische Präsident Raymond Poincaré.
6 Reichskanzler Theobald von Bethmann Hollweg.
7 20. Juli 1914. Staatsbesuch Poincarés in Rußland. Der Gast schreitet zusammen mit Zar Nikolaus II. die Marine-Ehrenkompanie im Hafen von Kronstadt ab.

8 2. August 1914. Ansprache Kaiser Wilhelms II. vom Balkon des Berliner Stadtschlosses (zeitgenössisches Gemälde).
9 Einberufung von Reservisten.
10 Mobilmachungsbefehl vom 1. August 1914 mit den Unterschriften von Wilhelm II. und Reichskanzler Bethmann Hollweg.

11 Deutsche Soldaten auf dem Weg ins Feld.
12 Französische Soldaten auf dem Weg zur Front.
13 Erholung in der Etappe (Ostpreußen 1914).

14 Das zerstörte Zentrum der belgischen Stadt Löwen.
15 Chef des Generalstabes des Heeres Erich von Falkenhayn.
16 Eine Militärmusikkapelle auf dem Weg ins besetzte Lille zur Geburtstagsparade für den Kaiser.

17 Fort Douaumont bei Verdun 1915 ...
18 ... und 1916.

19 Generalfeldmarschall Paul von Hindenburg (links) und General Erich Ludendorff im Hauptquartier Ost.

20 Die angebliche deutsche Spionin Mata Hari.

21 Flammenwerferangriff deutscher Truppen an der Westfront.
22 Ein französischer »Liaison-Hund« mit Gasmaske.
23 Kampfgasvergiftete britische Soldaten.

24 Französisches Eisenbahngeschütz.
25 Deutscher Tank an der Westfront.
26 Gefechtsunfähiger britischer Tank.

27 Erbeutete belgische Drachen, die als Luftsperren dienten.
28 Befestigung einer Bombe an einem russischen Kampfflugzeug.
29 Luftangriff auf einen deutschen Feldflugplatz.

30 Der rote Fokker-Dreidecker des Barons Manfred von Richthofen.

31 Manfred von Richthofen als Verwundeter mit seinem Vater.

32 Glückwunsch-Funkspruch Kaiser Wilhelms II. an Richthofen anläßlich dessen 50. Luftsieges.

33 Deutsches Marine-Luftschiff im Schlepp eines Kreuzers.
34 An der norwegischen Küste gestrandetes deutsches Luftschiff.
35 Auslaufen eines deutschen U-Bootes aus dem Kriegshafen von Ostende.

36 Wilhelm II. (Mitte) mit Hindenburg und Ludendorff im Großen Hauptquartier in Spa.
37 Wilhelm II. (2. von links) mit Kronprinz Friedrich Wilhelm (rechts neben ihm) auf dem Weg zu einer Truppenbesichtigung.
38 Wilhelm II. und Karl I. von Österreich bei einem Frontbesuch in Italien (1917).

39 Lenin verkündet im Tavricheskij-Palast in Petersburg seine »April-Thesen« (1917).

40 3. März 1918. Prinz Leopold von Bayern (3. von links, sitzend) bei der Unterzeichnung des Friedensvertrages von Brest-Litowsk. Rechts die Sowjetdelegation.

41 November 1918. Ansprache des Beauftragten der Reichsregierung Gustav Noske (Mitte) an heimkehrende U-Boot-Mannschaften in Kiel.

42 Schlagzeile der »BZ am Mittag« vom 9. November 1918.
43 9. November 1918. Philipp Scheidemann ruft vom Balkon des Reichstages die Republik aus.

44 11. November 1918. Nach Abschluß des Waffenstillstands mit Deutschland verlassen Marschall Foch (2. von rechts) und seine Delegation Compiègne.

45 Der französische Ministerpräsident Clemenceau, der amerikanische Präsident Wilson und der britische Premier Lloyd George (von links) auf dem Weg zur Unterzeichnung des Versailler Vertrages.

46 28. Juni 1919. Unterzeichnung des Versailler Vertrages im Spiegelsaal des Schlosses (in der Mitte sitzend die Alliierte Delegation mit Wilson und Clemenceau).

um alle die abzuschrecken, die, etwa auf die Vorrechte ihres Geschlechtes pochend, sich an Unternehmungen beteiligen, auf die der Tod gesetzt ist.« Anklagevertreter Stoeber kommentierte: »Es hat mich gefreut zu lesen, was Unterstaatssekretär Dr. Zimmermann schrieb.«

Deutlicher kann nicht ausgedruckt werden, was die aufgeregte Welt des Jahres 1915 »eine neue Barbarei der Hunnen« nennt. Der britische Außenminister Sir Edward Grey schreibt an den amerikanischen Botschafter in London, Walter H. Page: »Die Haltung der deutschen Behörden wird verschlimmert durch die erfolgreich vorgenommenen unrühmlichen Bemühungen, die Tatsache zu verhehlen, daß das Urteil bereits gefällt war und unverzüglich vollstreckt werden würde. Ohne Zweifel waren diese Bemühungen veranlaßt durch den festen Entschluß, den Urteilsspruch zu vollstrecken, bevor eine Berufung an eine höhere Autorität möglich war. Dies zeigt auf das deutlichste, daß die deutschen Behörden sich wohl bewußt waren, daß die Vollstreckung des Urteils durch keinerlei Rücksicht gerechtfertigt war. Jede weitere Bemerkung über ihr Verfahren wäre überflüssig.«

So wird die blutige Demonstration von Brüssel zu einem propagandistischen Bumerang. Einfallslos liefert die Militärjustiz mit ein paar Gewehrkugeln der Gegenseite eine Waffe, mit der wieder einmal Millionen Menschen gegen Deutschland in Stellung gebracht werden können. Kurzsichtig und gefühllos arbeitet die Maschine bis zum Ende.

Während bei Baron von der Lancken noch die Diplomaten um Gnade bitten, wird der anglikanische Geistliche von Brüssel, Pfarrer Gahan, in das Militärgefängnis von St. Gilles gerufen. Zum erstenmal seit zehn Wochen wird es einem Fremden gestattet, die Zelle von Edith Cavell zu betreten.

»Zu meiner Verwunderung und Erleichterung«, erinnert sich Gahan, »fand ich meine Freundin vollkommen ruhig und ergeben. Sie wünschte, daß alle ihre Freunde wüßten, daß sie ihr Leben willig für ihr Vaterland hingebe und sagte: ›Ich habe keine Furcht und kein Zagen. Ich habe den

Tod so oft gesehen, daß er mir weder fremd noch furchtbar ist.‹

Ferner sagte sie noch: ›Ich danke Gott für diese zehn Wochen Ruhe vor dem Ende. Das Leben ist immer gehetzt und voller Schwierigkeit gewesen.‹

Wir nahmen das heilige Abendmahl zusammen und saßen in ruhiger Unterhaltung, bis die Zeit kam, wo ich gehen mußte. Sie gab mir Grüße für Verwandte und Freunde.

Dann sagte ich: ›Gott mit Ihnen!‹, und sie lächelte und erwiderte: ›Wir werden uns wiedersehen.‹«

Keine nationalen Phrasen sind in diesem stillen Zwiegespräch zu finden. Im Gegenteil. Pfarrer Gahan hat einen Ausspruch Edith Cavells überliefert, der über das Sinnlose des Krieges hinausweist: »Dies aber möchte ich sagen, indem ich hier vor Gott und der Ewigkeit stehe, daß Vaterlandsliebe nicht genug ist. Ich darf keinen Haß und keine Bitterkeit gegen irgend jemand haben.«

Der deutsche Militärgeistliche, der die Verurteilte auf ihrem letzten Gang begleiten soll, Pfarrer Paul Le Seur, kommt bald nach Mitternacht in das Gefängnis.

»Ich ließ mich bei Miss Cavell melden«, hat er später berichtet. »Wenn ich mich recht erinnere, sagte mir der Soldat, sie habe gerade an ihrem Tisch gekniet. In der Zelle brannte eine flackernde Gasflamme. Zwei große, welke Blumensträuße, die seit zehn Wochen dort standen, erweckten den Eindruck einer Gruft. Alle ihre kleinen Habseligkeiten hatte die Verurteilte mit größter Sorgfalt in einen Handkoffer gepackt.

Ich geleitete sie durch die langen Gänge des Gefängnisses. Die belgischen Gefängnisbeamten standen da und grüßten sie schweigend mit größter Ehrerbietung.

Dann stiegen wir in den Kraftwagen, der auf dem Hof auf uns wartete. Wenige Augenblicke später trat aus demselben Tor der katholische Pfarrer Leydendecker mit dem anderen Verurteilten, dem etwa fünfunddreißigjährigen Architekten Baucq.

Baucq ging auf jeden einzelnen der herumstehenden deutschen Wachsoldaten zu, gab ihnen die Hand und sagte auf flämisch: ›Nichts nachtragen!‹

Nun fuhren die beiden Kraftwagen in den Morgen hinaus. Ich saß neben Edith Cavell, um sie zu ihrem eigenen Begräbnis zu geleiten. Ich hatte ein Fläschchen Kölnisches Wasser mitgenommen, aber sie lehnte den Gebrauch ab. Sie war wunderbar gefaßt.«

Der Wagen rattert durch die Nacht. Auf der gleichen Straße ist zur gleichen Stunde ein zweites Automobil unterwegs. In diesem sitzt der später berühmte Dichter und Schriftsteller Gottfried Benn. Er ist Arzt von Beruf und nun als Oberarzt bei der Militärregierung in Brüssel beauftragt, die Hinrichtung zu überwachen.

Entsetzlich hat sich die Phantasie der Propagandisten nachher an diesen letzten Minuten Edith Cavells entzündet. Auf der ganzen Welt geisterte die Geschichte von einer Meuterei des deutschen Erschießungskommandos umher. Die braven Soldaten sollen sich geweigert haben, auf eine Frau zu feuern, die Offiziere mußten angeblich mit der Pistole eingreifen, um die Disziplin wiederherzustellen. Einer der meuternden Soldaten, der sich besonders hervorgetan hatte, sei auf der Stelle von einem Offizier erschossen worden. Sogar der Name des Soldaten wurde überliefert: Erich Rammler. Geheimnisvollerweise wurde Rammlers Leiche nach dem Krieg wirklich auf dem Schießplatz ausgegraben, und er wurde von den Belgiern als Märtyrer geehrt.

Da die Soldaten meuterten, berichtet die Propagandasage weiter, ist Edith Cavell mit Pistolen erschossen worden. Lange noch mußte sie sich am Boden krümmen, ehe ihr ein Offizier den Gnadenschuß gab. Eine phantastische Postkarte wurde darüber in Tausenden von Exemplaren in Großbritannien verbreitet: die auf dem Boden hingestreckte Krankenschwester mit dem Zeichen des Roten Kreuzes auf der Brust, daneben die düstere Silhouette des deutschen Offiziers mit der noch rauchenden Pistole in der Hand.

»Bonjour, Messieurs, im Angesicht des Todes sind wir Kameraden«

Zwei Zeugen haben der Nachwelt später eröffnet, was sich auf dem Tir National, dem Schießplatz von Brüssel, wirklich zugetragen hat: Pfarrer Le Seur und Gottfried Benn.

»Als wir draußen ankamen«, sagt der Geistliche, »stand vorschriftsmäßig eine kriegsstarke Kompanie dort unter der Führung eines Stabsoffiziers. Kriegsgerichtsrat Dr. Stoeber mit seinem Protokollführer, ein Offizier der Kommandantur und ein Arzt waren zur Stelle.«

Dieser Arzt, Gottfried Benn, hat die ganze Szene beschrieben: »Wir steigen eine Mulde hinunter, in der Soldaten Spalier stehen. Am Ende der Mulde stehen zwei Gruppen von je zwölf Mann in zwei Gliedern, gerichtet auf die abschließende Wand, den Kugelfang. Vor ihm zwei frische Pfähle, weiße Latten, in die Erde gerammt.«

Während Benn wartet, kommt als erstes Auto der Wagen von Philippe Baucq. Der Architekt steigt aus.

»Mit einer Lebendigkeit ohnegleichen«, schreibt Benn, »mit einer fast gelösten Leichtigkeit schreitet er den Hang hinunter, wo die Soldaten stehen, zieht die Mütze, stellt sich mit einer unnachahmlich chevaleresken Bewegung vor die Gruppe, die ihn erschießen wird, sagt die Worte: ›Bonjour, Messieurs, im Angesicht des Todes sind wir alle Kameraden!‹

Er wird vom diensthabenden Kriegsgerichtsrat (Dr. Stoeber) unterbrochen, der wahrscheinlich eine aufreizende Rede befürchtet. Von nun an bleibt der Delinquent stehen, ruhig, todesgewiß, in der Haltung vollkommen. Nun kommt das zweite Auto. Miss Cavell steigt aus, neben ihr ein evangelischer Pfarrer, ein bekannter Berliner Geistlicher.

Edith Cavell ist vielleicht zweiundvierzig Jahre alt, hat graues bis weißes Haar, keinen Hut auf, blaues Schneiderkleid an, dürres maskenhaftes Gesicht, steifer stotternder Gang, schwere muskuläre Hemmungen, aber ohne Zaudern, ohne Stocken geht sie vorwärts, wo die Pfähle stehen.«

»Wir Geistlichen«, schreibt Pfarrer Le Seur, »führten die Verurteilten vor die Front. Die Kompanie präsentierte das Gewehr. Das Urteil wurde verlesen und danach den Geistlichen das letzte Wort mit den Verurteilten erteilt.

Das meinte ich so kurz wie möglich machen zu müssen. Ich ergriff Miss Cavells Hand und sagte auf englisch nur die Worte: ›Die Gnade unseres Herrn Jesu Christi und die Liebe Gottes und die Gemeinschaft des Heiligen Geistes sei mit dir in Ewigkeit. Amen.‹

Sie erwiderte meinen Händedruck. Dann führte ich sie die paar Schritte hin zu dem Pfahl, an den sie lose angebunden wurde. Eine Binde wurde über ihre Augen gelegt, die, wie mir der betreffende Soldat sagte, voller Tränen standen.

Dann vergingen einige Sekunden, die mir endlos vorkamen, weil der katholische Geistliche mit Monsieur Baucq etwas länger sprach, bis auch dieser an seinem Pfahl stand. Sofort ertönten scharfe Kommandos, zwei Salven krachten – je zehn Mann in fünf Schritt Abstand –, und lautlos sanken die beiden Verurteilten zu Boden.«

Abweichend davon sagt Gottfried Benn: »Feuer aus wenigen Metern Abstand, und zwölf Kugeln, die treffen. Beide sind tot. Der Belgier ist umgesunken. Miss Cavell steht aufrecht am Pfahl. Ihre Verletzungen betreffen hauptsächlich den Brustkorb, Herz und Lunge; sie ist sofort tot. Ganz verkehrt zu sagen, daß sie angeschossen sich gequält habe und durch einen Fangschuß am Boden getötet worden sei. Sie war vielmehr noch während des Rufes ›Feuer!‹ unbezweifelbar tot.

Nun schreite ich an den Pfahl, wir nehmen sie ab, ich fasse ihren Puls und drücke ihr die Augen zu.

Dann legen wir sie in einen kleinen gelben Sarg, der abseits steht. Sie wird sofort beigesetzt, die Stelle soll unbekannt bleiben. Man befürchtet Unruhen wegen ihres Todes oder eine nationale Prozession aus der Stadt, darum Eile und dann Schweigen und Geheimnis um ihr Grab.«

Die Stelle des Grabes soll unbekannt bleiben, sagt der ehemalige Oberarzt Dr. Gottfried Benn. Oberkriegsgerichtsrat Dr. Eduard Stoeber hat dagegen Jahre später den Fall noch einmal betrachtet und die Berichte über die Todesqualen der Hingerichteten und den exhumierten Meuterer Rammler zu erklären versucht: Zu dem Gerücht, Edith Cavell habe noch nach der Salve gelitten, meint er, »kann nur der Umstand Anlaß gegeben haben, daß, wie bei vielen Erschießungen so auch hier, noch Reflexbewegungen der Erschossenen stattfanden. – Der Soldat Rammler wurde tatsächlich einige Wochen vor Miss Cavell wegen Kriegsverrates erschossen und hatte so sein Grab neben der nach ihm erschossenen Person; dies war zufälligerweise Edith Cavell.«

Wie diese strenge Reihenfolge der Gräber mit der »unbekannten Stelle« zu vereinbaren ist, läßt sich wohl nie mehr feststellen. Miss Cavell, die nach dem Krieg in ihre Heimat überführt wurde und nun »in London zwischen den Königen ruht«, wie Benn berichtet, ist noch während des Krieges zu einem Symbol geworden: Denkmäler und ein Felsengebirge Kanadas künden ihren Namen; in Deutschland aber registrieren ihn Kriegsbücher in den unrühmlichen Kapiteln »Spionage« und »Feindpropaganda«.

Kann von Schuld gesprochen werden? Die französischen Berichterstatter Marcel Nadaud und André Fage haben nach dem Krieg eine treffende Formel für alle diese Dinge gefunden. Sie lautet: »Der Krieg allein ist der Schuldige. Er führte bisweilen das Schwert der Gerechtigkeit mit unbesonnener Eile in die Dunkelheit.«

Im Falle von Edith Cavell gewiß nicht anders als in unzähligen unbekannt gebliebenen Fällen auf beiden Seiten der Front. In Frankreich haben Kriegsgerichte nach der Aussage des französischen Obersten Demartial »nicht weniger als dreißig Frauen« erschießen lassen, und die Journalisten Nadaud und Fage konnten 1925 ganz offen in ihrer Pariser Zeitung schreiben: »Wieviel Urteile des Kriegsgerichts mußten seitdem verworfen werden! Wie viele mußten für unschuldig erklärt werden, nachdem man sie der scheußlichsten Verbrechen beschuldigt hatte!«

Eine betörende Frau mit vielseitigen Beziehungen

Eine der Frauen, die auf den Schießständen der düsteren Festung Vincennes von einem zwölfköpfigen Peloton erschossen wurde, war angeblich eine deutsche Spionin, eine Frau, deren Leben und Sterben die Phantasie zahlloser Schriftsteller und Filmproduzenten beflügelt hat: Mata Hari.

»Du fragst mich, ob ich Lust hätte, Dummheiten zu machen«, schreibt sie als siebzehnjähriger Backfisch ihrem um zwanzig Jahre älteren Bräutigam Rudolf Campbell MacLeod. »Aber bestimmt, Jonnie, und zwar lieber gleich zehn auf einmal als eine!« Dieser Devise ist Margarethe Geertruida Zelle ihr ganzes Leben lang treu geblieben. Minister, Prinzen, Spionagechefs, Polizeipräsidenten, Generale, junge Leutnants, Millionäre, Botschafter und berühmte Rechtsanwälte haben das erfahren müssen. In Madrid, Paris, Berlin, London und Petersburg waren die Gespräche voll von den Dummheiten der javanischen Tempeltänzerin Mata Hari. »Auge der Morgendämmerung« bedeuten die beiden Worte.

Camingha State heißt das Schloß, wo sie ihre Kindheit verbringt. Die väterlichen Vorfahren gehen bis auf die Herzöge von Braunschweig-Lüneburg-Celle zurück, eine Großmutter väterlicherseits ist die Baronin Margarethe van Wijnbergen, die Mutter selbst ist auf Java geboren und hat den reichen niederländischen Plantagenbesitzer Zelle geheiratet. Mit vierzehn Jahren tritt das Mädchen auf eigenen Wunsch in einen buddhistischen Tempel in Burma ein und wird in den religiösen Tänzen unterwiesen, bis der Kolonialoffizier MacLeod ihren Weg kreuzt, sie aus dem strengbewachten Frauenhaus entführt und vor der Rache der Priester nach Europa in Sicherheit bringt.

Margarethe Zelle hat das so oft und so glaubwürdig erzählt, daß die Geschichte sogar in ernsthafte historische Werke Eingang gefunden hat. Tatsächlich ist Mata Hari einfach die Tochter eines Hutmachers mit Namen Adam Zelle. Schloß Camingha State ist ein Bürgerhaus im friesischen Leeuwarden, die väterliche Vorfahrenreihe frei erfunden, Großmutter hieß schlicht Grietje Hamstra, die Mutter war eine geborene van der Meulen.

Jonnie, ihren von Whisky und Tropenglut verdorbenen Kolonialoffizier MacLeod, lernt sie ganz unromantisch durch eine Heiratsanzeige kennen, einen glatzköpfigen, schnurrbärtigen, brutalen Schürzenjäger. Sie folgt ihm nach Indonesien, bringt zwei Kinder zur Welt, wird todunglücklich an seiner Seite. Ein langweiliger Scheidungsprozeß bildet das Ende, und dann sitzt Margarethe MacLeod eines Tages in Paris und muß sich überlegen, von was sie leben will.

Man schreibt das Jahr 1903, und Madame MacLeod ist gerade siebenundzwanzig Jahre alt. Sie wohnt in einem winzigen Hotel, und ihre unscheinbare Garderobe hat in einem Weidenköfferchen Platz. Sie versucht sich als Modell, entkleidet sich vor den prüfenden Blicken des Malers Octave Guillonnet. Doch der ist enttäuscht, findet ihre Figur unvorteilhaft. Aus Mitleid porträtiert er wenigstens ihren Kopf für ein Theaterplakat. So hoffnungslos beginnt der Aufstieg der berühmtesten Nackttänzerin von Paris, der Frau, die mit ihrem Körper Sensation machte und die Männer »hinmähte wie Gras«.

Auch daran haftet freilich ein Anstrich schwüler Phantasie: Mata Hari hat niemals völlig unbekleidet getanzt, immer trug sie in Erinnerung an Guillonnets Kritik einen orientalischen Brustpanzer, meistens auch Schleier und Perlengehänge. Paris hatte zu jener Zeit zwar schon viel gesehen, aber noch nie eine indische Tänzerin. Mata Hari kopiert phantasievoll, was sie einst auf Java flüchtig beobachtet hat, »bengalische Beleuchtung« gibt ihren Auftritten einen geheimnisvollen Reiz. Die Friesin, die sich jetzt kühn als echte Orientalin ausgibt, als »Bajadere«, findet plötzlich in den privaten Salons der Lichterstadt offene Türen.

»Sie müssen öffentlich auftreten, Madame!« schwärmen ihre Gönner, Bewunderer und Liebhaber. So tanzt sie am 15. März 1905 vor einem erlesenen Kreis geladener Gäste im Musée Guimet. Der deutsche Botschafter ist anwesend, Buddhastatuen schmücken die halbdunkle Bühne, kniende Tempeldienerinnen huldigen dem tanzenden Auge der Morgendämmerung. Einen Tag später gibt es in Paris nur noch einen einzigen Gesprächsstoff: Mata Hari. Die Zeitungen nennen sie »Königin des Tanzes«, die Männer raunen sich tolle Geschichten zu, die Gesellschaft drängt zu den Vorstellungen, Monte Carlo bietet ein glänzendes Engagement, die Pariser Oper läßt sie in Massenets »König von Lahore« auftreten . . . Mata Hari tanzt. In Paris, das ihr zu Füßen liegt, in Wien, wo es den Kritikern vor Begeisterung »eiskalt über den Rücken läuft«, wie sie in der Morgenpresse schreiben, in Berlin.

»Ist es wahr, daß Sie mit dem Berliner Polizeipräsidenten Gottlieb von Jagow gefrühstückt haben?« So lautet eine der Fragen, die man ihr später vor dem Kriegsgericht stellen wird.

»Das ist wahr«, antwortet die Angeklagte. »Man hatte in den Zeitungen geschrieben, ich erschiene fast völlig nackt, und der Präsident wollte infolgedessen meine Aufmachung persönlich prüfen. So traten wir in Beziehungen zueinander.«

»Ist es wahr, daß der deutsche Kronprinz . . .?«

»Ist es wahr, daß Sie mit dem Chef der deutschen Spionage . . .?«

Die Fragen des Anklägers vor dem französischen Kriegsgericht jagen sich. Margarethe MacLeod gibt das alles zu, leugnet nicht, aber in einem Punkt bleibt sie fest. »Ich bin keine Spionin, ich habe niemals Spionage getrieben.«

Ein unentrinnbares Netz hat sich zusammengezogen, seit am 13. Februar 1917 Kriminalbeamte an die Tür des Appartements der Tänzerin im eleganten Hotel »Elysée Palace« geklopft haben. Verhaften sie die größte Spionin der Geschichte, wie Mata Hari oft genannt worden ist, oder nur eine Frau, die ruhelos auf der Jagd nach Geld und Liebe gewesen ist und immer bereit war, »lieber gleich zehn Dummheiten auf einmal zu machen als eine«?

War Mata Hari unschuldig?

»Wie können Sie ohne Anmeldung hier eintreten?«
»Die Polizei meldet ihre Besuche niemals vorher an, Madame.«

Mit so korrekten Worten geht die Verhaftung Mata Haris vor sich. Längst hat sich die berühmte Tänzerin von der Bühne zurückgezogen. Sie führt das Leben einer reichen Frau, denn sie hat mit ihrer Kunst genügend verdient. Sie reist müßig in Europa umher, einmal ist sie in Spanien, dann wieder in Frankreich, in der Schweiz, in England. Oft genug kommt sie auch nach Berlin, und noch im Krieg wechselt sie mit ihrem neutralen niederländischen Paß zwischen den feindlichen Ländern hin und her. »Ich bin Kosmopolitin«, sagt sie vor dem Kriegsgericht. »Als Holländerin, als Angehörige eines neutralen Staates bin ich keinem der kriegführenden Länder verpflichtet.«

Was hat Margarethe Geertruida Zelle alias Mata Hari vor die Schranken des III. Kriegsgerichts in Paris und schließlich vor die Gewehrläufe eines französischen Exekutionskommandos gebracht? Heute scheint festzustehen, daß die sieben Offiziere des Tribunals einfach nicht imstande waren, eine Frau mit gewagtem Lebenswandel als politisch harmlos anzusehen. Die Erregung der Kriegszeit, einige vage Verdachtsmomente, ein Kniff der französischen Abwehr und die Geldverlegenheit eines jungen deutschen Marineattachés haben zusammengewirkt, um in ihren Augen aus der geheimnisumwitterten Tänzerin eine Spionin zu machen.

Schon bald nach Kriegsende ist auch in Frankreich behauptet worden, daß an Mata Hari ein Justizmord begangen wurde. Mehrere Zeitungen haben die Regierung öffentlich aufgefordert, endlich die Prozeßakten und Beweisdokumente des Kriegsgerichts freizugeben, aber noch heute werden diese Schriftstücke geheimgehalten.

Soviel bekannt ist, weilt von den Prozeßbeteiligten aus dem Jahre 1917 heute keiner mehr unter den Lebenden. Aber noch 1925 hat einer von ihnen gegenüber zweifelnden und unablässig fragenden Journalisten gesagt: »Sie wissen nicht alles, meine Herren. Es gab da geheime Urkunden, die geradezu niederschmetternd waren.« Welche Urkunden? Die Archive schweigen.

Fünf Monate lang brauchte jedenfalls die Anklagebehörde, bis sie alles so weit vorbereitet hatte, daß der Prozeß eröffnet werden konnte. Die Verhandlung fand, wie immer in solchen Fällen, unter Ausschluß der Öffentlichkeit statt. Der einzige Bericht, der an die Außenwelt gelangte, stammt von dem damaligen Stadtkommandanten in Paris, Massard, und ist ganz im Ton des Anklägers verfaßt. Mata Haris Verteidiger, einer der berühmtesten Anwälte Frankreichs, der über siebzig Jahre alte Maître Edouard Clunet, zudem einer der verflossenen Liebhaber der Tänzerin, ist nach dem Prozeß und nach der Hinrichtung vor Gram nicht mehr dazu gekommen, seine Erinnerungen zu schreiben. So sind die Historiker bis heute auf Indizien angewiesen. Ihre ziemlich übereinstimmende Meinung lautet: Das Urteil des III. Kriegsgerichts von Paris stand in den Köpfen der Richter schon vor der Verhandlung fest.

Verdächtig war nach Ansicht der Offiziere des Kriegsgerichts, daß Mata Hari Beziehungen zu dem Polizeipräsidenten von Berlin, Gottlieb von Jagow, hatte, zu dem Chef des deutschen Spionagedienstes, Oberst Walter Nicolai, zu Kronprinz Wilhelm, zu dem ältlichen Militärgouverneur des besetzten Belgiens, Moritz von Bissing, und zu einigen höchst aktiven Herren des deutschen Diplomatischen Korps in Spanien. Aber Mata Hari unterhielt gleicherweise Beziehungen zu hohen und höchsten französischen Beamten. Zwei von ihnen mußten als Zeugen aussagen und schworen, sich im Boudoir der Tänzerin nur über Kunst unterhalten zu haben.

In einem sehr schmeichelhaften Buch »Der deutsche Kronprinz und die Frauen in seinem Leben« hat Guido Kreutzer eine Begegnung mit Mata Hari, »der Tänzerin mit dem gertenschlanken Leib und dem berückenden Spiel der Glieder«, beschrieben. »Ja – ich habe ihn geliebt; ich liebe ihn noch«, gesteht Mata Hari darin bei einem Gespräch. Zur Enttäuschung von Kreutzers Lesern fährt sie dann jedoch fort: »Brauche ich Ihnen erst zu versichern, daß Ihr Kronprinz von dieser Liebe einer Tänzerin nichts ahnte?«

Nur aus der Ferne will sie ihn also angehimmelt haben, nur als platonische Anbeterin vom Bürgersteig aus, während Unter den Linden der Kronprinz im Automobil vorbeifährt. Bei diesem Anblick kommt nach Kreutzer »über ihre Lippen ein abgerissener, jäher Laut, den ich aber im Donner des rasend vorüberknatternden Motors nicht zu deuten vermochte«. Zu Lebzeiten verfaßte Biographien hoher Persönlichkeiten pflegen nie recht offen zu sein. Im Gegensatz zu Kreutzers Schwärmerei schreibt nämlich der Amerikaner Kurt Singer als Ergebnis seiner Untersuchungen: »Der Kronprinz war ihre erste Eroberung. Er nahm sie zu den Manövern in Schlesien mit. Auch der Herzog von Braunschweig genoß ihre Gunst.«

»Kurtisane – meinetwegen, aber Spionin – niemals!«

Wie dem auch sei: Vor dem Kriegsgericht in Paris erscheinen die Eskapaden der schönen Frau in einem anderen Licht. Der Bericht des Stadtkommandanten Massard enthält einige wörtliche Stellen aus dem Prozeß, die tief blicken lassen.

Oberst Semprou, der Vorsitzende des Kriegsgerichts, stellt eine verhängnisvolle Frage: »Der Chef der deutschen Spionage (Nicolai) beauftragte Sie mit einer vertraulichen Mission und schickte Ihnen dreißigtausend Mark?«

»Das ist wahr«, antwortet Mata Hari, »was die Person und was die Summe betrifft. Dieser hohe Beamte schickte mir genau dreißigtausend Mark, aber nicht als Bezahlung für Dienste der von Ihnen genannten Art, sondern als Lohn für meine Hingabe. Er war mein Geliebter.«

»Das war uns nicht unbekannt«, meint Semprou mit bösem Lächeln, »aber diese Summe erscheint uns als Geschenk für empfangene Liebe, offen gesagt, maßlos hoch.«

»Meine Geliebten hätten es niemals gewagt, mir weniger anzubieten!« wirft die Angeklagte hin.

Hier liegt der Schlüssel zu allen Verwicklungen. Mata Hari bekommt große Geldzuwendungen, und die Summen sind so phantastisch, daß sie in den Augen der Richter nicht harmlos sein können. Auf der anderen Seite handelt es sich bei den Männern um Leute ohne großen persönlichen Reichtum. Sie verfügen lediglich über die unkontrollierten Gelder der geheimen Spionagefonds. Heute scheint festzustehen, daß aus diesen dunklen Kassen das kostspielige Privatvergnügen einiger Herren finanziert worden ist. Selbstverständlich kann niemand, der über Spionagegelder verfügt, enorme Summen für eine Agentin ausgeben, ohne seinen Vorgesetzten gegenüber so zu tun, als ob diese Agentin außerordentlich wertvolle Dienste leiste. Die Tänzerin mit den glänzenden internationalen Beziehungen hatte einen so großen Ruf, daß Nicolai ohne Schwierigkeiten dreißigtausend Mark für sie abzweigen konnte. Erst viel später, im Jahre 1929, hat der ehemalige Leiter der Heeres-Abwehrabtellung im Reichswehrministerium, Generalmajor Gempp, ausdrücklich festgestellt: »In Wirklichkeit hat Mata Hari nichts für den deutschen Nachrichtendienst geleistet.«

»Sie geben also zu, daß Sie das Leben einer Kurtisane geführt haben?« fragt Vorsitzender Semprou.

»Kurtisane – meinetwegen!« gesteht Mata Hari und wirft den Kopf in den Nacken. »Das will ich nicht leugnen. Aber Spionin – niemals! Ich lebte im Ausland, befand mich in völliger Sicherheit. Freunde warnten mich dringend vor der Rückkehr nach Frankreich. Sagen Sie selbst: Wenn ich mir auch nur der geringsten Schuld bewußt gewesen wäre, wozu wäre ich dann wieder nach Frankreich gekommen?«

Das ist wirklich ein entscheidender Punkt. Es ist deshalb wichtig, Mata Haris Beziehungen noch kurz ein wenig weiter zu beleuchten. Ein bemerkenswertes Wechselspiel treibt sie zwischen Brüssel und Madrid hin und her, doch bevor das jemandem auffällt, bietet sie selbst ihre Dienste dem französischen Geheimdienst an.

»Ist das wahr?« fragt Semprou.

»Jawohl«, gibt Mata Hari zu, »aber man muß berücksichtigen, daß ich mich zu jener Zeit in Geldverlegenheit befand. Das ist der einzige Grund, der mich trieb, Ihrem Land meine Dienste anzubieten.«

Der französische Geheimdienst schickt die Tänzerin nach Brüssel, wo sie ihrem alten Freund von Bissing Informationen entlocken soll. Mitgegeben wird ihr eine Liste mit den Namen von sechs französischen Agenten, die ihr als Stützpunkte dienen könnten. Einer dieser Agenten wird kurz darauf von den Deutschen festgenommen und hingerichtet. Vor dem Kriegsgericht in Paris stellt der Anklagevertreter, Oberleutnant Mornay, die Behauptung auf, Mata Hari habe die Agentenliste den Deutschen zugespielt. Andere französische Agenten hätten gemeldet, wie von Bissing Mata Hari deswegen gelobt habe.

Ankläger Mornay hat für diese Behauptung keinerlei Beweise beibringen können. Sie ist aber so gefährlich, daß die Angeklagte darauf entgegnet: »Der deutsche Militärgouverneur in Brüssel gehörte zu meinen Geliebten. Da ich gut bezahlt wurde, mußte er meinen Wert nachweisen. Er verbuchte die Verhaftung des französischen Agenten zu meinen Gunsten, obwohl ich nichts damit zu tun hatte.« Unbeirrt fährt der Vorsitzende fort: »In Madrid, im Hotel Ritz, bewohnten Sie ein Zimmer neben dem des deutschen Spionagechefs in Spanien?«

Mata Hari: »Das ist wahr.«

Semprou: »Dieser Agent besuchte Sie häufig?«

Mata Hari: »Auch wahr.«

Semprou: »Haben Sie Geschenke von diesem Mann bekommen?«

Mata Hari: »Aber gewiß, er war mein Geliebter!«

Semprou: »Sehr gut. Dieser Geliebte telegraphierte seinem Kollegen in Amsterdam das Ersuchen, Ihnen fünfzehntausend Mark zu schicken.«

Mata Hari: »Wozu leugnen? Der genannte deutsche Beamte beliebte meine Gunst mit dem Geld seiner Regierung zu bezahlen.«

Semprou: »Sie bekennen also, daß das Geld vom Chef der deutschen Spionage in Amsterdam kam?«

Mata Hari: »Vollkommen. Von meinem Freund in Holland, der, ohne es zu wissen, die Schulden meines Freundes in Spanien bezahlte.«

Es konnte nur eine Frage der Zeit sein, wann dieses Spiel zu Ende gehen mußte. Geheimkassen sind zwar meistens unerschöpflich, aber eine Geliebte, die ständig mit hohen Agentengeldern bezahlt wird, ohne Informationen zu bringen, muß schließlich scheitern.

Liebesbriefe eines Herrn »My«: Schrieb sie Minister Malvy?

Der Vollständigkeit halber fügen wir hier die außergewöhnlich kühnen Behauptungen ein, die der bereits erwähnte Amerikaner Kurt Singer in seinem 1954 in der Schweiz erschienenen Buch »Die größten Spioninnen der Welt« aufstellt. Singer will auch in Einzelheiten wissen, wie der spätere Admiral Wilhelm Canaris, der als Leiter der Abwehr im Zweiten Weltkrieg eine so wichtige Rolle gespielt hat und im Ersten Weltkrieg kurze Zeit beim deutschen Geheimdienst in Spanien beschäftigt war, in den Fall Mata Hari verwickelt ist: Canaris soll in Madrid zarte Bande zu der friesischen Javanerin geknüpft haben, »und alle drei schöpften«, laut Singer, »aus dem Geheimfonds, um die Forderung der Tänzerin zu befriedigen«.

Als die Bombe endlich platzte, als auf der einen Seite viele Zehntausende von Goldmark ausgegeben waren, ohne daß die kostspielige Agentin auf der anderen Seite auch nur die geringste Information gebracht hatte, schickte man Mata Hari zur Liquidation nach Frankreich. Es ist das einfachste Mittel, sich eines unerwünscht gewordenen Spions zu entledigen.

Geradezu phantastisch mutet an, was Singer weiter zu berichten weiß: Mata Hari sei von Canaris mit einem Scheck nach Paris beordert worden, der dort von der niederländischen Gesandtschaft eingelöst werden sollte. Gleich nach ihrer Ankunft sollte sie ein Telegramm nach Madrid schicken, für das Canaris absichtlich einen Schlüssel wählte, der den Franzosen bekannt war. Das Liebesgeschenk und die Geldüberweisung aus Amsterdam sind in dem Prozeß ausdrücklich erwähnt worden. Mata Hari muß tatsächlich völlig arglos nach Frankreich in die gestellte Falle gefahren sein. Eine Spionageorganisation entledigt sich damit einer wertlosen Beziehung, einige Herren können aufatmen, weil sie nun keine riskanten Transaktionen mehr vorzunehmen brauchen. Auch diese Behauptungen sind allerdings umstritten.

Und die von den Franzosen abgefangenen Liebesbriefe mit der Unterschrift »My«? Heute weiß man, daß sie von dem ehemaligen französischen Kriegsminister Adolphe Messimy stammten, aber zur Zeit des Prozesses verdächtigte die Öffentlichkeit den Innenminister Louis Malvy, der daraufhin so viel häuslichen Ärger bekam, daß er im Parlament eine zornige Verteidigungsrede hielt, an deren Ende er zusammenbrach. Der wahre Briefschreiber, Messimy, ist zur Zeit des Prozesses an der Front und gibt schriftlich zu Protokoll, seine Geliebte habe ihn niemals nach irgendwelchen militärischen Dingen gefragt. Im Alter hat Messimy bestritten, intime Beziehungen zu der Tänzerin unterhalten zu haben, ganz im Gegensatz zum Inhalt seiner glühenden Liebesbriefe aus jüngeren Jahren: »Ich fand sie entzückend, aber voller Geheimnisse und ebenso verführerisch wie beruhigend. Ich beging die Unvorsichtigkeit, es ihr nicht nur zu sagen, sondern auch zu schreiben. Ich gestehe jedoch, daß ich nach so langer Zeit vergessen habe, was ich geschrieben hatte.«

Viele Jahre lang ist der Name eines anderen Zeugen geheimgehalten worden, »der eine der höchsten Stellen bekleidete, die es in Frankreich gibt«. Es ist Jules Cambon, erster Berater des französischen Außenministers, einst Botschafter in Berlin, Bruder des französischen Botschafters in London.

»Warum haben Sie diesen Zeugen vorladen lassen?« fragt der Präsident Semprou.

»Der Zeuge«, lächelt Mata Hari, »bekleidet, wie Sie alle wissen, bei der französischen Regierung eine sehr hohe Stellung. Er ist auf dem laufenden über alles, was im Ministerrat verhandelt und auf dem Schlachtfeld vorbereitet wird. Also! Ich traf ihn nach meiner Rückkehr aus Madrid hier, ohne ihn zu suchen. Er war mein erster Geliebter nach meiner Scheidung gewesen, und es war sehr natürlich, daß ich ihn mit Vergnügen wiedersah. Wir verbrachten miteinander drei Tage. Er möge Ihnen sagen, ob ich in der unbedingtesten Intimität, bei unseren langen Unterhaltungen, ihm eine einzige den Krieg berührende Frage vorgelegt habe.«

»Niemals, aber auch niemals!« ruft Cambon aus.

»Es ist sehr wahrscheinlich«, wirft Ankläger Mornay ein, »daß zwei Menschen drei Tage zusammen verbringen konnten, ohne davon zu sprechen, was uns wie ein Alp bedrückt.«

»Es ist vielleicht unwahrscheinlich«, entgegnet der Zeuge, »aber es ist wahr. Wir sprachen über orientalische Kunst.«

Als Cambon den Gerichtssaal wieder verläßt, verbeugt er sich zur Anklagebank und sagt zum Vorsitzenden: »Die gute Meinung, die ich von dieser Dame hatte, ist keineswegs beeinträchtigt worden.«

Phantastische Pläne, um die Verurteilte zu retten

Das Kriegsgericht geht absichtlich oder blindlings an allen Erklärungen vorbei, die an der vorgefaßten Meinung rütteln könnten. Selbst die einzige wahre Liebe, die es im Leben Mata Haris gegeben zu haben scheint, wird ihr nun zum Verhängnis ausgelegt und umgedeutet. Der britische Major Thomas Coulson meint, diese angebliche große Liebe Mata Haris habe die Alliierten 25 000 Tote, 60 000 Verwundete und 20 000 Vermißte gekostet. Auch das Kriegsgericht hat so gedacht, als der Aufenthalt der Tänzerin in der französischen Frontstadt Vittel zur Sprache kommt.

Während Mata Hari in Vittel lebt, wimmelt der Ort von höheren Stäben, Kurieren, Generalen. Zur gleichen Zeit nämlich wird hier die große Offensive des Generals Nivelle vorbereitet. Der »Blutsäufer«, wie Nivelle später von seinen eigenen Landsleuten genannt wird, erlebt mit dieser Offensive eine entsetzliche Niederlage. Die Armee wird an den Rand der Meuterei, die

Bevölkerung in Verzweiflung gestürzt. Kein Wunder, daß Nivelles Versagen für alle Offiziere ein unerträglicher Gedanke ist, so daß sie nur allzu geneigt sind, die Schuld auf Verrat zurückzuführen.

Hat Mata Hari in Vittel die Vorbereitungen der Offensive herausbekommen und nach Deutschland weitergegeben? Was hat sie überhaupt in Vittel zu suchen gehabt? »Ich war in Vittel, um Hauptmann Marow zu pflegen«, gibt sie vor dem Kriegsgericht an.

Marow gehörte zu den russischen Einheiten, die an der Westfront kämpften, um der Waffenbrüderschaft der Alliierten symbolisch Ausdruck zu verleihen. In Paris hatte er Mata Hari kennengelernt, und jetzt, da er verwundet und erblindet in einem Lazarett in Vittel lag, eilte sie zu ihm, um ihn zu pflegen.

»Dennoch ist erwiesen«, sagt Ankläger Mornay, »daß Sie fortgesetzt mit Amsterdam korrespondierten. Ihre Briefe nahm die Gesandtschaft eines neutralen Landes in Empfang und leitete sie in dem Glauben weiter, sie wären für Ihre Tochter bestimmt gewesen.«

»Ich schrieb, das ist wahr, aber ich schickte keine Mitteilungen über den Krieg.«

»Und das Telegramm des Madrider Agenten an seinen Kollegen in Amsterdam, in dem er für Sie fünfzehntausend Mark erbittet?«

Hier schließt sich der verhängnisvolle Kreis. Als sich die sieben Offiziere des Kriegsgerichts zur Beratung zurückziehen, hat die Angeklagte kaum noch eine Hoffnung. Das ist schon in ihrem kurzen Schlußwort zum Ausdruck gekommen: »Beachten Sie wohl, daß ich nicht Französin bin und für mich das Recht in Anspruch nehme, meine Beziehungen zu pflegen, wo und wie es mir beliebt. Der Krieg ist kein genügender Grund, daß ich aufhöre, mich als Kosmopolitin zu fühlen. Ich bin neutral, und meine Sympathien neigen zu Frankreich. Wenn Ihnen das nicht genügt, machen Sie, was Sie wollen.«

Das Gericht fällt seinen Spruch, wie man heute sagen kann, ohne wirkliche Beweise gehabt zu haben. Das Todesurteil wird vom Schriftführer verlesen, Verteidiger Clunet bricht in Tränen aus, aber Mata Hari schreibt vorschriftsmäßig als Zeichen der Kenntnisnahme ihren Namen auf das Dokument, ohne zu zittern.

Die höhere Berufungsinstanz lehnt Clunets Einspruch gegen das Urteil ab. Die niederländische Gesandtschaft läßt es zur Rettung ihrer Staatsangehörigen bei einer nichtssagenden Note bewenden. Der französische Staatspräsident Raymond Poincaré weist das Gnadengesuch des Anwalts ab. Damit sind alle Möglichkeiten erschöpft.

Bis zum 14. Oktober 1917 haben sich die juristischen Schachzüge hingezogen, ein volles Vierteljahr, das Mata Hari im Gefängnis von Saint-Lazaire zubringen muß. Gibt es noch eine Möglichkeit, die Todgeweihte zu retten: Rechtsanwalt Clunet, der nun das fünfundsiebzigste Lebensjahr erreicht hat, findet einen Paragraphen, der es verbietet, eine schwangere Frau hinzurichten. In Erinnerung an vergangene Zeiten erbietet er sich, die Voraussetzungen für die Anwendung dieser Bestimmung zu schaffen, sich selbst als Vater zu bezeichnen, damit Zeit gewonnen wird. Vielleicht ist der Krieg dann vorbei, eine allgemeine Amnestie pflegt zu folgen . . .

Doch das sind nur die rührenden Phantasien eines verliebten Greises. Nicht weniger phantastisch klingt der angebliche Plan des zweiundzwanzigjährigen Leutnants Pierre de Mortissac, den die Fama zum letzten Geliebten im Leben Mata Haris gemacht hat. Mortissac soll es fertiggebracht haben, mit Bestechungsgeldern so weit vorzudringen, daß die Hinrichtung der Tänzerin zu einem Bluff geworden wäre. Wenn der junge Leutnant seinen Plan wirklich ernsthaft betrieben hat, so hatte er die Idee aus der Oper »Tosca«: Das Exekutionskommando sollte mit Platzpatronen ausgerüstet werden, Mata Hari den Tod simulieren. Bestochene Helfer, darunter der Amtsarzt, hätten die vermeintliche Leiche sodann fortschaffen und einen leeren Sarg begraben müssen. Die Geschichte ist freilich zu schön, um wahr zu sein. Mortissac, den es wirklich gegeben hat, ist nach dem Krieg in ein spanisches Kloster gegangen und dort im Bürgerkrieg umgekommen. Sein Mund schweigt für immer.

Gekämmt, gepudert und chic gekleidet zur Hinrichtung

Schwester Leonide hat der Gefangenen am Vorabeiid der Hinrichtung eine doppelte Dosis Chloral gegeben. Früh um vier Uhr erscheint Hauptmann Bouchardon in Saint-Lazaire, um »Margarethe Zelle, genannt Mata Hari«, abzuholen. Kriegsgerichtspräsident Semprou, Ankläger Mornay und Verteidiger Clunet haben sich eingefunden.

»Meine Herren, es ist Zeit«, sagt Semprou mit einem Blick auf die Uhr, »gehen wir hinauf!«

»Ich habe nicht den Mut, hinaufzugehen«, wendet sich Clunet an den Offizier. »Bitte sagen Sie ihr, daß ich hier bin, daß ich sie nicht verlassen habe.«

»Ich bin nicht dazu da, Ihren Vermittler zu spielen, Herr Advokat«, weist ihn Semprou ab. »Wenn Sie dieser Frau etwas zu sagen haben, müssen Sie es selbst tun.«

So schließt sich Clunet mit zitternden Knien der Gruppe an. Schonungsvoll haben die frommen Schwestern Teppiche auf Treppe und Gang gelegt, damit die Gefangene bis zum letzten Augenblick das Herannahen der Schritte nicht hören soll.

Ein Major namens Julien betritt als erster den engen Raum. Mata Hari schläft noch. Der Major rüttelt sie wach und sagt der blassen Frau, die ihn schlaftrunken anblinzelt:. »Frau Zelle, fassen Sie Mut. Der Präsident der Republik hat ihr Gnadengesuch verworfen. Ihre letzte Stunde ist gekommen.«

Schwester Leonide stützt die Gefangene. Aber nun richtet sich Mata Hari auf. »Fürchten Sie nichts, Schwester«, sagt sie. »Ich kann sterben, ohne schwach zu werden.«

Assistenzarzt Bralez öffnet nach Sitte der Zeit ein Fläschchen mit Riechsalz. Mata Hari schiebt es belustigt zur Seite, aber das traditionelle Glas Rum, das ihr gereicht wird, gießt sie mit einem Schluck hinunter.

Die Herren begeben sich hinaus, damit sich die Verurteilte ankleiden kann. Mata Hari wählt ein elegantes Nachmittagskleid. Sie richtet sorgsam ihre Frisur, legt Puder auf und läßt dann den Pastor hereinbitten. »Wissen Sie«, sagt sie zu dem

Geistlichen, »ich habe nicht gerade große Lust, die Sterbesakramente zu empfangen, aber wenn es Ihre Pflicht ist, dann tun Sie es nur.« Damit kniet sie vor ihm nieder und läßt die Handlung über sich ergehen.

Wenige Minuten später folgt sie den Offizieren über den langen Gefängnisgang. »Ich habe meine Handtasche vergessen«, ruft sie unterwegs plötzlich und setzt gleich hinzu: »Aber das macht ja jetzt nichts.«

Im Erdgeschoß spielt sich noch eine letzte Formalität in der Kanzlei des Gefängnisses ab. Die Entlassungspapiere werden ausgefüllt. In der Zwischenzeit bekommt Mata Hari Gelegenheit, noch einige Abschiedsbriefe zu schreiben. Einen richtet sie an ihre Tochter, einen an den Russen Marow und einen an Jules Cambon. Als sie geendet hat, reicht sie die Schreiben einem Beamten mit den Worten. »Aber verwechseln sie die Umschläge nicht – das wäre eine schöne Geschichte!«

»Haben Sie noch etwas zu sagen?« richtet ein Offizier das Wort an sie. Es ist eine der beiden Fragen, die vom Gesetz vorgeschrieben sind.

»Ihnen?« fragt Mata Hari überrascht. »Sie sind wohl verrückt! Und wenn ich noch etwas zu sagen hätte, würde ich es bestimmt für mich behalten.« Dann überlegt sie es sich kurz entschlossen und setzt hinzu: »Sie sollen sich aber nicht umsonst bemüht haben. Also schreiben Sie: Mata Hari erklärt, daß sie unschuldig ist und einem Mord zum Opfer fällt. Warum schreiben Sie nicht?«

Der Offizier übergeht diese rhetorischen Auslassungen und stellt die zweite Frage: »Haben Sie Anlaß, sich schwanger zu glauben?«

»Ich bedaure«, lächelt die Verurteilte, »durchaus nicht.«

Die Herren räuspern sich, nesteln an ihren Taschenuhren, Hauptmann Bouchardon legt die Hand auf die Türklinke.

»Ich bin bereit«, sagt die Verurteilte ermunternd und zieht gelassen ihre Handschuhe an.

»Ich möchte sehend sterben«

Draußen wartet ein Automobil. Schwester Leonide und der Pfarrer nehmen neben Mata Hari Platz, ein Gendarm setzt sich neben den Chauffeur. In weiteren Wagen folgen die anderen Herren. Durch das morgendliche Paris geht es nach Vincennes. Die Fahrt verläuft schweigend. Nur ab und zu schüttelt Mata Hari leicht den Kopf. »Oh, diese Franzosen!« murmelt sie.

In der Festung fährt der Kraftwagen direkt auf den Richtplatz. Die zwölf Mann des Exekutionskommandos sind schon angetreten. Der Kommandant öffnet die Tür des Wagens. Mata Hari springt als erste heraus und hilft Schwester Leonide beim Aussteigen. Der Pfarrer folgt blaß und zitternd. »Man hätte glauben können, daß er erschossen werden sollte«, berichtet ein Augenzeuge.

Mit festen Schritten geht die Verurteilte auf den kahlen Baumstrunk zu, der als Pfahl dienen soll. Sie umarmt die Schwester und schickt sie dann mit den Worten fort: »Lassen Sie mich jetzt allein. Gehen Sie dort hinüber, sonst werden Sie auch noch erschossen!«

»Präsentiert!« erschallt in diesem Augenblick ein Kommando. Die Soldaten machen die vorgeschriebene Ehrenbezeigung.

»Ich danke Ihnen!« ruft Mata Hari in gerührtem Ton, als gelte das Zeremoniell ihr persönlich.

Ein paar letzte Worte mit dem Geistlichen, aber mit vertauschten Rollen, denn Mata Hari ist es, die tröstet. »Bleiben Sie mutig, Hochwürden!« Dann schickt sie ihn mit ähnlichen Worten fort wie Schwester Leonide: »Und nun weg von hier, sonst erschießt man Sie auch noch – sie nehmen es hier nicht so genau.«

Zwei Gendarmen haben die Pflicht, die Delinquentin an den Baumstrunk anzubinden. Mata Hari bittet, es nur ganz lose zu tun, weil sie nicht die Absicht hätte, auszuweichen; außerdem könnten die Fesseln unnötig einschneiden. Als ihr ein Gendarm die Augen verbinden will, nimmt sie ihm das Tuch ab: »Ich möchte sehend sterben.«

Mit dem Tuch winkt sie den Zuaven zu, die jetzt die Gewehre hochnehmen. Der Oberleutnant, der das Peloton befehligt, hat später berichtet. »Im Augenblick, als ich meinen Degen hob, um Feuer zu kommandieren, sah sie mir fest ins Auge und sagte: ›Ich danke Ihnen, mein Herr.‹«

Die Schüsse beenden das Leben Mata Haris augenblicklich. Wie es in Frankreich üblich ist, wird noch ein Pistolenschuß ins Ohr der Toten abgegeben. Dann ruft der Kommandant die formelle Frage über den Platz: »Beansprucht jemand den Leichnam?«

Niemand meldet sich, und so liegt der Körper, der einmal in ganz Europa Aufsehen erregte, zwei Tage später auf einem Seziertisch der Pariser Anatomie und dient den Studenten der Medizin als Lehrobjekt.

Das ist die Wahrheit über Margarethe Geertruida Zelle, wenn man alles streicht, was Roman und Film dazugedichtet haben. Trotzdem wird die Dichtung wohl auch weiterhin den Vorzug genießen. Immer hat sich ja die Legende des Themas »Schöne Frauen und Spionage« bemächtigt, aber von den berühmten Fällen aus dem Ersten Weltkrieg bleibt wenig, wenn man sie leidenschaftslos unter die Lupe nimmt: Der preußische Reserveleutnant Walter Henning, der in Wirklichkeit eine Belgierin war und Gabrielle Petit hieß, und »Mademoiselle Docteur«, eine sagenumwobene Deutsche, haben die Gemüter ganz grundlos bewegt. Kriegsentscheidende Nachrichten sind jedenfalls nicht durch die Hände dieser Damen gegangen.

Die vorzüglichen Masken der Belgierin Petit

Gabrielle Petit besaß in Brüssel eine Zweizimmerwohnung auf den Namen des deutschen Leutnants Walter Henning. Diesen Henning spielte Gabrielle mit höchstem Geschick. Zugleich aber gab sie sich auch als dessen Geliebte – »Helene Legrand« – aus. Sie trieb die Tarnung so weit, daß sie im Zimmer des Leutnants und in dem seiner Geliebten Fotos von sich aufstellte, auf denen sie einmal als Helene und das andere Mal als Walter zu sehen war. Selbst die Aufwartefrau ließ sich davon täuschen. Die Hausbewohner bemerkten nicht, daß es sich immer um ein und dieselbe Person handelte, ob sie nun in deutscher Leutnantsuniform oder in Frauenkleidern ein und aus ging.

In Uniform gab sich Gabrielle Petit als charmanter Kamerad, der in den Brüsseler Amüsierlokalen allerlei Neuigkeiten von den Offizieren herauszuholen wußte. Dann wieder spielte sie die Halbweltdame und suchte sich Freunde mit möglichst vielen Sternen auf den Schulterstücken. Gelegentlich verkleidete sie sich auch als arme Zeitungsverkäuferin und hörte in vornehmen Restaurants den Gesprächen der Generale zu.

Als Gabrielle Petit am 3. März 1916 vor dem Kriegsgericht in Brüssel stand, stellte sich heraus, daß sie rund zwanzigmal in den Niederlanden gewesen war, einige Male auch in Großbritannien. Für diese Reisen hatte sie eine andere, nicht weniger bemerkenswerte Kleidung gewählt: einen Gummianzug. Es war ihre eigene Idee gewesen, sich eine Umhüllung aus Gummi herstellen zu lassen, mit der sie ungefährdet durch den elektrisch geladenen »Todesdraht« schlüpfen konnte. So überquerte sie mehr als vierzigmal die belgisch-niederländische Grenze an Stellen, die als ganz unpassierbar galten und deshalb auch kaum bewacht wurden.

Hat diese Frau die Kriegsgeschichte beeinflußt? Ihre sterblichen Reste wurden nach Kriegsende feierlich umgebettet, Kardinal Mercier hielt am neuen Grab die Trauerrede, die Brüsseler errichteten ihr ein Denkmal – aber abgesehen von ihrem patriotischen Dienst waren es vorwiegend die kühne Männerrolle und der Gummianzug, die ihren Ruhm begründeten. Die realen Ergebnisse ihrer Tätigkeit, die im Kriegsgerichtsprozeß zur Sprache kamen, wirken neben den romantischen Begleitumständen ernüchternd: Gabrielle Petit ist es gelungen, einen Belgier, der für die Deutschen arbeitete, zu entlarven und durch die Untergrundbewegung zur Strecke bringen zu lassen. Einen anderen Landsmann, der für Belgien als Agent tätig war, konnte sie rechtzeitig vor einer Gefahr warnen und vor dem Zugriff der deutschen Feldpolizei in Sicherheit bringen. Mehr wissen die Akten nicht zu sagen.

»Mademoiselle Docteur«, der Blaustrumpf unter den Spionen

Und »Mademoiselle Docteur«, die deutsche Agentin, die eine Zeitlang ganz Frankreich in Atem gehalten hat? Sie war beinahe nur ein Gerücht. Sie drückte sich in düsteren Kaschemmen herum, betäubte einsam reisende Stabsoffiziere in ihren Eisenbahnabteilen mit Chloroform, jagte Verfolger mit unfehlbaren Pistolenschüssen in die Flucht. Selbstredend ist sie obendrein die geborene Verführerin, in Frankreich nennt man sie »die Königin der Spionage«, und als Journalisten nach dem Krieg ihre Spur suchten, lieferten sie der Welt eine neue Sensation: »In diesen Tagen«, so berichtet die angesehene »Vossische Zeitung« im April 1929, »haben sich die Mauern einer Irrenanstalt hinter einer Frau geschlossen, von der niemand mit absoluter Bestimmtheit sagen kann, wer sie eigentlich ist. Die Kranke, deren Geist (infolge von Morphium- und Kokainsucht) zerstört ist, spricht nicht mehr. Von ihrer jetzigen Umgebung weiß niemand, daß diese Frau während des ganzen Weltkrieges neben den offiziellen Stellen die wirkliche Leiterin des deutschen Spionagedienstes gewesen ist.«

Nun, wieder einmal ist kein wahres Wort an all diesen Dingen. »Mademoiselle Docteur« ist eine ziemlich altmodische, unscheinbare Beamtin. Nichts Verführerisches zeichnet sie aus, kein Hauch von Halbwelt oder Abenteuer umwittert sie, nie hat sie eine Pistole in der Hand gehabt, nie als Rauschgiftsüchtige in einer Anstalt gelebt. Ihr Name ist ganz schlicht Dr. Elsbeth Schragmüller, verstorben im Jahre 1940 in München, Kaulbachstraße 29a.

Zu Lebzeiten noch hat das ältliche »Fräulein Doktor« zur Feder gegriffen und die ganz und gar unromantische Geschichte ihres Lebens zu Papier gebracht. Sie ist so trocken und einschläfernd, daß es Überwindung kostet, sie zu Ende zu lesen. Bemerkenswert ist nur, daß Elsbeth Schragmüller im Kriege die Neigung in sich entdeckte, dem Vaterland an der Front zu dienen. Sie nahm sich vor, den Behörden »so lästig zu fallen, daß diese mir, nur um mich loszuwerden, den verlangten Passierschein aushändigten«.

Nach der gleichen Methode berannte sie in Brüssel die deutschen Besatzungsbehörden, bis ihr die Vorzimmeroffiziere ein paar Schreibarbeiten gaben. Natürlich wurden aus diesen Schreibarbeiten brillante Berichte, die Sachbearbeiter blickten erstaunt auf und waren noch erstaunter, statt eines befähigten Leutnants ein scharfsinniges Fräulein in Spitzenbluse vor sich zu sehen.

Am Ende ihrer Karriere nennt sich Dr. Schragmüller »Leiterin der Sektion Frankreich der Kriegsnachrichtenstelle Antwerpen«. Sie sitzt in einem nach Tinte, Leder und Papier riechenden Amtszimmer und verwaltet, während ihr Nimbus unter hunderterlei Namen – »der rote Tiger«, »die blonde Sirene« – durch die französische Boulevardpresse eilt. Die Tatsache, daß eine Frau bei einer militärischen Stelle arbeitete und sogar einer Abteilung vorstand, war im zweiten Jahrzehnt unseres Jahrhunderts noch so sensationell, daß sie allein zur Legendenbildung genügte. »Ich bin«, gesteht »Mademoiselle Docteur« überzeugend, »niemals als Spionin verwandt, niemals zu Ermittlungen irgendwelcher Art in das feindliche Ausland entsandt worden.« Damit hat sie ihren eigenen Fall von allen Zutaten entkleidet und ein Kapitel aus der phantasievollen Geschichte der Spionage gestrichen.

Ein deutscher Spion telegraphiert aus England

Alle großen Überraschungen des Ersten Weltkrieges sind völlig unerwartet über die Front oder die Regierungen hereingebrochen. Abgesehen von den Berichten einiger Überläufer, denen wenig Glauben geschenkt wurde, waren die militärischen Stäbe immer im unklaren über die Absichten der Gegner. Die entscheidenden Unternehmungen zur See, die groß angelegten

Ablenkungs- und Täuschungsmanöver, bedeutende Offensiven, das Erscheinen neuer Kampfmittel wie Giftgas oder Tanks, sind in keinem Falle vorher durch Spione ermittelt worden. So bleibt die Tätigkeit der Agenten beider Seiten im Ersten Weltkrieg ein Geplänkel am Rande der wirklich wichtigen Ereignisse.

Selbst Deutschlands »Meisterspion« hat nicht mehr herausbekommen können als einige Schiffsbewegungen, die jeder Tourist ebenfalls sehen konnte. Als Tourist aus den neutralen Vereinigten Staaten nämlich hat sich Carl Hans Lody getarnt. Sein amerikanischer Paß ist so echt, daß weder die britischen Behörden noch die amerikanischen Konsulate Verdacht schöpfen. Ebenso echt ist Lodys amerikanische Aussprache. Nicht umsonst hat er ein Leben als Reiseleiter bei der Hapag hinter sich, ist welterfahren, weltgewandt. Er läßt sich gerne fotografieren und verstößt damit gegen eine Grundregel aller Agenten. Ein Bild, das ihn vor Kriegsausbruch im Juli 1914 zeigt, stellt ihn mit verwegen herabgezogener Hutkrempe und dämonisch schillernden Augen dar – genauso also, wie ein Agent niemals auszusehen pflegt.

Dieser Mister Charles A. Inglis, der da eines Tages in Edinburgh auftaucht, und zwar kurz nach Kriegsbeginn, reist kreuz und quer auf der Insel umher, besucht Irland und schickt seltsame Telegramme nach Stockholm. »Muß umdisponieren. Johnson sehr krank. Verlor vier Tage. Muß bald abreisen. Charles.« Im Klartext: »Vier Kriegsschiffe sind beschädigt. Im Firth of Forth liegen viele große Kriegsschiffe, ihr Auslaufen ist in Kürze zu erwarten.«

Daraufhin ändert das deutsche Unterseeboot U 21 seinen Kurs, so daß es am 5. September vor dem Firth of Forth den Kreuzer »Pathfinder«, ein unbedeutendes Kriegsschiff von fünftausend Tonnen, versenken kann. Damit ist Lodys große Zeit auch schon zu Ende.

Was er danach tut, klingt für einen »Meisterspion« recht verwunderlich. Er schreibt viele Briefe an die Stockholmer Deckadresse, stets mit seinem angenommenen amerikanischen Namen unterzeichnet. In ihnen berichtet er von der Stimmung in

London, von den Werbeplakaten der Armee und Marine, von der Angst der Bevölkerung vor Zeppelinangriffen und davon, welche Häfen er besucht hat, was es da alles zu sehen gab. Außerdem schreibt er von allen möglichen Gefahren, die ihm begegnen. Einmal trifft er zufällig einen Amerikaner, der ihn aus seiner Zeit als Hapag-Reiseleiter kennt. Lody windet sich glimpflich aus der Affäre und reist in einen abgelegenen Landesteil. Ein anderes Mal bemerkt er, daß man ihn überwacht. Entschlossen geht er zur nächsten Polizeiwache, pocht auf seine amerikanische Staatsbürgerschaft und beschwert sich über die Nachstellungen.

Das alles schreibt Lody in seinen Briefen nach Stockholm. Zu allem Überfluß benutzt er das Briefpapier der Hotels, in denen er abgestiegen ist. Als er am 2. Oktober 1914 aufgrund eines dieser Briefe verhaftet wird, findet man bei ihm ein Notizbuch mit Telegrammtexten, Aufzeichnungen über gesunkene deutsche Schiffe, ebenso über britische Verluste, eine Liste von Adressen in Berlin und Hamburg, Abschriften seiner Berichte und die Originale von Weisungen aus Berlin. In sein Jackett ist das Firmenschild eines Berliner Schneiders eingenäht, außerdem der Name Carl Hans Lody.

Das alles zeigt, daß Deutschlands »Meisterspion«, als der er später geehrt und gefeiert worden ist, nichts weiter war als ein Dilettant von haarsträubender Naivität. »Eine klägliche Sache«, urteilten die Beamten, die ihn in seiner Zelle in der Wellington-Kaserne verhörten. »Er kam als amerikanischer Tourist nach England, um die Sehenswürdigkeiten zu besichtigen«, sagt der Ankläger im nachfolgenden Kriegsgerichtsprozeß und fügt sarkastisch hinzu: »Was er zweifellos wirklich wollte.«

»Sind Sie bereit, die hauptsächlichen Weisungen zu nennen, die Sie von Ihrem Vorgesetzten erhalten haben?« fragt ihn sein britischer Verteidiger Rowland Harker.

»Ja, durchaus«, ist Lodys Antwort. Drei Stunden lang erzählt er willig alle Einzelheiten des Auftrags, mit dem er nach Großbritannien geschickt worden war.

Seine Offenheit hat ihn nicht vor dem Todesurteil bewahrt. In einer Holzbaracke, die einer primitiven Turnhalle ähnlich sieht, im sogenannten Martin Tower, einem Teil der berühmten Londoner Festung, wird Lody am 6. November 1914 füsiliert. Wie es hier üblich ist, wird er an einen Holzstuhl gefesselt und sitzend erschossen.

»Man sollte hier wohl besser nicht rauchen«, hatte er kurz zuvor noch gesagt und beim Betreten der Halle sorgfältig seine Zigarette ausgedrückt.

Der Offizier, der die acht schottischen Scharfschützen befehligte, Lord Athlumney, drückte Lody die Hand, bevor er seinen Männern das tödliche Kommando gab.

Kaiser Wilhelm hat den Hinterbliebenen Lodys das Eiserne Kreuz übermittelt, »obwohl diese Ehrung in den Statuten des Eisernen Kreuzes nicht vorgesehen ist«. Die Stadt Nordhausen gab einer Straße seinen Namen. In Lübeck errichtete man ihm ein Ehrenmal, einen steinernen Ritter mit geschlossenem Visier. Doch das alles kann nicht vergessen machen, daß es trotz aller Legenden keinen echten Meisterspion und keine wirkliche Meisteragentin im Ersten Weltkrieg gegeben hat.

Die Soldaten sind müde

1916, Jahr der Zweifel

Mit dem deutschen Angriff auf Verdun, mit der monatelangen sinnlosen Schlächterei in den Trichterfeldern des Maasbogens, hat eine Serie ernster Krisen begonnen. Deutschland und das verbündete Österreich-Ungarn sehen sich plötzlich vor die Frage gestellt, ob dieser Krieg überhaupt noch gewonnen werden kann. Natürlich wagt es niemand, diese Frage offen zu stellen oder die Chancen auch nur realistisch durchzurechnen. Zwischen nationalem Lärm und rauher Wirklichkeit reißt eine immer größer werdende Kluft auf. Das Volk wird nicht gefragt – aber es wird eines Tages die Rechnung präsentieren: in Deutschland, in der Donaumonarchie, in Rußland, auch in Frankreich.

In der Mitte des Jahres 1916 zeigt sich zum erstenmal, daß sich die Waage nach einer Seite zu neigen beginnt. Weder Tapferkeit noch Phrasen vermögen etwas auszurichten gegen mathematische Tatsachen. Menschenfülle, Materialüberlegenheit und Wirtschaftsmacht der Alliierten müssen den Sieg erringen, nachdem alle militärischen Überrumpelungsversuche gescheitert sind. Vier Ereignisse erschüttern im Sommer 1916 die Fronten. Viermal müssen die Völker der Mittelmächte mit Nachrichten vertraut gemacht werden, die ein Gefühl ernster Bedrohung und tiefgreifenden Notstands auslösen.

1. Die große österreichisch-ungarische Offensive gegen Italien ist ins Stocken geraten und droht im Feuer der Isonzo-Schlachten in eine Niederlage umzuschlagen.
2. Im Osten hat sich die russische Dampfwalze unter General Alexej Brussilow wieder in Bewegung gesetzt und zermalmt die österreichisch-ungarische Front wie Stroh.

3. Während noch die mörderischen Kämpfe bei Verdun toben, sind Briten und Franzosen an der Somme zu einer neuen Offensive angetreten und eröffnen die größte Materialschlacht des Krieges.
4. Das bisher neutrale Rumänien erklärt Österreich-Ungarn den Krieg und stellt damit die deutsche Heeresleitung vor die Notwendigkeit, inmitten aller Bedrohungen auch hier einzugreifen.

Die Gefahren mahnen zur Konzentration der Kräfte. Nachdem Hindenburg und Ludendorff anstelle Falkenhayns ins Große Hauptquartier eingezogen sind, scheint eine belebende Anstrengung durch das ganze Gefüge zu gehen. Der neue Schwung ist so trügerisch, daß darüber abermals die Mathematik vernachlässigt wird: Das sogenannte Hindenburg-Programm legt der Bevölkerung neue Lasten auf. Zum erstenmal werden Rohstoffe bewirtschaftet, die Regierung spricht von einer »Zurückstellung der Bedürfnisse der Zivilbevölkerung auf das äußerste«, Bezugsscheine für Textilwaren und Schuhe werden eingeführt, das Wort »Ersatz« taucht auf für Gummi, Leder und Wolle.

Eine Behörde, die sich selbst »Wumba« nennt, nämlich »Waffen- und Munitions-Beschaffungsamt«, nimmt sich gemeinsam mit dem Kriegsamt aller knappen Rohstoffe an, wie Metall, Öle, Schwefel, Zellulose. Arbeitskolonnen ziehen in Deutschland umher und montieren Türklinken, Kirchenglocken und Kupferdächer ab, die Bevölkerung stiftet Kochtöpfe, Zinkwannen, Eisengitter, Treibriemen, Leuchter und rostige Nägel. Der »Vaterländische Hilfsdienst« wird befohlen und verpflichtet alle männlichen und weiblichen Bürger vom siebzehnten bis zum sechzigsten Lebensjahr zur Arbeit. Frauen betätigen sich als Straßenbahner, Müllkutscher, Fensterputzer und unermüdliche Granatdreherinnen. Schulbuben sammeln Altpapier, Stanniol und Lumpen, sie tragen Briefe, Milch und Brot aus. Vor den Geschäften stehen Schlangen, auch wenn nur Kartoffeln ausgegeben werden. Schwarzhändler, die damals Schieber genannt werden, liefern Butter, Fleisch, Tabak. Im

Ruhrgebiet werden unrentable und längst stillgelegte Zechen wieder in Betrieb genommen. Mit wunderbarem Schwung werden so viele neue Hochöfen gebaut, daß sie gar nicht alle verwendet werden können, sondern unbenutzt in der Landschaft herumstehen.

Alles zusammen bewirkt tatsächlich, daß der Krieg nicht Ende 1916, sondern erst Ende 1918 verlorengeht. An den weltpolitischen Kräfteverhältnissen können die gutwilligen und opfervollen Anstrengungen des Volkes, können die verblendeten Siegesreden der Generale und Politiker nichts ändern. An den Fronten entscheiden andere Faktoren.

Die russische Dampfwalze überrollt die Österreicher

Der österreichische Generalstabschef Graf Franz Conrad von Hötzendorf hatte sich dazu entschlossen, die Hauptkräfte seiner Armee gegen Italien zu wenden – ganz entgegen der Meinung deutscher Heerführer und einiger seiner eigenen Herren. Als Conrads zwei Armeen mit neunhundert Geschützen nach der Schneeschmelze endlich zwischen Etsch und Suganertal vorrücken, ist der italienische General Graf Luigi Cadorna längst auf den Angriff vorbereitet. Er kann verhindern, daß Conrads Hauptziel erreicht wird: die Isonzofront zu umgehen und den Italienern in den Rücken zu fallen.

Freilich sind es nicht die italienischen Verstärkungen allein, die den österreichischen Vormarsch zum Stehen bringen. Cadorna hat einen Hilferuf an die verbündeten Russen gerichtet, und am 4. Juni 1916 erheben sich in Wolhynien und in der Bukowina die Infanteriemassen des Generals Brussilow zum Angriff. Während Conrad alle Kräfte in Italien hat, trifft dieser Schlag seinen ungedeckten Rücken.

Im österreichisch-ungarischen Hauptquartier in Teschen hatte man gerade die Nacht durchgefeiert, mit Champagner und Zigeunermusik. Der sechzigste Geburtstag des Oberbefehlshabers, des Erzherzogs Friedrich, war ein willkommener Anlaß gewesen. Ein Major Fleck ist es, der den Herren im Morgengrauen ein Telegramm unter die übernächtigt geröteten Augen hält. Es handelt sich um einen Funkspruch Brussilows, zufällig von einer österreichischen Abhörstelle aufgefangen: »Es ist die Zeit gekommen, den ehrlosen Feind zu vertreiben! Alle Armeen unserer Front greifen an. Ich bin überzeugt, daß unsere eiserne Armee den vollen Sieg erringen wird.«

So beginnt Brussilows Offensive, deren Ausmaß in Österreich und in Deutschland niemals ganz enthüllt worden ist. Die gleichen Militärhistoriker, die Tannenberg als den größten Sieg der Geschichte zu feiern gewohnt sind, verschweigen schamhaft, daß Brussilows Erfolg den von Tannenberg weit überflügelt: Er bringt der österreichisch-ungarischen Armee eine Niederlage bei, von der sie sich bis Kriegsende nicht mehr erholen wird.

Alexej Brussilow verfügt über eine gigantische Streitmacht, die einfach wegen ihrer unerschöpflichen Infanteriekolonnen den legendären Beinamen Dampfwalze erhalten hat. Die Wirklichkeit sieht so aus, daß in der Mitte des Jahres 1916 alle Mißstände, die sich ein Feldherr ausdenken kann, in der Armee des Zaren vereinigt sind. Viele Soldaten haben keine Stiefel, Tausende von Infanteristen sind ohne Gewehre, die Artillerie darf nicht mehr als vier bis fünf Schuß pro Tag abfeuern, scharenweise gehen die Soldaten einfach nach Hause, weil sie doch nur »wie Rebhühner abgeknallt werden«. Brussilows Offensive, mit dieser Armee ausgeführt, ist überdies nicht vorbereitet. Er wollte erst später angreifen, aber die Meldungen aus Italien haben ihn bewogen, operative Rücksichten unbeachtet zu lassen und alle seine Kräfte in einem improvisierten Vorstoß zusammenzufassen.

Zwanzig Tage nach dem Beginn von Brussilows Offensive müssen die Österreicher ihr Unternehmen in Italien aufgeben, ihre Truppen zurückziehen und in mörderischen Eisenbahntransporten nach Galizien werfen. Dort haben die Russen mit dem ersten Anklopfen an die Front bewirkt, daß das ganze Gebäude in unfaßbarer Geschwindigkeit zusammengebrochen ist. »Die vierte Armee brach haltlos auseinander«, gesteht General Hermann von Kuhl. »Nur Trümmer kamen zurück. Der Weg lag offen für die Russen.«

Was war geschehen? Den Oberbefehl führt hier der menschenfreundliche Erzherzog Joseph Ferdinand, der von Wein, Weib und Gesang nur auf das letztere zu verzichten pflegte. Er liebte die Jagd, Wiener Ballettratten und meinte ganz richtig, daß die Welt viel schöner wäre, wenn die Menschen miteinander Walzer tanzten, statt aufeinander zu schießen. Um auch seinen armen Soldaten etwas zukommen zu lassen, schickte er ihnen Schrammelkapellen in die Gräben. Als Brussilow anrückte, war die Armee so weit, daß sie die Welt nicht mehr verstand, und als Erzherzog Joseph Ferdinand durch General von Tersztyanszky ersetzt wurde und schmollend in die lauschigen Separées von Wien zurückkehrte, waren seine Soldaten schon davongelaufen.

»Ein wirres Gemenge zerrissener Truppenteile und Trains wälzte sich gegen Luzk«, berichtet als Augenzeuge der österreichische Feldmarschalleutnant Hoen. »Brennende Sonnenglut, Kosakenfurcht, zeitweiliges Schießen, Befehle und Gegenbefehle, Unklarheit über Absichten der höheren Führung, die bei der Vermischung aller Verbände nicht zu den Unterkommandanten durchdringen konnten, untergruben den inneren Halt. Das Armeekommando kam in den Trubel des Rückzugs hinein, mußte darauf bedacht sein, den großen Apparat nach hinten zu verlegen, und schaltete sich gerade im kritischen Augenblick aus.«

Nicht anders als am Frontabschnitt Joseph Ferdinands sieht es bei der österreichischen siebten Armee aus. Brussilow ergreift mit leichter Hand Besitz von der Bukowina, besetzt Czernowitz und Kolomija, steht vor den offenen Karpatenpässen und hat schon den Weg nach Ungarn vor sich liegen. Mit zweieinhalb Millionen Mann hat er die Front der Mittelmächte auf einer Länge von dreihundertfünfzig Kilometern zerrieben. Die österreichisch-ungarischen Verluste sind unerträglich. Die vierte und die siebte Armee zerfallen buchstäblich in nichts. Am Ende kann Brussilow mit 270 000 Gefangenen und unübersehbarer Beute an Kriegsmaterial seinem Hauptquartier einen Sieg melden, der Tannenberg doppelt aufwiegt.

Schon vom Tode umschattet, empfängt Kaiser Franz Joseph

die niederschmetternde Nachricht. »Wenn wir doch nur deutsche Führung hätten«, seufzt er und beugt sich ratlos über die Karte auf seinem Schreibtisch.

Im deutschen Hauptquartier trifft die Nachricht vom Zusammenbruch der österreichischen Front in eine ohnehin bis zum Zerreißen gespannte Situation: Zur gleichen Zeit hat man es hier mit dem immer noch tobenden Kampf um Verdun zu tun, mit der Führungskrise um Falkenhayn und mit den bedrohlichen Anzeichen einer britisch-französischen Großoffensive an der Somme.

Es nützt nichts, daß General Hoffmann tobt: »Gegen die Kerle« – er meint die Österreicher – »möchte ich gerne mal Krieg führen!« Es nützt nichts, daß inmitten der Auflösung der bayerische Generaloberst Bothmer mit vier österreichischen und einer deutschen Division den Russen standhält. Falkenhayn muß seine persönlichen Ressentiments unterdrücken, seine militärische Bedrängnis zurückstellen und aus dem blutenden, bedrohten Westen den letzten Mann herausziehen, um Brussilow Einhalt zu gebieten.

Es kostet Falkenhayn vierhunderttausend Mann, »die Lage wieder herzustellen« und den Zusammenbruch seines Verbündeten aufzufangen. Fünf Wochen lang müssen immer neue Massen unter die Dampfwalze geworfen werden, bis sie endlich zum Stehen kommt. Daß die Russen bis dahin den größten Schlachtsieg des Krieges errungen haben, was Verluste des Gegners, eingebrachte Gefangene und Beute betrifft, wird im Lager der Mittelmächte verschwiegen, weil das Volk schon zu unruhig und zu empfindlich geworden ist. Außerdem lenkt der Beginn der Somme-Offensive im Westen die Aufmerksamkeit vom tödlichen Wetterleuchten im Osten ab.

Der Todesstoß an der Somme schlägt fehl

Monatelang haben Briten und Franzosen den Angriff vorbereitet. Artilleriemassen, wie sie in diesem Krieg noch niemals vereint waren, sind zusammengezogen worden. Sechsundzwanzig britische und ebenso viele französische Divisionen stehen bereit, ausgerüstet mit Material und Munition in bisher unbekannter Fülle. Mit der Offensive an der Somme wollen Marschall Sir Douglas Haig und Marschall Ferdinand Foch den Krieg beenden. Der Angriff soll der Todesstoß für Deutschland werden.

Am 24. Juni 1916 bricht der Sturm auf einer Frontlänge von nur vierzig Kilometern los. Fünf Tage lang, wie geplant worden ist, wenden Granaten und Minen jeden Meter Boden des Geländes um und um, bis es keinen einzigen Grashalm, keinen Maulwurf, keinen Regenwurm mehr geben kann. Dann beschließen die Generale, das Trommelfeuer noch zwei Tage zu verlängern, weil sieben Tage gerade eine runde Woche ergeben und noch so viele Millionen Granaten zur Verfügung stehen.

Noch niemals hatte die Welt bis dahin ein Trommelfeuer und einen Materialaufwand wie hier gesehen. Doch als die sieben Tage vergangen sind, als Briten und Franzosen aus ihren Sturmstellungen aufspringen und in das Niemandsland vordringen, knattert ihnen aus Löchern und Trichtern und klaffenden Erdschründen deutsches Maschinengewehrfeuer entgegen. Unkenntlich gewordene Gestalten schleudern Handgranaten, brüllen heisere Befehle, wehren sich mit dem Bajonett. Sechzigtausend britische Soldaten fallen an diesem Tag. Churchill findet dazu die Worte: »Es waren dies die schwersten blutigen Verluste, die die Geschichte der britischen Armee an einem Tage aufzuweisen hat.« Den Franzosen dagegen gelingt es, die deutschen Stellungen auf einer Breite von fünfzehn Kilometern zu überrennen. Der erhoffte Durchbruch bleibt aber auch ihnen versagt.

Die Hoffnungen, die von den Alliierten an die Somme-Offensive geknüpft worden waren, verwirklichen sich in keinem einzigen Punkt. Statt des Durchbruchs wird die deutsche Front lediglich in einer Tiefe von zwölf Kilometern »eingebeult«, und um diese Beule werden bis Ende November von beiden Seiten dreißig Millionen Geschosse verfeuert, müssen allein auf alliierter Seite 750 000 Menschen als Verlust abgebucht werden.

Wie immer in solchen Fällen, schweigen sich die meisten offiziellen Geschichtsbücher über die eigenen Verluste aus, sosehr sie natürlich die der anderen Seite hervorheben. Nur der sorgfältige Generalleutnant Ernst Kabisch nennt eine konkrete Zahl der deutschen Schlachtopfer an der Somme, und zwar »rund 437 500 Verwundete, Gefallene und Vermißte«. Dazu rechnet er noch die Verluste von Verdun und kommt zu dem Schluß. »Mehr als 580 000 Franzosen sind also in diesen beiden Schlachten verwundet, getötet, gefangengenommen worden, und die Verluste der Engländer und Franzosen zusammen belaufen sich auf gerade eine Million, der auf deutscher Seite 774 000 gegenüberstehen.«

»Die Kompanien schrumpften zusammen«, sagt Oberst Hans von Fabeck, der an der Somme dabei war. »Ersatz, der nachts über Haufen von Leichen in die vorderste Kampflinie kroch, wurde vorzeitig zusammengeschossen und verblutend in die Unterstände gejagt. Wie ein Kirchhof lag der ganze Regimentsabschnitt, übersät mit den weißen Schollen des kreidigen Untergrundes.«

Tausendfältig wiederholt sich an der Somme, was schon bei Verdun die Menschen an die Grenze ihrer Leidensfähigkeit gebracht hat. Eines wird nun auf beiden Seiten klar: Keine Armee und kein Volk kann auf die Dauer diesen Blutzoll entrichten.

»Das ist ein Skandal!«

»Bedenklich ist für die Mittelmächte, daß die ungeheure Materialüberlegenheit der Entente die Spannkraft der deutschen Infanterie zermürbt hat.« So vorsichtig drückt der deutsche Kriegshistoriker Jagow aus, was unter der Decke zum Problem Nummer eins wird: Wie lange werden die Soldaten gefügig bleiben, wie lange werden Moral und Disziplin unter der übermenschlichen Belastung standhalten, wie lange wird das Volk der Massenvernichtung seiner Männer und Söhne schweigend zusehen?

Die Antwort auf diese Fragen ist in Rußland mit der Revolution des Jahres 1917 gegeben worden, in Deutschland mit dem Umsturz von 1918. In Frankreich mußten die Generale ein Jahr zuvor eigene Einheiten mit Artillerie zusammenschießen lassen, um die Fortsetzung des Kampfes zu erzwingen. Niemand mehr hatte Lust, sich für die Ideen einiger besessener Politiker und Militärs umbringen zu lassen.

Als die Sommeschlacht verglüht ist und nichts gebracht hat als einen riesigen Totenacker, wissen die führenden Männer in Frankreich, daß Armee und Volk müde sind. Sie wissen, daß eine erfolgversprechende Wende eintreten muß, wenn es nicht zu einem gefährlichen Umschwung kommen soll. In Deutschland, wo der berüchtigte Kälte-, Hunger- und Rübenwinter begonnen hat, wird mit Mackensens Dobrudschafeldzug in Rumänien und der Einnahme von Bukarest Stimmung gemacht.

Was soll aus dieser festgefahrenen, elenden Situation werden: Der französische Oberbefehlshaber Joffre denkt daran, die Flamme an der Somme noch einmal anzublasen, aber sein Stabschef Pellé erklärt ihm rückhaltlos: »Ich glaube nicht, Herr General, daß wir die Aktionen in Fluß halten können. Die Moral hat offenbar schwer gelitten. Hier liegt eine Meldung der Armee Micheler vor . . .«

»Was für eine Meldung?« fragt Joffre ungeduldig.

»Ein Regiment«, sagt Pellé stockend, »hat eigenmächtig seine Stellung verlassen, ohne daß es zur Ablösung bestimmt war.«

»Das ist ein Skandal, ein unerhörter Skandal!« brüllt der Generalissimus.

Gewiß, es handelt sich um eine örtliche Erscheinung. Joffre läßt ein paar Leute festnehmen und vor ein Kriegsgericht stellen. Danach ist alles wieder ruhig, aber der Oberkommandierende weiß nun, daß mehr getan werden muß. »Die interalliierten Generalstäbe«, sagt er bei einer Lagebesprechung im November 1916 in seinem Hauptquartier in Chantilly, »müssen mit der Methode der Abnutzungsschlachten rückhaltlos brechen. An allen Fronten muß die deutsch-österreichische Mauer zugleich berannt und damit jede Reserveverschiebung unterbunden werden. An der Westfront müssen die englisch-französischen Armeen das deutsche Heer an der alten Sommefront und in der Champagne in einem gewaltigen Zangenangriff anpacken.«

Wie General Nivelle die deutsche Front zertrümmern will

Die französische Regierung ist sich klar darüber, daß Joffre recht hat. Sie hält es aber für besser, für neue Ideen neue Männer heranzuziehen, und so wird Joffre abberufen und auf Eis gelegt. Ein neuer Mann ist aufgetaucht, und ganz Frankreich blickt wie gebannt auf seine Erscheinung: Er wird der Retter sein, er wird das Steuer herumreißen! Es handelt sich um einen jungen General, denn er ist erst neunundfünfzig Jahre alt. Er hat mit einem Handstreich das ganze Gelände bei Verdun zurückerobert. Die Franzosen nennen ihn begeistert »General Durchbruch«. Sein Name ist Georges Robert Nivelle.

Nivelle meint, daß der alliierte Durchbruchsversuch an der Somme zwar der größte der Geschichte war, aber doch noch klein gegen das, was er nun selbst vollbringen will. Auf einer Frontbreite von nur vierzig Kilometern ballt der neue Generalissimus fünftausend Geschütze und vier Armeen mit fast einer Million Mann zusammen. »Unsere Vorbereitungen wurden mit einem bisher noch nicht erlebten Aufwand an Material durchgeführt«, berichtet ein französischer Militärschriftsteller. »Fünfundzwanzig Straßen für Fahrzeuge und Infanterie-Marschkolonnen, hundertzwanzig Kilometer Bahnlinie wurden erbaut, 220 000 Mann waren bei den Erdarbeiten tätig, 430 000 Waggons waren notwendig, um Verpflegung, Holz, Baumaterial und Stacheldraht herbeizuschaffen. 280 000 Mann waren als Kraftfahrer eingesetzt, 400 000 Pferde und Maulesel bei den Kolonnen vorhanden.«

Nivelle selbst hat sich an diesen Zahlen berauscht. Diese »Heeresgruppe Durchbruch« soll mit einem einzigen Hammerschlag die deutsche Front endgültig zertrümmern. Kein anderer als der glorreiche Verteidiger von Verdun, Marschall Pétain, soll die Operation leiten und die Soldaten mitreißen. Doch

Pétain lehnt ab. Betroffen bittet Nivelle um eine offene Aussprache.

»Mein Standpunkt ist«, erklärt ihm der Marschall, »daß die Aussichten auf einen Durchbruch durch die deutsche Front gleich Null sind.«

Nivelles Selbstvertrauen verträgt solche Worte nicht. Er verzichtet auf Pétains Mitwirkung, entzieht ihm sogar den Befehl über die fünfte Armee im Raum Reims. Die Vorbereitungen gehen weiter und werden auch nicht unterbrochen, als die Deutschen das kommende Gewitter bemerkt haben und sich auf die gut vorbereitete Hindenburglinie zurückziehen.

»Steht Hindenburg noch an der Somme?« ruft Kriegsminister Paul Painlevé in einer Kabinettssitzung erregt aus. »Nein, er hat den Kopf aus der Schlinge gezogen. Kann der Russe gleichzeitig im Osten angreifen? Nein, in Rußland herrscht Revolution. Alle Voraussetzungen, auf denen sich der Durchbruchsplan aufbaut, sind durch die Ereignisse umgeworfen worden!«

Painlevé sieht mit klaren Augen, daß Nivelle im Begriff ist, in eine Katastrophe zu rennen und das französische Volk mit ins Unglück zu reißen. Da fällt ihm ein Freund Nivelles ins Wort, der Kolonialminister Maginot: »Sie wollen doch nicht etwa die Offensive verbieten? Jetzt, in einem Augenblick, wo die monatelangen Vorbereitungen fast zu Ende sind!«

Hier zeigt sich, daß die Dinge schon den Händen aller Beteiligten entglitten sind: Der ungeheure Aufwand nimmt Eigengesetzlichkeit an, die Maschine läuft, und es sieht nicht so aus, als ob sie von Menschenhand wieder zum Stehen gebracht werden kann.

Von Bedenken und Sorgen gequält, fährt Painlevé am nächsten Tag zu einer Aussprache in Nivelles Hauptquartier.

»Ich bin niemals siegesgewisser gewesen als jetzt, Herr Minister«, beruhigt ihn der Oberkommandierende.

»Aber die Siegfriedstellung ist ein stark befestigtes Stellungssystem.«

»Das ist nur eine Augentäuschung!« lacht Nivelle. »Ich packe sie von der Aisne her im Rücken und rolle sie auf.«

»Und dann?«

»Innerhalb von vierundzwanzig Stunden Einbruch und Durchbruch.«

»Und weiter?«

»Beschleunigter Vormarsch auf Laon. Der Feind umfaßt, eingekesselt, in Panik auf ungeordnetem Rückzug. Flankenangriff der Engländer. Vorstoß bis zur Maas.«

»Das ist eine Annahme«, wirft Painlevé ein.

Aber Nivelle braust auf: »Nein, das ist Sicherheit!«

Resigniert fährt Painlevé nach Paris zurück. Er ist allerdings nicht der einzige, der an den Plänen Nivelles zweifelt. Selbst Generale der »Heeresgruppe Durchbruch« glauben nicht an den Sieg. Einem von ihnen, General Micheler, gelingt es, zum Kriegsminister vorzudringen.

»Glauben Sie an den totalen Durchbruch am ersten Tag, Herr General?« ist Painlevés erste Frage.

»Nein, unter keinen Umständen«, antwortet Micheler bestimmt. »Ich werde glücklich sein, wenn meine Truppen von den vier deutschen Stellungen in vierundzwanzig Stunden die beiden ersten genommen haben.«

»Mehr erhoffen Sie nicht?« entsetzt sich der Minister.

»Wenn alles reibungslos verläuft«, beschwichtigt der General, »kann man vielleicht bis Laon kommen, aber schon das wird viel Blut kosten.«

Überstürzt, weil Nivelle den Termin des Angriffs schon festgesetzt hat, ruft Painlevé den Generalissimus noch einmal zu sich. Der Kriegsrat der Republik ist versammelt. Der General aber erklärt feierlich: »Der vollständige Sieg ist uns sicher. Saint-Quentin wird am ersten Tage fallen. Am dritten Tag beginnt die Verfolgung der Deutschen, der Bewegungskrieg.«

Painlevé ist an eine Wandkarte getreten und tippt mit dem Finger auf Saint-Quentin: »Wenn Ihre Offensive nur dieses Ergebnis hätte, wäre Ihnen der Dank der Nation schon gewiß!«

»Für ein so armseliges Resultat«, entgegnet Nivelle geringschätzig, »habe ich nicht 1 200 000 Mann und fünftausend Geschütze zusammengezogen. Ein solcher Gewinn würde nicht den Einsatz lohnen.«

Poincaré kapituliert vor Nivelles Ultimatum

Am Abend des 5. April 1917 unterschreibt Nivelle den Angriffsbefehl. Am nächsten Morgen sollen und werden die französischen Geschütze zu donnern beginnen. Auf je sechseinhalb Meter Frontlänge stehen ein Geschütz und ein Grabenmörser, fast zwei Millionen schwere Granaten, sechseinhalb Millionen leichte Granaten und eine Million Minen sind aufgestapelt.

Wenige Stunden vor dem Beginn des Feuers wird Nivelle ans Telefon gerufen. Frankreichs Staatspräsident Poincaré sagt sich für den nächsten Vormittag zu einer Konferenz an.

»Aber das ist doch unmöglich!« ruft Nivelle in den Apparat. »Wir können jetzt, wo die Schlacht beginnt, keine Konferenz abhalten!«

Am anderen Ende der Leitung wird erklärt, es handle sich um einen festen Auftrag des Präsidenten.

Als Poincaré am anderen Morgen Paris verläßt, liegt über der Stadt die Stille des Karfreitags, aber an seinem Ziel in Compiègne zittert die Luft vom fernen Trommelfeuer der Front: Die Nivelle-Offensive hat begonnen.

Im Salonwagen des Präsidenten klirren die Fenster, während Kriegsminister Painlevé zu sprechen beginnt: »Wir dürfen uns nicht auf ein Abenteuer einlassen. Die Offensive muß auf jeden Fall so geführt werden, daß die Armee nicht unersetzliche Verluste erleidet. Ich erkläre Ihnen, Herr General, unter gar keinen Umständen will die Regierung eine Wiederholung der Sommeschlacht. Frankreich kann nicht noch einmal 210 000 Menschen für einige Quadratkilometer eroberter Trichterwüste opfern.«

»Was fürchtet man denn?« fragt Nivelle ärgerlich. »Schwere Verluste? Die Offensive ist eine Sache von vierundzwanzig Stunden. Wenn die Regierung der Meinung ist, daß neue Tatsachen einen Wechsel der gesamten Kriegführung erforderlich machen, so mag sie es veranlassen. Aber ich muß unter diesen Umständen den Präsidenten der Republik um meine Enthebung von diesem Posten bitten.«

In das bestürzte Schweigen klirrt nur das pausenlose Zittern der Scheiben.

»Das ist unmöglich, Herr General«, nimmt Poincaré das Gespräch wie nach einer Ewigkeit wieder auf. »Ziehen Sie Ihren Antrag zurück, ich gebe Ihnen den förmlichen Befehl!«
»Ich kann es nicht, Herr Präsident.«

Ministerpräsident Ribot beugt sich zu Poincaré, flüstert erregt. Dann erhebt er sich und sagt pathetisch: »Ich spreche Ihnen, Herr General, das volle Vertrauen der Regierung aus. Die Offensive ist beschlossen. Handeln Sie!«

So nimmt das Verhängnis seinen Lauf. Zehn Tage lang zerhämmert die Artillerie der Franzosen jeden Quadratmeter Boden der deutschen Stellungen. Doch als die »Heeresgruppe Durchbruch« am 16. April den Sturm beginnt, zeichnet sich schon am Abend eine blutige Niederlage ab.

»Nieder mit dem Blutsäufer Nivelle!«

»Wir erwarten das große Wunder«, berichtet der Nachrichtenoffizier Pierrefeu aus Nivelles Hauptquartier, aber statt dessen kommen vom Chemin des Dames Schreckensnachrichten. Die Deutschen haben eine ganz neue Taktik entwickelt, haben sich schachbrettartig in der Tiefe gestaffelt und gerade die Erfindung der »Eingreifdivisionen« gemacht, die an allen Brennpunkten wie die Feuerwehr auftauchen. Statt des Durchbruchs kommt es zu einem entsetzlichen Blutbad. Statt in vierundzwanzig Stunden zum Erfolg zu führen, tobt die Schlacht weiter, zwei Tage, drei, fünf. Aber Nivelle hat sich in seinen Plan verbissen, sein Denken ist viel zu starr, um Folgerungen aus der Lage zu ziehen. Jeden Tag wirft er neue Truppen gegen die Mauer.

»Noch sind erst siebenundzwanzig Divisionen geopfert!« beschwört in diesen Tagen der Abgeordnete Albert Favre den Kriegsminister. »Noch sind zweiunddreißig Divisionen zu retten. Bewahren Sie die Blüte unserer Armee vor nutzlosem Verbluten, befehlen Sie die Einstellung des Angriffs!«

»Das ist ganz unmöglich, Herr Abgeordneter«, entgegnet Painlevé. »So kann die Regierung dem Generalstab nicht in den Arm fallen. Noch ist die Schlacht im ersten Stadium. Wir müssen abwarten.«

Zur gleichen Stunde fährt auf dem Nordbahnhof von Paris ein Lazarettzug ein. Die Verwundeten beugen sich aus den Fenstern der Waggons, sie sind schmutzig, unrasiert, und ihre Verbände starren von Blut. Die Gaffer und die freundlichen Damen, die den Helden ermunternde Worte zurufen, bekommen diesmal allerdings eine unerwartete Antwort. Die Verwundeten johlen, brüllen und höhnen. Ein Reporter notiert die Worte: »Unsere Kameraden hat man ermordet! Uns läßt man im Dreck verfaulen! Nieder mit dem Blutsäufer Nivelle! Nieder mit dem Krieg!«

Blutsäufer Nivelle! Jetzt ist das Wort geboren. Es rast durch Paris, zusammen mit den Schreckensnachrichten von der Front. Die Verwundeten haben alles erzählt, aber die Wirklichkeit ist noch viel schlimmer. Dicht hinter der Front wächst ein unvorstellbares Chaos. Zur Sicherheit wurden fünfzehntausend Lazarettbetten bereitgestellt, aber schon in den ersten Tagen der Schlacht schnellt die Zahl der blutigen Ausfälle auf über 101 000 empor. Überall auf den Straßen der Ortschaften liegen die Verwundeten unversorgt im Regen. In einem Lazarett in Prouilly, wo es 1630 Betten gibt, wälzen sich in Gängen und Kellern annähernd zehntausend Schwerverwundete mit eitrigen Notverbänden auf dem nackten Boden. Für alle zusammen gibt es hier nur vier Thermometer und ein paar Putzeimer, aus denen getrunken werden muß. Die Ärzte operieren bei Kerzen- und Taschenlampenbeleuchtung, bis sie nach achtzehn Stunden einfach umfallen.

Genauso und noch schlimmer sieht es an allen anderen Stellen hinter der Front aus. Tausende von Verwundeten sterben an Wundfieber, auf ihre Leichen werden neue Verwundete geschichtet, auf dem Hauptverbandsplatz Courlandon werden die Lazarettzüge gestürmt, alle Bahnstrecken sind verstopft, und wenn die Züge für die hundert Kilometer bis Paris vierzig Stunden brauchen, kommen mehr Tote als Lebendige an.

»Herr General, das nennt man Feigheit!«

135 000 Menschen werden von Nivelle geopfert. Dann sinkt sein Stern so rapid, wie er aufgestiegen ist. Verzweifelt sucht der Generalissimus nach einem Sündenbock. Er ergeht sich in Andeutungen, daß an dem ganzen Mißerfolg eigentlich General Micheler schuld sei. Da aber packt Micheler den Stier bei den Hörnern. Empört reißt er alle Fenster seines Dienstzimmers auf, damit der ganze Stab hören kann, wie er Nivelle anschreit: »Es ist eine Infamie, Herr General, wenn Sie mich für die begangenen Fehler verantwortlich machen wollen, mich, der ich es an Warnungen vor dieser Offensive nicht habe fehlen lassen. Wissen Sie, wie man so etwas nennt, Herr General? Das nennt man Feigheit!«

Nivelle, so berichtet Augen- und Ohrenzeuge Pierrefeu, taumelt wie ein Trunkener aus dem Zimmer und fährt mit seinem Auto davon. »Es war eine schreckliche Situation, wir wußten nicht, wo wir uns verstecken sollten.«

»Fort mit Nivelle! Fort mit dem Blutsäufer!« Einmütig schallt der Ruf durch ganz Frankreich. Um das Gesicht zu wahren, schlägt Kriegsminister Painlevé dem Generalissimus vor, selbst seinen Rücktritt aus Gesundheitsrücksichten einzureichen, aber Nivelle strafft sich und entgegnet: »Ich habe mich noch nie in meinem Leben so gesund gefühlt wie jetzt.«

Painlevé reißt der Geduldsfaden. Er springt von seinem Stuhl auf und brüllt: »Herr General! Mit Ihrer Weigerung stürzen Sie das Land in eine neue Welle der Erregung! Damit spielen Sie das Spiel des Feindes!«

Aber Nivelle bleibt hartnäckig. Die Regierung muß in den sauren Apfel beißen und die Entlassung des Oberkommandierenden aussprechen. Er wird nach Afrika geschickt, buchstäblich in die Wüste. An seine Stelle tritt Pétain.

Die Poilus rebellieren: Sie haben genug vom Sterben

Es ist ein Kommandowechsel in letzter Minute. In der Armee schlägt schon die Flamme der Meuterei empor. »Nieder mit dem Krieg! Wir marschieren nicht mehr! Tod den Verantwortlichen!« Dort, wo gestern noch zuverlässige Truppen standen, gehen jetzt hastig vervielfältigte Flugblätter von Hand zu Hand. Als am 3. Mai ein Angriff gegen die deutschen Linien geführt werden soll, finden die Offiziere die Sammelplätze leer. Die Soldaten sind in ihren Quartieren geblieben und singen die Internationale. »Wir haben es satt, unseren Kopf für ein paar Centimes hinzuhalten«, brüllen die Männer ihren Vorgesetzten entgegen. »Nieder mit dem Krieg!«

Die Offiziere wissen, daß es keinen Zweck hat, zur Pistole zu greifen. Sie versuchen es mit gütlichem Zureden: Gut, der geplante Angriff fällt aus, aber die Kameraden da vorn in den Gräben, die müssen abgelöst werden. Das sehen die Poilus ein. Doch die Meuterei ist gleichzeitig überall.

Beim 128. Infanterieregiment versammeln sich die Mannschaften zu einer Massenkundgebung unter freiem Himmel und geben die Parole aus: »Wir wollen nicht mehr im Stacheldraht verrecken!« Beim 310. Infanterieregiment singen auch die Offiziere die Internationale und verteilen Flugzettel mit Aufrufen zum Militärstreik. Beim 32. Armeekorps weigern sich die Mannschaften, in Stellung zu gehen. Beim Nachbarkorps wählen sie Soldatenräte und verschanzen sich in einer Kaserne. In Soissons, wo neues »Menschenmaterial« zum Abtransport an die Front zusammengezogen ist, fahren die Soldaten mit Lastwagen und roten Fahnen durch die Straßen und rufen: »Wir marschieren nicht! Macht es wie wir. Werft die Lastwagen um, zerschneidet die Reifen! Nieder mit dem Krieg!«

»Nach Paris! Holt die Abgeordneten aus dem Parlament! Legt die Offiziere in Ketten! Wählt Soldatenräte! Nieder mit dem Krieg!«

»Kriegsverlängerer!« brandet es in Nantes den ersten amerikanischen Soldaten entgegen, die dort an Land gehen. In Nancy hängen Urlauber, die zur Front zurück sollen, gemeinsam mit jubelnden Eisenbahnern und Zivilisten die Lokomotive ab und blockieren die Gleise. Feldgendarmen, die mit der Waffe eingreifen wollen, werden an den nächsten Laternen aufgehängt.

Ein Telefonist hört das Gespräch eines Generals ab, der gerade in die Leitung ruft: »Nehmt die Kadaver der Kerle doch als Sandsäcke!« Blitzartig läuft das böse Wort durch Frankreich.

Bei der Armee in der Champagne haben Offiziere abzählen lassen und dann jeden zehnten Mann an die Wand gestellt. Dezimieren nennt man das. Aber so leicht wird es der Generalität und der Regierung nicht gemacht. Erst muß Artillerie noch in die eigenen Reihen feuern, erst muß noch Blut auf den Boulevards von Paris fließen, erst müssen die Kriegsgerichte noch wie besessen arbeiten, ehe Pétain triumphieren kann. Die dunkelste Stunde Frankreichs ist gekommen.

Die Franzosen meutern

Wie ist die Lage an der Westfront? Am Chemin des Dames erstickte die große Offensive des Generals Nivelle vom Frühjahr 1917 im Blut. Welle um Welle der Franzosen ist zerschellt. Das Messer zwischen den Zähnen, sind Senegalneger gegen die deutschen Gräben angestürmt. Bayerische Regimenter haben zurückgeschlagen und nicht weniger Schrecken verbreitet: »Es war furchtbar, diese Kerle anzusehen«, schreibt ein französischer Offizier nach Hause. »Sie kamen ohne Rock, mit aufgekrempelten Hemdsärmeln, den Dolch in der Hand oder den Spaten geschwungen, Handgranaten am Hosenbund. Und wir mußten zurück, nach kurzem, heftigem Kampf. Eine Panik entstand bei uns. Wir liefen, was wir konnten. Wir kamen wieder in unsere Ausgangsstellungen. Dort warfen wir uns auf den Boden und weinten vor Wut, weil alles vergebens gewesen war.«

Bei der 134. französischen Infanteriedivision zeigt sich die Verzweiflung der Truppe in einer Massenversammlung. Kurz vor ihrem Abtransport in die Gräben haben sich die Soldaten des Regiments 300 auf freiem Feld zusammengefunden. »Nieder mit dem Krieg!« ist ihre Parole.

Der Regimentskommandeur, ein alter Oberst, wird von den befremdlichen Vorgängen unterrichtet und begibt sich persönlich auf den Schauplatz der Ereignisse. »Was ist denn hier los?« fragt er.

Einer der Soldaten geht auf ihn zu, macht die vorgeschriebene Ehrenbezeigung und meldet: »Das Regiment hat beschlossen, nicht nach vorne zu gehen und die sinnlosen Angriffe nicht mehr mitzumachen."

Der Oberst hat gehört, daß es in den letzten Tagen überall in der Armee ähnliche Erscheinungen gegeben hat. Er ist klug genug, nicht aufzutrumpfen, solange keine Entscheidungen des Hauptquartiers vorliegen. Er versucht es gütlich und erklärt: »Das Regiment geht nicht in Stellung, um anzugreifen, sondern nur, um eine Stellung zu halten.«

»Wir werden weder angreifen noch in Stellung gehen«, entgegnen ihm die versammelten Soldaten.

»Nun wohl, meine lieben Jungens«, lächelt der Regimentskommandeur, und seine Worte sind genau überliefert, »wenn ihr nicht in Stellung gehen wollt, hineintragen kann ich euch nicht. Nur haltet Ruhe bis zum Abtransport. Was soll denn sonst werden?«

Die Ereignisse beim Infanterieregiment 300 sind typisch für die Vorfälle überall. Die Männer des 18. Jägerbataillons der vierten Division bringen an ihren Unterkünften bei Bauvancourt Tafeln mit der Aufschrift an: »Wir gehen nicht mehr vor. Nieder mit dem Krieg!« Das 8. Jägerbataillon der 42. Division hat die Beschlüsse seiner Soldaten ebenfalls an den Unterkünften plakatiert: »Wir werden in Stellung gehen, weigern uns aber, anzugreifen.« Das 42. Artillerieregiment der vierten Division läßt seinen Vorgesetzten melden: »Wir gehen in Feuerstellung, werden aber nicht schießen.«

Einzelne Generale versuchen von sich aus, der aufflammenden Meuterei »elastisch zu begegnen«. So kommt es, daß eine Feldzeitung diesen Aufruf veröffentlicht: »Ruht euch gut aus, meine lieben Kinder, schlaft schön, erholt euch, wascht euch, schlagt ohne Erbarmen die Läuse tot, bringt eure Lumpen und eure Hosenböden wieder in Ordnung, indem ihr darauf wartet, daß euch das Hinterland die neuen Sachen liefert, die wir verlangen. Putzt eure Waffen, erheitert eure Herzen, singt und lacht aus vollem Halse. Schade, daß ich euch nicht ein Regiment von Damen verschaffen kann, um eure Tapferkeit zu belohnen. Das ist Sache der parlamentarischen Kontrollkommissionen, die unverzüglich kommen müssen, um sich über eure Bedürfnisse zu unterrichten.«

Die burschikosen Töne, die sich ein General da plötzlich abringt, vermögen aber die Poilus nicht zu täuschen. Seit dem Scheitern der Nivelle-Offensive ist klar, daß der Krieg auf unabsehbare Zeit weitergehen soll. Dazu ist noch ein anderes Ereignis eingetreten, das deprimierend auf den französischen Soldaten einwirkt: Das Zarenreich ist durch die Revolution gestürzt, an der Ostfront ist Waffenstillstand eingetreten, und nun können sich die frei gewordenen deutschen Divisionen ebenfalls gegen Frankreich wenden.

Nur noch zwei zuverlässige Divisionen schützen Paris

Was gedenkt die französische Regierung zu tun? In einer Geheimsitzung des Kabinetts, über die Kriegsminister Painlevé viele Jahre später berichtet hat, kommt das Problem zur Sprache, als die Krise schon auf dem Höhepunkt angelangt ist.

»Ich habe dem Herrn Präsidenten und dem Ministerrat eine niederschmetternde Mitteilung zu machen«, beginnt Painlevé. Er blickt sich in der Runde um, seine Augen ruhen schließlich auf Präsident Poincaré. Langsam setzt er fort: »Die Armee meutert!« Atemlose Stille ist eingetreten. Painlevé spricht tonlos weiter: »Vor drei Wochen haben die Revolten bei einzelnen Truppenteilen eingesetzt und sich dann in kürzester Zeit über die Armee verbreitet. General Pétain spricht in seinem Bericht aus, daß er die Lage als ungeheuer ernst ansieht.«

Poincaré hat sich schwer atmend von seinem Sessel erhoben. Mit steifen Armen stemmt er beide Fäuste auf den Tisch, wendet sich mit kampfbereit gesenktem Kopf dem Kriegsminister zu. Die übrigen Anwesenden warten mit fiebernden Nerven, was jetzt geschehen wird. Nichts geschieht. Der Präsident der Republik spricht ganz ruhig, nur ein fernes Grollen liegt in seiner Stimme: »Herr Minister, das alles ist doch nicht möglich! Es kann sich doch wohl nur um einige Regimenter handeln.«

Painlevé weiß, daß es in dieser Stunde nicht angeht, irgend etwas zu beschönigen. Möglichst sachlich widerspricht er dem Staatsoberhaupt: »Nein, Herr Präsident, es ist so, wie ich Ihnen sage. Nicht einige Truppenteile meutern. Die Armee meutert.«

»Können Sie uns Einzelheiten sagen?« fragt Ministerpräsident Ribot.

»General Pétain meldet«, gibt Painlevé zur Antwort, »daß in sechzehn Armeekorps, das sind fünfundvierzig Divisionen, der Aufruhr ausgebrochen ist: bei 75 Infanterieregimentern, 22 Jägerbataillonen, zwölf Artillerieregimentern, zwei Kolonialregimentern und einem Dragonerregiment.«

»Bei zweiundzwanzig Jägerbataillonen?« ruft Kolonialminister Maginot entsetzt.

»Ja, das ist besonders niederdrückend«, bestätigt Painlevé. »Der Aufruhr tobt bei den Eliteeinheiten genauso wie bei den zweifelhaften Regimentern.«

Betretenes Schweigen herrscht. Endlich ergreift Präsident Poincaré wieder das Wort. Er hat den gefährlichsten Gesichtspunkt der ganzen Sache entdeckt: »Ich will den Teufel nicht an die Wand malen. Aber wenn in dieser Situation die Deutschen zur Offensive schreiten – was dann? Von der Front nach Paris ist es nicht weit. Wie viele Divisionen stehen zwischen Soissons und Paris in Reserve, auf die wir zählen können?«

Kriegsminister Painlevé antwortet zögernd: »Zwischen Soissons und Paris stehen im Augenblick nicht mehr als zwei zuverlässige Divisionen.«

»Erst spät sahen wir klar«

Ohne Frage: Wenn die Deutschen etwas von der Meuterei und ihrem Umfang erfahren und angreifen, werden sie mühelos nach Paris vorstoßen und Frankreich überschwemmen können.

Es gehört zu den ungeklärten Rätseln des Ersten Weltkriegs, warum das deutsche Hauptquartier die düstere Gelegenheit nicht genutzt hat.

An der Spitze des deutschen Heeres steht jetzt Hindenburg, zusammen mit seiner rechten Hand, dem Generalquartiermeister Ludendorff. Es ist bemerkenswert, daß Ludendorff die Vorgänge im französischen Heer mit ein paar Sätzen in seinen Erinnerungen abtut, obwohl er gewöhnlich nicht mit ausführlichen Darstellungen geizt: »Die Verluste der Franzosen waren so groß gewesen, daß die Moral der Armee zu leiden begann und Meutereien vorkamen, von denen allerdings nur spärliche Nachrichten nach und nach zu unserer Kenntnis gelangten. Erst spät sahen wir klar.«

Als Ludendorff endlich klarsieht, ist der Augenblick verpaßt. Treffender noch kann gesagt werden, daß die Oberste Heeresleitung die Lage einfach verkannt hat, und zwar trotz der zuverlässigen Meldungen, die ihr vorlagen. Wenn Ludendorff behauptet: »Erst spät sahen wir klar«, dann hat jedenfalls der Befehlshaber an der Front einen klareren Blick gehabt. Kronprinz Wilhelm hat im Jahre 1921 zugegeben: »Wir erfuhren sehr bald durch Gefangenenaussagen und Agentenberichte, daß die Moral im französischen Heere sehr gelitten hatte. Da schlugen wir der Obersten Heeresleitung vor, mit allen verfügbaren Reserven nachzustoßen. Wir glaubten, einen großen Durchbruch auf Paris erzielen zu können. Die Oberste Heeresleitung hatte andere Pläne und lehnte unseren Vorschlag ab.«

Örtliche deutsche Vorstöße finden französische Stellungen vor, die sich eindrücken lassen wie morscher Schwamm. Bei einem Gefangenen entdecken die deutschen Untersuchungsoffiziere ein Tagebüchlein, in dem es heißt: »Große Tumulte bei der 158. Infanteriedivision, Gesang der Internationale, rote Fahnen im Infanterieregiment 329, der General gibt einen Gewehrschuß ab, der Oberst ist umzingelt. Fünfte Infanteriedivision des III. Armeekorps soll am Chemin des Dames angreifen, die Infanterieregimenter 74 und 36 weigern sich aber kategorisch, den Befehl auszuführen. Stimmung allgemein sehr schlecht, Revolten, Gesänge.«

Ein blutbefleckter Brief, der Tasche eines französischen Gefallenen entnommen, verrät den deutschen Nachrichtenstellen: »Wir hatten viertausend Aufrührer auf dem Bahnhof. Achtzig Meuterer sind gestern abend nach Orléans abtransportiert worden, um heute morgen im Lager Cercottes erschossen zu werden. Zweihundert andere sind am Mittwoch in Château Thierry erschossen worden.«

Das ist alarmierend, aber die historische Tatsache bleibt bestehen, daß die deutsche Heeresleitung aus diesen und vielen anderen Meldungen keine Konsequenzen gezogen hat.

»Werft Poincaré und seine Minister ins Meer!«

Der Aufruhr in Frankreich hat längst von der Truppe auf das Hinterland übergegriffen. Eine Million Arbeiter treten in den Streik. Auf dem Boulevard Bessières in Paris will eine tobende Menge eine Kaserne stürmen, aber die tonkinesischen Maschinengewehrschützen, die dort Wache stehen, eröffnen das Feuer. Auf dem Straßenpflaster wälzen sich Menschen in ihrem Blut. »In Paris schießen die Gelben unsere Frauen kaputt!« Von Mund zu Mund rast die Nachricht bis in die Frontgräben. »Nach Paris! Stürmt das Parlament! Poincaré und alle Minister in eine Kiste und ins Meer damit!«

Mühsam versucht Marschall Pétain auf die rebellierende Armee einzuwirken. Er weiß, daß Gewaltanwendung die Flamme der Revolution anfachen würde – und außerdem hat er mit nur zwei zuverlässigen Divisionen nicht die Macht, gegen die ganze Armee etwas auszurichten. So versucht er es zunächst mit einem Aufruf an die Soldaten – »Warum wir kämpfen«: »Wir schlagen uns, weil es ein Verbrechen wäre, durch einen schmachvollen Abfall unsere Toten und unsere Kinder zugleich zu verraten. Wir schlagen uns, damit der Frieden wieder das Wohlbehagen in unser Land bringe und die Entbehrungen banne, die im Falle eines schlechten Ausganges des Krieges viel schlimmer sein würden als das, was die Unsrigen jetzt erleiden.«

Doch für Überlegungen und kühle Argumente pflegen erregte Massen kein Ohr zu haben. Ein Ereignis bei der russischen Brigade, die auf französischem Boden steht, gibt Pétain die Möglichkeit, eine andere Sprache zu sprechen. Als dort ebenfalls Meuterei ausbricht, kann er zuschlagen, ohne etwas befürchten zu müssen.

»Fünftausend Soldaten der ersten russischen Brigade haben beschlossen, folgendes Manifest an alle zu richten!« So beginnt ein Flugblatt der Bundesgenossen der Franzosen. Der Text lautet weiter:

»Die russischen Soldaten sind nach Frankreich verkauft worden, um mit ihrem Blut Munitionslieferungen für Rußland zu bezahlen. Der russische Soldat an der Westfront gilt nicht als Mensch, sondern nur als ein Stück Material. Die Verwundeten und Kranken sind in empörender Weise wie Verbrecher behandelt worden.

Das russische Volk will den Frieden! Aber die französische Bourgeoisie will keinen Frieden, denn für sie ist der Krieg ein Geschäft. Wir russischen Soldaten müssen uns zusammentun und uns weigern, noch einmal an die französische Front zu gehen. Keine Vorspiegelung unserer russischen Vorgesetzten und der französischen Machthaber darf uns von diesem Entschluß abbringen!«

»Von einer Meisterhand verfaßt!« urteilt Winston Churchill über dieses schicksalsträchtige Flugblatt. – »Laßt euch nicht mehr auf die Schlachtbank führen!« – »Wir wollen nicht mehr in den Trichtern verfaulen!« – »Wählt Soldatenräte!«

Pétain muß sich diesen Russen gegenüber nicht mehr zu Aufrufen und freundlichen Worten bequemen. Er kann zu dem Mittel greifen, das ihm als General am nächsten liegt: Gewalt. Rasch herangezogene zuverlässige Artillerie geht in Stellung. Lächerlich, mit diesen verteufelten Flugblättern wird man doch noch fertig werden. Und drei Tage lang ballern die biederen französischen Kanoniere über fünfhundert Schuß in die Holzbaracken des Russenlagers, kartätschen die Herren Genossen einfach zu Klumpen. Dann verschwindet die rote Fahne vom Mast, und ein weißer Fetzen wird hochgezogen.

Plötzlich scheinen die militärischen Führer nun auch die rettende Idee gehabt zu haben: Es ist wichtig, die Armee zu schonen und dafür einen anderen Feind in den Vordergrund zu schieben: die Drückeberger, die kriegsmüden Elemente, Syndikalisten, deutsche Agenten, russische Zersetzer, Pazifistengesindel! Nicht der Wahn der Politik, nicht die Fehler der Generale haben die Soldaten zur Selbsthilfe getrieben, sondern eine Handvoll vaterlandsloser Gesellen hat versucht, einen Dolchstoß in den Rücken der glorreichen Armee zu führen. Zwei Jahre später wird man die gleichen törichten Anklagen auch in Deutschland erheben. Die Wahrheit sieht auch hier, wie in Frankreich, anders aus.

General Maistre, Befehlshaber der sechsten französischen Armee, behauptet gegenüber dem Abgeordneten Henri Galli lärmend: »Es ist nur zu wahr, daß die anarchistischen und antifranzösischen Verschwörungen jetzt Früchte tragen. Die russische Revolution, die öffentlichen Berichte über die Arbeiter- und Soldatenräte, sind der Masse zu Kopfe gestiegen. Warum läßt man eine Propaganda mit diesen zersetzenden Berichten zu?«

Pétain selbst macht sich eine Denkschrift zu eigen, in der es heißt: »Die pazifistische Propaganda hat sich vervielfacht. Seit mehr als einem Jahr gelangen Druckschriften, Broschüren und pazifistische Zeitungen in die Armee. Diese Druckschriften stammen vom Komitee zur Wiederaufnahme internationaler Beziehungen, von der Gewerkschaft der Metallarbeiter, von der Gewerkschaft der Lehrer. Sie säen Mißtrauen und Zweifel in die Sache, für die sich der Soldat schlägt.«

»Scharfe Maßnahmen gegen alle, die sich mit pazifistischer Propaganda befassen«, setzt Pétain hinzu. »Überwachung der Presse und Aufhebung des Gesetzes vom April 1916, das die Befugnisse der Kriegsgerichte stark eingeschränkt hat.« Es ist ein geschickter Schachzug. Während eine allgemeine Jagd auf Sozialisten, Syndikalisten, Kommunisten, Pazifisten und Anarchisten einsetzt, schnappen sich die Kriegsgerichte stillschweigend alle verdächtigen Poilus und stellen sie vor die Gewehrläufe.

»Ich kann die Poilus nicht verdammen ...«

Selbst ein Mann wie der französische Kriegsminister Painlevé hat später zugegeben, daß diese Kampagne völlig aus der Luft gegriffen war. Er schreibt über die Meuterei: »Die entscheidende Ursache bilden die Zermürbung durch drei Kriegsjahre, die erlittenen Verluste und vor allem die Enttäuschung über die so teuren und niederdrückenden Operationen im April 1917. Nicht mehr nutzlos geopfert zu werden – das war der einmütige Ruf der Armee.«

Der Abgeordnete Victor Augagneur hat in einer Geheimsitzung des Parlaments bekannt: »Seien wir uns im klaren darüber, daß die Kriegsmüdigkeit für die letzten Ereignisse den Ausschlag gegeben hat. Wir sind hier nicht versammelt, um uns zu belügen. Man muß es klar aussprechen: In Frankreich herrscht allgemeine Kriegsmüdigkeit und eine Bewegung für den Frieden.«

Ein französischer Regimentskommandeur sagt offen: »Ich bin in Ehren grau geworden. Seit einem Menschenalter fast bin ich Soldat für Frankreich, aber ich kann die Poilus nicht verdammen. Es ist von den Menschen zu viel verlangt worden. Zuviel hat man ihnen versprochen, und zuwenig hat man gehalten. Jetzt kommt die natürliche Reaktion.«

Selbst der scharf national eingestellte Abgeordnete Abel Ferry hat im Parlament zugegeben: »Jeder von Ihnen kennt die schmerzliche moralische Krise, die die französische Armee augenblicklich durchlebt. Der Poilu ist nicht so, wie ihn die Presse schildert. Er ist ein armes, heldenhaftes Etwas, das leidet, das schwer leidet und das jetzt einen Grad seelischer Zermürbung erreicht hat, von dem Sie keine Vorstellung haben!« Das ist die Wahrheit.

Inzwischen hat Pétain im Schutz der Sozialistenjagd seine Armee in die Zange genommen. Bei einigen Einheiten hat er persönlich die Beschwerden angehört, hat für bessere Verpflegung gesorgt – was stets bald wieder einzuschlafen pflegt –, hat unnötiges Exerzieren im Ruhequartier verboten – was sich ebenfalls bald wieder ändert – und die Urlaubsbestimmungen gelockert. Nichts leichter, als den Hahn wieder zuzudrehen, sobald die Armee erst wieder fest im Griff der Offiziere ist.

»Schwäche wäre Mitschuld« – die Hinrichtungen häufen sich

Nicht überall verteilt Pétain Zuckerbrot. Nicht umsonst war seine Forderung nach »Aufhebung des Gesetzes vom April 1916, das die Befugnisse der Kriegsgerichte stark eingeschränkt hat«. Der Kavalleriegeneral Duchesne läßt Meuterer und zuverlässige Soldaten gleichermaßen aus seiner Truppe herausgreifen und bei Trompetenschall füsilieren. Dort, wo die Kriegsgerichte noch den Schein wahren, fallen 528 Todesurteile, wie der französische Kriegshistoriker Palat verrät. Die Zahl der Hinrichtungen ist weitaus höher, aber nie bekanntgegeben worden. Bald wird sich Clémenceau vor die Nation stellen und ausrufen können: »Schwäche wäre Mitschuld! Alle Beschuldigten vor ein Kriegsgericht! Keine Pazifistenfeldzüge mehr! Krieg, nichts als Krieg!«

Auf dem Schreibtisch des Kriegsministers Painlevé häufen sich die Akten mit den Todesurteilen. Auf jedes dieser Dokumente muß er seine Unterschrift setzen, damit das Urteil rechtskräftig wird und vollstreckt werden kann. Und wenn man den Erinnerungen Painlevés glauben will, hat er schlaflose Nächte in Gewissensqualen über diesen Akten zugebracht.

Was waren es für Männer, die da hingerichtet wurden? Soldaten mit den höchsten Tapferkeitsauszeichnungen, ruhmreiche Kämpfer von der Marne und von Ypern, von Verdun und aus der Champagne. Ja, Helden der Nation – aber jetzt eben »revoltierende Helden«, wie es in einigen Beurteilungen heißt. Painlevé entschließt sich, alle Urteile zu unterschreiben: »Diese Männer mußten sterben, damit die Armee wieder kämpfen konnte.«

Blut fließt in Frankreich. Im Blut erstickt wird die Friedenssehnsucht der Soldaten, und zweischneidig wie immer bleibt das Schwert, wenn es erst einmal gezückt ist: Welche andere Wahl wäre geblieben? Die Waffen niederzulegen und der deutschen Armee den Einmarsch, die Unterwerfung des Landes zu gestatten?

Entsetzen packt die Armee, Entsetzen packt das Volk. Ist das der Dank des Vaterlandes? Der Abgeordnete Paul Meunier läßt es im Parlament zu einem dramatischen Zwischenfall kommen: »Da war ein armer kleiner Junge«, sagt er, »der seine Jugend in Morfontaine, ganz dicht bei der Grenze, verbracht hat... Er hatte mit ansehen müssen, wie sein Vater, sein Bruder, seine Schwester von den Deutschen standrechtlich erschossen wurden. Er hatte sich im April 1914 gerettet. Er war siebzehn Jahre alt. Er hatte sich freiwillig gestellt. Um die Seinen zu rächen, hat er drei Jahre gekämpft. Und dann, überwältigt von irgendeiner Stimmung, hat er an der Meuterei des 109. Regiments teilgenommen und ist zum Tode verurteilt worden.« Der Abgeordnete macht eine Pause und wendet sich Painlevé zu. »Dieses Urteil«, fährt Meunier in der atemlosen Stille fort, »ist vollstreckt.«

Painlevé hat sich schon erhoben. Seine Miene ist umschattet, als er das Wort zur Entgegnung ergreift. »Der kleine Lefèvre!« ruft er mit schmerzlichem Lächeln aus. »Ah, Sie erinnern mich an Stunden, die ich niemals in meinem Leben vergessen werde! Ich habe dieses Kind gesehen mit den Augen meines Gewissens. Neunzehn Jahre! Ich habe sein Führungszeugnis gelesen. Er hatte sich tapfer geschlagen. Aber er war festgenommen worden, weil er sein Gewehr auf den Regimentskommandeur angelegt hatte. Bis zur letzten Minute habe ich mit dem General Pétain verhandelt, um für den Verurteilten Gnade zu erwirken. Um drei Uhr morgens bin ich aufgestanden, habe den Generalissimus wecken lassen und nochmals ohne Erfolg Begnadigung zu erwirken versucht. Die Offiziere versicherten, wenn solche Akte nicht die härteste Strafe fänden, würden sie keine Verantwortung mehr für die Disziplin übernehmen. Der Korporal Lefèvre mußte erschossen werden.«

»Die eiserne Faust im Samthandschuh« nennt Pétain seine Methode. Als die Gewerkschaften mit einem Generalstreik drohen, werden jedoch einige Urteile revidiert. Die Regierung entschließt sich am Ende, etwa zweitausend Delinquenten heimlich zu begnadigen und ebenso heimlich in die überseeischen Strafkolonien abzutransportieren. Heimlich, damit bei der Truppe nicht der Eindruck von Schwäche entsteht, heimlich, damit die Soldaten glauben sollen, die Meuterer seien wirklich alle erschossen worden.

Die drakonischen Mittel haben Erfolg. Einen Monat nach ihrem Ausbruch ist die Meuterei niedergeworfen. Regimenter, die gestern noch rebelliert haben, gehen heute wieder mit Todesverachtung gegen die deutschen Stellungen vor. »Die Flucht nach vorn« geht weiter.

Besorgt war auch der britische Premierminister Lloyd George nach Paris gekommen, um »den Bundesgenossen, der im Begriff war, schlappzumachen, wieder aufzupumpen«, wie er sich erinnert. Großbritannien stand durch die französische Meuterei vor der Gefahr, plötzlich allein die Front halten zu müssen. Erst wenige Wochen zuvor hatte das Expeditionskorps Sir Douglas Haigs vor Arras 185 000 Mann verloren, aber Lloyd George läßt seinen Gesprächspartnern durch den Dolmetscher sagen: »Es gibt meiner Meinung nach in dieser Situation für Frankreich und Großbritannien keine andere Wahl, als auf dem zweifellos mitgenommenen Gegner herumzuhämmern, bis sein Widerstand zerbricht.«

Die russische Revolution hilft Deutschland aus der Klemme

Der Krieg geht weiter, und Lloyd George hat die Wahrheit gesprochen, wenn er meinte, daß Deutschland zu diesem Zeitpunkt ebenfalls ziemlich mitgenommen war. Man kann ruhig sagen, daß Deutschland am Rande des Zusammenbruchs gestanden hat und nur durch zwei auswärtige Ereignisse vor dem Sturz bewahrt wurde: die Meuterei der französischen Armee, die an der Westfront die Gefechtstätigkeit geschwächt und den deutschen Truppen eine Erholungspause verschaffte, und die Revolution in Rußland, die völlig unerwartet dem tödlichen Zweifrontenkrieg ein Ende machte und der deutschen Heeresleitung eine gewisse Beweglichkeit zurückgab.

Kein anderer als Ludendorff selbst hat bestätigt, daß es um Deutschland tatsächlich schlecht bestellt war: »Ich konnte es nicht unterlassen, mir Rechenschaft von der Entwicklung unserer Lage zu geben, falls der Russe im April/Mai angegriffen und auch nur kleine Erfolge gehabt haben würde. Ich weiß kaum, wie die Oberste Heeresleitung der Lage hätte Herr werden sollen. Im April und Mai des Jahres 1917 hat uns allein die russische Revolution vor Schwerem bewahrt.«

Über ganz Europa lastet die bleierne Atmosphäre der Erschöpfung. Die Frage ist nicht mehr, wer siegen, sondern wer als erster zusammenbrechen wird. Sogar der amerikanische Admiral Sims kabelt besorgt nach Washington: »Wir sind augenblicklich dabei, den Krieg zu verlieren.«

»Der Krieg hatte fast drei Jahre gedauert«, urteilt Winston Churchill. »Auf beiden Seiten erhoben sich neben den Gefahren des Kampfes andere Drohungen. Rußland war diesen neuen Gefahren zum Opfer gefallen, Österreich war in Auflösung, Türken und Bulgaren zeigten Erschöpfungserscheinungen, Frankreich war der Verzweiflung nahe, Italien stand am Abgrund des Verderbens, und selbst im verläßlichen Großbritannien begannen die Menschen die Lage anders zu betrachten.«

Auf alliierter Seite ist es eine moralische Krise, auf deutscher zugleich eine materielle. Mit fünfhunderttausend Kilogramm Dynamit, der größten Geländesprengung der Geschichte, beginnt Marschall Haig in dieser Stunde seinen Entlastungsangriff im Wytschaetebogen in Flandern. Im ersten Anprall bringt er den Deutschen dreißigtausend Mann Verluste bei. Er selbst muß in den nächsten vier Monaten der Schlacht dreihunderttausend Menschen opfern. Aber noch einmal ist jetzt die Todesmaschine in Bewegung gekommen.

Heutzutage hat man sich fast an die Vorstellung von Atomverwüstungen gewöhnt. Die Luftangriffe des Zweiten Weltkriegs und die ununterbrochene Aussicht auf einen dritten haben die Menschheit abgehärtet. Die Soldaten des Ersten Weltkriegs dagegen mußten ohne Vorbild, ohne Vorbereitung den Kampf der Technik über sich ergehen lassen. Das Maschinengewehr, die Brisanzgranate und das schwere Geschütz vom Typ der Dicken Berta haben im Jahre 1914 einen Krieg eröffnet, der nichts mehr mit früheren Kriegen gemein hat. Nicht mehr Kampfgeschick und Mut beherrschen die Schlacht, sondern Maschinen, technische und wissenschaftliche Einrichtungen.

Im Jahre 1918 zählten die Hospitäler der ganzen Welt Zehntausende zitternder, zuckender Nervenkranker aus der Maschinenhölle der Westfront. Hinter den Mauern der Irrenanstalten verbargen die verschiedenen Vaterländer den lebenden Abfall der Schlachtfelder: Menschen, die den Verstand verloren hatten. Die Meuterei der französischen Armee, die Revolution in Deutschland haben ihre Ursache auch in der moralischen Zermürbung des Menschen durch die Kriegstechnik.

Eine neue Waffe: Panzer!

Überraschung im Morgengrauen: Die ersten Panzer greifen an

Es ist am 15. September 1916, als zum erstenmal aus den Schleiern des Morgennebels eine neue Kriegsmaschine hervorbricht, ein plumpes Fabelwesen, an dessen Panzerhaut Maschinengewehrfeuer und Handgranaten wirkungslos abgleiten. Lähmendes Entsetzen packt die deutschen Frontkämpfer. Nach dem vorangegangenen Trommelfeuer hatten sie wie gewohnt einen britischen Sturmangriff erwartet. Doch nun kriechen dröhnend, schießend, klirrend und unaufhaltsam die fahrenden Festungen heran, schieben sich über Löcher und Gräben, zermalmen undurchdringliche Stacheldrahthindernisse. Noch überwältigt von der Auferstehung der Urwelt schreibt der deutsche Kriegsberichterstatter Dammert an seine Zeitung in der Heimat:

»Als sich die deutschen Grabenposten in der nebligen Frühdämmerung des 15. September aus ihren Erdlöchern wühlten und nach den Engländern Umschau hielten, erstarrte ihnen das Blut in den Adern. Über die Kraterfelder kamen zwei geheimnisvolle Ungeheuer angekrochen. Die Ungetüme näherten sich langsam, humpelnd, schwankend, schaukelnd, aber sie näherten sich. Es gab kein Hindernis für sie, eine übernatürliche Kraft schien sie voranzutreiben. Unser Maschinengewehrfeuer und unsere Handwaffen prallten an ihnen ab.

So gelang es ihnen mühelos, die Besatzung der vorgeschobenen Granatlöcher zu vernichten. Sie fuhren alsdann über die erste deutsche Linie hinweg in das Dorf Flers hinein und hielten dort einige Zeit. Nachdem die englische

Infanterie nachgekommen war und sich in den Besitz des Dorfes gesetzt hatte, fuhren sie weiter auf der Straße Ligny – Tilloy.«

Ein britischer Flieger, der den Angriff verfolgt hat, meldet dem dritten Armeekommando: »Durch die Straße von Flers kriecht feuerspeiend das unverwundbare Ungetüm, gefolgt von zahlreichen Gruppen zerstreuter Infanterie.« Doch bald hinter dem Dorf wird einer der stählernen Kriegselefanten von einem deutschen Feldgeschütz außer Gefecht gesetzt. »Die Besatzung verbrannte bei der Benzinexplosion«, schreibt Berichterstatter Dammert. »Ein Monteur, der sich gerade außerhalb befand, wurde gefangengenommen.«

So erfahren die deutschen Befehlsstellen schon am ersten Tag die mechanischen Geheimnisse des neuen Kampfmittels. Sie untersuchen das Wrack. Es hat an den Seiten zweieinhalb Zentimeter dicke Panzerplatten, ist »mit schwalbennestartigen, drehbaren Geschütztürmen versehen«, kann sich auf weichem Gelände mit zwei bis vier Stundenkilometern vorwärtsbewegen, ein Benzinmotor von hundert PS besorgt den Antrieb. »Die Steuerung erfolgt durch ein sich auf und ab bewegendes gelenkiges Schwanzstück. Das verschlossene Fahrzeug ist innen elektrisch beleuchtet. Ein Periskop und mehrere Prismen dienen dem Ausblick. Das Gewicht der Fahrzeuge ist so gewaltig, daß ein Eisenbahnwagen unter ihrer Last zusammenbrach. Sie führen reichlich Munition, Verpflegung und einen Käfig mit Brieftauben mit.«

Aus diesem deutschen Bericht spricht die ganze Verwunderung über den erlegten Koloß. Nicht die leiseste Andeutung über den Bau der Maschinen war der deutschen Spionage in die Hände gefallen. Mit einem Schlag ist das Grundsystem der deutschen Verteidigungslinien – Schützengräben, Stacheldraht, MG-Nester – ins Wanken geraten. Trotzdem haben auch die stählernen Ungeheuer die deutsche Front nicht zu durchstoßen und aufzurollen vermocht, einfach deshalb, weil im ersten Augenblick der Überraschung viel zuwenig zur Verfügung waren. Als später Hunderte und Tausende von Panzerkampfwagen aus den Fabriken an die Front rollten, waren die Deutschen vorbereitet und hatten selbst schon eine ähnliche Waffe konstruiert.

Die britische Generalität ist deshalb von den Historikern oft genug getadelt worden: Man hätte warten sollen, bis genügend Tanks gebaut und herangeschafft waren, um dann eine gewaltige Offensive zu starten. Genau das war auch die Meinung des Erfinders, des späteren Generalmajors Sir Ernest Dunlop Swinton. In einer Denkschrift, die er zunächst reichlich erfolglos »bei den zuständigen Stellen« des Kriegsministeriums kursieren läßt, sagt Swinton ausdrücklich: »Um das Überraschungsmoment zu sichern, müßten diese Maschinen in aller Heimlichkeit gebaut werden. Von ihrem Vorhandensein dürfte nichts bekanntwerden, bis eine genügende Anzahl eingesetzt werden kann. Auf keinen Fall dürfen Probeangriffe in kleinem Maßstab unternommen werden; diese würden jede wirkliche Erfolgsmöglichkeit aus der Hand geben.«

Das k. und k. Kriegsministerium hält Panzer für »Schmarrn«

Swintons Dokument mit der umständlichen Bezeichnung »Raupenschlepper-Maschinengewehrzerstörer zum Frontalangriff auf feindliche Stellungen« geht jedenfalls auf den verschlungenen Dienstwegen der Bürokratie zunächst einmal unter. Es ist nur die Frage, ob und wann es wiederauftauchen wird, denn auch in den Panzerschränken anderer Kriegsministerien schlummern zur gleichen Zeit ähnliche kuriose Projekte. Überall haben die sachbearbeitenden Generale die »Ausgeburten wirrer Erfinderlinge« einfach zur Seite geschoben.

Darunter befinden sich auch die Pläne des österreichischen Oberleutnants Günther Burstyn. »Schmarrn«, schreibt ein Major im k. und k. Kriegsministerium Anno 1911 an den Rand der Eingabe. Ein Jahr später, 1912, hat das Schriftstück endlich alle Instanzen durchlaufen und die abschließende Wertung erhalten: »Zusammenfassend muß gesagt werden, daß der

Vorschlag des Oberleutnants Burstyn vollkommen wertlos ist. Er ist technisch undurchführbar, ein Phantasieprodukt.«

In Berlin, wohin sich Burstyn jetzt wendet, urteilt man keinen Grad schmeichelhafter. So versinkt das Projekt, und nur das deutsche Reichspatent Nr. 252 815 kündet noch: »Anmeldung eines Panzerkraftwagens, geeignet, sich mit motorischer Eigenkraft nicht nur auf der Straße, sondern auch auf unwegsamem Gelände fortzubewegen, gekennzeichnet durch gefederte Raupenketten zur Fortbewegung, durch heb- und senkbare Räder zur Fahrt auf Straßen sowie durch Ausleger, die den Wagen befähigen, auch breite Gräben zu überschreiten.«

Blindheit scheint in dieser Angelegenheit auf allen Seiten geherrscht zu haben. Erst im Oktober 1914 erinnert sich auch Swinton selbst wieder an seinen »Raupenschlepper-Maschinengewehrzerstörer«. Längst ist er als Soldat in Frankreich und grübelt darüber nach, wie man aus dem Stellungskampf wieder zum Bewegungskrieg kommen könnte. Als er seine Gedankengänge zum erstenmal vorsichtig in London an den Mann bringt, muß er erfahren, daß die Transportabteilung des Kriegsministeriums gerade einige Raupenschlepper, Caterpillar genannt, in den Vereinigten Staaten bestellt hat. »Wir haben jetzt das Geld bewilligt bekommen«, wird ihm gesagt. »Den Antrag hatten wir schon 1909 gestellt.«

Baumaterial soll mit den neuen Fahrzeugen geschleppt werden. Für Swinton aber steht fest, daß die Caterpillars unverzüglich für ganz andere Versuche abgezweigt werden müssen. Er will jetzt die Idee des »Maschinengewehrzerstörers« mit allen Mitteln vorantreiben, aber Kriegsminister Kitchener erklärt rundweg, daß solche Phantastereien keine Förderung verdienen.

Ein Freund Swintons im Sekretariat des Verteidigungsausschusses, Kapitän Hankey, spielt Premierminister Asquith eine Denkschrift zu, in der es heißt: »Zahlreiche große, schwere Walzen, die schußsicher gegen Gewehrmunition sind und durch Motorkraft fortbewegt werden, die Antriebsräder mit Raupenketten versehen, wodurch Geländegängigkeit ermöglicht wird. Der Besatzungsraum soll gepanzert und mit einem

Maschinengewehr ausgestattet sein. Die taktische Aufgabe dieses neuen Kampfmittels sollte hauptsächlich darin bestehen, durch ihr schweres Gewicht die Stacheldrahthindernisse niederzuwalzen, ferner der vorgehenden Infanterie eine gewisse Deckung zu geben und den Angriff durch Maschinengewehrfeuer zu unterstützen.«

Aber nichts rührt sich. Swinton wendet sich an einen ihm bekannten Direktor der großen Rüstungsfirma Armstrong, Admiral Ottley: »Ich bearbeitete ihn nach allen Richtungen und setzte ihn über mein Projekt genau ins Bild. Ottley hörte mich ruhig und anscheinend zustimmend an, ließ später aber nichts mehr von sich hören.«

Die Abteilung Ingenieurwesen im Generalhauptquartier, wo Swinton ebenfalls sein Glück versucht, antwortet, »daß wir der Sache erst dann nähertreten können, wenn wir aus dem Reich der Phantasie zu nüchternen Tatsachen herabsteigen«.

Swinton erinnert sich, daß es beim Generalhauptquartier auch einen »Ausschuß für Erfindungen« gibt. Dort versinkt eine weitere Abschrift seines Memorandums im Papiersumpf.

Ein Zufall erst bringt die Wendung. Hankeys Denkschrift an Premierminister Asquith ist weitergewandert und eines Tages auf dem Schreibtisch des Marineministers Winston Churchill gelandet. Churchill selbst ist gerade mit der Idee eines »Landschiffes« beschäftigt, das im Heer eingesetzt werden könnte, wegen der Bezeichnung »Schiff« aber in die Zuständigkeit der Admiralität gehört. Im genialen Kopf dieses Mannes verbinden sich »Landschiff« und »Maschinengewehrzerstörer« sofort zu einem neuen Begriff. In diesem Augenblick beginnt unter dem Schutz höchster Geheimhaltungsstufen die abenteuerliche Entstehungsgeschichte einer neuen Waffe.

Rolls Royce gegen Ulanen

Als sich Ende 1916 die ersten britischen Tanks wie vorsintflutliche Drachen gegen die deutschen Stellungen wälzten, hatten sie in zweijährigem Kampf gerade das gewaltigste Hindernis ihrer Laufbahn überwunden: die Bürokratie. Eifersüchtige Dienststellen und verständnislose Generale wirkten zusammen, um die neue Idee möglichst zuverlässig zu erwürgen. Wahrscheinlich wäre es nie zum Bau von Panzerkampfwagen gekommen, wenn nicht Winston Churchill als Marineminister auch etwas mit Flugzeugen zu tun gehabt hätte.

Die gerade geborene Fliegertruppe, vom Heer als lächerliche Spielerei beargwöhnt, war nämlich der Admiralität unterstellt worden, weil sich keine andere Zuständigkeit erdenken ließ. Immerhin hatten ja die Aviatiker oder Aeronauten etwas mit Schiffen zu tun, und zwar mit der Bekämpfung der deutschen Luftschiffe. Einige Aeroplane der britischen Kriegsmarine waren deshalb zum Ärger der Landstreitkräfte auf französischem Boden stationiert worden. Von hier aus sollten die Apparate hinter die deutsche Front fliegen und Bomben auf Zeppelinhallen und Ankerplätze werfen. Was aber geschieht, falls eine deutsche Reiterpatrouille herangetrabt kommt und die britischen Flugstützpunkte angreift? Churchill hatte mit Besorgnis vernommen, daß deutsche Ulanen überall dort auftauchen, wo man sie nicht gebrauchen konnte. Er hat die rettende Idee, der feindlichen Kavallerie mit Automobilen entgegenzufahren, die durch Panzerplatten geschützt sind.

Die Methode hat schon bei der ersten Gefechtsberührung Erfolg. So läßt Churchill eilig »alle greifbaren Rolls-Royce-Automobile aufkaufen« und mit gutem Marine-Stahlblech verkleiden. Vornehm altertümliche Herrschaftswagen, die noch gestern die Straßen von London zierten, rattern jetzt als erste Panzerautos über die Landstraßen Belgiens. Die Entwicklung des Krieges zieht jedoch schnell einen Schlußstrich unter dieses Experiment. Zuerst graben die Deutschen Querrinnen in die Straßen: Mit der Kavallerie können sie selbst mühelos darüber hinwegsetzen, während sich die gepanzerten Automobile mit ihren Rädern hoffnungslos darin festfahren. Sodann, als Churchill gerade ein ganzes Geschwader von Panzerautos aufgestellt hat, wird aus dem Bewegungskrieg von 1914 das System der starren Schützengräben. Es gibt keine befahrbaren Straßen und Wege mehr.

Zur Untätigkeit verdammt, stehen die umgebauten Rolls-Royce-Wagen an der Küste herum. Verdrossen schieben die Marinesoldaten Pflegedienst, und bei allen Heereseinheiten des Expeditionskorps wird über den »Zirkus von Dünkirchen« gewitzelt. Doch Churchill denkt weiter über das Problem nach. Sein erster Gedanke war gewesen, die Panzerautos mit Brückenbaumaterial auszurüsten. Für den Stellungskrieg, der sich nun von Flandern bis an die Schweizer Grenze hinzieht, ist diese Idee aber nicht mehr geeignet.

Das Heer weiß um diese Zeit nicht, wie die erstarrte Front wieder in Bewegung gebracht werden kann. Wunderliche Projekte verschiedener Art werden ins Auge gefaßt und wieder verworfen. Churchill hält am längsten an der Idee fest, ein »Landschiff« oder einen »Landkreuzer« bauen zu lassen. Am meisten beschäftigt ihn der Plan eines Majors Hetherington, der ein phantastisches Gefährt mit drei riesenhaften Rädern entworfen hat. Wälle und Gräben würden für die haushohen Räder kein Hindernis bedeuten. Auf ihrem Rücken sollte die Maschine »einen Aufbau so groß wie der Kristallpalast in London« tragen. Natürlich wird bald klar, daß es für die deutsche Artillerie kein besseres Ziel geben würde als diese fünfzehn Meter hohen fahrenden Festungen. Außerdem erklären sich die Ingenieure außerstande, einen Giganten dieser Art zu bauen.

Kommando zurück! Churchills »Echsen« werden nicht gebaut

Churchill läßt sich nicht entmutigen. Er sinnt darüber nach, ob es nicht möglich wäre, gepanzerte Automobile mit einer transportablen Brücke zu versehen. Vor einem Grabenhindernis müßten die Fahrzeuge die Brücke herunterlassen, hinüberrollen und sie dann automatisch wieder auf den Rücken nehmen. In diesem Stadium landet die Denkschrift des Obersten Maurice Hankey auf Churchills Schreibtisch. Genau nach den Gedankengängen seines Freundes Swinton schlägt Hankey einen von Raupenketten fortbewegten »Maschinengewehrstörer«

vor. Der amerikanische Landmaschinenschlepper Caterpillar soll als Vorbild dienen.

Wie elektrisiert nimmt Churchill den Inhalt von Hankeys Denkschrift auf. Er wendet sich sofort mit einem Brief an Premierminister Asquith: »Ich stimme mit Oberst Hankeys Ausführung vollkommen überein. Es ist erstaunlich, daß das Feldheer und das Kriegsministerium dem nahezu drei Monate währenden Stellungskrieg bisher zugesehen haben, ohne sich mit den besonderen Erfordernissen desselben zu beschäftigen. Das Raupenschleppersystem würde die Überquerung von Schützengräben ermöglichen, und Drahthindernisse würden durch das Gewicht der Maschine zerstört werden. Vierzig oder fünfzig dieser Maschinen, die im geheimen gebaut und bei Nacht in Stellung gebracht würden, könnten sicher in die feindlichen Schützengräben einbrechen und alle Hindernisse vor sich niederwerfen.«

Premierminister Asquith schickt Churchills Brief an Kriegsminister Kitchener weiter, der fast zwei Monate verstreichen läßt, ehe er antwortet: »Ich bin der Ansicht, daß das Projekt aller Voraussicht nach keinen Erfolg verspricht, da es zu lange dauert, bis die Pläne fertiggestellt sind und eine genügende Anzahl der projektierten Maschinen gebaut ist, da ferner zu große Gewichte in Frage kommen, die Maschinen gegen Geschützfeuer nicht widerstandsfähig genug sind und ihre Fortbewegung über den vom Feinde verteidigten Grund und Boden zu schwierig ist.«

Mit diesem Urteil scheint die ganze Sache endgültig begraben zu sein. Auch Churchills eigene Idee, der Wagen mit automatischer Brücke, ist inzwischen gescheitert. Ein Modellfahrzeug war nicht in der Lage gewesen, einen Grabenwall hinaufzufahren, und so hatte man sich beeilt, die schon in Auftrag gegebenen dreißig »Brückenechsen« wieder abzubestellen.

Trotzdem läßt Churchill nicht locker. Während er mit einer leichten Erkrankung zu Bett liegt, empfängt er den Chefkonstrukteur der Flotte, Sir Eustace Tennyson-d'Eyncourt, und schlägt ihm vor, beim Entwurf eines Landkreuzers mitzuhelfen.

Abermals taucht der dreirädrige Gigant des Majors Hetherington in diesem Gespräch auf, zugleich wird jedoch auch die Denkschrift Hankeys mit den Ideen von Swinton besprochen.

Ganz langsam kommt die Maschinerie jetzt doch ins Rollen. Tennyson entwirft ein Fahrzeug mit Rädern, allerdings viel kleiner als Hetheringtons Monstrum, und er entwickelt auch einen Wagen nach Swintons Vorschlägen. Eine neue Behörde, die sich »Landschiff-Komitee« nennt, wird zur Keimzelle einer Waffe, die später das Gesicht von zwei Weltkriegen verändern soll.

Es wirkt wie eine Komödie, wenn das Landschiff-Komitee der Marine nun vergeblich versucht, von den Heeresdienststellen zu erfahren, welche Bedingungen eine der gedachten Kriegsmaschinen in der Praxis zu bewältigen haben würde. Wie breit sind die deutschen Schützengräben, die überwunden werden müssen? Die Kollegen vom Heer verweigern jede Auskunft. Um Klarheit zu erhalten, muß Churchill drei Offiziere seiner eigenen Behörde nach Frankreich schicken. Sie haben die Aufgabe, das Kampfgelände zu besichtigen und selbst die notwendigen Informationen zu sammeln. Allerdings kommt es den Stäben des Heeres bald verdächtig vor, daß da drei merkwürdige Marineleute umherreisen, überall schnüffeln und ihre Nasen in die unmöglichsten Dinge stecken. Es fehlt nicht viel, und sie werden als Spione verhaftet. Als sich die Befehlsstellen des Heeres vergewissert haben, was es mit den Herren auf sich hat, werden sie barsch aus dem Operationsgebiet verwiesen.

Die Marine, die ein Landfahrzeug bauen will, bleibt ohne die notwendigen Unterlagen, und so ist es kein Wunder, daß die ersten Versuchsmodelle keinen Erfolg haben und wie kuriose Spielzeuge wirken. Da ist »ein Biest, das sich um seinen Mittelpunkt drehen kann wie ein Hund, der einen Floh am Schwanz hat«. Eine Schildkröte mit Riesenrädern versagt vor einem unbedeutenden Hindernis, und über die schwerfälligen Vorführungen eines landwirtschaftlichen Traktors sagen die Experten abschließend: »Jede Verwendung des Raupenschleppers für Zwecke des Schützengrabenkrieges scheint außer Frage zu stehen.«

Nach deutschem Geld hat Churchill fast eineinhalb Millionen Mark aus den Kassen der Marine in das Projekt gesteckt, das ihn eigentlich gar nichts anging »und von dessen Nutzen kein Experte des Heeres und keine Autorität in der Flotte überzeugt war«.

Streng geheim: Der »Tausendfüßler« macht seine ersten Schritte

Inzwischen ist auch Oberst Swinton in die höhere Bürokratie Londons vorgestoßen. Er forscht im Kriegsministerium nach, was aus seinen Plänen geworden sei, und da das Kriegsministerium nur für Heeresangelegenheiten zuständig ist, trifft er lediglich auf Kopfschütteln und vielsagendes Lächeln. Niemand weiß in dieser Behörde, daß auf der anderen Seite der Straße, im Marineministerium, ein Landschiff-Komitee tätig ist. Als das Kriegsministerium doch endlich davon erfährt, flammt die Ressorteifersucht auf. Auch das gerade neugegründete Munitionsministerium legt sich die Frage vor, ob da nicht etwas außerhalb seiner eigenen Kompetenz geschieht. Der unübersehbare Wirrwarr zwingt schließlich alle Beteiligten an einen Tisch. Ende Juni 1915 kommt endlich ein Beschluß zustande: Nach den Richtlinien des Kriegsministeriums soll die Marine ein geeignetes Landschiff bauen und es dann dem Munitionsministerium abliefern.

Am 19. September 1915 wackelt und hüpft ein von Raupen getriebenes Etwas über ein Versuchsgelände der Maschinenfabrik W. Foster & Sons am Rande von London. Es ist »Little Willie«, ein Geschöpf, das manche Zuschauer an eine Ente oder einen Ameisenbären erinnert. Es verschwindet rasch wieder in der Versenkung. Ein anderes, genau nach Swintons Angaben entwickeltes Fahrzeug trägt schließlich den Sieg davon. Allen fremden Blicken entzogen, steht das Holzmodell in einer gesicherten Werkhalle. Es trägt den Namen »Tausendfüßler«, weil ein Tausendfüßler das Warenzeichen der Firma Foster & Sons ist.

Am 13. Januar 1916 beginnt dieses jüngste Kind des Krieges zum erstenmal aus eigener Kraft zu rollen. An die Stelle des Holzmodells ist ein Muster getreten, wie es wirklich an der Front verwendet werden soll, gepanzert, mit Geschützkanzeln und einem Hundert-PS-Motor versehen. »Mother« (Mutter) wird dieser Urahn aller Panzerkampfwagen genannt. Erst später ist für die ganze Gattung nach einer anderen Bezeichnung gesucht worden. Tausendfüßler, Centipede, MG-Fresser oder Kasten wurden vorgeschlagen. Es sollte jedoch ein Wort sein, das alle Unbefugten von der wahren Bedeutung ablenkte. Am besten erschien es, von Behältern zu sprechen, mit denen die Trinkwasserversorgung der Fronttruppe sichergestellt werden sollte: Pumpen, Sammler, Zisternen. Das einsilbige Wort Tank fand gegenüber diesen Namen bei einer geheimen Besprechung die meiste Zustimmung. Die deutsche Spionage und die Neugierde im eigenen Land mochten sich darunter ruhig motorisierte Transportbehälter für Trinkwasser oder Treibstoff vorstellen.

Bei den Arbeitern in den Werkstätten und bei allen anderen Leuten, die dienstlich näher mit den stählernen Riesen in Berührung kommem mußten, wird die Behauptung verbreitet, es handle sich um neuartige Schneepflüge für die russischen Verbündeten. »Vorsicht! Nach Petrograd!« wird in großen kyrillischen Buchstaben auf die Maschinen gepinselt.

Es gibt keine unbefugten Zuschauer, als im Januar 1916 »H. M. S. Centipede« – Seiner Majestät Schiff Tausendfüßler – in den abgelegenen Gefilden von Hatfield Park seine Generalprobe ablegen soll. »Als wir ankamen«, erinnert sich Swinton, »sah es so aus, als ob die Deutschen gelandet seien.« Ein Bach ist aufgestaut worden und hat das Gelände zwischen den Schützengräben in Sumpf verwandelt. Sanitäter haben Zelte aufgeschlagen, eine Militärkapelle spielt. Das »Unternehmen Puddleduck« läuft reibungslos ab. Vertreter der Admiralität und des Kriegsministeriums stehen auf einer sanften Bodenerhöhung und sehen von diesem Feldherrnhügel aus zu, wie ›Mother«, der erste Tank, von seinen verhüllenden Segeltuchplanen befreit wird und dann dröhnend und brummend über Wälle und Hindernisse kriecht, durch den künstlichen Morast schmatzt und prasselnd das Gestrüpp der Stacheldrahthindernisse niederwalzt.

»Sämtliche Anwesenden waren sehr befriedigt«, sagt Swinton. Nur einer der Offiziere »markiert tiefe Traurigkeit« und meint mehr skeptisch als optimistisch: »Nicht gerade schlecht.«

»Wir wollen versuchen, daß das Ding auch noch fliegen kann«, beruhigt ihn Swinton grimmig.

Jedenfalls ist das Eis jetzt gebrochen. Am 2. Februar 1916 kommen die Mitglieder der neuen Regierung nach Hatfield Park: Premierminister Lloyd George, Kriegsminister Kitchener, Marineminister Balfour. Dazu Generalstabschef Robertson und einige Dutzend hoher Offiziere. Sie alle wollen »Mother« und die unglaublichen Kunststücke dieses Vehikels sehen. Minister Balfour »hüpfte vor Freude«, als der Tank alle Hindernisse spielend nahm. Lloyd George zeigt seine Begeisterung ganz offen. Nur Kriegsminister Kitchener murmelt verdrossen: »Mit solchen Maschinen kann der Krieg niemals gewonnen werden.« Er ist der Meinung, daß es sich nur um »ein nettes mechanisches Spielzeug« handelt.

Auch der König kommt nach Hatfield Park und läßt sich von »Mother« eine Sondervorstellung geben. Er ist stark beeindruckt von der unheimlichen Maschine und schüttelt ihrem Fahrer anerkennend die Hand. Nur die Soldaten, die einfachen Infanteristen und Pioniere, die während der ganzen Zeit immer wieder aufbauen müssen, was »Mother« zusammenfährt, »lachen sich jedesmal wieder kaputt«, wenn das Ungetüm durch Trichter und über Wälle watschelt und schaukelt. »Sie schrien vor Vergnügen, riefen laut Hurra und lachten noch drei Tage danach«, berichtet ein Augenzeuge.

Der große Schriftsteller H. G. Wells, der schon 1903 einen Zukunftskrieg mit tankartigen Maschinen beschrieben hatte, ist tief ergriffen, als man ihm »sein Kind« einmal zeigt. Nach der Vorführung sagt er stockend: »Ich kann nicht glauben, daß die Menschen so töricht und starrsinnig sind, die Zeichen der Zeit nicht zu erkennen. Wenn diese Ungetüme uns nicht veranlassen, künftig keine Kriege mehr zu führen, dann sind sie der grimmigste Scherz, der Menschen jemals zum Lachen gebracht hat.«

Swinton, der Kommandeur der neuen Waffe, hat noch zahlreiche Schwierigkeiten vor sich, ehe Truppe und Maschinen frontreif sind. Zunächst einmal muß gewartet werden, bis die Fabrik weitere Tanks liefert. Dann muß ein neuer, viel größerer Übungsplatz gesucht, vom Staat gekauft und hergerichtet werden. Allmählich nimmt die Truppe wirklich Gestalt an. Eine Schwierigkeit besteht noch darin, die Verständigung zwischen den Tanks und mit den Befehlsstellen zu ermöglichen. Nach dem damaligen Stand der Technik kann die Funktelegraphie dafür nicht eingesetzt werden. Brieftauben und ein System von farbigen Metallscheiben, die aus den Luken geschwenkt werden, müssen das Problem lösen. Wenn die Sicht wegen Gaswolken oder Explosionsrauch behindert ist, sollen die Fahrer nach einem eingebauten Kompaß steuern. Am rückwärtigen Horizont werden außerdem kleine Fesselballons hochgelassen, die als navigatorische Richtpunkte dienen.

Zuletzt stellt sich bei den Gefechtsübungen heraus, daß die Tanks mit ihren zwei Sechspfünder-Kanonen und drei Hotchkiss-Maschinengewehren nicht in der Lage sind, sich wirksam gegen Soldaten zu verteidigen, die scharenweise im toten Winkel der Schußbahnen heranstürmen und gebündelte Handgranaten in die Gleisketten werfen. Swinton kommt auf die Idee, jeden Tank durch einen zweiten decken zu lassen. Während der erste vorgeht und mit seinen Kanonen die Aufgabe hat, deutsche Maschinengewehre niederzukämpfen, soll ihm ein zweiter folgen und ihn gegen anspringende Feinde schützen. Zu diesem Zweck soll der zweite Tank keine Kanonen, dafür aber mehr Maschinengewehre haben. Die ersten hundertfünfzig Tanks werden nach diesem taktischen Plan in fünfundsiebzig »Kanonen-Tanks« und fünfundsiebzig »MG-Tanks« oder »Mann-Töter« eingeteilt. Aus Tarnungsgründen wird von »männlichen« und »weiblichen« Tanks gesprochen: »kurze und vertraute Benennungen, aus denen man nichts erraten konnte; außerdem waren sie bildhaft und kaum zu vergessen«.

Die Soldaten lachen sich kaputt über den »phantastischen Jux«

»General Tank an die Front!« Mit diesem Ausruf soll Marschall Haig endlich den Einsatz der neuen Waffen befohlen haben. Überschwere Güterwagen müssen aus ganz Großbritannien zusammengezogen werden, um die Ungetüme zu den Kanalhäfen zu bringen. In Frankreich werden sie nur nachts transportiert, mit großen Planen verhüllt, von verstärkten Posten bewacht. Dafür werden sie an ihrem Bestimmungsort im Rücken der Sommeschlacht sofort zum Mittelpunkt eines grandiosen Rummelplatzes.

Swinton, der in London geblieben ist, erfährt mit Entsetzen von dem Zirkus in Frankreich. Bei der ganzen Fronttruppe hat sich die Kunde vom Eintreffen komischer Ungetüme blitzschnell verbreitet. Aus allen Abschnitten der Etappe kommen britische und französische Offiziere in langen Fahrten herbei, um die Tanks zu sehen. »Besichtigung täglich zwischen 9 und 10 Uhr und von 14 bis 15 Uhr«, wird von einer Kommandostelle tatsächlich befohlen. Eine »riesige Anzahl von Stäben« macht von dieser Möglichkeit Gebrauch, ständig lungern Hunderte schaulustiger Soldaten herum, und zum Schluß müssen die Tankbesatzungen immer wieder Probevorführungen machen, womit sie tausendstimmiges Gelächter ernten. Als Höhepunkt jeder Vorstellung gilt die Fahrt durch ein Gehölz, wobei die Kolosse Bäume entwurzeln und umbrechen müssen. »Ein phantastischer Jux!« urteilen alte Frontoffiziere.

Tage vergehen, ehe der ganze Unsinn eingestellt wird. Die Maschinen mit allen ihren Kinderkrankheiten leiden entsetzlich unter den sinnlosen Strapazen, besonders unter dem Bäumeknacken. An den fahrbaren Werkstätten sammeln sich die reparaturbedürftigen Tanks, und als am 15. September 1916 »Nullzeit« befohlen wird – es ist 6.20 Uhr morgens –, stehen zum ersten Angriff bei Flers nur 32 einsatzfähige Panzerkampfwagen zur Verfügung.

Es ist ein Wunder, daß der tagelange Schauzirkus das Geheimnis nicht vorzeitig gelüftet hat. Mehrmals in der ganzen

Vorbereitungszeit hatte man schon befürchtet, daß die Geheimhaltung durchbrochen worden sei. Einmal hatte ein Soldat seiner Freundin etwas erzählt, und man mußte sie mit dem Wort »Todesstrafe« erschrecken, damit sie den Mund hielt. Ein anderes Mal hatte ein Offizier einer bekannten Londoner Varietékünstlerin gegenüber geschwätzt. »Ich suchte sie eines Abends nach der Vorstellung in ihrer Garderobe auf«, berichtet Swinton. »In diesem Falle konnte ich nicht bluffen, indem ich denjenigen, von dem sie etwas gehört hatte, mit dem Tode bedrohte. Sie war jedoch sofort so erschrocken, daß sie alles zu tun versprach, was wir verlangten.«

Zweimal in der Vorgeschichte der Tanks waren auch deutsche Zeppelin-Luftschiffe am nächtlichen Himmel erschienen und hatten Schleifen genau über den Stellen gezogen, wo die neue Waffe in Deckung lag: einmal in England und einmal bei den Sammelplätzen hinter der Westfront.

Tauchten die ersten Tanks wirklich überraschend aus dem Morgennebel auf, oder wußte man auf deutscher Seite etwas von dem bevorstehenden Angriff mit neuartigen Kampfmaschinen?

In allen deutschen Darstellungen wird der jähe Schrecken der Frontsoldaten beschrieben, als die Ungeheuer zum erstenmal herankrochen. Nirgends ist davon die Rede, daß Truppen oder Heeresleitung darauf vorbereitet gewesen seien. Um so merkwürdiger ist es, daß gerade von Swinton selbst behauptet wird, die Deutschen seien nicht ganz im unklaren über die kommenden Ereignisse gewesen. »Nach Gefangenenaussagen«, schreibt Swinton, »waren die deutschen Truppen der ersten Kampflinie vor diesem 15. September 1916 davor gewarnt worden, daß womöglich eine Art Panzerwagen gegen sie eingesetzt werden sollte. Am Nachmittag des 14. war die Anwesenheit von getarnten Tanks in Bereitschaftsstellung von einem deutschen Drachenballon oder Flugzeug festgestellt worden, und daraus konnte auf die Wahrscheinlichkeit eines baldigen Angriffs geschlossen werden.«

Warum schweigen die deutschen Quellen darüber? Entweder irrt sich Swinton, dann war die Überraschung wirklich vollkommen, oder die deutschen Generale, die später Kriegsgeschichte geschrieben haben, wollten von der ganzen Angelegenheit nichts mehr wissen. Der Schluß liegt dann nahe, daß die deutsche Heeresleitung ihren Infanteristen keine wirksame Abwehrwaffe zu bieten hatte. Ludendorff sprach von einem »unbegründeten Tankschrecken« und konnte von seinem Hauptquartier aus den Soldaten dagegen lediglich »Mannesmut« empfehlen – ein Wort, das übrigens viel böses Blut in der Armee gemacht hat.

Tatsächlich sind sich alle Historiker heute darüber einig, daß »General Tank« den Krieg für die Alliierten gewonnen hat. Erst am 24. April 1918 war die deutsche Industrie so weit, daß auch ein deutscher »Sturmwagen«, der A7V, an der Front in Erscheinung treten konnte. Am letzten Tag des Krieges verfügte das deutsche Oberkommando aber nur über fünfundvierzig Stück, während die Alliierten viele tausend im Feld hatten. Mannesmut gegen eine Armee feuerspeiender Maschinen!

Verwegene Husarenstücke: mit Pistolen gegen Tanks

Einer der wenigen Erlebnisberichte, von dem britischen Tankfahrer L. G. Morrison verfaßt, gibt einen Begriff von der Begegnung der gepanzerten Riesen mit der hilflosen Infanterie:

»Ich bin auf meinem Sitz, drücke auf das Pedal, und die Maschine, die bisher leise gesummt hat, schreit auf. Blindlings rollen wir in die Dunkelheit hinein. Das Innere der stählernen Kammer hinter mir ist kohlschwarz, aber sechs Mann hängen an ihren Schießmaschinen, sechs Rohre sind geladen, sechs Paar Ohren lauschen auf das Pochen des Motors, denn von ihm hängt das Leben ab.

Allmählich wird der Nebel dünner, und ich kann durch die Gucklöcher eine farblose Welt unterscheiden. Das Maschinengewehr im Turm beginnt zu knattern. Jetzt klappern Geschosse an die Seiten unserer Maschine. Die Frontlinie. Ein niedriger Erdwall. Da streckt der Feind ein paar schwankende Bajonette heraus. Herum mit der Maschine! Sie dreht sich, stellt ihre Breitseite gegen den Schützengraben.

Der rechte Sechspfünder tönt. Ein Blitz erleuchtet die dunkle Kammer, und eine Schrapnellkartätsche prasselt auf die verwirrten Feldgrauen. Der Sechspfünder schleudert Granate auf Granate in den Graben. Die zwei Hotchkiss-Maschinengewehre harken hin und her. Wie die Deutschen jetzt flüchten!«

Mannesmut gegen Maschinen! Trotz des zynischen Untertons dieser Worte hat es das wirklich gegeben. Tausendmal haben sich deutsche Soldaten mit unzulänglichen Waffen gegen die Ungetüme erhoben, und wiederum sollen es britische Berichte sein, die davon erzählen:

»Wie gewöhnlich wollte sich der Tank quer über den Hohlweg legen, aber das Hindernis war zu breit, er saß fest. Und in demselben Augenblick stürzten die Deutschen aus ihrem Versteck hervor und umschwärmten den Tank wie Bienen. Ihr Mut war ungewöhnlich groß.

Ungeachtet des Feuers aus den Maschinengewehren des Wagens versuchten sie in verzweifelter Wut, das wandernde Panzerfort zu stürmen und seine Besatzung zu töten. Sie hoben sich gegenseitig in die Höhe, erkletterten das Dach, suchten nach Luken und Spalten, schossen mit Pistolen in die Schlitze, so daß die Besatzung im Innern über diesen unerwarteten, für unmöglich gehaltenen Angriff von Entsetzen erfüllt war.«

»Ein Tank hatte sich am Foureaux-Wald festgefahren«, berichtet eine andere britische Quelle. »Da kroch ein deutscher Infanterist auf sein Dach, öffnete ein Luftloch und schoß den Fahrer von oben her ins Bein.«

Doch das sind vereinzelte Husarenstücke. Wo nicht Artillerie eingreifen und die Riesen im direkten Beschuß bekämpfen kann, bleibt die Infanterie machtlos. Drei große Tankschlachten hat der Erste Weltkrieg zu verzeichnen: Cambrai, Villers Cotterets und Amiens.

Ludendorff spricht vom »schwarzen Tag des deutschen Heeres«

Als am 20. November 1917 vierhundertsiebzig Tanks die deutschen Stellungen durchbrechen und nach Cambrai vorstoßen, steigen Ludendorff »ernste Sorgen« auf, wie er selbst berichtet. Auf einer Breite von zwanzig Kilometern wird die Front aufgerissen, zehntausend Deutsche geraten in Gefangenschaft, zweihundert Geschütze werden erbeutet. Generalmajor Fuller, der den Angriff leitet, jubelt: »Der Angriff war ein ungeheurer Erfolg. Der Feind verlor vollkommen sein Gleichgewicht. Wer nicht im panischen Schrecken vom Schlachtfeld floh, ergab sich. Um vier Uhr nachmittags war eine der überraschendsten Schlachten der Weltgeschichte gewonnen.«

Während in London die Siegesglocken läuten, werden hinter der deutschen Front Urlauberzüge angehalten und für den Osten bestimmte Truppentransporte wieder nach dem Westen umgeleitet. Jeder Mann, der erreicht werden kann, Proviantkutscher und Schreibstubenkräfte, grauhaarige Brückenwächter und rheumatische Kraftfahrer, sie alle werden in die Lücke geworfen und können den endgültigen Durchbruch verhindern, weil es der britische General versäumt hatte, Infanteriereserven bereitzustellen. »Als es notwendig gewesen wäre, frische Truppen einzusetzen, um den Angriff zu unterstützen und auszunützen, lag nicht eine einzige Kompanie in Reserve«, klagt Lloyd George. »Der völlige Mangel an Reserven verwandelte den Sieg in eine Niederlage.«

Dreihundertdreißig kleine, überraschend schnelle und unglaublich wendige Renault-Tanks der Franzosen werfen am 18. Juli 1918 beim Wald von Villers Cotterets die Deutschen aus ihren Stellungen. In fünfundvierzig Kilometer Breite wird die Front aufgerissen. Der deutschen Heeresleitung bleibt nichts anderes übrig, als die Truppen über die Vesle zurückzuziehen, das südliche Marneufer für immer zuräumen. »Ein schwerer Rückschlag«, gesteht Ludendorff, als er zehn verblutete Divisionen auflösen muß und erfährt, daß die Verluste 61 000 Mann betragen, 35 000 Gefangene und achthundert Geschütze.

»Der schwarze Tag des deutschen Heeres« aber ist der von Amiens: Neun deutsche Divisionen werden dort von sechshundert Tanks überrollt. »Sie brachen tief in unsere Front ein«, sagt Ludendorff. »Die dort stehenden Divisionen ließen sich vollständig überrennen. Divisionsstäbe wurden in ihren Quartieren von den Tanks überrascht. Ich gewann in den Vormittagsstunden des 8. August ein vollständiges Bild der Lage. Es war sehr trübe. Sechs bis sieben deutsche Divisionen, die durchaus als kampffähig bezeichnet werden konnten, waren vollständig zerschlagen. In den ersten zwei Stunden machten die Engländer 16 000 Gefangene und eroberten zweihundert Geschütze.«

An diesem Tage wirft die Oberste deutsche Heeresleitung einen Blick auf die allgemeine Kriegslage und muß den Entschluß fassen, in Zukunft auf alle eigenen Angriffshandlungen zu verzichten. Was ihr noch bleibt, ist der Rückzug in die sogenannte Wotan-Stellung, eine schwache Hoffnung, »aus der Verteidigung heraus zu irgendeinem Frieden zu kommen«. Und knapp zwei Monate später, am 2. Oktober 1918, muß sich die Oberste Heeresleitung ratlos an den verhaßten Reichstag wenden und das schriftliche Eingeständnis ablegen: »Wir haben nach menschlichem Ermessen nicht länger Aussicht, den Feind zum Frieden zu zwingen.«

General Tank hat mit drei gewaltigen Schlägen die deutsche Front ins Wanken gebracht und moralisch niedergebrochen. Kein Wunder, daß es gerade am Abend des Tankangriffs vom 8. August war, daß sich zum erstenmal nicht in der Heimat, sondern im deutschen Heer Fälle von Auflehnung und passivem Widerstand zeigten. Von britischen Panzern zurückgetriebene Infanteristen riefen vorstürmenden Kameraden »Streikbrecher!« zu.

Der Luftkrieg

Was den Briten der Tank, ist den Deutschen der Zeppelin

Die Maschine siegt in diesem mörderischen und ungleichen Kampf. So wie in Großbritannien die alten Haudegen aus dem Burenkrieg den Wert technischer Waffen verkannten und ihnen jeden Widerstand entgegensetzten, so hat die deutsche Generalität nichts mit dem neuartigen Begriff »wirtschaftliche Kriegführung« anzufangen gewußt und technische Fragen ganz vernachlässigt. Mannesmut und Bravour nahmen in ihrem Denken traditionsgemäß einen höheren Platz ein als die Kopfarbeit von Stubenhockern, wie es Wissenschaftler und Techniker nun einmal sind. Nicht anders ist es zu erklären, daß eine andere neue Waffe des Ersten Weltkriegs, das Flugzeug, viel zu spät erst in die Produktion eingebaut worden ist. Es dürfte auch kein Zufall sein, daß die Schwierigkeiten, die Swinton mit seiner Tank-Idee in Großbritannien hatte, ein deutsches Gegenstück haben in den Hindernissen, die dem »verrückten Grafen« Zeppelin mit seinen lenkbaren Luftschiffen in den Weg gelegt wurden.

Als das französische Kriegsministerium gegen Ende des Jahres 1909 »fünf Flugmaschinen« ankaufte, hielt die deutsche Generalität diesen Schritt für »hysterisch«. Erst nach langem Zögern hat sich dann auch die deutsche Generalinspektion des Militärverkehrswesens zur Beschaffung einiger Aeroplane entschlossen, »zumal sich herausstellte, daß keineswegs eine ganz besondere körperliche Geschicklichkeit für die Führung eines Flugzeuges Bedingung ist«.

Am ersten Mobilmachungstag gibt es rund zweihundert Flugzeuge im deutschen Heer, die meisten davon sogenannte Rumpler-Tauben, einige Doppeldecker der Firma Albatros und ein paar Außenseiter-Modelle. Mercedes-Benz- und Argus-

Motoren treiben die Propeller mit achtzig bis hundert PS an. »Eine einheitliche Organisation fehlte völlig«, setzt der deutsche Generalstäbler Hans Ritter hinzu. »Die deutschen Tauben erreichten 85 bis 90 Stundenkilometer Geschwindigkeit und benötigten oft fast eine Stunde, um eine Höhe von tausend Metern zu erklimmen.«

Im Wettstreit Luftschiff contra Aeroplan siegt die Infanterie

Es ist ein weiter Weg von den schwerfälligen Tauben mit ihren hundert hemmenden Kabeln und Verstrebungen bis zum ersten stromlinienförmigen Jagdflugzeug von Siemens-Schuckert des Jahres 1918. Als die überlegenen Luftstreitkräfte der Briten und Franzosen endlich auch den deutschen Generalstab zwingen, seinen veralteten Grundsatz »Das machen wir mit der Kavallerie« aufzugeben, sind die Rohstoffe in Deutschland schon so knapp, daß nicht mehr an eine wirksame Serienproduktion gedacht werden kann.

Dazu kommt noch eine andere Seite der Angelegenheit. Schon in den Manövern von 1910 hatten die Franzosen vergleichende Operationen mit Flugzeugen und lenkbaren Luftschiffen ausgeführt und dabei entdeckt, daß das Luftschiff dem Flugzeug restlos unterlegen ist. Der deutsche Generalstab dagegen war zu jener Zeit noch weit davon entfernt, dem Flugzeug überhaupt Beachtung zu schenken. Man hatte die Luftschiffe des Grafen Zeppelin, die den halbstarren Modellen der Franzosen bestimmt überlegen waren. Allein der mächtige Leib und das ohrenbetäubende Gebrumm der Zeppeline genügte, um alle Zweifel zum Verstummen zu bringen. Sie machten den Eindruck unüberwindlicher Giganten.

In Wirklichkeit waren sie aufgeblasene, feuergefährliche Riesen ohne jede Widerstandsfähigkeit. Aber als sie es fertigbrachten, in nächtlichen Langstreckenflügen nach London vorzustoßen und dort ein bis zwei Millionen Menschen in die Schächte der Untergrundbahn zu jagen, trugen sie auch in der Heimat einen Sieg davon: Die moralische Wirkung wurde überschätzt, psychologisch siegte das Luftschiff zunächst über das Flugzeug. Aber die Generale wandten ihr Interesse, nach einigen kernigen Witzen über die zigarrenförmigen Fahrzeuge der Luftschiffer, wieder der unbesieglichen Infanterie zu.

Immerhin hatten sie damit nicht ganz unrecht. Welchen Kampfwert hatten schließlich die Zeppeline des Jahres 1914? Luftschiffkapitän Treusch hat es verraten: »Die alten Schiffe hatten wenig Nutzlast, und so konnten wir bei einer solchen Fahrt nur ganze drei Fünfzigkilobomben mitnehmen.« Die Bomben waren mit gewöhnlicher Schnur unter dem mittleren Laufgang des Luftschiffs angebunden. Wenn es zum Abwurf kam, wurde irgendeinem Besatzungsmitglied der Befehl gegeben, die Schnüre mit einem Taschenmesser durchzuschneiden.

Zeppeline über England! Die romantische Legende des Ersten Weltkriegs sieht in der rauhen Wirklichkeit wieder einmal ganz anders aus.

Sinnlose Zeppeline

Ein Hauch von Abenteuer und Romantik umweht die fliegenden Zigarren des Grafen Ferdinand von Zeppelin. Nach der Katastrophe des vierten Luftschiffs bei Echterdingen im Jahre 1908 hatten alle Bevölkerungskreise mit einer spontanen Spende den Neubau ermöglicht. Seit dieser Zeit gelten die bizarren Flugapparate als nationales Anliegen. Auch Heer und Marine haben sich dazu entschlossen, der allgemeinen Stimmung Rechnung zu tragen. Sie haben Luftschiffe in Dienst gestellt, aber als der Krieg ausbricht – so berichtet Luftschiffkapitän Ernst Lehmann –, zeigt sich, »daß man in Berlin keine Vorstellung davon hatte, was nun eigentlich im Kriegsfall mit einem solchen Militärluftschiff geschehen soll«. Als die müßig herumsitzenden Luftschiffer vorschlagen, eine wichtige Bahnlinie in Belgien zu zerstören, weist der dortige Befehlshaber, General von Beseler, dieses Ansinnen barsch zurück. Er hat nämlich bereits Kavallerie vorgeschickt und verbittet sich jede Einmischung aus der Luft.

Das Mißtrauen der alten Militärs gegen die »neumodischen Experimente« der Aeronauten ist allerdings gleich in den ersten Kriegstagen von den Ereignissen stark gefördert worden. Kurz nacheinander waren drei Luftschiffe verlorengegangen:

- »Z 6«, von belgischen Infanteriegeschossen durchsiebt, muß nach einem Angriff auf Lüttich bei Bonn zu Boden gehen und strandet in einem Wäldchen.
- »Z 7« wird nach Westen geschickt, um jenseits der Vogesen nach der französischen Armee Ausschau zu halten. Es findet sie wirklich und wird von ihr so heftig beschossen, daß es bei St. Quirin in Lothringen zerschellt.
- »Z 8« steigt bei Trier auf, wird über der Front »von übereifrigen eigenen Truppen« wundgeschossen und wenig später »von Tausenden französischer Kugeln zerfetzt«. Als sich die gaslose Hülle auf geschmeidigen Baumwipfeln niederläßt, springt die Besatzung heraus und schleicht sich zu Fuß durch die feindlichen Linien nach Hause. Herbeigeeilte Franzosen stürmen mit gezogenem Säbel gegen den Luftriesen an, haben aber nur noch mit einem Gestrüpp verbogener Stangen und Drähte zu kämpfen.

Es ist bezeichnend für die Einstellung der militärischen Führung, daß niemand daran gedacht hatte, die Marine- und Heeresluftschiffe zu bewaffnen. Die Kommandanten behelfen sich damit, daß sie zunächst einmal auf eigene Faust »Bomben« herstellen, mit denen bei Probeflügen geübt wird. Die ersten scharfen Bomben sind nichts anderes als Artilleriegeschosse. Damit sie beim Abwurf mit der Spitze voran aufschlagen, wird an ihr Ende eine Pferdedecke als Schwanz gebunden. Als einzige Zieleinrichtung dient der rechte Daumen.

Kapitän Lehmann hat einen der ersten Zeppelinangriffe geschildert, der sich gegen Antwerpen richtete. Heute mutet ein solcher Luftwaffeneinsatz geradezu grotesk an:

»Nur mit Mühe halten wir das Fahrzeug auf 1700 Meter. Die Schräglage, zu der wir gezwungen sind, ist so arg, daß wir in der Führergondel nach hinten rutschen. Schweigend und in völliger Finsternis, denn alles Licht an Bord ist während des Angriffs gelöscht, harrt meine Mannschaft auf ihren Posten. In den beiden Maschinengondeln stehen Leute mit kleinen Bomben bereit, um sie mit der Hand abzuwerfen.

Zuerst machen wir uns über einen Scheinwerfer her. Mit Handgranaten und Flintenkugeln bedacht, ist er im nächsten Moment erloschen. Mein guter alter Obersteuermann Laux ergreift zu allem Überfluß noch eine zwanzigpfündige Handbombe, schwingt sie hoch über seinen Kopf und wirft sie mit grimmiger Energie über den Rand der Führergondel nach unten.«

Immerhin hat dieser Luftangriff beträchtliche Wirkungen. Lehmann schildert sie nach den Berichten niederländischer Zeitungen:

»Durch den ersten Alarmschuß geweckt, bemerkten die Bewohner Antwerpens in der Morgendämmerung des Himmels ein Licht. Unmittelbar darauf erschütterte am Borsebeekschen Tor eine furchtbare Detonation die umliegenden Häuser, die mit splitternden Fensterscheiben wie bei einem Erdbeben schwankten. Die erschreckten Leute liefen im Nachthemd auf die Straße, stolperten über zerrissene Telegraphendrähte und wurden von einem Hagel aus Schutt und Steinen empfangen.

Eine dritte Bombe durchschlug das Wohnhaus des Fabrikbesitzers van Geel bis auf den zweiten Stock. Die siebenköpfige Familie Defray, die das oberste Stockwerk bewohnte, hatte sich in aller Hast die nötigsten Kleider übergeworfen und flüchtete die Treppe hinunter zum Keller, als das Obergeschoß wie abrasiert davonflog und in den Hof niederprasselte. Glassplitter und Steine verwundeten die Flüchtenden.

Im nächsten Haus waren die Bewohner ebenfalls durch den Krach und Feuerschein der Bombe alarmiert worden.

Sie flohen in den Keller, als eine weitere Bombe das Dachgeschoß auch ihres Hauses zerschmetterte. Nebenan wurde die Herberge ›Gewichtenhuis‹ durch einen Bombeneinschlag halbiert. Diese ganze Serie Bomben fiel in einem Umkreis von einem Kilometer um die drahtlose Station, der der Überfall nach Ansicht der Berichterstatter galt.«

Das war Anfang September 1914, und mit diesem Unternehmen des Zeppelin-Luftschiffs »Sachsen« ist etwas Neues in die grausige Geschichte der Kriege getreten: die Zerstörung ziviler Wohnviertel aus der Luft, die Einbeziehung der nicht kämpfenden Bevölkerung in die Kampfhandlungen. Lehmanns offenherzige Erwähnung der Bombenerfolge ist freilich im Jahre 1936 veröffentlicht worden, zu einer Zeit also, da noch niemand die umgekehrten Vorzeichen des Zweiten Weltkrieges im Auge haben konnte.

Wilhelm sagt nein, aber die Generale wollen Bomben

Offenbar hat es 1914 nur einen einzigen mächtigen Mann gegeben, der sich ganz entschieden gegen die Bombardierung von Städten und Zivilisten aus der Luft gestellt hat: Kaiser Wilhelm. Seine humanitäre Weltauffassung mehr noch als sein weitschauender Blick haben ihn vor einem solchen Gedanken zurückschrecken lassen. Aus der Luft, aus dem freien Himmelszelt, tausendfachen Tod auf Frauen, Säuglinge, Kranke und Greise regnen zu lassen, mußte den Schritt des Menschen zum Unmenschen bedeuten.

Der Kaiser sagt nein, aber Kapitän Lehmann, der tief hinter die Kulissen geschaut haben mag, weiß zu berichten, daß es »viele gab, die vorschlugen, mit ganzen Luftflotten über England herzufallen«. Lehmann behauptet, daß Wilhelm unter dem »Druck seiner Admirale und Generale« schließlich zögernd die Erlaubnis gab, Großbritannien aus der Luft anzugreifen. Grundsatz sollte aber sein: »Es dürfen nur Ziele von wirklicher militärischer Wichtigkeit bombardiert werden.« Jetzt sind die Dämme gebrochen, auch wenn Wilhelm noch mehrmals versucht, sich gegen das Unvermeidbare aufzulehnen.

Als König Georg von Großbritannien und König Albert von Belgien in St. Omer im Kreis aller militärischen Führer der Entente zusammentreffen, sagt Hauptmann Masius vom Zeppelinluftschiff 35: »Sie kommen im Rathaus von St. Omer zusammen. Dieses Rathaus steht einsam in der Mitte eines großen freien Platzes. Nichts wäre einfacher, als es mit einem einzigen Bombentreffer zu erledigen.«

Ein Telegramm des Kaisers verbietet den Angriff. Eine natürliche Abneigung mag ihn gehindert haben, Bomben auf seine Verwandten werfen zu lassen. Später, als die Luftkreuzer nach London fliegen, befiehlt Wilhelm, den Buckingham-Palast, die Westminster-Abtei, die St.-Pauls-Kathedrale, die Museen und die Regierungsgebäude zu schonen: »Sie dürfen unter keinen Umständen in Mitleidenschaft gezogen werden – auch nicht durch Zufall.«

»Als ob ich aus der Angriffshöhe erkennen könnte, ob ein Museum oder ein Schloß unter mir liegt!« entrüstet sich ein Luftschiffführer anderer Prägung, der Kapitänleutnant Horst Freiherr Treusch von Buttlar-Brandenfels. »Es war der ›Krieg mit Bordmitteln‹, wie wir ihn nannten, nichts Halbes und nichts Ganzes.«

Die Zeppelinwerften in Friedrichshafen und Potsdam stellen im späteren Verlauf des Krieges alle vierzehn Tage ein Luftschiff fertig. Sie sind größer, schneller, kräftiger – aber immer noch phantastisch genug. Als Ballast führen sie Wassersäcke mit sich, die Maschinisten müssen während der Fahrt über vereiste Leitern in die Motorgondeln klettern. Der Längsverkehr im Schiff vollzieht sich über eine schmale Laufplanke, »auf der gerade ein Mensch balancieren kann, neben den offenen Bombenklappen vorbei, durch die wir Tausende von Metern unter uns die Erde sehen. Unwillkürlich greift man dann nach dem dünnen, als Geländer dienenden Draht.«

Mit Kopfschützern, Schals, doppelten Unterhosen und Pulswärmern kämpfen die Besatzungen gegen die Höhenkälte. Außerdem gibt es am First des Luftschiffs einen Ausguck gegen feindliche Flugzeuge, und der Posten dort ist ungeschützt dem eisigen Fahrtwind ausgesetzt, so daß »die armen Kerle, die diesen Dienst versehen, oft derartig durchgefroren sind, daß sie nur mit Mühe und Not durch den Treppenschacht herunterkommen, der von der Plattform aus zwölf bis fünfzehn Meter herab zum Laufgang führt«.

Ständig sind Männer im Schiff unterwegs, die mit Holzstangen das Ballastwasser umrühren müssen, damit es nicht einfriert. Trotz der Kälte kann sich im Sommer so viel Elektrizität um das Schiff ansammeln, daß an allen aufwärts gerichteten Spitzen blaue Flämmchen tanzen, an senkrecht stehenden Gewehrläufen, selbst an den Fingern einer erhobenen Hand. Jetzt nur kein Gas ablassen! Es verwandelt sich an der Luft zu dem hochexplosiven Knallgas, die Flämmchen des Elmsfeuers genügen zur Zündung, und im nächsten Augenblick wird der Luftriese als brennende Fackel abstürzen – ein Schicksal, wie es dem modernen Luftkreuzer L 10 beschieden war.

Der letzte Ausweg: das »fliegende Butterfaß«

Wie viele Voraussetzungen müssen noch erfüllt sein, ehe eine Fahrt zu den britischen Inseln möglich ist! »Infolge der gewaltigen Abwehr der Feinde«, sagt Kapitän Schiller, »konnten die Schiffe nur in mondlosen dunklen Nächten fahren. Schließlich konnten wir auch nur bei sicherer Wetterlage aufsteigen, weil dann auch beschädigten Schiffen die Möglichkeit der Heimkehr blieb.«

Je nach Windrichtung schwankt die Fahrtgeschwindigkeit zwischen 50 und 250 Stundenkilometern. Ist der Wind ungünstig, dann geschieht es nicht selten, daß die Luftschiffe schon beim Ausfahren aus ihrer Halle zur Seite gedrückt und beschädigt werden. Kommen die Zeppeline nachts von Feindfahrt zurück, werden auf dem Landeplatz acht blakende Stallaternen zur Orientierung ins Gras gestellt.

So beschaffen ist das Schwert, mit dem jetzt zum Streich gegen Großbritannien ausgeholt wird. Damals erschien es als letzte Krönung der Technik, und als L 33 in der Nähe von Colchester havariert, bauen die Engländer nach seinem Muster ebenfalls Luftschiffe. Eines davon, das britische R 34, macht im Jahre 1919 die wirklich erste Atlantiküberquerung zur Luft, und zwar gleich in beiden Richtungen – lange vor dem deutschen Reparations-Zeppelin ZR III und lange vor Charles Lindbergh. Zum Kriegseinsatz sind die 1918 fertiggestellten britischen Luftschiffe allerdings nicht mehr gekommen.

Am 19. Januar 1915 erscheint zum erstenmal ein »brummender Bleistift« über der Küste Großbritanniens und macht der traditionellen Unangreifbarkeit der Insel ein Ende. Es handelt sich um den Marine-Zeppelin L 3, dem in kurzem Abstand das Schwesterschiff L 4 folgt. Doch zunächst sind die deutschen Luftschiffe noch zurückhaltend. Der Wunsch des Kaisers, daß Schlösser, Kirchen und Kulturbauten »auch nicht durch Zufall« getroffen werden dürfen, läßt die fliegenden Kapitäne auf die wunderlichsten Ideen verfallen.

Der abenteuerlichste Versuch, dem unmöglichen Verlangen nach »schonungsvoller Zerstörung« gerecht zu werden, ist wohl von den Luftschiffkommandanten Max Freiherr von Gemmingen und Ernst Lehmann unternommen worden. Sie wollten über der Wolkendecke fahren und ihre Schiffe damit allen Scheinwerfern und der Bodenabwehr entziehen. Um trotzdem Sicht zu haben, sollte ein Beobachter vom Schiff in einem Korb in die Tiefe gelassen werden und aus geringer Höhe dem Steuermann telefonische Anweisungen geben.

»Der Zivilingenieur Hagen«, sagt Lehmann über das phantastische Experiment, »besorgte uns eine Handwinde und ein Stahlkabel von 3,8 Millimeter Durchmesser und dreihundert Meter Länge. Wir fanden ein altes Butterfaß und versahen es mit einem Schwanzstück, das als eine Art Windfahne wirken und Drehungen verhindern sollte. Im Bombenraum wurde die Winde montiert. Ein gewöhnliches Feldtelefon verband das Faß mit der Führergondel.

Nachdem ich dem Steuermann auf dem Kommandostand die Augen verbunden hatte, kroch ich in das Butterfaß und gab den Befehl, es hinabzulassen. Das Stahlseil begann ächzend und quietschend abzurollen, und ich sank wie der Eimer im Brunnen.

Als ich ungefähr hundertfünfzig Meter unter dem Schiff hing, bekam die alte Handwinde ihre Mucken. Das Seil begann zu rucken und zu pendeln, ich wurde peinlich herumgestoßen und hatte Mühe, mich in meinem Butterfaß zu behaupten. Mißtrauisch schielte ich nach dem Kabel, das nicht allzu widerstandsfähig war. Mit einem Taschenkompaß bestimmte ich nun die Richtung, die das Schiff nehmen sollte und gab danach meine Befehle an den blinden Steuermann in der Führergondel. Die Befehle wurden prompt ausgeführt, und das Schiff bewegte sich, wie und wohin ich es haben wollte. Zufrieden mit diesem Ergebnis, ließ ich mich wieder nach oben kurbeln.«

Tatsächlich ist die Methode später einmal bei einem Angriff auf Calais angewandt worden. Während sich Z 12 in den Wolken verborgen hält, wird Max von Gemmingen in einem Weidenkorb achthundert Meter tief hinabgelassen und kommt sich »in der Unendlichkeit des Raumes wie ein körperlos schwebender Geist vor«. So gleitet der Beobachter über die Türme der Stadt dahin. Er ist viel zu klein, um von der Erde aus bei Nacht gesehen werden zu können. Scheinwerfer und Abwehrgeschütze richten ihre ganze Aufmerksamkeit auf das viel höhere, viel fernere Brummen des Zeppelins. »Wenn wir uns aus der Gondel beugen«, berichtet Lehmann, »sehen wir nichts als Dunkelheit und Nebel, aber Gemmingen dirigiert uns durch das Telefon. Wir kreisen fünfundvierzig Minuten über der Festung und werfen nach seinen Angaben Bomben auf den Bahnhof, die Schuppen der Docks, die Munitionslager und andere Gebäude. Später hörten wir, daß in Calais eine Panik ausgebrochen war, weil man das Luftschiff nicht sehen konnte. Es gab ein großes Rätselraten, auf welche Weise es uns gelungen sei, uns unsichtbar zu machen. Man vermutete ein System von Spiegeln und Farben.«

»Ich nehme Kurs auf die Bank von England«

Trotz dieses Erfolges kommt man von dem »hängenden Beobachter« wieder ab. In den Beschreibungen der großen Zeppelin-Angriffe auf London tritt er nicht mehr in Erscheinung. Die ursprüngliche Absicht, »mit ganzen Luftflotten über England herzufallen«, setzt sich jetzt immer mehr durch. Der »Führer der Luftschiffe«, Fregattenkapitän Peter Strasser, leitet die Aktionen von Nordholz aus oder fährt selbst an Bord eines der Schiffe nach London mit.

Zuerst noch gehen die Londoner nachts auf die Balkone, auf die Dächer, um das majestätische Schauspiel zu betrachten. Später, als sich die Angriffe verstärken, ziehen es viele Leute vor, in den Keller zu gehen. In den Stationen der Untergrundbahn sammeln sich Schutzsuchende, die Straßen sind wie leergefegt. Immer dichter wird das Feuer der britischen Abwehrgeschütze und immer gefährlicher der Regen von Sprengstücken der eigenen Geschosse.

Von oben gesehen, sieht das alles anders aus. Kapitän Heinrich Mathy, der nacheinander mehrere Luftschiffe befehligte, hat dem Kriegsberichterstatter Karl von Wiegand einen Angriff auf London geschildert:

>»Der Nebel teilt sich, und weit in der Ferne erblicke ich die Themse. Sie bildet für uns den unzerstörbaren Wegweiser. Langsam treten die Umrisse der Stadt in Erscheinung – ein märchenhafter Anblick.
>
>Plötzlich schießt ein enger Streifen glänzenden Lichts aus der Dunkelheit und erreicht uns. Dann sehen wir einen zweiten, dritten, vierten, fünften Lichtstreifen und dann immer mehr von diesen Lichtbändern, die, sich überkreuzend, um uns her den Himmel absuchen. Dann kommt von unten ein unheilvoller Laut und übertönt den Lärm der Propeller. Kleine rote Blitze und kurze Sprengpunkte, die sich deutlich von dem dunkelroten Hintergrund abheben, werden sichtbar, und dem Blitz folgt von unten das Krachen der Geschütze.

Ich stelle zunächst die St.-Pauls-Kathedrale fest, und mit diesem Fixpunkt nehme ich meinen Kurs auf die Bank von England. Obgleich wir von allen Seiten beschossen werden, habe ich bis zu diesem Augenblick noch keine Bombe fallen lassen. Als wir uns über der Bank von England befinden, rufe ich durch das Sprachrohr meinem Oberleutnant zu, das Feuer langsam zu beginnen, und von jetzt an mischt sich in das Getöse und Blitzen der Kanonen das Platzen unserer Bomben, und wir sehen die Flammen, die von den getroffenen Stellen auflodern.

Bald sehe ich, wie Flammen aus den verschiedensten Gebäuden schlagen. Von der Bank von England bis zum Tower ist es nur eine kurze Strecke, und ich versuche daher, die große Themsebrücke zu treffen, und ich glaube auch, daß ich dabei Erfolg hatte. Nachdem ich mein Fahrzeug so gesteuert habe, daß ich mich direkt über dem Liverpool-Bahnhof befinde, kommandiere ich Schnellfeuer, und die Bomben regnen auf die Station nieder.«

»Unsere Bomben sausen hinab«, erinnert sich Obermaschinistenmaat Pitt Klein. »Im Zickzackkurs rasen wir über die Stadt hin. Ungeheure Explosionen dröhnen herauf. Gewaltige Stichflammen schießen in die Nacht. Trümmer fliegen. Feuersbrünste lodern. Brandbomben verstärken die Wirkung der Sprengmunition: Bisweilen folgen Fässer mit je zweihundert Liter Benzin Inhalt.

Die beiden Dreihundertkilo-Bomben fallen. Wir beugen uns aus der Gondel, um die Wirkung zu beobachten. Furchtbar sind die Explosionen. In über dreitausend Meter Höhe werden wir noch durch den ungeheuren Luftdruck Hunderte von Metern hochgeschleudert, daß uns Hören und Sehen vergeht. Stünde man nicht bis an den Hals im Grabe, dann müßte man überwältigt sein von der schauerlichen Größe des Feuerwerks!«

»Es war ein schaurig-schönes Schauspiel«, gesteht ein niederländischer Ingenieur, der zu Besuch in London ist. »Ein

Schauspiel, das ich zum erstenmal in meinem Leben mit ansah und dessen Wiederholung ich offen gestanden nicht wünsche. Die Kanonen donnerten ununterbrochen. Plötzlich bemerkten wir im Licht eines Scheinwerfers drei oder vier kleine schwarze Striche hoch oben am Himmel in der Größe einer Zigarette. Die Vision dauerte höchstens eine Minute, obwohl wir die krachenden Einschläge der Bomben sehr lange hören konnten.«

»Der Himmel war sternhell«, kabelt ein amerikanischer Journalist nach Washington. »Die Straßen waren in Erwartung des Angriffs mit Menschen gefüllt. Es war gegen zwölf Uhr, als die ersten Bomben fielen, und unmittelbar darauf brachen ein oder zwei Brände aus, einer davon in der Nähe der Paulskirche. In Woodstreet brannte ein ganzes Warenhausviertel nieder. In der Nähe von Russel-Square wurde ein ganzer Häuserblock durch Feuer zerstört. Eine sechsstöckige Mietskaserne wurde vom Dach bis zum Keller von einer Bombe durchschlagen. Das Innere des Gebäudes sah aus, als ob ein Zyklon durchgefegt wäre. Auch der Bahnhof an der Liverpool-Street wurde ziemlich hart getroffen; drei Bahnsteige und zwei Signalhäuschen wurden zerstört.«

»Ich war im Theater«, berichtet ein anderer Augenzeuge. »Mitten in der Vorstellung fingen die Leute an, das Haus zu verlassen. Ich konnte nicht ergründen, was geschehen war, aber plötzlich ergriff mich mein Begleiter am Arm und flüsterte mir zu: ›Zeppeline!‹

Und nun hörte ich plötzlich Schuß auf Schuß und Explosion auf Explosion. Inzwischen leerte sich das Theater ganz ruhig. Hin und wieder hörte man Frauen nervös weinen.

Vor dem Theater war alles in Bewegung. Die Leute stürmten nach allen Richtungen davon.«

Haß ohne Gnade: »Wir retten keine Kindermörder«

Bis Ende August 1916 zählte man in London 409 Tote und über tausend Verwundete. Der größte Teil davon sind Frauen und Kinder. Eine neue Art der Kriegführung hat ihr Gesicht enthüllt, die Propaganda erhält neuen Auftrieb, ausgerechnet Kaiser Wilhelm wird mit Herodes, dem Kindermörder, verglichen, und als L 19 nach einem Angriff abgeschossen im Meer treibt, verweigert der britische Fischdampfer »King Stephen« die Bergung der Überlebenden mit dem Zuruf: »Kindermörder retten wir nicht!« Pfiffe und faule Eier begleiten die Särge einer Zeppelinmannschaft, die bei London mit militärischen Ehren beigesetzt wird.

Doch schon seit Februar 1916 zeichnet sich eine Wende im Krieg der gasgefüllten Luftriesen ab. LZ 77 stürzt brennend in die Tiefe. Als Ursache wird eine neuartige Brandmunition festgestellt: Ein einziger Treffer genügt, um ein Schiff zu vernichten. Außerdem tauchen immer mehr Jagdflugzeuge auf, die wie Hornissen gegen die Luftschiffe anrennen und Maschinengewehrgarben in die Stoffhüllen schicken.

Der 2. September 1916 kann als der schwarze Tag der Luftschiffe bezeichnet werden. Sechzehn Zeppelin- und ein Schütte-Lanz-Luftschiff greifen London an. In dieser Nacht wird zum erstenmal einer der Giganten von dem gebrechlichen Doppeldecker des Leutnants William Robinson zerstört. »Ich gewahre weit rückwärts in gleicher Höhe mit uns einen Feuerball«, berichtet Kapitän Lehmann. »Trotz der Entfernung wissen wir sofort, daß der brennende Himmelskörper über dem jenseitigen Rand der Stadt nur eines unserer Luftschiffe sein kann. Die flammende Masse hängt mehr als eine Minute am Himmel, einzelne Teile lösen sich von ihr und stürzen schneller als der Schiffsrumpf in die Tiefe. Der Feuerschein des Luftkreuzers war meilenweit zu sehen, das Hurrageschrei der Menge und das Sirenengeheul der Schiffe begleitet seinen Untergang. Mit der Spitze voran stürzt SL 11 ab. Das Wrack brannte noch anderthalb Stunden.«

Wie Fackeln, wie glühende Meteore fallen die Luftschiffe

nun vom Himmel. Nachtjäger und Brandmunition machen der »Richard-Wagner-Epoche der Luftfahrt« ein Ende. Verkohlt bis auf einen einzigen Mann sind die Besatzungen, und von diesem einen Überlebenden wissen wir, was ein Luftschiffbrand bedeutet:

»Unser Schiff«, berichtet der Obersteuermann von LZ 37, »war spät in der Nacht von Brüssel aufgestiegen, hatte über der Nordsee einen Bogen auf Calais zu beschrieben und einen Knotenpunkt der Eisenbahn zwischen den englischen Linien mit Bomben belegt. Ich stehe an meinem Höhensteuerrad, als der Schütze auf der oberen Plattform durch das Sprachrohr meldet. ›Flugzeug sechshundert Meter achteraus über dem Schiff!‹

Wir sind uns alle klar darüber, was das zu bedeuten hat: Der feindliche Flieger ist bereits in der besten Stellung zum Angriff. Schon spüre ich einen Stoß. Das Schiff zittert, mein Rad geht leer um, ein Zeichen, daß unsere Steuerorgane wirkungslos geworden sind.

Die Führergondel taumelt wie betrunken hin und her, ich rutsche aus, und während ich wieder Fuß zu fassen suche, muß die ganze Besatzung entweder über Bord gesprungen oder herausgeschleudert worden sein. Jedenfalls sehe ich keinen von ihr wieder. Der ganze riesige Schiffsrumpf über mir brennt und ist im Nu eine brüllende, zischende Hölle.

Instinktiv werfe ich mich flach auf den Gondelboden und kralle mich am Rand fest, verzweifelt bemüht, der unbarmherzigen Glut zu entgehen, die mich von oben her röstet. Ich wundere mich, wie lange man braucht, um anderthalbtausend Meter tief zu fallen. Ich weiß, daß ist das Ende, aber ich sehne es förmlich herbei, um die Qual des langsamen Feuertodes nicht mehr zu fühlen.«

Ein kaum glaublicher Zufall rettet den Obersteuermann. Seine glühende Gondel löst sich von dem brennenden, taumelnden, stürzenden Wrack, sie saust in die Tiefe, durchschlägt das Dach und das obere Stockwerk eines Klosters. Hier wird der bewußtlose Steuermann herausgeschleudert und landet in einem Bett, in dem wenige Minuten zuvor noch eine Nonne gelegen hat.

Tödliche Bilanz für die deutschen Zeppeline

Immer größer werden die Verluste. Manche Luftschiffe, die nicht in Flammen aufgehen, kehren schwer beschädigt in ihre Ausgangshäfen zurück. Von mörderischem Schrapnellfeuer getroffen, droht L 54 über London in zwei Hälften auseinanderzubrechen: »Ich stand mit Schiller da und hörte das Stöhnen und Krachen im Gerippe«, berichtet Kapitänleutnant Buttlar, aber Schiller behält die Nerven und fragt: »Wenn wir auseinanderbrechen – wollen Sie dann lieber das Kommando über das Heck oder über das Vorschiff übernehmen?«

Mit einem Ankertau verhindern sie, daß sich das Aluminiumskelett in seine Bestandteile auflöst. Das so geflickte, notdürftig zusammengebundene Schiff kann sich wirklich noch aufs Festland retten. Aber solche Husarenstücke sind seltene Glücksfälle. Von den insgesamt 78 Luftschiffen, die Deutschland während des Weltkrieges einsetzte, sind 52 verlorengegangen, abgeschossen, verbrannt, explodiert, 28 davon mit allen Besatzungsmitgliedern.

Bei einem der letzten Angriffe auf Großbritannien, am 20. Oktober 1917, werden fünf Luftschiffe vom Sturm abgetrieben und zerschellen. Im Januar 1918 bricht in den Luftschiffhallen von Ahlhorn aus nie geklärten Ursachen Feuer aus und vernichtet in wenigen Sekunden sechs Zeppeline in einem zuckenden Vulkan explodierender Gase. Die letzten sieben Luftschiffe in Nordholz, der einstigen Zentrale der stolzen Geschwader, werden bei Kriegsende von den Deutschen selbst zerstört. Man hat von einem »Scapa Flow der Luftschiffe« gesprochen, ähnlich der Selbstversenkung der deutschen Flotte, die bei Kriegsende nicht in die Hand der Sieger fallen wollte. Der Vergleich ist nur entfernt richtig, denn der

Krieg selbst hatte bereits das Urteil über die Zeppelinwaffe gefällt, das Flugzeug hatte eindeutig gesiegt.

In Frankreich und Großbritannien hatte man den Wert des Flugzeugs schon zu einer Zeit erkannt, als sich die maßgebenden Militärs in Deutschland noch weigerten, die Aviatik überhaupt dienstlich zur Kenntnis zu nehmen. Erst als die deutsche Fronttruppe, erst als die verzweifelte Infanterie 1917 laut zu schreien begann, wo denn die deutschen Flugzeuge blieben, nachdem man sich der feindlichen Heuschreckenschwärme nicht mehr erwehren konnte – erst in diesem kritischen Zeitpunkt erwachte der Generalstab aus seinen Träumen und mußte feststellen, daß der Vorsprung der anderen nicht mehr eingeholt werden konnte. Rohstoffknappheit, Mangel an Fabrikationsstätten und organisatorische Unzulänglichkeiten waren jetzt schuld daran, daß die deutsche Heeresleitung dem neuartigen Begriff »Luftherrschaft« völlig hilflos gegenüberstehen mußte.

Großbritannien tut als erstes Land der Welt den Schritt, alle Fliegerkräfte von Heer und Marine zu lösen und in einer einheitlichen Luftwaffe zusammenzufügen. Mit dem verbündeten Frankreich entwickelt es die Grundlagen der Luftstrategie und taktischer Luftwaffeneinsätze. Jäger, Bomber, Transportflugzeuge, Schlachtflieger und Nachtjäger werden gebaut. Als sich die ersten Tanks im Masseneinsatz auf die deutschen Gräben zu bewegen, werden sie aus der Luft von Tiefffliegern unterstützt, und der deutsche Landser weiß nicht, ob er mehr auf die feindlichen Maschinen oder die eigenen Siebenschläfer zu Hause schimpfen soll.

Fliegerangriff gegen Berlin nur ein »Bauernschreck«?

Gegen das organisierte, exakt arbeitende Aufgebot der alliierten Luftwaffe kann Deutschland nur den Mut einzelner Flieger aufbringen: Immelmann, Boelcke, Richthofen. Die Zeitungen sind voll von Berichten über ihre tollkühnen Flüge, eine Art Fliegermythos entsteht – und lenkt die Aufmerksamkeit von der bitteren Realität ab, daß Deutschland den Luftkrieg schon verloren hat.

Bald nachdem deutsche Zeppeline ihre Angriffe gegen Ziele in Frankreich, Belgien und Großbritannien eröffnet haben, erscheinen französische Flugzeuge und werfen ebenfalls Bomben. Deutsche Luftminen krachen in Paris, Antwerpen und London, britische und französische Fliegergranaten explodieren in Karlsruhe, Frankfurt, Ludwigshafen, München. »Kindermörder!« schreit die Welt draußen, aber am 22. Juni 1916 töten alliierte Bomben 82 Kinder in einem Karlsruher Heim. Fortgewischt sind die Überlegungen der Menschlichkeit, mit denen sich Kaiser Wilhelm vor Eröffnung des Luftkrieges noch herumgeplagt hat. Jetzt ist es müßig, Kinder gegen Kinder aufzurechnen, weil der »humane Krieg« in sich selbst ein Unding ist.

»Zu weittragenden Bombenangriffen hatte man sich im Prinzip schon im Jahre 1915 entschlossen«, gibt der britische Luftfahrtsachverständige F. H. Sykes zu. »Die Flüge ins Innere Deutschlands hatten eine nicht zu unterschätzende Wirkung auf die Moral des deutschen Volkes, und bei Kriegsende hatte das Luftministerium Mittel für Bombenunternehmungen in der Hand, die genügt hätten, die deutsche Munitionsversorgung lahmzulegen.«

Tatsächlich haben die Briten am Ende des Ersten Weltkriegs ein Geschwader von Super-Handley-Page-Bombern startklar, mit dem Berlin angegriffen werden sollte. Obwohl nur der Waffenstillstand dieses Unternehmen verhindert hat, meint der deutsche Generalstäbler Ritter noch 1925, es handle sich bei solchen Zukunftsbildern um einen »Bauernschreck, der in der Schreckenskammer der pazifistischen Presse einen Ehrenplatz einnimmt«.

Der Luftkampf begann mit einem freundlichen Gruß

Wie ist indessen die wirkliche Lage an der Luftfront? Als der berühmte Jagdflieger Manfred von Richthofen 1914 zum erstenmal in einem »Großflugzeug« durch die Lüfte schwebt, gibt es sofort Blut. Richthofen will seinem Begleiter etwas zeigen, deutet hinaus und bekommt dabei gleich vom Propeller einen Schlag auf den vorwitzigen Zeigefinger. Diese Episode kann uns heute im Zeitalter der Überschall-Flugzeuge deutlich machen, wie pittoresk vor noch nicht einmal siebzig Jahren der Luftkrieg begann.

Zuerst versuchten die Ritter der Luft, sich auch äußerlich an die Etikette von Rittern zu halten. Richthofen selbst hat erzählt, wie sich ein Luftkampf unter solchen Umständen abspielte. Als er einmal auf den berühmten britischen Jagdflieger Hawker traf, umkreisten sich die Männer lange und winkten sich lächelnd zu, bevor sie zu schießen begannen: »Mein Gegner winkte mir noch in tausend Meter Höhe ganz vergnügt zu, als wollte er sagen: Well, well, how do you do?« Ein paar Zeilen später heißt es dann: »Ich folgte ihm unentwegt feuernd. Mit Kopfschuß stürzte der Gegner ab.«

Noch als Bombenflieger meint Richthofen in sonniger Unbekümmertheit: »Es machte mir einen unheimlichen Spaß, die Brüder da unten zu bepflastern.«

Erst die fortschreitende Zeit, die das Gesicht des Krieges verdüstert, wandelt auch die Flieger auf beiden Seiten. Richthofen selbst ist das beste und berühmteste Beispiel dafür. Als er eine eigene Jagdstaffel kommandierte, die von den Briten »Richthofens fliegender Zirkus« genannt wird, fliegt er eine knallrote Maschine und erhöht seine Abschußziffer auf achtzig. Aber die burschikosen Töne sind jetzt von seinen Lippen verschwunden: Gestern noch meinte er, sein Lehrmeister Boelcke »verspeise jeden Morgen einen Engländer zum Frühstück«. Heute dagegen ist er ein Nervenbündel, das seine Vorgesetzten am liebsten nicht mehr an die Front lassen würden. Am 21. April 1918 wird er von dem kanadischen Captain Roy Brown abgeschossen.

»Ich sah zu meinem Freunde Captain May hinüber«, berichtet Brown über jenen Tag, »und mein Herz klopfte vor Freude, als ich sah, daß es ihm gelang, einen deutschen Flieger abzuschießen. May drehte sofort nach seinem Sieg um, um nach Hause zu fliegen. In dem Augenblick aber sah ich, wie sich ein rotes Flugzeug auf ihn warf. Aus dem Dunst heraus schoß ein leuchtendrotes Flugzeug hinter ihm her.

Ich schraubte mich weiter hoch, um eventuell May schnelle Hilfe zu bringen, doch bald sah ich, wie der Deutsche an Zwischenraum gewann. Er gab alle Manöver auf, flog in gerader Linie. Er verringerte seinen Abstand zusehends. Jeden Augenblick konnte er das Feuer eröffnen.

Ich schwenkte scharf herum, drehte, richtete mich auf und dann, Kopf voran, schoß ich auf das Schwanzende des Roten zu. Ich hatte alle Trümpfe in der Hand, war über ihm und kam von hinten. Ich war herabgekommen, bis mein Vorderteil über seinem Schwanzende stand. Dann feuerte ich.

Die Kugeln rissen sein Höhensteuer fort und zerfetzten den hinteren Teil des Flugzeugs. Flammen zeigten, wo die Kugeln einschlugen. Eine volle Salve riß die Seite des Flugzeugs auf. Sein Führer drehte sich um und blickte auf. Ich sah das Aufleuchten seiner Augen hinter den großen Gläsern, dann fiel er auf dem Sitz zusammen, Kugeln pfiffen um ihn. Ich stellte das Feuer ein.

Richthofens Ende war genau wie das seiner meisten Opfer. Er war überrascht worden, er war tot, noch bevor er sich von seiner Überraschung hatte erholen können.«

Nach dem Tod Richthofens: »Ich verfluche den Krieg«

»Mensch, Brownie, bereite dich auf die Orden vor!« wird Captain Brown bei seiner Rückkehr empfangen.

»Wozu?«

»Der Alte sagt, der rote Flieger war Richthofen!«

Doch in Captain Brown geht eine seltsame Wandlung vor. Richthofen wird von den Briten mit allen erdenklichen Ehren beigesetzt. Sechs Geschwaderführer tragen den Sarg auf ihren Schultern, Ehrenkompanien stehen Spalier, ein Ehrensalut wird abgefeuert, Kränze mit schwarz-weiß-roten Bändern werden herbeigetragen, und ein kanadischer Offizier legt den Kranz vom Hauptquartier der britischen Luftstreitkräfte nieder, der die Worte trägt: »Dem Rittmeister von Richthofen, dem tapferen und würdigen Feinde.«

Alles an diesem militärischen Gepränge ist gespenstisch, unwirklich und scheint einer versunkenen Zeit anzugehören. Ist gesagt worden, daß eine seltsame Wandlung in Captain Brown vorgegangen war? Der Sieger hat sein Opfer gesucht und in der Nähe von Corbie gefunden. Seine eigenen Worte sollen hier stehen und mahnen:

»Wir fanden Richthofen. Man hatte ihn in der Nähe eines Lazaretts niedergelegt. Ein paar Leute standen herum.

Der Anblick Richthofens, als ich näher trat, gab mir einen Schreck. Er sah so freundlich aus. Man hatte seine Kappe entfernt, blondes, seidenweiches Haar, wie das eines Kindes, fiel von der breiten, hohen Stirn. Sein Gesicht, besonders friedlich, hatte einen Ausdruck von Milde und Güte, von Vornehmheit.

Und plötzlich fühlte ich mich elend, unglücklich, als hätte ich ein Unrecht begangen. Kein Gefühl der Freude konnte aufkommen, daß dort Richthofen lag, der Größte von allen. Schamgefühl, eine Art Ärger gegen mich selbst ergriff mich bei dem Gedanken, daß ich ihn gezwungen hatte, nun dort zu liegen, so ruhig, so friedvoll, ohne Leben, und in meinem Herzen verfluchte ich den Zwang, der zum Töten trieb, ich knirschte mit den Zähnen, ich verfluchte den Krieg!

Hätte ich es gekonnt, wie gerne hätte ich ihn ins Leben zurückgerufen – aber das ist etwas anderes als ein Gewehr abschießen.

Ich konnte ihm nicht länger ins Gesicht sehen.«

Der Seekrieg

Die Flotte muß bluten

Weil es ihm in der Schule nicht mehr paßte, ging Alfred Tirpitz zur Marine. Der Jüngling von den Gestaden der Oder ahnte damals noch nicht, daß sein Name durch allerhöchste Gnade dereinst mit einem »von« geschmückt und er selbst zu einer der umstrittensten Persönlichkeiten der Wilhelminischen Ära werden würde.

Als er Staatssekretär des Reichsmarineamtes wurde, also Marineminister nach heutigem Sprachgebrauch, war er gerade achtundvierzig Jahre alt. Das war 1897, und Tirpitz nahm sich vor, aus Deutschland eine Nation von Seefahrern zu machen. Gebannt waren die Augen des Marineministers auf Großbritannien gerichtet, der damals unbestritten einzigen Seemacht der Welt. In Britannien mußte er den entscheidenden Widersacher gegen die Träume von einem großdeutschen Weltreich sehen, wie sie um die Jahrhundertwende populär waren. Für den Staatssekretär gab es daher nur eines: Deutschland mußte eine Flotte bauen, die stark genug war, es eines Tages mit der britischen aufzunehmen.

Um sein Bild unverwechselbar allen Deutschen einzuprägen, hatte sich Tirpitz einen Vollbart mit zwei Spitzen wachsen lassen. In Augenblicken des Ärgers, die es in seinem Leben häufig gab, pflegte er hastig im Zimmer auf und ab zu gehen und den »Zweispitz« mit beiden Händen zu raufen. Außer seinem publikumswirksamen Bart besaß er alle Eigenschaften, die ihn rasch zu einer feststehenden Größe machten. Er holte vorwiegend Bayern und Schwaben zur Marine, damit sie nach ihrer Dienstzeit den Seefahrergeist bis in den Schwarzwald und in die Alpen tragen würden. Er hielt zahllose Reden, war ein unermüdlicher Schreiber und drückte wirklich ein großes Flottenbauprogramm durch. Alle, die nicht an großdeutsche Weltreichpläne glauben mochten, alle, die sich besorgt fragten, wohin dieser Wettlauf schließlich führen sollte, standen schon bald im Geruch von Landesverrätern.

Als der Krieg 1914 ausbrach, war das Verhältnis der deutschen und der britischen Flotte in der Nordsee 1 : 1,8. Das aber schreckte Tirpitz nicht. Er fand in der Geschichte genügend Beispiele für den Sieg einer kleinen über eine große Flotte. War nicht die unüberwindliche spanische Armada 1588 mit 150 Kriegsschiffen, 2630 Kanonen und 30000 Mann den schnellen Briten unterlegen? Hatte nicht Nelson 1805 bei Trafalgar mit nur siebenundzwanzig Linienschiffen über dreiunddreißig Linienschiffe der spanisch-französischen Flotte gesiegt? Wer immer es hören wollte, bekam von Tirpitz diese historische Belehrung.

Freilich wurde der Marineminister trotz seiner äußerlichen Zuversicht in seinem Innersten von zwiespältigen Gefühlen hin- und hergerissen. Auf der einen Seite fürchtete er, einen günstigen Augenblick zum Sieg über Großbritannien zu verpassen, auf der anderen plagte ihn die Sorge, seine Flotte könnte im Kampf vielleicht aufgerieben werden. Einer entschlossenen Seekriegführung konnte dieses Schwanken nicht förderlich sein.

Am schlimmsten nagte der Gedanke an Tirpitz, der Krieg könnte allein vom Landheer in wenigen Monaten gewonnen werden und der Reichstag würde nachher für die »überflüssige« Flotte kein Geld mehr bewilligen. »Wenn wir nach einem so furchtbaren Kriege zum Frieden kommen, ohne daß die Flotte geblutet und etwas geleistet hat«, schreibt er schon im September 1914, »so werden wir nichts mehr für die Flotte bekommen.«

»Unsere beste Chance für eine erfolgreiche Schlacht«, sagt er in demselben Schriftstück, »war in den ersten zwei bis drei Wochen nach der Kriegserklärung.« Dann fügt er hinzu – und wird sich in den kommenden Jahren noch häufig Vorwürfe über diese unvorsichtige Prophezeiung machen: »Die Chancen dafür werden in der weiteren Zukunft für uns nicht besser, sondern schlechter.«

Tirpitz gehört zu den einflußreichen Leuten, die Belgien von der Landkarte verschwinden lassen wollen, um es dem Deutschen Reich für immer einzuverleiben, weil für die erträumte Seegeltung auch günstig gelegene Häfen gebraucht werden. Nicht anders sollen nach seinem Wunsch auch die östlichen Randgebiete der Ostsee behandelt werden, denn die Ostsee bleibt zunächst das einzige Meer, das die deutsche Flotte tatsächlich vollständig beherrscht.

Die Tragik der deutschen Marine im Ersten Weltkrieg liegt in dem klaffenden Abgrund zwischen realen Möglichkeiten und utopischem Wunschdenken. Um den Marinegedanken zu beleben und zu fördern, war dem deutschen Volk jahrelang von Flotte, Weltgeltung, Seeherrschaft und stolzen Schiffen gepredigt worden. In Wirklichkeit war die Kaiserliche Marine dem Ernstfall nicht gewachsen. Sie war nicht in der Lage, den Verlust des deutschen Kolonialreichs auch nur um wenige Wochen zu verzögern, sie war nicht in der Lage, Großbritannien entscheidend zu schädigen, und sie war vor allen Dingen nicht in der Lage, die gegen Deutschland verhängte Blockade aufzureißen.

Wie bei den deutschen Luftschiffen und Fliegern, so gibt es auch bei der Marine unglaublich anmutende Beispiele von Tapferkeit und Bravour. Welche Gloriole umgibt allein die Kaperfahrten des kleinen Kreuzers »Emden«, die kühnen Operationen der Hilfskreuzer, die Unternehmungen des Unterseebootes U 9 und einiger Dutzend anderer Kriegsschiffe! Aber auf der unerbittlichen Rechentafel des Krieges treten sie kaum in Erscheinung. Hier gelten nicht einzelne Ruhmestaten, sondern nur Gewichte, die die Waage von Sieg und Niederlage zum Ausschlag bringen.

»Die deutsche Flotte war ein wunderbares Instrument«, sagt der weltweit anerkannte Kriegshistoriker Hermann Stegemann, »aber sie ist im Weltkrieg gar nicht in dem Maße in Erscheinung getreten und zu Gewicht gekommen, daß ihr Bau sich gelohnt hätte.« Dennoch ist sie, reich an ruhmvollen Unternehmungen, dem deutschen Nachkriegsgedächtnis als besonders entscheidende Waffe eingeprägt worden. Sieht die Wahrheit wieder einmal anders aus als die vielen Schulbuchgeschichten?

Tirpitz sucht einen fähigen Mann und findet sich selbst

Tirpitz, der gegen das Lesen sozialdemokratischer Schriften in der Marine mit der Wiedereinführung der Prügelstrafe liebäugelt, war schon am ersten Kriegstag vor schwierige Probleme gestellt. Neben seinem Marineministerium gab es noch einen Admiralstab, ein Marinekabinett beim Kaiser und einen Flottenbefehlshaber. Es schien notwendig, alles in einer Hand zusammenzufassen und besonders an die Spitze der Flotte selbst einen starken Mann zu stellen. Als sich Tirpitz umblickte, wen er vorschlagen könnte, entdeckt er in der ganzen Marine nur einen einzigen Mann, der alle erforderlichen Vorzüge und Fähigkeiten vereinigte: Tirpitz. »So trieb mich ein sicheres Gefühl dazu an«, bekennt er in seinen Erinnerungen, »den Kaiser durch den Kabinettschef bitten zu lassen, die Leitung der Marine in eine Hand zu legen. Ich sagte dem Kabinettschef demzufolge, daß die genannte Aufgabe wohl mir übertragen werden müßte.«

Kabinettschef Georg von Müller aber meinte in der entscheidenden Sitzung, Tirpitz habe sich »mit den Stellen, mit denen er zu tun gehabt hätte, so vielfach überworfen, daß aus seiner Einsetzung als Oberbefehlshaber auch weiterhin Konflikte zu erwarten seien«. Der Admiral wies weiter darauf hin, daß Tirpitz die letzten achtzehn Jahre am Schreibtisch verbracht habe »und daher so große Streitkräfte, wie sie jetzt mobil gemacht seien, nicht mehr führen könne«.

Kaiser Wilhelm entschied mit dem markigen Wort: »Ich werde nicht zwischen mich und meine Marine einen anderen setzen!«

So bleibt alles bei der bisherigen Gliederung, und Tirpitz schluckt den Groll in sich hinein. Schon neun Monate nach

Kriegsbeginn schreibt der Schöpfer der deutschen Kriegsmarine nach Hause: »Heute war der Kriegsminister bei mir, um mir zum fünfzigjährigen Dienstjubiläum zu gratulieren. Er glaubt immer noch an einen Erfolg unserer Flotte. Ich glaube es nicht mehr.«

Diese Niedergeschlagenheit hat jedoch noch tiefere Gründe. Obwohl er nämlich blutenden Herzens bereit war, das unerhörte Risiko zu laufen und sich auf die britische Flotte zu stürzen, zeigte sich ihm keine Armada und winkte ihm kein Trafalgar. Sein Gegenspieler in London, der Erste Lord der Admiralität, Winston Churchill, hatte weder Neigung noch Anlaß, die britische Flotte einem deutschen Angriff auszusetzen. Churchill operierte traditionsgemäß mit der »Fleet in being«, das heißt allein mit dem Gedanken an das Vorhandensein der britischen Flotte. Dieser Gedanke genügte seiner Meinung nach, alle Gegner im Zaum zu halten, und damit hatte er nicht ganz unrecht.

Außerdem kannte Churchill die Ideen von Tirpitz ziemlich genau aus dessen unermüdlichen Reden. Er wußte, daß Tirpitz die Hoffnung hegte, die angreifende britische Flotte vor Helgoland in den Grund bohren zu können. Statt aber vor Helgoland anzugreifen, verlegten sich die britischen Seestreitkräfte auf die sogenannte Fernblockade zwischen den Shetlandinseln und Norwegen. Dort waren sie so gut wie sicher.

Statt die große Seeschlacht nach klassischen Regeln durchfechten zu können, bekommt die deutsche Marine nun den Befehl, einen »Kleinkrieg mit Minen und U-Booten« zu führen, und nun setzt abermals eine tragische Verkennung der Wirklichkeit ein: In der Hoffnung, die britische Flotte doch noch eines Tages stellen und vernichten zu können, wird ein neues Bauprogramm für Kriegsschiffe angekurbelt. Sie sollen das Kräfteverhältnis zugunsten Deutschlands verbessern, sobald der Tag der Schlacht gekommen ist. Aber er kommt nie, und die stählernen Kolosse erweisen sich als Fehlspekulation, während der Admiralstab zu der verspäteten Erkenntnis kommt, daß man statt dessen lieber U-Boote und nochmals U-Boote hätte bauen sollen.

Drei Hurras auf den Kaiser, dann sinkt die »Ariadne«

Dennoch bleibt die Flotte nicht zur völligen Untätigkeit verdammt. Gleich in den ersten Kriegstagen, am 28. August 1914, scheinen die Briten Tirpitzens Wünsche erfüllen zu wollen. Admiral Beatty stößt in die Deutsche Bucht gegen Helgoland vor. Er hat vier Schlachtkreuzer, dazu mehrere Kreuzer der Städteklasse, mehrere Panzerkreuzer vom Shannon-Typ, rund dreißig Zerstörer und acht Unterseeboote unter seinem Befehl.

Zwanzig Seemeilen nordwestlich von Helgoland »jagen sie die fünfte Flottille«, wie Admiral Reinhold Scheer in seinen Erinnerungen berichtet. Die kleinen Kreuzer »Stettin« und »Frauenlob« werden zur Hilfe geschickt, die erste und die fünfte Torpedobootflottille kreuzen auf, die kleinen Kreuzer »Mainz«, »Straßburg«, »Köln«, »Stralsund«, »Ariadne«, »Kolberg« und »Danzig« eilen herbei, die zweite U-Boot-Flottille nimmt Angriffsstellung ein, die zweite Minensuchdivision erscheint. Der Erfolg ist, daß »Ariadne«, »Köln« und »Mainz« sinken, dazu noch das Torpedoboot »V 187«. Die Kreuzer »Straßburg« und »Stettin« werden beschädigt, ebenso drei Torpedoboote.

Oberleutnant Jasper von »V 187« meldet von dieser Feuertaufe: »Die Treffer mehrten sich in unabsehbarer Folge. Unaufhörlich schlugen Granaten und Sprengstücke ein, das Boot war vollständig in Rauch und Qualm gehüllt. Eine Granate schlug in Kesselraum vier, durchschlug den Kohlenbunker, Sprengstücke verletzten das Heizpersonal, das Licht ging aus, der Dampf fiel weg. Gleichzeitig schlugen mehrere Treffer und Sprengstücke auf der Brücke ein. Der Ölkessel erhielt einen Treffer in die Ventilationsmaschine, gleich darauf einen Treffer in die Dampfleitung. Die vordere Turbine erhielt zwei Treffer und stoppte. Dampf, mit schwarzem Rauch gemischt, strömte aus dem Niedergang und dem Decksicht.«

»Auf ›Mainz‹ erfolgte währenddessen Ausfall auf Ausfall«, setzt Admiral Scheer hinzu. »Nachmittags war der größte Teil der Geschütze mit Bedienungsmannschaften bereits außer Gefecht. Das Oberdeck glich einem Trümmerhaufen.« Nachdem der Kreuzer auch noch einen Torpedotreffer bekommen hat, wird befohlen: »Schiff aufgeben, Besatzung klar bei Schwimmwesten!«

»›Ariadne‹ erhielt viele Treffer von schweren Geschützen, darunter eine Reihe von Treffern im Achterschiff, das ganz in Flammen aufging«, berichtet Kapitän Seebohm über sein Schiff. »Was von dem dort befindlichen Personal gerettet ist, hat seine Rettung nur einem Zufall zu verdanken. Auch das Vorschiff erhielt eine Reihe von schweren Treffern, von denen einer, das Panzerdeck durchschlagend, den Torpedoraum außer Gefecht setzte, ein zweiter den Verbandplatz mit dem dort befindlichen Personal vernichtete. Wie viele Treffer im ganzen eingeschlagen sind, entzieht sich jeder Schätzung.« Der Sprache nicht ganz mächtig, fährt Seebohm fort: »Die Verwundeten wurden von den Krankenträgern beseitigt.« Dann versammelt sich alles auf der Back, Seebohm bringt »drei Hurras auf Seine Majestät aus, wonach das Flaggenlied und ›Deutschland, Deutschland über alles‹ gesungen wurden«. Verwundete und Unversehrte werden von »Danzig« und »Stralsund« gerettet, während »Ariadne« nach Steuerbord kentert und versinkt.

Verwundet ziehen sich die deutschen Einheiten zurück. Auch die Briten haben einige Beschädigungen an ihren Schiffen hinnehmen müssen, aber Admiral Scheer kann abschließend nur sagen: »Von englischen Verlusten ist nichts bekannt.«

Die Skagerrakschlacht – trotz allem ein deutscher Sieg

Erst zwei Jahre später hat die deutsche Flotte abermals Gelegenheit, weithin sichtbar in Erscheinung zu treten. Bis dahin versieht sie Küstendienste, schützt den Eingang zur Ostsee und führt den befohlenen Kleinkrieg. Dann aber kommt es plötzlich durch eine burleske Laune des Schicksals zur größten Seeschlacht der Weltgeschichte, zumindest was die Zahl der teilnehmenden Einheiten betrifft.

Der Kleinkrieg der deutschen Flotte hatte im April 1916 zur Beschießung der britischen Küstenorte Yarmouth und Lowestoft geführt. Die Londoner Zeitungen äußerten sich recht ärgerlich darüber, und Churchills Nachfolger, Marineminister Arthur James Balfour, mußte sich äußern. Er sagte: »Wenn es sich deutsche Schiffe abermals herausnehmen sollten, an der britischen Küste zu erscheinen, so haben wir Vorkehrungen getroffen, sie streng zu bestrafen.«

»Darauf wollten wir es ankommen lassen«, sagt Admiral Scheer in seinen Kriegserinnerungen.

Um den britischen Löwen zu kitzeln, wird eine Beschießung der Festungswerke des Hafens von Sunderland ins Auge gefaßt: »Sie soll den Feind zum Vorschieben von Streitkräften gegen uns nötigen«, heißt es in dem Befehl. Die Rechnung geht auf. Es kommt zur Schlacht vor dem Skagerrak, der See zwischen Dänemark und der Südspitze Norwegens.

Wenn Scheer auf seinem Flaggschiff »Friedrich der Große« die Karte überblickt, findet er dort so viele eigene Einheiten eingezeichnet, daß ihre Aufzählung volle vier engbedruckte Seiten einnimmt. Da sind einmal drei Geschwader mit zusammen einundzwanzig Kreuzern, Panzerkreuzern und Schlachtschiffen, drei Aufklärungsgruppen mit neunzehn Einheiten, Torpedoboot-Streitkräfte mit sieben Flottillen und dreizehn Halbflottillen sowie sechzehn U-Boote. Dazu kreuzen am Himmel noch zehn Zeppelin-Luftschiffe.

Die Briten unter Admiral Sir John Jellicoe und Vizeadmiral Beatty kommen mit drei Schlachtkreuzer-Verbänden angedampft, mit vier Schlachtschiffgeschwadern, vier Verbänden leichter Kreuzer, zwei Kreuzer-Geschwadern und sieben Zerstörerflottillen.

Nach Churchills boshafter Meinung ist Jellicoe zwar »der einzige Mann, der den Krieg an einem Nachmittag verlieren kann«, aber in dieser erstaunlichsten aller Seeschlachten der Geschichte bringt er es doch nur zu einer Leistung, die von der Admiralität später als »unbefriedigend« bezeichnet wird: 115 000 Tonnen britischen Schiffsraumes werden von den Deutschen versenkt, und 6100 Mann finden den Tod, während die weit unterlegene Flottenmacht der Deutschen nur 60 730 Tonnen und 2800 Mann verliert. Die Briten waren zwar doppelt so stark, hatten ihre Hauptmacht aber überhaupt nicht ins Gefecht gebracht.

Die größte Seeschlacht aller Zeiten dauerte von halb fünf Uhr nachmittags bis zum Einbruch der Dunkelheit. Gleich in der ersten halben Stunde versenkten die Deutschen zwei britische Schlachtkreuzer, und »gegen 6.30 Uhr nachmittags wurde auf dem dritten feindlichen Panzerkreuzer, ›Queen Mary‹, eine gewaltige Detonation beobachet; als die Sprengwolke in sich zusammensank, war der Kreuzer verschwunden«. Die restlichen Briten ziehen sich zu ihrer Hauptmacht zurück, die Deutschen nehmen die Verfolgung auf und formieren sich neu, doch nun muß Scheer plötzlich erkennen, daß er es mit der gesamten Flotte der Briten zu tun hat.

Auch das hat peinliche Gründe. Im August 1914 war der kleine Kreuzer »Magdeburg« aufgegeben worden. Dabei hatte man vergessen, den geheimen Funkschlüssel des Admiralstabs vorschriftsgemäß zu vernichten. Er fiel in alliierte Hände, aber keiner der verantwortlichen und eingeweihten Offiziere fand den Mut, das Dienstvergehen einer vorgesetzten Stelle zu melden. So benutzte Scheer den Schlüssel, den Jellicoe fließend lesen konnte. Deshalb waren die Briten mit ihrer gesamten Streitmacht erschienen. Das Erschrecken Scheers über diese Tatsache geht aus seinen eigenen Worten hervor: »Nun war klar, daß wir einen großen Teil der englischen Flotte vor uns hatten, die wenige Minuten später ihre Anwesenheit dadurch bekundete, daß auf dem vor uns liegenden Teil des Horizonts ringsum das Feuer von Salven schweren Kalibers aufblitzte. Der ganze Bogen, von Norden bis Osten reichend, war plötzlich ein Feuermeer.«

»Die Lage war durch Zufall für unsere Flotte taktisch sehr ungünstig geworden«, urteilt Tirpitz. »Nicht nur hätten unsere Schiffe unter dem Feuer der ganzen feindlichen Flotte aufmarschieren müssen, wenn sie in gute taktische Position hätten gelangen wollen, sondern die Beleuchtung war jetzt auch derartig, daß die deutschen Schiffe sich gegen den westlichen Abendhimmel als Silhouetten abhoben, während umgekehrt der Dunst, der im Osten lag, die Schiffsrümpfe der Engländer so verbarg, daß ihre Stellung fast nur aus dem Aufblitzen der Geschütze erkennbar wurde.«

Im Schutz der Nacht zieht sich die deutsche Flotte nach Wilhelmshaven zurück. Eine Lücke in den britischen Verbänden ermöglicht ihr diese Bewegung. Ringsum lodert noch der Widerschein der Schlacht, und ein Augenzeuge schreibt bewegt an Tirpitz: »Es war, als ob wir durch eine brennende Allee fuhren. Überall schlugen helle Flammen hoch über die Masten der Schiffe zum Himmel. Dazu leuchteten die Scheinwerfer und spielte die Funkentelegraphie.«

So ist am nächsten Morgen nicht nur die deutsche Flotte vom Schauplatz verschwunden, sondern auch die britische. Ein Zeppelin meldet, daß sich Jellicoes Streitmacht nach Norden begeben hat. Ein Großkampfschiff, drei Schlachtkreuzer, vier Panzerkreuzer, zwei kleine Kreuzer und dreizehn Zerstörer haben die Briten eingebüßt. In Wilhelmshaven muß Scheer auf seiner Seite den Verlust des Schlachtkreuzers »Lützow«, des Linienschiffs »Pommern«, der Kreuzer »Wiesbaden«, »Elbing«, »Rostock«, »Frauenlob« und von fünf Torpedobooten feststellen.

»Unbefriedigend« war das gigantische Treffen für die britische Admiralität, weil es in Wirklichkeit nur ein Scharmützel war, bei dem man Verluste gehabt hatte, ohne die Deutschen packen zu können. Der deutsche Admiralstab dagegen konnte rein zahlenmäßig einen Sieg am Skagerrak verkünden und tat es auch ausgiebig.

Der U-Boot-Krieg, die letzte und gefährlichste Hoffnung

Im weiteren Verlauf des Krieges haben jedenfalls weder Scheer noch andere Flottenchefs mehr den Wunsch geäußert, »es darauf ankommen zu lassen«. Die Flotte bleibt jetzt ganz im Hintergrund. Dafür aber hebt in den Kanzleien und Kabinetten ein ungleich heftigerer Kampf an, der den berühmten Gelehrten Max Weber zu dem weitsichtigen Ausruf bewegt: »Mir ist, als ob uns eine Herde Irrsinniger regiere!«

Es ist März 1916, und Professor Weber beleuchtet mit diesem

scharfen Satz das Problem des Unterseeboot-Krieges, über dem sich würdige Minister, Generale, Admirale, Industrielle, Völkerrechtler und selbst der Kaiser gegenseitig in den Haaren liegen. Soll und darf Deutschland einen uneingeschränkten, warnungslosen U-Boot-Krieg führen oder nicht? In dieser doppelten Frage verbirgt sich ein furchtbarer Zwiespalt. Er hat einmal moralische Hintergründe, aber darunter schwelt und drängt allein das Erschrecken der obersten deutschen Heeresleitung über die tatsächliche Kriegslage: An den Fronten des europäischen Festlandes sind alle Mittel erschöpft. Um die Jahreswende 1915/16 müssen sich die verantwortlichen Männer heimlich eingestehen, daß der Sieg in weite Ferne gerückt ist.

In diesem verzweifelten Augenblick ihres Daseins wird der Blick der Generale im Großen Hauptquartier auf das gelenkt, was man heute eine »Wunderwaffe« nennen würde. Die Wunderwaffe soll »England das Rückgrat brechen«, »Albion auf die Knie zwingen«. Die Wunderwaffe ist das U-Boot. »Heer und Diplomatie wußten kein Mittel, die Niederlage abzuwenden«, gesteht Tirpitz für das Jahr 1916. »Die Zeit arbeitete gegen uns. Noch, aber nicht lange, wußte die Marine ein Mittel, um England ins Mark zu treffen.«

Entgegen allen militärischen Nachkriegsbeteuerungen, nur der Dolchstoß aus der Heimat habe die Niederlage herbeigeführt, zeigten sich Heer- und Flottenführer mitten im Schlachtgetöse aufrichtiger. Offenherzig berichtet Admiral Scheer über die Ansicht des Admiralstabes: »Der Krieg verlangt eine Entscheidung vor Herbst 1917, wenn er nicht mit einer allgemeinen Erschöpfung aller Parteien und damit für uns verhängnisvoll enden soll.« Er fügt als Hoffnungsschimmer hinzu: »Ohne rücksichtslosen U-Boot-Krieg besteht keine Möglichkeit, den Krieg zum guten Ende zu führen.«

Mit dieser schriftlich niedergelegten Einschätzung in der Tasche setzt sich der Chef des Admiralstabs, Henning von Holtzendorff, mit Ludendorff an einen Tisch. Ludendorff hatte gerade die Westfront besucht und dort niederdrückende Einblicke gewonnen. Wie pessimistisch er die militärische Lage Deutschlands beurteilt, geht aus seinen eigenen Worten hervor: »Der uneingeschränkte U-Boot-Krieg war das letzte Mittel geworden, den Krieg in absehbarer Zeit siegreich zu beenden.« So ist es um Deutschland und sein Heer schon im Jahre 1916 bestellt! Die Armeeführer sind am Ende und suchen den rettenden Strohhalm bei der Marine.

Bereits im Februar 1915 hatte Deutschland »in den Gewässern rings um Großbritannien und Irland« einen fast uneingeschränkten U-Boot-Krieg eröffnet. Die kaiserliche Verfügung dazu beruhte nach Ansicht des Befehlshabers der U-Boote, des Vizeadmirals Andreas Michelsen, »auf einem Mißverständnis bei der Abfassung«, nachdem allgemein bekannt war, daß der Kaiser ebenso wie Reichskanzler Bethmann Hollweg den uneingeschränkten U-Boot-Krieg ablehnte. Das Mißverständnis ist aber so wirksam, daß schon drei Monate später der Passagierdampfer »Lusitania« ohne Warnung versenkt wird. Präsident Wilson protestiert, weil amerikanische Bürger dabei den Tod in den Wellen gefunden haben, und Wilhelm selbst gebietet dem uneingeschränkten U-Boot-Krieg wieder Einhalt.

Jetzt dürfen die U-Boote nur noch »streng nach Prisenordnung« vorgehen, das heißt nach den Regeln des Völkerrechts, und Tirpitz beklagt sich: »Unsere U-Boote konnten im Februar 1916 noch unter den feindlichen Handelsschiffen hausen wie Wölfe in Schafherden; später war es ein regelrechtes Gefecht, das sie führen mußten. Aus einer Zerstörungsarbeit war eine gefahren- und verlustreiche Kampfhandlung geworden.«

Der Kaiser und Bethmann Hollweg haben gegen den uneingeschränkten U-Boot-Krieg immer zwei Argumente ins Treffen gebracht: die moralische Verwerflichkeit und die Gefahr, die Vereinigten Staaten von Amerika zum Kriegseintritt zu reizen. Außerdem konnte man auf jeder Schultafel ausrechnen, wie das Kräfteverhältnis vor dem Feind wirklich aussah: Tirpitz hatte für seine erträumte Schlacht vor Helgoland alles in die Hochseeflotte gesteckt und die Unterseeboote vernachlässigt.

Sieben U-Boote sollen England auf die Knie zwingen

Zu Beginn des Krieges hatte Großbritannien fünfundfünfzig Unterseeboote, Frankreich siebenundsiebzig, Deutschland aber nur achtundzwanzig. Nur die Hälfte der achtundzwanzig hatte Dieselmotoren und konnte sich auf die hohe See hinauswagen. Ein Teil mußte Dienst im Mittelmeer versehen. Der Rest unterlag dem natürlichen, gedrittelten Kreislauf, der darin besteht, daß ein Drittel bei Ausbesserungen in der Heimat ist, ein Drittel sich im An- und Abmarsch befindet und ein Drittel am Feind liegt. In der günstigsten Zeit des Jahres 1915, als noch einige Neubauten hinzugekommen waren, hatte Deutschland auf diese Weise ganze sieben U-Boote am Feind.

Mit sieben U-Booten aber, so tapfer und todesmutig sie immer sein wollten, konnte Großbritannien nicht »in die Knie gezwungen« werden. Es war dann besser, auf diese Kriegführung zu verzichten, um nicht Amerika auf den Kriegsschauplatz zu locken. So dachte der Kaiser, so dachte der Kanzler, so dachten gemäßigte Admirale und Politiker.

Ihnen wirkten starke Kräfte entgegen, am stärksten die öffentliche Meinung. Als die Frage des uneingeschränkten U-Boot-Krieges nach der Versenkung der »Lusitania« erneut aufgerührt wurde, herrschte in Deutschland Hunger. Die Lebensmittelzuteilungen waren drastisch gekürzt worden, und der menschenfreundliche Amerikaner Horace Fletcher empfahl den hohlwangigen Deutschen, zu »fletchern« und jeden Bissen eben dreißigmal zu kauen. In der Tat gab es für den Hunger nur einen einzigen Grund: die britische Blockade. Sie traf die Ernährungsgrundlage aller, ob Kämpfer, Nichtkämpfer, Frauen oder Kinder. Amerika und andere Neutrale hatten gegen diese Verletzung des Völkerrechts in London protestiert – freilich ohne Erfolg. Sollte nun Deutschland auf den uneingeschränkten U-Boot-Krieg verzichten, nur um das Völkerrecht nicht zu verletzen?

Kein anderer als Churchill hat nach dem Krieg alle Empfindlichkeiten abgetan und mit Deutlichkeit erklärt: »Die britische Blockade behandelte Deutschland, als wäre es eine belagerte

Festung gewesen, und versuchte eingestandenermaßen, die ganze Bevölkerung, Männer, Frauen und Kinder, Alte und Junge, Kranke und Gesunde, durch Hunger auf die Knie zu zwingen. Wer hätte je gezögert, Städte und Dörfer zu beschießen, nur weil hilflose und harmlose Nichtkämpfer sich dort aufhielten?«

Wiederum muß hier dem Kaiser die mehr humanitäre Gesinnung zugesprochen werden. Bethmann Hollweg aber, der auch aus politischen Vernunftgründen den uneingeschränkten U-Boot-Krieg verwirft, darf sich dafür öffentlich »Buß- und Bethmann« schimpfen lassen.

Grollend verläßt Tirpitz das »sinkende Schiff«

Das ist die Situation: Ein Mittel muß gefunden werden, Deutschland aus dem Hungergriff der britischen Blockade zu befreien, und eines, den bedrohten Sieg zu retten. Es muß alles auf eine Karte gesetzt werden. In diese entzündbare Situation wirft der Admiralstab eine gefährliche Denkschrift.

Tirpitz, der die U-Boote verkannt und ihren Bau vernachlässigt hatte, spielt sie plötzlich als stärksten Trumpf aus. Die Zahl der U-Boote vorm Feind hatte sich durch Neubauten auf etwa fünfzehn erhöht, und nun macht sich die Marineleitung stark, Großbritannien »endgültig niederzuwerfen«, wenn man nur die U-Boote von allen völkerrechtlichen Fesseln befreien würde. »Staatssekretär (Tirpitz) und Admiralstabschef sind überzeugt«, telegraphiert Tirpitz ins kaiserliche Hauptquartier, »daß England sechs Wochen nach Beginn des neuen Handelskrieges einlenken wird, wenn es gelingt, von Anfang an alle für diese Kriegführung verwendbaren Machtmittel energisch einzusetzen.« Großbritannien in sechs Wochen besiegt! Konnte von einer Wunderwaffe mehr verlangt werden?

Der Kaiser und der Reichskanzler bewahren ihren kühlen Kopf. Tirpitzens Auslassungen wirken so weltfremd und überspannt, daß man ihn zur entscheidenden Beratung gar nicht heranzieht, obwohl er selbst um seine Teilnahme nachgesucht hatte. Das ist mehr als kränkend, und Tirpitz, der schon zweimal mit seinem Rücktritt kokettiert hat, schreibt an Wilhelm: »Euer Kaiserlichen und Königlichen Majestät melde ich Alleruntertänigst, daß mein Gesundheitszustand sich derart gestaltet hat, daß ich die Geschäfte des Staatssekretärs des Reichsmarineamtes nicht mehr zu führen vermag.«

»Indem Ich Ihnen ausspreche«, antwortet der Monarch postwendend, »wie schmerzlich es Mich berührt, auf Ihre so wertvollen Dienste zu verzichten, will Ich der Einreichung Ihres Abschiedsgesuchs in Gnaden entgegensehen.«

Jetzt bleibt Tirpitz nichts anderes übrig, als den angedrohten Schritt auch wirklich zu tun. Er reicht den Abschied ein, begründet ihn mit »Zermürbung meiner seelischen Kräfte« und wird »in Gnaden mit der gesetzlichen Pension zur Disposition gestellt«. »Mit den aufrichtigsten Wünschen für Ihr ferneres Wohlergehen verbleibe Ich . . .«, schreibt der Kaiser abschließend wie ein Kaufmann im Entlassungszeugnis für einen Buchhalter. Auf dem Rand des Tirpitzschen Abschiedsgesuches aber vermerkt er mit großen Buchstaben: »Nicht gerade sehr ehrerbietig! Er verläßt das sinkende Schiff!«

Grollend zieht sich Tirpitz zurück und gründet sogleich eine »Vaterlandspartei«, die den Eroberungsplänen der sogenannten Alldeutschen politischen Ausdruck verleihen soll. Einverleibung halb Europas in das Deutsche Reich und Ausschaltung aller parlamentarischen Regierungsformen sind ihre Ziele. Daneben findet Tirpitz noch genügend Zeit, offen und auch aus dem Hintergrund die Idee des uneingeschränkten U-Boot-Krieges weiter voranzutreiben. Die Denkschrift des Admiralstabs ist dazu das geeignete Mittel. Sie gelangt an die Öffentlichkeit und wird über Nacht zum heftig diskutierten Inhalt aller Zeitungen. Der Kaiser zeigt sich über den Pressefeldzug verärgert und muß sich vom Reichskanzler darüber aufklären lassen, daß das Nachrichtenbüro des Reichsmarineamtes hinter der Propagandawelle steckt.

Um ihr Drängen nach dem uneingeschränkten U-Boot-Krieg vor den Politikern und vor allem vor den Volksmassen zu untermauern, haben die Herren des Admiralstabs ihre Denkschrift als Milchmädchenrechnung aufgemacht: »Englands Rückgrat ist der Schiffsraum, der den großbritannischen Inseln die notwendige Zufuhr für die Erhaltung des Lebens und der Kriegsindustrie bringt. Die augenblicklich noch vorhandene englische Tonnage wird mit etwa zwanzig Millionen BRT zutreffend anzunehmen sein. Von diesen sind mindestens 8,6 Millionen requiriert für militärische Zwecke und eine halbe Million in der Küstenschiffahrt beschäftigt, schätzungsweise eine Million in Reparatur oder vorübergehend unbenutzbar, etwa zwei Millionen müssen im Interesse der Verbündeten fahren, so daß für die englische Versorgung höchstens noch acht Millionen zur Verfügung stehen.«

Zu diesen acht Millionen kommen allerdings noch etwa zwei Millionen neutraler Tonnage, aber der deutsche Admiralstab erwartet »die monatliche Vernichtung von 600 000 BRT Schiffsraum. Mindestens zwei Fünftel des neutralen Schiffsverkehrs würden von der Fahrt nach England abgeschreckt werden, so daß der englische Seeverkehr nach fünf Monaten um etwa 39 von 100 zurückgegangen sein würde. Das würde England nicht ertragen können.« Aus den sechs Wochen, die Tirpitz verkündet hatte, sind also fünf Monate geworden. Später wird von sechs Monaten gesprochen, und auf diesem Zeitraum bestehen die Militärfachleute.

In Wirklichkeit sind die Zahlenkunststücke des Admiralstabes nur Spiegelfechterei und Selbsttäuschung. Allein die Tatsache, daß Großbritannien für über ein Jahr Versorgungsvorräte angehäuft hat, macht die halbjährige Frist illusorisch. Die Denkschrift berücksichtigt weder die Welttonnage, die Großbritannien für sich mobilisieren kann, noch das System der Geleitzüge, das die Versorgung wirklich fast wie im Frieden vonstatten gehen läßt.

Ein wirtschaftlich so versierter Mann wie der Schöpfer der deutschen Handelsflotte, Albert Ballin, notiert entsetzt: »Ich habe über die Zahl von Tauchbooten, die wir zur Verfügung haben, vertraulich Aufschluß erhalten, und ich muß sagen, daß ich die Zahl für zu gering halte, um damit zu einem solchen letzten Mittel zu greifen!«

Doch nur wenige Stimmen erheben sich gegen solche Abenteurerpolitik. Sie gehen in der Welle der Begeisterung unter, die ganz Deutschland erfaßt hat. Ein Ruf wie Donnerhall von Hamburg bis München verlangt den sofortigen Beginn des »ungehemmten U-Boot-Krieges«. Tirpitz selbst schleudert vom Befehlsstand seiner Vaterlandspartei das Wort ins Volk, er übernehme für den Sturz Großbritanniens innerhalb von sechs Monaten »die volle Garantie«.

Trommelfeuer auf die Vernunft des Kaisers

Kopfschüttelnd beobachtet man im wohlwollend neutralen Ausland diesen Rausch der Verblendung. Es ist erschütternd, wenn der schweizerische Schriftsteller Hermann Stegemann berichtet: »Es war mir nie ernster, nie trauriger zumute als damals, denn nun liefen Briefe voll überschwenglicher Hoffnung bei mir ein. Deutsche, denen die Entbehrungen aus den faltigen Gesichtern sahen, kamen und erzählten mit leuchtenden Augen, nun werde Hunger mit Hunger vergolten und England zum Frieden gezwungen werden.«

»Wenn die Karte des rücksichtslosen U-Boot-Krieges ausgespielt wird und sie sticht nicht, dann sind wir verloren«, meint der deutsche Vizekanzler Helfferich. Die Woge, diese aus Hoffnungslosigkeit, Siegeswillen, Hunger und Friedenssehnsucht geborene Woge der letzten Begeisterung aber spült alle Bedenken hinweg, selbst die immer wiederauftauchende Frage: Und Amerika? Der Krieg wird beendet sein, noch ehe Amerika »in denselben« eintreten kann, versichert die Seekriegsleitung, und Admiralstabschef von Holtzendorff fügt vor der ganzen Nation die prahlerischen Worte hinzu: »Ich verbürge mich mit meinem Seeoffizierswort, daß kein Amerikaner das Festland betreten wird!«

Dann mußte es wohl stimmen, zumal auch Tirpitzens Nachfolger, Staatssekretär Eduard von Capelle, vor versammeltem Reichstag ausruft: »Der militärische Wert des amerikanischen Eingreifens ist Null, Null, Null!« Der spätere deutschnationale

Vizekanzler Oskar Hergt assistiert: »Die Amerikaner können nicht schwimmen und nicht fliegen, sie werden nicht kommen!« Und Tirpitz versichert: »Amerikas Hilfe ist ein Phantom!« Vergeblich warnen der deutsche Botschafter in Washington, Graf Bernstorff, und sein Militärattaché, Franz von Papen, vor dieser leichtfertigen Unterschätzung der Vereinigten Staaten.

Inzwischen haben sich in ganz Deutschland »Vereine zur raschen Niederkämpfung Englands« gebildet. Eine »U-Boot-Spende des deutschen Volkes« wird aufgelegt. Kegelklubs, Veteranenbünde von 70/71, Schulklassen und Damenkränzchen bombardieren die Regierung gutgläubig mit Eingaben, »den Krieg nunmehr mit unserer U-Boot-Waffe siegreich zu beenden«.

Noch immer wehrt sich der Kaiser, noch immer widersteht Reichskanzler Bethmann Hollweg allem Drängen. Wenn aber die Admirale so fachmännisch urteilen, wenn das ganze Volk auf die Anwendung des uneingeschränkten U-Boot-Krieges pocht – konnte dann nicht eines Tages die Geschichte sagen, der Sieg sei nur deshalb nicht erlangt worden, weil Herrscher und Kanzler die entscheidende Waffe verboten? Dieses Argument scheint den Widerstand Wilhelms langsam zu lähmen. Überdies ist es besonders Ludendorff allmählich gelungen, den Kaiser mehr und mehr auf ein Nebengeleise zu schieben und zu isolieren.

»Sie haben den Kaiser in Gips gelegt«, lautet ein geflügeltes Wort in den Wandelgängen des Reichstags. Ja, Wilhelm II., von Gottes Gnaden König von Preußen, Kaiser des Deutschen Reiches, lebt nur noch im Schatten. Als ihm abermals Vortrag über die Dringlichkeit des U-Boot-Krieges gehalten wird, berichtet Bethmann Hollweg über die gespenstische Situation: »Er forderte den Admiral Holtzendorff auf, darzulegen, mit welchen U-Boot-Streitkräften der Krieg gegen England geführt werden könne. Holtzendorff tat das, nannte auch die Zahlen der verfügbaren U-Boote, wobei jedoch die Ziffern der frontbereiten und der zuwachsenden U-Boote mehrfach durcheinandergeworfen wurden. Auch durch Zwischenfragen, die Seine Majestät stellte, wurde kein klares Bild geschaffen. Ich hatte nicht den Eindruck, daß Seine Majestät über den Stand der U-Boot-Streitkräfte nach dem Vortrag besser orientiert gewesen wäre als vorher.«

Am nächsten Abend notiert Bethmann Hollweg: »Seine Majestät kam an diesem Tage nach der Kirche zu mir in den Garten. Ohne jede Einschränkung erklärte er, unsere U-Boot-Streitkräfte seien ungenügend, um England niederzuzwingen. England könne überhaupt nicht niedergezwungen werden.«

Die Geschichte hat des Kaisers Ansicht zweimal bestätigt, aber der Druck ist nun unerträglich geworden. Von der Rechten über das Zentrum bis zur Sozialdemokratie wird im Reichstag der uneingeschränkte U-Boot-Krieg gefordert. Am 9. Januar 1917 gibt Wilhelm seinen Widerstand auf. An diesem Tage fällt in Pleß die Entscheidung, die eigentlich gar keine mehr ist. Bethmann Hollweg, der sich noch immer sträubt, wird einfach überrumpelt.

»Als ich am Morgen des 9. Januar in Pleß eintraf«, berichtet er über die dramatische Sitzung, »war die Entscheidung de facto bereits gefallen. Die Oberste Heeresleitung und der Admiralstab waren entschlossen, den U-Boot-Krieg zu machen. Der Kaiser stellte sich an ihre Seite. Ich stand Männern gegenüber, die nicht mehr gewillt waren, sich in ihre bereits gefaßten Entschließungen noch irgendwie dreinreden zu lassen. Ich erklärte, das militärische Urteil nicht anzweifeln zu können, daß der Krieg auf dem Lande erfolgreich nicht zu beenden sei. Angesichts dieser Lage und der von der Obersten Heeresleitung gegebenen Erklärung, das Risiko des Bruchs mit Amerika auf sich zu nehmen, vermochte ich Seiner Majestät nicht zu raten, sich mit dem Urteil seiner militärischen Ratgeber in Widerspruch zu setzen. Darauf fiel die Entscheidung.«

Am nächsten Tag ergeht eine »Allerhöchste Ordre« an den Chef des Admiralstabs: »Ich befehle, daß der uneingeschränkte Unterwasserkrieg am 1. Februar mit voller Energie einsetzt. Wilhelm Imperator Rex.« Zur gleichen Stunde verlangen die Sieger in diesem Machtkampf den Rücktritt Bethmann Hollwegs. Kurz darauf treten die Vereinigten Staaten in den Krieg ein.

Nach dem Fiasko will es keiner gewesen sein

Am 1. Februar 1917 beginnt die Uhr zu ticken, die der Admiralstab auf sechs Monate eingestellt hat. Mit unnachahmlicher Disziplin verharrt das deutsche Volk gläubig und siegesgewiß. Tatsächlich kommen von den Meeren Meldungen, die weit über den angenommenen Versenkungsziffern von 600 000 Tonnen liegen. Neunhunderttausend Tonnen, eine Million Tonnen . . . Aber die Zahlen sind frisiert, was selbstverständlich geheim bleibt.

Zu den tatsächlich gemeldeten Versenkungsziffern fügt der Admiralstab nämlich einfach noch »vermutliche Verluste« hinzu, die durch Minentreffer und andere Beschädigungen angenommen werden könnten. Wie sich nach dem Krieg herausgestellt hat, waren diese Zuschläge ganz willkürlich. Immerhin bleiben die echten Versenkungen zunächst bei den vorausgesagten 600 000 Tonnen. Dann sinken sie unaufhaltsam ab, weil sich die britische U-Boot-Abwehr und das System der Geleitzüge auszuwirken beginnen.

Genau sechs Monate nach dem Beginn des uneingeschränkten U-Boot-Krieges wird im Reichstag und im deutschen Volk die Frage laut, wie es denn nun mit dem Zusammenbruch Großbritanniens stehe. Die Antwort ist das Eingeständnis der Admirale, daß davon leider gar keine Rede sein könne.

Eine Flut von Rechtfertigungsschriften ist nach dem Krieg von der Marine über Deutschland ausgegossen worden. Die Schuld am Versagen des Admiralstabes wird so verzweifelt hin und her geschoben, daß sich kaum noch feststellen läßt, wo sie hängenbleiben soll. Das wichtigste Argument der Admirale will noch nachträglich die Alleinschuld Bethmann Hollweg aufbürden: Hätte sich der Kanzler nicht so lange gesträubt (vom Kaiser wird nicht gesprochen), dann wäre der U-Boot-Krieg 1916 vom Zusammenbruch Großbritanniens begleitet gewesen. Hatte nicht Churchill Anfang 1919 öffentlich eingestanden: »Wir sind nur eben durchgekommen. Je mehr wir über den Kampf erfahren, um so mehr erkennen wir, an welch kleinem, gefährlich dünnem Fädchen unser Erfolg hing.«

Nun, auch in diesem Falle wieder hat sich die Legende der Wahrheit bemächtigt. Der Befehlshaber der U-Boote, Vizeadmiral Michelsen, hat eingestanden: »Wenn es auch durchaus richtig bleibt, daß der U-Boot-Krieg so früh wie möglich eröffnet werden mußte, so muß doch bezweifelt werden, ob diese Möglichkeit damals schon vorlag.« Admiralstabschef von Holtzendorff hat 1917 ausdrücklich erklärt: »Seitdem ich im Herbst 1916 den Augenblick zum Zuschlagen gegen England für gekommen erklärte, hat sich die Lage noch wesentlich für uns verbessert.«

Tirpitz selbst gibt in seinen Erinnerungen zu, daß Deutschland zeitweise mehr U-Boote verloren hat, als gebaut wurden. Aber auch die Bauleitung läßt durch Fregattenkapitän Albert Scheibe sagen, »daß sehr viel höhere Bauleistungen im Kriege kaum zu erzielen waren«.

Bleibt Churchills dunkle Andeutung, Großbritanniens Schicksal habe an einem dünnen Faden gehangen. Sie ist gefallen in einer Wahlrede, als es den Regierungsmitgliedern darum zu tun war, ihre eigenen Leistungen im Krieg besonders herauszustreichen. Die Gefahr, aus der sie die Nation errettet hatten, mußte zu diesem Zeitpunkt dramatisiert werden. In Wahrheit hat Großbritannien unter dem uneingeschränkten U-Boot-Krieg nicht allzusehr gelitten. Es hat keine Lebensmittelrationierung gegeben, keinerlei Verknappung in den Versorgungsgütern. Die von den Deutschen versenkten Schiffe wurden durch Neubauten ersetzt. Der Überseeverkehr mit Amerika spielte sich beinahe wie im Frieden ab. Die Vereinigten Staaten schickten unbehelligt zwei Millionen Soldaten auf den europäischen Kriegsschauplatz.

Das deutsche Volk und die U-Boot-Besatzungen müssen am Ende für den ungeheuerlichen Bluff bezahlen. Churchill selbst hat seine Wahlrede ins rechte Licht gesetzt, als er merkte, wie sein Ausspruch mißdeutet wurde. In seiner plastischen Art bemerkt er nachdrücklich: »Es wird allgemein behauptet, daß der uneingeschränkte U-Boot-Krieg ›fast‹ erfolgreich war. Ein Techniker, der ein Fahrzeug unbekannten Gewichts über eine Brücke fahren sieht, deren Tragfähigkeit er nicht prüfen konnte, empfindet vermutlich ähnliche Aufregungen und Befürchtungen. Wenn man aber einmal weiß, daß die Brücke mindestens zehn Tonnen tragen kann und das Fahrzeug nicht mehr als acht Tonnen wiegt, so ist die Behauptung, daß das Fahrzeug die Brücke ›fast‹ durchbrochen hätte, fehlerhaft. Der Herbst 1917, da sich Deutschlands Traum erfüllen sollte, kam, ging vorüber und ließ uns sicherer zurück als je.« Diese Sätze werden in keinem einzigen Geschichtswerk der deutschen Marine erwähnt.

Das Ende der »Lusitania«

Kein politisches, kein militärisches Ereignis der ersten Kriegsjahre hat die amerikanische Öffentlichkeit so erregt wie die Versenkung der »Lusitania«. Bürger der Vereinigten Staaten – Männer, Frauen und Kinder – waren bei dieser Katastrophe ums Leben gekommen. Plötzlich bedeutete der Krieg nicht mehr eine Auseinandersetzung, die sich im fernen Europa abspielte: Jetzt war Amerika selbst betroffen! So groß wurde die allgemeine Empörung, daß Washington nahe daran war, Deutschland spontan den Krieg zu erklären. Selbst wenn es nicht sofort dazu kam, so stand doch von diesem Tag an die amerikanische Nation eindeutig im Lager der Alliierten. Auch in anderen neutralen Ländern wirkte der »Fall Lusitania« wie ein Fanal. Er trug entscheidend dazu bei, daß sich fast die ganze Welt gegen die Mittelmächte verbündete und aus einer europäischen Auseinandersetzung ein Weltkrieg wurde.

»Gefahren?« Inspektor Charles P. Sumner vom New Yorker Büro der Cunard-Linie lächelt gewohnheitsmäßig über ängstliche Fragen der Amerikaner, die bei ihm buchen. Seit dem Untergang der »Titanic« hatten die Leute immer nur an Eisberge gedacht. Jetzt, weil in Europa Krieg gespielt wird, denken sie überflüssigerweise auch an Kriegsschiffe. »Auf dem Atlantischen Ozean existieren keine deutschen Kreuzer mehr«, erklärt Sumner.

»Und Unterseeboote?«

Das Lächeln des Cunard-Inspektors nimmt einen amüsierten Zug an. Mit dem Zeigefinger zieht er eine unbestimmte Linie über die glasbedeckte Weltkarte auf dem Tisch. »Sehen Sie«, sagt er dazu, »diese Unterseeboote sind außerordentlich langsam. Jedes schnellere Schiff fährt ihnen einfach davon und hat absolut nichts zu befürchten.«

Das ist nicht nur eine optimistische Behauptung, mit der ängstliche Passagiere beschwichtigt werden sollen. Die britische Admiralität selbst hat ausgerechnet, daß deutsche Unterseeboote keine Chance gegen Schiffe mit einer Geschwindigkeit von mehr als vierzehn Knoten haben. Sumner vertritt nur die amtliche Auffassung. Natürlich, Lucy ist unverwundbar!

Lucy – das ist der familiäre Kosename für das stolzeste und schnellste Schiff der britischen Handelsflotte, die »Lusitania«. Sie gehört mit sechsundzwanzig Knoten Geschwindigkeit zu den »Rennpferden der Ozeane«. Sie hat das Blaue Band erobert. Zusammen mit ihrem Schwesterschiff »Mauretania« ist sie der bevorzugte Luxusdampfer der Millionäre, Diplomaten und Industriellen.

Unterseeboote? Man schreibt den 30. April des Jahres 1915, und in jenen Tagen gelten auf der Welt noch Ansichten wie diese: Unterseeboote sind Kriegsschiffe, die darauf ausgehen, feindliche Kriegsschiffe zu vernichten. Die »Lusitania« aber ist ein unbewaffneter Passagierdampfer mit Geschäftsreisenden, neutralen Zivilisten, mit Frauen und Kindern an Bord. Im Jahre 1915 glauben die Menschen noch an Zivilisation, und obwohl vor neun Monaten der bedauerliche Krieg ausgebrochen ist, kann es keinen Zweifel daran geben, daß sich die Furie an wohlmeinend erdachte Regeln hält.

Morgen, am 1. Mai, wird die »Lusitania« nach Liverpool auslaufen, wie es die Inserate der Cunard-Linie in den New Yorker Zeitungen seit langem angekündigt haben. Heute, am 30. April 1915, ahnt allerdings noch niemand etwas davon, daß zur gleichen Stunde, über sechstausend Kilometer von New York entfernt, in Emden, Deutschland, ein anderes Schiff ausläuft und Kurs auf Liverpool nimmt: das Unterseeboot U 20. Dämonische Kräfte verbinden das Schicksal beider Schiffe zur Katastrophe.

Captain William Thomas Turner von der »Lusitania« kann nicht wissen, welch furchtbarer Schlag sein Schiff und die 1959 Menschen an Bord erwartet. Kapitänleutnant Walther Schwieger von U 20 ahnt sicher nicht, daß es ihm bestimmt ist, mit forschem Schwung einen Eimer Öl in den Brand des Krieges zu schütten. »Große englische Truppentransporte zu erwarten, ausgehend von Liverpool, Bristol-Kanal, Dartmouth«, hat der Befehl des deutschen Admiralstabes gelautet. »Zur kräftigen Schädigung der Transporte sollen baldmöglichst U 20 und U 27 entsandt werden. Stationen auf schnellstem Wege um Schottland aufsuchen, innehalten, solange Vorräte gestatten. Boote sollen angreifen: Transporter, Handelsschiffe, Kriegsschiffe.« Das ist ein eindeutiger Wortlaut.

»Das fröhlichste aller U-Boote«, wie U20 in der deutschen Kriegsmarine heißt, sucht seine Station vor der schottischen Küste auf. »Das fröhlichste aller U-Boote« wird es genannt, weil es einen Dackel an Bord hat, außerdem den einzigen Analphabeten der Kaiserlichen Marine, und weil drei Mann mit Geige, Mandoline und Schifferklavier »Unterwasserkonzerte« zu veranstalten pflegen.

Im Januar 1915 hatte U 20 die britischen Dampfer »Tokomaru«, »Ikaria« und »Oriole« versenkt, keine besonders großen Kähne. Der dicke Brocken zeigte sich erst auf der Heimfahrt. Kapitänleutnant Schwieger zögerte keinen Augenblick. Er ließ einen Torpedo losjagen und ärgerte sich, daß die Explosion ausblieb. Fehlschuß! Doch dann war Schwieger erleichtert. Er hatte noch einmal etwas genauer hingeschaut und dabei entdeckt, daß er ein großes, weißgestrichenes Lazarettschiff vor sich hatte. Donnerwetter, hätte das ein Theater gegeben!

Jetzt, im Mai 1915, ist »das fröhlichste aller U-Boote« abermals am Feind. Am 5. Mai bohrt Schwieger mit einem Torpedo das britische Segelschiff »Earl of Lathom« in den Grund, tags darauf die unbedeutenden Dampfer »Centurion« und »Candidate«. Wo aber sind die »großen englischen Truppentransporte«, von denen in den geheimen Informationen des Admiralstabs und in dem Befehl des F. d. U., des »Führers der U-Boote«, die Rede war?

»Leider konnten wir keinen Truppentransport fassen«, erzählt Kapitänleutnant Schwieger später. »Als der Ölvorrat zur Neige ging und nur noch zwei Torpedos vorhanden waren, wurde die Heimreise angetreten.« Es ist die Fahrt, auf der es unerwartet noch zu einem dramatischen, weltbewegenden Höhepunkt kommt. Unerwartet?

Am 1. Mai des Jahres 1915, kurz vor der Ausfahrt der »Lusitania« aus dem Hafen von Manhattan, wird New York durch die Morgenzeitungen von einem ungewöhnlichen und sensationellen Schritt des deutschen Botschafters überrascht. Graf Johann-Heinrich von Bernstorff hat in mehreren Blättern ein Inserat aufgegeben, und zwar jedes genau neben oder unter den Inseraten der Cunard-Linie:

BEKANNTMACHUNG

Reisende, die sich zur Fahrt über den Atlantischen Ozean einzuschiffen beabsichtigen, werden daran erinnert, daß zwischen Deutschland und seinen Verbündeten und Großbritannien und seinen Verbündeten Kriegszustand besteht, daß die Kriegszone die an die Britischen Inseln stoßenden Gewässer einschließt, daß gemäß der von der Kaiserlich Deutschen Regierung ausgegebenen formellen Bekanntmachung Schiffe, welche die Flagge Großbritanniens oder eines seiner Verbündeten führen, der Zerstörung in diesen Gewässern ausgesetzt sind, und daß Reisende, die in der Kriegszone auf Schiffen Großbritanniens oder seiner Verbündeten fahren, das auf ihre eigene Gefahr tun.

Kaiserlich Deutsche Botschaft,
Washington D. C.

Außerdem hat Graf Bernstorff an etwa dreißig Amerikaner, deren Namen in den Passagierlisten der »Lusitania« standen, Warntelegramme geschickt.

Später ist es leicht, dies alles als einen Hinweis dafür anzusehen, daß die »Lusitania« vorsätzlich versenkt worden ist, daß

U 20 und U 27 auf der Lauer gelegen haben und daß die deutsche Botschaft davon wußte. Am 1. Mai 1915 jedoch hält ganz New York das Inserat Bernstorffs für einen ungeheuerlichen Bluff. In den Mittagsausgaben meinen eilige Kommentatoren, die Warnung sei ein Beweis der deutschen Ohnmacht und ein unpassender Versuch, die freie Schiffahrt wenigstens psychologisch zu stören, wenn es schon der Kaiserlichen Marine nicht gelinge, den Seeverkehr wirklich zu beeinträchtigen.

Außerdem sind die Vereinigten Staaten von Amerika 1915 noch eine neutrale Großmacht. Konnte es Deutschland riskieren, sie sich zum Feind zu machen und einen unbewaffneten Passagierdampfer mit amerikanischen Bürgern an Bord anzugreifen? Lächerlich! Kapitän Turner lacht laut auf, als ihm am Morgen die Blätter mit Bernstorffs Inserat gezeigt werden. Später, bei der Untersuchung des Falles, hat er ausgesagt, »irgend so etwas Ähnliches« gelesen zu haben.

Kein Passagier hat sich durch das Inserat oder die persönlichen Telegramme Bernstorffs von der Überfahrt abhalten lassen. Im Gegenteil, es gilt jetzt als angemessen, der Herausforderung kühl und überlegen entgegenzusehen. Ein Reporter der »New York Times«, der kurz vor der Ausfahrt des Schiffes noch Interviews in der ersten Klasse macht, kann ein paar köstliche Äußerungen veröffentlichen:

Ein damals bekannter Schriftsteller, Charles Klein, meint: »Ich werde an Bord über ein neues Schauspiel nachdenken und habe gar keine Zeit, mich über Kleinigkeiten aufzuregen.«

Ein anderer Passagier, Elbert Hubbard, Redakteur eines satirischen Blättchens, erklärt dem Reporter: »Wenn der Dampfer torpediert wird, werde ich dem deutschen Kaiser in meiner Zeitschrift ordentlich die Meinung sagen.«

Der prominenteste Fahrgast, Multimillionär Alfred G. Vanderbilt, schiebt die Zeitung mit dem deutschen Inserat wortlos beiseite, übergeht die Sache einfach: »Ich verbringe drei Monate in London, um meinen Rennstall zu besichtigen und mich um andere Dinge in England zu kümmern.«

Böses Erwachen für die USA: Der Krieg kommt näher

Der Krieg ist noch weit, weit entfernt. Er ist überhaupt eine Angelegenheit, die sich bis jetzt nur am Rande der Zeit bewegt, im amerikanischen Bewußtsein eine schreckliche, verwirrende Geschichte irgendwo in Europa, in dem sich ohnehin niemand auskennt, so halbwegs zwischen Serbien, Montenegro und noch unbekannteren Balkanstaaten. Natürlich, Großbritannien, Deutschland, Frankreich – es ist schrecklich genug, daß sie marschieren, wie auch Rußland und Österreich-Ungarn, aber letzten Endes sieht es jetzt, nach neun Monaten Kampf, doch wieder nicht so schlimm aus. Bestimmt wird die Vernunft siegen. War es nicht erst ein gutes Jahr her, daß sich König Georg V. von Großbritannien, Zar Nikolaus II. von Rußland und Kaiser Wilhelm II. von Deutschland bei der glänzenden Hochzeit Prinzessin Viktoria Luises freundschaftlich die Hände geschüttelt hatten? Der Fortschritt des zwanzigsten Jahrhunderts wird dem Krieg ganz gewiß bald ein Ende machen.

1914 und 1915 denken die Menschen beim Wort »Krieg« noch an Fahnen und runde Kanonenkugeln, an bunt uniformierte Kavalleristen mit Lanzen und Säbeln, an Feldherrnhügel, offen gegeneinander marschierende Grenadiere, schneidige Attacken bei Trompetenschall und Trommelwirbel, an lauschiges Biwak und sündhaftes Etappenleben. Es hat noch keine Materialschlachten gegeben, die Fronten sind noch nicht im Gestrüpp von Stacheldraht, im Gewirr der Schützengräben und zur Mondlandschaft der Trichterfelder erstarrt, man weiß noch nichts von Millionen Toten, von Verdun und Ypern, von der Somme und vom Isonzo, vom Heer der Krüppel und Blinden, von Giftgas und Tanks, vom Hungerelend und von der Verzweiflung einer Generation. Im Felde, da ist der Mann noch was wert . . .

Im übrigen aber wird das tägliche Leben in Berlin oder London, in Paris oder Petersburg, in Wien oder Rom kaum von den Geschehnissen berührt. In Deutschland rüstet alles für die bevorstehende Ferienzeit, man verschlingt die Romane der Hedwig Courths-Mahler oder amüsiert sich im Kinematographen beim »neuesten Schlager« mit dem Titel »Nur eine Lüge, ein Lebensspiel in drei Akten«. In den Zeitungen steht wenig vom Krieg; der Heeresbericht natürlich, und ab und zu Überschriften wie »Durchbruch bei Gorlice«, »Libau genommen«, Namen wie Lüttich, Belgrad, Przemysl. Es gibt romantische Feldpostbriefe und mit Poesiekärtchen versehene Liebesgabenpakete, Damenkränzchen, die Wollsocken für die Front stricken, Wohltätigkeitsbasare zugunsten der Lazarette, bartlose Gymnasiasten, die schon fürchten, zum Heldenruhm zu spät zu kommen, wenn der Krieg im Sommer aus ist, und nur dann und wann stumme Menschengruppen an den Litfaßsäulen, wenn der Plakatkleber erscheint und eine neue Verlustliste anschlägt.

Auf der »Lusitania« wird das Wort Krieg nicht ein einziges Mal erwähnt. Das Schiff hat New York mit dreistündiger Verspätung verlassen, weil die Hafenbehörden sicherheitshalber noch ein wenig nach Höllenmaschinen oder deutschen Spionen geschnüffelt haben, ohne allerdings etwas Verdächtiges zu entdecken. Jetzt pflügt der Riese den Ozean. Siebzigtausend Pferdekräfte können seine Maschinen hergeben, fünfzig Kessel speisen vier Dampfturbinen, treiben vier Schrauben und fressen täglich 850 Tonnen Kohle. Aus vier turmhohen, gerade aufragenden Schornsteinen quillt der Qualm der Feuerungsanlagen.

In vier Tagen, achtzehn Stunden und vierzig Minuten hat die »Lusitania« 1907 das Blaue Band zwischen Liverpool und New York erobert. Sie ist ein »Schiff der Superlative«, ein Wunder der Technik, ein schwimmender Palast voll unerhörtem Luxus, mit Zehntausenden von Glühlampen, mit Palmengärten und Marmorbädern, mit Schleiflackmöbeln und Messinggeländern, mit Privatsalons und einer Sporthalle, in der es sogar künstliche Pferde gibt, damit niemand auf seinen gewohnten Morgenritt verzichten muß.

Fast achtunddreißig Millionen Goldmark – nach guten alten Pfunden Sterling gerechnet – haben die Erbauer in den 240 Meter langen, 27 Meter breiten Koloß von 31 550 Bruttoregistertonnen gesteckt. Das Schiff kann 2800 Passagiere befördern. Elf hydraulische Schotts gliedern seinen Leib in zwölf geschlossene Abteilungen. Es gehört damit zur Klasse der »Unsinkbaren«, auch wenn dieses anrüchige Worte seit dem Untergang der »Titanic« aus den Werbeprospekten gestrichen worden ist.

Noch mehr haben die Reedereien seit jener Tragödie gelernt: Es sind genügend Rettungsmittel für alle an Bord. Die »Lusitania« führt zweiundzwanzig Rettungsboote mit sich, elf an jeder Seite. 1323 Menschen können darin Platz finden. Außerdem gibt es sechsundzwanzig zusammenklappbare Rettungsboote mit einer Kapazität von 1282 Personen. Über das ganze Schiff verteilt sind 2325 Schwimmwesten, davon 125 für Kinder, sowie fünfunddreißig Rettungsbojen. Alle Mitglieder der Schiffsbesatzung tragen eine Nummer am Ärmel, die ihre Einteilung für die Rettungsboote erkennen läßt. Jeden Morgen, noch ehe die ersten Passagiere an Deck erscheinen, macht ein Teil der Mannschaft eine Übung an den Davits.

Genau 702 Personen, von Kapitän Turner bis zum letzten Kohlentrimmer, zählt die Mannschaft auf dieser Fahrt, die meisten davon sind Maschinisten, Heizer und Stewards. Fünfundzwanzig Frauen sind als Spülerinnen in der Küche und beim Reinigungsdienst beschäftigt. Es gibt Kellner, Fotografen, Musiker, Liftboys, Barkeeper, Kellermeister, Radiotelegraphisten, Masseure, Elektriker und ein Dutzend anderer Spezialisten an Bord. Sie alle sind sorgfältig gedrillt auf ihren einzigen Daseinszweck: die Reise für die Passagiere so angenehm und kurzweilig wie möglich zu machen.

Freilich gibt es Unterschiede, im Preis und in den Annehmlichkeiten, zwischen den 290 Passagieren der sogenannten Salon- oder ersten Klasse, den 600 der zweiten und den 367 der dritten Klasse, feine Abstufungen zwischen den 944 Briten und Kanadiern, 159 Amerikanern, 154 Griechen, Schweden, Mexikanern, Russen, Persern, Holländern, Franzosen und Belgiern, die sich sonst noch an Bord befinden. 1257 Passagiere schwimmen da mit der schnellen Lucy über den Atlantik, aber nur 472 werden das Ziel ihrer Reise erreichen, 421 Männer, 270 Frauen, 59 Kinder und 35 Säuglinge sollen ihr Grab in den Wellen finden, zusammen mit 413 Angehörigen der Schiffsbesatzung. Doch wer hätte an solche Prophezeiung geglaubt! Das Warninserat Graf Bernstorffs war lächerlich genug gewesen.

Die vier Schornsteine der »Lusitania« speien Qualm. Der dritte Ingenieur, Little, wirft einen Blick auf die Meßinstrumente und sieht, daß ein Dampfdruck von 190 Pfund auf den Turbinen steht. Das bedeutet hohe Fahrt. Wenn es jetzt wirklich irgendwo in der Nähe ein deutsches Unterseeboot geben würde, könnte ihm Lucy lächelnd eine lange Nase drehen.

Später, als alles vorüber ist, sagt Cunard-Präsident Booth allerdings aus: »Ende Oktober 1914 hat sich die Reederei mit der Frage befaßt, ob es überhaupt noch vorteilhaft sei, die ›Lusitania‹ oder ihr Schwesterschiff, die ›Mauretania«, fahren zu lassen. Die Gesellschaft entschloß sich, die Dampfer dennoch in Betrieb zu halten, aber mit verminderter Fahrgeschwindigkeit. Die ›Lusitania‹ sollte statt vierundzwanzig oder fünfundzwanzig nur noch einundzwanzig Knoten machen, was erhebliche Ersparnisse an Kohlen und Mannschaft bedeutete.«

So fährt der Schnelldampfer mit nur neunzehn Kesseln, und im Rauchsalon der ersten Klasse, wo täglich Wetten über die voraussichtliche Geschwindigkeit in den nächsten vierundzwanzig Stunden abgeschlossen werden, gibt es manche Enttäuschung. Passagier Charles E. Lauriat Junior, der eigens auf einem »Windhund der Meere« gebucht hatte, weil er wegen dringender Geschäfte möglichst rasch in London sein wollte, erinnert sich: »Die Geschwindigkeit des Schiffes war nicht das, was ich eigentlich erwartet hatte.«

Vom ersten zum zweiten Mittag legt die »Lusitania« 501 Seemeilen zurück, zum dritten Mittagstreffen im Rauchsalon ist ihre Geschwindigkeit unter die 500-Meilen-Marke gesunken. »In den letzten vierundzwanzig Stunden«, schreibt Lauriat nach seiner Rettung, »bis Freitag mittag, dem 7. Mai‹, machten wir überhaupt nur noch 462 Meilen.«

An diesem 7. Mai, dem Tag der Tragödie, bummelt Lucy mit achtzehn Knoten durch leichten Morgennebel. »Die verminderte Geschwindigkeit hat nicht das geringste mit dem Untergang des Schiffes zu tun«, erklärt Präsident Booth später. »Wir konnten annehmen, daß die ›Lusitania‹ mit achtzehn Knoten vor Unterseebooten durchaus sicher war.« Lord Mersey, Vorsitzender des Londoner Seegerichts, bestätigt: »Trotz der Verminderung ihrer Geschwindigkeit war die ›Lusitania‹ immer noch erheblich schneller als irgendein anderes Schiff, das zu dieser Zeit auf dem Atlantik Dienst tat.«

An Bord selbst hat bis zum Augenblick der Detonation niemand einen Gedanken an solche Probleme verschwendet. Am letzten Abend der Überfahrt hat Captain Turner sein Farewell-Dinner gegeben, und in den prunkvollen Gesellschaftsräumen der ersten Klasse war das ein glänzendes Ereignis gewesen, ein Rausch betörender Toiletten, ein funkelndes Aufgebot unbezahlbaren Schmucks. Bis in die Morgenstunden hat sich die große Welt amüsiert und immer wieder den gerade aus Südamerika importierten neuen Tanz genossen, den Tango. Wer soll dabei an Krieg denken?

Der Anfang vom Ende: »Torpedos an Steuerbord!«

Am Vormittag des 7. Mai schlafen sich die Tango- und Champagnerhelden aus, frühstücken im Bett, drehen sich noch einmal auf die andere Seite. Ein paar Passagiere kommen dennoch an Deck. Sie wollen sehen, wie im Nordwesten langsam die irische Küste auftaucht, aber diesige Nebelschleier behindern den Ausblick. Dafür gibt es etwas anderes zu sehen. Die »Lusitania« hat alle zweiundzwanzig Rettungsboote ausgeschwenkt, die Segeltuchverhüllungen sind entfernt worden. Was hat das zu bedeuten? Die Offiziere lächeln beruhigend. »Eine vorbeugende Sicherheitsmaßnahme«, wird einigen Fragestellern versichert. Die »Lusitania« hat das Gebiet erreicht, von dem eine Bekanntmachung der deutschen Regierung am 4. Februar 1915 sagte: »Die Gewässer rings um Großbritannien und Irland einschließlich des gesamten Englischen Kanals werden hiermit als Kriegsgebiet erklärt.« Die ausgeschwenkten Rettungsboote tragen dieser Situation Rechnung. Außerdem hat Kapitän Turner noch weitere Maßnahmen verfügt: Die Wachen sind verstärkt worden, doppelter Auslug nach allen Richtungen, die Hauptschotts wurden geschlossen.

Seit zwei Tagen hat Turner über das Marconi-System – so

nennt man damals noch die Funkeinrichtung – vertrauliche Nachrichten der britischen Admiralität über deutsche Unterseeboottätigkeit empfangen. »Unterseeboote an der Südküste Irlands beobachtet«, wird die »Lusitania« am Morgen des 7. Mai gewarnt. »Die Kriegserfahrungen lehren«, funkt die Admiralität an Turner, »daß Zickzackkurs erhöhte Sicherheit gegen Unterseeboote zu geben vermag.«

Passagier Lauriat, der schon einige zwanzig Mal über den Atlantik gereist ist, wundert sich, daß das Schiff seinen Kurs ändert. Er hört das Nebelhorn brüllen, daß die Luft erzittert, er schaut auf das Meer hinaus und bemerkt, daß es »glatt wie ein Pfannkuchen« daliegt. Lauriat fröstelt und beschließt, noch einmal in seine Kabine zu gehen und ein Nickerchen zu machen.

Um ein Uhr mittags ist er wieder auf den Beinen und wie die meisten Passagiere beim Lunch im Speisesaal. Draußen ist der Nebel verschwunden, breiter Sonnenschein liegt über der spiegelglatten See. Land ist noch nicht zu sehen, aber die irische Nase Old Head Kinsale muß ganz in der Nähe sein.

Nach dem ausgezeichneten Mahl machen viele Passagiere noch einen Spaziergang an Deck. Charles E. Lauriat trifft dabei auf das Ehepaar Elbert Hubbard und plaudert mit dem Redakteur über die satirische Zeitschrift »Philistine«. Multimillionär Alfred G. Vanderbilt begibt sich in den Rauchsalon. Multimillionär und Petroleummagnat Frederic S. Pearson hat an der Reling Aufstellung genommen und hält nach Land Ausschau. Reedereibesitzer Conrad W. Bowring ist auf das Sturmdeck hinaufgestiegen und spielt ein wenig Medizinball; der erste Zahlmeister der »Lusitania« leistet ihm dabei Gesellschaft.

Niemand hat bemerkt, niemand konnte bemerken, daß zwei Augen aus der Ferne aufmerksam auf das Schiff gerichtet sind. »2.20 Uhr nachmittags«, schreibt Kapitänleutnant Walther Schwieger in das Bordtagebuch von U 20. »Sichtigkeit sehr groß, sehr schönes Wetter. Rechts voraus werden vier Schornsteine und zwei Masten eines Dampfers mit Kurs senkrecht zu uns sichtbar. Schiff wird als großer Passagierdampfer ausgemacht.«

Fünf Minuten später: »2.25 Uhr nachmittags. Auf elf Meter

gegangen und mit hoher Fahrt auf konvergierenden Kurs zum Dampfer gegangen, in der Hoffnung, daß er Kurs nach Steuerbord längs der irischen Küste ändern wird.«

Zehn Minuten danach: »2.35 Uhr nachmittags. Der Dampfer dreht steuerbord, nimmt Kurs auf Queenstown und ermöglicht so eine Annäherung zum Schuß.«

»Zickzackkurs vermag erhöhte Sicherheit gegen Unterseeboote zu geben«, hatte die britische Admiralität an Kapitän Turner gefunkt. Bis drei Uhr nachmittags läuft Schwieger mit seinem U 20 hohe Fahrt, »um eine vorliche Stellung zu bekommen« und sicher treffen zu können. Um 3 Uhr 10 nach Schwiegers Borduhr, deutsche Zeit, ist U 20 auf siebenhundert Meter an die »Lusitania« herangekommen, in einem Schneidungswinkel von 90 Grad. Der G-Torpedo, ein Bronzegeschoß alter Bauart, wird auf drei Meter Tiefe eingestellt.

Um 2.08 Uhr – nach Lauriats Taschenuhr, britische Zeit – sieht Leslie N. Morton, ein achtzehnjähriger Matrose, eine erschreckende Erscheinung. Er nimmt das Megaphon, das ihm zum Beobachtungsdienst zugeteilt ist, und ruft zur Brücke hinauf: »Steuerbord kommen Torpedos!«

Morton hat zwei Schaumbahnen gesehen, die sich auf das Schiff zubewegen. Der Erste Offizier, Arthur Jones, nimmt Mortons Ruf auf, schaut selbst hinaus und ruft dann zu Kapitän Turner hinüber, der an Backbord auf der Brücke steht: »Da kommt ein Torpedo, Sir!«

Turner eilt nach Steuerbord, kann aber nichts mehr wahrnehmen. In diesem Augenblick nämlich geht ein kurzes Rütteln durch den Schiffskörper, begleitet von einem verhaltenen, dumpfen Dröhnen. »Es hörte sich nicht sehr schlimm an«, bezeugt Passagier Lauriat. Aber gleich darauf gibt es einen zweiten Donnerschlag. Diese zweite Explosion ist niemals eindeutig geklärt worden.

Morton hatte zwei blasige Torpedobahnen beobachtet. »Es klang aber nicht wie ein Torpedo«, sagt Lauriat, »sondern eher wie eine Kesselexplosion. Als ich mich umdrehte, sah ich einen Wirbel von Kohle und Dampf in der Luft, und ein Regen von allen möglichen Wrackteilen ging nieder.«

»Die zweite Explosion hörte sich an wie das kurze Knattern eines Maxim-Maschinengewehres«, gibt ein französischer Fahrgast aus der zweiten Klasse später zu Protokoll.

Hatte die »Lusitania« Sprengstoff an Bord? In dem von Turner unterschriebenen und beeideten Ladeprotokoll sind tatsächlich 1271 Kisten Munition und 189 Pakete »Kriegsmaterial« aufgeführt. Bei den Untersuchungen vor britischen und amerikanischen Gerichten ist sogar gesagt worden, daß 18 Kisten Zünder, 125 Kisten Schrapnells, 4200 Kisten Sicherheitspatronen und 189 Kisten Infanterieausrüstung, vorwiegend Lederzeug, an Bord waren. Zünder und Schrapnells waren leer, also ohne explosive Füllung, »und die Sicherheitspatronen konnten weder durch Feuer noch durch Aufschlag zur Explosion gebracht werden«, sagen amerikanische Sachverständige. »Außerdem«, heißt es im Untersuchungsbericht Lord Merseys, »waren diese Güter sehr weit entfernt von der Stelle verstaut, an der die ›Lusitania‹ getroffen wurde.«

Was immer die Ursache der geheimnisvollen Explosion gewesen sein mag – ein zweiter Torpedo, ein platzender Kessel im Maschinenraum oder die Entzündung von Kriegsmaterial –, die »Lusitania« neigt sich nach Steuerbord, richtet sich wieder auf, bekommt erneut Schlagseite und nickt fühlbar nach vorn. Kapitänleutnant Schwieger hat alle diese Beobachtungen der Passagiere bestätigt: »Treffer steuerbord Hinterkante Brücke. Ungewöhnlich starke Detonation, gefolgt von ungeheurer Rauchwolke. Trümmermassen flogen bis in Schornsteinhöhe. Es folgte eine zweite Explosion, als wäre Munition in die Luft geflogen. Die Brücke und die Stelle der Bordwand, wo der Torpedo traf, waren weit aufgerissen. Es brannte. Das Schiff stoppte und legte sich sehr schnell nach Steuerbord über, gleichzeitig sank es über den Bug.«

War der deutschen Admiralität bekannt gewesen, wie behauptet wurde, daß sich Kriegsmaterial an Bord befand, und war das Schiff deshalb angegriffen und versenkt worden? Der Bericht Schwiegers schließt diese Möglichkeit aus, denn da heißt es nun, nachdem alles geschehen ist: »Der neben mir stehende Kriegslotse, ein alter, erfahrener Dampferkapitän, blickte durch das Sehrohr und erkannte in dem Dampfer die ›Lusitania‹. Jetzt war auch am Bug des Schiffes der Name ›Lusitania‹ in goldenen Buchstaben zu lesen. Das Schiff sank sehr schnell. Auf den Decks herrschte größte Panik. Überfüllte Rettungsboote flogen kopfüber ins Wasser und zerschellten zwischen ertrinkenden Menschen. Verzweifelte rannten hin und her, andere rangen schon mit den Wellen, versuchten sich an kieloben treibenden Booten hochzuziehen. Der Dampfer sank immer mehr.«

Nachdem Schwieger alles genau betrachtet hat, um schließlich einen Bericht mit so vielen Einzelheiten geben zu können, beendet er seine Schilderung mit den knappen Worten: »Da der Dampfer sicher um Hilfe gerufen hatte, mußten Hilfsschiffe und Bewacher bald eintreffen. Ich lief deshalb auf zwanzig Meter ab.«

Kurs Heimat! Dort herrscht gerade große Aufregung über die Empörung der Welt, nicht zuletzt wegen des zweiten Torpedos. Kapitänleutnant Schwieger holt zur Entkräftung der Vorwürfe sein Bordtagebuch hervor, in das er noch am Tag der Versenkung – als hätte er alle politischen Folgen und Verwicklungen vorausgeahnt – geschrieben hat: »Auch hätte ich einen zweiten Torpedo in dies Gedränge von sich rettenden Menschen nicht schießen können.«

Das Schiff ist in Ordnung!«

Von dem Augenblick an, in dem den letzten Gästen im Speisesaal der »Lusitania« plötzlich die zersplitterten Fensterscheiben um die Ohren fliegen, bis zum Wegsacken des tödlich getroffenen Riesen bleiben genau achtzehn Minuten. Kapitän Turner gibt sofort nach der Explosion seine Befehle. Er bleibt auf der Brücke, »bis ihn die zusammenschlagenden Wogen fortspülten« und er schließlich als einziger Offizier des Schiffes aufgefischt und gerettet wird.

Turners erster Befehl lautet, die Boote klarzumachen. Dann hebt er das Megaphon an den Mund und brüllt: »Frauen und Kinder zuerst!«

Sein dritter Befehl, über den Maschinentelegraphen gegeben, soll das Schiff »volle Kraft voraus« der irischen Küste näher bringen. Doch dieser Befehl Turners kann keine Beachtung mehr finden: Im Maschinenraum ist der Dampfdruck sofort nach der Explosion auf fünfzig Pfund abgesunken, die Turbinen stehen still, ungeheure Wassermassen stürzen durch das Leck herein. Wenige Sekunden später gehen auf dem ganzen Schiff die Lichter der Innenräume und Korridore aus. Die Ingenieure haben gerade noch Zeit, im Dunkeln die Ventile aufzureißen, und nun bläst das sinkende Schiff Dampf ab, ein schauerlich heulendes, brummendes und knatterndes Geräusch, das den Lärm der allgemeinen Panik übertönt.

»Marconi-Operateur« Leith, der sich im Augenblick der Explosion im Speisesaal zweiter Klasse aufhält, eilt in seine Funkkabine und gibt SOS, ohne einen Befehl dazu abzuwarten. Dann tippt er weiter auf seiner Morsetaste: »Kommt sofort, starke Schlagseite, zehn Meilen südlich Old Head Kinsale.« Kaum ist der Hilferuf abgegeben, fällt der elektrische Strom aus, und Leith arbeitet mit einem Handdynamo weiter.

Etwa zur gleichen Zeit versucht Passagier Lauriat, in seiner Kabine das Licht anzuknipsen. Weil es nicht brennt, entzündet er ein Streichholz, sucht damit eine Schwimmweste, zieht sie im Dunkeln an und tappt dann wieder auf Deck hinauf. An der Stelle, wo sie kurz zuvor noch über die satirische Zeitschrift »Philistine« geplaudert hatten, sieht Lauriat das Ehepaar Hubbard stehen. Beide haben die Arme umeinandergelegt und machen einen versteinerten Eindruck.

Steuerbord herrscht indessen wildes Gedränge. Wegen der Schlagseite ist es unmöglich, die Rettungsboote an Backbord zu Wasser zu bringen. Jetzt haben sich schreiende, um sich schlagende oder von Angst geschüttelte Menschenhaufen der Boote an Steuerbord bemächtigt. Unkundige Hände rütteln und zerren am Mechanismus der Davits, nirgends ist eine Leitung durch die Offiziere zu erkennen. Eines der Boote, vollgepackt mit Männern, halb ohnmächtigen Frauen, Matrosen und wahllos hineingeschleuderten Kindern, löst sich von den Tauen und stürzt ins Meer.

Mitten in dem Gedränge, in das auch Lauriat geraten ist, bemerkt er eine Frau, die mit lauter, klarer Stimme zur Brücke hinaufruft: »Sagen Sie uns, was wir tun sollen, Kapitän!«

»Bleiben Sie, wo Sie sind, Madame«, gibt Turner zur Antwort, »das Schiff ist in Ordnung!«

»Woher wissen Sie das?« fragt die Unbekannte zurück.

»Aus dem Maschinenraum, Madame‹«, ruft Turner.

Lauriat hat dieses bemerkenswerte Gespräch in seinen Erinnerungen überliefert. Turner, berichtet er weiter, versucht mit dem Sprachrohr, der Panik Herr zu werden. Der Kapitän ist der Meinung, die »Lusitania« werde sich noch so lange halten, bis die irische Küste erreicht ist, und so fordert er die verzweifelten Menschen auf, die Rettungsboote wieder zu verlassen. Natürlich ohne Erfolg.

Lauriat, der das Absinken des Dampfers sehr genau beobachtet, rechnet sich aus, daß er immerhin noch Zeit hätte, erneut in seine Kabine zu gehen und ein paar Geschäftspapiere zu holen. Er setzt den Gedanken auch wirklich in die Tat um. Mit Streichhölzern bewaffnet, sucht er sich einen Weg durch die dunklen, bedenklich schräg stehenden Korridore. Er erreicht einen Gang, dessen Türen in Außenkabinen führen, und weil die meisten offenstehen, kann Lauriat sehen, wie dicke Wasserstrahlen durch die Bullaugen hereinströmen. Höchste Zeit, wieder an Deck zu gehen.

Dort hat sich die Panik noch weiter gesteigert. »Ein zweites Boot«, berichtet Reedereibesitzer Bowring, »sollte zu Wasser gebracht werden. In der Aufregung wurden die Taue losgeworfen, und das schwere Boot sauste mit allen seinen Insassen die zwanzig Meter Höhe hinab ins Meer, mitten hinein in den Schwarm schreiender, ertrinkender Menschen vom ersten Boot.«

An einem anderen Boot sieht Lauriat, wie sich ein Mann bemüht, mit einem Taschenmesser die Haltetaue zu durchschneiden, weil niemand weiß, wie man sie sonst lösen könnte.

An Bord das Chaos, in Berlin aber jubeln die Zeitungen

Reeder Bowring, der sich damit beschäftigt, hilflosen Passagieren beim Anlegen der Schwimmwesten zu helfen, macht noch in den letzten Minuten der Katastrophe eine gespenstische Beobachtung: Während er über eine der beängstigend geneigten Prunktreppen eilt, begegnet er Alfred G. Vanderbilt. Der Millionär sitzt im Stiegenhaus auf einem Plüschsofa. Er hat die Beine übereinandergeschlagen und blickt gelassen vor sich hin. »Er sah aus«, berichtet Bowring, »als ob er nachdächte und alles um ihn herum ihn gar nichts anginge.« Es ist das letztemal, daß Vanderbilt gesehen wird.

Bowring eilt weiter. »Ich wollte nach der Backbordseite hinübergehen, mußte den Versuch aber wegen der starken Schlagseite des Schiffes aufgeben; ich rutschte immer wieder zurück. Der Ozeandampfer legte sich immer schneller über.« Es geht zu Ende.

Howard L. Fischer, ein Bruder des früheren amerikanischen Staatssekretärs des Innern, steht in diesem Augenblick noch an Deck, ganz in der Nähe von Lady Mackworth, einer reichen Engländerin. Er hört, wie ein Offizier zu ihr sagt: »Fürchten Sie sich nicht, das Schiff kommt schon wieder in Gang.« – »Im selben Augenblick«, fügt Fischer hinzu, »dreht sich das Schiff und sinkt in die Tiefe.«

Bowring, der rechtzeitig ins Wasser gesprungen ist und sich als »recht guten Schwimmer« bezeichnet, holt kräftig aus und schielt dann nach dem Schiff zurück.

»Wenn ich nicht machte, daß ich fortkam«, erzählt er, »mußte es beim Kentern mit seinen hohen Aufbauten und Masten auf mich fallen. Mächtig stieß ich mich vorwärts. Ich schwamm zu einem leer umhertreibenden Rettungsboot.

Bevor ich es erreichte, sah ich den Bug der ›Lusitania‹ verschwinden. Das Heck richtete sich hoch in die Luft empor. Eine Minute sah es so aus, als ob das Schiff in dieser

Lage verharren wollte, dann tauchte es mit einem Ruck unter.

Anstatt eines Strudels, der einen, wie ich gehört hatte, bei solchen Gelegenheiten ins Wasser hinunterzieht, buckelte sich das Meer auf wie ein großer Berg. Als die Woge verlief, hatte sie mich ein Stück mit sich fortgetragen.«

Auch Passagier Lauriat schwimmt schon im Meer und dreht sich um, weil er »die letzten Sekunden des Schiffes« sehen will. Ganz anders als Bowring sagt er: »Die ›Lusitania‹ ging keineswegs mit dem Bug zuerst unter, sondern ziemlich gleichmäßig mit ihrer ganzen Längsseite. Das Heck kam nicht über Wasser, jedenfalls nicht so weit, daß ich die Schrauben gesehen hätte.«

Doch das ist bedeutungslos. Ganz andere Dinge ereignen sich inzwischen ringsumher, und Augenzeugen berichten von »herzzerreißenden Schreckensszenen, wie sich die mit dem Tode Ringenden aneinanderklammern, sich zu einem wüsten Knäuel verkrallen, der dann plötzlich wie ein Stein versinkt«.

Bowring, der ein Rettungsboot erreicht hat, sagt: »Wir griffen stundenlang hierhin und dorthin ins Wasser und angelten so viele Schiffbrüchige heraus, wie wir konnten. Viele von ihnen waren schon tot, aber wir brachten es fertig, etwa noch zwanzig Lebende zu retten.«

Der britische Schleppdampfer »Stormock«, der zuerst an der Stelle des Unglücks erscheint, nimmt 160 Schiffbrüchige auf. Küstenwachboote fischen bis zum Einbruch der Dunkelheit Tote, Besinnungslose und ein paar zähe Schwimmer aus den Wellen. Bowring, von seinem Rettungsboot auf einen der Hilfsdampfer umgestiegen, schreibt: »Dicht an uns vorbei trieb eine junge Frau, die in einem Korbstuhl saß und so aussah, als habe sie ihr Leben lang nichts anderes getan, als in einem Korbstuhl auf dem Ozean herumzutreiben. Sie rührte sich nicht. Als wir längsseits gingen und sie aufnahmen, merkten wir, daß sie ohnmächtig war.«

Knapp eine Viertelstunde nach dem Untergang der »Lusitania« sind Schreckensschreie und Hilferufe auf dem Wasser verstummt.

Etwa zur gleichen Zeit begibt sich fernab davon, in Potsdam, ein Ereignis, über das die deutschen Zeitungen am nächsten Tag mit den Worten berichten: »Das Kaiserpaar besuchte gestern das Reservelazarett des Orangeriegebäudes. Die Majestäten überreichten jedem Verwundeten ein Taschennotizbuch mit dem Bild des Kronprinzen und einen blanken Taler.«

Der Heeresbericht sagt kein Wort über die Versenkung des britischen Ozeanriesen, aber über dem Nachrichtenteil jubeln die Schlagzeilen: »Ein glänzender Erfolg des Unterseekrieges!« Darunter heißt es: »Die ›Lusitania‹ war selbstverständlich, wie neuerdings die meisten englischen Handelsschiffe, mit Geschützen armiert.« Das war falsch und ist später auch von deutscher Seite offiziell berichtigt worden. Gustav Stahl, ein nach Amerika ausgewanderter Deutscher, schwor allerdings, er habe vier Kanonen an Bord der »Lusitania« gesehen, gibt dann aber den Meineid zu und wird zu achtzehn Monaten Gefängnis verurteilt.

Aus dem »glänzenden Erfolg« der ersten Meldungen wird rasch eine gedämpfte Tonart. In der ganzen Welt nämlich hat die Versenkung des Schiffes, hat der Tod neutraler Bürger, Frauen und Kinder einen Schrei der Empörung ausgelöst. Amerika protestiert, und einen Augenblick lang sieht es so aus, als würden die Vereinigten Staaten Deutschland den Krieg erklären. Doch dann bleibt es bei einem wochenlangen Notenkrieg, bei einem Austausch von Beschuldigungen und Gegenbeschuldigungen.

Eines ist unumstritten: Wilhelm II. ließ als oberster Kriegsherr Kapitänleutnant Schwieger eine kaiserliche Rüge erteilen. Dann gab er gegen den Rat des Großadmirals Alfred von Tirpitz Befehl, »daß bis auf weiteres keine großen Passagierdampfer, auch nicht feindliche, versenkt werden dürfen«.

An dem Geschehen konnten die Maßnahmen des Kaisers nichts mehr ändern. Die Versenkung der »Lusitania« wird zu einer Katastrophe von weltweitem Umfang: In Amerika wenden sich die Sympathien der Bevölkerung endgültig von Deutschland ab. Das Wort von den »Barbaren« und »Hunnen« findet nun auch in die amerikanischen Blätter Eingang. Auf einmal ist der Krieg keine ferne, europäische Angelegenheit mehr; er hat den ersten Blutzoll von der Neuen Welt gefordert. Mit der Torpedierung der »Lusitania« ist nicht nur ein Schiff untergegangen, sondern eine ganze Welt: Sie liegt seither so unerreichbar tief auf Grund wie jenes vergessene Schiff.

Krieg und Revolution

Die Amerikaner kommen

Das entscheidende Jahr des Ersten Weltkriegs, 1917, ist angefüllt mit verhängnisvollen Entschlüssen, Erschütterungen und dunklen Affären. Der Umsturz in Rußland verschiebt das Kräftespiel in Europa und verändert das Gesicht der Welt. In Deutschland schwanken Politiker und Militärs zwischen Friedensbereitschaft und Kampfeswillen bis zum Endsieg. Von jenseits des Ozeans strömen die unverbrauchten Truppen der Vereinigten Staaten auf die blutigen Schlachtfelder der Alten Welt.

Inmitten der Schatten, die auf das Abendland niederfallen, gibt es einen Mann, der den Ausgang des Dramas schmerzlich vorausahnt. Er ist zu schwach, zu unentschlossen, um sich gegen das Schicksal durchzusetzen: Kaiser Karl von Österreich.

Am 21. November 1916 hatte sein Großonkel und Vorgänger auf dem Thron, Franz Joseph I., die Augen für immer geschlossen. Ein Menschenalter lang hatte der Monarch trocken und zäh für die Völker des Donaustaates gearbeitet. Ein Bronchialkatarrh, gefolgt von einer Lungenentzündung, warf ihn aufs harte Feldbett in Schloß Schönbrunn. Noch am Morgen ließ er sich neue Akten zur Durchsicht ans Krankenlager bringen. Dann sank er in Agonie. Daß ihn sein morsches Reich nur zwei Jahre überleben würde, hätte er gewiß nie geglaubt. Immerhin wußte Franz Joseph, daß dieser Krieg ein Verhängnis war. Als aus der beabsichtigten »Züchtigung Serbiens« der Weltbrand erwuchs, als der Herrscher sehenden Auges die Zertrümmerung seiner Armeen miterleben mußte, machte er sich über den militärischen Ausgang keine Illusionen mehr. Unter günstigen Umständen Frieden zu schließen und damit den Bestand Österreich-Ungarns zu retten, mußte sein natürliches Trachten werden. Einen Weg zu diesem Ziel sah er freilich nicht.

Jetzt trägt ein anderer den Mantel der Apostolischen Majestät. Kaiser Karl jagt ebensowenig Trugbildern nach wie sein verblichener Großoheim. »Er ist ein guter Bursch«, pflegte Franz Joseph von ihm zu sagen, und damit hatte er sicherlich recht. Karl erkennt vor allem, daß sein Land im Laufe der vergangenen Jahre in eine höchst unwürdige Rolle gedrängt worden ist. Zu Beginn des Krieges, 1914, war Deutschland als Verbündeter an die Seite Österreich-Ungarns getreten. Drei Jahre später aber, 1917, betrachtet Deutschland seinen Bundesgenossen als Vasallen, der ungefragt zu gehorchen hat. Seitdem Hindenburg und Ludendorff an die Stelle Falkenhayns traten, sind die Verhältnisse noch krasser geworden. Die Oberste Heeresleitung des Deutschen Reiches – sie ist nahezu gleichbedeutend mit Ludendorffs Person – hat sich an die Spitze der Mittelmächte geschoben. Ihr gegenüber führt die Regierung in Berlin nur noch ein Schattendasein, Kaiser Wilhelm ist zur hohlen Figur geworden, und die Verbündeten in Wien und Konstantinopel und Sofia haben zur Kenntnis zu nehmen, was die OHL verordnet.

Es ist am 13. Januar 1917, daß sich der österreichisch-ungarische Botschafter in Berlin veranlaßt sieht, gewissen Gerüchten nachzugehen. Auf Umwegen hat man in Wien erfahren, daß Deutschland beabsichtige, den uneingeschränkten U-Boot-Krieg zu erklären. Weitblickender als der deutsche Admiralstab und die Oberste Heeresleitung, sieht Wien, daß diese Maßnahme den Kriegseintritt Amerikas nach sich ziehen würde. Auf seine Anfrage bekommt der Botschafter unbestimmte Redensarten zu hören. Der deutsche Außenminister Zimmermann meint mit einem geheimnisvollen Lächeln: »Wilson wird es bestimmt nicht zum Bruch mit den Mittelmächten kommen lassen.«

Daß man bereits vier Tage zuvor, am 9. Januar, beschlossen hat, den uneingeschränkten U-Boot-Krieg am 1. Februar beginnen zu lassen, wird dem Verbündeten nicht verraten. Erst eine Woche nach der Vorsprache des Botschafters hält man es in Berlin für nötig, die österreichische Regierung mit dem Gedanken vertraut zu machen. Zu diesem Zweck reisen Außenminister Zimmermann und Admiralstabschef von Holtzendorff nach Wien. Beide Herren sind in der Donaumetropole nicht sehr beliebt. Zimmermann hatte einmal eine Indiskretion begangen und ein gar nicht für ihn bestimmtes Telegramm des österreichischen Botschafters in Washington für eine politische Intrige ausgeschlachtet. Holtzendorff wird in den k. und k. Ministerien einfach als »Schwadroneur« bezeichnet.

»Mit dem uneingeschränkten U-Boot-Krieg können wir England in vier Monaten friedensgeneigt machen«, versichert Holtzendorff in Wien.

Der österreichische Außenminister Czernin und der ungarische Ministerpräsident Tisza sind von solchen Phantastereien entsetzt. In der Sitzung versuchen sie vergeblich, den beiden Deutschen klarzumachen, daß der Kriegseintritt Amerikas und damit der Verlust des Krieges die unausbleibliche Folge sein würden. Aber Holtzendorff schiebt die Einwände mit den Worten beiseite: »Ich garantiere für den Erfolg.«

Während der erregt geführten Debatte sitzt Kaiser Karl sinnend am Tafelende und lauscht den Argumenten. Er führt den Vorsitz der Konferenz, hält sich aber an die stille Regel, daß der Monarch selbst »nicht in die Niederungen der Diskussion hinabsteigen soll«. Nachher allerdings vertraut er seinem Sekretär an, daß er während der ganzen Zusammenkunft ein »außerordentlich unbehagliches Gefühl« gehabt hat. Sekretär von Werkmann hat die Überlegungen Karls der Nachwelt überliefert: »Er war überzeugt, daß die Vereinigten Staaten Armeen über den Ozean bringen und die deutschen Unterseeboote diesen Transporten keinen Einhalt gebieten würden. Er stützte diese Ansicht auf die alte militärische Erfahrung, daß noch jedem Angriffsmittel ein Verteidigungsmittel erwachsen ist. Der Weltkrieg hatte in den Wettkampf zwischen Geschoß und Panzer, Gas und Gasschutz, Flugzeug und Abwehrartillerie ein Tempo gebracht, das gewiß gegenüber dem Unterseeboot nicht versagen würde.« Die Entwicklung hat Karl recht gegeben.

Am Abend des 20. Januar 1917 ist Holtzendorff Gast an der kaiserlichen Tafel. Eine kühle, von Mißtrauen geladene Atmosphäre knistert über dem Mahl. Holtzendorff läßt sich die Speisen schmecken, während das Kaiserpaar und die wenigen anderen Teilnehmer unlustig auf ihren Tellern herumstochern. Der Admiral macht seinem Wiener Spitznamen Ehre und redet fast ununterbrochen – natürlich für den U-Boot-Krieg. Nur einmal scheint er zu bemerken, mit welch geringer Begeisterung ihm zugehört wird; da wendet er sich direkt an die Kaiserin: »Ich weiß schon, Sie sind die Gegnerin des Unterseebootkrieges; Sie sind überhaupt gegen den Krieg!«

»Ich bin gegen den Krieg«, nickt Kaiserin Zita ernst, »wie jede Frau, die die Menschen lieber in Freude als im Leid sieht.«

Holtzendorff ist weit davon entfernt, sich von solchen Worten berühren zu lassen. Unbeeindruckt poltert er los: »Ach was, leiden! Ich arbeite am leichtesten, wenn ich einen leeren Magen habe. Da heißt es dann, den Riemen fester schnüren und durchhalten.«

»Ich liebe es nicht, vom Durchhalten sprechen zu hören, wenn man an einer vollbesetzten Tafel sitzt«, entgegnet die Kaiserin eisig.

Das endlich durchbohrt Holtzendorffs Panzer. Er schweigt. Ein paar Höflichkeitsfloskeln beschließen das Mahl.

Eine Woche später beginnt die deutsche Kriegsmarine den uneingeschränkten U-Boot-Krieg, und tags darauf brechen die Vereinigten Staaten die diplomatischen Beziehungen zu den Mittelmächten ab. Zwischen Wien und Berlin ist die Verärgerung zur Kluft geworden. Selbst Kaiser Wilhelm glaubt jetzt, nicht mehr an die Regeln der Höflichkeit gebunden zu sein. Bisher galt es als feststehender Brauch, daß kein Herrscher das Hoheitsgebiet eines anderen betrat, ohne seinen Besuch in aller Form anzuzeigen. Aber im Sommer 1917 reist Wilhelm einfach an die Front nach Galizien, ohne Karl zu verständigen. Der Österreicher, ebenfalls gerade an der Ostfront, läßt ärgerlich seinen Zug umleiten, um einer Begegnung unter solchen Umständen auszuweichen.

Diese Nebensächlichkeiten zeigen deutlich die Spannung im deutsch-österreichischen Bündnis. In Wien ist man mehr und mehr davon überzeugt, daß alles getan werden müßte, um einen Verständigungsfrieden zu erzielen und mit einigermaßen heiler Haut zu überleben. In Berlin dagegen nimmt unter Ludendorffs Einfluß das Wort vom »Siegfrieden« immer deutlichere Gestalt an: Deutschland will diesen Kampf nur einstellen, wenn es als Sieger aus dem Krieg hervorgeht. Tatsächlich glaubt Ludendorff an den Sieg. Er versteht nichts von Wirtschaft, hat keinen Blick für politische Möglichkeiten.

Ein Dokument, das Freund und Feind elektrisiert

In Wien sieht man klarer. Dort hat der Außenminister, Graf Ottokar Czernin von und zu Chudenitz, eine geheime Denkschrift über die Lage verfaßt. Das Schriftstück, von dem nur vier Exemplare angefertigt werden, wird noch zu gefährlichen Verwicklungen Anlaß geben. Vorerst einmal bleibt es nicht ohne Einfluß auf Kaiser Karl, und die weiteren Geschehnisse sind kaum verständlich, wenn man den Inhalt nicht wenigstens in gekürzter Form kennt:

>»Wollen Euer Majestät mir gestatten, mit Offenheit meine verantwortliche Meinung über die Situation entwickeln zu dürfen. Es ist vollständig klar, daß unsere militärische Kraft ihrem Ende entgegengeht. Ich verweise bloß auf das zur Neige gehende Rohmaterial zur Munitionserzeugung, auf das vollständig erschöpfte Menschenmaterial und vor allem die dumpfe Verzweiflung, welche sich wegen der Unterernährung aller Volksschichten bemächtigt hat und welche ein weiteres Tragen der Kriegsleiden unmöglich macht.
>
>Wenn ich auch hoffe, daß es uns gelingen wird, noch die allernächsten Monate durchzuhalten, so bin ich doch vollständig klar darüber, daß eine weitere Winterkampagne vollständig ausgeschlossen ist, mit anderen Worten, daß im Spätsommer oder Herbst Schluß gemacht werden muß.
>
>Der Staatsmann, der nicht blind oder taub ist, muß wahrnehmen, wie die dumpfe Verzweiflung der Bevölke-

rung täglich zunimmt; er muß das Grollen hören, das in den breiten Massen vernehmbar ist, und er muß, wenn er sich seiner Verantwortung bewußt ist, mit diesem Faktor rechnen. Euer Majestät wissen, daß der Druck, der auf der Bevölkerung lastet, einen Grad angenommen hat, der einfach unerträglich wird.

Ich glaube nicht, daß die interne Situation in Deutschland anders steht als hier, und ich habe die feste Überzeugung, daß auch Deutschland ebenso wie wir am Rande seiner Kraft angelangt ist.

Ich bin felsenfest davon überzeugt, daß, wenn Deutschland versuchen sollte, eine weitere Winterkampagne zu führen, sich im Innern des Reiches ebenfalls Umwälzungen ergeben werden, welche mir viel ärger erscheinen als ein von den Monarchen geschlossener Friede.

Euer Majestät haben die wiederholtesten Versuche unserer Feinde, uns von unseren Bundesgenossen zu trennen, unter meiner verantwortlichen Deckung abgelehnt. Aber Euer Majestät haben mich gleichzeitig beauftragt, den verbündeten Staatsmännern des Deutschen Reiches zu sagen, daß wir am Ende unserer Kräfte sind.

Ich habe diese Befehle ausgeführt, und die deutschen Staatsmänner haben mir keinen Zweifel gelassen darüber, daß auch für Deutschland ein weiterer Winterfeldzug ein Ding der Unmöglichkeit sei, und in diesem einzigen Satze liegt eigentlich alles, was ich zu sagen habe: Wir können noch einige Wochen warten und versuchen, ob sich Möglichkeiten ergeben, mit Paris oder Petersburg zu sprechen.«

Deutlicher kann die wahre Lage kaum geschildert werden.

Was steckt hinter den »schrecklichen Kaiserbriefen«?

Es ist freilich behauptet worden, Czernin habe in seiner Denkschrift übertrieben. Die Geschichte hat aber gezeigt, daß er mehr als recht hatte. In Wirklichkeit war vieles noch weitaus schlimmer. Die Bevölkerung in Deutschland hungerte und darbte, in Österreich zeigten sich überall schon Schreckensbilder: Welke Kohlblätter und Kartoffelschalen gehören in breiten Schichten zur täglichen Nahrung, selbst bei der Truppe gelten Pferdefleisch und faule Rüben als Delikatesse. Wenn Kaiser Karl der Situation nüchtern ins Auge sah, mußte er zu ähnlichen Schlüssen kommen wie Czernin und einige Reichstagsabgeordnete in Berlin, die sich zur gleichen Zeit ebenfalls eigene Gedanken machten. Es mußte einmal untersucht werden, unter welchen Bedingungen die Gegner bereit waren, Frieden zu schließen. Karl beschloß, diese Frage untersuchen zu lassen und selbst zu prüfen.

Bei der Suche nach einem Mittelsmann fällt Kaiser Karls Wahl auf seinen Schwager, den Prinzen Sixtus von Bourbon-Parma. Die verwandtschaftliche Verquickung der europäischen Herrscherhäuser kommt dem Plan zustatten. Prinz Sixtus dient zwar in der belgischen Armee, kann aber für seine geheime Mission beurlaubt werden. Als Sixtus mit seinem Bruder Xavier in Neuchâtel eintrifft, wird ihm von einem Abgesandten des Kaisers eine Einladung nach Wien übergeben. Unerkannt reisen die Brüder der Kaiserin durch das vom Kriegsfieber geschüttelte Land. Lautlos öffnen sich in der Dunkelheit des nächsten Abends die eisernen Tore des Schlosses Laxenburg bei Wien, um die Offiziere aus dem Lager der Gegner einzulassen.

»Wir fanden den Kaiser ebenso aufrecht und loyal wie in vergangenen Zeiten«, erinnert sich Prinz Sixtus, »aber ernster und sogar ein wenig niedergedrückt. Als die erste Gefühlsaufwallung sich gelegt, begann der Kaiser sofort vom Frieden zu sprechen: ›Es muß unbedingt Frieden gemacht werden. Ich will es um jeden Preis! Ich werde als Verbündeter das Unmögliche versuchen, die Deutschen zu einem gerechten Frieden zu führen.‹« Dann fügt Karl nach den Aufzeichnungen des Prinzen Sixtus hinzu: »Wenn das nicht gelingt, so will ich – da ich die Monarchie nicht dem Wahnsinn meiner Nachbarn opfern will – den Separatfrieden schließen.«

Doch was soll der Preis für den ersehnten Frieden sein? Prinz Sixtus hat die Bedingungen der französischen Regierung in der Tasche. Heute ist die Aufregung kaum noch verständlich, die damals darüber aufkommen konnte: Frankreich verlangt von den Mittelmächten die Wiederherstellung Belgiens und Serbiens, von Deutschland die Rückgabe Elsaß-Lothringens.

Jedermann in Europa weiß damals, daß Elsaß-Lothringen einer der tieferen Gründe für die deutsch-französische Feindschaft war. Gegen den dringenden Rat des klügeren Bismarck hatten die siegreichen Generale 1871 darauf bestanden, Elsaß-Lothringen in das junge Deutsche Reich einzugliedern. Jetzt, 1917, wäre es darauf angekommen, Bismarcks Lehre nachträglich zu erwägen und damit den Frieden zu erlangen. Wieder sind es die Generale, die solche Ideen weit von sich weisen.

Kaiser Karl weiß, daß das Ende des Völkermordens von diesem einen Punkt abhängen wird. Er glaubt auch, als Chef des Hauses Lothringen ein gewisses Anrecht zu haben, sich mit dieser Frage zu befassen. So schreibt er mit eigener Hand einen Brief, den Prinz Sixtus wenig später dem französischen Staatspräsidenten Poincaré vorlegen wird. Darin sagt der österreichische Monarch: »... daß ich mit allen Mitteln und unter Anwendung meines ganzen persönlichen Einflusses bei meinen Verbündeten die gerechten Rückforderungsansprüche Frankreichs in bezug auf Elsaß-Lothringen unterstützen werde.« Nicht mehr und nicht weniger.

Das ist das erste von zwei Schreiben, die später als »die schrecklichen Kaiserbriefe« bekannt werden. Der zweite Brief, an Prinz Sixtus gerichtet und von diesem nach Paris weitergeleitet, behandelt Friedensmöglichkeiten mit Italien.

Allen anderen Verlockungen Poincarés versagt sich Karl energisch: Wenn Deutschland erst geschlagen war, so läßt man ihn wissen, soll Österreich Schlesien wiederbekommen, Teile Polens und obendrein ganz Bayern. In Wien denkt niemand daran, solchen Illusionen zu folgen, und als in Paris die Regierung Ribot von dem »Tiger« Clémenceau abgelöst wird, verdorren die Friedensfühler zunächst völlig.

Pressefeldzug gegen den »verräterischen« Kaiser Karl

Ein Jahr später begeht Außenminister Czernin einen unverzeihlichen Fehler. Er vergißt alle diplomatischen Gepflogenheiten, die für geheime Friedensgespräche unverbrüchliches Stillschweigen garantieren. Am 2. April 1918 erwähnt er in einer Rede einen von Frankreich ausgestreckten Friedensfühler: »Herr Clémenceau hat einige Zeit vor Beginn der Westoffensive bei mir angefragt, ob ich zu Verhandlungen bereit sei und auf welcher Basis.«

»Das hat Graf Czernin gelogen«, läßt Clémenceau sofort öffentlich erwidern und schlägt zurück: »Kann sich Graf Czernin nicht an einen anderen Versuch erinnern, welcher durch eine weit über ihm stehende Persönlichkeit in Paris und London gemacht worden ist?«

Czernin erschrickt, als er die Folgen seiner unbedachten Äußerung auf sich zukommen sieht. Er heuchelt Überraschung, aber das reizt Clémenceau nur zu größerer Deutlichkeit. Durch die Nachrichtenagentur Havas läßt er Wien bloßstellen: »Kaiser Karl ist es, welcher in einem Brief vom Monat März 1917 mit eigener Hand seine Zustimmung ›zu den gerechten Rückforderungsansprüchen Frankreichs in bezug auf Elsaß-Lothringen‹ bestätigt hat.«

Die von Clémenceau gebrauchten Worte »Zustimmung« und »bestätigt« geben dem Kaiserbrief einen falschen Anstrich. Wie auf Kommando bricht die deutsche Presse in einen Aufschrei aus: Das deutsche Elsaß-Lothringen vom verräterischen Habsburg schmählich an Frankreich verschachert!

Ist an dieser furchtbaren Affäre noch etwas zu retten? Kaiser Karl verliert die Nerven und läßt alles ableugnen. Sofort veröffentlicht Clémenceau in Paris den vollen Wortlaut der kaiserlichen Handschreiben. In seiner Verzweiflung verfällt Czernin auf einen wunderlichen Ausweg. Er sagt dem Kaiser, daß Deutschland wegen dieser Geschichte wahrscheinlich Österreich-Ungarn den Krieg erklären würde. Um das Unheil abzuwenden, will Czernin in Berlin eine schriftliche Erklärung Kaiser Karls vorlegen, daß die von Clémenceau veröffentlichten Texte gefälscht seien. Und in dieser kritischen Stunde ist Karl zu schwach, um den Stier bei den Hörnern zu packen. Er gibt Czernin die geforderte Erklärung – an die doch niemand glaubt – und setzt sich damit selber ins Unrecht. Tatsächlich hätte es der Monarch keinen Augenblick nötig gehabt, sich auf diese Vertuschungsmanöver einzulassen. Er war aber, ebenso wie Czernin, ein Opfer der augenblicklichen Panik geworden.

In Berlin spielt Ludendorff zur gleichen Stunde die Karte »totaler Sieg«. Es kommt ihm dabei höchst ungelegen, daß die allgemeine Kriegsmüdigkeit in Deutschland und Österreich-Ungarn von einem Friedensversuch Wiens gestützt wird. Die einzige Möglichkeit, den Schritt in aller Augen unsympathisch zu machen, bestand darin, ihn als Verrat hinzustellen. Ein Sturm von Schmähungen und Verleumdungen gegen den Habsburger erhebt sich in den Zeitungen. Mit scharfen Worten, wie sie unter Verbündeten sonst kaum üblich sind, werden die »verräterischen Machenschaften Karls und seiner welschen Weiberpolitik« angeprangert – gemeint sind die Kaiserin Zita und deren Mutter aus dem Hause Bourbon-Parma –, man bezichtigt ihn selbst der Brieffälschung und des Kriegsverrats, der Untreue dem deutschen Verbündeten gegenüber.

Wäre Kaiser Karl besser beraten, weniger vornehm und vor allem tatkräftiger gewesen, so hätte er den Pressefeldzug mit einem Schlag zum Stehen bringen können. Da ist zunächst einmal eine offizielle Verlautbarung der Reichsregierung, die noch vor Beginn des Verleumdungsfeldzuges gegen Kaiser Karl in schöner Offenheit verkündet hatte: »Wir sind von Österreich-Ungarn stets in loyaler Weise auf das genaueste über den Gang der geheimen Verhandlungen zwischen der Monarchie und der Entente unterrichtet worden.« Noch deutlicher tritt die Wahrheit in einem Brief hervor, den Kaiser Karl am 20. August 1917 an den deutschen Kronprinzen Wilhelm geschrieben hatte:

»Trotz aller übermenschlichen Leistungen unserer Truppen erfordert die Lage im Hinterland unbedingt ein Ende des Krieges noch vor dem Winter – dies gilt für Deutschland so gut wie für uns. Ich habe bestimmte Anzeichen, daß wir Frankreich für uns gewinnen könnten, wenn Deutschland sich zu gewissen territorialen Opfern in Elsaß-Lothringen entschließen könnte.

Aber ich will nicht, daß Deutschland das Opfer allein tragen sollte, ich will selbst den Löwenanteil dieses Opfers tragen und habe Seiner Majestät, Deinem Vater, erklärt, daß ich bereit bin, nicht nur auf ganz Polen zu verzichten, sondern auch Galizien an Polen abzutreten und dieses Reich an Deutschland angliedern zu helfen. Deutschland würde im Osten ein Reich gewinnen, während es im Westen einen Teil seines Landes hergeben würde.«

Selbst Kaiser Wilhelm hatte noch an Karls Vorgänger Franz Joseph geschrieben: »Den Vorschlag zum Frieden zu machen, ist eine sittliche Tat, die notwendig ist, um die Welt von dem auf allen lastenden Druck zu befreien. Zu einer solchen Tat gehört ein Herrscher, der ein Gewissen hat und sich Gott verantwortlich fühlt und ein Herz hat für seine und die feindlichen Menschen, der unbekümmert um die eventuellen absichtlichen Mißdeutungen seines Schrittes den Willen hat, die Welt von ihren Leiden zu befreien.«

Keine Rede kann also davon sein, daß Karl deutsches Land hinter Deutschlands Rücken preisgeben wollte, keine Rede davon, daß er heimlich und schmachvoll nach Frieden suchte.

»Mir bleibt nur die Pistole«

Ein einziger Mensch in Europa, der das Lügengewebe hätte zerreißen können, zittert indessen um seinen Posten: Graf Czernin. Ihm ist klar, daß er über diese Affäre stürzen wird. Statt jedoch das Schicksal auf sich zu nehmen und noch im Sturz seinen Kaiser zu rehabilitieren, sucht er verzweifelt nach einem Sündenbock. Am geeignetsten für diese Rolle erschien ihm Graf Erdödy, der als Mittelsmann zwischen Karl und Prinz Sixtus fungiert hatte. Belustigt schildert Erdödy später, wie Czernin alle Mittel ins Gefecht brachte:

> »Czernin trat nahe an mich heran und erklärte, daß ich die Schuld auf mich nehmen müsse: ›Wenn du nicht den Mut hast, alles auf dich zu nehmen, ist meine Position erledigt.‹
>
> Ich verstand nicht recht: ›Was heißt das?‹
>
> Czernin war sehr erregt: ›Das heißt, daß du erklärst, daß ich nichts von diesen Briefen gewußt habe.‹
>
> Ich kochte: ›Das fällt mir nicht im Schlaf ein!‹
>
> Czernin faßte mich beim Arm: ›Wenn du dich weigerst, bin ich ein toter Mann, mir bleibt nichts mehr als die Pistole ... also?‹
>
> ›Also!‹ schrie ich, riß meine Pistole aus der Tasche, warf sie auf den Tisch, eilte aus der Tür und schlug sie hinter mir zu, daß es knallte.
>
> Plötzlich befreit, stieg ich nachdenklich, beinahe genußsüchtig die breiten Stufen hinab. Stufe für Stufe. Lauschend. Ich hörte keinen Schuß hinter mir. Graf Czernin blieb am Leben.«

Czernin bleibt am Leben, aber nicht Außenminister. Ein Zufall will es überdies, daß nun auch seine pessimistische Denkschrift wieder auftaucht. Ein Flügeladjutant Karls, Oberstleutnant Graf Ledochowski, hatte die geheime Denkschrift schon am 12. April 1917 nach Bad Kreuznach gebracht und Kaiser Wilhelm ausgehändigt. Als zehn Tage später der betriebsame Zentrumsabgeordnete Matthias Erzberger aus Berlin nach Wien gereist kommt, »um die politischen Absichten der Österreicher zu erforschen«, kennt er Czernins düstere Denkschrift schon beinahe auswendig. Ein Zufall spielt ihm nun überdies eines der vier Exemplare mit dem vollen Wortlaut in die Hand.

Am Nachmittag hatte Erzberger eine Audienz bei Kaiser

Karl gehabt, und »als ihm die hübsche Kaiserin Zita die Hand zum Kuß reichte, war er überwältigt«, wie Fürst Bülow zu berichten weiß. Nach der Audienz räumt Karl seinen Schreibtisch auf. Er findet dabei ein paar Schriftstücke, die der Abgeordnete zurückgelassen hat. Der Monarch steckt sie in einen Umschlag, und bald darauf wird das Kuvert von einem Leibgardereiter in Erzbergers Hotel abgegeben. Zu seiner Verblüffung findet Erzberger unter den zurückgeschickten Papieren auch die geheime Denkschrift.

War Kaiser Karl beim Aufräumen, beim Zusammenraffen der Schriftstücke eine Unachtsamkeit unterlaufen, oder handelte es sich um einen nicht ganz ungewollten Irrtum? Wie dem auch sei: Erzberger erfährt aus dem Dokument nur, was er ohnehin schon wußte; er kann sich jetzt aber auf den authentischen Wortlaut stützen.

Für den Fraktionsführer des Zentrums hat diese Tatsache einen großen Vorteil. Er ist nämlich gerade im Begriff, Reichskanzler Bethmann Hollweg zu stürzen. Der Mißerfolg des uneingeschränkten U-Boot-Krieges scheint Erzberger genügend Anlaß, die bisherige Haltung Deutschlands zu überprüfen. Ist es nicht Zeit, dem Krieg ein Ende zu machen und den Friedenswillen des Reichstags öffentlich zu verkünden? Bethmann Hollweg widerrät, weil mit einem Eingeständnis der Schwäche keine günstigen Friedensbedingungen zu erlangen seien – und eine Friedensresolution des Reichstags würde zweifellos als ein Eingeständnis von Schwäche ausgelegt werden.

Unbedacht zieht Erzberger in diesem Augenblick eine Abschrift der Czerninschen Denkschrift hervor und verliest ihren Inhalt vor mehr als hundert Abgeordneten. Rasch findet sich nun die erforderliche Mehrheit für eine Friedensresolution. Gleichzeitig gelangt aber auch der Bericht über die schwierige Lage Österreich-Ungarns ins Ausland. Als der Reichstag seinen Friedenswillen endlich verkündet, ist Czernins Bericht schon in London bekannt, und die »Times« kann im Juli 1919 enthüllen: »Der Geheimbericht des Grafen Czernin über die hoffnungslose Lage der Mittelmächte ist etwa im Juli 1917 dem englischen Ministerrat zugegangen und hat den Gegenstand eingehender Beratungen gebildet. Danach noch mit Deutschland zu verhandeln, wäre nach Ansicht aller Minister heller Wahnsinn gewesen.«

Wieder einmal hat Bethmann Hollweg recht behalten, aber diese späte Rechtfertigung hat keinen Einfluß mehr auf die Geschichte nehmen können. Erzbergers gute Absichten sind an seiner eigenen Betriebsamkeit zerschellt. Während er den Sturz des Kanzlers in die Wege leitete, machte er sich ungewollt zum Werkzeug einer viel gewichtigeren Kraft: des Generalquartiermeisters Ludendorff. Erzberger wollte den Kanzler stürzen, weil Bethmann Hollweg der Friedensresolution im Wege zu stehen schien. Ludendorff verfolgt die gleiche Absicht aus einem anderen Grund: Ihm war Bethmann Hollweg nicht kriegerisch genug.

»Michel oder so ähnlich« heißt der neue deutsche Reichskanzler

Am 12. Juli 1917 unternimmt es Kronprinz Wilhelm, die Meinung des Reichstags in dieser grotesken Lage zu erforschen. Oberst Bauer, ein Gefolgsmann Ludendorffs, hat sechs ausgewählte Reichstagsabgeordnete zusammengerufen und stellt sie dem Kronprinzen vor: Erzberger, Gustav Stresemann und der Sozialdemokrat David sind darunter.

Wie der Führer der Fortschrittlichen Volkspartei, Friedrich von Payer, berichtet, mußten die Abgeordneten einzeln vortreten, »Habt-acht-Stellung« einnehmen und so in rascher Reihenfolge die knappen Fragen des Kronprinzen beantworten: Kanzlerwechsel oder nicht? Mit Ausnahme Davids sprechen sich alle für den Rücktritt Bethmann Hollwegs aus. Zuletzt zögert nur noch Kaiser Wilhelm, den entscheidenden Schritt zu tun. Da drohen Hindenburg und Ludendorff, ihre Ämter niederzulegen, falls Bethmann Hollweg bleibe. Diesem massiven Druck gibt Wilhelm nach.

Doch nun zeigt sich wieder eine unglaubliche Seite des Intrigenspiels. Von Ludendorff über Erzberger bis Kaiser Wilhelm hatte sich niemand Gedanken darüber gemacht, wer Kanzler werden sollte, wenn Bethmann Hollweg erst einmal entlassen war. Alle sahen sich mit verblüfften Gesichtern an, als der Sessel nun wirklich leer stand. Während an allen Fronten die Wogen gegen Deutschland anbranden, ist das Staatsschiff ohne Steuermann. Die Ratlosigkeit ist so groß, daß sogar die Flügeladjutanten im Marmorsaal des kaiserlichen Schlosses herumrätseln, was nun werden soll.

Wenn es nicht überliefert wäre, könnte man es nicht glauben, wie Deutschland schließlich doch wieder einen Reichskanzler erhalten hat: Mitten in das dumpfe Brüten und Grübeln aller Beteiligten fällt das Poltern der Tür. Generaladjutant von Plessen stürzt herein und ruft: »Ich habe einen Reichskanzler!«

Er wird von allen Seiten bestürmt und erklärt nach den Erinnerungen des Fürsten Bülow: »Wie er heißt, habe ich vergessen. Michel oder so ähnlich. Er macht in Brotlieferungen und hat neulich eine famose Rede gehalten, in der er sagte, er renne jedem den Degen durch den Leib, der ihm in den Weg träte.«

Wer ist dieser energische Mann? Kabinettsrat Valentin scheint es zu erraten und verkündet: »Der Mann heißt zwar nicht Michel, sondern Michaelis, er treibt auch kein Brotgeschäft, sondern ist Staatssekretär für das Ernährungswesen in Preußen. Er hat auch nicht gesagt, daß er jedem den Degen in den Bauch stoßen wolle, sondern er betonte, er halte die Waffe des Gesetzes in der Hand und werde sie rücksichtslos anwenden.«

Als der Kaiser von dem phantastischen Vorschlag erfährt, sagt er aufgeräumt: »Ich habe keine Ahnung, wer er ist.«

Dr. Georg Michaelis war Vizefeldwebel gewesen und vor Jahren einmal für unfähig gehalten worden, die Stelle eines Oberregierungsrates in Breslau zu bekleiden. Jetzt, da ihn das Schicksal in den Strudel der höheren Politik wirft, ist er gerade sechzig Jahre alt. Der bayerische Graf Lerchenfeld meinte: »Dieser Dr. Michaelis ist, wie wir Münchner sagen, ein Viech mit Haxn. Mehr weiß ich nicht.«

Wirklich ist Michaelis weltfremd und hat von politischen Dingen keine Ahnung. Als Kabinettschef Valentin bei ihm erscheint und ihn über die Allerhöchsten Absichten unterrichtet, ist der künftige Kanzler wie vom Donner gerührt. Erschrocken blättert er in den Losungen der Brüdergemeinde, seinem täglichen Leitfaden, und findet dort für diesen Tag Vers neun aus dem ersten Kapitel des Buches Josua angegeben: »Siehe, ich habe dir geboten, daß du getrost und freudig seiest. Laß dir nicht grauen und entsetze dich nicht; denn der Herr, dein Gott, ist mit dir in allem, was du tun wirst.«

So berichtet es Michaelis selbst in seinen Lebenserinnerungen. Getrost und freudig begibt er sich zum Kaiser. Wilhelm schüttelt ihm die Hand und fragt: »Haben Sie Lust, das höchste Amt im Reich zu übernehmen?«

Michaelis nimmt Haltung an, erklärt seine Zustimmung und fügt treuherzig hinzu: »Ich fühle, daß die Unterstützung von oben mir nicht fehlen wird.«

Gut gelaunt poltert der Kaiser: »Ich ernenne Sie zum Major; mehr bedarf es nicht, damit Sie mit Gottes Hilfe ein ausgezeichneter Reichskanzler werden.«

Alle sind erleichtert. Die Krise ist prächtig gelöst. Daß das deutsche Kaiserreich längst nicht mehr rüstig genug ist, um solche Roßkuren zu vertragen, bedenkt niemand. Michaelis regiert hundert Tage. Nur an zwei davon handelt er, und beide Male verkehrt. Mit einem Brief, den er hinter dem Rücken seiner Minister schreibt, vereitelt er eine Friedensbemühung des Papstes. Das andere Mal verliest er die lange erwartete Friedensresolution des Reichstags und versieht sie mit dem schlau gemeinten Zusatz: »Wie ich sie auffasse.«

Das setzt seinem Wirken ein Ende. Die Kanzlerschaft von Georg Michaelis war nach zeitgenössischem Urteil »eine der größten Ungeheuerlichkeiten, die sich jemals ereignet haben«. Nur Kaiser Wilhelm meinte gerührt: »Michaelis ist der beste Kanzler, den ich während meiner ganzen Regierung gehabt habe.«

Sein Nachfolger, der fast erblindete vierundsiebzigjährige, von Alterserscheinungen und ständiger Müdigkeit geplagte Graf Georg Hertling, bekommt ein verfahrenes Erbe in die dürren Greisenhände gelegt.

»Deutschland hat den Verstand verloren«

Im Osten ist das Zarenreich gestürzt, eine völlig unübersichtliche Lage herrscht unter der Decke der russischen Revolution. Deutschland und Österreich wollen sich auf die machtlos gewordenen Gebiete stürzen und in Brest-Litowsk den Frieden diktieren. Neue Staaten tauchen auf und verschwinden wieder: eine von Deutschland abhängige Ukraine, ein von Deutschland und Österreich gegründetes Königreich Polen ohne König. Die Ukraine soll Korn liefern, das Königreich Polen 200000 Freiwillige für die deutsche Armee. »So viele Selbstmörder gibt es in Polen nicht«, lächelt man in Warschau und begräbt damit Ludendorffs Hoffnungen.

Im Westen betreten zur gleichen Zeit die ersten amerikanischen Truppen europäischen Boden. Frisch, kraftgeschwellt und tatendurstig fragen sie, kaum an Land gesprungen, die französischen Bleichgesichter: »Wo ist denn eure verdammte Schießbude?«

In Washington war der Entsendung von General Pershings Expeditionskorps und der Kriegserklärung eine Reihe schwerer innerer Kämpfe vorausgegangen. Präsident Woodrow Wilson hatte immer wieder erklärt: »Ich will nicht in diesen Krieg hineingezogen werden. Wir sind das einzige große, weiße Volk, das mit dem Krieg nichts zu tun hat; es wäre ein Verbrechen gegen die Kultur, wollten wir uns einmischen.«

Der uneingeschränkte U-Boot-Krieg hat das Blatt mit einem Schlag gewendet. Nach dem Abbruch der diplomatischen Beziehungen ist es nur noch ein Schritt zur Kriegserklärung. Wilson »war traurig und niedergeschlagen über die Tat der deutschen Regierung«, berichtet einer seiner Vertrauten.

Doch Robert Lansing, der amerikanische Außenminister, hatte bissig erklärt: »Ich hoffe, die unvorsichtigen Deutschen werden bald einen groben Mißgriff begehen. Der Krieg kann für mich nicht bald genug kommen.« Und wirklich tut Berlin dem amerikanischen Außenminister den Gefallen! Ein Telegramm des Außenministers Zimmermann an den deutschen Botschafter in Mexiko wird in Washington entschlüsselt. Es enthüllt einen abenteuerlichen Plan: Deutschland will versuchen, Mexiko als Verbündeten zu gewinnen und gegen die Vereinigten Staaten marschieren zu lassen. Als Dank dafür verspricht Berlin den Mexikanern reiche Landentschädigung – ganz Neu-Mexiko, Arizona und Texas. »Deutschland hat den Verstand verloren!« urteilt der amerikanische Großindustrielle Andrew Carnegie.

In allen Teilen der Vereinigten Staaten greift ungeheure Aufregung um sich. Sie wird noch gesteigert, als bekannt wird, daß die Deutschen gleichzeitig versucht haben, auch Japan von den Alliierten abzuspalten und zum Krieg gegen Amerika zu ermuntern.

»Großer Gott! Großer Gott!« stöhnt Wilson immer wieder, während ihm Lansing Vortrag über die Geschehnisse hält. Der Präsident ist völlig in sich zusammengesunken und kaum noch Herr seiner Erregung.

Am 6. April 1917 erklären die Vereinigten Staaten, daß sie sich mit Deutschland im Kriegszustand befinden. Von Küste zu Küste erfaßt ein Taumel der Begeisterung das ganze Land. Zehntausende drängen sich an der Straße und schwenken Tücher und Fahnen, als Wilson nach seiner Kriegsrede den Kongreß verläßt und durch Washington fährt. Mit fahlem Gesicht wendet sich der Präsident an seinen Sekretär Tumulty, der neben ihm sitzt: »Weshalb jubeln mir diese Menschen zu?« fragt er mit heiserer Stimme. »Eben habe ich verlangt, daß ihre Söhne auf die Schlachtfelder ziehen, und jetzt schreien sie ›Hoch‹.«

Zwei Millionen Amerikaner gehen in den nächsten Monaten nach Europa. Alles kommt, wie es Bethmann Hollweg und Kaiser Karl vorausgesehen haben. Nur Hindenburg hatte, als vom Kriegseintritt Amerikas die Rede war, mit Bärenruhe gesagt: »Damit werden wir schon fertig.«

Die Russen wollen nicht mehr

Auf zartgetöntem Büttenpapier schreibt Zarin Alexandra Feodorowna von Schloß Zarskoje Selo bei Petersburg am 10. März 1917 einen Brief an ihren Gatten ins kaiserliche Hauptquartier bei Mogilew. Die Zeilen sind in dem gleichen leichten Plapperton gehalten, der fast die ganze Korrespondenz des Herrscherpaares auszeichnet: »Radaubrüder haben sich in Bewegung gesetzt; junge Kerle durchstreifen die Straßen und schreien, daß es nichts zu essen gibt, bloß um Unruhe zu stiften. Auch Arbeiter sind dabei, die wiederum andere von der Arbeit abhalten. Hätten wir sehr kaltes Wetter, dann würden sie wohl alle zu Hause bleiben. Nun, es wird alles wieder vorbeigehen und ruhig werden.«

Mit diesen Worten schildert die Zarin den Beginn der größten geschichtlichen Umwälzung unserer Zeit, die Anfänge der russischen Revolution. Kurzsichtigkeit kann man der hessischen Prinzessin auf dem Thron der Romanows freilich nicht vorwerfen, denn als sich die Lawine zu bewegen begann, konnte niemand Umfang und Folgen voraussehen.

Ganz allgemein hatte man schon lange mit Revolten und einer Volkserhebung in Rußland gerechnet. Vor allem die Regierung in Berlin und die Oberste Heeresleitung hegten solche Hoffnungen. Schließlich hatten sie rund fünfzig Millionen Mark auf dunklen Wegen nach Rußland geschleust, um dort »pazifistische und zersetzende Umtriebe« zu fördern. Bezeichnend für die Absichten ist ein Dokument, das erst nach 1945 aus den Geheimarchiven ans Licht gezerrt wurde. Es handelt sich um eine Denkschrift, die der deutsche Gesandte in Kopenhagen, Graf Ulrich Brockdorff-Rantzau, schon im Dezember 1915 nach Berlin schickte. Darin heißt es: »Der Sieg und als Preis der erste Platz in der Welt ist unser, wenn es gelingt, Rußland rechtzeitig zu revolutionieren.« Auch Ludendorff entringt sich der Seufzer: »Wie oft hatte ich auf die russische Revolution zur Entlastung unserer militärischen Lage gehofft!«

Trotzdem wäre es sicher ganz falsch, die Ereignisse in Rußland mit den Wünschen und Geldern Berlins in Verbindung zu bringen. Die Mittel aus den deutschen Geheimfonds waren nur verschwindende Tropfen, ebenso wie die geheimen Beträge aus britischen und französischen Kassen zum Sturz des Zaren, der London und Paris zu deutschfreundlich erschien. In Wahrheit ist die russische Revolution von 1917 das seltene Beispiel einer wirklich spontanen Volkserhebung. Niemand hat sie »gemacht«, und die politischen Funktionäre, die von ihr geträumt hatten, waren gänzlich überrascht, als sie ausbrach. »Nicht eine einzige Partei war auf die große Umwälzung vorbereitet«, gesteht der Revolutionär Suchanow. Sein Genosse Sensinow fügt ehrlich hinzu: »Die Revolution war eine große und freudige Überraschung für uns Revolutionäre.«

Was hatte sich also ereignet? Rußlands Armee war es gelungen, drei defensive Aufgaben zu erfüllen. Sie hatte die deutschen und die österreichisch-ungarischen Truppen daran gehindert, auf die Hauptstadt Petersburg vorzustoßen, nach Moskau zu marschieren oder in die ukrainische Kornkammer einzufallen. Dafür hatte sie schwere Schläge einstecken müssen. Ein offizieller Bericht des Jahres 1917 sagt: »Das Heer hat sich in eine enorme, erschöpfte, schlecht gekleidete, schlecht ernährte, verbitterte Menschenmasse verwandelt, die nur noch durch ihre Friedenssehnsucht und allgemeine Enttäuschung geeint wird.«

Wenig später schon muß General Denikin in die Worte ausbrechen: »Ungehorsam, Verwahrlosung und Diebstahl herrschen unter der Truppe vor. Die Offiziere sind in einer schrecklichen Lage. Sie werden beleidigt, geschlagen, ermordet. Für einen anständigen Offizier gibt es nur einen Ausweg, und das ist der Tod.« General Klembowski meint: »Was soll uns nützen? Die Todesstrafe? Kann man denn wirklich ganze Divisionen aufhängen?«

Zur gleichen Zeit sieht es hinter der Front in Rußland nicht viel anders aus. Auf dem Land herrscht unglaubliche Verelendung. In den Städten schwelgt eine kleine Schicht noch immer im Luxus, während breite Volksschichten hungern. Die Textilarbeiter, bemerkt der amerikanische Korrespondent einer christlichen Zeitung, »wohnen in überfüllten Baracken, schlimmer als im Gefängnis, während in der Fabrik Morosow bei Moskau die Wächter zu Pferd mit der Peitsche ihren Dienst versehen«. Zehn Stunden Tagesarbeit bei erschreckend geringem Lohn sind der Durchschnitt. Beim Betreten und Verlassen der Fabriken müssen sich die Arbeiter von Aufsehern durchsuchen lassen. Am Arbeitsplatz gibt es Schläge, in den Wohnlöchern müssen Dutzende von Menschen in Schwärmen von Ungeziefer hausen, auf dem Markt werden höchstens Rüben feilgehalten, die Bäckerläden sind leer.

Die Lehren der Sozialisten fallen auf fruchtbaren Boden. Weltfremd geht die führende Schicht des russischen Reiches an der Entwicklung vorbei, bis eines Tages Fürst Swiatopolk-Mirski, ein zaristischer Minister, verwundert feststellt: »In den letzten drei oder vier Jahren ist aus unserem gutmütigen russischen Tölpel ein eigenartiger Halbgebildeter geworden, der sich verpflichtet dünkt, Religion und Familie abzulehnen, der die Gesetze verachtet und den Behörden den Gehorsam aufkündigt.«

Doch dieser verwandelte Tölpel ist noch weit davon entfernt, Revolution zu machen, den Zaren zu verjagen, die Regierung zu stürzen, die Reichen zu »expropriieren« – das heißt, ihnen das Eigentum wegzunehmen – oder die Fabriken selbst zu leiten. Am 8. März 1917 jedoch treffen drei Ereignisse zusammen, die den umgeformten Brei zum Überkochen bringen:

- An diesem Tag werden wegen eines unbedeutenden Lohnstreiks die Arbeiter der großen Putilow-Metall- und Rüstungswerke ausgesperrt. Sie ziehen demonstrierend durch die Straßen von Petersburg und fordern mehr Geld.
- Außerdem wird gerade ein »Internationaler Frauentag« begangen. Arbeiterfrauen aus dem Elendsviertel Wyborg benützen die Gelegenheit, um mit Transparenten gegen die schlechte Brotversorgung zu protestieren.
- Zugleich fühlt General Chabalow, daß nun die Gelegenheit gekommen ist, den Sicherheitsapparat spielen zu lassen, dessen Pläne und Handhabung er schon im Januar mit dem Zaren eingehend besprochen hatte.

Polizei, Gendarmerie und eine Militärmacht von zwölftausend Soldaten sind in Petersburg konzentriert, um die Hauptstadt »unruhesicher« zu machen. Polizei geht gegen die demonstrierenden Frauen vor, es kommt zu einigen Zwischenfällen, aber im allgemeinen geschieht nichts. Sogar die zwanzigtausend Putilow-Arbeiter gehen friedlich wieder nach Hause.

Am nächsten Morgen, dem 9. März, sind sie allerdings wieder da. Aus Sympathie mit den Lohnforderungen der Putilow-Arbeiter haben die Belegschaften von weiteren fünfzig Fabriken die Arbeit niedergelegt. Fast zweihunderttausend Menschen sind jetzt in Bewegung. Auch die Frauen mit ihren Transparenten sind wieder auf den Beinen.

An der Newa halten starke Polizeitrupps alle Brücken besetzt. Es sind die Brücken, die aus den düsteren Arbeitervierteln in die prächtige Innenstadt führen. Den Demonstranten fällt es nicht schwer, die Brücken zu meiden und einfach über das Eis der Newa zu marschieren. Jetzt drückt Chabalow auf den Alarmknopf und läßt die Kosaken heranreiten. Wild prescht die Kavalkade herbei, die Menge schreit auf, aber dann sehen die Menschen in den vordersten Reihen, wie die Kosaken lächeln und mit den Augen zwinkern, wie sie dann ihre Pferde mit tänzerischer Gewandtheit so führen, daß niemandem etwas geschieht. Auf dem Snamenskaja-Platz brechen die Demonstranten in Jubel und Beifallklatschen aus, und dankend verbeugen sich die Reiter im Sattel wie bei einer Zirkusvorstellung.

Betroffen muß Stadtkommandant Chabalow feststellen, daß sein Schwert stumpf ist. Nur die Polizei scheint zuverlässig zu sein. Sie schlägt mit der Nagaika um sich, der vielschwänzigen Lederpeitsche, und wird dafür mit Steinen und Eisstücken beworfen.

Am Abend dieses Tages schreibt die Zarin ihren erwähnten Brief. Am selben Abend schickt der Zar selbst aus seinem Hauptquartier ein zorniges Telegramm an Chabalow: »Ich befehle, schon morgen die Unruhen in der Hauptstadt, die in der schweren Zeit des Krieges gegen Deutschland nicht geduldet werden können, zu liquidieren.«

Zitternd gibt Chabalow seinen Offizieren den Schießbefehl.

Am 11. März feuert ein wolhynisches Garderegiment tatsächlich mit Maschinengewehren in eine Ansammlung und tötet fünfzig Menschen. Der Parlamentsvorsitzende, Dumapräsident Rodsjanko, schlägt dem Zaren vor, eine neue Regierung einzusetzen, und beschwört den Herrscher telegraphisch: »Die Situation wird immer schlimmer. Es müssen sofort Maßnahmen ergriffen werden, weil es morgen zu spät ist. Die letzte Stunde der Entscheidung über das Schicksal des Vaterlandes und der Dynastie ist gekommen. Ich bete zu Gott ...«

Nikolaus knüllt das Papier zusammen und sagt zu seinem greisen Hofminister Frederiks: »Der dicke Rodsjanko hat mir irgendeinen Unsinn geschrieben, den ich nicht einmal beantworten werde.«

In der Nacht zum 12. März sind indessen tiefe Veränderungen vorgegangen. Die Soldaten in ihren Unterkünften schliefen nicht. Sie besprachen statt dessen das blutige Gemetzel. Sie faßten keine Beschlüsse, aber als der Morgen graute, war die Stimmung so, daß keiner mehr schießen wollte.

Zum Frühappell wird allen Truppen das Telegramm des Zaren vorgelesen. Bei dem wolhynischen Garderegiment, das gestern noch die Maschinengewehre knattern ließ, erntet Hauptmann Laschkewitsch mit der Verlesung nur Gelächter. Als Antwort rufen ihm die Soldaten zu: »Wir schießen nicht!«

Verwirrt zieht der Hauptmann seine Pistole – und erschießt sich selbst. Ein Feldwebel namens Kirpitschenko übernimmt das Kommando und führt das Regiment auf die Straße. Truppen aus anderen Kasernen schließen sich an. Als Chabalow »zuverlässige Reserven« aufbietet, muß er feststellen, »daß auch diese dahinschmelzen, sobald sie mit der revolutionären Menge in Berührung kommen«.

Der Zar schickt Truppen von der Front, die ebenfalls »dahinschmelzen« werden. Er nimmt die ganze Sache nicht sonderlich ernst. Bissig bemerkt Leo Trotzki, dem Herrscher sei »die Krone über die Augen gerutscht«, und selbst der einflußreiche Fürst Lwow schreibt enttäuscht, daß er im Hauptquartier zu dieser Stunde nicht einen ernst besorgten Souverän vorfindet, sondern »ein lustiges, munteres Kerlchen in himbeerroter Hemdbluse«.

»Hoheit, Sie sind ein edler Mensch«

Von Petersburg aus hat sich inzwischen die Revolution »mit Hilfe des Telegraphen« über das ganze russische Reich ausgebreitet. In den Provinzen erklären sich die Behörden einfach mit den Vorgängen in der Hauptstadt einverstanden. Nikolaus aber beschließt, zu seiner Frau und zu seinen Kindern nach Zarskoje Selo zu fahren.

Während der kaiserliche Zug auf dem Eisenbahnnetz hin und her geschoben wird, weil sich schon viele Bahnhöfe in den Händen der Aufständischen befinden, schickt die Zarin zahlreiche Telegramme an ihren Mann, die alle die Bitte enthalten, so schnell wie möglich zu kommen. Stunden später erhält sie die Depesche mit dem postamtlichen Vermerk zurück: »Empfänger unbekannt verzogen.«

Der umherirrende Gebieter kommt wirklich nicht mehr nach Zarskoje Selo durch. Er begibt sich schließlich ins Hauptquartier der Nordfront nach Pskow, und dort endlich muß er den Tatsachen ins Auge blicken. Generale und Minister sehen nur noch einen einzigen Weg, um »die Revolution einzufangen und die Dynastie zu retten«, nämlich die Abdankung des Zaren. Alle Anwesenden sind überrascht, wie schnell und widerstandslos Nikolaus in diesen Schritt einwilligt. Als Nachfolger bestimmt er nicht seinen Sohn, der unheilbar an der Bluterkrankheit leidet, sondern seinen Bruder Michail.

»Ich habe nicht das Recht, Ihnen die Gefahren zu verheimlichen, denen Sie persönlich ausgesetzt sind, wenn Sie sich entscheiden, den Thron anzunehmen«, sagt der Abgeordnete Kerenski, als er zusammen mit anderen Politikern Michail die Nachricht überbringt. »Ich kann nicht für das Leben Eurer Kaiserlichen Hoheit einstehen.«

Zweifelnd wendet sich Michail an Parlamentspräsident Rodsjanko. Der nickt nur traurig: »Ich habe keine verläßliche bewaffnete Macht mehr hinter mir.«

»Unter diesen Umständen«, sagt Michail, »kann ich den Thron nicht annehmen.«

»Kaiserliche Hoheit, Sie sind ein edler Mensch!« entringt es sich Kerenski. Damit ist die Dynastie der Romanows von der Bühne abgetreten, Rußland ist Republik. Der Weg der Zarenfamilie in Hausarrest und später vor die Pistolenläufe des Fotografen Jakob Jurowski und seiner Helfer ist nur noch eine Nebenerscheinung.

Lenin hat Angst, daß er im Schlaf spricht

An dieser Stelle lohnt es sich, noch einmal nach den Hintergründen der Revolution Ausschau zu halten. Als aus dem Frauenaufmarsch und der Lohndemonstration der Umsturz emporwuchs, versuchten die verblüfften Parteifunktionäre, die Vorgänge ihrer eigenen Sache dienstbar zu machen. Die Kommunisten oder Bolschewisten spielten dabei zunächst eine nur untergeordnete Rolle. Ihr führender Kopf sitzt während der überraschenden Geschehnisse geruhsam in Zürich, Spiegelgasse 14. Er ist Emigrant, heißt Wladimir Iljitsch Uljanow und hat sich als sozialistischer Schriftsteller das Pseudonym Lenin zugelegt. Während sich ringsum Europa zerfleischt, widmet sich Lenin in der neutralen Schweiz seinen Studien, verbringt die langen Tage in öffentlichen Bibliotheken, geht am Seeufer spazieren oder hält sich mit Radfahren und Bergsteigen elastisch.

Unter dieser unscheinbaren äußerlichen Erscheinung verbirgt sich ein brodelnder Vulkan. Lenin möchte die gewohnte Welt aus den Angeln heben, er ist auf eine geniale Weise aggressiv, und seine ganze Einstellung zu den damaligen Zeitproblemen offenbart sich, wenn er schon 1914 schreibt: »Militärdienstverweigerung, Proteststreiks gegen den Krieg und ähnliche Dinge sind reine Torheit, ein blutloser und feiger Traum des waffenlosen Kampfes gegen die bewaffnete Bourgeoisie, ein Seufzer um die Vernichtung des Kapitalismus, ohne einen verzweifelten Bürgerkrieg oder eine ganze Reihe von Kriegen zu wagen. Nieder mit den sentimentalen und törichten Predigerseufzern ob eines ›Friedens um jeden Preis‹! Entfaltet das Banner des Bürgerkriegs! Der Imperialismus hat das Schicksal der europäischen Kultur aufs Spiel gesetzt: Dem jetzigen Krieg werden, wenn es nicht zu einer Reihe erfolgreicher Revolutionen kommt, andere Kriege folgen. Das Märchen vom ›letzten Krieg‹ ist ein inhaltloses, schändliches Märchen.«

Als die ersten Nachrichten von den Ereignissen aus Rußland in Zürich eintreffen, mißt Lenin den Zeitungsberichten keine Bedeutung bei. Dann aber, nach der Abdankung des Zaren, scheint er die Chancen besser beurteilt zu haben: Vielleicht war es möglich, dem bürgerlich-republikanisch-sozialistischen Umsturz eine zweite, eine bolschewistische Revolution folgen zu lassen. Von solchen Gedanken bewegt, sinnt Lenin auf abenteuerliche Mittel, wie er aus der Schweiz nach Rußland zurückkehren könnte. Zahlreiche russische Emigranten, die in der Schweiz Asyl gefunden haben, hegen den gleichen Wunsch. Da Rußland mit Deutschland noch im Krieg steht, ist eine Durchreise durch Deutschland unmöglich. Auf dem Weg durch Frankreich käme am Ende eine Seereise in Frage, die von deutschen U-Booten bedroht ist.

Zuerst plant Lenin, seinen markanten Kahlkopf mit einer Perücke zu tarnen. Dann will er die Rolle eines taubstummen Schweden spielen und sich nach Skandinavien durchschlagen; er wird aber gewarnt, daß er sich verraten würde, weil er im Schlaf zu sprechen pflegte. Schließlich setzt er sich mit Schmugglern in Verbindung, die sich verpflichten wollen, ihn gegen hohe Bezahlung nach Deutschland zu bringen – aber nicht weiter.

In dieser Sackgasse angelangt, wird Lenin durch eine Laune der Geschichte wieder befreit. Nach dem ersten Jubel des deutschen Generalstabs über die Revolution in Rußland müssen Hindenburg und Ludendorff nämlich eine herbe Enttäuschung erleben: Auch die neue republikanische Regierung in Petrograd – wie St. Petersburg jetzt heißt – will den Krieg gegen Deutschland fortsetzen. Die Hoffnung, alle Ostdivisionen freizubekommen und nach dem Westen werfen zu können, schwindet wieder dahin. Immerhin gibt es noch eine Möglichkeit. Man muß in die revolutionäre Glut hineinblasen und sie erneut anfachen, man muß die radikalen Bolschewiki gegen die gemäßigte Regierungsmehrheit aufwiegeln. In Kopenhagen greift Gesandter Brockdorff-Rantzau seinen alten Gedanken wieder auf und telegraphiert »ganz geheim« nach Berlin: »Wir müssen unbedingt jetzt schon suchen, in Rußland ein größtmögliches Chaos zu schaffen. Wir sollten alles daransetzen, unter der Hand die Gegensätze zwischen den gemäßigten und den extremen Parteien zu vertiefen, denn wir haben das größte Interesse daran, daß die letzteren die Oberhand gewinnen, weil dann die Umwälzung unvermeidlich und Formen annehmen wird, die den Bestand des russischen Reiches erschüttern müssen. In etwa drei Monaten dürfte aller Voraussicht nach damit zu rechnen sein, daß die Zersetzung genügend fortgeschritten ist, um durch ein militärisches Eingreifen unsererseits den Zusammenbruch der russischen Macht zu gewährleisten.«

Ein von Brockdorff-Rantzau sehr geschätzter deutscher Sozialist, Dr. Alexander Helphand, hat dann allem Anschein nach die Idee gehabt, die in der Schweiz lebenden Radikalisten nach Rußland zu bringen und dort »im Sinne dieser Zersetzung« wirken zu lassen.

Treppenwitz der Weltgeschichte: Ludendorff hilft Lenin

Der deutsche Gesandte in Bern, Freiherr Gisbert von Romberg, wird vom Auswärtigen Amt angewiesen, sich in der Schweiz nach geeigneten russischen Revolutionären umzusehen. Romberg nimmt durch Mittelsleute Verbindung zu Emigrantenkreisen auf und kann bald nach Berlin melden, daß es da auch »einen gewissen Herrn Lehnin« gibt, der zusammen mit anderen Russen gerne nach Rußland zurückkehren würde.

Vom Auswärtigen Amt wird der ganze Plan dem Kaiserlichen Hauptquartier und der Obersten Heeresleitung unterbreitet. Lenin hat sich bereit erklärt, durch Deutschland zu reisen, falls ihm garantiert wird, daß es keine Paß- und Gepäckkontrolle gibt und kein Deutscher die Wagen betreten darf. Seine Mitreisenden sollen ebenso unbehelligt bleiben, ganz gleichgültig, welche politische Gesinnung oder Einstellung sie vertreten. Die deutsche Regierung ist geneigt, diese Bedingungen vertraglich anzuerkennen. Auf der anderen Seite will man aber in Berlin auch wissen, was denn nun die Herren Bolschewiki als Gegenleistung zu bieten hätten.

Lenin weiß, was die Deutschen im Osten erreichen wollen: Frieden. Lenin weiß auch, was die Bolschewisten brauchen, um im Innern die Macht erlangen und festigen zu können: Frieden. So unterbreitet er dem deutschen Gesandten in Bern durch einen estnischen Mittelsmann ein Programm, dessen fünfter Punkt lakonisch lautet: »Friedensangebot ohne Rücksicht auf Frankreich.« Außerdem wirft Lenin den Deutschen noch zwei Köder hin. Punkt sechs: Die russischen Armeen verlassen sofort die Türkei, somit Verzicht auf Konstantinopel und die Dardanellen. Punkt sieben: Russische Armee rückt in Indien ein.

Wohlgemerkt: Das sind Vorschläge eines Mannes, der fast mittellos und mit leeren Händen in Zürich sitzt. In Berlin aber wird man nun vollends schwach. Der Kaiser gibt seinem Kanzler einen diskreten Wink des Einverständnisses. Hindenburg und Ludendorff von der Obersten Heeresleitung telegraphieren nach Prüfung des Planes nach Berlin: »Gegen Durchreise russischer Revolutionäre keine Bedenken.«

Was die Reisebedingungen Lenins anbetrifft, depeschiert Legationsrat Dr. Kurt von Lersner im Namen des Generalquartiermeisters hinterher: »General Ludendorff läßt drahten: Ich werde für Auswahl geeigneten Offiziers und seine den geäußerten Wünschen entsprechende Information Sorge tragen.« Gründlich wird von der Obersten Heeresleitung hinzugefügt: »Es werden nur solche Russen in Marsch gesetzt, die für Frieden wirken.«

Jetzt, in den Händen der Militärs, ist alles nur noch eine Frage der Routine, der »reibungslosen Durchführung«. Alles soll klappen und wird klappen. Churchill hat den Nagel auf den Kopf getroffen, wenn er später schreibt: »Die Deutschen transportierten Lenin in einem plombierten Waggon wie einen Seuchenbazillus aus der Schweiz nach Rußland.«

Die Folgen für die ganze Welt sind noch heute unabsehbar.

Schon 1925 sagte Ludendorff schaudernd zu dem französischen Korrespondenten Jules Sauerwein: »Das ist eine Angelegenheit, an die ich mich nicht erinnern will.« Zwölf Jahre später, 1937, hatte er sich so weit gefaßt, daß er erklärend meinte: »Ich hatte von Lenin, ich muß es nun einmal aussprechen, keine Ahnung. Ich bin nur gefragt worden, ob ich etwas dagegen einzuwenden hätte. Das hatte ich nicht, da mir die Reichsleitung zugleich verbesserte Friedensmöglichkeiten durch innere Schwächung Rußlands in Aussicht stellte.«

Wie dem auch sei: Am 9. April 1917 besteigen zweiunddreißig Menschen im Bahnhof von Zürich den Zug nach Deutschland, russische Emigranten aller Schattierungen, darunter neunzehn Bolschewisten mit Lenin an der Spitze. Bevor sich der Zug um 15 Uhr 15 in Bewegung setzt, erleben die neugierig umherstehenden Eidgenossen noch ein seltenes Schauspiel. Andere Russen, die nicht mitfahren, sind auf dem Bahnsteig erschienen und eröffnen eine Schimpfkanonade: »Provokateure! Deutsche Spitzel! Lumpen! Schweine!«

Mit Wurst, Schokolade, Brot und Zucker für zehn Tage versehen, kommt der Transport noch am selben Tag über die Grenze auf deutsches Gebiet. Die Wagen werden nicht plombiert, wie die Legende später behauptet hat, sondern nur abgesperrt. Auf dem Gang zwischen den Abteilen der Russen und den Abteilen des deutschen Begleitkommandos wird ein Kreidestrich gezogen, an dieser dünnen Marke beginnt die Exterritorialität, die sich die Russen ausbedungen haben.

Ein weiterer Artikel des Transportvertrages lautet: »Es darf keine Fahrtunterbrechung ohne technische Notwendigkeit erfolgen.« Das bewirkt, daß sogar ein Sonderzug mit dem deutschen Kronprinzen in Halle zwei Stunden lang warten muß, weil die Gleise »von einer wichtigen Diplomatengruppe belegt« sind.

Kaiser Wilhelm verfolgt die Reise der zukünftigen Zarenmörder und Weltrevolutionäre mit huldvollem Interesse. In schöner Naivität spricht er seine Gedanken aus, die Lersner sofort als »Gehorsame Anzeige« an die Oberste Heeresleitung weitergibt: »Seine Majestät der Kaiser hat heute beim Frühstück angeregt, den durch Deutschland transportierten russischen Sozialisten Weißbücher und ähnliche Schriften, wie Abdrucke der Osterbotschaft und der Kanzlerrede, mitzugeben, damit sie in ihrer Heimat aufklärend wirken könnten.« Nichts kann wie dieses Aktenstück die glorreiche Ahnungslosigkeit aufdecken, mit der die führenden Männer des Deutschen Reiches dem Bolschewismus und einem dynamitgeladenen Revolutionär wie Lenin gegenüberstanden. Mit Traktätchen und Osterbotschaften gegen die Diktatur des Proletariats!

Ohne Zwischenfall durcheilt der Zug mit seiner problematischen Fracht Deutschland. Am 12. April 1917 passiert er bei Saßnitz wieder die Grenze. Über Schweden und Finnland gelangen die Emigranten nach Hause.

Kaum in Petrograd angekommen, schwingt sich Lenin vor tausend neugierigen Menschen am Bahnhofsplatz auf ein Panzerauto und hält eine flammende Rede. Was Lenin predigt, klingt ganz anders als das, was bisher die Köpfe der russischen Bolschewisten beschäftigt hat. Die alten Männer der Partei schauen sich betroffen an, und Nikolai Suchanow gesteht: »Plötzlich zeigte sich vor unser aller Augen ein helles, blendendes, fremdartiges Licht.«

Auf seiner Fahrt durch die Stadt muß Lenin so oft zur Menge sprechen, daß er bald heiser ist. Im Parteihaus der Bolschewisten findet der Umzug ein Ende. Hier, im einstigen Palais der Tänzerin Kschesinskaja, einer Favoritin des Zaren, läßt es sich Lenin aber nicht nehmen, mit belegter Stimme noch einmal zwei Stunden lang zu sprechen. Er läßt keinen Zweifel daran, daß er nicht gekommen ist, um mit der jetzigen Regierung zusammenzuarbeiten. Der Sturz des Zarenhauses, die Gründung der Republik, das alles ist nicht genug: Bewaffnung der Massen, Landaufteilung, Verstaatlichung, klassenlose Gesellschaft...

»Das sind Wahnvorstellungen eines Irrsinnigen!« kommt ein Zuruf aus der Versammlung der Genossen. Ein Mitglied des bolschewistischen Zentralkomitees, Josef Goldenberg, hält Lenin kalt entgegen: »Alles, was wir eben gehört haben, ist eine völlige Verleugnung der ganzen Theorie des wissenschaftlichen Marxismus. Wir haben soeben ein klares und unmißverständliches Bekenntnis zum Anarchismus gehört.«

Die damals noch jungen Revolutionszeitungen »Prawda« und »Iswestija« fallen am nächsten Tag mit ätzender Kritik über Lenin und seine Thesen her. Schon gilt der Zurückgekehrte als durchgefallen und gescheitert. Doch Lenin ist weit davon entfernt, sich entmutigt zurückzuziehen. Während die Regierung darauf besteht, die Verteidigung gegen die deutschen Armeen fortzusetzen, tut Lenin getreulich, was man in Berlin von ihm erwartet hat. Er erläßt einen Aufruf: »Stürzt die Regierung, die die Früchte der mit dem Blute des Volkes erkauften Revolution vernichten will!«

Ein halbes Jahr später ist dieses Ziel erreicht. Mit der Oktoberrevolution, dem bewaffneten Aufstand einer Handvoll radikaler Bolschewisten, schwingt sich die Kommunistische Partei zur Alleinherrschaft auf. Bürgerliche und gemäßigte Sozialisten sind mit ihrem Versuch, aus Rußland eine demokratische Republik zu machen, gescheitert.

Ein Unteroffizier und fünfzig Mann vertreiben die Generale

An der deutschen Ostfront bleiben die Erschütterungen im Innern Rußlands nicht ohne Folgen. Mit dem Sturz des Zaren ist auch die Armee nach Hause gegangen. Verzweifelt hat die Regierung in Petrograd versucht, so etwas wie eine Front aufrechtzuerhalten. Sie fühlt sich an das zaristische Bündnis mit Frankreich und Großbritannien gebunden und will wenigstens in der Defensive weiterkämpfen. Aber nun, ohne Soldaten, ohne militärische Organisation, ohne Waffen und Disziplin, bleibt das alles eine Illusion.

Die Machtergreifung durch die Bolschewisten ändert das Bild dann von Grund auf. Oberbefehlshaber der russischen Weststreitkräfte wird jetzt Unteroffizier Krylenko. Mit einer Leibwache von fünfzig schwerbewaffneten Matrosen erscheint der neue Volkskommissar im Stabsquartier von Dwinsk und jagt die Generale nach Hause. Dann, am 26. November, schickt er einen Funkspruch zu den Deutschen hinüber und bittet um Waffenstillstand. Obwohl Lenin ganz andere und durchaus innenpolitische Gründe für dieses Angebot hat, stimmt es doch genau mit dem in der Schweiz zugesicherten Punkt fünf überein.

Aufgeregt ruft wenige Stunden später Ludendorff bei Max Hoffmann an, dem Generalstabschef des Ostheeres. Die Drachensaat ist planmäßig aufgegangen, aber der Generalquartiermeister erkundigt sich jetzt unbehaglich: »Ja, kann man denn mit den Leuten verhandeln?«

»Man kann«, gibt Hoffmann über das Telefon zur Antwort und legt sich erst viel später in seinen Erinnerungen die paradoxe Frage vor, »ob es nicht besser gewesen wäre, die deutsche Reichs- und Heeresleitung hätte jegliche Verhandlung mit den bolschewistischen Machthabern abgelehnt«.

Mit einem Trompeter und einem Mann mit weißer Parlamentärsfahne überschreitet die russische Waffenstillstandsdelegation am 2. Dezember 1917 die deutschen Linien bei Dünaburg. In Brest-Litowsk, dem Hauptquartier der deutschen Oststreitkräfte, wird der Waffenstillstand unterzeichnet. Seine Hauptbedingungen lassen sich in einem Satz zusammenfassen: Alle Feindseligkeiten werden sofort eingestellt, beide Parteien bleiben in ihren gegenwärtigen Stellungen.

Als nächster Schritt soll sogleich ein Friedensvertrag zwischen den Mittelmächten und Sowjetrußland abgeschlossen werden. Aus Berlin kommt zu diesem Zweck der Außenminister, Staatssekretär Richard von Kühlmann, nach Brest-Litowsk gereist, aus Wien der österreichisch-ungarische Außenminister Graf Ottokar Czernin – »mit leider gänzlich verbrauchten Nerven«, wie General Hoffmann bemerkt. Dafür wirft Czernin in seinen Memoiren dem Deutschen »viel preußische Brutalität« vor. Auch die beiden Verbündeten Deutschlands und Österreichs, die Türkei und Bulgarien, entsenden Vertreter zum Friedenskongreß von Brest-Litowsk.

Auf der anderen Seite stehen die Russen, und das sind nun nicht mehr zaristische Offiziere und Diplomaten: Sie repräsentieren einen neuen Typ, einen neuen Stil und eine erschrekkende, unbekannte Größe. Ihr Anführer ist Adolf Joffé, der noch vor ein paar Wochen als politischer Gefangener der zaristischen Ochrana in Sibirien Zwangsarbeit verrichtete. In Brest-Litowsk hält er schwärmerische Reden über die kommende Weltrevolution, bis Graf Czernin die Geduld reißt: »Wenn Sie weiter an dem utopischen Standpunkt festhalten, Ihre Ideen auch auf uns zu überpflanzen, dann ist es besser, wenn Sie gleich mit dem nächsten Zug wieder abreisen, denn damit ist der Friede nicht zu machen.«

Czernin schildert, wie ihn Joffé nach diesen Worten mit sanften Augen erstaunt anblickte und in einem freundlichen, fast bittenden Ton entgegnete: »Ich hoffe doch, daß es uns gelingen wird, auch bei Ihnen die Revolution zu entfesseln.«

Das ist das Haupt der sowjetischen Delegation. Ihm zur Seite stehen Männer mit später bekannten Namen: Kamenjew und Sokolnikow, außerdem eine Frau Bizenko, die wegen der Ermordung eines zaristischen Gouverneurs ebenfalls in Sibirien gewesen war. Als Vertreter des Volkes sind der Delegation ein Unteroffizier, ein Matrose, ein Arbeiter und ein Bauer beigeordnet.

Im deutschen Offizierskasino von Brest-Litowsk werden die Mahlzeiten gemeinsam eingenommen. Das Präsidium der Tafel führt Prinz Leopold von Bayern, der Oberbefehlshaber des Ostheeres. Als Tischdame ist ihm Genossin Bizenko zugeteilt worden, die dem gefroren lächelnden Aristokraten immer wieder ihre Geschichte erzählt: »Sie zeigte, eine Menükarte in der linken Hand haltend, wie sie dem Generalgouverneur eine umfangreiche Denkschrift überreichte und ihn gleichzeitig mit einem in der rechten Hand gehaltenen Revolver in den Bauch schoß«, berichtet Kühlmann.

General Hoffmann ergeht sich in weiteren Schilderungen der Russen: »Mir gegenüber saß der Arbeiter, dem viele Geräte der Tafelausrüstung sichtlich Schwierigkeiten machten. Er versuchte dies und jenes mit den verschiedensten Dingen anzufangen, nur die Gabel verwendete er ausschließlich, um sich die Zähne damit zu reinigen. Schräg gegenüber saß neben dem

Fürsten Hohenlohe der Bauer, eine echt russische Erscheinung mit langen, grauen Locken und einem urwaldähnlichen, riesigen Vollbart. Als ihm Rot- oder Weißwein angeboten wurde, erkundigte er sich, welcher von beiden stärker sei.«

Die Oberste Heeresleitung möchte halb Rußland haben

Was während der eigentlichen Verhandlungen hinter den Stirnen der Vertreter der Mittelmächte vorgeht, ist erst aus ihren späteren Schriften bekannt geworden. Graf Czernin zum Beispiel denkt nur daran, möglichst schnell zu einer Abmachung über die Ukraine zu kommen, weil in Österreich eine Hungerkatastrophe unmittelbar vor der Tür steht: »Ohne Zuschübe von außen«, notiert er, »muß das Massensterben in wenigen Wochen einsetzen. Deutschland und Ungarn liefern nichts mehr.«

Mit einem Blick nach Westen schreibt Czernin aus Brest-Litowsk an einen Freund: »Lasse nur erst einmal den alten Hindenburg in Paris einziehen!« Am liebsten möchte er selbst gleich mit der k. und k. Armee »nach Petersburg marschieren und Ordnung machen«; diesem Wunschgedanken fügt er jedoch die resignierten Worte an: »Die Kraft dazu haben wir aber nicht.« Außerdem hat ihm ein »Konfident«, ein an die Grenze geschickter Vertrauensmann, die orakelhafte Mitteilung überbracht: »Alles ist gegen die Bolschewiken, was nicht selbst Bolschewik ist.«

Doch nicht nur Czernin geht eigene Wege. Am Konferenztisch von Brest-Litowsk wird ständig von einem Frieden »ohne Gebietsabtrennung« gesprochen. Insgeheim denken aber die deutschen Unterhändler gar nicht daran, diesen Punkt zu verwirklichen. Ihre Absicht ist es vielmehr, im Osten sehr große russische Gebiete in Besitz zu nehmen. »Wenn Deutschland ohne Profit Frieden macht, so hat es den Krieg verloren«, lautet Ludendorffs These. »Wütende Telegramme von Hindenburg, Ludendorff telefoniert alle Stunden«, schreibt Czernin in sein Tagebuch.

Hoffmann ist gemäßigter, er möchte nicht zu viele Slawen ins Reich einverleiben, und zwar nicht aus Überlegungen der Gerechtigkeit, sondern – wie er selbst schreibt: »Wir waren trotz aller Maßnahmen, die Preußen Jahrzehnte hindurch ergriffen hatte, nicht mit den Polen, die wir jetzt hatten, fertig geworden, und ich konnte mir von einem Zuwachs polnischer Bürger einen Vorteil nicht versprechen.«

Aber die »Halbgötter« in der Obersten Heeresleitung, wie General Hoffmann Hindenburg und Ludendorff zu nennen pflegt, bestehen auf drastischer Gebietserweiterung. Der Kaiser schlägt vor, daß Ludendorff selbst nach Brest-Litowsk fahren soll, doch der Generalquartiermeister lehnt mit den Worten ab: »Nein, ich könnte dort höchstens etwas verderben.«

»Lieber Gott, gib dem Manne öfter solch klare Augenblicke!« seufzt Czernin in seinem Tagebuch.

Hoffmann wird die Aufgabe zuteil, den Russen endlich mitzuteilen, daß Deutschland nicht an einen Frieden ohne Gebietsabtrennungen denkt. Er läßt eine Karte auf dem Tisch ausbreiten, auf der eine blaue Linie eingezeichnet ist, und fordert die Russen auf, »sich damit vertraut zu machen«. Die blaue Linie bezeichnet den gegenwärtigen Frontverlauf. Hier soll nach dem Willen Berlins auch die künftige Grenze des deutschen Machtbereichs sein. Als die Russen erkennen, was die ganze Demonstration zu bedeuten hat, erklärt einer ihrer Delegierten »unter Tränen der Wut, man könne doch von einem Frieden ohne Annexionen nicht sprechen, wenn dem russischen Reich etwa achtzehn Gouvernements abgenommen werden sollten«.

Der sentimentale Joffé ist inzwischen von dem klarblickenden Leo Trotzki abgelöst worden, einem der führenden Männer der bolschewistischen Revolution. Ihm gegenüber schlägt Hoffmann mit der Faust auf den Tisch und verkündet einfach das Recht des Siegers, das Recht des Stärkeren. Hoffmanns Absicht ist es, wie Czernin berichtet, den Russen »noch eine ordentliche auf den Kopf zu schlagen«.

Einen Augenblick lang ist Trotzki sprachlos, doch dann verfällt er auf einen ebenso genialen wie unrealistischen Ausweg. »Wir unterschreiben einen solchen Frieden nicht, erklären den

Krieg aber für beendet«, sagt er. Damit verlassen die Russen die Verhandlungen und reisen nach Hause.

Betroffen und ratlos bleiben die Mittelmächte zurück. Staatssekretär Kühlmann meint verwirrt, »daß der durch die Mitteilung Trotzkis entstandene Zustand völkerrechtlich nicht existiert«. Was soll nun geschehen? Die von Trotzki geschaffene »moralische Lage« ist nur eine Idee. Ihr gegenüber schreitet die Oberste Heeresleitung sofort zur Tat. Die deutschen Armeen setzen sich wieder in Bewegung und dringen ohne fühlbaren Widerstand tief nach Rußland hinein, besetzen die Ukraine und machen erst wieder halt, als die russischen Unterhändler erneut in Brest-Litowsk erscheinen und sich zur Unterschrift bereit erklären.

Doch nun hat Deutschland die Friedensbedingungen noch verschärft. Der Vertrag, den ein Unterstaatssekretär vor den bleichen Russen herunterschnarrt, ist ein »demütigendes, brutales Machtinstrument«. Er bedeutet:

— Von den baltischen Ländern bis in die Ukraine verläuft die Grenze des Gebietes, das Rußland verlieren soll.
— Ein Drittel der Bevölkerung Rußlands lebt in diesem Gebiet und geht an Deutschland und Österreich-Ungarn verloren.
— Fast achtzig Prozent der Erz- und neunzig Prozent der Kohlenförderung Rußlands liegen in diesen Gebieten, dazu die Hälfte der russischen Industriewerke.
— Rußland verliert seinen Zugang zur Ostsee und zum Schwarzen Meer, muß weite Kaukasusgebiete an die Türkei abtreten und wird seiner wichtigsten Ernährungsquellen beraubt.

Nachdem der Inhalt bekanntgegeben worden ist, lehnen es die Russen ab, über die einzelnen Punkte zu diskutieren. Sie nehmen die Feder und unterschreiben wortlos und ohne die Dokumente eines Blickes zu würdigen, während sich die anwesenden Deutschen betreten auf die Lippen beißen: Das Diktat der nackten Gewalt ist mit der stummen Geste der Besiegten vor aller Welt offenbar geworden.

Als sich ein Jahr später der Machtspruch von Brest-Litowsk in den gewiß milderen Bestimmungen der Verträge von Versailles und Trianon spiegelt, geht ein Aufschrei der Entrüstung durch Deutschland und Österreich.

Aber mehr noch: Bald nach der Unterzeichnung des Friedensvertrages von Brest-Litowsk drängt General Hoffmann darauf, wie er selbst gesteht, »den Frieden wieder aufzusagen, nach Moskau zu gehen und eine andere russische Regierung einzusetzen. Major Schubert, unser neuer Militärattaché in Moskau, hielt damals zwei Bataillone für genügend, um in Moskau Ordnung zu schaffen und eine neue Regierung einzusetzen.« Daß es nicht mehr zu diesem letzten Ausfall gekommen ist, muß der Entwicklung im Westen zugeschrieben werden, wo die Dinge nun mit atemberaubender Geschwindigkeit dem Ende entgegenstürzen.

Die letzte Offensive

Der U-Boot-Krieg hat versagt. Entgegen allen Voraussagen ist Großbritannien nicht zusammengebrochen und sind die Vereinigten Staaten in den Krieg eingetreten. Bis zum Januar 1918 haben sie schon 450 000 Soldaten nach Europa verschifft, und jede Woche treffen neue Transporte ein. Wie steht jetzt die Partie? Alle Argumente, mit denen man ein Jahr zuvor den Kaiser und die Reichsregierung zur Eröffnung des uneingeschränkten U-Boot-Krieges gedrängt hatte, sind vergessen. Damals war zugegeben worden, daß der Krieg zu Land nicht mehr gewonnen werden konnte. Jetzt ist diese Einsicht wieder fortgewischt, erneut soll dem Heer die Aufgabe zufallen, Deutschland zum Sieg zu führen. Der Zusammenbruch Rußlands hat die Lage auch tatsächlich gebessert. Seit dem Friedensschluß von Brest-Litowsk und dem nachfolgenden Frieden mit Rumänien ist die Oberste Heeresleitung in der Lage, die Mehrzahl der deutschen Truppen vom Osten abzuziehen.

Im Kopf Erich Ludendorffs ballt sich ein großer Gedanke zum Entschluß: Ein einziges Mal noch soll Deutschland alle Kräfte zusammenraffen und mit einem gewaltigen, unwiderstehlichen

Keulenschlag die feindlichen Fronten zerschmettern. Was 1914 nicht gelungen ist, der Durchbruch nach Paris, die Einkesselung des Gegners, der Siegeslauf zu den Kanalhäfen – diesmal muß es Wirklichkeit werden. Doch seit drei Jahren haben beide Seiten nichts anderes getan, als Hunderttausende von Menschen in vergeblichen Durchbruchsversuchen zu opfern. Warum sollte jetzt gelingen, was sich hundertmal zuvor als unmöglich erwiesen hat? Hindenburg selbst hatte lediglich die Hoffnung, daß »das feindliche Gebäude gelegentlich doch einmal zusammenbricht«.

Dieses »gelegentlich doch einmal« birgt die tiefsten Zweifel, und Oberstleutnant Wetzell, der Chef der Operationsabteilung im Großen Hauptquartier, spricht sie offen aus: »Läuft sich der Angriff schon frühzeitig fest, so bedeutet dies einen Fehlschlag, den unsere Lage nicht mehr verträgt.« Trotzdem soll und muß das Wagnis unternommen werden. Es muß unternommen werden, und zwar aus zwei Gründen, die Ludendorff und die Oberste Heeresleitung klar erkennen:

- In der Heimat haben sich nach den leeren Versprechungen mit dem U-Boot-Krieg Enttäuschung und Hoffnungslosigkeit ausgebreitet. Die friedenswilligen Kräfte regen sich immer stärker. Ende Januar 1918 sind in Berlin eine halbe Million Arbeiter in den Streik getreten, durch den verschärften Belagerungszustand aber wieder an die Werkbänke getrieben worden. Nur ein großer Sieg kann das wankende Vertrauen zur militärischen Führung wiederherstellen.
- Seit dem Freiwerden der Streitkräfte im Osten ist zum erstenmal im ganzen Verlauf des Krieges die Stunde gekommen, daß die deutschen Truppen zahlenmäßig ebenso stark im Westen auftreten können wie Franzosen und Briten zusammen. Doch dieser Zustand wird nicht von langer Dauer sein, weil immer mehr Amerikaner in Europa eintreffen.

Beide Gesichtspunkte zusammen schaffen nahezu eine Zwangslage.

Als das deutsche Heer im Januar mit den Vorbereitungen

»zur größten Aufgabe seiner Geschichte« beginnt, wie es der schweizerische Historiker Hermann Stegemann ausgedrückt hat, bleiben einige weitere Gesichtspunkte hinter einem Nebelschleier verborgen. Einmal steht fest, daß angesichts der amerikanischen Hilfe die Moral der französischen und britischen Truppen fühlbar gestiegen ist, während der deutsche Soldat nur noch den Mut der letzten Verzweiflung kennt. Ebenso ist klargeworden, daß das deutsche Friedensdiktat von Brest-Litowsk den Alliierten deutlich vor Augen geführt hat, was sie im Falle eines Nachgebens zu erwarten hätten; ihr Widerstandswille ist dadurch bestärkt worden, und wo sich gestern noch eine Bereitschaft gezeigt hat, Friedensfühler auszustrecken, ist jetzt Verhärtung. Zuletzt zeigen die Vorbereitungen der Offensive Deutschlands wahre Lage überdeutlich.

General Hermann von Kuhl stellt nüchtern fest, daß Deutschlands Verbündete – Österreich-Ungarn, Bulgarien und die Türkei – am Ende ihrer Kraft sind und »nur noch aufrechterhalten wurden durch die Hoffnung auf den deutschen Sieg im Westen«. Außerdem war nach den Worten desselben Experten »die ernste Ersatzlage genau bekannt und mit der Einstellung der achtzehnjährigen Rekruten des Jahrgangs 1899 schon reichlich weit vorgegriffen worden«. Über eine Million kriegsverwendungsfähige Männer werden vom Hindenburg-Programm in der Rüstungswirtschaft festgehalten: »Die Forderungen des Heeres und der Industrie waren nicht mehr miteinander in Einklang zu bringen.«

Ein damals noch entscheidender Faktor ist auch der Ersatz an Pferden, von dem weitgehend Nachschub und Beweglichkeit der Armeen abhängen. Auf diesem Gebiet ist die Lage aber »äußerst ungünstig«, und General Kuhl fährt fort: »Der Abgang von Pferden infolge Entkräftung nahm bedenklich zu, manche Truppen bekamen wochenlang kein Heu, Hafer mußte ohnedies hauptsächlich durch Kartoffeln ersetzt werden. Die Sollstärke an Pferden konnte nirgendwo erreicht werden.«

So kann die Oberste Heeresleitung für die bevorstehende große Schlacht in Frankreich überhaupt nur zweiundfünfzig Divisionen »hinlänglich mit Ersatz, Pferden, Fahrzeugen und so weiter ausstatten«, während die Mehrzahl zu »Stellungsdivisionen« erklärt werden muß, die »fast unbeweglich« sind.

Was Deutschland beinahe ganz fehlt, sind Tanks und Flugzeuge, während die Alliierten beide Kampfmittel in Massenproduktion auf den Kriegsschauplatz werfen können. Auch »auf dem wichtigen Gebiet der Ernährung und Bekleidung blieben Lücken, die selbst durch den besten Willen nicht auszufüllen waren«. Zu alledem fügt General Max Hoffmann noch hinzu: »Gegen den Entschluß zum Angriff kann man als militärischer Kritiker nichts sagen. Es fragt sich nur, ob die Ausführung einer Kritik standhält, und in dieser Beziehung sind zwei Punkte zu bemängeln. Der Angriff erfolgte nicht einheitlich an der für den Durchbruch als richtig erkannten Stelle, und er erfolgte nicht mit Einsatz sämtlicher zur Verfügung stehender Kampfmittel. Der als richtig erkannte Punkt war der Südflügel des englischen Heeres nördlich der Somme (die immer empfindliche Nahtstelle zwischen britischen und französischen Streitkräften), gegen ihn mußte alles eingesetzt werden. Statt dessen wurde nördlich und südlich der Somme angegriffen. So trieben wir rettungslos in das Verderben. – Dazu kam, daß in dem ganzen deutschen Volke eigentlich niemand den Ernst der Situation kannte.«

Zusammen mit den aus dem Osten herangeholten Truppen hat Ludendorff jetzt 193 Divisionen im Westen stehen, das sind die Heeresgruppen Deutscher Kronprinz und Kronprinz Rupprecht, die zweite, die siebzehnte und die achtzehnte Armee, eine Million und zweihunderttausend Menschen. Siebentausend Geschütze und neun Millionen Stück Artilleriemunition werden angehäuft, Handwaffen und Pionierzeug in unübersehbaren Mengen, bespannte Fahrzeuge, Lastkraftwagen, Fernsprechkabel, Sanitätsmaterial. Ein Heer von Sicherheitsoffizieren soll gewährleisten, daß alle diese Vorbereitungen gegenüber dem Feind geheim bleiben – und sie bleiben wirklich geheim.

»Michael«, das größte Unternehmen der Kriegsgeschichte, soll am Tag X, den der gassachverständige Meteorologe Dr. Schmaus bestimmen wird, die britisch-französische Nahtstelle der Front zerschmettern. Anschließend ist ein zweiter Schlag unter dem Namen »St. Georg« in Flandern geplant. Er soll die Briten ins Meer werfen und die besiegten Franzosen endgültig ihrer Verbündeten berauben. »Mißlang die große Offensive, dann war allerdings der Krieg verloren«, gesteht General Kuhl, einer der Mitschöpfer des Unternehmens.

308 000 Mann werden sofort geopfert – für nichts

Am 20. März 1918 hat Dr. Schmaus alle Meldungen der Feldwetterwarten ausgewertet wie täglich. Diesmal stehen die Zeichen günstig: »Sie könnten besser sein«, wie er meint, aber Ludendorff treibt zur Tat, und Hindenburg ist einverstanden wie immer. So wird der 21. März zum Angriffstag bestimmt. Zeit: vier Uhr vierzig morgens.

In den Gräben und Sturmstellungen drängen sich die Soldaten. Fiebernde Augen starren in den deutschen Gräben auf die Leuchtzifferblätter der Uhren. Auf der anderen Seite der Front, bei den Briten, erwacht kurz nach vier Uhr morgens ein prominenter Gast in seinem winzigen Unterstand: Winston Churchill ist gerade hier, um die neunte Division zu besuchen. Er kann keinen Schlaf mehr finden, er liegt und sinnt – und schreibt später:

»Es herrschte vollständige Stille. Plötzlich, nach etwa einer halben Stunde, erhob sich, genau als ob ein Pianist seine Hände über die Tasten von den oberen Tönen bis zum Baß laufen läßt, in weniger als einer Minute die fürchterlichste Kanonade, die ich je hören werde. Von weiter Ferne, von Norden wie von Süden, vernahm man das heftige Donnern der Kanonen, während die Flammengarben durch die Ritzen des sorgfältig mit Papier verklebten Fensters meines Unterstandes wie ein flackerndes Feuer leuchteten. Das Krachen der deutschen Geschosse, die, acht Kilometer weit von uns, in den britischen Gräben explodierten, war so überwältigend, daß wir den Lärm der zweihundert eigenen Geschütze, die in unserer unmittelbaren Nähe zu feuern begannen, nicht einmal zu unterscheiden vermochten.

Vom Standort der Division, auf den höher gelegenen Partien von Nurlu, konnte man die Frontlinie meilenweit überblicken. Sie erstreckte sich in einem weiten Bogen rotleuchtender Flammengarben gegen Norden, entlang der Front unserer dritten Armee, nach Süden entlang unserer fünften Armee und schien auf beiden Seiten kein Ende zu haben. Es waren zwei Stunden vor Tageslicht, und die ungeheuren Explosionen der Geschosse in unseren Stellungen schienen sich ohne räumliche oder zeitliche Unterbrechungen zu berühren. Inmitten dieser berstenden Geschosse erhoben sich von Zeit zu Zeit, doch unausgesetzt, die noch weit höheren Flammen der explodierenden englischen Munitionsmagazine. Die Wucht und Heftigkeit dieses Bombardements überstieg alles bisher Dagewesene.«

Die letzte Schlacht ist entbrannt. Überall brechen die stürmenden deutschen Truppen in die Stellungen der Gegner ein, über die blutgetränkten Trichterfelder der alten Sommeschlacht ergießen sich die feldgrauen Divisionen, Bapaume und Péronne werden den Briten entrissen, die achtzehnte Armee erreicht Moreuil und Montdidier. Das Loch in das unüberwindliche Verteidigungssystem ist geschlagen, aber das Ziel des ersten Stoßes, der tragende Pfeiler Amiens, wird nicht erreicht. Der Befehlswirrwarr an der Nahtstelle zwischen britischen und französischen Streitkräften ist gebannt, weil Marschall Foch Befehlsgewalt über sämtliche Truppen erhalten hat. Wird es den Deutschen nun gelingen, die Lücke weiter aufzureißen?

Die Alliierten erwarten den Stoß. Zwei britische Armeen sind vernichtet, haben neunzigtausend Gefangene und weit über tausend Geschütze verloren. Hundert Kilometer nur noch sind es nach Paris, ein dünner Schleier desorganisierter Truppen ist alles, was die Hauptstadt in diesem kritischen Augenblick schützt. Aber die Deutschen greifen nicht weiter an. Alle zusammengeballten und aufgestauten Kräfte sind in dem einen großen Schlag verpufft: Dahinter stehen keine Reserven mehr. »Unsere Truppen sind am Rand der Erschöpfung«, melden die Armeen in das Hauptquartier. »Ohne Reserven kommen wir nicht mehr vorwärts.«

Am 6. April muß Ludendorff die Schlacht abbrechen. Sie endet mit einem großen taktischen Erfolg, doch die erhoffte Entscheidung ist nicht gefallen. »Es stand einwandfrei fest«, sagt der Generalquartiermeister, »daß der feindliche Widerstand stärker war als unsere Kraft.« Aber noch viermal wird versucht, die Grenze der eigenen Leistungsfähigkeit zu sprengen. Schwächer und schwächer werden die Schläge. Sie bringen schmale Geländegewinne und kosten Deutschland unglaubliche Opfer: 308 000 Tote und Verwundete bis Ende April.

Als Reichskanzler Hertling ins Große Hauptquartier kommt und anfragt, ob es denn überhaupt noch möglich sei, Großbritannien entscheidend zu treffen, antwortet ihm Hindenburg mit einem Achselzucken. »Wir werden zwar in der Lage sein, dem Gegner im Westen noch ein paar gewaltige Schläge zu versetzen, kaum aber, ihm eine entscheidende Niederlage zu bereiten«, schreibt Heeresgruppenführer Kronprinz Rupprecht von Bayern an den Kanzler. »Es ist meines Erachtens der Zeitpunkt gekommen für Friedensverhandlungen. General Ludendorff ist gleichfalls der Ansicht, daß aller Wahrscheinlichkeit nach ein entscheidender, den Gegner vernichtender Schlag sich nicht mehr wird erringen lassen; er hofft jedoch auf den plötzlichen inneren Zusammenbruch einer der Westmächte nach der Art des Zusammenbruchs des russischen Reiches.«

Wie weit entfernt von der Wirklichkeit ist diese Hoffnung Ludendorffs! Statt des Zusammenbruchs erleben die britischen und französischen Kräfte die belebende Bluttransfusion aus den Vereinigten Staaten. In Frankreich hat der zuckerkranke »Tiger« Clémenceau sein Programm verkündet: »Meine auswärtige und meine innere Politik sind ganz dasselbe. Innere Politik: Ich führe Krieg. Auswärtige Politik: Ich führe Krieg. Ich führe immer Krieg. Rußland verrät uns: Ich führe weiter Krieg. Das unglückliche Rumänien ist gezwungen zu kapitulieren: Ich führe weiter

Krieg, und ich werde weiter Krieg führen bis zur letzten Viertelstunde, denn uns wird die letzte Viertelstunde gehören.«

Panik in Paris – schuld ist die »Wunderwaffe«

Dabei gibt es Schreckenstage in Frankreich, die an das Jahr 1914 erinnern. Die Deutschen stoßen bis auf fünfundzwanzig Kilometer gegen die Hauptstadt vor. Zugleich hat sich am 23. März 1918 zum erstenmal eine unheimliche neue Waffe in Paris bemerkbar gemacht. An diesem Tag explodiert um 7.20 Uhr morgens ein unbekannter Sprengkörper auf dem Quai de Seine. Eine Fliegerbombe? Es waren keine deutschen Flugzeuge gemeldet. Genau zwanzig Minuten später kracht ein zweiter Donnerschlag vor dem Eingang zur Untergrundbahn am Ostbahnhof. Das Pflaster auf dem Boulevard de Strasbourg wird in weitem Umkreis aufgerissen, nirgends bleibt ein Fenster heil, ein Zeitungskiosk und einige Fuhrwerke werden umgeworfen. Acht von Splittern und Steinen getötete Menschen bleiben auf der Stelle.

Fliegeralarm! Polizei und Gendarmerie drängen zweieinhalb Millionen Menschen von den Straßen weg in die Häuser, in die Keller, in die Metro. Aber es gibt keine Flieger. Nur die Explosionen halten an, in etwa gleichen Abständen, anscheinend wahllos im ganzen Stadtgebiet. Wenn es stimmt, was die Regierung sagt, sind die Deutschen hundert Kilometer von Paris entfernt. Über eine Entfernung von hundert Kilometer kann man nicht schießen: Also müssen die Deutschen viel näher an der Hauptstadt stehen, wenn es sich nicht um Fliegerbomben handelt. Die Deutschen nur noch einen Kanonenschuß von Paris entfernt! Wie ein Lauffeuer verbreitet sich das Gerücht. Schon brechen Flüchtlinge auf, die ganze Stadt ist auf den Beinen.

»Haben Sie schon aus dem Fenster gesehen?« fragt Clémenceau zu dieser Stunde den Staatspräsidenten Poincaré. Ja, er hat hinausgeschaut und die aufgewühlte Menge beobachtet. Genau wie damals, 1914, als die Deutschen an der Marne standen und die Regierung aus Paris nach Bordeaux geflohen war. Ministerpräsident Clémenceau fragt mit ironischem Seitenblick: »Bleiben wir in Paris? Gehen wir nach Bordeaux?«

»Ich denke nicht daran, Paris zu verlassen!« braust Poincaré auf. Dann fährt er nachdenklich fort: »Zu grauenhaft, diese Erinnerung an 1914.«

»Schön, bleiben wir«, nickt Clémenceau.

Kurze Zeit später ist er am Ostbahnhof und stochert mit einem Stock in dem Explosionskrater herum. Niemand erkennt den alten Mann, der einen schäbigen Anzug und eine zerknautschte Poilu-Mütze trägt. »Ja, Monsieur, zwanzig Kilometer vor Paris stehen die Deutschen!« tönt jemand im Kreis der Neugierigen.

»Unsinn! Unsinn!« brüllt Clémenceau in die Menge. »Die Deutschen sind weiß Gott wo!« Und bald darauf wird er vor der ganzen Nation seine berühmte Rede halten: »Ich schlage mich vor Paris, ich schlage mich in Paris, ich werde mich hinter Paris schlagen!«

Und die geheimnisvollen Explosionen? Die sachverständigen Artilleristen erklären zögernd, daß die Sprengstücke nicht von Fliegerbomben stammen können. Die Geschosse weisen Züge auf und müssen infolgedessen von einer Kanone abgefeuert sein. Tolle Kombinationen tauchen auf: Die Deutschen haben einen unterirdischen Stollen bis in die Nähe von Paris getrieben und von seinem Ende aus das Feuer eröffnet. Eine andere Version meint, die Deutschen hätten eine Kanone auf einem Zeppelin-Luftschiff montiert. Haben die Deutschen ein Geschoß erfunden, das selber eine Art kleiner Kanone ist und ein zweites Geschoß abfeuert – ein Zweistufengeschoß also, wie man heute sagen würde? Haben sie sich das Prinzip des Raketenantriebs nutzbar gemacht? Oder kommen die Geschosse gar von einer meuternden französischen Artillerieeinheit? Nur eine einzige Möglichkeit wird ins Reich der Phantasie verwiesen: daß nämlich die Deutschen eine Kanone gebaut haben könnten, mit der man hundertzwanzig Kilometer weit schießen kann. Die größte Entfernung, die bisher von einem Geschütz bewältigt worden war, betrug vierzig Kilometer. Die ganze Welt hatte gestaunt, als der »Lange Max« der Deutschen über diese Entfernung zum erstenmal nach Dünkirchen hineingeschossen hatte.

Am Abend des 23. März zählt man in Paris die Ereignisse zusammen. Es sind fünfundzwanzig Geschosse explodiert, sechzehn Tote und neunundzwanzig Verwundete zu beklagen. Zahlreiche Gebäude haben schwere Schäden erlitten. Die moralische Wirkung ist verheerend, zumal am nächsten Morgen, Punkt 6.50 Uhr, das Bombardement von neuem anhebt. »Die Hunnen beschießen Paris!« lärmen die Zeitungen.

In ganz Paris werden Splittergräben und Unterstände gebaut. Überall in der Stadt sind Wachen aufgestellt, die bei einer Beschießung Trommelalarm schlagen müssen, damit das Sirenengeheul wirklichen Fliegerangriffen vorbehalten bleibt.

Selbstverständlich können es die französischen Militärbehörden nicht bei diesen passiven Maßnahmen bewenden lassen. Die Fachleute sind sich jetzt auch einig, daß es sich allen Unmöglichkeiten zum Trotz doch um eine Kanone handeln muß. Es kommt nun darauf an, den Standort des Wundergeschützes ausfindig zu machen und es dann mit der Frontartillerie zu bekämpfen. Drei Anhaltspunkte ermöglichen es den Franzosen, den Standort tatsächlich herauszubekommen:

- Auf einem Stadtplan von Paris ist jede Einschlagstelle genau eingetragen worden. Aus der Lage der Treffer kann auf eine bestimmte Abschußrichtung geschlossen werden.
- Dort treten sofort Schallmeßtrupps in Tätigkeit. Sie stellen in gewissen Zeitabständen eine Häufung von Tarnschüssen fest, aus denen sich aber ein eigenartiger dumpfer Knall heraushören läßt. Sein Schnittpunkt liegt in der Gegend von Crépy.
- Luftaufnahmen des Geländes lassen verschiedene verdächtige Stellen erkennen, vor allem seltsame Waldschneisen und zwei klauenartig gekrümmte Eisenbahngeleise. Die Richtungen der länglichen Waldrodungen deuten genau auf Paris.

Für die Abteilung »Verteidigung von Paris« im französischen

Hauptquartier steht damit einwandfrei fest, wie die Gegenmaßnahmen aussehen müssen. An dem angepeilten Abschnitt der Front werden schwere Eisenbahngeschütze massiert. Sie nehmen den ganzen Raum, in dem das Paris-Geschütz vermutet werden kann, unter Feuer. Schneller und sicherer, als es die Deutschen für möglich gehalten haben, ist damit der Schleier von einem ihrer größten Kriegsgeheimnisse gerissen.

Mit diesen Kanonen ist das Schießen eine Wissenschaft

Krupps Artilleriekonstrukteur Rausenberger, der schon die »Dicke Bertha« gebaut hatte, war bereits Anfang 1916 zusammen mit dem Theoretiker Dr. von Eberhardt an den Entwurf eines Super-Ferngeschützes gegangen. Der Admiralstab förderte die Arbeiten, die Oberste Heeresleitung war einverstanden. Das erste Wilhelm-Geschütz, wie sein offizieller Name lautete, wird im Sommer 1917 bei Meppen ausprobiert. Aber erst Ende Februar 1918 sind drei »Wunderkanonen« einsatzbereit und rollen an die Front in Frankreich. Das vierunddreißig Meter lange Rohr und die notwendigen Ersatzrohre machen die meisten Tarn- und Transportschwierigkeiten. Jede noch so geringfügige Verkrümmung der langen, schlanken Präzisionskörper würde später zu Fehlergebnissen führen.

In den Wäldern bei Laon müssen rechteckige Erdmulden von je hundert Metern Seitenlänge ausgehoben werden. Gewaltige Betonsockel entstehen. Aus Berlin kommen Geographen, die auf den Zehntelmillimeter genau die Richtung auf den Mittelpunkt von Paris einjustieren. Über den Bettungen werden die Wipfel der Bäume zusammengezogen, damit alles gegen Fliegersicht geschützt bleibt. Marineartilleristen mit besonders ausgebildeten Offizieren übernehmen die Geschützbedienung. Und was müssen diese Wunderartilleristen alles berücksichtigen! Vor jedem Schuß müssen sie mit eigens entwickelten optischen Instrumenten das Innere des Geschützrohres überprüfen, ob es auch wirklich nicht durchhängt und keine Krümmung aufweist, was trotz der Stützen und Haltekrane einmal geschehen könnte. Nach jedem Schuß müssen andere optische Geräte in Funktion treten und feststellen, ob die Innenwände des Rohres unverletzt geblieben sind und um wie viele Millimeterbruchteile sich die Bohrung erweitert hat.

Jedes Geschoß ist etwas dicker als seine Vorgänger, damit die Ausweitung des Rohres ausgeglichen wird. Jedes einzelne Geschoß wiegt zweieinhalb Zentner und ist in einem Weidenkorb verpackt, damit nicht der leiseste Kratzer die zehnmal geprüfte Außenwandung verletzen kann. Eigene Kräne bringen die Geschosse aus ihren Betonbunkern bis zum Geschütz. Der Geschützführer muß komplizierte Berechnungen anstellen, bevor er den Feuerbefehl erteilen kann. Windstärke und Windrichtung in gewöhnlichen und in großen Höhen müssen berücksichtigt werden. Auf einer Tabelle werden alle Temperaturwerte zusammengefaßt. Eine weitere Tafel weist den Feuchtigkeitsgehalt der Luft aus. Schließlich muß auch die Erdumdrehung in die Berechnungen einbezogen werden.

Aber das ist noch nicht alles. Jedes Wilhelm-Geschütz hat im Inneren des Rohres einen Druckmesser, nämlich einen Kupferstift, der je nach dem Druck beim Abschuß zusammengestaucht wird. Am Grad der Stauchung kann der Artillerist ermessen, wie weit das Geschoß geflogen sein muß. Und wenn der Geschützführer alle Daten ausgewertet hat, kommt die schwierigste Aufgabe. Jetzt muß er nach dem Ergebnis sämtlicher Tabellen errechnen, welche Pulvermenge in die Kartusche zu füllen ist, und das muß vor jedem Schuß immer wieder von neuem aufs Gramm genau festgestellt werden. Deshalb vergehen zwanzig Minuten zwischen den Schüssen.

Nach 289 Schuß wird aus den »Wunderwaffen« Schrott

Als am 23. März 1918 das erste Projektil gegen Paris abgefeuert wird, stößt zum erstenmal auch ein von Menschenhand geschaffenes Gebilde in eine Höhe von vierzigtausend Metern über der Erdoberfläche vor. Vier Billionen Kilogramm beträgt der Mündungsdruck; er würde genügen, einen großen Ozeandampfer einen halben Meter in die Höhe zu heben. Mit einer Durchschnittsgeschwindigkeit von 720 Metern in der Sekunde jagt das Geschoß in die Stratosphäre, beschreibt eine gekrümmte Linie und fällt dann in einem Winkel von sechzig Grad auf die Stadt nieder. Genau drei Minuten vergehen zwischen Abschuß und Einschlag.

Am ersten Tag der Beschießung, gegen Mittag, erscheint Kaiser Wilhelm in der Geschützstellung Nr. 1 und wohnt einigen Abschüssen bei. Zu jedem Abschuß dröhnen im ganzen Frontabschnitt von Laon zahlreiche Tarngeschütze, um die Schallmeßtruppe der Franzosen irrezuführen. Ein langer, orangefarbener Feuerstrahl zischt aus der Mündung, die Erde bebt, in weitem Umkreis schlägt der Luftdruck Äste und Zweige von den Bäumen.

Aber nach achtzig Schuß ist das Rohr verbraucht und muß durch ein neues ersetzt werden. Dazu kommt, daß die französischen Eisenbahngeschütze schon am zweiten Tag die Gegend mit schwerem Feuer belegen. Am dritten Tag, dem 25. März, gibt es beim dritten Wilhelm-Geschütz eine Art Rohrkrepierer. Eine gewaltige Stichflamme reißt und schmelzt das massige Bodenstück des Geschützes fort und tötet siebzehn Kanoniere. »Da waren's nur noch zwei«, kommentieren die Landser mit grimmigem Humor.

Noch mehrmals im Lauf der großen Schlacht in Frankreich feuern diese beiden Wunderkanonen aus wechselnden Stellungen nach Paris hinein: alles in allem 289 Schuß, ehe das Kriegsglück sich wendet und die deutsche Front weiter zurückgedrängt wird. Bei Kriegsende sind die Wilhelm-Geschütze und alle Ersatzrohre sang- und klanglos verschrottet worden. Abgesehen von der anfänglichen Sensation hatte ihre Wirkung in keinem Verhältnis zum Aufwand gestanden. Auf den Gang der Ereignisse sind sie ohne jeden Einfluß geblieben. Sobald sich der Blick wieder auf die großen, entscheidenden Geschehnisse an der Front richtet, treten die Paris-Geschütze als winzige Episode zurück.

Zweimal noch in den dramatischen Wochen des Sommers 1918 sehen die Beobachter auf dem Eiffelturm am östlichen Horizont das Flammenmeer der deutschen Offensive auflodern. Wenn aber der erste geballte Angriff der großen Schlacht nicht zum Ziel geführt hat, warum sollte es dann beim zweiten, dritten, vierten, fünften Ansturm gelingen? Das ist die ohnmächtige Befürchtung aller kritischen Geister in Ludendorffs Umgebung. Gewiß, in Flandern und an der Marne branden die deutschen Wogen noch einmal über die ersten und zweiten Stellungen der Franzosen und Briten hinweg, sie fegen über den uneinnehmbaren, berüchtigten Chemin des Dames, aber dann, dann bleiben sie eben doch erschöpft liegen.

Die fünfte und letzte deutsche Offensive rollt im Morgengrauen des 15. Juli nach Westen. Die siebente Armee überschreitet die Marne, die Franzosen weichen zurück, alles sieht nach Sieg aus, endlich nach Sieg! Da läßt die Oberste Heeresleitung den Angriff abbrechen. Ludendorff hat diesen Vorstoß nur als Ablenkungsmanöver aufgefaßt. Der Hauptschlag, »St. Georg«, soll jetzt gegen die Briten geführt werden. Doch in diesem Augenblick geschieht etwas Unerwartetes, stößt alle Pläne um, macht alle Hoffnungen endgültig zunichte. Weit davon entfernt, geschlagen oder auch nur verwirrt zu sein, treten die Franzosen überraschend zum Gegenangriff an.

Es ist Fochs Offensive, die am 18. Juli 1918 beginnt. Mit 593 Tanks bricht das Ungewitter aus den Wäldern von Villers Cotterêts hervor, stößt in die Flanke der siebenten deutschen Armee. Der Einbruch ist tief, unübersehbar, unheilbar. Ludendorff befindet sich gerade im Hauptquartier des Kronprinzen Rupprecht, um sich über die Vorbereitungen des geplanten Angriffs gegen die Briten zu unterrichten, als ihn die Katastrophenmeldung erreicht. In diesem Augenblick kommt ihm die Erkenntnis, wie er sie in seinen Kriegserinnerungen niedergeschrieben hat: »Der Versuch, die Völker der Entente durch deutsche Siege vor Ankunft der amerikanischen Verstärkungen friedenswillig zu machen, war gescheitert. Die Schwungkraft des Heeres hatte nicht ausgereicht, den Feind entscheidend zu treffen. Ich war mir klar bewußt, daß dadurch unsere Gesamtlage sehr ernst geworden war.«

General Hoffmann geht noch einen Schritt weiter und meint: »An demselben Tage, an welchem Ludendorff die Einstellung der Offensive auf Amiens befahl, hatte er die Pflicht, die Regierung darauf aufmerksam zu machen, daß es Zeit sei, Friedensverhandlungen anzuknüpfen.« Doch das tut Ludendorff trotz seiner eigenen Einsichten nicht. Er nimmt die deutschen Truppen zurück, räumt den Marnebogen, bezieht neue Stellungen. Es bedarf eines weiteren, noch härteren Schlages, um ihn friedensbereit zu machen.

Ludendorff weint und kann nicht mehr schlafen

In diesen Wochen des unaufhaltsamen Zusammenbruchs wird aus dem Energiemenschen Ludendorff eine tragische Figur. Dieser eiserne, unnahbare, einsame Mann zeigt zum erstenmal auch äußerlich, wie schwer ihn das Schicksal Schlag um Schlag getroffen hat. Für Deutschland wollte er einen machtvollen, strahlenden Sieg erzwingen – jetzt wankt das kühne Gebäude, und seine Fundamente gleiten in einem furchtbaren Erdrutsch dem Abgrund zu. »Das, was ich durchgemacht hatte, geht an keinem Menschen spurlos vorüber«, preßt der Verschlossene seiner trockenen Feder ab.

Seit Wochen hat der Generalquartiermeister nur noch fünf Stunden Schlaf gehabt, meist von ein Uhr nachts bis sechs Uhr morgens, und auch diese Zeit ist oft ein gehetztes Dösen, unterbrochen von Ferngesprächen und sorgenvollem Wachsein. Hindenburgs Arzt, Dr. Münter, beobachtet einmal bei Ludendorff sogar einen nervösen Weinkrampf. Oberst Mertz notiert nach der Katastrophe des 18. Juli in sein Tagebuch, daß Ludendorff offenbar nicht mehr weiß, was er jetzt tun soll. Erst dreiundzwanzig Jahre später hat Mertz enthüllt, »daß der General bis an die Grenze des seelischen Zusammenbruchs unter dem Fehlschlage des 15. Juli und der Niederlage des 18. Juli gelitten und zeitweise die Herrschaft über sich selbst verloren« hatte.

Verzweifelt versucht Ludendorff, alles außer sich selbst anzuklagen. Er beschuldigt die Truppen, wirft ihnen mangelnden Kampfesmut vor. Er spricht von Verrat, und in einem vertrauten Gespräch gesteht er sogar, daß er am Tag des Angriffs die Losungen der Brüdergemeinde nachgeschlagen und nicht günstig befunden hatte. »Exzellenz ganz gebrochen«, notiert General Wetzell.

Generalmajor Schwerin, der am 25. Juli nach längerer Abwesenheit ins Hauptquartier kommt, ist »durch Aussehen und Nervosität Seiner Exzellenz höchst betroffen«. General Fritz von Loßberg setzt unverblümt hinzu, Ludendorff sei »seiner Stellung nicht mehr gewachsen gewesen«. Besorgt beraten die Generale der Obersten Heeresleitung, was zu tun ist. Heimlich wird Oberstabsarzt Dr. Hochheimer gerufen, dessen nervenärztliche Praxis in Berlin weit bekannt ist. »Der Versuch war gewagt bei Ludendorffs aufwallendem Temperament und einem Mißtrauen gegen fremde Einflüsse«, gibt Hochheimer selbst zu. Zur allgemeinen Überraschung aber gelingt das Wagnis, und Ludendorff nimmt die ärztliche Fürsorge dankbar an.

Nach Hochheimers Ansicht ist Ludendorff »gänzlich verzerrt und versteift«, sein Körper »verkrampft«, seine Seele »versteinert«. Er hat »immer nur gearbeitet, gesorgt, Körper und Geist angespannt, keine Erholung gehabt, keine Freude, mit Hast gegessen, nicht geatmet, nicht gelacht, nichts gesehen von Natur und Kunst, nichts gehört vom Rauschen des Waldes und Plätschern des Baches und dabei die Schwungkraft und Schöpferkraft je länger, je mehr geschädigt«.

»Herr Oberstabsarzt«, sagt Ludendorff verblüfft, »Sie haben in allem recht, ich fühle es längst. Aber was soll ich tun?«

»Nun entwickelte ich ihm meinen Heilsplan«, erinnert sich Dr. Hochheimer, »einen ganz anderen Tageslauf mit Ruhepausen, Spaziergängen, mehr Schlaf, mehr Freude, Atmen, Sinneüben und -ablenken, Massage zur Entspannung des Körpers, mit anderer Stimme sprechen lernen – jetzt angespannte hohe Kommandostimme –, Augen ausruhen – jetzt fortwährendes Kartenlesen mit einem falschen Glas –, auf die Berge sehen, Wind und Wolken genießen, lesen.«

Gehorsam, weil er es sogleich »als Dienst auffaßte«, beginnt Ludendorff mit der Ausführung aller Anweisungen. Er geht im Garten des Hauptquartiers spazieren, beriecht die Rosen, macht entspannende Atemübungen und läßt sich massieren, wobei er regelmäßig einschläft. »Ludendorff merkt bereits die Besserung, die Mitarbeiter auch«, schreibt Dr. Hochheimer schon bald. »Er hat gestern nacht seit langer Zeit zum ersten Male wieder sechs Stunden geschlafen, fest durchgeschlafen. Er schenkte mir eine köstliche, große Birne.«

»Meinem Patienten geht es von Tag zu Tag besser. Der Mann ist tatsächlich ein ganz anderer, frischerer, freierer, froherer Mensch geworden. Die Starre weicht. Die Hauptsache ist Befreiung seiner versteinerten Seele. Ich habe ihm Blumen ins Zimmer stellen lassen, das einer toten Möbelausstellung gleicht, da kein Bild darin hängt. Wenn ich ihm von unseren Kindern erzähle, guckt er mich an wie ein Kind, dem man von Indien erzählt. Alles Dienstliche, Militärische vermeide ich. Mich berührt nur der Mensch Ludendorff.«

Doch was vermögen Atemübungen, Rosenduft und Waldesrauschen gegen die Gewalten des Schicksals! War Fochs Gegenstoß bei Amiens und Villers Cotterêts noch eine Katastrophe, dann bricht kurze Zeit darauf, am 8. August 1918, »der schwarze Tag des deutschen Heeres« herein, wie sich Ludendorff selbst ausgedrückt hat. Diesmal dringen die Briten, wieder von unabsehbaren Tankgeschwadern gestützt, noch tiefer in die deutschen Linien ein und fügen den erschöpften feldgrauen Armeen zwischen Ancre und Avre eine vernichtende Niederlage zu. Von diesem Schlag sollen sich die deutschen Truppen nie mehr erholen. Von nun an gibt es für sie bis zum Ende nur noch Rückzug und Verteidigung, Verteidigung und Rückzug.

Jetzt endlich, in fassungsloser Erschütterung, muß auch Ludendorff den unabwendbaren Tatsachen ins Auge sehen. Noch ein Jahr später, als er seine Erinnerungen niederschrieb, zittern die Ereignisse in seinen Worten nach: »Der 8. August 1918 stellte den Niedergang unserer Kampfkraft fest und nahm mir bei solcher Ersatzlage die Hoffnung, eine strategische Aushilfe zu finden, welche die Lage wieder zu unseren Gunsten festigte. Der Krieg war zu beendigen.«

Wie ein Blitz trifft Ludendorffs späte Erkenntnis auch den Kaiser. Bleich hört Wilhelm nach dem Zusammenbruch des 8. August den Lagevortrag. Major Alfred Niemann, der als Augen- und Ohrenzeuge Protokoll geführt hat, berichtet: »Der Erste Generalquartiermeister begann seine Ausführungen mit dem Zugeständnis: ›Wir müssen uns darüber klar sein, daß wir eine schwere Niederlage erlitten haben.‹«

»Ich sehe ein, wir müssen die Bilanz ziehen«, sagt der Kaiser schwer. »Der Krieg muß beendet werden.«

Die Entscheidung ist gefallen, doch gleich darauf wird der Vorhang erneut hochgerissen. Auf der Bühne Europas beginnt der letzte Akt des großen Dramas.

Blinder Optimismus

Im Juni 1918 hatte Außenminister von Kühlmann im Reichstag eine Rede gehalten, in der das Wort Friede vorkam. Am nächsten Tag schickte Hindenburg ein empörtes Telegramm. Die Oberste Heeresleitung erklärte, unter solchen Umständen mit Kühlmann nicht mehr zusammenarbeiten zu können. Kühlmann muß gehen. Sein Nachfolger wird Admiral von Hintze.

In diesem letzten Sommer des großen Krieges wird in Deutschland die allgemeine Lage noch immer optimistisch beurteilt. Zensur und patriotische Schönfärberei verhindern, daß der breiten Masse der Ernst der Stunde bewußt wird. Gewiß, die Lebensmittel sind knapp, die Front frißt Männer und Material, aber am Sieg wird nicht gezweifelt. In den Vorstellungen der meisten Menschen wird es sich um einen Siegfrieden handeln, der nun bald kommen muß: Ebenso wie im Osten werden die Feinde Deutschlands auch im Westen zusammenbrechen, und wie in Brest-Litowsk wird auch an einem grünen Tisch im Westen die Landkarte neu gezeichnet werden. Heute klingt es unglaublich, welche Ziele die Verfechter des Siegfriedens vor Augen hatten:

- Ludendorff will Belgien in zwei von Deutschland abhängige Länder Wallonien und Flandern aufteilen, das Erzbecken von Briey dem Deutschen Reich einverleiben. Hindenburg will auf alle Fälle Lüttich zu einer deutschen Stadt machen. Das belgische Kolonialreich, besonders die riesigen Gebiete am Kongo, werden deutscher Besitz.
- In einer Denkschrift meint Ludendorff, daß dann wahrscheinlich auch bald die Niederlande zu Deutschland kommen würden und mit ihnen das große Kolonialreich in Indonesien, also Java, Borneo und Celebes.
- Die Alldeutschen als stärkste Vertreter des Siegfriedens fordern darüber hinaus einen beträchtlichen Teil des französischen Mutterlandes, nämlich die Gebiete bis an die Somme mit den Städten Lille, Amiens, Sedan und Calais. Sie wollen, daß dieser Raum vor der Übergabe an Deutschland von allen französischen Bewohnern geräumt wird, damit die deutschen Ansiedler Platz haben.
- Im Osten verläuft die gewünschte deutsche Grenze »vom Peipussee zur Dnjeprmündung«. Der größte Teil des britischen Kolonialbesitzes soll deutsch werden. Falls Japan doch noch auf die deutsche Seite übergehen würde, sollte es ganz Sibirien bekommen.
- Die Marine fordert die britischen Kanalinseln für Deutschland, und noch im Juli 1918 denkt sie daran, »ein Sperrgebiet an der Ostküste Nordamerikas zu ziehen«, was aber der Kaiser energisch ablehnt.

Der Zentrumsabgeordnete Erzberger meint zwar, man sollte einmal 25 000 Alldeutsche in eine Kaltwasser-Heilanstalt sperren, Kaiser Karl in Wien stemmt sich gegen »Ludendorffs Diktatur des Wahnsinns,« aber das Traumgebilde vom »großdeutschen Weltreich« ist dem Volk so viele Jahre lang vorgegaukelt worden, daß es nur noch von den harten Tatsachen der Kriegsgeschehnisse zerstört werden kann.

So überhitzt ist die Dampfmaschine noch 1918, so besessen sind Generale und Politiker, daß der Schöpfer der deutschen Handelsflotte, Albert Ballin, einmal traurig zu dem Fürsten Bülow sagen muß: »Der Kaiser lebt in einem Narrenparadies.«

Der sogenannte Dolchstoß

Sind Wilsons 14 Punkte wirklich eine »Narrheit«?

Reichskanzler Hertling ist altersschwach, leidet an hochgradiger Verkalkung und muß wegen allgemeiner Erschöpfung jeden Abend spätestens um acht Uhr im Bett liegen. Seine Reichstagsreden werden von den Ministerien durchgesehen und verändert. Der Kanzler stampft dann zwar einmal zornig mit dem Fuß auf den Boden, wagt es aber nicht, die Korrekturen wieder zu streichen. Als einmal ein Vertreter der Obersten Heeresleitung in einer dringenden Angelegenheit Hertlings Zimmer betritt, »weht ihm eine Weihrauchwolke entgegen«, wie Fürst Bülow berichtet: »Der Kanzler hatte eine schwere Ohnmacht erlitten und war auf seinen Wunsch mit den Sterbesakramenten versehen worden.«

Das ist der Reichskanzler, hilflos gegenüber den Kräften des Landes. Dabei stehen trotz der blinden Siegfriedensstimmung die Schatten des Zusammenbruchs schon am Horizont. Die Verbündeten wanken: Österreich-Ungarn ist am Ende seiner Kräfte, Bulgarien kann jeden Tag abspringen und Sonderfrieden schließen, die Türkei ist militärisch erledigt und für Deutschland nur noch eine Last, der Sultan – wie es ein hoher deutscher Offizier ausdrückt – »ganz doof, weil er von seinem Vorgänger so lange eingesperrt gehalten worden ist, und zwar in einem Harem«. Außerdem sind die kriegführenden Völker Europas in ihrer Friedenssehnsucht bestärkt worden. Ein mildes Licht, ein seltsamer Hoffnungsstrahl in dieser düsteren Welt scheint entzündet worden zu sein. Handelt es sich um eine frohe Botschaft oder um einen scheinheiligen Akt politischer Herrschsucht?

Am 8. Januar 1918 hat der amerikanische Präsident Woodrow Wilson vor dem Kongreß seine berühmten Vierzehn

Punkte aufgestellt, vierzehn Programmpunkte für den kommenden Frieden. Wie auf Kommando fallen gleich darauf fast alle deutschen Zeitungen über Wilson her. Die damals gewichtige »Kölnische Zeitung« spricht von »Narrheiten und Frechheiten« des Präsidenten, der Ton der meisten anderen Blätter ist ähnlich.

Was sind diese Vierzehn Punkte gewesen? Gewiß waren sie keine machtpolitische Heuchelei, keine aus der Kriegslage geborene Intrige, denn Wilson hatte schon 1913, also vor dem Kriege, ähnliche Pläne entwickelt und verkündet. Es ist gut, sich den Inhalt in zusammengedrängter Form ins Gedächtnis zu rufen, weil er im Meer der Propaganda ganz untergegangen ist:

(1) Abschaffung der Geheimdiplomatie. (2) Freiheit der Meere. (3) Wirtschaftsfreiheit. (4) Verminderung der Rüstungen. (5) Unparteiische Schlichtung der kolonialen Ansprüche. (6) Räumung des besetzten russischen Gebietes. (7) Räumung und Wiederherstellung Belgiens. (8) Räumung der besetzten französischen Gebiete, Abtretung Elsaß-Lothringens. (9) Berichtigung der italienischen Grenzen »nach klar erkennbaren nationalen Linien«. (10) Autonomie für die Völker Österreich-Ungarns. (11) Räumung von Rumänien, Serbien und Montenegro. (12) Autonomie für die nichttürkischen Völker der Türkei. (13) Errichtung eines unabhängigen polnischen Staates. (14) Bildung eines Völkerbundes.

Es ist schwer, heute die Schmähungen zu verstehen, die Wilson für diese Vierzehn Punkte aus der deutschen Presse entgegenschallten. Der Widerstand ist nur zu begreifen, wenn man dem Programm des Amerikaners die weitgesteckten Ziele der Alldeutschen, Ludendorffs und der Obersten Heeresleitung gegenüberstellt. Aus dem erträumten Siegfrieden von der Somme bis an den Dnjepr, von Den Haag bis Borneo sollte plötzlich ein »Verzichtfrieden« werden: keine unendliche Ausdehnung des Deutschen Reiches, Rückgabe Elsaß-Lothringens an Frankreich, ja wahrscheinlich sogar Abtretung östlicher Landesteile an den geplanten polnischen Staat! Nur wenige haben 1918 eingesehen, daß die militärische Lage kaum mehr eine andere Wahl zulassen würde als eine enge Anlehnung an Wilsons Programm.

Hertling hält eine Reichstagsrede, in der er zu den Vierzehn Punkten »Jain« sagt, weil er weder Wilson noch die Alldeutschen grämen will. Die Welt draußen aber hat nun endgültig ihren Propagandaschlager, weil sie sagen kann: Es ist eine Lüge, daß Deutschland 1914 nur zu seiner Verteidigung in den Krieg gegangen, nur aus Notwehr in Belgien einmarschiert ist. Die militärischen Führer Deutschlands, meint Wilson resigniert, sind »keines anderen Gedankens fähig, als zu behalten, was sie haben«.

Düstere Stimmung beim Kronrat in Spa

Aber selbst ein Weg zwischen Siegfrieden und Verzichtfrieden, ein Verhandlungsfriede, wie ihn manche anstreben, erscheint den Militärs untragbar. Daß Wilsons Programm indessen wie eine Erlösungslehre die erschöpften Männer, die bangenden Frauen, die ausgepumpten Völker in Europas Mitte ergreift, will niemand wahrhaben. Erst mit Fochs Offensive vom 18. Juli 1918, erst mit dem britischen Durchbruch vom 8. August dämmert bei Heeresleitung und Regierung die Erkenntnis, daß die hochfliegenden Pläne zurückgesteckt werden müssen.

Am 14. August findet im Großen Hauptquartier in Spa ein Kronrat statt. In düsterer Stimmung läßt sich Wilhelm Vortrag halten. Das Protokoll der Sitzung meldet: »Der Chef des Generalstabs des Feldheeres hat die kriegerische Situation dahin definiert, daß wir den Kriegswillen unserer Feinde durch kriegerische Handlungen nicht mehr zu brechen hoffen dürfen.« Ein zweiter Satz bestätigt: »Die politische Leitung beugt sich vor diesem Ausspruch der größten Feldherren, die dieser Krieg hervorgebracht hat, und zieht daraus die Konsequenz, daß wir politisch außerstande sein würden, den Kriegswillen des Gegners zu brechen.«

Reichskanzler Hertling – was immer über seine Altersmüdigkeit gesagt worden ist – wird in diesem Augenblick hellwach. Er merkt, was da gespielt werden soll, und verbessert: »Soll wohl heißen, daß wir militärisch außerstande sein würden, den Kriegswillen des Gegners zu brechen.« Das Wort »politisch« wird gestrichen und durch »militärisch« ersetzt. Der erste Versuch der Generale, die Zuständigkeit zu verlagern, ist gescheitert.

Der Kronrat kommt zu der Ansicht, daß Friedensfäden angesponnen werden sollen, sobald die Lage wieder besser ist, am besten nach einem neuen Erfolg im Felde, damit eine stärkere Ausgangsposition für die Verhandlungen vorhanden ist. Zuletzt ergreift noch einmal Hindenburg das Wort. Der Protokollführer schreibt: »Generalfeldmarschall von Hindenburg hofft, daß es dennoch gelingen werde, auf französischem Boden stehenzubleiben und dadurch schließlich den Feinden unseren Willen aufzuzwingen.«

Ludendorff, wieder grenzenlos optimistisch gestimmt, ergreift das Papier und streicht die Worte »hoffte, daß es dennoch gelingen werde«. Statt dessen flickt er hinein: »führt aus, daß es gelingen werde«. Das ist etwas ganz anderes, und damit ist das Bild wieder verwässert. Man wollte Bilanz ziehen und hat nun doch wieder die Augen vor der Wirklichkeit verschlossen.

Ludendorff sieht ein, daß nichts mehr zu retten ist

Die deutsche Front muß in die Wotan- und Siegfriedstellung zurückgenommen werden, sie weicht hinter die Ailette zurück, wird zwischen Arras und Cambrai aufgerissen, schließt sich wieder, muß in Flandern weichen, Péronne räumen, den Kemmel und den Lysbogen, schließlich auch den seit Herbst 1914 gehaltenen Michelbogen bei St. Michel. Mitten in den Rückzug feuern zwölf amerikanische Divisionen General Pershings und vier französische mit zusammen dreitausend Geschützen. Das ist am 12. September 1918. Kaum sind die erschöpften Feldgrauen in die Michelstellung zurückgegangen, beginnen die Alliierten einen neuen Sturm in der Champagne.

Zum Chef der Operationsabteilung sagt Ludendorff in diesen Tagen jeden Abend: »Heye, jetzt sind sie durch!« Jedesmal stellt sich dann heraus, daß die Front doch wieder gehalten hat. Trotz allem »schien nur ein Wunder noch Rettung bringen zu können«, wie selbst das offizielle Geschichtswerk des deutschen Generalstabs zugibt.

Ludendorff baut auf dieses Wunder. Als Meldungen vom Ausbruch einer Lungengrippe in Frankreich berichten, lebt er auf und sieht die feindlichen Fronten schon von der Krankheit dezimiert. Dann stellt sich alles als Übertreibung heraus, und Oberstleutnant Mertz notiert: »Auf diese Erklärung hin sagte General Ludendorff mit förmlich verfallener Stimme: ›Ich habe mich an diese Nachricht geklammert wie ein Ertrinkender an einen Strohhalm.‹«

Wann wird Ludendorff der Lage Rechnung tragen? Als am 26. September Amerikaner und Franzosen zu einem neuen Großangriff zwischen Reims und der Maas antreten, schreibt Mertz: »Exzellenz hat wohl noch die Verzweiflung, zu kämpfen, aber nicht den Mut, ein Ende zu machen.«

Nicht einmal Hindenburg ist über den wahren, erschreckenden Stand der Dinge unterrichtet. Der Vertreter des Auswärtigen Amtes bei der Obersten Heeresleitung, Legationsrat Lersner, drängt Ludendorff, wenigstens dem Generalfeldmarschall endlich reinen Wein einzuschenken, erhält aber die unwirsche Antwort: »Drängen Sie mich nicht! Ich habe den Ruhm Hindenburgs geschaffen, und der Feldmarschall weiß dienstlich noch von nichts.«

»Am 27. kämpften wir im wesentlichen erfolgreich«, berichtet Ludendorff selbst in seinen Kriegserinnerungen. »Am 28. hielten wir, abgesehen von planmäßigen Stellungsberichtigungen, unsere Linien. Am 29. September und den folgenden Tagen fanden weitere Kämpfe statt, sie brachten nur die übliche Spannung. Nichts forderte zu plötzlichen Entschließungen auf.«

Und doch faßt Ludendorff gerade an diesem 29. September

1918 den entscheidendsten Entschluß seiner Laufbahn. Unter dem Eindruck der Gesamtlage ringt er sich dazu durch, eine Bitte um Waffenstillstand ergehen zu lassen. »Der Feind war um Frieden und Waffenstillstand anzugehen«, schreibt er. »Das erforderte die Kriegslage, deren Verschlechterung nur allzu wahrscheinlich war.«

Es ist gewiß ein einsamer, ein heroischer Entschluß, wenn man die ganze Natur dieses Mannes berücksichtigt. Die Situation, wie sie Ludendorff in seinen Erinnerungen schildert, entbehrt nicht der persönlichen Tragik: »Am 28. September, sechs Uhr nachmittags, ging ich zum Generalfeldmarschall in sein Zimmer, das eine Treppe tiefer lag. Ich legte ihm meine Gedanken über ein Friedens- und Waffenstillstandsangebot vor. Die Lage könne sich nur noch verschlechtern. Der Generalfeldmarschall hörte mich bewegt an. Er antwortete, er habe mir am Abend das gleiche sagen wollen, auch er hätte sich die Lage dauernd durch den Kopf gehen lassen und hielte den Schritt für notwendig.« Wehmütig scheint Ludendorff dem verhallenden Donner der Schlachten nachzulauschen, wenn er hinzufügt: »Der Generalfeldmarschall und ich trennten uns mit festem Händedruck wie Männer, die Liebes zu Grabe getragen haben.«

Nach seinem Besuch bei Hindenburg betritt Ludendorff das Zimmer des Obersten Heye, wo gerade Major Joachim von Stülpnagel Vortrag hält. Noch unter der Tür stößt der Generalquartiermeister hervor: »Ich habe dem Feldmarschall soeben vorgetragen, daß wir um Waffenstillstand bitten sollen.«

Heye ist betroffen von dieser plötzlichen Wendung. Er notiert entgeistert: »Der Ausdruck ›Waffenstillstand‹ kam mir ganz überraschend, wir alle hatten ihn nie zuvor gebraucht.«

Waffenstillstand, Frieden! Zwei Tage später, am 30. September 1918, geht Ludendorff in einer Niederschrift noch weiter und gesteht rundweg: »Jetzt war der Krieg verloren, daran war nichts mehr zu ändern.«

»Die volle Wahrheit« schlägt wie eine Bombe ein

Am 29. September ist Außenminister Hintze in Spa eingetroffen, im Laufe des Vormittags kommen auch der Kaiser und Reichskanzler Hertling an. Als Ludendorff in einer Vorbesprechung die Lage schildert und die schnellste Einleitung von Waffenstillstandsverhandlungen fordert, fallen Hertling und Hintze aus allen Wolken. »Das ist ja furchtbar!« stöhnt der Reichskanzler nach dem Zeugnis seines Sohnes, der dabei war.

Anschließend ist Beratung in Anwesenheit des Kaisers. Bevor man den Raum betritt, nimmt Hindenburg Ludendorff beiseite und fragt: »Was soll ich jetzt sagen?«

»Die volle Wahrheit«, antwortet der General.

So kam, wie das offizielle Generalstabswerk mitteilt, »der Generalfeldmarschall nach Darlegung der Verhältnisse an der Front ebenfalls zu dem Schlusse, das Heer bedürfe sofortigen Waffenstillstandes«.

Am Ende fügt Hindenburg in freier Rede noch hinzu, beim Friedensschluß müßten selbstverständlich die belgischen Erzgebiete von Briey und Longwy an Deutschland fallen, aber Ludendorff fährt ihm unwillig über den Mund: »Dazu ist jetzt nicht mehr die Zeit!«

Ludendorff sieht die Lage für überaus bedrohlich an. Nach der Konferenz notiert er, daß nur noch für zwei Monate Benzin vorhanden ist. Er weiß, daß »der Ausfall des Heeres, der durch Ersatz nicht gedeckt werden kann, monatlich 70 000 Mann beträgt«, und kann sich ausrechnen, wann ihm die Armee unter den Händen zerronnen sein wird.

Doch was soll nun geschehen? Außenminister Hintze ist noch immer verwirrt von dem »ruckweisen Übergang von Siegesfanfare zum Grabgesang der Niederlage«. Man einigt sich schließlich, auf Wilsons Vierzehn Punkte einzugehen und den Präsidenten der Vereinigten Staaten eilig um Vermittlung des Waffenstillstandes zu bitten. Im Innern will der Kaiser eine »Revolution von oben« machen, die Regierung auf parlamentarische Grundlage stellen und auch die bisher ausgeschlossenen Sozialdemokraten an den Staatsgeschäften teilnehmen lassen.

Parlamentarische Regierung? Bei diesem Wort schaudert es den konservativen Grafen Hertling. Er lehnt es ab, unter solchen Umständen noch Reichskanzler zu bleiben, und so muß jetzt im Deutschen Reich Ausschau gehalten werden nach einem Mann, der in schwerster Stunde bereit ist, das Amt zu übernehmen und seinen Namen unter die Waffenstillstandsbitte zu setzen.

Betreten verlassen die Versammelten an diesem Tag das Hotel Britannique. Zwei Tage später sind die Ereignisse bereits so zugespitzt, daß Ludendorff erklärt, das Waffenstillstandsangebot müsse über Bern sofort nach Washington geschickt werden: »Achtundvierzig Stunden kann die Armee nicht noch warten!«

Als Hertlings Vertreter, Vizekanzler Payer, die Fraktionsführer des Reichstags von der Notwendigkeit einer raschen Waffenstillstandsbitte und von dem Drängen der Obersten Heeresleitung unterrichtet, fügt Major Bussche als Vertreter der OHL hinzu: »Jede vierundzwanzig Stunden können die Lage verschlechtern und den Feind unsere eigentliche Schwäche erkennen lassen.«

Die Wirkung auf die Volksvertreter ist niederschmetternd. Zeugen haben berichtet: Die Abgeordneten waren ganz gebrochen. Ebert wurde totenblaß und konnte kein Wort herausbringen. Der Abgeordnete Stresemann sah aus, als ob ihm etwas zustoßen würde. Minister Waldow stürzt zur Tür und ruft: »Jetzt bleibt ja nur noch übrig, sich eine Kugel durch den Kopf zu schießen!«

Max von Baden, der bald Reichskanzler werden soll, bringt die Worte zu Papier: »Jetzt sprang der Funke der Panik auf die Heimat über.«

An dieser Stelle ist es Zeit, eine Frage zu stellen. Wo ist der Dolchstoß aus der Heimat geblieben? Ist nicht seit Ende des Krieges immer wieder behauptet worden, nicht die Ereignisse an der Front, sondern die Zersetzungserscheinungen in der Heimat hätten zur Niederlage geführt? Ist es nicht so, daß die unbesiegte Armee im Felde einem Dolchstoß aus der Heimat zum Opfer gefallen ist? In den Dokumenten und Protokollen der damaligen Zeit ist kein Wort davon zu finden.

Die Dolchstoßlegende, eine nachträgliche Erfindung

Hindenburg und Ludendorff, der Kanzler, die Minister, die Heeresgruppen- und Armeeführer bringen in ihren unmittelbaren Niederschriften und Aussagen alle erdenklichen Gründe vor, aber nicht ein einziges Mal fällt das Wort vom Dolchstoß, von Zersetzung oder gebrochener Moral. Ludendorff selbst hat alle Beweggründe zusammengefaßt, die ihn zu seiner Waffenstillstandsbitte getrieben haben. Er hat vom Benzinmangel und von der verheerenden Ersatzlage gesprochen, von der Unwiderstehlichkeit der feindlichen Tankgeschwader und der wachsenden Stärke der amerikanischen Streitkräfte – aber kein einziges Mal von einem gefährlichen Einfluß aus der Heimat.

Hätte es zu dem Zeitpunkt, als Ludendorff die Bitte um Waffenstillstand aussprach, irgendwelche Erscheinungen gegeben, die man als Dolchstoß bezeichnen könnte, dann wären sie zweifellos bei der Aufzählung der Gründe mit erwähnt worden. Doch im Gegenteil. Ludendorff hat im Oktober 1918 niedergeschrieben, daß das Heer »intakt« gewesen ist. Die Oberste Heeresleitung versichert am 6. Oktober 1918 ausdrücklich: »Die Kraft des Heeres ist ungebrochen.« Wieder kein Wort von Zersetzung.

Ausschließlich militärische Gründe werden auch von Major Bussche angeführt, als ihn die Abgeordneten fragen, wie es zu der katastrophalen Wandlung kommen konnte. »Erstens die Tanks, zweitens die Ersatzlage«, führt Bussche an.

Hindenburg sagt zu Prinz Max von Baden: »Diesen Angriff haben wir noch ausgehalten; ich erwarte innerhalb von acht Tagen einen neuen Großangriff, kann aber keine Verantwortung dafür übernehmen, daß dann nicht eine Katastrophe eintritt.«

Oberstleutnant von Haeften, der Vertreter der Obersten Heeresleitung beim Auswärtigen Amt, wird in diesen Tagen gefragt: »Was denken Sie von der Lage?«

»Ich halte sie für katastrophal«, lautet seine Antwort.

Friedrich Ebert, der Repräsentant der Sozialdemokraten, wird bei den Nachrichten von der Front »totenblaß«. Der Kommunist Karl Liebknecht sitzt ohnehin »wegen seiner Umtriebe gegen den Krieg« im Zuchthaus. Die pazifistische und kriegsfeindliche Propaganda, die es gegeben hat, wird nirgends im Zusammenhang mit der Waffenstillstandsbitte erwähnt.

Wie also ist es zur Dolchstoßlegende gekommen? Jahrelang ist behauptet worden, der britische General Maurice habe ebenfalls gesagt, daß das deutsche Heer von der Heimat erdolcht worden sei. Nicht gesagt wurde freilich, was Maurice darauf erwiderte, nämlich: »Ich habe niemals an irgendeiner Stelle der Meinung Ausdruck gegeben, daß das deutsche Heer vom deutschen Volk rücklings erdolcht worden sei. Das deutsche Heer ist vollkommen und rechtschaffen im Felde geschlagen worden.«

In der Tat hat erst eine spätere Propaganda versucht, die militärische Niederlage zu bemänteln und die Siegesverblendung der Generale vergessen zu machen. Hitler ist auf der Welle dieser Propaganda groß geworden, und kein anderer als eines seiner Opfer von 1934, General Schleicher, hat es oftmals ganz offen ausgesprochen: »Der sogenannte Dolchstoß von 1918 ist nachträglich erfunden worden.«

Vielleicht hat Prinz Max von Baden geahnt, was eines Tages kommen würde. Er hat sich anfänglich gesträubt, den Kanzlerposten anzunehmen, er sträubte sich noch mehr, seinen guten Namen auf die Waffenstillstandsbitte zu setzen. »Wenn die Militärs die Lage so ansehen«, rät ihm einer seiner Vertrauten, »dann lassen Sie sie selbst mit der weißen Fahne hinübergehen!«

Der »Bademax«, wie ihn die Gardekürassiere nennen, zögert. Er hat sich in der internationalen Gefangenenfürsorge einen Namen gemacht, kann mit einem falschen politischen Schritt seinen Fürstenthron verspielen. Außerdem ist es zum erstenmal in der Geschichte, daß der Waffenstillstand nicht von den Militärs, sondern von den Politikern erbeten werden soll. Es ist klar, daß Hindenburg und Ludendorff diese unangenehme Aufgabe gerne von sich abwälzen wollen.

Ungestüm drängt die Oberste Heeresleitung darauf, daß endlich ein neuer Kanzler ernannt wird, der unterschreiben will.

Ludendorff selbst stürzt eines Tages unangemeldet ins Zimmer des Kaisers und fragt »im Ton höchster Erregung«: »Ist die neue Regierung noch nicht gebildet?«

»Ich kann doch nicht zaubern!« braust Wilhelm auf.

Ludendorff läßt sich nicht einschüchtern. »Die Regierung muß aber sofort gebildet werden, denn das Friedensangebot muß noch heute heraus!«

»Das hätten Sie mir vor vierzehn Tagen sagen sollen!« bellt der Kaiser zurück.

Als sich Prinz Max von Baden endlich schweren Herzens entschließt, das Amt anzunehmen und die Friedensbitte zu unterschreiben, gibt ihm sein Schutzengel eine gute Idee ein. Das offizielle Generalstabswerk berichtet: Max »wollte sich in aller Form gegen den etwaigen späteren Vorwurf sichern, daß *er* für das Waffenstillstandsersuchen verantwortlich sei. Zur sofortigen Absendung der Note sei er nur bereit, wenn die Oberste Heeresleitung schriftlich erkläre, daß die militärische Lage an der Westfront keine Verzögerung mehr zulasse.«

Verärgert telefoniert Hindenburg mit Ludendorff. Der ist wohl oder übel einverstanden, und so schreibt Hindenburg einen Brief, der dem späteren Dolchstoßmärchen jeden Boden entzieht: »Die Oberste Heeresleitung bleibt auf ihrer am Sonntag, dem 29. September d. J., gestellten Forderung der sofortigen Herausgabe des Friedensangebotes an unsere Feinde bestehen. Infolge des Zusammenbruchs der mazedonischen Front, der dadurch notwendig gewordenen Schwächung unserer Westreserven und infolge der Unmöglichkeit, die in den Schlachten der letzten Tage eingetretenen sehr erheblichen Verluste zu ergänzen, besteht nach menschlichem Ermessen keine Aussicht mehr, dem Feinde den Frieden aufzuzwingen. Der Gegner seinerseits führt ständig neue, frische Reserven in die Schlacht. Noch steht das deutsche Heer festgefügt und wehrt siegreich alle Angriffe ab. Die Lage verschärft sich aber täglich und kann die Oberste Heeresleitung zu schwerwiegenden Entschlüssen zwingen. Unter diesen Umständen ist es geboten, den Kampf abzubrechen, um dem deutschen Volke und seinen Verbündeten nutzlose Opfer zu ersparen. Jeder versäumte Tag kostet Tausenden von tapferen Soldaten das Leben. Gezeichnet: von Hindenburg, Generalfeldmarschall.«

Man kann diesen Brief mit einer Kapitulationsurkunde gleichsetzen. Reichskanzler Max von Baden unterschreibt die Waffenstillstandsbitte. Erschüttert sagt er selbst in seinen Erinnerungen: »Als ich am Morgen des 4. erwachte, war mir zumute wie einem Menschen, der zum Tode verurteilt ist und es im Schlaf vergessen hatte.«

Zwischen Berlin und Bern, zwischen Bern und Washington läuft die inhaltsschwere Depesche über Telegraphenleitungen und Unterseekabel, das Wort, das dem vierjährigen Völkermorden endlich Einhalt gebieten soll: »Die deutsche Regierung ersucht den Präsidenten der Vereinigten Staaten von Amerika, die Herstellung des Friedens in die Hand zu nehmen, alle kriegführenden Staaten von diesem Ersuchen in Kenntnis zu setzen und sie zur Entsendung von Bevollmächtigten zwecks Anbahnung von Verhandlungen einzuladen. Sie nimmt das von dem Präsidenten der Vereinigten Staaten von Amerika in der Kongreßbotschaft vom 8. Januar aufgestellte Programm als Grundlage für die Friedensverhandlungen an. Um weiteres Blutvergießen zu vermeiden, ersucht die deutsche Regierung, den sofortigen Abschluß eines Waffenstillstandes zu Lande, zu Wasser und in der Luft herbeizuführen.«

Doch so einfach, wie die ersten Schüsse einen Krieg beginnen, läßt sich sein Ende nicht herbeiführen. Wilson gibt auf die deutsche Waffenstillstandsbitte eine kühle Antwort. Solange deutsche Truppen auf fremden Gebieten stehen, heißt es in seiner Note, können den Alliierten Waffenstillstandsverhandlungen nicht zugemutet werden.

Ludendorff will plötzlich weiterkämpfen, muß aber gehen

Bis in den November zieht sich der Austausch von Noten hin. Wilson verlangt nicht nur die Räumung der besetzten Gebiete, er besteht auf Einstellung des U-Boot-Krieges und schließlich auch auf Errichtung einer Regierung, die vom Volkswillen getragen ist.

Als Max von Baden Wilsons erste Note in Händen hält, läßt er Ludendorff nach Berlin kommen, um sich über die militärische Lage zu besprechen. Der General ist plötzlich wieder optimistisch. Er will weiterkämpfen. Militärisch, so drückt er sich aus, sei man in vier Wochen über dem Berg, die Front würde noch mehrere Monate durchhalten, auch noch über den kommenden Winter.

Der Kanzler muß jetzt jedes Vertrauen in die Urteilsfähigkeit Ludendorffs verlieren. Waren es nicht Ludendorff und die Oberste Heeresleitung gewesen, die gestern nach schnellstem Waffenstillstand gerufen hatten? Max von Baden beschließt, nun auch einmal andere Generale über die militärische Lage zu befragen. Das trifft Ludendorffs Empfindlichkeit. Wieder einmal, wie schon so oft, droht er zusammen mit Hindenburg den Rücktritt an, um der Regierung seinen Willen aufzuzwingen.

Hinter dem Rücken des Kanzlers hatte er außerdem bereits einen Armeebefehl zur Verlesung bei allen Truppen erlassen und darin zu Wilsons Note gesagt: »Sie ist für uns Soldaten unannehmbar.« Gegenüber der Regierung war dieser Schritt offene Anmaßung. Ludendorff scheint den Mißgriff selbst empfunden zu haben und versucht vergeblich, den Befehl aufzuhalten.

Zornig läßt der Kaiser die beiden Heeresführer ins Schloß Bellevue zum Vortrag befehlen. Generaloberst von Plessen, der über die Unterredung Protokoll führte, berichtet, daß Wilhelm den eigenmächtigen politischen Ausfall der Generale tadelt, »welcher direkt gegen die nun einmal eingeschlagene, von ihm gutgeheißene Politik ginge, eine Politik, welche dem 29.-September-Vortrag ihren Ursprung verdanke, in dem Ludendorff damals den Zusammenbruch der Armee gemeldet und den Abschluß eines Waffenstillstandes so schnell als möglich für unumgänglich erklärt hatte«. Durch die schwankenden Urteile sei das Vertrauen zu Ludendorff erschüttert. Dann fügt von Plessen hinzu: »Der Kaiser nahm sehr bewegt das Abschiedsgesuch Ludendorffs an, sagte aber dem Feldmarschall Hindenburg, er müsse bleiben, das fordere er hiermit im Namen des Vaterlandes.«

Ludendorff war überzeugt, daß Hindenburg unbedingt mit ihm zusammen gehen würde. Es ist deshalb ein Augenblick höchster Überraschung für ihn, daß der Recke von Tannenberg auf den Vorschlag des Kaisers eingeht und bleibt, »was zur Folge hatte, daß zwischen ihm und dem Manne, der seit den Tagen von Tannenberg mit ihm eng verbunden war, ein tiefer Riß entstand«, wie das Generalstabswerk versichert.

Jedenfalls ist die Lage jetzt geklärt. Die verschleierte Diktatur Ludendorffs ist gebrochen. Daß es eine weitblickende Tat Hindenburgs war, sich endlich von seinem eigenwilligen Generalquartiermeister zu trennen und die geordnete Rückführung der deutschen Armeen in die Heimat zu leiten, statt sie in sinnlosem Kampf untergehen zu lassen, hat die Geschichte erkannt.

»Ziag ab!« rufen die Wiener ihrem Kaiser zu

Ludendorffs Sturz ist nicht das einzige Alarmzeichen in diesen Tagen. Bulgarien hat die Waffen niedergelegt. Österreich-Ungarn und die Türkei haben zugleich mit Deutschland eine Waffenstillstandsbitte an die Alliierten gerichtet. Die deutsche Arbeiterschaft kommt »mehr und mehr dazu, zu sagen, lieber ein Ende mit Schrecken als ein Schrecken ohne Ende«, warnt der sozialdemokratische Staatssekretär Scheidemann.

Das große alte Reich an der Donau zerbröckelt unter Kaiser Karls Händen. Die Ungarn wollen nicht mehr für Österreich kämpfen; die Tschechen sind von den Alliierten schon offiziell als Verbündete anerkannt; die Kroaten träumen vom kommenden südslawischen Staatswesen. In Fiume entwaffnen kaisertreue kroatische Truppen ungarische Polizei und Honved-Einheiten. Als Kaiser Karl nach Debrezin kommt, besucht er ohne Fingerspitzengefühl die Kirche, in der nicht ganz siebzig Jahre zuvor die Habsburger des Thrones für verlustig erklärt worden waren. Beim Verlassen des Gotteshauses stolpert er über einen Teppich und stürzt beinahe die Stufen hinab. Ein Pferd der

Staatskalesche rutscht auf dem Pflaster aus und kommt zu Fall. Die Ehrenbataillone sind mit dem Rücken zum Kaiser angetreten – damit sie die unruhige Bevölkerung im Auge behalten können. Schaudernd zieht sich der Kaiser ins ungeheizte Schloß Gödöllö zurück. Am liebsten hätte der Feldmarschalleutnant Lukachich ein paar »analphabetische Bosniaken-Regimenter« herangezogen und Handgranaten »in die Kaffeehaus-Zirkel von Budapest« werfen lassen; aber dazu gibt Karl seine Einwilligung nicht.

Nach Wien zurückgekehrt, findet der Herrscher eine veränderte Hauptstadt vor. Während sein Wagen durch die Straßen rollt, haben seine Begleiter die Hand an der Pistole, weil ringsumher die Menschen branden, respektlos pfeifen und in Sprechchören rufen: »Ziag ab!«

An der Front in Italien haben die heimatlosen Heere des Donaustaates noch eine letzte Schlacht geschlagen – und verloren. Der Generalstabschef der Heeresgruppe Tirol gesteht in einem Bericht, die Truppen seien »demoralisiert durch einen durch nichts mehr zu hemmenden Drang in die Heimat«. Dann fügt er hinzu: »Unter solchen Umständen mußte der Waffenstillstand sofort abgeschlossen werden, ein anderes Mittel war undenkbar.« – »Vollkommen einverstanden«, schreibt der Oberbefehlshaber der Heeresgruppe an den Rand des Dokuments.

General von Weber, der bei den Italienern über den Waffenstillstand verhandelt, vergißt bei der Abfahrt den Chiffreschlüssel und kann deshalb die Anweisungen nicht lesen, die ihm vom Oberkommando gefunkt werden. So stellen die österreichisch-ungarischen Truppen die Feindseligkeiten vierundzwanzig Stunden früher ein als die Italiener. Als Wien den Zeitunterschied in Klarschrift durchgibt, ist es schon zu spät. Das italienische Heer nutzt die Gelegenheit und rückt vor, so weit es an diesem einen Tag noch kommen kann, es überholt die zurückflutenden Österreicher, durchstößt die allgemeine Auflösung.

Ratlos sitzt Kaiser Karl im brodelnden Wien. Nach dem Bericht seines Sekretärs, des Freiherrn Karl von Werkmann, wurden »in der Hofburg alle Tore und Eingänge des Gebäudekomplexes abgesperrt und verrammelt«.

In Innsbruck ziehen plündernde Horden durch die Straßen. In Prag werden die Eisenbahnbeamten bereits auf den tschechoslowakischen Staat vereidigt. Züge mit aufgelösten Truppen aus allen Nationalitäten des Donaustaates rollen kreuz und quer durchs Land, beschießen sich im Vorbeifahren. Der Kriegsminister, Freiherr von Lehne, wagt sich nur noch in Zivilkleidern auf die Straße.

Im Schloß Schönbrunn versieht immer noch ein ungarisches Wachbataillon Dienst, bereit »den König von Ungarn bis zum letzten Blutstropfen zu schützen und zu verteidigen«. »Aber ist er auch noch König von Ungarn?« fragt der Bataillonskommandeur jeden Tag beim Generaladjutanten Karls an und wird immer wieder beschwichtigt. Am 31. Oktober aber gehen die Ungarn einfach nach Hause und begründen ihren Abzug mit den Worten: »Wir glauben es nicht mehr.«

»Gut schau'n wir aus«, sagen die zurückbleibenden Wiener Polizisten, die letzte Garde des gestürzten Reiches.

Karl, ohne Minister, ohne Soldaten, ohne Plan, weiß nur noch einen Ausweg. Er beruft einen Staatsrat zu sich, dem auch der Sozialdemokrat Viktor Adler angehört. Bittere Worte fallen in dieser letzten Konferenz.

»Majestät«, sagt Adler, »wir waren es nicht, die den Krieg gewollt haben.«

»Ich auch nicht«, sagt der Kaiser leise.

»Das ist richtig«, gibt Adler zu, »aber wir können heute nicht übersehen, daß wir stets gegen diesen Krieg gekämpft und gesprochen haben, daß wir daher die Verantwortung für das Ende ebensowenig tragen wollen, als uns die Verantwortung für den Anfang zukommt. Der Faktor, der das Volk in den Krieg geführt hat, möge es heute aus dem Elend herausführen.«

»Die Untersuchung, wer dieser Faktor ist, würde lange dauern«, weicht Karl aus. »So lange können die vor dem Feinde stehenden Söhne des Landes nicht warten. Und wenn dieser Faktor nicht gefunden wird, wer trägt dann die Verantwortung für das Sterben, das nutzlose Sterben von Tausenden und aber Tausenden?«

»Seien wir doch ehrlich!« wirft da der Staatssekretär Mayr

ein. »Wer den Krieg mit Serbien gewollt hat, das waren wir alle, das war das Volk. Ich hätte damals den Faktor sehen mögen, der sich unterfangen hätte, dem Krieg zu widerstreben! Er wäre vom Volk hinweggefegt worden. Vergessen wir nicht die Kriegsbegeisterung im August 1914 – und schämen wir uns ihrer nicht.«

Ja, jetzt, in dieser letzten Stunde des blutigen Spiels mit Millionen Menschenleben, fällt es wie eisiger Reif auf die Verlierer. Die Mächtigen stieben auseinander, aus den Handelnden von gestern sind unauffindbare Faktoren geworden. Kaiser Karl dankt nicht ab. Er »zieht sich von den Staatsgeschäften zurück« – ein feiner Unterschied.

Als Floridsdorfer Metallarbeiter am 11. November mit Brechstangen nach Schönbrunn marschieren, entweicht der Herrscher mit seiner Familie in einem unauffälligen Taxi durch einen rückwärtigen Schloßausgang. Der Glanz von sieben Jahrhunderten Habsburger Herrschaft ist an diesem Tage erloschen.

Die Matrosen meutern

»Gleiche Löhnung, gleiches Essen, dann wäre der Krieg schon längst vergessen«, schreibt der Oberheizer Baars am 30. Januar 1917 auf eine Holztafel im Maschinenraum der »Oldenburg«. Ein Kriegsgericht verurteilt ihn deshalb kurz darauf zu neun Monaten Gefängnis. Baars hatte den schweren Fehler begangen, sich zur Sozialdemokratie zu bekennen, also zu einer im Reichstag ganz offiziell vertretenen Partei. Ihm war wohl nicht gegenwärtig, was Großadmiral Tirpitz schon 1914 verkündet hatte: »Nach dem Kriege gehe ich unter die Sozen und suche mir Laternenpfähle aus!« – um andere daran aufzuhängen, meinte er.

Im Jahre 1917 gibt es in der deutschen Kriegsmarine ein kurzes, schwüles, giftiges Wetterleuchten. Ein Jahr später, im Oktober 1918, bricht das Gewitter los. Während die Westfront zurückgehen muß und die Regierung des Reichskanzlers

Max von Baden mit dem amerikanischen Präsidenten Wilson verhandelt, um den von Hindenburg und Ludendorff geforderten Waffenstillstand zu erzielen, bricht auf der Flotte Meuterei aus. Rasch wird die Bewegung zum Aufstand, springt an Land und flutet als revolutionäre Welle über ganz Deutschland. Das Gift der zersetzenden Agitation linksgerichteter Kreise tat seine Wirkung . . . oder etwa nicht?

Eines ist klar: Die Revolution von 1918, der Matrosenaufstand von Kiel, hatten vielfältige Ursachen und Beweggründe. Flugblätter und Agitatoren allein können Menschen nicht zu Verzweiflungstaten treiben, wenn nicht genügend Gründe und Mißstände vorhanden sind. Was 1918 auf den Schiffen der Kaiserlichen Kriegsmarine geschah, ist nicht verständlich ohne einen Blick auf die ähnlichen Vorgänge des Jahres 1917. Damals wuchsen die in der Flotte verhängten Strafen auf 180 Jahre Gefängnis, 181 Jahre Zuchthaus und zehn Todesurteile an. Zwei davon sind vollstreckt worden: an dem Matrosen Max Reichpietsch und dem Heizer Albin Köbis.

Die Hintergründe öffnen den Blick in einen schauerlichen Abgrund. Im Reichstag fällt das Wort »Justizmord«, und Admiral Scheer, der die Todesurteile bestätigte, muß sich in offener Sitzung zurufen lassen: »Wer im Bewußtsein der Rechtswidrigkeit Todesurteile vollstrecken läßt, handelt nicht im Namen des Rechts. Die Erschießung der unglücklichen Matrosen war ein militärischer Willkürakt aus politischen Motiven!«

Was war geschehen? Am 6. Juni 1917 erscheinen die Mannschaften auf dem Kriegsschiff »Prinzregent Luitpold« nicht zum Essenholen. Sie weigern sich, nach dem schweren Vormittagsdienst einfach nur »Dörrgemüse« zu essen. Der christliche Matrose Conrad Lotter schreibt dazu an den Prälaten Leicht: »In derselben Woche hatten wir bereits einmal gedörrte Steckrüben, einmal Kartoffelschalensuppe und einmal den berühmten Fischlapskaus vorgesetzt erhalten. Nun muß man sich noch vergegenwärtigen, daß wir, statt wie früher ein Fünftel- nur noch ein Sechstel-Brot pro Tag erhielten und am selben Morgen bereits die schwere Arbeit der Kohlenübernahme hinter uns hatten. Und dazu dann Dörrgemüse!«

Der erste Offizier, Korvettenkapitän Herzbruch, hört sich die Beschwerden der Leute an, läßt das Dörrgemüse fortschütten, den Männern aber nichts anderes vorsetzen. Hungrig geht die Mannschaft auseinander und tritt ihren Dienst wieder an.

Mitte Juli gibt es einen ähnlichen Zwischenfall auf dem Schiff »Posen«. Die Mannschaften beschweren sich über die modrigen Rüben und werden dafür von einem Oberingenieur angeschrien, wie er selbst vor Gericht wiederholt hat: »Ihr verfluchten Schweinehunde! Ihr sollt froh sein, daß ihr überhaupt noch etwas zu fressen bekommt!«

Für einen zweiten Hungerstreik auf »Prinzregent Luitpold« geben am 19. Juli ungenießbare Steckrüben Anlaß. Am nächsten Tag, dem 20. Juli, entfernen sich hundertvierzig Mann von Bord der »Pillau« und kehren erst nach Dienstschluß zurück. Es handelt sich, wie sie sagen, um einen Protest gegen ungerechte Urlaubsverteilung. Elf der Ausflügler werden herausgegriffen und mit Arrest bestraft. Doch das ist nur Anlaß zu neuer Unruhe. Die Mannschaften hatten geglaubt, es würden alle oder keiner bestraft werden. So kommt es am 2. August zum sogenannten großen Ausmarsch. Vierhundert Mann des »Prinzregent Luitpold« verlassen das in der Werft liegende Schiff, ziehen nach Rüstersiel in eine Wirtschaft und kehren nach einigen Stunden friedlich wieder zurück. Eine feldkriegsgerichtliche Untersuchung beginnt.

Daß die Essensverweigerung und die Ausmärsche nur Ausdruck einer seit langem schwelenden Unzufriedenheit waren, ist erst allmählich bekannt geworden. In einem amtlichen Gutachten für den Untersuchungsausschuß des Deutschen Reichstages hat der sachverständige Marinesekretär Alboldt betont, daß unter den Schiffsbesatzungen schon lange allgemeines Mißbehagen herrschte. Einer der Gründe dafür ist nach der Meinung des Gutachters, in einem Gefühl der Unterlegenheit gegenüber der britischen Flotte zu suchen. Bei den wenigen Begegnungen zwischen deutschen und britischen Seestreitkräften hatten sich die Unterlassungssünden des Admiralstabes herausgestellt. Panzerung und Armierung waren bei den meisten deutschen Kriegsschiffen zu schwach, und die Mannschaft bekam das Gefühl, für die Sünden der Marineleitung mit Blut bezahlen zu müssen.

Viel unmittelbarer jedoch sind die anderen Gründe, die der Sachverständige nachweist und mit einer Fülle unglaublicher Beispiele belegt hat. Alboldt schildert dem Untersuchungsausschuß vor allem die abgrundtiefe Kluft, die in der Kaiserlichen Kriegsmarine zwischen Offizieren und Mannschaften klaffte. Heute kann man sich nur noch schwer einen Begriff davon machen. Selbst Fachoffiziere, wie etwa Ingenieure, werden von den rein militärischen Seeoffizieren von oben herab angesehen: »Für das Seeoffizierskorps ist es günstiger, wenn sich die Ingenieuranwärter nur aus dem Mittelstand und Familien unter dem Mittelstand ergänzen«, verfügte Vizeadmiral Cörper. Sein Untergebener, Kapitän zur See Wilbrandt, ergänzt in einem Rundschreiben: »Die Anmaßungen der Ingenieure werden immer größer. Ich habe einmal den Fall erlebt, daß ein verheirateter junger Ingenieur bei einem Seeoffizier mit seiner Frau Besuch machte! Ein Kommandant soll sogar seinen leitenden Ingenieur zu sich in seine Familie eingeladen haben! Dieser Fall wurde in der Flotte sehr viel besprochen. Solche Fälle dürfen natürlich nicht vorkommen. Der einzig richtige Weg, die Ingenieure in ihre ihnen zukommende bescheidene Stellung zurückzudrängen, ist, daß nur Leute aus Familien unter dem Mittelstand eingestellt werden.«

Im Sommer 1918 muß aus Raumgründen einigen Feuerwerks- und Torpedooffizieren gestattet werden, ihre Mahlzeiten im Seeoffizierskasino von Kiel einzunehmen. Der Vorsitzende des Kasinos wettert kurz darauf in einem Erlaß: »Es ist beobachtet worden, daß sich die Fachoffiziere nicht sofort nach eingenommener Mahlzeit aus dem Kasino entfernen, sondern noch weiter in dessen Räumen verweilen, ja einige haben es sogar gewagt, nach dem Essen auf der Veranda Platz zu nehmen und dem Konzert zuzuhören.«

Es ist nicht schwer zu ermessen, auf welcher Sprosse der Leiter sich die Mannschaften befunden haben, wenn schon die Fachoffiziere so tief unter den Seeoffizieren standen. In der Tat waren sie vom einfachen Matrosen bis zum Heizer nur »Material«. Selbstverständlich gibt es eine im Gesetz verankerte Beschwerdeordnung – aber wer wagt es, von ihr Gebrauch zu machen, wenn sogar Marineminister von Capelle gegenüber Vizekanzler Helfferich einen Skandal mit den Worten vertuscht: »Wird die Angelegenheit in der Budgetkommission verhandelt, so laufe ich Gefahr, daß man dort auch die Klagen über die Schwierigkeiten in der Verpflegung der Flotte und über Ohrfeigen, die ausgeteilt worden sind, vorbringt.«

Es steht fest, sagt der Gutachter des Untersuchungsausschusses, »daß die deutschen Marineoffiziere in ihrer Allgemeinheit sich bis zum Ende des Krieges nichts haben abgehen lassen, unbekümmert darum, was die rings sie umgebende Mannschaft dabei fühlen mußte«. Der Sachverständige sagt weiter, daß Tapferkeitsauszeichnungen wie das E. K. I fast ausschließlich an Seeoffiziere verliehen worden sind, ohne Berücksichtigung der wirklichen Waffentaten. Er spricht von Fällen, in denen die Liebesgaben aus der Heimat für die Offiziersküche unterschlagen wurden, von »Bordellwirtschaft«, alltäglichen Gelagen in den Kasinos und nicht wiederzugebenden Ausschreitungen.

Wer verhungert, wird mit allen Kriegsehren beerdigt

An Bord des Kreuzers »Nürnberg« gibt es eines Tages Königinsuppe mit Leberklößen, Spinat mit verlorenen Eiern und Schinken, Filet mit Bratkartoffeln, Salat und Kompott, Backwerk mit Früchten und Mokka – in der Offiziersmesse. Die Mannschaftsküche verabfolgt »zusammengekochte Nudeln mit Kartoffeln und Fleischstückchen«. »Es ist wohl schlecht möglich, daß man bei dreiviertel Kump Steckrüben, einem Pfund Brot und hundert Gramm Kunsthonig oder Marmelade den schweren Heizerdienst weiter verrichten kann; das Umfallen einiger Heizer vor Entkräftung spricht für diese Tatsache«, gibt ein Zeuge vor dem Kriegsgericht zu Protokoll.

»Dörrsteckrüben und nochmals Dörrsteckrüben«, sagt der Oberheizer Rebe vom Schlachtschiff »Moltke« vor den Richtern. »Unsere Kameraden fallen um wie die Fliegen.«

Während die Kieler Bevölkerung vor fast leeren Geschäften Schlange steht und im Marinelazarett empfindlicher Verpflegungsmangel herrscht, im Februar 1917, gibt es auf S.M.S. »Nürnberg« immer noch Offizierstafeln mit fünf Gängen und eine Getränkekarte mit sieben Weißweinsorten, zwei Rotwein- und zehn Schnapssorten. Aber Kapitänleutnant Lerche, der erste Offizier des Schiffs, läßt am Abend die Mannschaften antreten und sagt: »Heute haben verschiedene Leute um mehr Brot gebeten. Das gibt es nicht, da müssen sie eben hungern. Sollte einer von ihnen dabei eingehen, so bin ich gerne bereit, ihn mit allen Kriegsehren beerdigen zu lassen.«

So ist es von Marinesekretär Alboldt dem Untersuchungsausschuß des Reichstags vorgetragen worden. Um die »Disziplin« der Mannschaften wieder zu festigen, wird in der Freizeit immer wieder Gewehrexerzieren angesetzt. Der angeklagte Matrose Calmus von der »Rheinland« sagt später vor Gericht: »Da ich über das Exerzieren an sich und noch mehr darüber empört war, daß die Offiziere mit Ferngläsern auf etwa dreißig Meter Entfernung sich an unserem Geschliffenwerden belustigten, fuhr es mir heraus: ›Da achtern wird gefressen und gesoffen, und unsereiner soll exerzieren und weiß nicht warum!‹«

Selbstverständlich ist bald nach dem Bekanntwerden dieser Dinge das Wort von den »Einzelerscheinungen« gefallen. In einer von mehreren tausend Besatzungsmitgliedern an den Reichstag gerichteten Eingabe heißt es allerdings:

»In der ganzen Flotte hat die geringschätzige Behandlung der Unteroffiziere und der Mannschaft durch die Offiziere, ihren Eigennutz und ihre lockere Dienstauffassung, kurz die in erschreckender Weise hochgekommene Willkürherrschaft der oberen Vorgesetzten eine solche Erbitterung unter den Besatzungen hervorgerufen, daß es kein Wunder ist, wenn es zur Meuterei im Jahre 1917 kam.

Tausende von Schiffsbesatzungen richten auf Grund vorstehender Tatsachen die dringende Bitte an die Herren Reichstagsabgeordneten, eine eingehende Untersuchung der morschen Zustände an Bord der Kriegsschiffe gütigst in die Wege leiten zu wollen, denn die oben geschilderten Zustände herrschen bei fast allen Schiffen der Marine. Die Unterdrückung und die Beschmutzung unserer Soldatenehre, die Tyrannei, worunter der Marinesoldat leidet, ist mit Worten nicht zu beschreiben.«

Das ist nicht der Ausbruch verhetzter Verräter, sondern ein Hilferuf an das rechtmäßig waltende Parlament. Sogar Admiral Kalau vom Hofe mußte zugeben: »Das Seeoffizierskorps in allen Dienstgraden ist offenbar außerstande gewesen, den wahren Grund der unerquicklichen Verhältnisse zu erkennen und durch geistige Arbeit entgegenzuwirken. Das Mißtrauen der Untergebenen in den guten Willen der Führer fraß wie eine Krebskrankheit an dem guten Geist der Flotte.«
Und Gutachter Alboldt stellt fest: »Es wurde vielfach geradezu Raubbau an den besten menschlichen, militärischen und vaterländischen Gefühlen unserer Besatzungen getrieben.«
Der schon erwähnte christliche Obermatrose Lotter hat seinem Seelenvater Prälat Leicht ausdrücklich versichert: »Die Ursachen all dieser Vorkommnisse sind schlechtes Beispiel seitens der Offiziere, mangelnde Verpflegung, vorschriftswidrige Behandlung und nichtgehaltene Versprechungen betreffs Urlaub.«
Auf diesem breiten Hintergrund nehmen die Ereignisse in der Marine von 1917 und 1918 eine ganz andere Gestalt an. Jedes Flugblatt, jeder sozialistische Zeitungsartikel, jede Parole fällt auf gewaltsam aufgerissenen Boden. Sind deshalb aber die Vorgänge »organisiert und angezettelt« worden?
Nach jahrelangen Untersuchungen hat der Reichstagsausschuß das Ergebnis seiner Nachforschungen in einer Entschließung zusammengefaßt. Sie trägt die Unterschrift aller beteiligten Abgeordneten von der Rechten bis zur Linken, ist also einstimmig gefaßt worden. Die entscheidenden Sätze lauten: »Es ist als erwiesen anzusehen, daß Unruhen und ernste Mißstimmung unter Teilen der Mannschaft sich bereits Anfang 1915 auf verschiedenen Großkampfschiffen bemerkbar machten. Ursache der mit der Dauer des Krieges wachsenden Miß-

stimmung in Teilen der Mannschaft war auch deren Überzeugung, daß berechtigter Anlaß zu Klagen über Verpflegung und Behandlung seitens der Vorgesetzten vorhanden sei und daß die Verschiedenheit der Lebenshaltung an Bord (Messe und Back) sowohl wie an Land bei besserem Willen der Vorgesetzten hätte ausgeglichen werden können. Ein Beweis dafür, daß führende Persönlichkeiten der USPD (Radikale Sozialisten) die Absichten der Matrosen gekannt und gebilligt oder die Matrosen zu ihren Handlungen angereizt hätten, ist nicht erbracht worden.«

Offiziere als Drahtzieher »staatsgefährlicher« Umtriebe

Was sich im Jahre 1917 wirklich ereignet und zu den Justizmorden an Reichpietsch und Köbis geführt hat, mutet wie ein schlechter Kriminalroman an. Am 20. Juni 1917 hatte Marineminister von Capelle angeordnet, daß auch in der Marine sogenannte Menagekommissionen einzurichten sind, wie sie im Heer schon lange dienstlich eingeführt waren und auf einigen Schiffen ebenfalls bereits bestanden. Die Kommissionen sollten darüber wachen, daß bei der Verpflegungsverteilung alles mit rechten Dingen zuging.

Fast zwei Monate später erst, am 15. August, hat Admiral Scheer unter dem Druck der Ereignisse die Anordnung des Marineministers befolgt. Schon vorher, als Capelles Anweisungen in der Zeitung gestanden hatten, waren einige neue Menagekommissionen von den Matrosen gebildet worden. Handelte es sich deshalb um illegale Zirkel? Oder um »staatsgefährliche Umtriebe«, nur weil man nach Erledigung der Verpflegungsfragen noch zusammensitzt und politisiert?

In diese »Umtriebe« sind nun freilich auch Schiffskommandanten und Kriegsgerichtsräte verwickelt. Auf der »Westfalen« sind es Oberleutnant Engel, Oberleutnant Beyer und Kriegsgerichtsrat Dr. Loesch, die den Matrosen Adams als Lockspitzel gewinnen. Adams beschafft sich eine Rede, die der Matrose

Hiller gehalten hat. Er bringt sie seinen Auftraggebern, damit das Manuskript abgeschrieben und fotografiert werden kann. Oberleutnant Beyer gibt dann bei Kriegsgerichtsrat Loesch zu Protokoll: »Dieses Schreiben (Hillers Rede) wurde von meinem Vertrauensmann (Adams) auf Anweisung der Leute in eine Druckerei gebracht und soll in acht Tagen wieder abgeholt werden.«

Der Oberleutnant und der Kriegsgerichtsrat sind also Mitwisser von einer angeblich aufrührerischen Rede und deren Drucklegung. Doch mehr noch: Der Lockspitzel veranstaltet auf Anweisung seiner Vorgesetzten eine Matrosenzusammenkunft, bei der dann »überraschend« die Polizei erscheinen soll. Die Polizei selbst hat das geheime Versammlungslokal besorgt, und der Kriminalschutzmann Hager hat darüber für die Akten der politischen Polizei in Kiel angegeben: »Mit Zustimmung des Herrn Kriminalkommissars Gäbler habe ich den Vertrauensmann (Adams) an den Gastwirt Kähler, Waisenhofstraße 1, verwiesen, der auch dem Vertrauensmann seinen in der ersten Etage gelegenen Versammlungsraum für Sonntag, den 2. September ds. J., zur Verfügung stellen will, nachdem ich Kähler noch besonders im Auftrage des Herrn Kriminalkommissars Gäbler darum ersucht hatte. Mit dem Vertrauensmann sind weitere Vereinbarungen getroffen worden, um rechtzeitig Kenntnis von der Abhaltung und dem Beginn der geplanten Versammlung zu erhalten.« Denn pünktlich, wie verabredet, erscheint die Polizei und nimmt die Beteiligten fest – darunter auch Adams, ihn aber nur zum Schein; er wird bald darauf wieder entlassen und gesteht frohgemut: »Auch ich war erschrokken, obwohl ich wußte, daß die Polizei kam.«

»Nach diesen aktenmäßigen Feststellungen«, heißt es dazu vor dem Untersuchungsausschuß des Reichstags, »ist man berechtigt zu sagen, daß die Offiziere Oberleutnant Engel und Oberleutnant Beyer im Verein mit dem Untersuchungsführer Dr. Loesch die angebliche kriegsverräterische Aufstandsbewegung, die sie bekämpfen wollten, selbst erst künstlich großgezüchtet und forciert haben. Es wirft ein grelles Schlaglicht auf die ganze Einleitung und Führung der Prozesse gegen die Matrosen und Heizer, daß der Anklagevertreter selbst erst künstlich den Tatbestand geschaffen hat, den er zur Verurteilung der Leute brauchte.« Der Kriegsgerichtsvorsitzende Dr. Dobring hat es bei der mündlichen Verkündung der Todesurteile offen gesagt: »Es ist zunächst die Aussage des Zeugen Adams in vollem Umfange der Beweisaufnahme und ebenso dem Urteil zugrunde gelegt worden.«

Die Kriegsgerichtsräte Loesch und Dobring haben schon in der Voruntersuchung kein Hehl aus ihren Absichten gemacht, denn für die Marine handelte es sich ausschließlich darum, ein Exempel zu statuieren. Loesch hat laut Protokoll in öffentlicher Sitzung über die Voruntersuchung gesagt, daß »die Leute mehr oder minder wehrlos einem in die Hand gegeben sind«. In beispielloser Ehrlichkeit fügt er hinzu: »Der Fluch einer jeden Verhandlung ist immer, daß durch Aushändigung der Anklageschrift die Angeklagten merken, worauf es ankommt. Genauso ist es hier gewesen.«

Und worauf ist es angekommen? Der Oberheizer Rebe bekundet: »Herr Kriegsgerichtsrat Dobring erklärte mir, wir haben bisher mit gefährlichen Menschen zu tun gehabt, aber Sie sind der gefährlichste. Weiter erklärte er: Sie können die Kugel kriegen oder Sie können ins Zuchthaus kommen, vielleicht lebenslänglich; das liegt in meiner Hand. Unterschreiben Sie oder unterschreiben Sie nicht. Da sagte ich, daß ich auch von schlechter Verpflegung hineingeschrieben haben möchte, und darauf sagte er: Das können wir nicht.«

Ein Pflichtverteidiger, der erst kurz vor der Verhandlung bestellt wird, der Rechtsanwalt Dr. Brunnemann aus Wilhelmshaven, legt sein Amt mit der Begründung nieder: »Es ist mir unmöglich, in einer so umfangreichen und rechtlich keineswegs einfachen Sache, bei der Todesstrafen in Frage kommen werden, mich innerhalb vierundzwanzig Stunden durch Einsicht der Akten genügend zu informieren, die in einem monatelangen Untersuchungsverfahren entstanden sind und eine Anklageschrift von mehr als fünfzig Druckseiten gezeigt hat.«

Ein Leutnant Schröder vom 2. Seebataillon, im Zivilberuf

Rechtsanwalt, wird nun als Verteidiger einfach kommandiert, aber auch er lehnt ab: »Mit Rücksicht auf die Kürze der Vorbereitungsfrist bin ich nicht mehr in der Lage, die Verteidigung jetzt noch übernehmen zu können.«

Erst Justizrat Buddenberg, ein »alldeutscher Tirpitzianer«, findet sich dann in letzter Minute bereit, als Pflichtverteidiger zu fungieren. In den verschiedenen Kriegsgerichtsverfahren, die sich alle mit den Vorgängen auf den Schiffen befassen, lösen sich Loesch und Dobring ab: Einmal ist Loesch Ankläger und Dobring Gerichtsvorsitzender, im nächsten Prozeß ist es umgekehrt. Ein Rechtsanwalt, der dieses Verfahren angreift und die Herren für befangen erklärt, bekommt zu hören: »Wir halten uns nicht für befangen.«

Der Matrose Feldmann vom Linienschiff »Ostfriesland« wird zu vier Monaten Gefängnis verurteilt, weil er an der Versammlung teilgenommen hatte, die von Spitzel Adams und der Kieler Polizei veranstaltet worden war. Andere hatten ihren Namen unter eine Liste gesetzt und sich »für einen Frieden ohne Gebietserweiterungen« ausgesprochen. Der Angeklagte Fritz von der »Westfalen« sagt dazu vor Gericht: »Für den Frieden war ein jeder, auch ich, da ich eine Mutter und kleine Geschwister zu ernähren habe.«

Zwischen dem Angeklagten Driesen und Kriegsgerichtsrat Dobring kommt es darüber zu einem bezeichnenden Dialog:

Dobring: »Sie wollten also den Frieden und die anderen, die auf der Liste standen, auch?«
Driesen: »Jawohl.«
Dobring: »Was war das für ein Frieden?«
Driesen: »Der annektionslose Frieden.«
Dobring: »Sie sagen wenigstens die Wahrheit, und das wird Ihnen auch angerechnet werden.«

Die Anrechnung besteht in fünfzehn Jahren Zuchthaus für Driesen. Ein anderer Angeklagter, der Matrose Hase, hat vor seiner Verurteilung zum Tode ausgesagt: »Es handelte sich darum, Stimmen zu sammeln für den Frieden, und diese Stimmen habe ich gesammelt. Was den Leuten bekannt ist und auch den Unteroffizieren, muß auch dem Kommando bekannt sein. Es wäre wohl deshalb Pflicht des Kommandos gewesen, die Besatzung aufzuklären und darauf hinzuweisen, daß es eine schädliche Sache wäre.«

Noch bevor die Urteile gefällt und verkündet sind, verhandelt schon der Flottenchef, Admiral Scheer, mit dem Kriegsminister von Stein über die Vollstreckung der Todesstrafen. Er möchte sie nicht gerne von Marineangehörigen in Kiel vollstrecken lassen und ersucht deshalb den Kriegsminister, Heeresangehörige in Köln für den letzten Akt bereitzustellen. »Die Vollstreckung ist vorbereitet«, wird gemeldet.

Als am 26. August 1917 fünf Todesurteile gefällt werden, lautet die Begründung »wegen vollendeten Aufstandes«. Die Formulierung »vollendeter Aufstand« mußte gebraucht werden, weil sonst nicht auf Todesstrafe hätte erkannt werden können. Wirklich werden auch sofort von einsichtigen Leuten schwere Bedenken gegen diese Auslegung geltend gemacht.

Große Bedenken – aber die Urteile werden vollstreckt

In einem Rechtsgutachten für den Marineminister meinte der Geheime Admiralitätsrat Dr. Felisch, das Gericht dürfe den Tatbestand »des vollendeten Verbrechens nicht als erfüllt ansehen, da ein wirklicher Aufstand noch nicht ausgebrochen ist«. Aus demselben Grund stellt dann auch der Oberkriegsgerichtsrat De Bary in einem Rechtsgutachten für Admiral Scheer fest: »Ich halte daher die Verurteilung der Angeklagten wegen vollendeter Aufstandserregung für juristisch anfechtbar. Aus den angeführten Gründen stehen der unveränderten Bestätigung des Urteils Bedenken entgegen.«

»Die in dem Rechtsgutachten geltend gemachten Bedenken erkenne ich an«, schreibt Admiral Scheer dazu, bei dem es nun liegt, die Urteile aufzuheben, abzuändern oder zu bestätigen.

Aber obwohl er soeben – am 2. September 1917 – die geltend gemachten Bedenken anerkannt hat, fährt er im gleichen Federzug fort: »Ich bestätige das Urteil bezüglich der Angeklagten Reichpietsch und Köbis unverändert.«

Eine Woche zuvor noch hatten die Führer aller Parteien den Reichskanzler gebeten, auf jeden Fall das Gnadenrecht wirksam werden zu lassen, falls es zu Todesurteilen kommen sollte. Vizeadmiral Hebbinghaus meldete das dem Admiralstabschef von Trotha mit dem Bemerken: »Der Herr Staatssekretär (Marineminister von Capelle) hat abgelehnt, deswegen an den Herrn Flottenchef (Admiral von Scheer) heranzutreten.«

Der Geheime Admiralitätsrat Felisch hatte in letzter Minute noch einmal darauf hingewiesen, »daß auch der Rechtsberater des Chefs der Hochsee-Streitkräfte die Todesurteile für einen Fehlspruch hält«, und hinzugefügt: »Die Marinejustizverwaltung braucht sich auf einen Streit hierüber, aus dem sie nicht als Siegerin hervorgehen würde, nicht einzulassen.«

»Aber alle Stimmen des Rechts und der Vernunft prallen ab an dem offenbar bei den leitenden Marinestellen bestehenden festen Vorsatz, ein Exempel zu statuieren, durch Erschießungen Furcht und Schrecken unter den Mannschaften zu erregen.« Als diese Worte im Untersuchungsausschuß des Reichstags gesprochen werden, sind die Verurteilten schon lange tot. Am 5. September 1917 knallen auf dem Exekutionsplatz von Köln-Wahn die Schüsse der bestellten Heeressoldaten: »Je zehn in zwei Glieder verteilte und auf fünf Schritt vor den Verurteilten aufgestellte Gemeine führten das Urteil auf Kommando aus«, wie es im militärischen Protokoll der Hinrichtung heißt.

Und der Kaiser? Hatte er nicht das Allerhöchste Gnadenrecht, hätte er nicht eingreifen können? Der verurteilte Reichpietsch, von baptistischem Glauben, hatte an diese Möglichkeit gedacht und eine Woche vor seiner Hinrichtung nach Hause geschrieben:

»Geliebte Eltern! Ich hätte Euch schon lange geschrieben, was mit mir los ist, aber ich wollte erst mein Urteil abwarten. Nun ist dieser Tag gewesen, und er ist noch schlimmer ausgefallen, als ich gedacht hatte. Es ist ein Todesurteil geworden. Ob es vollstreckt wird, oder ob es durch die Gnade des Kaisers verhindert wird, liegt in Gottes Hand...

Das hatte wohl keiner gedacht, als wir im Juni Abschied nahmen, daß es das letztemal sein sollte. Nun entschuldigt, daß ich nicht mehr schreibe, aber mir ist das Herz so schwer, daß es mir unmöglich ist, noch weiterzuschreiben. Denn es ist traurig, als junger Mensch in der Blüte der Jahre, mit einem Herzen voll Hoffen und Sehnen, schon sterben zu müssen, sterben durch harten Richterspruch.

Alles, was Ihr für mich machen könnt, ist, wenn Ihr durch einen Rechtsanwalt oder durch den Stammapostel (der Baptistengemeinde) ein Gnadengesuch an den Kaiser macht, in dessen Hand augenblicklich mein Leben ruht und dessen Hand auch hier mildtätig wirken wird. Grüßt Willy und Gertrud, und Euch selbst umarmt und küßt zum letzten Male Euer Sohn Max.«

Was haben die Eltern unternommen, was hat der Kaiser getan? Gar nichts, denn dieser Brief wurde von der Militärzensur zurückgehalten und den Eltern erst ausgehändigt, als ihr Sohn schon neun Tage tot war.

Nur noch eines soll hier angefügt werden: Der Lockspitzel Adams konnte seines Lebens nicht mehr froh werden. Zum Obermatrosen befördert und nach Flandern versetzt, schreibt er noch im April 1918 an Kriegsgerichtsrat Loesch: »Man hat mich hier, ich weiß nicht auf welche Art und Weise, erkannt. Wenn ich hier über die Straße gehe, höre ich oft genug hinter mir die Worte ›Judas‹ und ›Verräter‹ rufen. Ganz davon zu schweigen, was ich überall im Detachement zu hören bekomme.«

Nun, dieser letzte Schrei von Adams, bevor seine Spur im Dunkel der Geschichte verschwindet, ist ein Beweis dafür, daß die Vorgänge und die Urteile von 1917 überall, wo Marinesoldaten gestanden haben, bekannt geworden sind. Die Kriegsgerichte haben die Auflehnung mißachteter Menschen niedergeworfen, am System änderte sich nichts. In Verbitterung und Haß mußte die Unruhe weiterschwelen. Trotzdem bestätigt der sachverständige Marinesekretär Alboldt vor dem Reichstagsausschuß: »Es konnten keine Beweise dafür erbracht werden, daß noch weiterhin auf der Flotte im Sinne von Gehorsamsverweigerungen agitiert worden ist. Die Leistungen der Marinemannschaften entsprachen bis zum Herbst 1918 nach dem Urteil hoher und höchster Vorgesetzter, zum Beispiel des Vizeadmirals von Trotha, allen Anforderungen.«

»Trinken wir auf den Untergang der Flotte«

Im Herbst 1918, als auf der Flotte neue Unruhen ausbrechen und die Revolution in ganz Deutschland einleiten, sind die Vorgänge von 1917 noch nicht vergessen. Dazu stehen die Matrosen unter dem Eindruck von zwei neuen Gesichtspunkten:

– Die Oberste Heeresleitung hat um Waffenstillstand gebeten, die Regierung ist deswegen in Verhandlungen mit den Gegnern eingetreten. Damit ist es ein offener Tatbestand, daß der Krieg nicht mehr gewonnen werden kann. Heer und Marine können jetzt nur noch die Aufgabe haben, Deutschland zu sichern, bis der Waffenstillstand unterzeichnet ist.

– Das Regierungssystem in Deutschland ist nach dem Willen der Obersten Heeresleitung, nach dem Willen des Kaisers und nach dem Willen des Reichstags auf eine parlamentarische Grundlage gestellt worden. Der Reichskanzler ist jetzt nicht mehr nur eine Art Sekretär und Vollstreckungsbeamter des Monarchen, sondern Beauftragter der im Reichstag versammelten Volksvertreter.

Das Kommando der Hochsee-Streitkräfte hat noch am 4. November unter der Nummer 9900 einen Geheimbefehl herausgegeben, der allen Offizieren ausdrücklich einschärft: »Die Flotte erhält ihre Befehle von der Regierung und führt sie aus. Es besteht kein Gegensatz zwischen den Offizieren der Flotte und der Regierung. Inwieweit die Flotte eingesetzt wird, befiehlt die Regierung.«

»Einige Zeit vorher«, sagt Marinesekretär Alboldt vor dem Reichstagsausschuß, »hatte ich aus Wilhelmshaven einen Bericht des Inhalts erhalten: Die Kommandos verschiedener dort liegender Schiffe treiben eine der jetzigen Regierung entgegengesetzte Politik. So hätten verschiedene Kommandanten, genannt wurde namentlich Herr von Schlick von ›Derfflinger‹, die Männer der neuen Regierung in aller Öffentlichkeit auf der Kommandobrücke als Idioten beschimpft, die alle gehenkt werden müßten.«

Auf dem Kriegsschiff »Thüringen« findet am 29. Oktober 1918 ein Zechgelage in der Offiziersmesse statt, wie aus den Kriegsgerichtsakten zu ersehen ist. Dabei erhebt sich zu vorgerückter Stunde der Kapitänleutnant Rudloff und gibt in Anwesenheit der Ordonnanzen ein Dienstgeheimnis preis. Es verbreitet sich sofort auf dem ganzen Schiff, und der Obermatrose Scheidemann gibt zu Protokoll: »Vom Messeläufer wurde erzählt, dieser habe gehört, wie der Kapitänleutnant Rudloff in der Offiziersmesse einen Trinkspruch ausbrachte, in dem gesagt worden sei, wir wollen unsere letzten zweitausend Schuß noch auf den Engländer abfeuern und dann ruhmvoll untergehen. Besser ein Ende in Ehren, als ein Leben in Schande.«

»Die Leute unterhielten sich sehr erregt über einige Worte, die Kapitänleutnant Rudloff in der Messe geäußert haben soll«, sagt auch der Obermatrose Riedel aus. »Der Sinn der Worte war etwa folgender: Wir wollen einen ehrenvollen Untergang. ›Thüringen‹ soll den Heldentod sterben, darauf wollen wir eins trinken. Kapitänleutnant Rudloff soll ferner gesagt haben, wir fahren raus, verschießen sämtliche Munition und beschließen dann den ehrenvollen Untergang.«

»Die Seeoffiziere beabsichtigten, eventuell auf eigene Faust Krieg zu führen«, teilt Alboldt dem Reichstagsausschuß mit. Wirklich ist ein Flottenvorstoß geplant gewesen. Der Chef des Stabes der Seekriegsleitung, Admiral von Levetzow, hat gar kein Hehl daraus gemacht und erklärt: »In diesem Endkampf muß auch die Flotte ihr Äußerstes an Gut und Blut drangeben, sie muß eingesetzt werden zum letzten wuchtigen Schlage ihrer noch unversehrten Kraft in der Entscheidungsschlacht zur See.«

»Für einen solchen Vorstoß war unter der Mannschaft kein Sinn«, sagt Obermatrose Müller nach den Kriegsgerichtsakten. Sein Kamerad Kirsten setzt hinzu: »Es war die Meinung unter der Mannschaft, daß dies getan werden sollte im Gegensatz zur jetzigen Regierung, um die Verhandlungen über Waffenstillstand und Frieden zu stören.« Wirklich hatte die Seekriegsleitung mitten in die Friedensbemühungen des Kanzlers hinein befohlen: »Hochseestreitkräfte sollen zum Angriff gegen die englische Flotte angesetzt werden.«

Wußte Max von Baden von dem Torpedoschuß, den die Kriegsmarine da während seiner Vorverhandlungen zum Waffenstillstand plante? War der Kaiser, der Eidesherr der Soldaten, von dem weittragenden Vorhaben seiner Flotte unterrichtet? Oder wollten die Seeoffiziere wirklich »auf eigene Faust Krieg führen«?

Matrosenrevolte contra Rebellion der Admirale

Admiral Scheer hatte am 18. Oktober beim Kaiser Thronvortrag gehalten und dabei auf die Möglichkeit hingewiesen, daß der U-Boot-Krieg eingestellt werden müßte. Dabei ließ er einfließen, »daß dann für die Hochseeflotte die Bindung wegfiel«. In seinen Erinnerungen stellt Scheer dazu fest: »Ich fand die Zustimmung seiner Majestät, daß in solchem Fall die Flotte die Freiheit des Handelns erlangte.«

Darauf stützt der Admiral seine Berechtigung, den geplanten Flottenvorstoß zu machen. Das Unternehmen selbst hat er gegenüber dem Kaiser nicht erwähnt, auch bei den zwei Thronvorträgen nicht, die er nach dem ersten noch hielt. Warum kein offenes Wort des Flottenchefs zu seinem Obersten Kriegsherrn? Scheer gesteht: »Eine nochmalige Zustimmung des Kaisers einzuholen, hielt ich nicht für erforderlich, da ich mich seines grundsätzlichen Einverständnisses am 18. Oktober versichert hatte. Ich fürchtete auch, daß dadurch ein neuer Aufschub eintreten könnte, und war bereit, die Verantwortung selbst zu übernehmen.«

Scheer wußte also, daß er hier etwas auf seine eigene Verantwortung übernahm, daß der Kaiser gezögert haben würde, wenn man ihm gesagt hätte, was man unter dem Deckmantel des »grundsätzlichen Einverständnisses« eigentlich vorhatte. Die gleiche zweideutige Taktik hat Scheer gegenüber dem Reichskanzler angewendet. Auch bei ihm spricht er nur ganz allgemein davon, »daß der Hochseeflotte nach Einstellung des U-Boot-Krieges die volle Freiheit des Handelns zurückgegeben werden würde«.

»Aber nie und nimmer«, ruft der Kanzler in seinen Memoiren aus, »vermag ich, diese allgemeine Wendung, die nicht einmal sehr akzentuiert gewesen sein kann, als eine genügend erleuchtende Ankündigung zu betrachten: Die deutsche Flotte wird innerhalb der nächsten zehn Tage den Kampf auf Leben und Tod mit der englischen suchen.«

Es ist kein Zweifel: Die Seeoffiziere beabsichtigen, auf eigene Faust Krieg zu führen, Kaiser und Kanzler werden im dunkeln gelassen. Ein verschwommenes »grundsätzliches Einverständnis« soll Rückendeckung geben, falls die Sache schiefgehen würde. »Inwieweit die Flotte eingesetzt wird, bestimmt die Regierung« – kein Wort von diesem zitternden Zugeständnis des 4. November, das erst fiel, nachdem die Sache wirklich schiefgegangen war.

Wenn die Schiffsbesatzungen jetzt den Dienst verweigern, weil sie das Spiel durchschaut haben, kann kaum noch von einer »Matrosenrevolte« gesprochen werden, sondern vielmehr, wie es unparteiische Historiker getan haben, von einer »Rebellion der Admirale«. Die Erklärung des Reichskanzlers allein beweist, daß die Regierung getäuscht worden ist und nicht gefragt wurde – daß die Seekriegsleitung also den gesetzlichen Weg verlassen hatte.

Die Hochseeflotte war inzwischen bei Schillig Reede an der Einfahrt des Jadebusens versammelt. Um drei Uhr morgens weigern sich die Matrosen, dem Befehl zum Auslaufen Folge zu leisten. Um acht Uhr wird abermals »Seeklar« befohlen. Die Mannschaften aber bleiben in ihren Hängematten liegen.

Auf der »Thüringen« versammeln sich Heizer und Matrosen in der Vorbatterie. Zuvor zerschneiden sie die Taljen und machen das Ankerlichten unmöglich. Auf anderen Schiffen reißen die Heizer das Feuer unter den Kesseln heraus. Auf der »Helgoland« haben sich die Matrosen bewaffnet.

Ein Torpedoboot und ein Unterseeboot richten auf Befehl des Flottenkommandos ihre Rohre auf die »Thüringen«. Zweihundertfünfzig Mann Marineinfanterie werden mit Gewehr im Anschlag an Bord gebracht. Die im Vorschiff verbarrikadierten Matrosen erklären, verhandeln zu wollen. Sie sind bereit, zum Minenräumen auszulaufen, sie sind auch bereit, die Heimat zu verteidigen, falls die britische Flotte angreifen sollte, aber sie wollen nicht mehr von sich aus an einer Angriffshandlung teilnehmen. Einige meinen zwar, sie würden auch den geplanten Flottenvorstoß mitmachen, »wenn er wirklich von der Regierung befohlen wird«, aber die allgemeine Parole lautet: »Wir greifen nicht an.«

Sollte und konnte in dieser Stunde überhaupt verhandelt werden? Der Kommandant der »Thüringen« lehnt es ab, mit den Männern in der Vorbatterie zu sprechen. Die Marineinfanteristen, das Torpedoboot und das Unterseeboot sind gefechtsklar. Als sich einige Kasemattgeschütze der »Helgoland« gegen das U-Boot wenden, droht der Geschwaderchef durch Winkspruch, die »Helgoland« sofort versenken zu lassen, wenn ein Schuß fallen sollte. Da ergeben sich die Matrosen der »Thüringen«. Mit erhobenen Händen kommen sechshundert Mann an Deck. Sie werden von den Infanteristen gefangengenommen und an Land gebracht – fort in die Marinearrestanstalt nach Kiel. Über vierhundert weitere Heizer und Matrosen werden auf »Helgoland«, »Markgraf« und »Großer Kurfürst« verhaftet und ebenfalls nach Kiel abtransportiert, wo die Kriegsgerichtsräte sofort mit den Vernehmungen beginnen.

Ausgerechnet nach Kiel fährt dann das dritte Geschwader, bei dem sich der Aufstand ereignet hatte! Jetzt erst können Unruhe und Erbitterung auf das Land überspringen und zur Revolution werden. In wenigen Stunden geben die militärischen Befehlshaber ihre Autorität kampflos preis.

Krasse Mißstände

Als das dritte Geschwader der Kaiserlichen Marine Anfang November 1918 in Kiel einläuft und sich die Matrosen an Land ergießen, wird aus dem Schiffsaufstand eine revolutionäre Bewegung. Naiv hatte Vizeadmiral Kraft, der Geschwaderchef, gemeint, es genüge, den Mannschaften ordentlich Landurlaub zu geben, um sie zu beruhigen. Nicht minder weltfremd hatte Admiral Scheer gedroht, er lasse alle Schiffe mit roter Flagge als Piraten in den Grund bohren – aber von wem? Krasse Mißverhältnisse zwischen Offiziers- und Mannschaftsstand auf den Schiffen, die Gewaltjustiz von 1917 und die heimlich geplante Todesfahrt der Flotte waren der Anstoß für die Umwälzung in ganz Deutschland.

»Noch heute stehe ich vor einem Rätsel: Warum hat sich die Marine mir nicht anvertraut?« klagt Reichskanzler Max von Baden in seinen Erinnerungen, und Oberstleutnant Alfred Niemann aus dem Großen Hauptquartier gesteht, daß das Flottenunternehmen »in großer Heimlichkeit vorbereitet wurde«. Die Friedensbemühungen des Kanzlers sollten torpediert werden.

Alles zusammen führte zu der Explosion von Kiel. Daß anschließend Radikalisten und vom Sowjetmuster beeindruckte Funktionäre die Gelegenheit ergriffen haben, um die aufgebrachten Massen in die Hand zu bekommen und zu lenken, ist nur noch eine Folgeerscheinung.

Am Sonntag, dem 3. November 1918, findet nachmittags eine Protestversammlung von Schiffsmannschaften auf dem großen Exerzierplatz von Kiel statt. Verlangt wird die Freilassung der Kameraden, die sich gegen die geplante Todesfahrt aufgelehnt hatten. Nach der Versammlung bildet sich ein Demonstrationszug zur Arrestanstalt. Marinesekretär Alboldt, der als neutraler Gutachter vor dem Untersuchungsausschuß des deutschen Reichstags Bericht erstattete, schreibt: »Fahnen und dergleichen waren im Zuge, der übrigens vollkommen unbewaffnet war, nicht zu sehen. Das war die Parole: Heraus mit den Inhaftierten! Es herrschte auch verhältnismäßige Ruhe in dem Zuge, hin und wieder ein Aufschrei oder ein paar Takte Singen – von irgendwelchen typischen revolutionären Ausbrüchen keine Spur.«

Die liberale »Kieler Zeitung« berichtet tags darauf: »Das Ziel des Zuges war die Militär-Arrestanstalt in der Feldstraße. Die vom dritten Geschwader wegen schwerer Gehorsamsverweigerungen dort untergebrachten Gefangenen sollten mit Gewalt befreit werden. An der Ecke der Karl- und der Brunswiker Straße war die Straße durch Militär abgesperrt. Der Befehl des Offiziers – ein feldgrauer Leutnant der Heeresinfanterie – forderte die Menge zum Auseinandergehen auf. Die Demonstranten drangen trotzdem vor. Darauf gab der Offizier Befehl zu einem Schreckschuß in die Luyft. Die Menge drängte aber weiter vor, worauf Befehl zum Scharfschießen erfolgte. Es gab acht Tote und neunundzwanzig Verwundete.« Die ersten Schüsse der Revolution sind gefallen.

War es wirklich unvermeidlich, daß sich die Woge nun immer weiter und weiter ausbreitete? Es gibt kaum eine Stimme aus jenen Tagen, die nicht feststellt: Alles wäre anders gekommen, wenn das Offizierskorps nicht versagt hätte. Mit Ausnahme des feldgrauen Leutnants bei der Arrestanstalt hat sich kein einziger Offizier dem Sturm entgegengestellt.

An dem kritischen Sonntagnachmittag hatte sich »merkwürdigerweise wie auf Verabredung kein Seeoffizier auf der Straße sehen lassen«, gesteht Alboldt. »Himmelschreiend ist das Verhalten der Marineoffiziere gewesen«, äußert sogar die gewiß unverdächtige Burschenschaftszeitschrift »Derandingia« und setzt hinzu: »In der ganzen Marine fand sich nicht ein einziger Mann, der jetzt entschlossen zugegriffen hätte.« Im Gegenteil. Der Erste Offizier der »Hindenburg« fordert seine Leute sogar auf, sich dem Demonstrationszug anzuschließen. Als aber niemand mitmacht, ließ er noch einmal antreten und sagte den Leuten mit gebrochener Stimme: »Wir wollen aber doch lieber eine Abordnung hinschicken, sonst haben wir schließlich noch Unannehmlichkeiten.«

Das gab's noch nie: Ein Prinz setzt die rote Fahne

Kapitän zur See Weniger, Kommandant der »König«, ist in der ganzen deutschen Kriegsmarine der einzige Offizier, der sich an seinen Eid erinnert, in dem er geschworen hatte, für Ehre und Unverletzlichkeit der Flagge das Leben einzusetzen: Mit der Waffe tritt er den Matrosen entgegen, um zu verhindern, daß die Reichskriegsflagge niedergeholt und durch eine rote Fahne ersetzt wird. Er findet dabei den Tod.

Selbst Prinz Heinrich, der Oberbefehlshaber der Ostseestreitkräfte, entzieht sich der Verantwortung. Er steckt sich ein rotes Bändchen ins Knopfloch, setzt auf seinem Automobil die rote Fahne und entfernt sich aus der Stadt. Kein Wunder also, daß die Flut wie ein Lavastrom um sich greift.

Alarmierende Nachrichten erreichen den Reichskanzler in Berlin. Der aus allen Wolken fallende Regierungschef wird jetzt von der Seekriegsleitung aufgefordert, »das Märchen von der beabsichtigten Todesfahrt zu dementieren«. Verwirrt meint der Zentrumsabgeordnete Erzberger, man sollte von Flugzeugen beruhigende Aufrufe auf Kiel abwerfen lassen. Dann entschließt sich die Regierung, einen Unterhändler in die Hafenstadt zu entsenden, den demokratischen Abgeordneten Conrad Haußmann. Von sozialdemokratischer Seite wird Gustav Noske ausgeschickt. Es scheint klar zu sein, daß in diesem Augenblick nur ein Sozialist das Vertrauen der erregten Massen gewinnen und mäßigend wirken kann. Noske, begabt und energisch, entpuppt sich als der richtige Mann am richtigen Ort. Während die Aufstandsbewegung schon auf Wilhelmshaven und Cuxhaven, auf Bremen, Hamburg, Brunsbüttel und Lübeck überzuspringen beginnt, rollt am 4. November der Zug mit Haußmann und Noske von Berlin nach Norden. Was erwartet sie in Kiel?

Heereseinheiten, die man nach Kiel geworfen hatte, um die

Unruhen zu ersticken, waren auf dem Bahnhof »von Matrosen mit Hallo empfangen und sofort entwaffnet« worden. Als die Abgeordneten an die Bahnsteigsperre kommen, stutzt Noske »beim Anblick der vielen Soldaten mit einem Gewehr in der Hand«. »In dem Augenblick rief jemand meinen Namen«, erinnert er sich. »Da erdröhnte die Halle von brausendem Hurra, und hundert Hände streckten sich mir entgegen. Die Leute hatten von meinem Kommen gehört. Dem Namen nach war ich vielen aus meiner Parlamentstätigkeit bekannt. Im nächsten Augenblick saß ich in einem Automobil, fünf oder sechs Mann kletterten dazu. Aufrecht stehend schwang ein Mann eine rote Fahne und schrie immer wieder: ›Es lebe die Freiheit!‹«

Der eiserne Noske, bald ein Felsen der Ordnung und von allen Umsturzfanatikern gehaßt, beobachtet zunächst vorsichtig die Situation, in die er da geraten ist. Während der Wagen zum Wilhelmsplatz fährt, stellt Noske fest: »Die Kieler Hauptstraßen waren noch belebter, als es sonst zu dieser Abendstunde der Fall war. Den Eindruck, daß eine große Revolution begonnen habe, bekam man jedoch nicht. Männer und Frauen lachten, wenn mein fahnenschwingender Begleiter seinen Freiheitsruf ertönen ließ. Unbewaffnete Blaujacken flanierten wie sonst mit ihren Mädchen.« Erst auf dem Wilhelmsplatz »herrschte ein riesiges Gewühl von Soldaten, Arbeitern, Mädchen. Als der Wagen hielt, drückte mir jemand einen entblößten Offizierssäbel in die Hand. Als ich dankend ablehnte, fand die Waffe sofort einen anderen Liebhaber.«

Der Admiral kapituliert vor seinen Matrosen

Zu diesem Zeitpunkt ist noch nicht zu erkennen, wohin die Bewegung treibt. Admiral Souchon, der Stationschef von Kiel, hatte am Nachmittag die Abordnung eines Soldatenrats empfangen, Angehörige einer Torpedo-Division des dritten Geschwaders. Vom Soldatenrat waren sechs Forderungen aufgestellt worden, darunter: »Aufhebung des Belagerungszustandes; Freilassung der gemaßregelten Kameraden vom dritten

Geschwader; Freilassung aller im Zuchthaus zu Celle sitzenden Kameraden von der Matrosenerhebung des Jahres 1917; Freilassung sämtlicher politischen Gefangenen.« Dazu kommen noch zwei politische Forderungen: »Abdankung des Hohenzollernhauses; Einführung des allgemeinen, gleichen und geheimen Wahlrechts für beide Geschlechter.« Wahrhaft weltrevolutionäre Ideen!

Als die Abgeordneten des Soldatenrats, die Matrosen Artelt und Tümmel, bei Gouverneur Souchon erscheinen, sind noch Stabschef Küsel, mehrere Admiralstabsoffiziere und der oberste Gerichtsherr der Station, Geheimrat Eichheim, anwesend. Souchon geht auf die Matrosen zu, gibt Artelt die Hand und sagt: »Ich danke Ihnen, daß Sie die Courage gehabt haben und hierhergekommen sind.«

»Erkennen Sie uns als Soldatenräte an?« fragt Artelt.

Der Admiral antwortet mit einem klaren Ja. »Souchon hatte damit vor den Meuterern kapituliert«, stellt der Militärhistoriker Heinrich Neu fest.

Nun tragen die beiden Matrosen ihre Forderungen vor, und zwar nur drei: »Freilassung der Gemaßregelten des dritten Geschwaders; Klärung der Schuldfrage, wer bei dem gestrigen blutigen Zusammenstoß zuerst geschossen und Bestrafung der Schuldigen; Unterlassung des angeblich geplanten Vorstoßes der Flotte.« So ist es von Souchon protokolliert worden. Weitergehende oder gar politische Forderungen sind nicht erhoben worden.

Der Admiral gibt nach. Angeblich war die Flotte bereit gewesen, Kiel in Trümmer zu schießen, falls man nicht auf die drei Punkte eingegangen wäre, aber die Deckoffiziere lächelten über diese Ausrede: Sie hatten vorsorglich alle Schiffsgeschütze unbrauchbar gemacht.

Kurz nachdem Souchon etwas blaß seine Zustimmung genickt hatte, »waren die Straßen Kiels schwarz von den Besatzungen der Schiffe«, berichtet Marinesekretär Alboldt, »die jetzt überall alles liegen ließen und so, wie sie waren, vielfach im Arbeitsanzug, wie sie im Kesselraum oder sonstwo aufgehört hatten, in die Stadt strömten, weil jeder fühlte: Jetzt ist Schluß.«

»Ein großer Demonstrationszug meist bewaffneter Soldaten mit Musik, rote Fahnen führend, holte die Gefangenen aus der Arrestanstalt in der Feldstraße ab«, notiert Noske.

Bald nach der Ankunft der Abgeordneten aus Berlin findet eine neue Sitzung in den Amtsräumen des Admirals Souchon statt. Diesmal tragen die Soldaten auch ihre politischen Forderungen vor und ergehen sich in langen Ausführungen. Noske seufzt: »Die deutsche Revolution ist ohne unendlich lange Sitzungen und zahllose Reden nicht denkbar. Souchon und seine Offiziere saßen ziemlich hilflos dabei. Das von ihnen bis vor wenigen Stunden befehligte gewaltige kriegerische Instrument war völlig ihrer Hand entglitten. Mochte noch so großer Ingrimm sie erfüllen, sie saßen den Meuterern ohnmächtig gegenüber, die mit großem Freimut, aber in korrekter Form nun ihrerseits als ein großer Machtfaktor Forderungen stellten.«

Noske sieht seine Aufgabe darin, den ziellosen Aufruhr unter Kontrolle zu bringen. Als er lange nach Mitternacht endlich ins Hotel »Continental« kommt, gesteht er: »Vor Hunger, Durst und Müdigkeit kam ich fast um.«

Ein Mann bezwingt das Chaos von Kiel: Noske

Als Noske am Morgen des 5. November in die Hotelhalle hinabkommt, wird er Zeuge einer typischen Szene aus jenen Tagen: »Bis an die Zähne bewaffnete Soldaten nahmen mehreren Offizieren, die keine Miene machten, Widerstand zu leisten, die Säbel weg.«

Ganz Kiel gleicht einem Narrenhaus. Augenzeuge Noske hat die Vorgänge anschaulich geschildert:

»Vor dem Gewerkschaftshaus fuhr ein Lastauto nach dem anderen mit Gewehren vor. Wer Lust hatte, versorgte sich damit. Einige Zivilisten mit roter Schärpe und umgegürtetem Offizierssäbel stolzierten umher. Ab und zu ging einem Unkundigen ein Schuß los.

Schwerbewaffnete Matrosen eskortierten sämtliche Offiziere ihres Schiffes heran. Kein Mensch wußte, was mit ihnen anzufangen sei. Auf meinen Vorschlag hin ließ man sie ihres Weges ziehen.

Im und vor dem Gewerkschaftshaus erschienen immer wieder Leute, die den Soldatenrat suchten. Es hieß, er tage in der benachbarten Feuerwerkerschule. Auch dort suchte ich ihn vergebens. In einem Dutzend Zimmern standen diskutierend Gruppen von Leuten herum. Niemand wußte anzugeben, was werden sollte. Vor dem Hause drückten sich Gruppen feldgrauer Soldaten herum, die zu den am Tage vorher von auswärts herangeholten und entwaffneten Formationen gehörten. Die Leute hatten während der Nacht kein Unterkommen gehabt und standen jetzt frierend und hungernd umher.

Nachdem ich nochmals das Gewerkschaftshaus abgesucht hatte, um die inzwischen sagenhaft gewordene Leitung der Revolution entdecken zu können, war es fast Mittag geworden. Zu dritt standen wir vor der Feuerwerkerschule und kamen zu dem Schluß, das sei ein unmöglicher Zustand, irgend jemand müsse endlich Anordnungen treffen und darauf bedacht sein, daß nicht ein vollständiges Durcheinander entstehe. Besonders müsse schleunigst für eine geregelte Versorgung der vielen Tausende von Soldaten gesorgt werden, damit es nicht zu Raub und Plünderungen komme.«

Noske geht zu Admiral Küsel, läßt sich im Intendanturgebäude ein Zimmer einrichten und fängt an, die Fäden in seine Hand zu nehmen. Er empfängt Abordnungen von Matrosen, Werftarbeitern, Soldaten und ist zeitweise an seinem Schreibtisch »in einer Menschenmenge eingekeilt, von der jeder irgendeine Nachricht brachte oder eine Auskunft oder einen Befehl haben wollte«. Doch ganz langsam und zäh schafft Noske Ordnung. Er wird an die Spitze des Soldatenrats gestellt, läßt ordnungsfeindliche Elemente verhaften, verhandelt, befiehlt, telefoniert, und als wieder ein Tag vergangen ist, notiert er: »Gegen ein Uhr konnte ich kaum mehr stehen. Zu essen hatte ich lediglich ein

Stück trockenes Kommißbrot bekommen. In ein paar Decken gewickelt legte ich mich auf ein Ledersofa.«

Am nächsten Tag wird Noske zum Gouverneur gewählt. Er läßt Souchon und dessen Offiziere zu sich kommen: »Ich teilte ihnen meine Wahl zum Gouverneur mit und ersuchte sie, sich mit Würde in das Unabänderliche zu fügen. Kaum zehn Minuten später saß ich am Schreibtisch Souchons und erließ meine erste Proklamation an die Truppen und an die Einwohnerschaft von Kiel.«

Von diesem Augenblick an sind aus dem ziellosen Aufstand wieder geordnete Verhältnisse geworden. Es sind andere Verhältnisse als vordem, gewiß, aber es gibt weder Willkürherrschaft noch radikalistische Auflösung. Noske selbst ist stolz auf das Vertrauen, das ihm von allen Seiten entgegengebracht wird.

Später ist Noske von seinen Gegnern verdammt worden, als hätte er Deutschland ins Unglück gestürzt. Resigniert vermerkt er in seinen späteren Memoiren: »Erlebt habe ich, daß frühere Admirale, die ich davor bewahrte, totgeschlagen zu werden, 1933 erklärten, sie könnten mit mir nicht an einem Tisch sitzen.«

Noske, der das Chaos von Kiel bezwang, bekennt selbst – und man darf es ihm glauben: »Von Kiel aus wäre, wenn ich die rote Sturmfahne ergriffen und vorangetragen hätte, eine Flut über Deutschland hinweggebraust, deren Ausmaß man sich heute kaum ausdenken kann.« Statt dessen hat er unverrückbar zur Regierung gestanden und auch ein Jahr später den Spartakistenaufstand niedergeschlagen. Jetzt, im November 1918, bleibt sein Einsatz in Kiel eine verschwindende Tat: Überall im Deutschen Reich lodert inzwischen die Flamme der Revolution empor.

Ludendorff und Wilhelm gehen

»Ich war überständig geworden«

Während sich die Flotte in Wilhelmshaven damit begnügt, den Sturz der alten Herrschaft mit einem »Brillantfeuerwerk« zu feiern, löst sich überall auf dem Festland die Ordnung auf. Ein Gefreiter namens Kuhnt gründet den Freistaat Oldenburg-Ostfriesland und macht sich selbst zum Präsidenten des kurzlebigen Gebildes. In München wird der spazierengehende König Ludwig III. von einem Radfahrer auf den Ausbruch der Revolution aufmerksam gemacht; er flieht als erster Bundesfürst. Der König von Württemberg legt freiwillig die Krone nieder, und König Friedrich August von Sachsen weicht den Revolutionären mit den von Fürst Bülow überlieferten Worten: »So macht denn euern Dreck alleene.«

»Um so höher ist die Treue des Offiziers, Unteroffiziers und Mannes zu bewerten, der sich auch unter den neuen Verhältnissen in alter Gesinnung zur Verfügung des Vaterlandes hielt«, schreibt General Ludendorff in seinen Kriegserinnerungen. Er selbst freilich hatte sich einen Paß auf einen anderen Namen beschafft, eine blaue Brille auf die Nase gesetzt, unter die er einen falschen Bart klebte, und war mit der Eisenbahn nach dem sicheren Skandinavien geflüchtet. Seine klassische Begründung für diesen Schritt lautet: »Ich war in Deutschland überständig geworden.«

Von den Offizieren der Kriegsmarine bis zu den Admiralen und Generalen, von den örtlichen Behörden bis zu den Ministern und Landesfürsten haben alle ihre Macht und ihre Autorität widerstandslos aus den Händen gegeben. Kein einziger machte den Versuch, die »heiligsten Güter« zu verteidigen, aber alle waren entrüstet, als die Arbeiter- und Soldatenräte die weggeworfenen Zügel aufhoben und den Wagen lenkten, so gut es eben gehen mochte. Doch damit ist den Ereignissen schon vorgegriffen.

»Ich bleibe hier!«

Noch gibt es im Deutschen Reich ein kämpfendes Westheer, eine gesetzliche Regierung, durch Gottes Gnade eine Allerhöchste Instanz: Wilhelm II., König von Preußen, deutscher Kaiser. Ihm drückt das Schicksal jetzt die Würfel in die Hand. Weil er fürchtet, sich bei seinem grippekranken Reichskanzler anzustecken, reist der Kaiser am Abend des 29. Oktober von Berlin ins Große Hauptquartier nach Spa. Freiherr von Grünau, der die Meldung überbringt, wird vom überrumpelten Prinzen Max gefragt: »Machen Sie einen schlechten Witz?«

Max von Baden weiß, daß die Öffentlichkeit nicht viel von der Grippe und von vorgeblichen militärischen Pflichten hält, sondern es so auslegen wird, »als ob der Kaiser sich unter den Schutz der Armee stelle«. Tatsächlich sind es von Spa zur Grenze der neutralen Niederlande nur noch sechzig Kilometer. »Sicher war«, bemerkt der sarkastische Fürst Bülow, »daß der Berliner Boden Seiner Majestät unter den Füßen brannte.«

Schon seit langem ist der glänzend informierte Bülow im Besitz weiterer Einzelheiten: »Ein Abgesandter des Kaisers habe in der spanischen Botschaft angefragt, ob Seine Majestät für den Fall, daß er Deutschland verlassen müsse, in Spanien auf eine freundliche Aufnahme rechnen könne.« Major Niemann ergänzt: »Einzelne Herren empfahlen die Schweiz, während der Generalfeldmarschall (Hindenburg) Holland den Vorzug gab, weil dem Kaiser in diesem monarchistischen Staat mehr Sympathien entgegengebracht würden.«

Elf Tage nach Wilhelms Abreise ins Große Hauptquartier wird das verwaiste Berliner Schloß vom Soldatenrat besetzt. Die zerstörerischen Elemente sind zunächst so ergriffen vom Pomp der Räume, daß sie Zeitungspapier unter ihre Maschinengewehre legen, um das Parkett zu schonen. Sie zeigen sich erst erbittert, als sie weiter vordringen und ein Bild entdecken, das so gar nicht ins hungernde Deutschland passen will und das selbst ein kaisertreuer Berichterstatter mit folgenden Worten geschildert hat: »Reiche Nahrungsmittelvorräte befanden sich in den weißgetäfelten weiten Küchenräumen des Schlosses. Auf den seit August 1914 nicht mehr benutzten Küchenherden lagerten an achthundert Zentner blütenweißes Mehl aus Rumänien und der Ukraine, standen zahlreiche Säcke mit Kaffee, Büchsen mit Tee und Konserven, waren Tausende Eier aufbewahrt, ferner Töpfe mit Schmalz, Gläser mit würzigen Tunken, ganze Reihen Zuckerhüte, weiterhin Mengen von Hülsenfrüchten, Schokolade, Zigarren, Zigaretten.«

Im Großen Hauptquartier ist indessen – man schreibt den 30. Oktober 1918 – das vielfach ausgezeichnete Sturmbataillon Rohr eingetroffen mit dem Auftrag, »das Große Hauptquartier, besonders den Kaiser und die Oberste Heeresleitung, sowie ganz Spa gegen jede revolutionäre Bewegung mit allen zur Verfügung stehenden Mitteln zu schützen«.

Der Adjutant des Sturmbataillons, Oberleutnant Graf Eberhard von Schwerin, hat der Nachwelt eine Beobachtung hinterlassen, von der alle Hofhistoriographen schweigen: Schon am 8. November taucht im Großen Hauptquartier der Generaladjutant der Königin der Niederlande auf und verschwindet auf ebenso geheimnisvolle Weise wieder. Erst vierundzwanzig Stunden später, als der Kaiser über die niederländische Grenze gegangen ist, gehen den Männern des Sturmbataillons Rohr die Augen auf, und Schwerin meint: »Man hat in den Schilderungen des 9. November von der Anwesenheit dieses Herrn in Spa bisher nichts gelesen, und ich bin mir überhaupt im Zweifel, ob alle verantwortlichen Stellen damals von seiner Anwesenheit gewußt haben.« Das Erstaunen des Oberleutnants ist verständlich, denn um 12.30 Uhr bekommt er von Major Rohr unter vier Augen die vertrauliche Mitteilung: »Der Kaiser wird heute nacht die Armee verlassen und nach Holland fahren.«

Admiral Hintze verhandelt »drahtlich und telefonisch mit Den Haag und Brüssel« und hat innerhalb von zwei Stunden alle nötigen Absprachen getroffen. Doch während all dies geschieht, ergeht sich Wilhelm noch zwischen den Herren der

Obersten Heeresleitung und versichert weithin hörbar: »Ich kämpfe bis zum äußersten, auch wenn wir alle totgeschlagen werden. Vor dem Tod habe ich keine Angst, ich bleibe hier!«

Der Kaiser muß weg, fordert Präsident Wilson

Wilhelms Weg nach Holland ist scharf kritisiert und ebenso milde bemäntelt worden, je nachdem. Schändliche Flucht, Desertion des höchsten Offiziers von seiner Truppe, ja sogar Angst um das eigene Leben sind dem Monarchen vorgeworfen worden. Auf einem anderen Blatt steht, was er selbst in seinen Lebenserinnerungen niedergeschrieben hat: »Ich habe einen furchtbaren inneren Kampf durchgekämpft. Auf der einen Seite bäumte sich in mir als Soldat alles dagegen auf, meine treugeliebten tapferen Truppen zu verlassen. Auf der anderen Seite stand sowohl die Erklärung der Feinde, mit mir keinen für Deutschland erträglichen Frieden schließen zu wollen, wie die Behauptung meiner eigenen Regierung, daß nur durch mein Fortgehen ins Ausland der Bürgerkrieg zu vermeiden sei. In diesem Kampfe stellte ich alles Persönliche zurück. Ich brachte bewußt meine Person und meinen Thron zum Opfer in der Meinung, dadurch den Interessen meines geliebten Vaterlandes am besten zu dienen.«

Damit hat Wilhelm treffend zwei Punkte herausgestellt, die in den kritischen Tagen des Oktober und November 1918 alle Entscheidungen bestimmt haben:

- Der amerikanische Präsident Wilson war selbst ein Opfer der alliierten Antikaiser-Propaganda geworden und forderte unbedacht als Vorbedingungen für den Waffenstillstand die Abdankung des Herrschers.
- Das ermattete, ausgeblutete, kriegsmüde deutsche Volk sieht deshalb für den ersehnten Frieden nur noch ein einziges Hindernis: den Kaiser. So wird der Ruf nach seinem Thronverzicht auch im eigenen Lande immer stürmischer.

Wilson erklärte klipp und klar, »daß die Völker der Welt kein Vertrauen in die Worte derjenigen setzen können, die bisher Herren der deutschen Politik gewesen sind«, und läßt wissen, daß über den Waffenstillstand nur mit wirklichen Vertretern des Volkes verhandelt werden kann. Mit anderen Worten: Wilhelm muß verschwinden.

Daß solche Worte in Deutschland auf fruchtbaren Boden fallen, ist verständlich. Das Volk steht im fünften Kriegsjahr, es hat unvorstellbare Blutopfer gebracht, es hat gedarbt und gehungert, geglaubt und gehofft, und es muß jetzt nach der Waffenstillstandsbitte der Obersten Heeresleitung erkennen, daß es immer nur getäuscht, mit falschen Versprechungen hingehalten und letzten Endes nur für die ehrgeizigen Interessen einzelner mißbraucht worden ist. Sichtbarer Ausdruck des falschen Systems mußte in diesem Fall der Kaiser sein, Haupt und Ursache allen Unglücks.

Der Kanzler bittet Wilhelm II. alleruntertänigst, abzudanken

Im übrigen stellte sich bei einer dramatischen Gelegenheit heraus, daß der Kaiser breiten Kreisen überhaupt gleichgültig geworden war. Sie ergibt sich im Großen Hauptquartier. Auch dort hat man sich längst Gedanken über die wahre Lage gemacht.

Ludendorffs Nachfolger, der württembergische General Groener, fordert energisches Handeln, als Nachrichten von der Ausbreitung des Kieler Matrosenaufstandes eintreffen. Hindenburg, immer noch oberster Befehlshaber, bleibt passiv und offenkundig ratlos. Niemand will der Frage ins Auge sehen, die Admiral Hintze in die Worte gefaßt hat: »Ist die Armee willens und imstande, zum Kaiser zu stehen und mit dem Kaiser an der Spitze jede umstürzlerische Bewegung niederzuschlagen?«

General Groener ist der Meinung, »daß die Armee zum Bürgerkrieg wohl nicht zu haben sein werde«, und Reichskanzler Max von Baden sieht nur eine Möglichkeit der Rettung für die

Monarchie: Der Kaiser soll abdanken, der Kronprinz auf den Thron verzichten und eine Regentschaft für den Enkel einsetzen.

»Melden Sie dem Reichskanzler, ich denke gar nicht daran, abzudanken«, erklärt Wilhelm dem Admiral Hintze. Dann setzt er die Frage hinzu: »Eine andere Entscheidung haben Sie doch auch nicht von mir erwartet?«

»Gewiß nicht, Euer Majestät«, haucht Hintze und zieht sich zurück.

Entsetzt telegraphiert der Reichskanzler darauf an Wilhelm: »Seine Majestät der König von Bayern hat dem Thron entsagt. Dasselbe hat seine Königliche Hoheit der Herzog von Braunschweig getan. Seine Königliche Hoheit der Großherzog von Mecklenburg-Schwerin hat die Forderungen des Arbeiter- und Soldatenrates angenommen. Das Kabinett, dessen Mitglieder bis gestern in der Mehrzahl gegen die Thronentsagung Eurer Majestät waren, hält heute ganz überwiegend diesen Schritt für das einzige Mittel, um Deutschland vor blutigem Bürgerkrieg zu bewahren. Alleruntertänigst Max, Prinz von Baden.«

Als die Depesche in Spa eintrifft, hat sich der Kaiser schon zur Ruhe gelegt. Niemand wagt ihn wegen derartiger Kleinigkeiten zu wecken. Der Generaladjutant des Kaisers, Generaloberst von Plessen, ein frontfremder Hofgeneral, macht den Vorschlag, dem Westheer einfach »Kehrt!« zu befehlen und gegen die unbotmäßige Heimat zu marschieren. Dem hält General Groener, laut von Plessen, entgegen: »Der Geist der Armee sei nicht mehr sicher, es sei fraglich, ob die Truppenteile auf die feldgrauen Kameraden und die Landeskinder schießen würden. Die Armee müßte bei dem geplanten Unternehmen gegen die Heimat verhungern, denn die Verpflegung basierte auf dem regelmäßigen Pendelverkehr mit den großen Proviantdepots Düsseldorf, Köln, Koblenz, Mainz, Leipzig, Halle, Magdeburg, Hamburg. Alle diese großen Depots seien in der Hand der Arbeiter- und Soldatenräte. Bei dem beabsichtigten Vormarsch gegen die Etappenlinien würden die Proviantdepots sofort dem Volke zur Plünderung überlassen und der Bürgerkrieg mit einem Schlage durch ganz Deutschland entfesselt werden.«

Mit solchen Überlegungen soll freilich alles nur hingehalten werden. In Wirklichkeit sind die militärischen Führer in der Obersten Heeresleitung so entschlußlos, daß sie zu einem Mittel greifen, das sie zu jeder anderen Zeit immer verdammt haben: Sie wollen es zu einer Abstimmung kommen lassen. Zu diesem Zweck ist bereits der Befehl an die näher gelegenen Fronttruppenteile ergangen, Kommandeure ins Große Hauptquartier zu entsenden. Von den fünfzig befohlenen Offizieren treffen neununddreißig nach anstrengender Autofahrt übermüdet und frierend am Morgen des schicksalsschweren 9. November im Hotel Brittanique in Spa ein.

Major Hünicken, ein Regimentskommandeur aus dieser Gruppe, hat als einziger Augenzeuge die Vorgänge geschildert: »Wir wurden in das Gebäude eingelassen und fanden in einem großen, hohen Saal, der mit großen Spiegeln geschmückt war, etwa fünfundzwanzig bis dreißig Stabsoffiziere und Generale vor, die alle aus gleichem Grunde wie wir von den Heeresgruppen Kronprinz Ruppprecht, Deutscher Kronprinz und Gallwitz berufen waren.«

Gegen elf erscheint Oberst Heye in der Versammlung, begrüßt die Offiziere im Namen des unabkömmlichen Hindenburg, macht sie mit der Lage vertraut und fährt fort: »Ich soll Ihnen nun folgende Fragen vorlegen, die jeder einzelne von Ihnen mir nachher beantworten soll. Ich mache gleich darauf aufmerksam, daß niemand darüber, auch nicht seinem Offizierskorps gegenüber, sprechen darf, und ein jeder von Ihnen wird dem rangältesten General unter Ihnen hier dieses am Schluß unserer Versammlung durch Handschlag versprechen und unbedingtes Schweigen geloben.«

Zwischendurch einmal wird von draußen die Tür aufgerissen, der Chef der Heeresgruppe Deutscher Kronprinz, General Graf von der Schulenburg, steckt seinen Kopf herein, sieht, was hier vor sich geht, und ruft lärmend: »Hier ist wohl alles verrückt geworden!«

Schließlich legt Heye den Anwesenden die Fragen vor. Sie lauten: 1. Wie steht die Truppe zum Kaiser? Wird es möglich sein, daß der Kaiser an der Spitze der Truppen die Heimat wieder erobert? 2. Wie steht die Truppe zum Bolschewismus? Wird sie den Kampf mit der Waffe gegen die Bolschewisten in der eigenen Heimat aufnehmen?

»Oberst Heye hatte kaum geendet«, berichtet Major Hünicken, »als unerwartet doch Feldmarschall Hindenburg erschien, uns an sich heranwinkte und bat, dicht um ihn herumzutreten. Diensttuende Generalstabs- und Ordonnanzoffiziere, an den Türen stehend, meldeten dem Feldmarschall, daß alles verschlossen sei. Daraufhin begrüßte uns der Feldmarschall und sprach in ähnlichem Sinne zu uns wie vorher Oberst Heye.

Ich werde in meinem Leben diesen Augenblick niemals vergessen, als ich den Feldmarschall vor mir sah mit grauem, fahlem Gesichtsausdruck, die Hände krampfhaft fest ineinander verschränkend, die Augen wohl scheinbar von Tränen gerötet. Dicht hinter dem Feldmarschall stehend, erkannte ich die hohe Gestalt des Generalobersten von Plessen, der seine Tränen nicht mehr halten konnte und die Augen mit dem Taschentuch verdeckte.«

Dann läßt Hindenburg die Herren allein. Die Offiziere, gestern noch in ihren Frontbefehlsständen, sollen jetzt plötzlich als eine Art »Soldatenrat« über Probleme entscheiden, von denen der Lauf der Geschichte abhängt. Hünicken berichtet: »Es trat Totenstille ein; kein Laut, kein Sprechen war zu hören; ein jeder von uns suchte nach einer einsamen Ecke oder Sitzgelegenheit, auf der er sich stumpf vor sich hin brütend das eben Gehörte durch den Kopf gehen läßt.«

Um 11.30 Uhr beginnt Oberst Heye damit, die Offiziere einzeln in ein Nebenzimmer rufen zu lassen und ihre Entscheidung zu Protokoll zu nehmen. Das Ergebnis ist vernichtend: Nur ein einziger Kommandeur ist der Meinung, daß die Truppe dem Kaiser zu einem Kampf in die Heimat folgen würde. Fünfzehn Truppenführer geben eine ausweichende Antwort. Dreiundzwanzig verneinen die Frage.

Noch negativer fallen die Antworten zur zweiten Frage aus.

Acht Offiziere antworten mit einem glatten Nein, neunzehn halten es für zweifelhaft, zwölf meinen, die Soldaten müßten erst einmal Ruhe bekommen »für entsprechende Aufklärung und Einübung«. Kein einziges Ja.

Waren die neununddreißig Kommandeure, die Mitglieder dieses improvisierten Parlaments, ein Spiegelbild für alle Truppeneinheiten, waren sie ein »repräsentativer Querschnitt«, wie man heute sagen würde? Niemand vermag das zu beantworten, aber der Historiker Ludwig Ritter von Rudolph meint: »Wollte man von ihnen auf das gesamte aktive Offizierskorps schließen, ergäbe sich folgendes Bild: Kaum zweieinhalb Prozent standen vorbehaltlos hinter dem Kaiser – über siebenundneunzig Prozent bekannten sich zu einer Auffassung, die wenig später von den Dolchstößlern als Verrat gebrandmarkt wurde.«

Bittere Pille für den Kaiser: Das Heer läßt ihn im Stich

Während die Herren noch grübeln und ihre Stimmen abgeben, geht der Kaiser ahnungslos im Garten der Villa Fraineuse spazieren, die ihm in Spa als Aufenthaltsort dient. Major Niemann, der Vertreter der Obersten Heeresleitung im persönlichen Gefolge des Monarchen, ist an seiner Seite und spricht über den Schlag des Heeres gegen die Heimat, als ob nichts im Gange sei. Er weist darauf hin, daß sich einige Rheinstädte in den Händen der Arbeiter- und Soldatenräte befinden. Wilhelm entgegnet forsch: »Dieser Schwierigkeiten werden wir durch schnelles militärisches Handeln Herr werden können!«

Der Tragweite der Lage wird er sich erst bewußt, als im kurz darauf beginnenden Kaiservortrag Hindenburg das Wort ergreift. Der Feldmarschall bittet um seine Entlassung, »weil er als preußischer Offizier seinem König das nicht sagen könne, was er jetzt zu sagen habe«.

»Wir wollen erst einmal sehen«, entgegnet Wilhelm.

Und jetzt wird dem Kaiser erst schonend, dann immer offener beigebracht, daß das Spiel verloren ist, daß die Truppen nicht mehr hinter ihm stehen. Nur General von der Schulenburg widerspricht: »Haben die Truppen einige Ruhe, Zeit zum Entlausen und Ausschlafen, können sie unter Dach und Fach untergebracht werden und sich auffrischen, wird den Regimentskommandeuren die Möglichkeit gegeben, ihre Leute wieder in die Hand zu nehmen.« Dann fügt er hinzu: »Es muß freilich unbedingt verneint werden, daß das ganze Westheer geschlossen kehrtmacht, um zu einem Bürgerkrieg nach Deutschland zu marschieren. Dafür ist das Heer nicht zu haben.« Statt dessen schlägt Schulenburg vor, »ausgesuchte Führer und ausgesuchte Truppen mit allen modernen Kampfmitteln ausgestattet – Nebel, Gas, Bombengeschwader, Flammenwerfer – zunächst nach Aachen und Köln zu schicken und dort die Ordnung und Autorität der Obrigkeit wiederherzustellen. Das Heer steht zu dieser Aufgabe ohne Frage hinter dem Kaiser.« Wilhelm nickt versonnen.

Groener fährt scharf dazwischen: »Das Heer wird unter seinen Führern und Kommandierenden Generälen geschlossen und in Ordnung in die Heimat marschieren, aber nicht unter dem Befehl Euerer Majestät, denn es steht nicht mehr hinter Euerer Majestät!«

»Sie sollen alle meine Oberbefehlshaber über die Stimmung im Heer befragen«, braust der Kaiser auf. »Wenn diese mir melden, daß das Heer nicht mehr zu mir steht, bin ich bereit zu gehen, eher nicht.«

Oberst Heye, der inzwischen von der Abstimmung der Kommandeure herbeigeeilt ist, erklärt: »Die Truppe ist Euerer Majestät noch treu ergeben, aber sie ist müde und gleichgültig, will nur Ruhe und Frieden haben. Gegen die Heimat marschiert sie jetzt nicht, auch nicht gegen den Bolschewismus. Sie will einzig und allein Waffenstillstand haben.«

Graf Schulenburg meldet sich erneut zum Wort und sagt, »es stehe außer allem Zweifel, daß das Heer, darüber befragt, ob es seinen Fahneneid brechen und seinen Kriegsherrn verlassen wolle, unbedingt hinter dem Kaiser stehen würde.«

»Fahneneid und Kriegsherr sind bloß eine Idee«, entgegnet Groener.

»Das Heer marschiert unter seinen Generalen allein geordnet nach Hause«, versichert jetzt auch Heye, »und wenn Euere Majestät mit ihm marschieren, so ist es der Truppe recht und ihr eine Freude. Nur kämpfen will das Heer nicht mehr, weder nach außen noch nach innen.«

Treffend wirft Admiral Hintze ein: »Euere Majestät brauchen keine Armee zum Spazierengehen, Euere Majestät brauchen eine Armee, die für Euere Majestät ficht!«

»Kommen Euere Majestät zu den Truppen nach vorne, zu uns«, schlägt General Schulenburg vor, »dort sind Euere Majestät unbedingt sicher. Vor allen Dingen müssen Euere Majestät beim Heer bleiben!«

»Ich bleibe beim Heer«, nickt der Kaiser und erhebt sich.

Die Revolution breitet sich aus

»Berlin fließt in Blut!« Heftige Straßenkämpfe in der Hauptstadt! Admiral von Hintze und Legationsrat von Grünau nehmen in der Kaiservilla in Spa abwechselnd die Telefongespräche aus Berlin entgegen. Der Chef der Reichskanzlei, Unterstaatssekretär Wahnschaffe, hat später entschieden bestritten, jemals etwas von Straßenkämpfen und Blut nach Spa durchgegeben zu haben. Es sind Gerüchte, Latrinenparolen, gegen die geschulte Generalstabsoffiziere gefeit sein sollten. In Wahrheit ist in Berlin alles noch verhältnismäßig ruhig.

Am Morgen des 9. November 1918 kann der Reichskanzler, Prinz Max von Baden, die Lage in Deutschland wie von einer Insel aus betrachten: »Braunschweig rot«, schreibt er, »München rot, in Stuttgart hat der Arbeiter- und Soldatenrat die Herrschaft an sich gerissen, das Gouvernement Köln verhandelt mit Arbeiter- und Soldatenräten, Magdeburg schwere Unruhen, Halle und Leipzig rot, Düsseldorf, Osnabrück rot.«

General Heinrich Scheüch, seines Zeichens Kriegsminister, will Berlin mit militärischer Gewalt gegen die Revolution halten und ahnt noch nicht, daß selbst seine sicherste Elitetruppe, die Naumburger Jäger, bald rote Bändchen anstecken werden. Ein Verbot des Oberkommandos, Arbeiter- und Soldatenräte zu bilden, erregt überall Heiterkeit.«»Ebensogut könnte man das Regnen verbieten«, meinte der Sozialdemokrat Scheidemann.

Ein Oberleutnant von der Presseabteilung des Auswärtigen Amtes, der später berühmt gewordene Reiseschriftsteller Colin Ross, kommt gegen halb elf Uhr vormittags in die Reichskanzlei, meldet das Herannahen großer Arbeiterzüge »und macht eine lebhafte Schilderung, wie sich Soldaten und Demonstranten miteinander verbrüdern«, erinnert sich Max von Baden. Eine andere Nachricht sagt dem Reichskanzler, daß ein Zug von vielen Tausenden unbewaffneter Arbeiter sich nach dem Zentrum bewegt. Die Leute trugen Plakate mit der Aufschrift: »Brüder, nicht schießen!«

Colin Ross bittet Prinz Max, den Truppen den Waffengebrauch zu untersagen. Der Kanzler antwortet mit einer hinhaltenden Redewendung, und Major Alfred Niemann berichtet: »Ross bemerkt wohl die Unsicherheit des Prinzen; er geht eigenmächtig an ein freies Telefon der Reichskanzlei und erläßt im Namen des Kanzlers ein Schießverbot.«

Nirgends in Berlin fließt Blut. Selbst im Ursprungsbereich des Umsturzes, an der Wasserkante, sind die Revolutionäre so gemäßigt, daß Prinz Max anerkennt: »Die Leute erließen eine Proklamation, darin die Abschaffung der Militärdiktatur und sofortiger Waffenstillstand gefordert wurden. Im übrigen ermahnten sie zur Ruhe und bedrohten Plünderer mit Todesstrafe.« Doch selbst diese Mäßigung wird den Revolutionären übel angekreidet. Fürst Bülow, der gemütlich aus dem Eckfenster eines Appartements im Berliner Hotel Adlon herabblickt, meint, die Revolution »zeigt sich nicht als die herrliche Göttin, die Ferdinand Lassalle in seinen ehrgeizigen Träumen sah, mit wehendem Lockenhaar, eherne Sandalen an den Füßen. Die deutsche Revolution war durch und durch spießbürgerlich.«

Unüberhörbare Forderung: Der Kaiser soll gehen!

Was hat den letzten Anstoß zum Sturz der alten Ordnung gegeben? Der preußische Innenminister – sein Name ist Bill Drews – hatte schon am 31. Oktober 1918 mit versagender Stimme dem Reichskanzler erklärt: »Es ist nicht zu verkennen, daß die Bewegung für die Abdankung Seiner Majestät in weiten Kreisen des Volkes tagtäglich zunimmt.«

»Er hatte die Wahrheit unerbittlich ausgesprochen«, berichtet Max von Baden, »die mir seit Tagen aus der Seele brannte: Entweder der Kaiser geht, oder wir verzichten auf die nationale Verteidigung. Nach der Sitzung konnte Drews nur mit Mühe die Fassung bewahren, beim Weggehen brach er auf der Treppe fast zusammen.«

Der sozialdemokratische Staatssekretär Scheidemann hatte in derselben Konferenz geäußert: »Die Welt sucht einen Sündenbock für das Unheil. Die öffentliche Meinung hält sich dabei an allerlei Äußerungen, die der Kaiser früher getan hat und die im Gedächtnis geblieben sind. Eigentlich hat sich in Bürgerkreisen und Bauernkreisen kein Verteidiger für den Kaiser gefunden. Bei unseren Arbeitern lebt die Überzeugung: Wir bekommen nicht den Frieden, der unserem Volk das Weiterleben ermöglicht, solange nicht der Kaiserismus erledigt ist.«

»Die Abdankung steht jetzt nicht mehr zur Diskussion«, ruft Scheidemann in einer Beratung am 6. November aus, »die Revolution marschiert. Meine Herren, jetzt gilt es nicht mehr zu diskutieren, jetzt heißt es handeln.«

Friedrich Ebert, der spätere Reichspräsident, »bleibt unerschütterlich ruhig. Noch sei nichts entschieden. Im Gegensatz zu den übrigen Herren sei er zwar überzeugter Republikaner, aber mit einer Monarchie mit sozialem Einschlag unter parlamentarischem System werde auch er sich abfinden.«

Das ist die Haltung der Umstürzler! General Groener lehnt ihre Vorschläge ab: »Ich bin autorisiert, zu sagen, daß sämtliche Prinzen solidarisch die Erklärung abgegeben haben: Falls ihr Vater gezwungen würde, gegen seinen Willen abzudanken, würde keiner die Regentschaft übernehmen.«

»Unter diesen Umständen erübrigt sich jede weitere Erörterung«, sagt Ebert tonlos. »Jetzt müssen die Dinge ihren Lauf nehmen.«

Sieben Jahre später hat General Groener im sogenannten Dolchstoß-Prozeß zugegeben: »Und so bekenne ich mich absolut schuldig, daß ich an diesem Tage auf den Vorschlag Eberts nicht eingegangen bin, daß ich nicht sofort gesagt habe: Herr Ebert, ein Mann, ein Wort, wir wollen zusammengehen . . . Vielleicht wäre es noch möglich gewesen, die Monarchie zu retten.«

Die sozialdemokratischen Parteiführer erkennen, daß die Massen in Wilhelm das einzige und letzte Hindernis für den Frieden sehen und daß sie linksradikalen Strömungen anheimfallen werden, wenn das Problem nicht schnell gelöst wird. »Der Kaiser muß sofort abdanken, sonst haben wir die Revolution«, tragen Ebert und Scheidemann am 7. November dem Reichskanzler vor.

Prinz Max von Baden hat dabei aber nicht das Gefühl, die Pistole auf die Brust gesetzt zu bekommen. »In ihren erklärenden Worten war nichts von Drohung und Trotz, die man nach dem Inhalt des Ultimatums hätte erwarten sollen. Sie waren in Wahrheit von jähem Schrecken überwältigt über die ihnen und ihrer Partei entgleitende Macht.«

»Unsere Überzeugung ist«, betont Scheidemann, »es tritt ein revolutionärer Zusammenbruch Deutschlands ein, wenn der Kaiser nicht sofort abdankt. Dankt er ab, so glauben wir die Garantie übernehmen zu können, daß die Entwicklung sich günstig gestalten wird.«

Wilhelm II. fühlt sich noch als starker Mann

Am nächsten Tag, dem 8. November, spricht Scheidemann »ein großes Wort, das später wahr geworden ist«, wie der Reichskanzler bemerkt: »Meine Partei wird dafür sorgen, daß Deutschland vom Bolschewismus verschont bleibt.«

Ja, das alles ist richtig. Der Kaiser muß sich opfern, um sein

Land vor dem Sturz in den Abgrund zu retten. Verzweifelt telefoniert Prinz Max mit Wilhelm in Spa: »Deine Abdankung ist notwendig geworden, um den Bürgerkrieg in Deutschland zu vermeiden ... das Blutvergießen würde dir zur Last gelegt werden ... Das Verlangen, welches das Ultimatum enthält, wird heute von viel weiteren Kreisen gestellt ... ist einmal Blut geflossen, so wird überall der Schrei nach Rache erklingen ... Das Militär hat sich nirgends bewährt, wir steuern unfehlbar dem Bürgerkrieg zu ... Die Abdankung würde überall dankbar als befreiende und heilende Tat begrüßt werden ... Der Gedanke der Abdankung geht nicht allein von der Sozialdemokratie aus, diese hat die Sache nur in die Hand genommen, um die Führung zu behalten ... Es ist die letzte Stunde ... Wenn die Abdankung heute nicht erfolgt, so kann ich nicht mehr mitarbeiten, auch die deutschen Fürsten können sich nicht mehr vor den Kaiser stellen ... Das ist die furchtbare Lage, in der ich offen sprechen muß, ohne etwas zu vertuschen ... Mein Rat ergeht heute als Verwandter und deutscher Fürst ... Das freiwillige Opfer ist erforderlich, um deinen Namen in der Geschichte zu erhalten ...«

Das alles hält der Reichskanzler dem Kaiser vor, doch die telefonische Antwort, die er aus Spa bekommt, ist niederschmetternd. Prinz Max berichtet: »Seine Majestät bekundete den festen Entschluß, nicht nachzugeben. Er wollte an der Spitze des Heeres die Ordnung in Deutschland wiederherstellen; die nötigen Befehle waren bereits erteilt. Meine Vorschläge wies er entrüstet und heftig zurück. Der Kaiser glaubte fest daran, daß die Fronttruppen zuverlässig sein würden, auch wenn es galt, für seine Person gegen die Heimat zu kämpfen.«

Wilhelm hat später behauptet, er habe sich selbst geopfert, um seinem Volk Bürgerkrieg und Blutvergießen zu ersparen. In Wirklichkeit war er bis zum 9. November entschlossen, mit der Armee nach Deutschland zu marschieren, den Bürgerkrieg zu führen und Blut zu vergießen, um seinen Thron und die alte Ordnung zu erhalten. Erst als er sich von den Kommandeuren sagen lassen mußte, daß die Soldaten zu diesem wahnwitzigen Kampf nicht bereit seien, hat er verzichtet.

Während der kritischen Stunden des 9. November wird Wilhelm von seinen Ratgebern und seinen Gefühlen hin und her gerissen. Soll er abdanken und nach Holland entweichen? Soll er das Heer um sich sammeln und nach Berlin marschieren? Oder welche Möglichkeit gibt es sonst noch? General Groener meint, es wäre am besten gewesen, der Kaiser hätte »Schluß gemacht«. In dieser Formulierung hat Wilhelm später den Rat zum Selbstmord gesehen und erklärt: »Ganz abgesehen davon, daß ich Erster Bischof der Evangelischen Kirche bin, verwerfe ich jedes Gottversuchen oder gar den Selbstmord aus moralischen Gründen. Eine solche Verzweiflungstat von meiner Seite wäre einem untilgbaren Schuldbekenntnis gleichgekommen.«

Damit hat er zweifellos recht. Aber es gab noch einen anderen Weg, den der alte Graf August Eulenburg in die freundlichen Worte kleidete: »Nun müssen wir Gott bitten, daß unser Herr den Mut findet, an der Front zu fallen.« Das war nicht allein eine Idee Eulenburgs. Schon am 7. November hatte Wilhelm selbst an den Generaladjutanten Löwenfeld telegraphiert: »Der König von Preußen und Deutsche Kaiser wird bis zum letzten Blutstropfen standhalten.« Die Oberste Heeresleitung dachte an einen Todesritt Wilhelms inmitten einer Schar getreuer Offiziere – mit Adlerhelm und wehendem Feldherrnmantel in die Maschinengewehrgarben der Franzosen, vielleicht auch zu Fuß, ohne Abzeichen, im Sturm wie Millionen feldgrauer Soldaten. Was aber sollte geschehen, wenn zufällig keine Kugel traf und der Kaiser in Gefangenschaft geraten würde? Wie peinlich, wenn er in seinem Alter nur vom Pferd stürzte und mit einem Knöchelbruch im Niemandsland liegen bliebe!

Diesen Versionen gegenüber hat Generalquartiermeister Groener im Dolchstoß-Prozeß wörtlich ausgesagt:

»Da ich persönlich gegen eine Abdankung die allergrößte Abneigung hatte, aus Gründen der Heerespsychologie, habe ich vorgeschlagen, daß Seine Majestät an die Front gehen solle, nicht zu Paraden, sondern in den Tod.

Der Kaiser sollte sich nicht an die Spitze einer Truppe

stellen oder einen theatralischen Todesritt unternehmen, sondern er sollte einfach an die Front gehen, in den Schützengraben, dorthin, wo viele Tausende deutscher Offiziere und Soldaten auch standen. Wenn der Kaiser zu Fall kam, dann gab es kein schöneres Ende für ihn, und wenn er verwundet worden wäre, so wäre nach meiner festen Überzeugung mit dem Moment ein Umschlag in der Stimmung des deutschen Volkes zu erwarten.

Die beiden Herren (Generaladjutanten des Kaisers) erwiderten, das ginge nicht an. Während der Fahrt habe ich auch dem Generalfeldmarschall von Hindenburg meinen Vorschlag gemacht, er wurde aber nicht gebilligt.«

Noch Bismarck hatte einst gemeint, »wenn jemand die Macht hätte, den Kaiser in eine verzweifelte Situation zu bringen, er lieber sterben als nachgeben würde«. Doch nun, da die Frage wirklich gestellt ist, kommen solche Gedanken bei Wilhelm nicht auf. Seine Adjutanten sorgen überdies dafür, daß Groeners Ideen auch nicht an ihn herangetragen werden. Jahre später, im Exil, hat der einstige Monarch gefragt, »welchen Nutzen eine solche inszenierte Heldenrolle« wohl gehabt hätte. Einen Vergleich mit der »Heldenrolle« jedes beliebigen Frontsoldaten hat er nicht gewagt, dafür aber die bemerkenswerten Worte gefunden: »Wir leben nicht mehr in einer Zeit, wo der königliche Feldherr mit dem Degen in der Rechten seine Triarier in den letzten Entscheidungskampf führt.«

Ratlosigkeit und Panik im Großen Hauptquartier

Am 9. November 1918, das steht fest, ist Wilhelm von Selbstmord oder Heldentod weit entfernt. Im Garten seiner Villa in Spa wird er von kommenden und gehenden Generalen, Adjutanten und Hofbeamten umdrängt, hundert Ratschläge schwirren hin und her, Hindenburg und Groener erscheinen, ziehen sich wieder zurück, treten aufs neue heran. Niemand spricht das entscheidende Wort. Der Kaiser ist so verwirrt von dem Getriebe, daß er beim erneuten Erscheinen Hindenburgs herausplatzt: »Herrjeses, da sind Sie schon wieder!« Und zu General von Gontard gewendet: »Ich will bei meinem Heere bis zum äußersten ausharren und mein Leben einsetzen. Man will mich veranlassen, meine Armee zu verlassen. Das ist eine unerhörte Zumutung. Ich bleibe hier!«

Legationsrat von Grünau, der Vertreter des Auswärtigen Amtes, redet auf den Kaiser ein, »niemand könne die Verantwortung dafür tragen, wenn am Schlusse dieses langen Krieges die Armee, die so lange den Krieg von den Grenzen ferngehalten habe, diesen nun selbst in die Heimat hineintrage mit allen Schrecknissen, die ein Bürgerkrieg im Gefolge habe. Man werde ihm die ganze Last der Verantwortung aufbürden.«

Admiral Scheer, ebenfalls ins Große Hauptquartier geeilt, fürchtet für die Marine, »wenn sie keinen Allerhöchsten Kriegsherrn mehr habe«.

»Ich habe keine Marine mehr«, antwortet der Kaiser unwirsch. Nach einer nachdenklichen Pause fügt er bitter hinzu: »Herr Admiral, die Marine hat mich fein im Stich gelassen!«

Konteradmiral von Levetzko berichtet über Hindenburgs Haltung: »Der Feldmarschall, zu Seiner Majestät gewendet, wiederholte: Das Heer hielte nicht mehr, die Truppen ständen nicht mehr zu Seiner Majestät, es seien keine Truppen zur Verfügung, die treu zu Seiner Majestät ständen.« Hindenburg rät dem Kaiser, nach Holland zu gehen, und verleiht seiner Empfehlung mit dem ganz unbegründeten Schreckschuß Nachdruck: »Ich kann es nicht verantworten, daß Eure Majestät von meuternden Truppen nach Berlin geschleppt und der revolutionären Regierung als Gefangener ausgeliefert werden!« Der Generalfeldmarschall als Urheber von Schauergeschichten! Aber in diesem Augenblick scheint schon die Panik alles Geschehen im Großen Hauptquartier zu beherrschen.

Also Flucht? Da trifft aus Paris eine Meldung ein. Marschall Foch hat erklärt, »daß er stolz auf seinen Sieg sei, denn ihm gegenüber habe das herrlichste Heer gekämpft, das die Welt je gesehen hätte«. Sofort wird Wilhelm wieder schwankend und klagt: »Eine solche Armee soll ich verlassen und ihre Heldentaten damit bedanken, daß ich ins Ausland fliehe!«

Von Berlin kommen neue Alarmnachrichten. Nur Wilhelms rasche Abdankung kann die Lage noch retten. Es ist Hofgeneral von Plessen, der nun eine neue Idee gebiert. Er empfiehlt Wilhelm, zwar als Kaiser abzudanken, aber König von Preußen zu bleiben. Eine staatsrechtliche Unmöglichkeit, unmöglich auch unter den herrschenden politischen Hochdruckverhältnissen – aber der Monarch greift nach dem kuriosen Einfall wie nach einem Strohhalm. Er beauftragt einige seiner Herren, eine entsprechende Urkunde und Verlautbarung aufzusetzen.

»Während wir damit beschäftigt waren«, berichtet Graf Friedrich von der Schulenburg, »klingelte der Chef der Reichskanzlei, Exzellenz Wahnschaffe, an, den ich persönlich sprach und ihm auf seine Forderung, daß sie die Abdankungserklärung in den nächsten Minuten in Berlin haben müßten, erwiderte: Eine so wichtige Entschließung wie die Abdankung des Kaisers könnte nicht in wenigen Minuten gefaßt werden. Seine Majestät hätte seinen Entschluß gefaßt, er würde schriftlich im Augenblick formuliert, und die Reichsregierung müsse sich gedulden, bis diese Erklärung in einer halben Stunde in ihren Händen sein würde.«

Das ist um die Zeit, als in Berlin bereits die Demonstrationszüge unterwegs sind. Für den Reichskanzler gibt es jetzt nur noch eine Möglichkeit: die Abdankung zu verkünden, ohne den Wortlaut abzuwarten, damit die erregten Massen wieder beruhigt werden. Zugleich will er selbst zurücktreten und die Geschäfte dem Sozialdemokraten Ebert übergeben, der allein noch die Macht hat, ohne Blutvergießen Ordnung zu halten. Eine Nationalversammlung soll dann über die Neugestaltung Deutschlands entscheiden.

Außerdem »verrann die halbe Stunde, ohne daß die in Aussicht gestellte Formulierung aus Spa eintraf«, berichtet Max von Baden in seinen Erinnerungen. »Jeden Augenblick mußte die Absetzung des Kaisers von der Straße proklamiert werden. Der Absetzung konnte nur vorgebeugt werden dadurch, daß die Abdankung verkündet wurde. Wir versuchten einmal über das andere, den Kaiser zu erreichen. Ein Telefon in der Villa Fraineuse war abgehängt, das andere besetzt. Ich sah mich vor die Wahl gestellt, entweder abzuwarten und nichts zu tun oder auf eigene Verantwortung zu handeln.«

Reichsgerichtspräsident Dr. Walter Simons rät dem Kanzler, sich in dieser entscheidenden Stunde über formelle Bedenken hinwegzusetzen. So tut Prinz Max das einzig Richtige und übergibt dem Wolffschen Telegraphen-Bureau kurz vor zwölf Uhr die offizielle Meldung: »Der Kaiser und König hat sich entschlossen, dem Throne zu entsagen.«

Daß Wilhelm geglaubt hatte, wenigstens König von Preußen bleiben zu können, erfährt der Reichskanzler erst, als nachmittags um zwei Uhr der so lange vergeblich erwartete Wortlaut aus Spa eintrifft. Inzwischen aber sind die Ereignisse schon über die Entschlußlosigkeit des Herrschers hinweggegangen. Genau um zwei Uhr nämlich steht der sozialdemokratische kaiserliche Staatssekretär Philipp Scheidemann auf der Rampe des Reichstagsgebäudes und ruft einer unübersehbaren Menschenmenge zu: »Der Kaiser hat abgedankt! Das Volk hat auf der ganzen Linie gesiegt! Die Monarchie ist zusammengebrochen! Es lebe die Deutsche Republik!«

Scheidemann hat seinen Ausruf »Es lebe die Republik« später »nur als ein grundsätzliches Bekenntnis zu seiner Parteidoktrin« ausgelegt, »ohne die Absicht, den unmittelbaren Gang der Ereignisse zu beeinflussen«. Doch solche Erwägungen sind den Volksmassen fremd. Von Mund zu Mund rast der Ruf weiter: Deutschland ist Republik, die Republik ist ausgerufen!

Zwischen fünf und sechs Uhr nachmittags übergibt Max von Baden die Geschäfte des Reichskanzlers an Friedrich Ebert. Alles geht ruhig und sachlich vonstatten. Erst an der Tür dreht sich der Prinz zum Abschied noch einmal um und sagt bewegt: »Herr Ebert, ich lege Ihnen das Deutsche Reich ans Herz!«

Ebert richtet sich auf: »Ich habe zwei Söhne für dieses Reich verloren!«

So ist nach fünfhundert Jahren Hohenzollernherrschaft und fünfzig Monaten Krieg aller Glanz der Kronen erloschen. »Man konnte daraus wieder die Bestätigung des Bismarckschen Satzes entnehmen«, sagt der Historiker Schüßler, »daß alle politischen Fehler sich früher oder später rächen und daß die Geschichte genauer ist als selbst die Preußische Oberrechnungskammer.«

». . . auf Wiedersehen.
Dein tiefgebeugter Vater Wilhelm«

»Staatsstreich!« Das ist das erste Wort, das in Spa fällt, als die Nachrichten aus Berlin eintreffen. Niemand will die zwingenden Realitäten sehen. Obwohl längst entschieden und bekannt ist, daß auch die Fronttruppen nicht mehr zum Kaiser stehen, wirft Wilhelm sofort die Frage auf: »Sind die materiellen Machtmittel zur Verfügung, um die in Berlin ausgesprochene Abdankung mit Gewalt rückgängig zu machen?« Wieder also denkt er an Bürgerkrieg und Blutvergießen. Generalfeldmarschall von Hindenburg und General Groener verneinen die Frage entschieden. Beide sind der Ansicht, »daß der Kaiser das Hauptquartier verlassen müsse. Auch das zum Schutze des Hauptquartiers herangezogene Sturmbataillon Rohr sei nicht mehr sicher.«

Kronprinz Wilhelm, der vorübergehend anwesend ist, fragt naiv: »Sind denn die paar Matrosen noch nicht an die Wand gestellt?« Dann findet er für alle historischen Ereignisse nur noch die denkwürdigen Worte: »Das hat man davon, wenn man die Regierung auf eine breite Basis stellt; erst tut man das, dann jagen sie einen fort!«

Er fährt zur Fronttruppe zurück und empfängt dort bald darauf einen Abschiedsbrief seines Vaters: »Lieber Junge! Da der Feldmarschall Mir Meine Sicherheit hier nicht mehr gewährleisten kann und auch für die Zuverlässigkeit der Truppen keine Bürgschaft übernehmen will, so habe Ich Mich entschlossen, das zusammengebrochene Heer zu verlassen.« Meine Sicherheit . . . das zusammengebrochene Heer . . . und dann setzt Wilhelm hinzu: »Bis zum Abmarsch der Truppen in die Heimat empfehle Ich, auf Deinem Posten auszuharren und die Truppen zusammenzuhalten! So Gott will, auf Wiedersehen. Dein tiefgebeugter Vater Wilhelm.«

»Nur Wilhelm II. war imstande«, meint Fürst Bülow, »mit soviel Natürlichkeit, mit solcher Naivität den eigentlichen Grund seines Übertritts über die holländische Grenze zum Ausdruck zu bringen, nämlich die Furcht des Neurasthenikers vor den Gefahren, die seine Phantasie ihm vorspiegelt. Diese Furcht war stärker als der Gedanke an das künftige Verdikt der Geschichte, an die glorreichen Traditionen seines Hauses, als die Erinnerung an Vater und Großvater, an den großen König und den großen Kurfürsten.«

Aber auch der Kronprinz bleibt in diesen Stunden nicht fest. Legationsrat von Prittwitz und Gaffron berichtet darüber: »Als ich im Begriff stand, aus der Reichskanzlei auszuziehen, erhielt ich noch einen Anruf von einem der Adjutanten des Kronprinzen. Er bat mich, im Hausministerium festzustellen, ob eine Rückkehr des Kronprinzen nach Schloß Oels möglich sei. Ich ließ bei dem damaligen Volksbeauftragten Herrn Ebert sondieren, wie sich dieser zu der Absicht des Kronprinzen stelle. Es wurde mir die Antwort zuteil, daß einer Rückkehr des Kronprinzen nichts im Wege stehe. Wie man weiß, zog es der Kronprinz vor, nach Wieringen in Holland zu gehen.«

Alles schläft, während der Kaiserzug Spa verläßt

Hindenburg, der sosehr gedrängt hatte, verläßt den Kaiser um fünf Uhr nachmittags »nicht mit dem Gefühl dauernder Trennung, sondern in der festen Überzeugung, seinen Kaiserlichen und Königlichen Herrn am nächsten Tag wiederzusehen«, wie er als Mitverfasser einer Denkschrift ausdrücklich behauptet.

Vom führenden Kopf des deutschen Feldheeres, dem Generalquartiermeister Groener, verabschiedet sich Wilhelm mit den undankbaren, maßlosen Worten: »Sie sind württembergischer General; nachdem ich nicht mehr Kaiser bin, habe ich mit Ihnen nichts mehr zu tun!«

Hastig werden in der Kaiservilla Fraineuse die Koffer gepackt.

Im Laufe des Nachmittags übersiedelt der Monarch in seinen Hofzug. Stramm und ohne jedes Anzeichen von Zersetzung oder Auflösung übernimmt das Sturmbataillon Rohr die Sicherung der Salonwagen. Der Adjutant des Bataillons, Oberleutnant Graf Eberhard von Schwerin, gesteht nachträglich: »Mit keinem Atemzuge ist einem von uns damals der Gedanke gekommen, daß wir die Macht hatten, den Umzug des Kaisers in den Hofzug und damit seine Abreise zu verhindern. Wenn damals wir Offiziere des Sturmbataillons die Verantwortung auf uns genommen hätten, vor den Kaiser zu treten und zu sagen: ›Unser Bataillon ist vor Staat und Volk für das Leben Eurer Majestät verantwortlich; nur in unserer Mitte sind Euer Majestät sicher, und wir lassen Euer Majestät daher nicht aus unserer Mitte!‹, vielleicht hätte die Geschichte damals einen anderen Lauf genommen.«

Wenn, vielleicht! Oberleutnant von Schwerin fügt jedoch ganz richtig hinzu: »Aber so war der preußische Offizier und Soldat in Jahrhunderten an Gehorsam gewöhnt worden, und die Verantwortung für eigenmächtiges Handeln wäre uns in diesem Moment und bei dieser Lage wohl vollkommen absurd erschienen.«

Um halb zehn Uhr abends gehen Major Rohr und sein Adjutant noch einmal durch den kaiserlichen Zug: »Die Gefühle, die mich in ihm überwältigten, zu beschreiben, ist mir unmöglich. Der Major sprach den Generalobersten von Plessen, der ihm sagte, daß kein Mensch im Zuge wisse, ob der Kaiser fahren oder bleiben werde.«

Trotz seiner späteren Versicherung, er sei der festen Überzeugung gewesen, »seinen Kaiserlichen und Königlichen Herrn am nächsten Tag wiederzusehen«, scheint Hindenburg argwöhnisch beobachtet zu haben, was nun wirklich geschehen würde. Er setzt sich noch einmal mit dem Hofgeneral von Plessen in Verbindung, aber was gesprochen wurde, ist nur aus der undurchsichtigen Amtssprache des offiziellen Kommuniques zu erfahren: »Auf die Frage des Feldmarschalls, ob er noch zum Kaiser eilen könne, glaubte Herr von Plessen, davon abraten zu sollen.«

Während Admiral Hintze längst mit Holland telefoniert und dort alles für die Ankunft des hohen Emigranten vorbereitet hat, geht Wilhelm gegen acht Uhr abends aus dem Salon in den Speisewagen. Auf dem Gang steht Konteradmiral von Restorff und meldet: »Admiral Scheer, Kapitän zur See von Levetzow und ich bitten, uns in Gnaden zu verabschieden.«

»Nein«, widerspricht Wilhelm, »sagen Sie allen anderen Herren, daß ich erwarte, daß sie auf ihrem Posten bleiben und dafür sorgen, daß wieder Gehorsam und Ordnung einkehrt. Ich bleibe auch hier!«

»Als ich Seine Majestät hierauf wohl fragend ansah«, berichtet Restorff, »wiederholte Seine Majestät: ›Ich bleibe auch hier‹, und schlug dabei mit der Faust auf das Fensterbrett.«

»Euer Majestät müssen unbedingt im Hauptquartier bleiben, sonst ist alles verloren!« mahnt der Konteradmiral.

»Ich bleibe hier, ich gehe nicht weg«, versichert Wilhelm zum dritten Male. Dann geht er in den Speisewagen.

Oberleutnant von Schwerin hat als Augenzeuge geschildert, was dann in der langen Nacht vom 9. auf den 10. November 1918 geschah: »Um halb fünf Uhr morgens ist sang- und klanglos der Hofzug mit einem Male aus der Halle gerollt. Den wenigen Zurückbleibenden zeigten nur zwei rote Schlußlaternen, daß da Deutschlands Kaiser hinausfuhr aus seinem Vaterlande.« Zwei rote Schlußlichter, ein paar verdutzte Frontsoldaten, und über allem das Kaiserwort von 1914: »Wir werden uns wehren bis zum letzten Hauch!«

Ritter von Rudolph hat in seinem Buch »Die Lüge, die nicht stirbt« mit Recht gesagt: »Auch in Kriegszeiten kann ein Eisenbahnzug nicht ohne Genehmigung der Bahnbehörde abfahren; der Diensthabende wird also um Stunde und Minute des Aufbruchs gewußt haben. Hindenburg schlief, Groener schlief, das Große Hauptquartier schlief, und niemand fand es der Mühe wert, sie von dem schließlich nicht ganz gleichgültigen Ereignis zu verständigen.« Eines freilich ist möglich: daß der Zug, dessen Schlußlichter so symbolisch in der Nacht untertauchten, ohne Wilhelm fuhr.

Frostiger Empfang an der holländischen Grenze

Folgt man der autorisierten Biographie des Kaisers, verfaßt von Joachim von Kürenberg, dann ist der Monarch in neun Automobilen vom Großen Hauptquartier in Spa aufgebrochen. »Außer den Chauffeuren sind es insgesamt vierzehn Personen«, berichtet Kürenberg. »Obwohl man Zeit genug hatte, die Koffer zu packen, so ist dies durch die allgemeine Aufregung und Nervosität so eilig geschehen, daß wahllos Wichtiges und Entbehrliches durcheinandergeworfen und -geraten sind.« Kürenberg wagt einen Vergleich mit Napoleon, der auch, »da er seine Lage als hoffnungslos ansah, seine Kaltblütigkeit verlor und in der Uniform eines österreichischen Obersten, mit einer preußischen Mütze und in einem russischen Militärmantel kopflos davonfloh«. Aber Ritter von Rudolph stellt die diskrete Frage, ob etwa der Kraftwagen »des Allerhöchsten Herrn die kaiserliche Standarte gesetzt« hatte?

Gegen sieben Uhr morgens trifft die Flüchtlingskolonne an der niederländischen Grenze in der Nähe von Eysden ein. Nirgends auf dem Weg von Spa durch das ganze Etappengebiet bis zum Schlagbaum hat sich zersetzte Soldateska, haben sich revolutionäre Truppen oder Häscher der Arbeiter- und Soldatenräte blicken lassen, obwohl sieben Uhr morgens militärisch gesehen keine nachtschlafende Zeit mehr ist. Nicht einmal deutsche Grenzposten scheint es gegeben zu haben, keine Zöllner, niemand, der sich hätte wundern können. Der Weg lag leer und offen wie im tiefsten Frieden.

Auch auf der niederländischen Seite läßt sich zunächst niemand blicken. Eine Kette ist über die Straße gespannt. Ungeduldig erheben die kaiserlichen Automobile ein Hupkonzert. Aus dem Zollhaus kommt ein verschlafener Sergeant. Er sieht die mächtigen Kraftwagen, er sieht die vielen deutschen Offiziere mit blitzenden Orden und roten Streifen an den Hosen, aber er läßt sich keinen Augenblick aus der Fassung bringen. Höflich fragt er nach den Reisepässen, wie es seine Vorschrift gebietet. Die Herren zeigen Dienstausweise mit hohen Namen und Titeln vor, aber Reisepässe haben sie nicht. Der Sergeant zuckt die Schultern. Er denkt nicht daran, die Kette zu öffnen.

Leise murmelnd ziehen sich die Flüchtlinge zurück und beraten. Dann tritt einer wieder auf den niederländischen Posten zu »und erklärt, daß die vierzehn deutschen Offiziere interniert werden wollen«. Nach seinen Anweisungen muß der Sergeant beim Stichwort »Internierung« seine vorgesetzte Dienststelle verständigen. Das geschieht telefonisch, und bald darauf erscheint ein Major van Dyl an der Grenze. Er sieht sofort, »daß er die höchsten Chargen der deutschen Armee vor sich hat. Als van Dyl auch den Kaiser erkennt, entschließt er sich aus eigener Initiative, das Begehren zu bejahen und den Kaiser mit seiner Suite nach der nahe gelegenen Bahnstation zu geleiten.«

Wilhelm gibt seinen Degen dem Grenzsoldaten. Dann brechen sie auf. Der Weg ist nicht weit, die Herren legen ihn zu Fuß zurück, während die Autos langsam nachfolgen. Es dauert nicht lange, bis auch der Hofzug aus Spa in Eysden eintrifft. Er rollt ohne Formalitäten ungehindert über die Grenze.

Inzwischen telefoniert das niederländische Außenministerium bei allen möglichen Adeligen herum. Gibt es irgend jemanden mit einem Schloß oder anderen würdigen Räumlichkeiten, gibt es jemanden, der bereit ist, dem geflohenen Kaiser und seinem Gefolge erste Unterkunft zu gewähren? Als das Telefon auf Schloß Amerongen klingelt und sich Graf Godard Bentinck meldet, hat das Außenministerium endlich Gelegenheit, erleichtert aufzuatmen. Graf Bentinck ist Ritter des preußischen Johanniterordens, dessen Haupt Kaiser Wilhelm war, und in seinem Ordensgelübde hatte er geschworen, in der Not »jedem Bruder Wohnung zu geben«.

Der Kaiser seufzt und bittet um eine Tasse Tee

Lady Norah Bentinck, eine Verwandte des Grafen, hat geschildert, wie der niederländische Aristokrat sofort aufbrach, um Wilhelm in Empfang zu nehmen:

»Den Bahnsteig durfte niemand betreten außer dem Gouverneur der Provinz Utrecht, Graf Lynden, dem Grafen Godard Bentinck und den Stationsbeamten. Der Regen rieselte und rieselte, der Graf und der Gouverneur gingen wortlos den nassen Bahnsteig auf und nieder, durch die Eisengitter hindurch angestarrt von den ausdruckslosen Gesichtern der ebenso wortlos wartenden Menge. Eine unbeschreiblich trübselige Stimmung lag über dem kleinen, toten Bahnhof mit den grasverwachsenen Schienen.

Endlich hörte man das Keuchen einer Lokomotive, und dann dampfte langsam der kaiserliche Zug in den Bahnhof. Kaum daß die Räder gebremst waren, stieg der Kaiser, in Uniform und mit Stock, hastig allein aus, kam geradewegs auf den Gouverneur und den Grafen zu, schüttelte beiden die Hand und tauschte ein paar kurze Begrüßungsworte.« – »Nun, was sagen Sie dazu?« sollen sie gelautet haben.

»Ohne Verzug führte ihn Graf Bentinck zu seinem geschlossenen Wagen, und ehe noch die schweigende Menge recht gewahr geworden war, daß der deutsche Kaiser wirklich gekommen war, sauste das Gefährt schon auf der Straße nach Amerongen. Sie waren schon davon, als aus dem Zug erst die Gefolgschaft auszusteigen begann und in hastigem Durcheinander das zahlreiche Gepäck, darunter Lebensmittel- und Weinkisten, ausgeladen wurde.«

Endlich, im Schloß des Grafen Bentinck angekommen, löst sich Wilhelm aus seiner schweigenden Starrheit. Ein tiefer Seufzer entringt sich ihm, er reibt seine klammen Hände, wendet sich an den Hausherrn und sagt mit einem vagen Lächeln: »Und jetzt müssen Sie mir eine Tasse heißen, guten, echten englischen Tee geben lassen.«

»Ich hätte den Kaiser gezwungen, nach Berlin zurückzukehren«, bemerkt Fürst Bülow. »Ich hätte ihn nicht über die Grenze fliehen lassen.«

Marschall Foch meinte noch nachträglich: »Die Anbetung des Kaisers – sie hat ihr wahres Gesicht gezeigt an dem Tage, da es mit dem Kaiser zu Ende war, da er schmählich die Flucht ergriff, sein Hauptquartier und seine Truppen in der großen Verwirrung im Stiche ließ.«

Jahre später, in seinem niederländischen Exil Doorn, hat Wilhelm versucht, alles so darzustellen, als sei er von seiner Umgebung und seinen Ratgebern gewissermaßen ins Auto und über die Grenze gedrängt worden. Konnte das einem wahren Herrscher wirklich geschehen? Wilhelm selbst meint dazu: »Sollte ich mich wehren? Ich konnte mich doch nicht mit meinen Adjutanten herumprügeln!«

Und Hindenburg, der laut Kürenberg »in diesem Gewimmel von Mimen und Alberichen wie ein Recke der Urzeit wirkt«, hätte er noch in letzter Minute das Schwert für seinen Gebieter ergreifen können? Nein, denn Hindenburg unterschreibt am 9. November, während der Kaiser noch in Spa anwesend ist, mit eigener Hand einen Befehl der Obersten Heeresleitung, in dem es wörtlich heißt: »Mit sich bildenden Arbeiter- und Soldatenräten ist auf gütlichem Wege Einvernehmen zu erzielen.« Truppen, die an der alten Ordnung festhalten und keine Soldatenräte bilden wollen, erhalten sogar den Befehl dazu. Adjutant von Schwerin berichtet ausdrücklich: »Am Morgen des 11. November erhielt das Bataillon von der Obersten Heeresleitung den Befehl, Soldatenräte zu wählen, um die Ruhe nicht zu gefährden.«

»Damit waren Soldatenräte ausdrücklich anerkannt«, bescheinigt das offizielle Geschichtswerk des deutschen Generalstabs – anerkannt und gefördert von Hindenburg und der Obersten Heeresleitung. Läßt sich sonst noch etwas über den Mann sagen, der auch später nie müde wurde, dem Kaiser seine Treue zu versichern und doch gleichzeitig das höchste Amt annahm, das sich aus dem Sturz des Kaisers ergeben hatte, das höchste Amt der Republik?

Vom Waffenstillstand zum Friedensvertrag

Marschall Fochs Niederlage

Der Kaiser ist nach Holland gegangen. In Berlin hat eine neue Regierung das Steuer ergriffen. Der Bürgerkrieg ist vermieden. Bald soll das Volk in freien Wahlen seine Vertreter zur Nationalversammlung nach Weimar schicken. Aber noch schweigen die Waffen nicht. Während sich in Berlin und im Großen Hauptquartier in Spa die Ereignisse überstürzt haben, gibt es immer noch eine Westfront, gehalten von deutschen Truppen, die langsam auf die Reichsgrenzen zurückweichen, bedrängt von den hart nachstoßenden britischen und französischen Armeen unter Marschall Foch.

Seit dem 29. September 1918, an dem sich Ludendorff und Hindenburg durchgerungen hatten, die militärische Aussichtslosigkeit des Krieges zuzugeben und Waffenstillstand zu erbitten, hat sich auch im alliierten Lager die Situation zugespitzt. Präsident Wilson hatte als eine Voraussetzung für Waffenstillstandsverhandlungen die Räumung aller besetzten Gebiete durch die deutschen Truppen verlangt. Marschall Foch verschärft diese Bedingung durch neun weitere Forderungen. Die ersten drei lauten:

1. Räumung der besetzten Gebiete innerhalb von fünfzehn Tagen und sofortige Rückführung ihrer Bevölkerung.
2. Um günstige Ausgangspunkte zur Fortsetzung der Operationen zu haben (falls es nicht zur Unterzeichnung des Waffenstillstands kommen sollte), Besetzung von Brückenköpfen auf dem rechten Rheinufer bei Rastatt, Straßburg und Breisach in einer Tiefe von dreißig Kilometern innerhalb von fünfzehn Tagen.
3. Als Sicherheit für die Zahlung von Reparationen Besetzung des linken Rheinufers innerhalb von dreißig Tagen.

Zuvor hatte es zwischen Foch und Ministerpräsident Clémenceau heftige Auseinandersetzungen über diese Bedingungen gegeben, besonders über das Rheinufer als Pfand für die deutschen Reparationsleistungen. Der Marschall hatte weiter vorgeschlagen, die Rheinprovinzen von Deutschland abzutrennen und einen selbständigen Pufferstaat aus ihnen zu machen.

Doch damit hatte er seinen militärischen Zuständigkeitsbereich verlassen und sich auf das Gebiet der Politik begeben. Was Ludendorff oft getan – bei Foch und in Frankreich löst es eine ganz andere Reaktion aus. Clémenceau weist den Oberbefehlshaber scharf in seine Grenzen zurück: »Herr Marschall!« schreibt er ihm. »Ihre Sache ist der Krieg. Was den Frieden und die Ausgestaltung unserer Rheinpolitik anbetrifft, ist das unsere, und zwar ausschließlich unsere Angelegenheit. Wir werden auch nicht einen Augenblick dulden, daß Sie sich einmischen!«

Das ist deutlich: Die Militärs sollen sich nicht um die Politik kümmern. Aber Foch begehrt auf. Er geht persönlich zu Clémenceau, und es kommt nach überlieferten Berichten »zu Szenen, wie sie sonst unter Greisen nicht üblich sind. Clémenceau brüllt Foch an, und Foch nahm seine Akten, ging ohne Gruß und schlug die Tür hinter sich zu, daß die Ordonnanzen erblaßten. Das nächstemal klirrten die Fenster, so brüllten die beiden einander an.«

»Ich befehle Ihnen . . .!«

»Ich werde Ihren Befehl bestimmt nicht ausführen!« dringt die kreischende Stimme Fochs durch alle Polstertüren. Er schlägt mit der Faust auf den Tisch Clémenceaus, daß die Tintenfässer in die Höhe hüpfen.

Der Ministerpräsident läßt sich nicht einschüchtern. Der Politiker Clémenceau siegt, die Regierung siegt, und Foch muß die Lektion mitnehmen, daß der Soldat nur ein Instrument der Regierung zu sein hat. Statt Lostrennung und Eigenstaatlichkeit der Rheinlande kommt es so nur zur Besetzung, was Foch übrigens später immer bedauert hat: Ihm waren die Waffenstillstands- und Friedensbedingungen viel zu milde.

Im übrigen hatte Foch nicht nur mit seinem eigenen Regierungschef zu kämpfen. Auch der britische Feldmarschall Haig setzt sich für gemäßigte Waffenstillstandsbedingungen ein. Freilich nicht aus reiner Menschenfreundlichkeit. Er fürchtet vielmehr, daß die Deutschen übertrieben harte Bedingungen ablehnen könnten und der Krieg dann auf unbestimmte Zeit weiterginge.

Die Heeresleitung will die Waffe »blank erhalten«

Am 24. Oktober setzen sich die Befehlshaber der Briten und Franzosen zusammen, um die endgültigen Waffenstillstandsbedingungen auszuarbeiten. General Pétain verlangt, daß die Deutschen »in eine Lage versetzt werden, die es ihnen unmöglich macht, die Feindseligkeiten wiederaufzunehmen«. Der amerikanische General Pershing ist überhaupt gegen Waffenstillstand: Er will weiterkämpfen und harte Bedingungen stellen. Nur Haig bleibt milde gestimmt. Am Ende wird fast wörtlich angenommen, was Foch vorgeschlagen hat.

Für den Fall, daß Deutschland den Waffenstillstand nicht unterschreiben würde, sind militärische Vorkehrungen getroffen. Foch sollte dann sofort aus den rechtsrheinischen Brückenköpfen ins Herz des Reiches vorstoßen. Von Süden her war unter italienischem Oberbefehl ein gemeinsamer alliierter Vormarsch nach Bayern und die Besetzung Münchens geplant.

Zufrieden kabelt Wilsons persönlicher Vertreter, Oberst House, nach Washington: »Die Waffenstillstandsbedingungen sind fertig, die Deutschen können sie abholen!«

Am 5. November 1918 fordert der amerikanische Präsident Berlin auf, »gehörig beglaubigte Vertreter der deutschen Regierung zu Marschall Foch zu entsenden, der sie von den Waffenstillstandsbedingungen in Kenntnis setzen wird«.

Ursprünglich hatte die Oberste Heeresleitung den General von Gründell zum Führer der deutschen Waffenstillstandsdelegation bestimmt. Doch nun, als es wirklich soweit ist, findet hinter den Kulissen ein merkwürdiges Spiel statt, über das sich so gut wie alle Beteiligten zunächst ausgeschwiegen haben.

»Zum Führer der deutschen Abordnung«, vermeldet das offizielle Generalstabswerk wortkarg, »hatte der Reichskanzler inzwischen Staatssekretär Erzberger bestimmt. General von Gründell war daraufhin zurückgetreten.« Was war geschehen?

Ludendorffs Nachfolger, General Groener, hatte mit Hindenburg verhandelt und war dann zu Reichskanzler Prinz Max von Baden nach Berlin gefahren. Er bedrängt den Regierungschef, von dem alten militärischen Brauch abzuweichen und nicht einen Soldaten, sondern einen Zivilisten als Waffenstillstandsunterhändler zu entsenden. Groeners Hintergedanken bei diesem Schritt sind erst viele Jahre später in seinen Memoiren ans Licht gekommen: »Die Heeresleitung stellte sich bewußt auf den Standpunkt, die Verantwortung für den Waffenstillstand und alle weiteren Schritte von sich zu weisen. Sie tat dies, streng juristisch gesehen, nur mit bedingtem Recht, aber es kam mir und meinen Mitarbeitern darauf an, die Waffe blank und den Generalstab für die Zukunft unbelastet zu erhalten.«

Die Heeresleitung, die den Waffenstillstand so dringend erbeten hatte, wälzt Verantwortung und Unterschrift also auf andere ab. Ahnungslos wird Erzberger in dieses Spiel hineingezogen, bei dem er schließlich sogar sein Leben verlieren soll.

Er berichtet: »Meine am 6. November 1918, zwölf Uhr mittags, ganz plötzlich erfolgte Berufung zur Führung der Waffenstillstandsverhandlungen traf mich und fast sämtliche Amtsstellen unvorbereitet.«

Man darf ihm das glauben, besonders nach der späten Enthüllung des Intrigenspiels durch Groener. Außerdem hat Vizekanzler von Payer dem Zentrumsabgeordneten bescheinigt: »Mir kam der Vorschlag unerwartet und, wie mir schien, Erzberger ebenfalls. Wenn diesem später zu agitatorischen Zwecken vorgeworfen wurde, er habe sich zu dieser Sendung gedrängt, geschieht ihm Unrecht.«

Wilson hatte ausdrücklich gebeten, »gehörig beglaubigte Vertreter der deutschen Regierung« zu Marschall Foch zu senden. Jetzt muß Erzberger erst einmal um ein solches Beglaubigungsschreiben kämpfen. Das Auswärtige Amt speist ihn mit der Auskunft ab, eine Urkunde, wie er sie wünsche, »sei bisher in der Weltgeschichte überhaupt noch nicht ausgestellt worden«. Erzberger weist darauf hin, daß es ja für den ganzen Weltkrieg keinen »Vorgang« in den Akten gibt. Aber erst als er sich weigert, die Reise mit leeren Händen anzutreten, wird ihm ein Beglaubigungsschreiben übergeben.

Am Morgen des 7. November kommt Erzberger in einem Sonderzug bei der Obersten Heeresleitung in Spa an. Zwei Dutzend Offiziere umdrängen ihn hier, die alle mit zu Marschall Foch reisen wollen. Erzberger trifft sofort eine richtige Entscheidung: »Ich ordnete an, daß außer mir nur Graf Oberndorff, General von Winterfeldt (der ehemalige Militärattaché in Paris) und Kapitän Vanselow die Reise anzutreten hätten, da das Auftreten einer großen Anzahl Offiziere in Frankreich im jetzigen Augenblick untunlich sei.«

Fromme Wünsche vor der Fahrt nach Compiègne

Nachdem Erzberger seine Anordnungen getroffen hat, erscheint Generalfeldmarschall von Hindenburg. Wenn man weiß, daß alles ein abgekartetes Spiel ist, muß Hindenburgs Rolle jeden außenstehenden Beobachter schaudern lassen. »Hindenburg sagte mir«, berichtet Erzberger arglos, »daß es wohl das erstemal in der Weltgeschichte sei, daß nicht Militärs den Waffenstillstand abschließen, sondern Politiker; er sei aber ganz damit einverstanden, zumal die Oberste Heeresleitung keine politischen Richtlinien mehr auszugeben habe.«

Wie hatte Groener gesagt? »Es kam mir darauf an, den Generalstab für die Zukunft unbelastet zu erhalten.« Das war es. Erzberger ist nichts als ein Werkzeug, ein Opfer, das die Generale später dem Volkszorn ausliefern wollen, um sich selbst mit dem Ruf »Haltet den Dieb!« aus der Affäre ziehen zu können.

Hindenburg betont Erzberger gegenüber noch einmal, daß »die Armee unter allen Umständen Ruhe brauche«, mit anderen Worten, daß der Waffenstillstand »unter allen Umständen«, also um jeden Preis, geschlossen werden muß. Seine Abschiedsworte an den Unterhändler lauten bieder: »Reisen Sie mit Gott, und suchen Sie das Beste für unser Vaterland herauszuholen.«

Erzberger nimmt noch ein Frühstück ein. Er erweitert die Delegation um zwei Personen: Rittmeister von Helldorf als Dolmetscher und Dr. Blauert als Stenographen. Dann, gegen Mittag, reist die deutsche Waffenstillstandskommission in fünf Automobilen von Spa ab, zur Front, zu den französischen Vorposten an der Straße Chimay–Fourmies–La Capelle–Guise. Diese Stelle ist auf dem Funkweg von Marschall Foch bezeichnet worden.

Kurz nach Spa prallt Erzbergers Auto in einer scharfen Kurve gegen ein Haus, der nachfolgende Wagen fährt auf, aber niemand wird verletzt. Die Reise wird in den drei verbleibenden Fahrzeugen fortgesetzt. Aber es geht nur langsam vorwärts. Die Straßen sind verstopft von unendlichen Zügen marschierender Soldaten, die in die befohlenen rückwärtigen Räume verlegt werden. Gegen sechs Uhr erreicht die Kommission den belgischen Ort Chimay. Der dort befehlende General eröffnet den Herren: »Hier können Sie heute unter keinen Umständen mehr weiterfahren. Um den Rückzug der deutschen Armee zu sichern, sind die Straßen gesperrt und Bäume über den Weg geworfen.«

Erzberger drängt trotzdem zur Weiterfahrt. Ein Telefongespräch mit dem deutschen Generalkommando in Trélon löst das Problem; die Straßensperren werden beseitigt, und die Autos rollen und humpeln über die zerschundenen Straßen weiter. Um halb acht Uhr abends sind die Unterhändler in Trélon. Dort wird ihnen gemeldet, »daß alle Vorbereitungen zum Passieren der Front getroffen seien; ein Pionierkommando habe sämtliche im Weg liegenden Minen aller Art beseitigt«. So kann die Kolonne nach kurzem Aufenthalt ihren Weg fortsetzen.

Genau zwanzig Minuten nach neun Uhr, es ist schon dunkel, kommen die Automobile mit blendenden Scheinwerfern im Frontbereich an. Aus Löchern und Gräben starren sie ungläubige Augen an. Die Soldaten greifen sich an den Kopf, als hätten sich Gespenster ins Niemandsland verirrt.

»Wo wollen Sie denn hin?« Maßloses Erstaunen klingt aus der Frage, die ein Posten den Kraftwagen entgegenruft.

»Waffenstillstand schließen wir!« gibt der Schwabe Erzberger zurück.

Die Antwort kommt im gleichen Dialekt: »Das werdet ihr gerade fertigbringen!«

Gespenstische Fahrt durch die feindlichen Linien

Auf den Autos werden jetzt große weiße Fahnen gehißt, einfache Leintücher, die an alte Kavallerielanzen gebunden sind. In Erzbergers Wagen steigt ein bereitstehender Trompeter. Kriechend langsam bewegen sich die Fahrzeuge fort. In kurzen Abständen schmettert der Trompeter ein Signal in die Nacht. Die letzten Vorposten der deutschen Front bleiben zurück. Bleich tasten die Scheinwerfer über totes, umgegrabenes Gelände, über Mauerreste, bizarr zerfetzte Baumstümpfe. Seit zwei Stunden ist an diesem Abschnitt das Feuer auf beiden Seiten eingestellt. Die Motoren brummen, und immer wieder ertönt das Trompetensignal. Kein Laut sonst. »Diese Fahrt war für mich noch erschütternder als die drei Wochen zuvor ausgeführte an das Sterbebett meines einzigen Sohnes«, gesteht Erzberger.

Hundertfünfzig Meter nach den deutschen Linien tauchen die ersten Stahlhelme der französischen Vorposten ins Scheinwerferlicht. Weiß schimmernde Augen in eingesunkenen Erdhöhlen. Niemand spricht. Die Deutschen sind da, sagen die Blicke. Zwei französische Offiziere treten aus der Finsternis auf die Wagen zu, grüßen korrekt, sprechen ein paar formelle Worte. Dann geleiten sie die Kolonne »in höflicher Weise in das benachbarte La Capelle«, wie Erzberger berichtet.

Hier regt sich wieder das Leben. Der Ort wimmelt von Soldaten, und als die Wagen mit den schlaffen weißen Parlamentärsfahnen einfahren, werden sie von allen Seiten mit Händeklatschen empfangen. Gleich sind die Autos umdrängt. »Finie la guerre?« fragen die Poilus, und die Menge ruft: »Vive la France!« Jemand streckt Erzberger die Hand entgegen und bittet um eine Zigarette.»Als Nichtraucher konnte ich den Wunsch nicht erfüllen«, schreibt der Abgeordnete.

Überall ist das graue, schwer verwüstete Städtchen mit Flaggen geschmückt, denn erst vor wenigen Stunden sind die französischen Truppen hier eingerückt und haben mit den wenigen Einwohnern die Befreiung gefeiert. An einem Gebäude entdeckt Erzberger im Vorbeifahren noch die Aufschrift »Kaiserliche Kreiskommandantur«. Darüber wölbt sich eine Trikolore. Am anderen Ortsende von La Capelle werden die Deutschen in die Villa Francport geführt. Die Kraftwagen sollen hier bleiben bis zur Rückkehr der Kommission. Dafür bekommt jetzt jeder der Unterhändler für sich allein ein französisches Automobil. Jedem der Herren wird ein Offizier als Begleiter zugeteilt. Feuerwerkskörper und Leuchtkugeln prasseln, als die Parlamentäre um zehn Uhr abends in die Fahrzeuge steigen, denn die alliierten Kriegsberichterstatter haben kein Blitzlichtpulver dabei und behelfen sich auf diese Weise.

Ein Prinz von Bourbon nimmt in Erzbergers Wagen Platz, höflich und wortkarg zugleich. Er erklärt, das Ziel der Fahrt nicht zu kennen, weiß nur, daß es noch etwa fünfzig Kilometer sein werden. Der Prinz spricht fließend deutsch, während der Führer der Waffenstillstandskommission so wenig vom Französischen weiß, daß er zugeben muß: »Von meinem Begleitoffizier erfuhr ich auch die Aussprache des Namens von Marschall Foch (Fosch).«

Wieder rollen die Wagen durch die Nacht. Sie kommen durch die Ruinen von Guise, wo die Skelette von gesprengten Eisenbahn- und Straßenbrücken im Fluß hängen. Etwa eine Stunde nach Mitternacht ist die Kolonne in der Nähe von Saint Quentin. Die Autos biegen in einen Seitenweg ein, gelangen zu einem einsam gelegenen Bauernhof, wo ein Armeekommando seinen Sitz hat. »Hier war das Abendessen für uns bereitet«, schreibt Erzberger. »Zwei französische Generale, darunter General Depenay, eröffneten uns, daß Marschall Foch bereit sei, uns zu empfangen. Die Haltung dieser Offiziere war äußerst kühl. General Depenay bemerkte nicht ohne einen Seitenhieb, daß wir dasselbe Essen bekämen – Suppe, Salzfleisch und Erbsen –, das in der französischen Armee jeder General und jeder Soldat habe.«

Nachts um zwei Uhr setzt sich die Autokarawane abermals in Bewegung. Sie rattert durch Chauny, »das vollständig zerstört war; kein Haus stand mehr; eine Ruine reihte sich an die andere. Bei Mondschein ragten die Überreste gespensterhaft in die Luft; kein Lebewesen zeigte sich.« Um vier Uhr an diesem naßkalten, frostigen Novembermorgen langen die übernächtigten Unterhändler bei einer Ruine an, die sich als Bahnhof von Tergnier entpuppt. Aussteigen! Zu Fuß geht es über Mauerreste, Erdlöcher, umhergeschleuderte Bahnschwellen. Ein Sonderzug wartet, langgestreckte Waggons der Internationalen Schlafwagengesellschaft. Ein Kellner reicht den durchgefrorenen Männern Kognak.

Wieder weiß niemand das Ziel der Fahrt zu nennen. Die Herren werden lediglich gebeten, während der Reise die Abteilfenster nicht zu öffnen. Die Vorhänge sind jedoch nicht zugezogen. Das Zugpersonal zuckt die Schultern und erklärt: »Wir sind aus Nordfrankreich, kennen die Gegend nicht.«

Die Räder rattern im Takt. Über zwei Stunden. Die ermüdeten Deutschen sprechen kaum ein paar Sätze miteinander. Jeder hängt seinen Gedanken nach, starrt verloren auf die vorbeihuschende Landschaft, auf die steigenden Nebel im fahlen Licht, bis sie langsam über die Weichen der kleinen Station Réthondes schaukeln und gleich darauf auf einem toten Gleis in der Nähe einer Waldlichtung halten. Erzberger schaut zum Fenster hinaus und sieht in hundert Meter Entfernung einen ähnlichen Sonderzug auf einem anderen Gleis abgestellt: »So wurde meine Vermutung bestätigt, daß der Treffpunkt der Wald von Compiègne sei.«

Erzbergers erste Bitte nach der Ankunft ist es, eine Messe besuchen zu dürfen. Es wird ihm bedeutet, daß Marschall Foch bereits in der Kirche von Réthondes war und nun leider kein Geistlicher mehr zu erreichen sei.

»Wir bitten um Waffenstillstand«

Um neun Uhr französischer Zeit wird den Deutschen mitgeteilt, daß der Marschall um zehn Uhr bereit ist, die Delegation zu empfangen. Zur festgelegten Stunde schreiten die deutschen Unterhändler über das bräunliche Gras der Waldlichtung zu dem anderen Sonderzug hinüber. Erzberger trägt einen Reiseanzug, Winterfeldt, Oberndorff und Vanselow sind in Uniform. In knappem Abstand folgen Dolmetscher und Stenograph.

Die Männer steigen die steilen Stufen empor und werden in einen Raum des Salonwagens geführt. Ein breiter Tisch mit vier Plätzen an jeder Seite ist hier aufgestellt. »Wir nahmen hinter den uns bezeichneten Plätzen Aufstellung«, berichtet Erzberger. »Kurz darauf erschien Marschall Foch, ein kleiner Mann mit harten, energischen Zügen, die auf den ersten Blick die Gewohnheit zu befehlen verrieten, in Begleitung seines Generalstabschefs und dreier englischer Marineoffiziere; er grüßte militärisch kurz und verneigte sich.«

Nach der Augenzeugenschilderung des französischen Generals Bazelaire sagt Foch nach dieser Formalität: »Meine Herren, stellen Sie sich vor. Sie haben vor sich den Marschall Foch.«

»Ich stellte in deutscher Sprache meine Begleiter vor«, berichtet Erzberger.

Dann spricht wieder Foch: »Dies hier ist mein Chef des Stabes, General Weygand. Zeigen Sie mir Ihre Beglaubigungsschreiben. Mein Chef wird sie prüfen.«

Erzberger überreicht die Urkunden des Auswärtigen Amtes, und Weygand zieht sich zur Prüfung der Papiere in einen Nebenraum zurück. Inzwischen nimmt Foch kurz die Vorstellung seiner Herren vor. Bei den Briten handelt es sich um Wymess, den ersten Seelord, Admiral Hope und den Dolmetscher Bagod. Auf französischer Seite gehört neben Foch und Weygand nur der Dolmetscher Laperche der offiziellen Kommission an.

Weygand kehrt in den Salon zurück. Ein leises Kopfnicken

zeigt, daß die Papiere der Prüfung standgehalten haben. »Gut, die Papiere sind in Ordnung«, sagt Foch. Er macht eine Pause, um anzudeuten, daß damit die Einführungsformalitäten beendet sind und der Hauptteil beginnen kann. Dann fragt er eisig: »Was führt die Herren hierher? Was wünschen Sie?«

»Ich sehe Ihren Vorschlägen über die Herbeiführung eines Waffenstillstandes zu Wasser, zu Lande, in der Luft und an allen Fronten entgegen«, sagt Erzberger.

»Ich habe Ihnen keine Vorschläge zu machen«, antwortet der Marschall.

»Ich wies darauf hin«, erinnert sich Erzberger, »daß wir gekommen seien auf Grund der letzten Note von Wilson, die der Gesandte Graf Oberndorff im englischen Urtext verlas, und fügte bei, daß ich um die Mitteilung dieser Vorschläge bitte.«

Marschall Foch bleibt unbewegt und erklärt: »Ich habe Ihnen keine Bedingungen zu stellen. Bitten Sie um Waffenstillstand? Sagen Sie es doch!«

»Wir bitten um Waffenstillstand.«

So hat es General Bazelaire geschildert, während sich Erzberger in seinen Erinnerungen nicht so wörtlich festlegt. Dort heißt es weiter: »Nunmehr erteilte Marschall Foch seinem Generalstabschef den Befehl, die Bedingungen des Waffenstillstandes in französischer Sprache vorzulegen; von den beiderseitigen Dolmetschern wurde die Übersetzung sofort vollzogen. Während des Verlesens legte der englische Admiral Wymess große Gleichgültigkeit und Nichtachtung an den Tag, konnte aber durch sein Spielen mit Monokel und großer Hornbrille die innere Aufregung doch nicht verbergen. Marschall Foch saß mit steinerner Ruhe am Tisch, manchmal zupfte er energisch seinen Schnurrbart. Während der ganzen Verlesung wurde keinerlei Bemerkung gemacht.«

Nach Bazelaires Mitteilung soll Foch noch in großen Zügen hinzugefügt haben: »Hören Sie! Räumen Sie Elsaß-Lothringen, dies französische Land, das Sie seit fünfzig Jahren knechten. Befreien Sie Luxemburg, neutrales Gebiet, das Sie verletzt haben. Befreien Sie Belgien, gequältes Land, das Sie zerschmettert und verwüstet haben. Geben Sie die Kriegsgefangenen heraus. Liefern Sie den Engländern Ihre Flotte aus. Übergeben Sie alles belgische und französische Eisenbahnmaterial. Haben Sie verstanden? Das ist ein Befehl. Ich lasse Ihnen zweiundsiebzig Stunden Zeit zum Überlegen.«

»Ich bat um eine Verlängerung der vorgeschlagenen Bedenkfrist von zweiundsiebzig Stunden auf sechsundneunzig Stunden, da ich nur durch einen Kurier, der mindestens zwölf Stunden brauche, mich mit dem deutschen Hauptquartier in Verbindung setzen könne«, berichtet Erzberger. Dann fährt er fort: »Die Fristverlängerung wurde abgelehnt, gleichfalls mein Ersuchen, wenigstens eine vorläufige Waffenruhe für die Zeit der Prüfung der Bedingungen gewähren zu wollen. Foch erklärte ganz bestimmt, daß Verhandlungen über die Bedingungen unter gar keinen Umständen zugelassen würden; Deutschland könne sie annehmen oder ablehnen, ein Drittes gebe es nicht.«

Was wird die Oberste Heeresleitung dazu sagen?

»Das ist der schönste Tag meines Lebens gewesen!« hat Foch später zugegeben. »Als ich sie da vor mir sah, einen neben dem anderen, auf der anderen Seite des Tisches, da habe ich mir gesagt: Das also ist das deutsche Kaiserreich! Stolz war ich, das kann ich Ihnen versichern. Ich dachte mir: Wir wollen uns anständig benehmen, aber zeigen wollen wir ihnen doch, wer wir sind.

Sie waren ganz kaputt, waren niedergebeugt. Sie waren wie gehetzte Tiere. Erzberger hat mir einen langen Vortrag gehalten, um von mir mildere Bedingungen zu erhalten; er sprach davon, daß sie die Revolution im Lande hätten, daß die Soldaten nicht mehr gehorchten, daß sie hungerten und nicht mehr Herren im Lande wären. Ich habe ihn unterbrochen und gesagt: ›Das ist die Krankheit der Besiegten, von der Sie da reden, nicht die Krankheit der Sieger! Ich habe keine Angst vor ihr. Ich lehne alles ab!‹«

Die ganze Sitzung hat genau fünfundvierzig Minuten gedauert. Niedergeschlagen, gebrochen kehren die deutschen Unterhändler in ihren Sonderzug zurück. In ihren Händen halten sie das umfangreiche Dokument mit den Bedingungen. Erzberger beschließt, den Dolmetscheroffizier, Rittmeister von Helldorf, als Kurier zur Obersten Heeresleitung nach Spa zu schicken. Er soll den Text überbringen und mitteilen, »es sei nicht anzunehmen, daß über entscheidende Punkte Gegenvorschläge zur Erörterung zugelassen würden«.

»Es sollte trotzdem versucht werden«, fügt Erzberger hinzu, »in Einzelbesprechungen Milderungen zu erlangen, um in erster Linie für Deutschland Aufrechterhaltung der inneren Ordnung und Abwendung drohender Hungersnot zu erreichen. Es werde namentlich versucht werden, Verlängerung der Fristen und Verringerung des abzugebenden Materials zu erzielen; wir würden an Milderungen herauszuschlagen versuchen, was irgend möglich sei.« Angesichts der harten, ultimativen Erklärungen Fochs zeigt Erzberger auf alle Fälle Mut und Tatkraft.

Um ein Uhr mittags reist Rittmeister von Helldorf zur Front zurück. Er erreicht die französischen Linien, aber hier bleibt er rettungslos stecken: »Trotz aller Signale und Parlamentäre gelang es ihm fünf Stunden lang nicht, zur deutschen Front hinüberzukommen.«

Wie der französische Abschnittskommandant berichtet, versucht Helldorf unter Einsatz seines Lebens durch die deutschen Kugeln zu rennen, nachdem alles Winken und Trompeten nichts genützt hat. Sprung auf! Hinlegen! – »Nicht schießen, Kameraden!« – »Deutscher Offizier! Parlamentär!«

»Aber die deutschen Soldaten schossen wie die Teufel«, meldet der Kommandant an Erzberger.

Fochs Diktat, eine politische Drachensaat

Nun erklären sich die Franzosen bereit, eine Morseverbindung zum Eiffelturm herzustellen. Telegramme der deutschen Delegation sollen dort auf dem Funkweg nach Spa weitergegeben werden. So erfährt die Oberste Heeresleitung gegen Abend des 8. November in einer zusammengedrängten Kurzfassung, wie die Waffenstillstandsbedingungen der Alliierten lauten. Die wichtigsten Punkte sollen hier wiedergegeben werden:

- Sofortige Räumung von Belgien, Frankreich und Elsaß-Lothringen binnen vierzehn Tagen. Räumung des linken Rheinufers; Mainz, Koblenz, Köln werden von den Alliierten besetzt. Auf dem rechten Rheinufer Bildung einer neutralen Zone von dreißig bis vierzig Kilometern.
- Abzugeben sind 5000 Kanonen, 30 000 Maschinengewehre, 3000 Minenwerfer, 2000 Flugzeuge, 5000 Lokomotiven, 150 000 Waggons, 10 000 Kraftwagen, hundert Unterseeboote, acht leichte Kreuzer, sechs Dreadnoughts; die übrigen Schiffe sind zu entwaffnen und abzuliefern.
- Im Osten Zurücknahme aller deutschen Truppen hinter die Grenze vom 1. August 1914, Verzicht auf die Verträge von Brest-Litowsk und Bukarest. Bedingungslose Kapitulation von Ostafrika. Rückgabe der Goldbestände aus den Banken von Belgien, Rußland und Rumänien. Deutschland hat für den Unterhalt der feindlichen Besatzungstruppen aufzukommen.
- Rückgabe der Kriegsgefangenen ohne Gegenseitigkeit. Die Blockade bleibt bestehen; deutsche Schiffe dürfen weiter gekapert werden. Inkrafttreten des Waffenstillstands sechs Stunden nach Unterzeichnung. Dauer: dreißig Tage.

Das ist Fochs Diktat, nicht weniger plump und töricht als der deutsche Zwangsfriede im Osten, nicht weniger trunken und maßlos als die Forderungen der Alldeutschen oder die Bedingungen Bismarcks am Ende des Deutsch-Französischen Krieges von 1870/71. Wieder einmal wird eine Saat gelegt, aus der ein neues Drachengeschlecht emporwachsen soll.

Während die Oberste Heeresleitung in Spa die Bedingungen prüft, setzt die deutsche Delegation in Compiègne ihre Bemühungen um Milderung einzelner Punkte fort. Das geschieht in privaten Besprechungen mit französischen und britischen Offizieren, wozu Foch seine ausdrückliche Zustimmung gegeben hatte. Die Deutschen weisen dabei besonders darauf hin, daß Deutschland dem Bolschewismus ausgeliefert würde und »daß Anarchie und Hungersnot die unmittelbaren Begleiterscheinungen der Annahme dieser Waffenstillstandsbedingungen sein müßten«.

»In diesen Besprechungen«, schreibt Erzberger, »gewannen sämtliche Herren alsbald den Eindruck, daß die Gegenseite diesen unseren Darlegungen keinen Glauben schenkte, ja, es wurde von einem Herrn der Gegenseite offen ausgesprochen, daß Deutschland den Alliierten eine Falle legen wolle; es wolle jetzt nur Zeit gewinnen, um seine geschlagene, rückflutende Armee zu sammeln; dann werde es zu einem neuen Schlag ausholen. Die Versicherungen von der Ehrlichkeit der deutschen Friedensabsichten fanden nur geringen Glauben.«

Erzberger und seine Begleiter arbeiten trotz allem schriftliche Gegenvorschläge aus: Verlängerung der Räumungsfristen, keine Brückenköpfe und keine rechtsrheinische Neutralitätszone, Verminderung des abzugebenden Verkehrsmaterials, Aufhebung der Blockade. Die Wünsche werden sofort an Marschall Foch weitergeleitet.

»Reichskanzler Schluß«, wer ist denn das?

Im Laufe des Vormittags trifft endlich eine Antwort der Obersten Heeresleitung aus Spa in Compiègne ein. Hindenburg regt in dem Funkspruch die gleichen Erleichterungen an, die von der Waffenstillstandsdelegation selbst schon ausgesprochen worden sind. Darüber hinaus möchte die Oberste Heeresleitung erreichen, daß sich die deutschen Besatzungstruppen aus Belgien durch neutrales niederländisches Gebiet zurückziehen dürfen. Dann folgt Hindenburgs entscheidender Satz: »Gelingt Durchsetzung dieser Punkte nicht, so wäre trotzdem abzuschließen.«

Das ist eine vollständige Entlastung für Erzberger, der in Compiègne lange mit sich gerungen hat, ob er seine Unterschrift auf Fochs Dokument setzen dürfe. Nun hält er den Auftrag dazu in Händen und kann in seinen Erinnerungen ausdrücklich vermerken: »Die Depesche war von Generalfeldmarschall von Hindenburg unterzeichnet.«

Nachts gegen halb elf Uhr trifft ein weiteres Funktelegramm bei der deutschen Delegation in Compiègne ein. Es bestätigt noch einmal, daß Erzberger berechtigt ist, die übergebenen Waffenstillstandsbedingungen zu unterschreiben. Diese Depesche trägt die Unterschrift: »Reichskanzler Schluß.«

»Der Dolmetscheroffizier fragte, ob ›Schluß‹ den Namen des neuen Reichskanzlers bedeute und wer dieser Herr sei; er sei dem französischen Oberkommando und der Regierung in Paris ganz unbekannt.« Erzberger erklärt ihm, daß »Schluß« nur soviel wie »Ende« bedeutet. Insgeheim aber macht er sich Gedanken, warum das schwerwiegende Telegramm nur mit »Reichskanzler«, aber ohne Namen unterzeichnet ist. Die Aufklärung erhält er erst viel später, und sie ist sensationell: Das Telegramm stammte gar nicht vom deutschen Reichskanzler, sondern ebenfalls von Hindenburg! Die Oberste Heeresleitung hat einfach »Reichskanzler« unter die Ermächtigung zur Unterschrift des Waffenstillstands gesetzt, »weil am Sonntag eine Verständigung mit Berlin unmöglich gewesen sei«. Erst nachträglich wird die Zustimmung aus der Reichskanzlei eingeholt.

Den Zusammenhang kann Erzberger an jenem Sonntag im Wald von Compiègne nicht durchschauen. Er hat jedenfalls zwei Aufträge zur Unterschrift in der Tasche. So läßt er Marschall Foch wissen, daß es ihm angenehm sei, »wenn noch heute nacht eine weitere Sitzung stattfinden könne«.

»Das ist unfair!« Erzberger ringt um Erleichterungen

Foch ist einverstanden, und um zwei Uhr fünfzehn Minuten nachts, am Montag, dem 11. November 1918, betreten die Deutschen abermals den Salonwagen des alliierten Oberbefehlshabers. Punkt für Punkt werden die Waffenstillstandsbedingungen noch einmal durchgenommen, bei jedem Artikel ringt Erzberger erneut um Erleichterungen. Eine volle Stunde lang kämpft er allein gegen die Bestimmung, daß die britische Blockade fortgesetzt werden soll. »Ich legte dar, daß hierdurch ein wesentlicher Teil des Weltkrieges, die Aushungerungspolitik Englands, fortgesetzt würde, worunter die deutschen Frauen und Kinder am meisten litten. Das ist unfair«, sagt er wörtlich.

»Nicht fair? Sie haben auch wahllos unsere Schiffe versenkt!« fällt ihm Admiral Hope scharf ins Wort.

Und doch gelingt es dem zähen Erzberger, Fochs Diktat in entscheidenden Punkten zu mildern: Die Zahl der abzuliefernden Maschinengewehre wird von 30000 auf 25000 herabgesetzt, die der Flugzeuge von 2000 auf 1700, die der Lastkraftwagen von 10000 auf 5000; die rechtsrheinische Zone soll nicht dreißig bis vierzig, sondern nur zehn Kilometer betragen; die Räumungsfristen werden von fünfundzwanzig auf einunddreißig Tage erhöht, die Dauer des Waffenstillstandes von 30 auf 36 Tage.

Erzberger hat mehr geleistet, als ein Mensch in seiner Lage zu leisten vermochte. Es gelingt ihm, einen Zusatzartikel durchzudrücken, in dem sich die Alliierten verpflichten, »keine allgemeinen oder staatlichen Maßnahmen zu ergreifen, die eine Entwertung der Industrieanlagen oder eine Verringerung ihres Personals zur Folge hätten«. Einen wichtigen Sieg erringt er auch gegen die Hungerblockade durch den Zusatz: »Die Alliierten und Vereinigten Staaten nehmen in Aussicht, während der Dauer des Waffenstillstandes Deutschland mit Lebensmitteln zu versorgen.«

Um fünf Uhr und zwanzig Minuten morgens beginnt die Unterzeichnung des Dokuments in zweifacher Ausfertigung. Zuerst unterschreiben Marschall Foch und Admiral Wymess. Dann Erzberger, General von Winterfeldt und Kapitän Vanselow. Beide Offiziere haben Tränen in den Augen.

Nach der Zeremonie erhebt sich Erzberger. Er hat von der Obersten Heeresleitung den Auftrag, einen »flammenden Protest« auszusprechen. Seine Erklärung lautet, daß die deutsche Regierung alles tun wolle, um die Verpflichtungen einzuhalten. Wegen der kurzen Fristen und der hohen Ablieferungsmengen könnte das aber durchaus in Frage gestellt werden. Er schließt: »Das deutsche Volk, das fünfzig Monate lang standgehalten hat gegen eine Welt von Feinden, wird, ungeachtet jeder Gewalt, seine Freiheit und Einheit wahren. Ein Volk von siebzig Millionen leidet, aber es stirbt nicht.«

Fochs Antwort besteht aus zwei Worten: »Très bien« – sehr gut. Dann ist alles vorbei.

Der Dank des Vaterlands: Verleumdung und Mord

Am 11. November 1918, um elf Uhr vormittags französischer Zeit – das ist zwölf Uhr deutscher Zeit –, schweigen an allen Fronten die Waffen. Ohne den Zeitunterschied zunächst zu beachten, gibt die Oberste Heeresleitung einen Funkspruch »an alle« heraus: »Die Feindseligkeiten sind am 11. November, 11.55 Uhr, vormittags, auf der ganzen Front einzustellen. Die vordere Linie darf von diesem Zeitpunkt an feindwärts nicht mehr überschritten werden. Weitere Befehle folgen.«

Rund zehn Millionen Menschen, davon 1 808 000 Deutsche und 1 200 000 Österreicher und Ungarn, haben bis zu diesem Zeitpunkt ihr Leben eingebüßt, zwanzig Millionen Verwundete läßt der Krieg zurück. Die Schäden und Kosten lassen sich nur in Milliardensummen ausdrücken. »Nie wieder Krieg!« schallt es durch ganz Europa.

Und Erzberger? Nachdem seine Mission in Compiègne beendet ist, kehrt er nach Deutschland zurück, meldet sich bei der Obersten Heeresleitung. Er hat mit der Milderung der Fochschen Bedingungen mehr geleistet, als irgend jemand zu hoffen gewagt hatte. Das wird ihm auch von Hindenburg und Generalquartiermeister Groener ausdrücklich bescheinigt: »Feldmarschall Hindenburg dankte mir für die ungemein wertvollen Dienste, die ich dem Vaterland geleistet hätte, ebenso Groener, der sich über die Resultate unserer Verhandlungen äußerst befriedigt aussprach: seine kühnsten Erwartungen seien übertroffen worden.«

Trotzdem ist Matthias Erzberger in seiner eigenen Heimat

zum gejagten Wild geworden. Er, der auftragsgemäß den Waffenstillstand unterschrieben und damit dem Völkermorden ein Ende gesetzt hatte, wird jetzt zum Verräter gestempelt, verfolgt, angefeindet, mit Schmutz beworfen. Der Dolchstoßforscher Ritter von Rudolph sagt dazu: »Hindenburg zeigte sich auf seine Weise erkenntlich: Er hat ebensowenig wie Groener den sich Opfernden jemals in Schutz genommen.«

Am 26. August 1921 wird Erzberger bei Griesbach im Schwarzwald von zwei nationalistischen Fanatikern, zwei ehemaligen Offizieren, feige ermordet. Deutschland 1921! Fünf Tage nach der Untat schreit die in Nürnberg und München erscheinende »Volksstimme« ihren verhetzten Lesern zu: »Im Namen des Volkes auf der Kuhhaut zum Richtplatz geschleift, dort mit glühenden Eisen gebrandmarkt und an den nächsten Galgen gehängt – das wäre der Tod, den Erzberger verdiente!«

Präsident Wilsons Unstern

Die Hafengeschütze von Brest donnern Salut. Der Mann, der als erster von Bord der »George Washington« geht, lüftet nach allen Seiten den Zylinder. Ein Lächeln, das nur aus einem Hochziehen der Oberlippe besteht, spielt um seinen Mund. Sein knochiger Kopf auf der hageren Gestalt, sein Lächeln, der Zylinder, der Zwicker auf der schmalen Nase – das alles ist der Welt von tausend Zeitungsbildern her bekannt. Woodrow Wilson, Präsident der Vereinigten Staaten von Amerika, betritt europäischen Boden: Messias für die gequälten, zerfleischten Völker, Friedensrichter der Welt, Baumeister einer herrlichen Zukunft für alle . . . und was dergleichen mehr in den Blättern geschrieben und gepredigt wird.

Wilson, das scheint heute über jeden Zweifel festgestellt, ist als ehrgeiziger Idealist nach Europa gekommen, als ein Mann, der wirklich an seine Sendung glaubt. Im Herzen erfüllt von dem brennenden Wunsch, den Grundstein einer neuen Weltordnung zu legen, den Krieg für immer zu verbannen. Als der Größte des Jahrhunderts sieht er sich schon heimkehren, erster

Anwärter auf den Stuhl des künftigen Weltpräsidenten, frei gewählt von einem Parlament glücklicher Völker. Seine Begleiter tragen in gewichtigen Diplomatenmappen die Dokumente, die Vorschläge, die Baupläne. Fort mit Geheimpolitik und Geheimverträgen, offene Verhandlungen und Vereinbarungen vor aller Augen! Selbstbestimmungsrecht der Völker, freie Wahlen, universelle Gerechtigkeit, weltweite Abrüstung, Friedenspolizei, Völkerbund!

Als Wilson in Brest an Land geht, schreibt man den 13. Dezember 1918. Er hat die Reise eigens auf dieses Datum abgestellt, denn er ist abergläubisch und hält die 13 nach der Buchstabenzahl seines Namens für ein glückliches Omen. Überall in seinem Leben und Handeln kehrt die 13 wieder – und doch steht alles, was er nun angreift, unter einem Unstern. »Er selbst hat den magischen Zauber seiner Glückszahl zerstört«, erklärt eine Pariser Wahrsagerin, »indem er nämlich sein großes Programm ausgerechnet in 14 Punkte einteilte. Er hätte den letzten wenigstens 13 a nennen sollen.«

Nach seiner Rückkehr von der Versailler Friedenskonferenz ist Wilson in Amerika ausgepfiffen worden; Senat und Repräsentantenhaus weigerten sich, seine Unterschrift zu ratifizieren; der Kongreß unterwarf ihn – was zum erstenmal in der Geschichte der Vereinigten Staaten geschah – einer Untersuchung. Ein lähmender Schlaganfall verwandelte ihn schließlich in ein geistiges und körperliches Wrack. Zehn Tage vor dem 13. Februar 1924 ist er gestorben.

»Zweierlei wird ihm immer zur Last gelegt werden«, lautet ein treffendes Urteil über ihn: »Daß er sich die Vierzehn Punkte Stück für Stück von geschickten Gegnern hat entwinden lassen und dabei nicht die genügende Ehrlichkeit aufbrachte, um sich einzugestehen, daß sein System Schiffbruch erlitten hat, und ferner, daß er durch seine Reden der am Boden liegenden Welt den Glauben an einen Messias gegeben hatte, der, als die Zeit gekommen war, Wunder zu tun, sich als ein schwacher und kleiner Mann entpuppte, den der Fluch der Enttäuschten treffen mußte.« Wilson ahnt nicht, in welchen Hexenkessel siedender Interessen er da seine Hand taucht. Europas uralte Fehden und

Ränke sind ihm fremd. Er sieht das Meer von Flaggen, die zehntausend begeistert geschwenkten Fähnchen, hört den brausenden Jubel der Massen und vergißt darüber die Realitäten.

Staatspräsident Poincaré ist auf dem Bahnhof in Paris. Ein Augenzeuge schildert Wilsons Ankunft und sagt hintergründig: »Die beiden Präsidenten schüttelten einander lang und herzlich die Hände. Sie murmelten etwas und schienen einander zu verstehen, obgleich der eine kein Französisch, der andere kein Englisch sprach.«

Wilson scheint der unbestrittene Mittelpunkt der großen Friedenskonferenz zu werden, und lange bleibt er es auch – nach außen hin. In Wirklichkeit ist er am Ende nur noch eine kraftlose Strohpuppe, während seine Gegenspieler Clémenceau und Lloyd George das Heft in der Hand haben.

Schon der erste seiner Vierzehn Punkte – Abschaffung der Geheimdiplomatie – wird Wilson gleich nach seiner Ankunft abgekauft: Kaum jemals sind Geheimhaltung und Zensur rücksichtsloser gehandhabt worden als während der Konferenz von Paris und Versailles. Das französische Außenministerium entfaltet rasch und ziemlich unverblümt im ganzen Land einen Feldzug, eine energische Pressekampagne gegen Wilsons Ideen. Frankreichs Ministerpräsident Clémenceau pflegt jedem zu sagen, der es hören oder nicht hören will: »Die Vierzehn Punkte sind doch ein bißchen viel. Der liebe Gott selbst hat nur zehn.«

David Lloyd George, Großbritanniens Premier, den seine Landsleute die »walisische Eidechse« und den »Hexenmeister aus Wales« nennen, gilt neben dem puritanischen Wilson als energiegeladener Motor, und Clémenceau ruft einmal verzweifelt aus: »Was kann ich machen, wenn ich hier zwischen Jesus Christus und Napoleon sitze!«

Dafür lästert Lloyd George über das französische Außenministerium und erklärt wartenden Journalisten zornig: »Hier ist eine Luft, als ob seit der Zeit von Louis Philippe nicht gelüftet worden wäre!«

Die Atmosphäre ist gespannt. Dabei ist das äußere Bild der Friedenskonferenz von Glanz und Legenden umgeben. Paris taumelt in wilder Vergnügungswut nach den Jahren des Schrekkens. Tausende von Delegierten und Hilfskräften aus der ganzen Welt sind an der Seine zusammengekommen; Wilson hat allein über 1300 Bürokräfte mitgebracht. Dazu wimmelt es von den Abgesandten und Beobachtern der zur Selbständigkeit erwachenden Völker. Auf dem Empfangskalender des amerikanischen Präsidenten stehen Chinesen und Dalmatier, der Geschäftsträger von San Marino, der Patriarch von Konstantinopel, Albanier, Armenier, sogar eine »assyrische und chaldäische Delegation«.

»Die gesuchtesten Tanzlehrerinnen von Paris gaben die Stunde zu dreihundert Franc und sollen damit in kurzer Zeit Hunderttausende verdient haben. Sogar in den geheiligten Räumen des Hotels Majestic, des Sitzes der englischen Delegation, wo tagsüber strengste Überwachung und gähnende Langeweile herrschten, fanden abends Feste statt, bei denen die Delegierten mit den Kammermädchen, die Offiziere mit den Tippfräuleins tanzten.« Hauptattraktion des Majestic ist Lloyd Georges Tochter Megan, weshalb das Hotel von ganz Paris bald in »Megantic« umbenannt wird.

In den Hotels und Privatwohnungen finden die weltgeschichtlichen Sitzungen statt. Allein sechsundfünfzig technische Kommissionen befassen sich mit Einzelheiten der künftigen Weltordnung, aber die wichtigsten Gremien sind der »Rat der Zehn«, die »Kleinen Fünf« und die »Großen Vier«. Die vier sind entscheidend: Wilson, Lloyd George, Clémenceau und der Italiener Orlando. Meistens tagen sie in Wilsons Appartement im Hotel Murat, dann in einem für ihn hergerichteten Privathaus, genau gegenüber den Arbeitsräumen von Lloyd George. Große Bücherregale säumen dort die Wände, und wenn der Präsident einen geheimen Knopf berührt, weichen sie zur Seite und geben den Weg in sein Schlafzimmer frei. Eines Tages muß er sich ganz hinter die Tür aus Bildung und Wissen zurückziehen: Er hat Husten und 103° Fieber – natürlich Fahrenheit (39,4°C). Clémenceau findet sofort, daß bei den Beratungen alles viel besser geht, solange Wilson bettlägerig ist: keine hemmenden Ideale, keine Vierzehn Punkte.

»Eine Kugel mehr oder weniger, das ist keine Affäre«

Am 19. Februar wird auch Clémenceau aufs Bett geworfen. Um acht Uhr vierzig steigt er wie gewöhnlich in sein Auto, um zur Konferenz zu fahren. In diesem Augenblick stürzt ein Mann namens Cottin auf das Fahrzeug zu. »Ich bin Franzose und Anarchist!« ruft er und gibt einige Schüsse aus einer Pistole ab.

»Die Bestie kann schießen!« sagt Clémenceau anerkennend und sinkt vornüber auf den Sitz des Wagens.

General Mordacq, der bald darauf in das Arbeitszimmer des Regierungschefs gerufen wird, findet den Ministerpräsidenten bleich und unbeweglich auf einem Stuhl sitzen. »Sie sind verwundet?« fragt der General.

»Ja, sie haben mich von hinten angegriffen, sie haben mich in den Rücken geschossen.«

»Ich ging hinter ihm vorbei«, berichtete Mordacq, »und bemerkte deutlich drei Löcher in seiner Jacke.«

»Meiner Galle hat es nichts gemacht«, sagt Clémenceau bissig.

Die Ärzte Tuffier und Gosset betreten das Zimmer. Mit Hilfe des Generals entkleiden sie den Ministerpräsidenten und stellen beruhigt fest, daß nur eine Kugel getroffen hat. Kein lebenswichtiges Organ ist verletzt, und Dr. Gosset meint: »Ein wahres Wunder! Wenige Millimeter nach rechts oder links, und wir müßten alles befürchten! Sie haben bestimmt eine glückliche Ader!«

»Ganz und gar nicht«, brummt Clémenceau, »das beweist ganz einfach, daß ich sehr gut mit dem lieben Gott stehe.«

Am nächsten Tag findet General Mordacq den Ministerpräsidenten schon wieder am Schreibtisch. »Das erstaunt Sie?« fragt Clémenceau. »Natürlich haben die Ärzte mir empfohlen, im Bett zu bleiben, aber die Mediziner, ich kenne sie besser als irgend jemand, weil ich selbst einer bin. Von allem, was sie erzählen, muß man annehmen und weglassen – und ich lasse viel weg.«

Kaum ist Clémenceau so weit hergestellt, daß er wieder zu den Sitzungen fahren kann, wird ein Russe verhaftet, der vor dem Elysée einen Schuß abgegeben hat. »Wirklich, das ist ein Spaßvogel«, ruft der Regierungschef aus, als ihm die Nachricht gebracht wird. »Hätte er nicht noch einige Minuten auf mich warten können? Ich bin jetzt so gewöhnt an diese Art Sport. Eine Kugel mehr oder weniger, das ist keine Affäre.«

Zur Strafe im Schneckentempo nach Versailles

Die großen Vollversammlungen der Friedenskonferenz sind für die Welt ein Schauspiel. »Was wir erstreben«, hatte Wilson zum Beginn am Rednerpult ausgerufen, »ist die Herrschaft des Gesetzes, gegründet auf die Zustimmung der Regierten und getragen von dem organisierten Willen der Menschheit!« Aber »noch ehe die Sitzung weit fortgeschritten war, erzählten gewöhnlich Wilson, Clémenceau und Lloyd George einander Anekdoten und Witze, die die begünstigten, in Hörweite befindlichen Beamten dann diskret weitergaben«, berichtet ein Chronist. »Sir Robert Borden, der Kanadier, unterbrach sich einmal mitten in einer Rede mit Protest, indem er erklärte, die Unterhaltung der ›Magnaten‹ mache es ihm unmöglich, fortzufahren.«

Endlich, am 29. April 1919, nimmt die Vollversammlung der Konferenz den Völkerbund-Entwurf Wilsons an. Das ist der einzige wirkliche Sieg, den der Präsident in Paris errungen hat. Zum erstenmal in der Geschichte sollen nun die Völker der Erde in einem ständigen gemeinsamen Parlament zusammenarbeiten, allen Streit durch Verhandlung lösen, nie wieder Krieg führen.

Was jetzt noch zu tun bleibt, ist die Ausarbeitung der Friedensverträge für die besiegten Völker, für Deutschland vor allem. Die deutsche Delegation – nein, vorläufig gibt es gar keine deutsche Delegation. Deutschland ist auf der Friedenskonferenz bisher nicht vertreten. Erst Ende April, als alle Fragen theoretisch bereits gelöst sind, wird die deutsche Regierung aufgefordert, Vertreter zu entsenden. Sie sollen ermächtigt sein, den Friedensvertrag entgegenzunehmen. Entgegenzunehmen. Nicht zu diskutieren.

Ulrich von Brockdorff-Rantzau, der neue Außenminister der

Republik Deutschland, wird zum Delegationsführer bestimmt. Ihm werden beigegeben Justizminister Dr. Otto Landsberg, Postminister Johannes Giesberts, der Völkerrechtler Professor Dr. Walther Schücking, der Präsident der preußischen Landesversammlung Leinert und Dr. Karl Melchior. Dazu kommen Referenten, Sachverständige, Journalisten, Kanzleidiener, Sekretärinnen. Im ganzen rund hundertachtzig Personen.

Am 26. April 1919 setzt sich am Potsdamer Bahnhof in Berlin der erste von drei Sonderzügen mit der deutschen Delegation in Bewegung. Victor Schiff, einer der mitreisenden Berichterstatter, hat die unheimliche Fahrt durch Frankreich geschildert und das befohlene Schneckentempo des Zuges: »Die Absicht der Franzosen war, der deutschen Friedensdelegation stundenlang die Zerstörungen vor Augen zu führen, die der Krieg in Nordfrankreich angerichtet hatte ... und tatsächlich waren wir alle tief erschüttert, obwohl oder weil wir die Absicht merkten.«

Auf der unscheinbaren Bahnstation Vaucresson bei Paris verlassen die Delegierten den Zug. Blitzlichter der Fotografen flammen auf. Ein paar untergeordnete französische Beamte sind erschienen und erledigen den Empfang »korrekt und in unheiliger Eile«. Vernon Bartlett berichtet: »Die Deutschen machten ihre steifen kleinen Verbeugungen.« Dann geht es in Autos und Omnibussen nach Versailles. Das Hotel des Réservoirs ist für die Hauptdelegierten vorgesehen, das übrige deutsche Personal wird auf das Hotel Vatel und das Hotel Suisse verteilt. Ein weites Stück des großen Parks von Versailles steht ihnen zur Verfügung, dazu die Gärten der beiden Schlösser von Trianon.

Versailles! Hier hatte Bismarck 1871 den Vorfrieden diktiert, hier hatten die Franzosen das Elsaß und Lothringen an Deutschland verloren, hier waren ihnen fünf Millionen Francs Kriegsentschädigung auferlegt worden, und hier hatte man die Besetzung ihrer östlichen Departements »zur Sicherstellung der Zahlung« verfügt. Nichts ist vergessen, nichts. Ressentiments, Kriegspsychose und Propaganda führen Regie. Die Deutschen müssen ihre Koffer allein in die Zimmer tragen.

Man teilt ihnen mit, daß sie sich nur auf dem kurzen Weg zwischen ihren drei Hotels bewegen dürfen, »um unangenehme Zwischenfälle zu vermeiden«. Aber einige von ihnen besichtigen das Schloß, andere »dringen bis in die entferntesten Winkel von Versailles vor«, bei einem Zeitungskiosk neben dem Hotel kaufen sie »für viele Pfund Sterling Ansichtspostkarten und Briefmarken«, einige Sekretärinnen fahren sogar heimlich nach Paris und werden dort prompt in einer Konditorei »vor gehäuften Tellern mit Torten und Kuchen« von Reportern entdeckt. Am nächsten Tag beginnen Handwerker, die Hotels der Deutschen mit hohen Bretterzäunen einzufassen. Stacheldrähte werden gespannt, Geheimpolizisten aufgestellt. Einige Delegationsmitglieder machen empört Äußerungen, aber das nützt nichts.

Ganz Paris lacht, weil die Deutschen Musik machen

An schönen Sonntagnachmittagen fahren die Pariser nach Versailles, »um die Deutschen anzuschauen«. Schiff hat die Sensation geschildert: »In dichten Reihen standen sie hinter den Zäunen, die uns von der Außenwelt trennten. So wie man bei Hagenbeck die Raubtiere beobachten kann, wurden wir als seltsame Geschöpfe begafft. Die Menge der Sonntagsausflügler verhielt sich im allgemeinen korrekt und anständig. Nur ab und zu ein Pfiff, ein Schimpfwort, zuweilen ein witziger Zuruf, sonst aber nur das stumme, neugierige anglotzen großer und kleiner Besucher eines zoologischen Garten.«

Sogar ein Mann wie General Mordacq weiß über die deutsche Delegation eine Geschichte beizutragen und berichtet: »Sie hatten am Abend mit einigen Sekretärinnen und Stenotypistinnen fröhlich gespeist. Einer von ihnen, ein Minister, hatte so tüchtig gezecht, daß er einen wahrhaftigen Skandal verursachte. Als er in sein Zimmer zurückkehrte, sang er aus vollem Hals und fand nichts Besseres, als die Gänge zu durchlaufen und mit allen Schuhen, die vor den Türen der Zimmer standen, ein Durcheinander zu veranstalten. Als die Deutschen diesen

Lärm hörten, kamen sie heraus und wollten ihn beenden. Das war dann die übliche Szene mit einem Betrunkenen, den man zur Ruhe bringen will. Es gelang schließlich, Seine Exzellenz ins Bett zu bringen.«

In der aufgepeitschten Atmosphäre der Friedenskonferenz sind solche Berichte keine Einzelerscheinung. Es gibt einen anderen, der Präsident Wilson aufs Korn nimmt, ihn als unglaublichen Wüstling schildert, seine doppelte Moral anprangert, die Details seines Pariser Nachtlebens enthüllt . . . und genauso von der französischen Zensur verboten wird wie Mordacqs Gehässigkeiten.

Freilich, eines ist bei den Deutschen wirklich verwunderlich: Ständig erklingt aus ihren Zimmern Musik. Da ist eine Sekretärin, die auf dem Klavier zwei Melodien perfekt beherrscht: »Kennst du das Land, wo die Zitronen blüh'n?« und »Mein Herz, das ist ein Bienenhaus«. Ein aus Berlin mitgebrachtes Grammophon krächzt oft bis in die späten Abendstunden die »Ungarische Rhapsodie« oder den Einzugsmarsch aus »Tannhäuser«. Selbst bei wichtigen politischen Beratungen setzt sich einer der Herren, meistens der Gesandte von Keller, ans Klavier und intoniert flotte Potpourris. Ganz Paris bricht in schallendes Gelächter aus, als durch eine Indiskretion der Grund der befremdlichen Musikbesessenheit ans Licht kommt. Vor ihrer Abreise nämlich waren die Delegierten in Berlin von einem Nachrichtenoffizier belehrt worden, daß sie in Versailles wahrscheinlich in allen Räumen mit versteckten Mikrophonen rechnen müßten. Die einzige Möglichkeit, gesprochene Worte vor solchen Lauschern zu schützen, sei gleichzeitiges Musizieren.

»Kaum in Versailles eingetroffen«, berichtet Journalist Schiff, »kletterten manche in ihren Zimmern auf Stühle und Tische und klopften sorgfältig ihre Wände und Decken ab, ob nicht etwa ein hohler Klang das teuflische Spionageinstrument verraten würde. Andere steckten ihren Arm mit und ohne Stock tief in den Rauchfang und zogen zwar Wolken von Staub und Ruß, aber natürlich keine Mikrophone heraus. Während der Besprechungen wurde das Grammophon dauernd in Tätigkeit gehalten und nur mit Flüsterstimme gesprochen.«

Geheimniskrämerei um den Friedensvertrag

Am 7. Mai 1919 endlich ist die Wartezeit für die deutsche Delegation vorüber. An diesem Tag soll ihr der Wortlaut des Friedensvertrages übergeben werden. Der Inhalt des Dokuments ist streng geheim. Clémenceau hatte zwar sofortige Veröffentlichung verlangt, aber Lloyd George war dagegen. Er fürchtete heftige Debatten im Parlament und in der Öffentlichkeit. Nicht einmal die Vertreter der kleineren alliierten Länder bekommen den Wortlaut zu Gesicht.

Nie ist bekannt geworden, wie der Text dann doch durch die Maschen der Geheimhaltung schlüpfte: In Belgien wird er als Broschüre im Straßenhandel feilgehalten, gleich darauf erscheint eine deutsche Übersetzung in der Schweiz, und der Pariser »Matin« schreibt neidvoll über »die glücklichen Deutschen, die den Wortlaut überall für eine Mark erwerben können«. Eine andere Pariser Zeitung, »Bonsoir«, kauft in Belgien sechshundert Exemplare und verteilt sie an die Abgeordneten der französischen Kammer, so daß die Volksvertreter auf diesem Umweg erfahren, was eigentlich im Friedensvertrag steht.

Nachmittags um drei Uhr, an jenem 7. Mai 1919, trifft die deutsche Delegation im Trianon-Palace-Hotel in Versailles ein, wo die Überreichung stattfinden wird. Zum erstenmal sollen sich hier Sieger und Besiegte von Angesicht zu Angesicht gegenübertreten.

»Der Saal war klein«, berichtet Wilsons Pressechef Baker. »Die Vertreter von siebenundzwanzig Nationen traten nacheinander ein, um ihre Plätze an dem großen Tisch einzunehmen. Außer den eigentlichen Delegierten, den notwendigen Dolmetschern und Sekretärinnen, waren keine Zuschauer zugelassen.«

»Messieurs, die deutschen Delegierten!« Mit diesem Ruf des Hausmarschalls werden die Flügeltüren des Saales noch einmal geöffnet. Langsam treten die sechs deutschen Bevollmächtigten ein, voran Graf Brockdorff-Rantzau. Er ist bleich, aber gefaßt, macht eine gemessene Verbeugung. Alle Anwesenden erwidern den Gruß, indem sie sich stumm von den Plätzen erheben.

Die Deutschen, zu denen noch einige Referenten, zwei Dolmetscher und ein Stenograph gehören, nehmen an zwei eigenen Tischen am Ende der großen, hufeisenförmigen Konferenztafel Platz. Gleich darauf erhebt sich Georges Clémenceau, als gelte es, keine Minute mehr zu verschwenden, und hält seine berühmt gewordene Rede: »Meine Herren Delegierten des Deutschen Reiches! Es ist weder die Zeit noch der Ort für überflüssige Worte. Sie sehen vor sich die beglaubigten Bevollmächtigten all der kleinen und großen Mächte, die sich vereinigten, um gemeinsam in dem Krieg zu kämpfen, der ihnen so grausam aufgezwungen worden ist. Die Zeit ist gekommen, da wir unsere Rechnung in Ordnung bringen müssen. Sie haben um Frieden gebeten. Wir sind bereit, Ihnen Frieden zu gewähren. Wir werden Ihnen jetzt ein Buch überreichen, das unsere Bedingungen enthält. Der zweite Friede von Versailles ist von den hier vertretenen Völkern zu teuer erkauft, als daß sie es über sich bringen könnten, allein die Folgen dieses Krieges zu tragen.« Das sind die wesentlichen Sätze.

Der Generalsekretär der Konferenz, Dutasta, durchquert den Raum und legt ein weißgebundenes Exemplar des Friedensvertrags vor Brockdorff-Rantzau auf den Tisch. Mit einer symbolischen Geste nimmt der Außenminister seine schwarzen Handschuhe und legt sie auf den Band. Dann öffnet er eine schmale Mappe und holt den Entwurf seiner eigenen Antwortrede hervor. Er hat vorsorglich zwei Antwortreden vorbereitet, eine mildere und eine schärfere. Während Clémenceau spricht, hat er sich entschlossen, mit dem schärferen Text zu antworten.

»Meine Herren!« beginnt er und achtet nicht darauf, daß durch den Saal ein erregtes Raunen geht, ein befremdetes Murmeln, denn im Gegensatz zu Clémenceau erhebt sich der Deutsche nicht von seinem Platz. Er bleibt sitzen, während er spricht. Von »Unhöflichkeit« bis »Flegelei« hat Brockdorff-Rantzau alles über sein Benehmen zu hören bekommen. Seine eigene Begründung: »Wenn ich sitzen blieb, während Clémenceau stand, so hatte das seinen wohlerwogenen Grund.« Er will sich nicht den Anschein eines Angeklagten geben. So setzt er seine Rede unbekümmert fort:

»Wir täuschen uns nicht über den Umfang unserer Niederlage, den Grad unserer Ohnmacht. Wir wissen, daß die Gewalt der deutschen Waffen gebrochen ist. Wir kennen die Wucht des Hasses, der uns hier entgegentritt. Es wird von uns verlangt, daß wir uns als die allein Schuldigen am Kriege bekennen; ein solches Bekenntnis wäre in meinem Munde eine Lüge. Wir sind fern davon, jede Verantwortung dafür, daß es zu diesem Weltkriege kam, von Deutschland abzuwälzen, aber wir bestreiten nachdrücklich, daß Deutschland allein mit der Schuld belastet ist. Die öffentliche Meinung in allen Ländern unserer Gegner hallt wider von den Verbrechen, die Deutschland im Kriege begangen habe. Auch hier sind wir bereit, getanes Unrecht einzugestehen. Belgien ist Unrecht geschehen, und wir wollen es wiedergutmachen.«

Dann geht Brockdorff-Rantzau zum Angriff über: »Aber auch in der Art der Kriegführung hat nicht Deutschland allein gefehlt. Jede europäische Nation kennt Taten und Personen, deren sich die besten Volksgenossen ungern erinnern. Ich will nicht Vorwürfe mit Vorwürfen erwidern, aber wenn man gerade von uns Buße verlangt, so darf man den Waffenstillstand nicht vergessen. Sechs Wochen dauerte es, bis wir ihn erhielten, sechs Monate, bis wir Ihre Friedensbedingungen erfuhren. Die Hunderttausende von Nichtkämpfern, die seit dem 11. November an der Blockade zugrunde gingen, wurden mit kalter Überlegung getötet, nachdem für unsere Gegner der Sieg errungen und verbürgt war. Daran denken Sie, wenn Sie von Schuld und Sühne sprechen!«

Pressechef Baker notiert: »Brockdorff-Rantzau sprach verbissen und trotzig, sogar taktlos. Die Gesichter seiner Zuhörer wurden bei jedem Wort finsterer.«

Als alles vorüber ist, erhebt sich Clémenceau ruckartig und sagt: »Hat noch jemand Bemerkungen zu machen? Das ist nicht der Fall. Die Sitzung ist geschlossen.«

In seinen Erinnerungen hat Clémenceau eine ganz willkürliche Schilderung des 7. Mai gegeben: »Gestern kam der Chef der deutschen Delegation, um unseren Vertragsentwurf zu erbitten. Der Germane, aufrecht und steif vor Unverschämtheit, las uns eine Seite vor, die begann: ›Endlich werden Sie doch Ihren Haß befriedigen‹, und Lloyd George fragte mich ganz leise: ›Was werden Sie ihm antworten?‹ Meine Antwort war: ›Ich werde ihm mein Papier unter die Nase halten und sagen: Voilà, das haben Sie zu unterschreiben.‹ So geschah es.«

»Unannehmbar«, sagen die Deutschen und reisen ab

Am Abend wird der Vertrag von den Deutschen in Stücke gerissen: Jedes Mitglied der Delegation bekommt einige Seiten zur Übersetzung. So schnell wie möglich soll auf diese Weise ein authentischer deutscher Text zustande kommen. Die 440 Artikel des Vertrages gehören heute der Geschichte an, und es genügt, die wichtigsten Bestimmungen stichwortartig herauszugreifen:

Gebiete: Deutschland verzichtet auf alle Kolonien und überseeischen Besitzungen, es tritt Elsaß-Lothringen ab, fast ganz Posen und Westpreußen, das Memelgebiet und das Hultschiner Ländchen. In Nordschleswig, Marienwerder und Allenstein, Eupen-Malmedy und Oberschlesien soll abgestimmt werden, nach fünfzehn Jahren auch im Saargebiet. Das linksrheinische Gebiet und drei rechtsrheinische Brückenköpfe werden besetzt und nach fünf, zehn und fünfzehn Jahren allmählich wieder geräumt.

Abrüstung: Fast das gesamte deutsche Kriegsmaterial ist abzuliefern, der Große Generalstab aufzulösen. Aufhebung der allgemeinen Wehrpflicht. Es darf nur noch ein Berufsheer von hunderttausend Mann geben, dazu fünfzehntausend Mann Marinetruppen. Befestigungen bis fünfzig Kilometer östlich des Rheins werden geschleift. Die Reichswehr darf keine schweren Waffen (Tanks,

Flugzeuge) besitzen. Eine interalliierte Kommission soll die Abrüstung überwachen.

Reparationen: Zur Wiedergutmachung der Kriegsschäden soll Deutschland alle Handelsschiffe über 1600 Tonnen abliefern, Maschinen, Fabrikeinrichtungen, Baumaterial, Pferde, Vieh, Kohlen, Chemikalien, Lokomotiven, Eisenbahnwagen, Automobile, landwirtschaftliche Maschinen. Eine Reparationskommission soll die Gesamthöhe der Schuld feststellen, die innerhalb von dreißig Jahren zu begleichen ist.

»Unannehmbar!« entscheidet die deutsche Delegation, nachdem der ganze Text übersetzt worden ist. Entsprechend fallen die Noten aus, die Brockdorff-Rantzau schreibt. Die Friedensbedingungen werden generell abgelehnt. Clémenceau läßt sich jedoch nicht auf Diskussionen ein, und Marschall Foch unterstützt ihn mit dem Ausruf: »Ich erkläre, daß ich das nicht mitmachen werde. Noch einige Tage, und die Deutschen werden uns die Friedensbedingungen diktieren. Nein, nein und nochmals nein!«

Am 16. Juni wird der deutschen Delegation ein fünftägiges Ultimatum für die Unterschrift gestellt. Die Bevollmächtigten, Sachverständigen und ihr Gefolge reisen demonstrativ nach Deutschland zurück: Jetzt soll die in Weimar tagende Nationalversammlung das letzte Wort sprechen!

Als die Autos mit den Delegierten zum Bahnhof von Versailles fahren, wogt die Bevölkerung erregt durch die Straßen: Soll der Krieg jetzt wiederaufleben, nur weil die Deutschen nicht unterschreiben wollen? »In dichtem Spalier stehen Kopf an Kopf Männer, Frauen und Kinder, die sich wie toll gebärden«, berichtet Reporter Schiff. »Sie schreien, gestikulieren, lachen, strecken uns die Fäuste entgegen, pfeifen. Bald fliegen nicht nur Schmähungen, sondern auch Gegenstände durch die Luft: zusammengeballte Zeitungen, Apfelsinenschalen.« Dann einzelne Steine. Ein Sekretär und eine Stenotypistin werden am Kopf getroffen, die Stenotypistin schwer. Ein hoher französischer Offizier überbringt Brockdorff-Rantzau noch in den Zug das Bedauern der Regierung über die Vorfälle; für die Stenotypistin wird eine ansehnliche Entschädigungssumme überwiesen und viele Monate später sogar noch erhöht.

Weltgeschichtliche Daten: der 22. und 28. Juni 1919

Wie wird die Nationalversammlung in Weimar entscheiden? Was würde geschehen, falls man sich zur Ablehnung des Vertrages entschließen sollte? Foch hat schon geäußert, was er in diesem Fall zu tun gedenkt: »Ich haue drauflos!« Und niemand zweifelt daran, daß die französische Armee dann nach Berlin marschieren wird. Schon reist Foch ostentativ in sein Feldhauptquartier nach Bad Kreuznach, im Süden machen die Italiener ihre Divisionen marschbereit, britische Blätter sprechen von der Wiederaufnahme der Fliegerangriffe. Und eines ist allen klar: Nach dem Einmarsch wird es kein Deutschland mehr geben, sondern nur noch ein Dutzend selbständiger deutscher Kleinstaaten. Das Ende des Reichs steht vor der Tür.

Am Sonntag, dem 22. Juni 1919 – das französische Ultimatum ist kurzfristig verlängert worden –, nehmen die gewählten Vertreter des deutschen Volkes in Weimar die entscheidende Abstimmung vor. Für die Unterzeichnung des Versailler Vertrages geben 237 Abgeordnete ihre Stimme ab, dagegen sind 138, fünf enthalten sich einer Stellungnahme.

Was nun noch zu tun bleibt, ist die Unterschrift selbst. Brockdorff-Rantzau, der sich sosehr auf das »Unannehmbar« der Sachverständigen festgelegt hatte, ist zurückgetreten. So fällt der letzte schwere Gang zwei neuen Männern zu: dem sozialdemokratischen Außenminister Hermann Müller und dem Verkehrs- und Kolonialminister Dr. Johannes Bell, einem Zentrumsmann.

Am 28. Juni 1919 – dem Jahrestag des Attentats von Sarajewo – findet die Zeremonie im Spiegelsaal des Versailler Schlosses statt. Derselbe Tisch, auf dem die Franzosen 1871 den Bismarckschen Vorfrieden unterschreiben mußten, steht an derselben Stelle, vor dem Tintenfaß liegt die historische Feder von damals. Aber um dieses Instrument nicht benutzen zu müssen, hat sich Dr. Bell einen »Fünf-Pfennig-Federhalter beschafft, den er in Zeitungspapier rollte und in seine Gehrocktasche steckte«.

Hermann Müller berichtet: »Wir mußten uns zunächst noch umkleiden, Gehrock und Zylinder. Gegen 2.45 Uhr erschienen vier Oberste der alliierten Armee im Hotel des Réservoirs, ein Amerikaner, ein Engländer, ein Franzose und ein Italiener. Sie sollten unsere militärische Ehreneskorte bis zum Spiegelsaal bilden.

Nach wenigen Sekunden Fahrt waren wir kurz nach drei Uhr im Schloß. Man führte uns zunächst in den Saal Nattier des Schloßmuseums. Dort legten wir Hüte und Mäntel ab. Dann ging es hinauf zum Spiegelsaal.

Bevor wir ihn betraten, mußten wir einen Vorraum passieren, in dem das geladene Publikum versammelt war. Es waren hauptsächlich Frauen, und zwar die Gattinnen von Marschällen, Generälen, Staatsmännern und Parlamentariern. In dem Augenblick, wo wir den Vorraum betraten, entstand unter diesen Zuschauerinnen eine lebhafte Bewegung. Sie standen auf, die von den hinteren Reihen stiegen sogar auf ihre Stühle, und wir sahen, wie uns diese Damen der Gesellschaft durch ihre Lorgnetten musterten.

Diese kurze und unwürdige Szene rief lebhaften Unwillen bei einem großen Teil der Anwesenden hervor. Das Anstandsgefühl der Mehrheit bäumte sich instinktiv gegen diese Taktlosigkeit auf. Es entstand sofort eine starke Unruhe im ganzen Saale. Energische, ja wütende Protestrufe wurden laut: ›Assis! Setzen! Setzen!‹ Zögernd folgten die Frauen diesen Rufen.

Inzwischen waren wir in den eigentlichen Saal gelangt, der Chef des Protokolls, William Martin, geleitete uns zu unseren Plätzen. Wir saßen an einer Ecke des Saales, zu unserer Rechten die Delegierten Japans, zu unserer Linken die Delegierten Uruguays. Kaum hatten wir uns niedergesetzt, da erhob sich in der Mitte der Quertafel Clémenceau und erklärte die Sitzung für eröffnet.«

»Unter diesen Umständen habe ich die Ehre«, fährt der französische Ministerpräsident nach kurzen Einleitungsworten fort, »die deutschen Bevollmächtigten einzuladen, ihre Unterschrift auf dem mir vorliegenden Vertrag geben zu wollen.«

Mit einer Handbewegung weist er auf den historischen Tisch, wo das Dokument liegt, wo das Tintenfaß mit der ominösen Feder steht. Hermann Müller und Dr. Bell erheben sich, gehen mit gemessenen Schritten nach vorn. Es ist drei Uhr und zwölf Minuten. Dr. Bell zieht ruhig seinen Füllfederhalter aus der Tasche und unterschreibt.

Bibliographie

Der Verfasser beschränkte sich fast ausschließlich auf Quellenwerke, die zwischen 1914 und 1929 erschienen, also auf Primärliteratur. Ihr Umfang ist so groß, daß eine Aufzählung den Rahmen dieses Buches sprengen würde. Hier nur einige wichtige Titel:

Alboldt, Emil: Die Tragödie der alten deutschen Marine. Berlin 1928

Baker, Ray Stannard, und Wilson, Woodrow: Memoiren und Dokumente über den Vertrag zu Versailles anno 1919. Leipzig 1923

Barby, Henri: La Guerre Mondiale, avec l'Armée Serbe. Paris 1918

Barzini, Luigi: – Al fronte. Milano 1915

– La Guerra d'Italia. Milano 1916–1917

– Scene della grande guerra. Milano 1915

Bentinck, Norah: My wanderings and memories. London 1924

Bethmann Hollweg, Theobald von: Betrachtungen zum Weltkriege. Berlin 1919–1921

Bismarck, Otto von: – Fürst Bismarcks gesammelte Reden. Stuttgart o. J.

– Gedanken und Erinnerungen. Leipzig 1921

Brandt, Rolf: – Fünf Monate an der Ostfront. Berlin 1915

– Versailles 28. April – 28. Juni. Berlin 1919

Clausewitz, Karl von: Vom Kriege; mit einer Einleitung von Alfred von Schlieffen. Berlin 1916

Conrad von Hötzendorf, Franz: Aus meiner Dienstzeit 1906–1918. Wien 1921–1925

Czernin von Chudenitz, Ottokar: Im Weltkriege. Wien 1919

Danilow, Jurij: La Russie dans la guerre mondiale. Paris 1927

Dobrorolski, Sergei: Die Mobilmachung der russischen Armee 1914. Berlin 1922

Doyle, Arthur Conan: – The British Campaign in France

and Flanders. London 1917
- To arms! London 1915

Erzberger, Matthias: – Erlebnisse im Weltkrieg. Stuttgart 1920
- Die Mobilmachung. Stuttgart 1914
- Souvenirs de guerre. Paris 1921

Falkenhayn, Erich von: Die oberste Heeresleitung 1914–1916 in ihren wichtigsten Entscheidungen. Berlin 1920

Gibson, Hugh – A Diplomatic Diary. London 1917
- La Belgique pendant la guerre. Paris 1918

Haussmann, Conrad: Schlaglichter. Reichstagsbriefe und Aufzeichnungen. Frankfurt a. M. 1924

Herve, Gustave: Après la Marne. Paris 1915

Hindenburg, Paul von: Aus meinem Leben. Leipzig 1920

Hoffmann, Max: Tannenberg wie es wirklich war. Berlin 1926

Iswolski, Alexandr Petrowitsch: Iswolski im Weltkrieg. Der diplomatische Schriftwechsel Iswolskis aus den Jahren 1914–1917. Berlin 1925

Jagow, Curt: Daten des Weltkrieges, Vorgeschichte und Verlauf bis Ende 1921. Leipzig 1922

Kabisch, Ernst: Streitfragen des Weltkrieges 1914–18. Stuttgart 1924–27

Kuhl, Hermann von: – Der Marnefeldzug 1914. Berlin 1921
- Die Ursachen des Zusammenbruchs. Berlin 1923

Lehmann, Otto: Überm Feind. Berlin 1917

Lichnowsky, Carl: – Auf dem Wege zum Abgrund. Dresden 1927
- Meine Londoner Mission 1912–14. Berlin 1918

Liman von Sanders, Otto K.: Fünf Jahre Türkei. Berlin 1919

Ludendorff, Erich: Meine Kriegserinnerungen 1914–1918. Berlin 1919

Max von Baden: Erinnerungen und Dokumente. Berlin 1927

Meister, Alois: Bismarcks auswärtige Politik seit 1871 und der Weltkrieg. Münster 1915

Michaelis, Georg:

Lebenserinnerungen. Für Staat und Volk. Berlin 1922

Moltke, Helmuth von: Erinnerungen, Briefe, Dokumente, 1877–1916. Stuttgart 1922

Mordacq, Henri: Die deutsche Mentalität. Wiesbaden 1927

Müller, Hermann: Die November-Revolution. Berlin 1928

Nieman, Alfred: – Die Entthronung Kaiser Wilhelms II. Leipzig 1924

– Kaiser und Revolution. Berlin 1922

Nicolai, Walter: Geheime Mächte. Leipzig 1923

Nitti, Francesco: Europa am Abgrund. Frankfurt a. M. 1923

– Die Tragödie Europas. Frankfurt a. M. 1924

Noske, Gustav: Von Kiel bis Kapp. Berlin 1920

Oncken, Hermann: Das Deutsche Reich und die Vorgeschichte des Weltkrieges. Leipzig 1922

Painlevé, Paul: La Vie et la Mort de Miss Edith Cavell. Paris 1915

Paléologue, Maurice: Am Zarenhof während des Weltkrieges. München 1927

Plüschow, Gunther: Die Abenteuer des Fliegers von Tsingtau. Wien 1916

Pourtalès, Friedrich von: Meine letzten Verhandlungen in St. Petersburg Ende Juli 1914. Berlin 1924

Princip, Gavrilo: Gavrilo Princips Bekenntnisse. Wien 1920

Scheer, Reinhard: Deutschlands Hochseeflotte im Weltkrieg. Persönliche Erinnerungen. Berlin 1919

Scheidemann, Philipp: Der Zusammenbruch. Berlin 1921

Schilling, Caesar von: Der Imperialismus der Bolschewiki. Berlin 1919

Schlieffen, Alfred von: Gesammelte Schriften. Berlin 1913

Sixtus von Bourbon-Parma: Austria's peace offer 1916–1917. London 1921

Stegemann, Hermann: – Geschichte des Krieges. Stuttgart 1917–1921

– Das Trugbild von Versailles. Stuttgart 1926

Swinton, E. D.: A year ago. Eye-witness's narrative of the war from march 30th to

July 18th, 1915. London 1919
Tirpitz, Alfred von: Erinnerungen. Leipzig 1919
Trotzki, Leo: – Die Geburt der Roten Armee. Wien 1924
– Von der Oktober-Revolution bis zum Brester Friedensvertrag. Berlin 1918
The two battles of the Marne, by marshal Joffre, the excrown prince of Germany, marshal Foch, marshal Ludendorff. London 1927
Vollerthun, Waldemar: Der Kampf um Tsingtau. Leipzig 1920
Waldersee, Alfred: Denkwürdigkeiten. Stuttgart 1922

Sekundärliteratur und weiterführende Werke sind modernen Bibliographien zu entnehmen.

PERSONENREGISTER

Rand- und Nebenfiguren der historischen Geschehnisse sind nur in Ausnahmefällen aufgeführt.

Adler, Viktor, österr. Politiker 548
Albrecht, Herzog von Württemberg, General 145, 273
Alexandra Feodorowna, Zarin 123, 496
Asquith, Herbert Henry, brit. Premierminister 93, 239, 400f., 404
Asquith, Lady, Gattin des brit. Premierministers 95f.

Balfour, Arthur James, erster Lord der brit. Admiralität 240, 408, 444
Ballin, Albert, Schöpfer der dt. Handelsflotte 452, 532
Bell, Johannes, dt. Verkehrsminister 636ff.
Below-Saleske, Baron von, dt. Gesandter in Belgien 91f.
Benckendorff, Alexander, russ. Botschafter in London 93
Benn, Gottfried, dt. Schriftsteller 339–342
Berchtold, Leopold von, österr. Außenminister 40f., 45, 56f.
Bernstorff, Johann Heinrich von, dt. Botschafter in Washington 454, 461f., 465
Bethmann Hollweg, Theobald von, Reichskanzler 38, 43f., 57, 74ff., 85, 91, 94–96, 98ff., 108, 448, 450, 454ff., 490ff., 495
Bismarck, Otto von, Reichskanzler 71f., 485, 592, 595, 617, 628, 636
Bissing, Moritz von, dt. Militärgouverneur von Belgien 335, 347, 350
Botha, Louis, Präsident Südafrikas 214ff.
Brockdorff-Rantzau, Ulrich von, dt. Außenminister 494, 504, 627, 631ff., 635f.
Brown, Roy, brit. Kriegsflieger 434ff.
Brussilow, Alexej, russ. General 366, 368–371
Bryce, James, Vorsitzender des brit. Untersuchungsausschusses über dt. Kriegsgreuel 118
Bülow, Karl von, Generalfeldmarschall 103,

132, 142 ff., 146 f., 532 f., 576 f., 587, 597, 602

Cabrinović, Nedeljko, Mitverschwörer von Sarajewo 10–14, 20, 24 ff.

Cambon, Paul, franz. Botschafter in London 52–54

Canaris, Wilhelm, Admiral, später Leiter des dt. Abwehrdienstes 351

Capelle, Eduard von, dt. Marineminister 453, 553, 556, 561

Castelnau, Noel Marie, franz. Generalstabschef 146, 290 f.

Cavell, Edith, brit. Agentin (?) 327, 329–342

Chamberlain, Sir Austin, brit. Außenminister 126

Chotek, Sophie, siehe Hohenberg, Sophie

Churchill, Sir Winston, Erster Lord der Admiralität 53, 222–226, 228–236, 239–242, 274 f., 279 f., 321, 372, 389, 395, 401–406, 441, 444, 449, 456 f., 505, 518

Ciganović, Milan, serbischer Verschwörer 13 f., 20 f.

Clémenceau, Georges, franz. Ministerpräsident 51, 392, 486 f., 520 ff., 605, 624–627, 631 ff., 635, 637

Conrad von Hötzendorf, Franz, österr. Generalstabschef 40 ff., 45, 48, 55, 182 f., 285 f., 333, 368

Čurčić, Fehim Effendi, Bürgermeister von Sarajewo 27 f., 30

Czernin von und zu Chudenitz, Ottokar, österr. Außenminister 482, 484, 486–490, 509–512

Daniloff, Jurij, russ. Generalquartiermeister 165, 180 f.

Davignon, Julien, Außenminister Belgiens 91

Deimling, Berthold von, dt. General 268, 272, 281

Diederichs, Vizeadmiral 188

Dimitrijević, Dragutin, Leiter der serb. Spionage 13, 20, 33, 243

Dobrorolski, Sergej, Chef der Mobilisierungsabteilung des russ. Generalstabs 61, 63 f., 66 ff.

Doyle, Sir Arthur Conan, brit. Schriftsteller 122, 277

Ebermeier, Carl, Gouverneur der dt. Kolonie Kamerun 211 f.

Ebert, Friedrich, Reichspräsident 159, 540 f., 588 f., 594 f., 597

Eggeling, Bernhard von, dt. Militärattaché in Petersburg 60
Emmich, Otto von, dt. General 103–106
Enver Pascha, türk. Kriegsminister 228, 233 f., 250 f., 255
Erzberger, Matthias, Zentrumsabgeordneter 100, 489 ff., 532, 570, 607–616, 618–622

Falkenhayn, Erich von, General 43, 76, 149 ff., 162, 183 f., 258–261, 266, 268 f., 273 f., 279, 281, 284–289, 294 ff., 302 f., 309, 311, 315 f., 322 f., 371, 479
Ferdinand, König von Bulgarien 243
Fisher, Sir John, brit. Admiral 226, 239
Foch, Ferdinand, franz. Marschall 372, 519, 527, 530, 535, 593, 602, 604 f., 607 ff., 611–621, 635 f.
François, Hermann, dt. General 161, 322
Franz Ferdinand, Erzherzog, österr. Thronfolger 19 f., 22–30, 34–37, 40, 42, 47
Franz Joseph I., Kaiser von Österreich, König von Ungarn 18, 23, 29, 34–38, 40, 42, 47, 56 f., 478 f., 488

French, John Denton Pinkstone, Feldmarschall, Befehlshaber der brit. Truppen in Frankreich 138, 278 f.
Friedrich August, König von Sachsen 576

Galliéni, Joseph Simon, franz. General 137, 139
Gemmingen, Max von, Luftschiffkapitän 424 f.
Georg V., König von Großbritannien 17, 53, 408, 422, 463
Geyer, Hermann, dt. General 265 f., 271, 282, 288
Giessl, Baron von, österr. Gesandter in Belgrad 47 f.
Goschen, Sir Edward, brit. Botschafter in Berlin 94, 96
Grabež, Trifko, serb. Verschwörer 13, 20 ff., 26
Grey, Sir Edward, Außenminister Großbritanniens 52–55, 70, 87, 92 ff., 96 f., 328, 337
Grigorowitsch, Iwan, russ. Marineminister 63
Groener, Oberstleutnant, Transportleiter der dt. Mobilmachung, 1918 Nachfolger Ludendorffs 88, 580 f., 585, 588 f., 591 f., 596 f., 599, 607 f., 621 f.

Guhr, Hans, dt. Generalmajor 250, 255–261
Gutschkow, russ. Abgeordneter 176

Haase, Hugo, Reichstagsabgeordneter 99f.
Haber, Fritz, Nobelpreisträger für physikalische Chemie 267f., 272
Haig, Sir Douglas, brit. Feldmarschall 291, 372, 394f., 410, 606
Haldane, Richard Burdon, brit. Kriegsminister, Lordkanzler 53, 93
Hamilton, Sir Ian, brit. Oberbefehlshaber vor Gallipoli 230, 232f., 239, 241f.
Harden, Maximilian, dt. Schriftsteller 159
Hartwig, Nikolaus von, russ. Gesandter in Belgrad 48
Hausen, Max von, dt. General 132, 142
Haußmann, Conrad, Reichstagsabgeordneter 87, 95, 100, 570
Henning, Walter, siehe Petit, Gabrielle
Hentsch, Richard, Oberstleutnant 128, 141, 144–149
Herr, franz. General, Gouverneur von Verdun 290, 295

Hertling, Georg von, Reichskanzler 520, 533, 535f., 539f.
Hiddensen, dt. Fliegerleutnant 136
Hindenburg, Paul von, Generalfeldmarschall 150, 158–162, 164f., 168, 170, 179, 182ff., 323f., 367, 376, 387, 479, 491, 495, 503, 505, 511f., 515, 518, 520, 531f., 536–539, 541ff., 544ff., 577, 580, 582ff., 592f., 596–599, 603f., 607f., 618f., 621
Hintze, Paul von, dt. Außenminister 531, 539, 578, 581, 586, 599
Hoffmann, Max, dt. General 150ff., 161, 269, 274, 371, 509–512, 514, 517, 528
Hohenberg, Sophie, Herzogin 19, 25f., 28f., 31–35, 37
Holtzendorff, Henning von, Chef des dt. Admiralstabs 447, 453f., 457, 480
House, Edward Mandell, amerik. Diplomat 17, 55, 606
Hume, Grace, brit. Krankenschwester 123f.
Hume, Kate, Erfinderin einer Greuelgeschichte 124

Immelmann, Max, dt. Kriegsflieger 432

Iswolski, Alexander Petrowitsch, russ. Botschafter in Paris 49–52, 55, 62, 70, 80 ff., 87

Jagow, Gottlieb von, Polizeipräsident von Berlin, Reichsaußenminister 39, 47, 345, 347, 373
Januschkewitsch, russ. Generalstabschef 61 f., 65 ff.
Jaurès, Jean, franz. Sozialistenführer 81
Joffé, Adolf, russ. Unterhändler in Brest-Litowsk 510
Joffre, Joseph, franz. Marschall 132, 135, 138, 140 ff., 146, 152, 271, 289 f., 296, 374 f.
Joseph Ferdinand, österr. Erzherzog, Armeeführer 370
Jovanović, Jovan, serb. Gesandter in Wien 21

Kabisch, Ernst, dt. Generalleutnant 287 f., 292, 300, 311, 373
Kamio, Mitsuomi, japan. Generalleutnant 193, 201
Karl, Kaiser von Österreich 478–482, 484–490, 546–549
Kato, japan. Außenminister 186 f.
Kato, japan. Vizeadmiral 193
Kerr, Alfred, deutscher Theaterkritiker 101
Kitchener, Horatio Herbert, brit. Kriegsminister 138, 226, 241 f., 249, 275, 279, 400, 404, 408
Kluck, Alexander von, dt. General 132, 136, 138 f., 143 f., 148
Kress von Kressenstein, Friedrich von, dt. General 249 f., 254, 259
Krupp von Bohlen und Halbach, Bertha 106
Krupp von Bohlen und Halbach, Gustav, Rüstungsindustrieller 44, 524
Kühlmann, Richard von, dt. Außenminister 510, 531
Kuhl, Hermann von, dt. General 132, 147 f., 179, 287, 295, 303, 313, 369, 516, 518

Lancken, Baron von der, Chef der politischen Abteilung der dt. Milltärregierung in Brüssel 329, 334 f., 337
Lansing, Robert, amerik. Außenminister 494
Lehmann, Ernst, Luftschiffkapitän 418–421, 424 f., 429

Lenin, Wladimir Iljitsch, russ. Staatsmann 502–508
Leopold, Prinz von Bayern 156, 510
Lettow-Vorbeck, Paul von, Kommandeur der Schutztruppe von Deutsch Ostafrika 216–222
Lichnowsky, Karl, deutscher Botschafter in London 93, 95 f.
Lichnowsky, Mechtild, Gattin des dt. Botsch. in London 95 f.
Liebknecht, Karl 542
Liman von Sanders, Otto, Chef der dt. Militärmission in der Türkei 227 f., 235 f., 241, 250 f., 260 f.
Lloyd George, David, brit. Staatsmann 240, 394, 408, 414, 624 f., 627, 631, 634
Lody, Carl Hans, dt. Spion 363 ff.
Ludendorff, Erich, dt. General und Politiker 8, 103 ff., 142, 144, 148–150, 158, 164 f., 168 ff., 179, 183 f., 271 f., 299, 323, 367, 387, 395, 412, 414 f., 447, 454, 479, 482, 487, 491, 494, 496, 503–506, 509, 511 ff., 514 f., 517 f., 520, 527–532, 534, 536–546, 550, 576, 580, 604 f., 607
Ludwig III., König von Bayern 576, 581

Mackensen, August von, Generalfeldmarschall 161, 243, 248, 374
»Mademoiselle Docteur«, siehe Schragmüller, Elsbeth
Manoury, franz. General 138 f., 143
Martos, russ. General 163, 166 f.
Mata Hari, dt. Spionin (?) 343 ff., 347–359
Mathy, Heinrich, Luftschiffkapitän 426
Max, Prinz von Baden, Reichskanzler 540–545, 550, 565, 568, 577, 580 f., 586–589, 594 f., 607
Mayence, Fernand, Prof. an der Universität Löwen 110, 112–115
Mehmet V. Sultan, Staatsoberhaupt der Türkei 226
Messimy, Adolphe, franz. Kriegsminister 352
Meyer-Waldeck, Alfred, dt. Gouverneur von Tsingtau 187, 190–194, 196, 200 f.
Michaelis, Georg, Reichskanzler 492 f.
Michelsen, Andreas, Befehlshaber der dt. U-Boote 448, 457
Moltke, Helmut von, Generaloberst, Chef des Generalstabs 39, 73–76, 89 f., 128–132, 141 ff., 288

Mordacq, Jean Jules Henri, franz. General 148f., 152, 154, 156–164, 183, 263f., 274, 278f., 626, 629f.
Müller, Hermann, dt. Außenminister 636ff.
Mussolini, Benito, italienischer Staatsmann 122

Nernst, Walther, dt. Nobelpreisträger für Chemie 267, 280
Nicolai, Walter, Oberstleutnant, Chef der dt. Spionageabwehr 117
Nikitsch, Paul, Privatsekretär Franz Ferdinands 23, 36
Nikolai Nikolajewitsch, Großfürst, Armeeführer 58, 153, 183, 186
Nikolaus II. Alexandrowitsch, Zar von Rußland 17, 38, 53, 60ff., 64–68, 152, 463, 497–501, 503, 508
Nitti, Francesco, Ministerpräsident Italiens 119f.
Nivelle, Georges Robert, franz. General 353f., 375–381, 383, 385
Noske, Gustav, Reichstagsabgeordneter 570f., 573ff.
Noulens, Joseph, Kriegsminister Frankreichs 80

Okuma, Japan. Ministerpräsident 187

Page, Walter H., amerik. Botschafter in London 337
Painlevé, Paul, franz. Kriegsminister 376ff., 381, 385f., 391ff.
Paléologue, Maurice, franz. Botschafter in Rußland 58, 152
Papen, Franz von, dt. Militärattaché in Washington 454
Pašić, Nikola, serb. Ministerpräsident 21, 47
Pershing, John Joseph, amerik. General 494, 606
Pétain, Philippe, franz. Marschall 296, 304, 375f., 381, 383, 385f., 388–391, 393f., 606
Peter, König von Serbien 247f.
Peterson, Leiter der dt. Gasangriffe 271ff.
Petit, Gabrielle, belg. Spionin 359f.
Plüschow, Gunther, dt. Kriegsflieger 191, 194–198
Pohl, Admiralstabschef 39, 44
Poincaré, Raymond, Präs. von Frankreich 38, 46, 50–53, 55, 58f., 61, 70, 80ff., 137f., 290, 355, 378f., 385f., 388, 485, 521f., 624
Ponsonby, Arthur, brit.

Unterhausabgeordneter 117, 124
Postowski, Generalstabsoffizier Samsonows 171 f.
Potiorek, General, Militärgouverneur von Bosnien, Polizeichef von Sarajewo 24, 28 ff., 32
Pourtalès, Friedrich von, dt. Botschafter in Rußland 58, 75, 77 ff.
Princip, Gavrilo, Attentäter von Sarajewo 11 ff., 20–23, 26, 28 f., 31, 33, 37
Prittwitz und Gaffron, Maximilian von, dt. Generaloberst 153–157, 160, 597

Rasputin, Grigori Jefimowitsch, Wundermönch am Zarenhof 38
Rechberg, Arnold, dt. Kalimagnat, Ordonnanzoffizier des Prinzen Leopold v. Bayern 156 f., 162
Rennenkampf, Paul von, russ. General 152–156, 161, 163–166, 169–172, 175, 179–182
Ribot, Alexandre Felix, franz. Ministerpräsident 379, 486
Richthofen, Manfred von 189, 432–436

Robeck, brit. Admiral 229 f., 232 f., 235, 239
Robinson, William, brit. Kriegsflieger 429
Rupprecht, Kronprinz von Bayern, Armeeführer 88, 132, 287, 517, 520, 527, 582

Samsonow, Alexander Wassiliewitsch, russ. General 53, 152, 155 ff., 160–174, 178, 182
Samsonow, Gattin General Samsonows 171, 174–179
Sasonow, Sergej Dimitrijewitsch, russ. Außenminister 58 f., 62, 66 f., 75, 77 f., 93
Scheer, Reinhard, dt. Admiral 442–446, 550, 556, 560, 565 f., 593, 599
Scheidemann, Philipp, Reichstagsabgeordneter 546, 564, 587 ff., 595
Schilinski, Oberbefehlshaber der russ. Armeen 152, 163, 165, 182
Schilling, Baron, russ. Diplomat 61, 66
Schleicher, Kurt von, dt. General 542
Schlieffen, Alfred von, Chef des deutschen Generalstabs 68 f., 71 ff., 102, 130 ff., 150
Schmidt von Knobelsdorf,

Kronprinz Wilhelms Stabschef 294, 315, 322 f.
Schnee, Heinrich, Gouverneur von Deutsch Ostafrika 217
Schön, Wilhelm von, dt. Botschafter in Frankreich 79, 83
Schragmüller, Elsbeth, angebliche dt. Spionin 361 f.
Schwieger, Walther, U-Boot-Kapitän 460 f., 468–471, 476
Seitz, Theodor, Gouverneur von Deutsch Südwestafrika 216
Simoneit, ärztlicher Gutachter 149
Sixtus von Bourbon-Parma, Bruder der österr. Kaiserin Zita 484 f., 489
Smuts, Jan Christiaan, Oberbefehlshaber der südafrikanischen Armee 220
Sombart, Werner, dt. Soziologe 71
Souchon von Usedom, Walter von, dt. Admiral 225 f., 234, 240, 571 ff., 575
Stein, Hermann von, dt. Kriegsminister 560
Stocky, Julius, Leiter des Büros zur Verbreitung dt. Nachrichten im Ausland 118
Stoeber, Eduard, dt. Oberkriegsgerichtsrat 331 f., 337, 340, 342
Strasser, Peter, Fregattenkapitän, Einsatzleiter der Luftschiffangriffe 426
Stresemann, Gustav, deutscher Außenminister 491, 540
Suchomlinow, Wladimir, russ. Kriegsminister 63 f., 66
Swinton, Sir Ernest Dunlop, Erfinder der Panzer 399 ff., 403, 405–411, 416
Szögyeny, Graf, österr. Botschafter in Berlin 42 f., 47

Tankosić, Voja, Major, ein Leiter der »Schwarzen Hand« 13
Tirpitz, Alfred von, Großadmiral 39, 95, 186, 189, 234, 437–442, 445–454, 457, 476, 549
Tisza, Istvan, ungar. Ministerpräsident 37, 41, 45, 480
Treusch von Buttlar-Brandenfels, Horst von, Luftschiffkapitän 418, 422, 431
Trotzki, Leo, russ. Politiker 500, 512 f.
Tschirschky, Heinrich von,

deutscher Botschafter in Wien 41 f., 45
Turner, William Thomas, Kapitän der »Lusitania« 460, 462, 465, 467 ff., 471 ff.
Twain, Mark, amerikan. Schriftsteller 122

Vanderbilt, Alfred G., amerik. Multimillionär 462, 468, 474
Viviani, René, franz. Außenminister 59, 61, 87
Vollerthun, Waldemar, Konteradmiral 192, 198 ff., 201

Waldersee, Alfred, dt. Feldmarschall 17, 74, 157, 160
Weber, Max, dt. Soziologe 446
Wells, Herbert George, brit. Schriftsteller 408
Whitlock, Brand, amerik. Gesandter in Belgien 334
Wilhelm II., deutscher Kaiser 16 f., 42–45, 55, 64 f., 68, 70, 73–79, 82, 85 f., 89 f., 95–99, 101, 103, 105, 115 f., 122, 129 f., 142 f., 148 f., 157 f., 181, 184, 188, 192, 212, 240, 290, 336, 365, 421 f., 429, 433, 440, 442, 448–451, 453 ff., 462 f., 476, 479, 481, 488 f., 491 ff., 505, 512, 514, 526, 535, 539, 543, 545 f., 462–566, 577, 579–585, 588–598, 600–603
Wilhelm, dt. Kronprinz, Armeeführer 17, 38, 87, 94, 132, 145, 287–291, 295 f., 302, 304, 311 f., 315 f., 321 ff., 345, 347 f., 387, 487, 491, 506, 517, 581, 596
Wilson, Sir Henry, brit. Generalstabschef 55, 91, 275
Wilson, Woodrow, Präsident der Vereinigten Staaten 448, 479, 494 f., 533 ff., 539, 544, 550, 579 f., 604, 606 f., 614, 622–625, 627, 630 f.
Worthington-Evans, Laming, brit. Kriegsminister 126

Zeppelin, Ferdinand von, Luftschiffbauer 15, 416 ff.
Zimmermann, Artur, Unterstaatssekretär im Auswärtigen Amt, Außenminister 337
Zita von Bourbon-Parma, Kaiserin von Österreich 481, 487, 490

Bildnachweis:
Bild 23: Imperial War Museum, London.
  Alle anderen Bilder: Ullstein Bilderdienst, Berlin.

Bitte beachten Sie
die folgenden Seiten

Zeitgeschichte

»Ein in allen Einzelheiten recherchiertes Dokument über die Vertreibung der Deutschen in den Ostgebieten und ihres wirkungsvollen Beitrags am Wiederaufbau Deutschlands.«
Süddeutsche Zeitung

»Ein erschütterndes Dokument über die Vertreibung und eine Würdigung des Beitrags der Vertriebenen zum Wiederaufbau Deutschlands.«
Prager Nachrichten

Günter Böddeker
Die Flüchtlinge
Die Vertreibung der Deutschen im Osten
496 Seiten mit 11 Abbildungen und 8 Karten
Ullstein Taschenbuch 34322

Zeitgeschichte

»Über den Rußlandfeldzug sind schon viele Bücher geschrieben worden. Aber noch keines hat die erste Phase des Krieges im Osten, das *Unternehmen Barbarossa* so umfassend, so genau und so lebendig geschildert.
Carell hat die ungeheure Fülle des Materials, das er zusammengetragen hat, zu einem Bericht konzentriert, der sich sowohl durch historische Treue als auch durch atemberaubende Dramatik auszeichnet.«
Stuttgarter Nachrichten

Paul Carell
Unternehmen Barbarossa
Der Marsch nach Rußland
592 Seiten mit 36 Karten
Ullstein Taschenbuch 33017

Ullstein Taschenbuch